山右叢書·三編

山右歷史文化研究院　編

上海古籍出版社

十一

目　録

桑暉升先生遺集

〔明〕桑拱陽　撰

王欣欣　點校

桑暉升先生遺集

〔明〕桑拱陽　撰

王欣欣　點校

點校説明

《桑暉升先生遺集》八卷，明桑拱陽撰。

桑拱陽（1599—1644），字暉升，號炳寰，自號松風道人，明山西臨汾縣桑灣人。自幼爲人嚴謹，年十五，見《近思録》，即以聖賢爲份内事，繪《太極圖》於窗，書“敬”字懸於室以自警。曾受業于曹于汴。崇禎元年（1628），爲恩貢士，崇禎六年中舉。孝親信友，躬行實踐，遠紹洛閩之緒，潛心理學，仰範程朱，以講學傳道爲己任。近以文清公薛瑄爲師，肖文清公像於松風草堂，配先師，歲時祀之。崇禎八年巡撫吴甡延見之，曰“名世真儒”，屬纂《家禮維風》并所著詩解，特疏上薦，詔下徵聘，以母老告辭。崇禎九年丙子著《松風集》，建弘道堂，聚弟子講學。又講於龍吟書院。崇禎十六年五月，巡撫蔡懋德聘至太原，主講三立書院。屢受薦，以母老辭不赴。崇禎十七年，李自成入臨汾，聞其名，數聘之，辭以疾，以槐米熬汁塗身，稱患黄疸，遂不食，當年六月十二日卒。范鄗鼎曰：“《洪範》曰有猷有爲有守。先生不入城市，不履公門，似一守者。然及冠，其奉程朱之教，倡明河東間，從者數百人，講究不輟，此豈僅僅一有守者哉？”魏象樞曰：“吾鄉自薛文清後，接脉惟曹與辛及桑、陶而已。”傅山曰：“吾晉自曹真予後，不乏講學者矣，獨有登其堂者一人，桑孝廉暉升。”

《桑暉升先生遺集》八卷，現有民國十五年（1926）鉛印本。其書卷一爲《真儒譜》，爲洪洞知縣艾紹濂撰，其門人進士陝西提刑按察司按察使翟鳳翥撰《年譜編傳》，洪洞進士范鄗鼎所作《傳》，臨汾知縣《入祀鄉賢録》，後學張兆熊《真儒譜增補彙鈔跋》及《爲鄉賢桑夫子辦事章程八條》等内容；卷二至卷六爲《四書則》，是講授《論語》《中庸》《大學》《孟子》的著作，《四庫全書總目》提要記載："其書取諸家講章立説不同者，删定歸一，間以己意參之。命之曰'則'，以見'其則不遠'之意；先《大學》《中庸》，次《論語》《孟子》，各有圖説、總論，大旨爲舉業而作。"因此放在《四庫全書存目》中。卷七爲《家禮維風》，是關於教子、德化、尚禮的著作；卷八爲《松風草》，收其詩文，體例編排新穎科學，如一贊，二箴，三詩，四歌，五賦，六歌，七傳，八序，九雜文，内容包括《進道圖》《清心歌》《朝天賦》《種石説》《説詩録》《勸俗歌》等等，其意在發明聖賢道理，啓迪後學。其中《四書則》僅有明崇禎刻本，《四庫全書存目叢書》也據此崇禎本影印。另外，清康熙《重修廣理學備考》本有《桑松風集》，其内容與《松風草》相校，只有一小部分，而且體例較亂。

　　本次點校以民國十五年鉛印本《桑暉升先生遺集》爲底本，其中《四書則》以明崇禎刻本爲校本。《松風草》以《廣理學備考》所收録的部分内容爲校本。但《真儒譜》與《家禮維風》因無校本，只能理校。此次點校原則上以照録原書的文字爲准，原書中缺字用□表示。

桑暉升先生遺集序

臨汾桑暉升先生，當明崇禎時講學姑麓汾流之間，孝親信友，躬行實踐，遠紹洛閩之緒，近以薛文清公為師，不慕乎其外，一時學士翕然宗之，負笈從游者踵相屬也，非所謂一代儒宗歟？既入祀鄉賢矣，而邑人復於先生故里建專祠祀之，并呈明上峰，每歲祭祀必肅地方官主之，用昭慎重。俎豆馨香，至今不衰，豈偶然耶？

文煥承乏臨汾，數載於茲，每隨都人士瞻拜廟貌，低徊無已。先生窮居草茅，學問行誼足以化導鄉閭如彼，又使數百年後聞風之人嚮往如此。藉令先生得位行志，抒其蘊蓄，移化宇內，其功效當可挽救頹俗末流，振明社於不墜，名烈聲采直與陽明輝耀前後。縱值大勢難回，不能奏旋乾轉坤之績，亦應與黃幼平、瞿起田諸公扶持殘局，延繫明祚，以申禮義綱常於風雨飄颻、人欲橫流之際，其聲施當可警頑立懦，為萬世名教倫彝懸之大枋，亦不至懷瑾握瑜、抱殘守缺、鬱鬱亂世以歿，徒令後人於荒煙蔓草、敗瓦頹垣之中憑吊英靈而追想設施之不廣。吁！亦可哀矣。

文煥奉令宣化於先生之鄉，恒苦事倍功半，學問行誼不逮其志，思取先哲以為模範。因欲搜求先生遺著，廣為印行，使一邑之人盡讀其書，規模鄉賢，群趨於孝親信友、躬行實踐之途，庶幾補政教之失歟！比以雜遝因循未果。今年初夏，蒙當局准以病休，此念輒為悵觸，不欲終負夙願。於是將搜得各種略加編次，都為八卷，付之鉛印。正校對間，適奉委仍縮原篆，因慫恿手民裝釘成帙，攜之任所，分贈臨汾紳耆，并公諸當時賢達，使之同深景仰，庶與先生當年倡導學者之意羌無大謬，或爲英靈所默許也。

民國十五年秋孝感湯文煥謹序

卷一　真儒譜

真儒譜贊

真儒譜，與終古，世道人心皆有補。程朱事業文章杜，至性發皇語不腐。介節清風端亮父，肯構肯堂思接武。當日造廬冠蓋聚，到今題跋懸祠宇。譜中更有神籤簿，醒世婆心教澤普。道德淵深疇與伍，衍留一脉紹東魯。

題真儒譜增補彙鈔

世有傳人，傳以道，實傳以心，傳於當時并傳於後世。松風之爲傳人也，人皆知之，未必皆深契之。松風以孝行傳，以品學傳，以著述傳，以節義傳。已付剞劂者，宜如何珍藏之？未付剞劂者，宜如何搜求之？抱遺訂墜存乎其人，而今乃得於孝廉張公也。余於張公未曾識荆，然見其增補《真儒譜彙鈔》，并擬定歲時章程八條，各賦七律一首，孤詣苦心，期垂永久，毋亦惟是松風夫子神靈呵護，於茫茫墜緒，假手張公極力維持，長留一綫之不絕。是即心心相印，傳心以傳道矣，傳於當時即傳於後世矣。《真儒譜傳》增補而彙鈔者，其事其人亦因之俱傳云。

松風祠記

當予之攝篆龍門也，訪求先賢著作，曾得《王文中子説》，《薛文清公集》暨《讀書録》數種，幾嘆觀止，珍若拱璧焉。茌洪以來，竊聞桑松風先生著作又夥，而每以不睹爲缺陷。適乙亥春臨邑郭生棣携《四書則》一編見贈，并述松風弁末，囑爲文。予盥誦未終，奮然起曰：此真學探理窟、融會貫通者矣。夫程朱有功於孔孟，而先生力勖夫程朱，千載而下，道不墜於天壤，理不涸於人心者，先生之力居多。顧文章關乎性道，學問基於庭闈，先生以孝聞義行尤不勝舉，其品詣、志趣、節操屢經前人表揚，無可復贅。獨二百餘年後猶得父子一堂，共享禋祀，固由官若紳捐輸建祠十數楹，購田八畝餘，賴以永垂，實亦張公子祥之心慕神交、三見於夢之所致也。雖然道彌積則彌光，學愈傳而愈久，迄於今，先生往矣，而手澤如新，行事昭人耳目，是先生往而未往也。宜乎與龍門文中子、文清公後先輝映，鼎力而三云。是爲記。

知洪洞縣事濟南艾紹濂謹撰

松風祠古風

焚香拜讀先生《四書則》，令人不敢着筆墨。此是聖賢真命脉，其書足壯乾坤色。再讀先生《松風草》，珠光玉彩真至寶。殘編斷字留人間，真與天地同不老。丈夫有志在聖賢，莫説求道若登天。只在天理遏人欲，便是孔孟真心傳。暉升先生深研究，當日督撫交章奏。帝曰咨爾爲太守，好將道德光宇宙。只因母老依膝下，拜辭龍章不敢就。從此敦請主講到晉陽，三千桃李列門墻。洙泗源流尼山脈，周程張朱伯仲行。生平著作幾等身，名山風雨秋復春。不幸國家值大故，崇禎之變歲甲申。以道殉身身殉國，由來孝子是忠臣。有人如此誠寡偶，天公自應昌厥後。當有鬼神常護持，世世明禋垂不朽。奈何問天天不說，七世而後血食絕。理數茫茫真難測，門庭荒草皆愁咽。究竟靈爽仍在天，夢中生氣猶烈烈。孝廉張公人中傑，精誠感召契前哲。爲公倡率建宗祠，爲公俎豆千秋設。爲公潛德發幽光，爲公繼絕又興滅。生平義氣干雲霄，千里神交心如結。我從百世仰山斗，深愧學疏才淺筆墨拙。吁嗟乎！且向先生洒此一腔真熱血。

隴右古天水玉峰書院山長孝廉張桐鳴未定草

明邑庠隱士桑仰亭先生墓表

仰亭先生爲晉之剛正士，清評在人，遺澤在鄉，卓然爲一方山斗。崇禎己巳長至日，公晨起呼嗣君曰：“昨夕夢訣，吾其老矣。吾没後，葬祭止求如禮，無過奢以炫耳目。”未幾疾作，越庚午正月二十一日告終。公嗣選元君拱陽遵遺命卜葬五畝新阡，屬余表墓。

余與公爲金石交，傾倒數十春秋，知公有年矣。嘗評其早歲時爲勞人，壯則爲達人，老爲幽人，而究其明無人非幽無鬼責，則始終一正人而已。公桑姓，諱惟喬，字培之，仰亭其號，世爲臨汾桑灣里人。父槐，母張氏，生公於嘉靖四十一年三月五日。幼即雙瞳炯炯，氣節峻嶒，有國士風。既長，負笈游東泉李先生門。維時親病於床，敵侮於户，公一身禦侮全親。耕讀課弟，卒能係籍學宮，令父病頓痊。然既痊復作，公丙夜減歲祈天，焦心備至，斯蓋順子也，而勞人矣。壯歲砥行修德，杜門訓子，繪《清獻告天圖》，尚友古人，疇昔橫逆者不校，暮夜遺金者不受。遇水災則夜禱雨中，值飛蝗則焚疏關帝。睹衙虎食人則廢箸蹙額，遇水利中阻即苦口公庭。力復鐵牌古制，里之人是非曲直，赴公質成，有望廬返訟風焉。公殆韋布也，而達人矣。晚年崇真尚儉，喜與林翁知友社酒盤桓，坐觀瀾亭中日誦，清夜安眠白晝閑。公蓋達尊也，而幽人矣。享壽六十九年，剛而有仁，儉而利物，月白天青，肝膽畢露。口不談師巫邪術，性不喜噂沓背憎。見人爲不善，頭面皆赤，直言刻責。言已却不復記存，故里井唧恩，瓜葛佩德，臧獲輩畏而懷之。關南沈念川先生表其閭曰："太丘德望。"積行所至，通乎神明，如河伯告避於瘑痳，天罡護疾於臥榻，俱歷有明徵。沒之夜，風雪交作，三日神色未變，天地晦暝者數夕。公庶幾乾坤正人與？嗚呼！堂植三槐，門高駟馬，古人取償於天，只此純誠積累耳。公遷固其才，實烈其行，厚德高仁，維風善俗，而終身韋素若斯，公之厥後其昌乎！長君扶陽，邑廩生，英年早世。今仲嗣拱陽君，方首膺恩選，勳猷未可限量，將振公未竟之業者端在於是，而公亦可含笑九原矣。謹續始末，告之來者，并以慰先生於冥漠云。

歲進士山西大同府山陰縣教諭少山杜茂初撰

明端亮高士仰亭先生桑公墓志銘

予友臨汾桑暉升丈，力行古道，講學平水之陽，士之日從游者甚夥，聞皆乃公仰亭先生啓迪之力。先生旬五時，予有言以介無疆。今崇禎三祀正月二十一日捐館舍，吊訃，盈閭謂哲人云逝也。即以是年十月二十五日葬於村北五畝原，開山作祖。從治命也，冀予爲志銘以賁玄室。予雖素不習應酬言以諛地下，然於先生則誼不容辭。先生制行不詭隨，不欺詐，守正率真，允稱端亮。因題石爲“端亮高士仰亭先生桑公之墓”，而志之曰：

公諱惟喬，字培之，別號仰亭，以嘉靖四十一年三月初五日生，世居平陽郡城西之村落曰桑灣，以古昔四圍皆桑姓也。高祖志林，曾祖景全，祖仲賢。父槐，號柏亭。公以行誼著，配張氏，生子二，公其長也。七歲入家塾，稍長，聞襄陵李東泉先生清修粹品，負笈從游。父柏亭公居鄉，與人不較，諸強梁以爲怯，往往橫肆侵侮，多醉後詆於門，父杜扉巽謝。久之，遘疾，荏苒床蓐。公內侍湯藥，外禦侮凌，自謂非廁身學宫，無以慰親。下帷攻苦，諸艱備嘗。縣試每居前列，以儒童受知邑令盧公，得免城夫鄉旦之役，克慰親心。萬曆癸未，陸督學歲試平水，錄爲臨汾庠弟子員。父久病床蓐，不能屈伸，至是隨移步中庭矣。公慮父任勞頓，疾復發也，每雞鳴盥漱問侍畢，則率亞旅力勤南畝，期致親歡。暇則誦讀研究，佩服訓典，見諸實行，下至醫卜、星曆、九章之數，皆一一究其指歸。尤好閱史，感慨興亡，或髮立，或泣下，又怳若置身忠孝節烈之傍。獨不喜攻八股業，揮毫直書，瑕瑜互見。詩亦直寫胸臆，不峭峭以推敲爲奇。字則銀鈎鐵畫，蒼勁如其爲人，亦不臨池專務。宅東闢書院一區，課子弟、授生徒其中，期以取則賢聖，砥礪身心。諸子弟後生皆若其化，不復問昔時之強梁也。諸強梁亦改革愛戴。

公雖列韋布，乎凡兵農[一]、馬政、利害、治亂源委，灼然若指諸掌，毅然直任之身。里多水田，歲辛丑，里中所傳牌印偶爲遠村阻礙，妄欲更取便，使水之制訟連月不解。秦邑令因思定一期，公苦口力靜，謂此期一定，則水旱無常，苗旦夕可稿，民之死於凶歲者恐多詰旦。邑令悟曰：“吾思此事夜分不寐，定死局真不如遵活法之爲愈也。"命循古例如昔，民至今便之。後邢邑令下車策諸生，問四境疾苦，公條畫井然，令亦多見諸施行。內外姻族一罹於阨，即以赤膽素心周旋體恤，不憚冒暑衝寒，以故顛連無告輩依公如泰山華岳。見人有善，極口稱揚，不善即頭面皆赤，終夜反側不寐，必直言繩糾，令其改圖，言已不復記存。里人小忿相持，踵門赴訴，是非曲直，侃侃以大義裁之，退各欣然，亦有未及相質而望廬以返者。友家延爲析爨主，其一私具金帛來瀆，公正色却之曰："某所爲，盟天矢日耳，豈可私乎?"其人愧服而去。平日問遺饋送，惟周窮約，未嘗一及豪貴。或獨坐中衢，山峙岳立，如懸秦鏡，浮薄輩過者望風迂道而避。晚年偕朋儕締真率會，終歲不入城市，唯與林叟溪翁社酒相歡。不好重觴累俎，深以暴殄爲懼，每謂盤中餐粒粒皆辛苦也。居家一稟司馬氏諸儀，裁冗禁奢，俾稍存贏餘[二]，以備不虞。終其身食不設兼味，衣不厭數浣。冠履服色，古樸老成。御童僕，軫念饑寒，嚴臨下而不毀傷，尤不喜閨門榜笞之聲。啓迪哲嗣，闡明程朱正學，以範來茲。搆觀瀾亭，公坐其中，後進講道問業，公每傍示一語，人不覺頤解心醉。修髯紅腮，宛然十洲三島間人。人期公上壽，以膺盛典，如漢之申、伏故事，公竟以痰癃不起矣。沒時自示葬處，神思不亂。及斂，顏面如生。享壽六旬有九。存日，關南沈念川公表其里曰："太丘德望。"先配張氏、高氏，生一女，適張紹慶，早卒。繼配郭氏，襄邑通判蓮塘公女，生二子。長扶陽，邑庠廩饍生，娶杜氏，俱先公卒。次拱陽，即暉升丈，崇禎元年恩貢，娶薛氏，繼張氏，副室張氏，孫女尚幼。復元子曰：數年前，予過先生里門，睹豐儀，知爲君子儒。或告我以先生孝友敦倫，平心御物，不侮鰥寡，不畏强禦，儉素挽乎流俗，忠誠動乎州里，以故化强暴而强暴革，質鬼神而鬼神通。父疾發，呼天祈代，而父疾隨愈。暴水至，露跪雨中，而水即安流。蝗害禾，禱神驅逐，而蝗不爲害。果何修而得此哉？一真故也。真之不邪曰端，不僞曰亮，端而亮，庶幾其不愧乎！爰以是概先生之生平，且以爲來世告。因係以銘。銘曰：

以誠宅衷，以直範躬。堂堂正正，如百川之必東。廉頑立懦，儀表世風。啓後明學，吾道有功。逍遙觀化，妥此玄宫。於萬斯年，孫子隆隆。

河汾野人辛全謹撰

明大儒桑先生年譜編傳

先生諱拱陽，字暐升，號炳寰。松風道人，其別號也。臨汾桑灣人。族遠不可考，高祖景全生仲賢，仲賢生槐。槐二子：長惟喬，號仰亭，邑庠生，謚端亮，高士，配郭孺人生二子，仲先生。生於萬曆己亥三月二十九日戌時。端亮公夢參星降，郭孺人夢吞星于腹，是生先生，岐嶷聰穎，人皆器之。七歲就塾師，十五歲從端亮公讀《通鑒》，見程朱録，即毅然以聖賢爲分内事，於座側粘格紙，每一善紀一圈，一失去十圈。元日焚神前，歲如之。十八歲，端亮公疾，辰昏侍湯餌，夜祝天以身代，疾尋愈。端亮公素佩趙清獻公告天事，曰：“不敢告者不敢爲，余願矢焉。”先生體此意，著《華祝三章》，爲端亮公壽。十九補邑博弟子員。司李宜興周公知其賢，以二子北面事之。二十一歲，學憲孝感傅公奇其文有根本，首録之，食以邑。嗣是，從先生游者日負笈至。作《進道圖》《清心解》《朝天賦》《種石説》諸書，繪《太極圖》於窗，大書“敬”字於堂，以示警觸。肖文清公像于松風草堂，配先師，歲時祀之。甲子，鹽臺李公緝敬疏薦于朝，不報。乙丑，應平巡憲王公聘，同絳州辛復元先生講學郡城。丙寅，邑廣文程公忘師生，執弟子禮，時就正焉。丙寅，學憲烏城吳公歲試平陽，首録之。復以行優舉，稱爲德學兼優之士。丁卯秋闈，爲商丘宋公首薦，以策語犯權璫，副之。戊辰，三十歲，以恩貢士大學。己巳，學憲四川揚公延，與復元先生大講郡庠，環頮林者數千人。十月，直指祝公疏薦之，不報。庚午春，端亮公卒，哭幾絶，水漿不入口者數日。迄葬，哀哀墓側，欲爲三年廬，以母老寇變已之。獨居一室，衽茅枕塊，戚容茹蔬，三年如一日。時有集燕卧鼠之異，里人驚傳之。壬申，建觀瀾亭於其居之陽，面繞汾流，背負西山，林樹蒼莽，清幽迥絶。肖端亮公像于亭上，歲時禮祀如生。端亮公友愛弟惟高，友杜公少山，先生體遺意，間數日，必置酒食會之。十月，邑大夫周公請主講壇。癸酉，登賢書，捐坊金，修學宫。冬，上公車，途遇貧者，不惜竭囊濟之。甲戌春歸，太夫人疾，醫禱如端亮公疾時。學憲宜春袁公下車請見，分庭亢禮。乙亥，撫臺吳公鹿友延見之，曰："名世真儒。"屬纂《家禮維風》并所著《詩》解，特疏上薦，詔下徵焉，以母老辭。丙子，著《松風集》，建弘道堂，日聚群弟子百餘人講課焉。十月，講《忠孝》《小學》諸書于龍吟書院。戊寅，建奎光樓以居弟子。四月，爲鄉人爭水利，幾遘中官之害。或曰："先生曷不自惜，乃爲人取禍耶？"先生曰："平水源襄，其下流汾、襄均分水利，而襄奪之，歐訟不息。余一人出以求平，爲二邑人排難息紛耳，即載鬼誣，何慚焉。"己卯，編《説詩録》《勸俗歌》。庚辰，著《四書則》《勸學》《問心》《時習》《賢孝》諸篇。辛巳，刻《漢春秋説義》以諭兵士。十月，立河東書院于郡城。癸未五月，撫臺蔡公雲怡延主太原三立書院，講性理、經濟之學，時藩臬以下及紳士皆受教焉。秋，計偕北上，一時公卿議舉善首書院，以疾歸。蔡雲怡公暨邑侯大名劉公請主干城社，爲守禦計。迄闖渡河，聞先生名，僞詔數下，辭以疾，抗節弗應，賊亦不敢以威勢强也。以是憤鬱成疾，遂不起，于甲申六月十二日卒。臨終，正襟危坐，止言根本處不差，未嘗一語及他。太夫人蚤失明，問疾必壯聲應，若無疾者，恐貽母憂也。我清定鼎，學憲有莘孫公欽其風，援祀鄉賢。嗚呼！先生律身也敬以莊，雖燕居無狎色。與人也，醇以篤，雖橫逆無動容。學原於毋欺，以躬行實踐爲功。文出於有本，以明道濟時爲用。嚴辭受至一介不苟，守節義至百折不回。光風霽月之襟，泰山喬岳之品。吾鄉自文仲、文清而後，安邑曹先生、絳之辛先生，至先生而三矣。耆自癸酉春得侍先生二十年，習教最久，知最悉，茲特編其行略如此。表章遺行，是所望名公巨筆云。

賜進士出身陝西提刑按察司按察使古桐門人翟鳳耆象陸敬撰

暉升桑先生傳

范鄗鼎

先生諱拱揚[三]，字暉升，一字松風道人，世居臨汾桑家灣。好澹泊，不入城市，不履公門。父仰亭公，於明萬曆己亥春三月舉。先生幼而謹嚴，七歲入小學，十五歲見《近思録》，遂以聖賢爲分内事，從仰亭公授功過格，粘於座，實_{實字要着眼}[四]記善惡，元日焚神前，歲_{歲字更要着眼}如之。丁巳入庠，司李周公_{諱鼎，宜興人}見而心折，率二子北面捧手。己未，學臺傅公_{諱淑訓，孝感人}奇其文有根本，餼焉，時從游者日衆。作《進道圖》《清心歌》《朝天賦》《種石説》，繪《太極圖》於窗，大書“敬”字_{從敬入手是吾河東的}傳於室。肖文清公像於松風草堂，以配先師。春秋釋奠不疏不數。甲子，鹽臺李公諱日宣，吉水人疏薦，不報。乙丑，道臺王公諱嗣美，朝邑人禮聘，與辛復元先生講學於郡。丙寅，學臺吳公諱時亮，江南人優其文行，以冠多士。明年秋大比，副丁卯榜。戊辰，由恩貢讀辟雍書。己巳，學臺楊公諱作楫，蓬溪人禮聘，與辛復元先生講學於郡。冬，直指祝公諱徽，臨川人疏薦，不報。庚午，仰亭公卒，盡禮，獨居三年，有孤雁來巢。壬申，建一亭，肖仰亭公像於中，事之如生。歲時伏臘，體遺意養志，速諸父惟高公，速諸舅杜少山公不怠。邑侯周公諱文斗，沂州人請講學。癸酉，登賢書，出坊金，悉修學宮與孝空門有別。甲戌，學臺袁公諱繼咸，宜春人禮聘，與辛復元先生講學於郡。乙亥，撫臺吳公諱甡，揚州人禮聘，講學於晉陽，兼訪時事，屬纂《家禮維風》，并所著《詩解》，疏薦，上聞，詔下徵焉。以母老力辭。丙子，著《松風草集》，及門講《忠孝》《小學》等書於龍吟書院。戊寅，爲鄉人均水利息爭，幾搆害，卒得其平。己卯，編《說詩錄》《勸俗歌》。庚辰，著《四書則》《勸學》、《問心》、《時習》、《賢孝》篇。辛巳，刻《漢春秋說義》。癸未，撫臺蔡公諱茂德，南直人延訪時事，兼講學於三立書院，圜橋觀聽。知先生貧，贈束脩千金，力却。秋，以疾歸，撫臺暨邑劉公諱達浚，縣人延主干城社。頃逆闖渡河，聞先生名，力徵。先生不應，遂不食。友人勸之，少食。復不食，友人復勸之，食，以是遘疾傳出一忠字。甲申六月十二日，設明太祖主，正衣冠而拜，乃死。死之日，止言根本處不差，然猶壯聲以應太夫人之問，若無疾也者帶出一孝字。范鄗鼎曰：《洪範》曰‘有猷，有爲，有守’，先生不入城市，不履公門，似一有守者，然及觀其奉程朱之教，倡明河東間，從者數百人，講究不輟，此豈僅僅一有守者哉？悲夫！逆闖蠢動，邦國殄瘁，我生不辰，不食而死，視昔所講究者，至此不虛也。後之有守者，聞先生之風可以進矣。

魏環溪先生_{諱象樞}，蔚州人曰："吾鄉自薛文清後，接脈惟曹與辛及桑陶而已。"

傅公他先生_{諱山}，太原人曰："吾晉自曹真予後，不乏講學者矣。獨有登其堂者一人，桑孝廉暉升。"又曰："桑與辛同時，且友善。"按此，先生之爲理學無疑。或謂先生非死節者，此不足辨。

范爾梅識。

桑暉升先生贊

河東薛後，學稱正傳，復元辛子，得其大全。公也崛起，研深攻堅，如山幷峙，如海納川。倡學明道，三十餘年。世盡羶腥，公獨清漣。松風夜月，躍魚飛鳶。篤信守死，正氣參天。

安邑呂崇烈拜贊。

讀桑先生傳弁言

姚江徂伏，絕學終湮，私淑遺編，不遑繼緒。明大義於衣冠，言動之外；考正誼於全體，大用之中。本此心此理而讀此書，合斯世斯民而稱斯道。爲常爲變。貴乎權輿。可獨可兼，止於至善。泰山梁木而後毅然自任者，咸爲聖人之徒；關閩濂洛以來醇然不滓者，莫非有志之士。火必傳於薪盡，能無有感於斯文？源待衍於流長，竊自負慚於學海。求人岌岌，余心戚戚。

盛夏獨居，偶同志翟子過我，而授讀暉升先生之傳。追維往行，夷考風徽。讀程朱而自許爲聖賢，嚴出處而盡力乎忠孝。從游每多負笈，紳薦俱有刻疏。旨哉！根本處不差，誠可謂要言能不煩也。夫曾氏子知其所先，子輿氏立乎其大。知先則全體湛然，立本則大用畢具。務辨毫釐於千里，方曰不差；能堅此理於令終，可稱明哲。余不獲生與先生同居，慶鄒魯之得人；猶幸從翟子象陸得聞先生之風，知先生之德不孤也。余懷彌炎炎，余心彌栖栖矣。

順治庚寅盛夏武陵胡統虞述。

入祀鄉賢録

臨汾縣看得，已故舉人桑拱陽，卓品純全，潛修粹美。闡明道學，語語泗水宗傳；疏注葩經，字字考亭正印。性不近塵市，足不至公門。膠庠多被夫薰蒸，桃李盡植之門下。體用俱備，學守兼全，令德久聞於上臺，躬修堪配乎孔庭。

平陽府看得，已故舉人桑拱陽，冠玉粹品，優異長才。學窮二酉之書，胸懷治安之略。不事束脩，桃李森榮。且著勸俗之編，咸歸有道之化。同稱無間，遐邇允服。堪享烝嘗之祀，以慰泉壤之魂。

欽差督學道孫諱肇興，山東有莘人批，既經該府查明，准入從祀。

順治三年二月內批准，即於本年三月初一日迎入鄉賢，置主從祀訖。

府、縣、學詳申事實：

一、舉人性至孝，事親備極心力。父病，籲天請代。比歿，不飲酒，不茹葷，三年如一日。及葬，欲爲三年廬，特因母老在堂，親友請歸。旋家另居一室，時有孤雁來伴之異。

一、舉人世居村落，澹泊自甘，足不履於市廛，私不至乎公門。

一、舉人倡道河汾，不事束脩，仰範程朱，惟以闡明理道爲己任，遐邇負笈至者數百人。

一、舉人登賢書，會學宮頹圮，捐坊金以助修葺，時邑令扁其門曰"輸坊修學"。

一、舉人著《四書則》，《詩經字字解》《説詩錄》《松風草》《家禮維風》《勸俗歌》等書十餘種行世。

一、舉人蒙撫院吳特疏上薦，詔下徵聘，以母老告辭。

一、舉人蒙撫院蔡聘，至太原主講三立書院，時合省多士聽講，此誠一時盛會，千秋曠典。

一、舉人闖寇至城，避山，逼仕，托疾不見，後抵京復聘，數日不食而死。

附錄：縣志鄉賢

桑拱陽，癸酉舉人，冠玉粹品，優異長才。學窮二酉之書，胸懷治安之略。不事束脩，桃李森榮，且著《勸俗》之編，咸歸有道之化。同稱無間，遐邇允服。所著有《四書則》《詩經字字解》《説詩錄》《松風草》《家禮維風》《勸俗編》行世。

附録：縣志科目

崇禎癸酉科

桑拱陽，潛心理道，仰範程朱，著書倡明正學，毅然以興起斯文爲己任。負笈甚衆，不事束脩。登賢書，捐牌坊銀，以修學宫。父病，籲天請代。及歿，一遵文公家禮。撫院吳以真儒特薦，徵聘里門。撫院蔡聘講三立書院。後遭闖亂，僞詔逼仕，抗節不應，憤鬱成疾而卒。順治三年，郡邑申舉，學憲孫入祀鄉賢。所著有《四書則》《詩經字字解》《説詩録》《松風草》《家禮維風》《勸俗編》行世。

附録：縣志貞烈

高氏，孝廉桑拱陽妻，秉性嚴潔，孝事姑嫜，苦節三十餘年，柏舟矢志，和熊撫孤，清風卓越，不負名門。

貞節桑師母高孺人像贊有引

余師暉升桑先生，理學真儒，俎豆芹宫。師母高孺人，柏舟矢志，撫孤成立，是先生之賢得師母益彰，師母之節配先生無愧。余幼叨門墙，遠任鳩江，走使致奠，敬陳贊言曰：

於維師母，秉性嚴潔，勤儉寡言，澹泊自悦。孝事姑嫜，婦道無缺。歲逾二旬，節凜霜雪。三十年來，冰清玉潔。撫子游泮，書香聯綴。諸臺旌表，芳徽卓越。媲美先生，清風高節。

時康熙庚戌初夏，文林郎江南蕪湖縣知縣門人段文彬頓首拜贊。

諸名公表閭

太丘德望奉直大夫、知吉州事、關南沈愉，爲大封君隱居庠生桑惟喬立

主敬堂崇禎戊辰春，文華殿大學士兼都察院左都御史曹于汴題

名世真儒欽差提督雁門等關兼巡撫山西地方吳姓，爲真儒癸酉科理學舉人桑拱陽立

理學名儒撫院蔡，諱懋德

真儒學道袁，諱繼咸

河汾先覺巡道朱，諱之馮

輸坊修學縣尊周，諱文斗

尼山心印兵巡道汪，諱喬年

文行一人巡按祝，諱徽

真修雅範南直撫院前山西學道陽，諱作楫，又長聯一副

草野承先業，留一區方寸良田，世世子孫耕種；詩書啓後人，修百代崇隆天爵，綿綿今古流傳。

祠　堂

手澤亭崇禎五祀孟夏吉，男桑拱陽立

暮夜却金_{崇禎己卯仲冬吉，內閣中極殿大學士諱爌題}

德厚流光_{學道張弘襟}

範世傳家_{平陽府知府程世昌}

儒宗啓後_{撫院蔡懋德}

先正遺範_{司李劉士璉}

流風師世_{邑侯周文斗}

四知高風_{邑學師程式孟}

承先啓後，義方開一代真儒，觀瀾堂前明曙色；事死如生，孝思衍千秋大業，手澤亭上挹春風。_{清源年侄王象極}

近聖人居，地拱堯封稱勝概；守先王道，身登孔席接真傳。_{蒲坂年侄韓坥}

皎潔肝腸，正氣時連秋水壯；端嚴節概，英魂常對曉山來。_{門晚學生王永命}

生平直道留三代，奕世清風振九區。_{會稽後學張學曾}

山高水長，尸祝堪齊畏壘；風清月白，襟懷如對濂溪。_{古絳後學韓霖}

近尺五天，桑梓千年崇廟貌；留方寸地，桂蘭奕葉振家聲。_{襄陵年侄楊捷}

剛毅鬼神欽，七十年泰山喬岳；純誠今古重，千百載春社秋嘗。_{通家晚生李紫登}

鄉賢肇崇祀，煌煌俎豆分榮；家塾凜世德，赫赫奕葉增光。_{門人秦興邠}

張子祥孝廉爲明儒鄉賢桑夫子建祠宇
置祭田并分款題詩義舉也佳話也
長歌以志之間用古通韵

追宗前代桑夫子，義舉獨推張孝廉。道統聖經原一脉，于今隔絕二百年。二百年來人豈少？夫子門墻何潦倒！相傳七世斷香煙，後起文人多不曉。孝廉慷慨人中豪，嗜古多才恣探討。捐募建祠俎豆新，題詩颯爽生春草。夫子者誰？暉升其字號松風。孝廉者誰？子祥其號名兆熊。夫子先人理學宗，孝廉家世恭蕭公。忠臣義士生同里，汾水之西姑山東。我聞夫子當亂世，闊達自有真胸臆。潛修敦品登賢書，欲展經綸無權勢。謹崇名教挽頹風，接踵門前來問字。闖寇甲申陷北京，天翻地覆乖倫類。内廷亂擊景陽鐘，祇有襄城一軍至。賣國求榮負恩主，閉門揖盜竊神器。突然僞詔竟三頒，爲位而哭千古泪。丈夫有志豈貪生？拚得一身明大義。松風夫子忠孝人，白頭老母泣忠魂。能盡忠兮能盡孝，不辱身是不辱親。昔我久蒞臨汾縣，世亂差繁寡聞見。一日忽欣張子來，袖中挾得書一卷。琳瑯入手奪毫光，拜讀焚香師北面。孝事雙親三祝天，教家教世歌十勸。明倫講學括古今，振起聲聵奔雷電。種石説竟聖賢關，至理名言金百煉。鬼神呵護留此編，金光佛法全身現。芸窗讀罷默沈吟，掘起鎚胸忽長嘆。如此偉人不遇時，中天日朗風雲變。兹因衰朽欲歸山，留此長歌備一奠。世住桑灣舊日村，村人好義代慈孫。書香繼起馨香續，重整當年孝子門。前無夫子美弗彰，後有孝廉道可昌。前後兩賢接輝光，千秋留得姓名香。我去此間數千里，望美人兮天一方。英雄泯没知多少？安得同人皆子祥？

知臨汾縣事古醫巫閭山雲閣王治成敬題。

真儒譜增補彙鈔跋

　　有明三百年，理學蔚起，著述孔多，凡以發明聖賢之道，嘉惠後學也。洪洞進士范彪西徵君旁搜博采，輯有《理學備考》兩函，一人一傳。《廣理學備考》六函，一人一集。而以河津薛文清公爲冠，與洪洞韓忠定公、臨汾張恭肅公、絳州陶恭介公，號平陽四賢。之四賢者，皆以名儒爲名臣，盛德大業載在簡册，卓卓乎可法可傳矣。迨明末國變，以節義著者不可殫述，如我臨汾桑松風夫子生平大節，觀晉撫吳柴庵中丞特舉真孝廉一疏，與其古桐門人按察翟象陸公所撰《年譜編傳》，并范彪西公所作傳，學術人品已可概見。熊不自量，竊慕夫子之學行、之節義、之著作，愚誠所感，見於夢寐者屢矣。既爲倡募增建其祠宇，肖其遺像，購祭田，刷印《四書則》《松風草》《家禮維風》，前任王雲閣明府贈有長歌一篇，而猶未也，昔曾得見桑氏《真儒譜》，係夫子哲嗣、邑庠生、孝子諱滋者所輯，首載乃祖端亮公墓表，與其志銘、像贊，繼録乃父松風夫子各傳，并諸名公評論，及已刻未刻各匾聯，背録桑滋公至旭榮公六世而止。年久紙腐，間有殘缺。不揣譾陋，辨其文義，妄爲補之，欲重録授梓，苦無資斧，闕焉有待。頃門人郭棣館於洪城望族劉公昆玉家，以公事獲奉教於邑尊濟南艾鏡漪明府，又獲謁見玉峰書院山長天水張元音夫子，親炙德教，談及桑松風軼事，呈閲所著《四書則》《松風草》兩種，艾、張二公一覽其書，心嚮往之，允棣所請。艾公撰《松風祠記》，慨輸刻《真儒譜》工本之資。劉公昆玉亦有捐項。張公作《古風》一篇，贊美先哲，不惜齒牙餘慧，波及鄙人，曷勝愧汗。熊盥誦再四，既服二公崇儒重道之誠心，且喜桑氏《真儒譜》塵封已久，而今發刻有資，增以《松風草》中所無，抽范彪西公大刻爲學人所不恒見者，附刻於譜。譜傳而松風父子祖孫孝友相承之美無慮湮没不彰矣。夫以端亮公與松風夫子高誼，都人士嘖嘖稱道不衰，著作具在，豈待刻譜而後傳於世？然而表章前賢所以鼓勵後學，付剞劂氏以廣其傳，永垂不朽，庶足見平陽四賢後，草莽中猶有理學真儒，爲斯道接脉，不可以窮達論也。亦見好善有同心，不以時限，不以地隔，而自有默相契合者存，豈僅僅爲傳其篇章已哉？質諸艾、張二公，未知鄙人芻言亦有合於高明之雅意焉否也。

鄉後學磐野張兆熊謹跋

附刊辦事章程八條并七律八首叙

熊既録《真儒譜增補彙鈔》訖，另録拙稿一册，門人郭棣携至洪城劉宅書館，轉呈邑宰艾鏡漪明府，代余質證，蒙作《真儒譜贊》，并題《真儒譜增補彙鈔》《松風祠記》。既又呈玉峰書院山長張元音先生閲過，蒙作《古風》一篇，贊美先哲，不惜齒牙餘慧，波及鄙人，愧不敢當。《真儒譜》已付剞劂氏發刻，拙稿乃熊一人管見，文理荒疏，未蒙斧正，何敢遽灾栗棗？惟是艾明府虛懷若谷，不棄葑菲，題《真儒譜增補彙鈔叙》及熊所擬《辦事章程八條》，各賦七律一首，期垂永久。區區微忱，經公一言道破，而所爲《章程》八條究辦何事？七律各一首究係何句？村俗謳歌，聊抒鄙意，貽笑大方多矣。兹藉刻《真儒譜》之便，姑亦刻出，以代鈔胥，便於就正高明，匡所不逮，賜加筆削，誠熊之所禱祀而求者。抛磚引玉，尤所深望將來收集成帙，補鐫於譜。譜傳而真儒愈傳，諸君子崇論宏議、吟咏佳章亦與之俱傳，則以熊爲燕之郭隗也，可若謂附驥尾而名益彰，熊雖劣，不設是心矣。

敬擬爲鄉賢桑夫子辦事章程八條

一、議祀事。夫子理學真儒，清修卓品，泂吾鄉典型，後進模楷。乃氣數所限，七傳乏嗣。雖崇祀鄉賢，朝廷原有秩典，而桑灣故里靈爽式憑，豈可無人享祀？若拘於不祀非族之説，所謂鄉先生殁而祀於社者，其義何居？况夫子抗節不應僞詔，爲國捐軀，豈非天下之士一日而千秋者哉？今日爲夫子祀事計，以後儒繼先儒，以鄉誼崇道誼，歸於合村供奉，斯文一脉代代相傳，較之一家奉祀更覺鄭重綿延，故議祀事爲此舉第一條。

一、建享堂。夫子以觀瀾亭爲若考端亮公所建，殁後肖像其中，時勤孝享，題其額曰“手澤亭”，緣係先人神魂所託也。匾已失落無存。兹既爲夫子議定祭祀，應有專祠。第地隘力微，難期輪奂，又不可高出端亮公正西享堂，因於手澤亭左側改建一堂，以祀夫子。照所傳大影塑像如當年，侍端亮公於旁，應爲夫子冥冥中所心許，故建享堂乃此舉必次及者。

一、設祭田。夫子爲一代儒宗，不愧千秋血食，但無祭田，何以致祭？欲求俎豆常新，須費有所出，而後可舉祀事。查桑氏本門，從道光年間旭榮公殁後，田産被所親鬻完，僅剩村北塋地畝許，年中得租糧白米三斗五升，除納官米六升外，餘錢經所親手，歲時詣亭供獻，亦幾幾乎廢弛矣。兹熊出所募金，經該村首事購水地八畝七分，以作祭田，歲完官事，餘多餘少，遇有祀事，該班預備一切，此亦緊要之務。

一、定祭期。夫子誕辰係三月二十九日，忌辰係六月十二日，既歸合村逢時祭祀，務必竭誠。誠能格天地，感鬼神，豈以非其族也而或吐之？吾輩晚進雖與夫子生不同時，尚幸近夫子之居，梓誼關切匪淺，一瓣心香，藉物將敬。祭辰惟誕與忌，誕辰爲先，屆期前六七日，該班首事具柬知會，募緣諸公來祠與祭，歷久勿替，庶幾神罔時怨，神罔時恫歟！

一、修塋墓。夫子當日葬端亮公於村北五畝新阡，有杜少山公所撰墓表，碑石猶存，餘皆無碑。以昭穆次序辨之，端亮公立祖一家居西，中三子附葬，長廩生鏡明先生諱扶陽，冢居左。仲即夫子，冢居右。左下一家，疑爲季嗣推陽公。現端亮公墓表石倒前，應再修整，圈起碑樓。夫子之冢陷，應審量修之，以安幽魂。故修塋墓亦不容緩。

一、豎碑石。夫子德醇品正，自明末迄今二百餘年，聲名洋溢，無不尊親者，豈待立碑而後彰？然表厥宅里，樹之風聲，顯微闡幽，亦吾輩後學之責。茲擬於墓前豎碑，酌欵題"桑某人之墓"。再於村西官路東豎碑一座，合邑合學口氣題"鄉賢桑松風夫子故里"，昭茲來許，以垂永久，此亦所當舉行者。

一、傳著作。夫子學術精純，發明聖賢道理，啟迪後學。著有已刻《四書則》《松風草》《家禮維風》等十餘種。惜刷印無多，流傳不廣。擬設法刷印幾部，給讀書之士，價取穀工料錢而已。平陽書院肄業舉子李厚堂、王雪堂二公因應鄉試，扶乩夫子降壇，賦七絕一首："滄海桑田二百春，山人來往總紅塵。當年孔孟書曾說，可惜人人不認真。"夫子仙逝二百餘年，猶拳拳於所著《四書則》，惜人都不認真，正望人都能認真，方見著作之有益也。

一、慎經理。夫子有靈，同事諸公倡募各有成數，多置幾畝祭田，租於安分農人，夏秋收租，責成本村紳耆數位。一年一班，輪流董事。屆期擇定一日，知會到夫子祠中，備飯、齊租、算帳，花費公出。其租粟變價公存妥地，以便祭期預備祭品、設席待與祭諸公并歲修祠堂使用。此爲至要，可望永久不廢。

章程八條，各賦七律一首，聊抒鄙懷，不計工拙，覽者幸賜教焉。

議祀事

理學真儒第一流，七傳數盡復何尤？舊時堂燕憐皆去，此日巢鳩惜獨留。衣鉢需人承道脉，烝嘗果孰薦塋頭。而今祀事嘆無主，庖代相應借箸籌。

建享堂

松風夫子昔談經，皋比旁依手澤亭。圖繪周窗參太極，燈薰范帳悼傳丁。孫謀竟爾停樽祭，祖訓阿誰守典型？創建專祠位列左，尊公道德妥公靈。

設祭田

春秋巨典祀鄉賢，岳降誕辰尚寂然。黍稷非馨明德重，蘋蘩可薦敬心宣。千緡捐入儲經費，十畝購來作祭田。歲歲租資聊足用，禮隆俎豆奉儒先。

定祭期

天降文星岳降神，祭期端合取生辰。當年門額懸弧慶，此際堂前進饌新。空抱瞻韓御李意，如隨立雪坐風人。季春念九同來享，一瓣心香望縉紳。

修塋墓

蔓草縱橫五畝阡，荒涼卅載斷香煙。素車白馬何人痛？掛劍摔琴有孰憐？泪灑松丘同吊古，聲傳華表獨登仙。修塋特重先生節，不愛清明進紙錢。

竪碑石

表章懿德示來兹，觸目警心猶缺碑。大節休同小節議，前賢
務俾後賢知。渾如程墓題名日，不異峴山墮淚時。願得人人都學
好，松風夫子乃人師。

傳著作

夫子豈炫講學名？千言萬語本躬行。筆垂典則四書著，字解
葩經六義明。論說道窮天地奧，咏歌心與聖賢盟。等身著述堪傳
世，啓迪後人振鐸聲。

慎經理

借擬八條慎始終，募緣相助仗諸公。歲憑蓄積規常在，人得
清廉用不窮。一脉斯文聯道義，千秋大業屬豪雄。從兹經畫期垂
久，今古此心此理同。

增建鄉賢桑夫子祠并述一生節略記

松風書院爲桑暉升夫子講學處，乃翁端亮公所建觀瀾亭是
也。夫子生於明末，少從端亮公暨伯兄鏡明先生學。十五歲讀
《通鑑》，見程朱録，毅然以聖賢爲分内事。迨入庠食餼，學術
已深，賢德已著，經師人師，兩無所愧。負笈從游者日衆。肖薛
文清公像於松風草堂，配先師，歲時祀之，其所取法可知矣。自
是以後，蒙鹽臺李公疏薦於朝，不報。應道臺王公禮聘，同絳州
辛復元先生講學於郡邑。廣文程公忘師生，執弟子禮，時就正。

學憲烏程吳公歲試首録，舉優行，稱爲德學兼優之士。鄉試以策語犯權璫，誤中副車。及壯，由恩貢讀辟雍書。學憲四川楊公延與辛復元先生大講郡庠，環類林者數千人，事詳學會紀録。直指祝公疏薦，不報。明年春正，端亮公捐館舍，夫子讀禮之餘，以觀瀾亭爲公神魂所託，肖像其中，歲時禮祀。事叔父惟高公、父執杜少山公，間數日，必置酒食會之，孝思彌切，孝德彌彰。邑大夫周公請主講壇。崇禎癸酉科登賢書，輸坊金助修學宫。公車北上，途遇貧者，不惜竭囊濟之。旋歸，學憲宜春袁公下車請見，分庭抗禮，聘與辛復元先生講學於郡，撫臺吳公禮聘，講學於晉陽，稱曰“名世真儒”，屬纂《家禮維風》，特疏薦爲真孝廉，詔下徵焉，以母老辭。建宏道堂，日聚群弟子百餘人講課。講《忠孝》、《小學》諸書於龍吟書院，有白鹿洞、鵝湖遺風。是年夏，臨、襄爭水利，毆訟不休。夫子一人出，排難解紛，幾遭中官之害，而水利以平。刻《漢春秋説義》，以諭兵士。詳録村東關帝廟籤簿，又立河東書院於郡城，建文昌祠於縣學前。撫臺蔡雲怡公延主太原三立書院，講性理、經濟之學，藩臬以下及紳士皆受教。秋，以疾歸，知先生貧，贈千金，不受。時有寇變，撫臺與邑侯劉公請主干城社，爲守禦計。迄闖渡河，聞先生名，僞詔數下，辭以疾，抗節弗應，十一日不食而死。與浙江山陰劉蕺山先生均以不食全節。臨終正襟危坐，止言根本處不差。所著十餘種，有已刻《四書則》《松風草》《家禮維風》，未刻《詩經字字解》，失落首卷，餘無存者。此其有關於綱常名教，嘉惠天下後世學者，爲何如也？吳撫臺薦真孝廉疏，并其古桐門人按察翟象陸公所撰《年譜編傳》，洪洞進士范彪西公所作《傳》與《入祀鄉賢録》，府、縣、學詳申事實，可考而知。我清定鼎，學憲有莘孫公欽其風，援祀鄉賢。而夫子哲嗣庠生諱滋者亦稱孝子，門懸匾額曰“鄉賢遺風”，夫子可謂有後矣。夫太

上三不朽，首立德，次立功，次立言，三者有其一已難，兼之者
爲尤難。若未嘗得位行道、大展抱負，而其德、其功、其言彰彰
在人耳目間，皆足以垂不朽，則尤難之又難者也。統計夫子生
平，自少壯讀書講學，至崇禎甲申盡節之年，僅四十六歲，而所
謂三不朽者已純全無遺憾。誠哉！家學淵源，河汾嫡派，肖文清
公之像，實印文清公之心，不愧以聖賢爲分内事者歟？脱非生不
逢辰，等身著述當不在兩廡諸先儒下。熊生也晚，不及登夫子之
堂，親炙德教，一發其蒙，猶幸童時，先君子敦請理學名師，受
業於金殿陳環溪先生，即今同事嚮亭公五福胞伯。金殿距桑灣村
里許，聞有桑夫子盡節一事，不知其他。延及道光初年，以應試
至郡，遇夫子七世孫旭榮公，携所刷印《四書則》待價，余購
一部，遂相識。惜公艾年乏嗣，遽作古人，家産傾於所親之手。
松風書院歸于合村，猶呼爲亭者，從舊也。西亭有端亮公塑像。
公之懿德，詳司訓杜少山公所撰《墓表》，并辛復元先生所題
《像贊》。夫子遺有畫像一軸，與端亮公畫像并存。熊年卅餘入
齋，例經管學田，因收租抵桑灣村，特詣松風書院。爾時觸目傷
心，已有增建祠堂，補塑夫子遺像之意，而未逮也。迨同治六年
春正月，合村首事諸公設蒙學於兹，邀余相商，謹應以募緣舉
事。隨出緣簿，約同志四十餘人相助。屬胞弟薦秋經手，與其村
中耆紳人等督理修建。新其西亭，補龕。改建北書室，拓爲五
間，作龕塑夫子像。創建南廳五間，爲講學待賓之所。西北厨房
一間。復修其門樓、屏風。原匾吹落無存，照舊式另鑴"松風書
院"四字懸之。價購祭田八畝七分，紅契交代首事人妥存。刷印
《四書則》《松風草》《家禮維風》百餘部，板在金殿柴孝廉第卿
公家，乃翁明經玉峰先生者。翁爲熊契友，同受教於陳環溪夫
子。其孫澤甫公膺恩亦募緣從事。是舉也，由六年辦起，八年大
工告竣，禀明前任王雲閣、署任許桂冬兩縣尊，蒙各捐廉，開光

之期親詣本祠主祭，儒學廣文舉人李筱潭公、司訓舉人王印川公俱捐廉與祭。遠近紳士耆老以次拈香，一時稱爲盛事。此皆夫子德、功、言之所感孚而致，非偶然也。熊弟兄於此一舉，共捐募錢七百三十千有奇，不無微勞。賴本村首事諸公同心協力相與以有成。邇年兼舉會事，爲寬裕悠久之計，將謂桑氏無人乎？以桑灣合村之人經理，每年祀事，元旦各節，清明祭掃，與端亮公誕辰正祭，永永流傳不墜。較世之有後，而子孫或不肖，忘其祖德宗功，至廢祀典者，相去不啻霄壤。愚以學者聞夫子之名，謁夫子之祠，心嚮往之。究無從核其事實，故不揣譾陋，不憚其煩。按桑氏《真儒譜》，竊取翟象陸公所撰《年譜大略》，與范彪西公所作《傳》，編次以告來者，爰鞠跽而爲之記。

後學孝廉張兆熊敬撰。

端亮高士西祠楹聯

旦評望重，歸本修身，踵實烈高踪，訓俗型方昭德範；家學淵深，啓迪哲嗣，遵程朱正派，守先待後揭道心。

松風夫子各處楹聯

以聖賢爲分內事，當年講學，明倫立說，著書無愧千秋大業；惟忠孝是道中人，此日闡幽，舉廢構祠，肖像特崇三晉名儒。

潛修粹美，立德立功立言，近宗王薛曹辛文淵正派；卓品純全，有猷有爲有守，遙接濂洛關閩道學真傳。

俯仰間何愧爾室？潛修參三才以立極；根本處不差平生，大節歷萬古而常昭。

大節炳千秋，媲美先儒留模範；遺編垂萬世，提醒後學接薪傳。

構堂妥英魂，百世儀型宛在；肖像隆祀事，千秋俎豆常新。

一代儒宗，瞻仰猶存雅範；千秋道脉，繼承賴有傳人。

校勘記

〔一〕“乎凡兵農”，“乎”，疑當作“于”。

〔二〕“俾稍存贏餘”，“贏”當作“贏”。

〔三〕“先生諱拱揚”，“揚”當作“陽”。

〔四〕“實字要着眼”，原爲旁批，今改爲小字，下同。

卷二　四書則

四書則序

　　夫人心所恃以常存者，聖賢之教，著之經書，足爲人心閑也。而聖賢之教所以範圍乎人心者，賴吾儒發明傳述，秉道樹則，足繼其教於不磨焉。國朝樹功令取士，四書壹準紫陽。自牽附詖邪者，畔於繩墨之外，橫於人心之中，舉聖賢一縷真脉，幾至晦𨮑，生心害政，爲世道隱憂久矣。吾河汾桑暉升先生，潛修松風館中，甫舞象時，輒搜羅千載，貫串百家，於漢儒注疏、宋儒語録及昭代諸名家纂著，靡弗咀英鉤玄，融洽胸臆。至其家學淵源，壹受則於仰亭先生之庭訓。守嚴一介，功足三餘。午夜篝火，竊窺經史，尚矻矻不能釋卷，屢爲尊人所覺而裁抑焉。及冠婚後，依然孩赤之初，志據依游，總領群蒙，承濂雒之餘緒，沂周孔之心源，出其長技，直當拾芥科名。然猶先歷以經明行修之選，天之所以成名儒碩彦者，亦若有則存乎其間歟？當仰亭先生之見背也。號泣旻天，百憂駢瘁，寧直不知有利達？并不知有身名，又遑知有文字著述？一切不飲不茹，皆率其性中自然之則。既襄大事，慈侍依依，疏水融融，日與諸及門士談經論道、考德問業於松風書院，以至出王游衍，莫不即事以明道，因顯以闡微。至其永言孝思，且暮蒸嘗，手澤堂前羹墙時見，若臨深履薄也者，實未嘗役志於文以求顯達。癸酉秋，登薦賢書，善氣默迎。旋舉麟祥，帝心簡在，名世當興。時大中丞吳鹿友先生因以孝廉特薦，徵聘草茅。先生猶日侍庭闈，養志潛心，必欲作千秋大業。視今之利達是求者，處此何啻霄淵？予不敏，携兒曹躬詣弘道堂中危坐，静齋獲領玄緒，相與縱談名理，針芥投合。時退省其私，則澹泊寧靜，絶盡繁囂世態，而兢兢惟學之不講是憂，即席説書。郡邑士子蝟集環聽，至有不遠數百里負笈從游者。先生授旨揭奥，剖玄解頤，折衷諸氏，根柢群經，罔不的晳中窾，厭服群聽。歷寒暑風雨，曾無怠容。諸士子亦莫不惕然省，躍然興，欣欣然若有所得也。間出其所發明，傳述示人，總不忍覩越先訓，凌獵後學，自淑淑人，其出之也有本，而會之也有歸，片楮條分，統匯真筌，不周歲而全集已合。予得之，若珙璧之錫，名之曰《四書則》。殆孝思之維則乎！若先生之人之文，豈但可爲説書者作則哉？道維一致，學貴得師，彼的立而射者趨焉，途坦而由者樂焉。先生文章道德可以羽翼千秋，其大者孝於親，廉於物，信於友，敦禮義於鄉閭。聲色變態，其則不渝，故著書立言，其則不遠。吾儕管窺弋獲於斯集中，求先生明善誠身之要，順親獲上之本，將見即心是則。先生之言，特借以傳心，非以心傳也。旦暮間，先生顯道作人，或代爲綸言，或敷爲訓誨，施於政令，達於蒼生，慨然以一人之文行挽一世之軼習，而歸於正的坦途。人心恃以不泯，聖教賴以不晦者，實權興於此矣。千載下獲睹洙泗之淵源，伊傅之勳華，其在先生歟？雖曰世爲天下則可矣，予何幸躬逢其盛耶？

　　崇禎歲在庚辰孟冬吉，山陰司訓同社弟李縈登謹題。

自　叙

　　余生平負質鈍庸，自安迷昧，於聲華世味漠然無關。凡博弈技術，都無所解。幼承先君子慈訓，及伯兄鏡明先生家庭啓迪，稍知向學，然僅僅誦讀自了也。每繙閱講本，余父兄叩以旨趣若何，則茫然無以應。既而取先儒傳注及名公諸刻俛首讀之，初不

大學圖

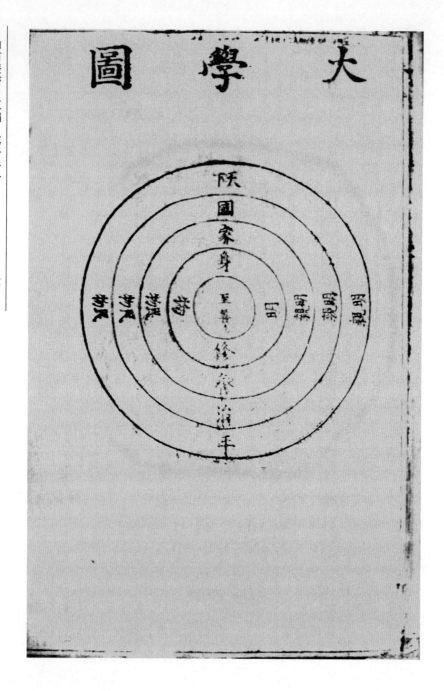

能解，偶有解者，亦刺刺不合。但拈取一書，即思自立一見。如是者數年，復閱前所解，爽然自失，謂偏見作障礙，真不啻認影迷頭也。復取諸書誦之，則有合有弗合。及研窮既久，始覺諸儒所見各闡至理。危坐洞觀，若五都之市，百貨具陳；洞庭之野，五音齊奏。然物理之精粗，音籟之高下，又復茫然無以辨也。先儒所云游騎無歸，殆謂是歟？更歷之十年餘，苦思力索，沈心體會，以向所質辨於父兄者參觀於簡冊，以己所靜察於齋居者就正於名哲，加以事物之歷練，人情之感觸，及門諸子之商訂，山川夷險之往來，風雨憂愁之積想，古今人物之印合，再取群書讀之，始知諸儒所見是非較如，開卷凝神，似有確然無容自昧者。前時穿鑿管窺，且自悔南轅北轍矣。因思此點靈明從中躍露，本非得之外來，而胡以數十年埋沒弗現？必千回萬轉，銖積寸累，而反觀始有隙明焉，學問之難窮也如此。居常反覆循省，覺虛明一點，兢兢不敢自放，而復恐一隙心光乍開旋蔽，日知月無忘之謂何？因取眾論不同者刪定歸一，而間以己見參之，彙集成冊，余命曰"則"，誠以天然自具之則即四海同心，千聖面命，無復容私見作障礙也。近日共友談懷，稱甘說苦，友人曰："理雖一致，解有萬端，安知子所見爲是者非即人所見爲非乎？又安知子今日所見爲是者非即子異日自見爲非乎？竊恐其則不遠者，睨而視之，猶以爲遠矣。盍錄之，請正於海內賢哲，以驗同然之則，可乎？"余唯唯，旋授諸梓，以求證宗工而追述其繇來若斯。

崇禎歲在辛巳復月吉，河汾松風道人桑拱陽暉升甫自識。

大學圖解

此中虛而無物，乃太虛渾淪之體。涵於天載謂之命，具於人心謂之性。人心虛靈不昧，具衆理而應萬事。虛靈者，明德也。所具之理，性也。應萬事，情也。其理精純神妙，渾然太極，無可加損者，至善也。心則理之管也，意則心之發也，知則心之靈也。而心、意、知總完具於身，皆物也。家、國、天下，亦物也。故統言之，知、意、心、身、家、國、天下之物，理悉具於至善之全體。而分言之，至善之理又貫通於知、意、心、身、家、國、天下之中。至善者，中也。未發之體，先天之脉，人生而静之初也，精一所以執也。格致，所以明此也。誠正，所以體此也。修齊治平，推此也。堯舜而後，湯曰“恒”，文曰“止”，孔子曰“一”，曾曰“矩”，思曰“中”、曰“誠”，孟子曰“性善”，周子曰“主静、立極”，明道曰“識仁”，朱子曰“天理之極”，皆所以狀至善也。明新必止於是焉，所以定性宗也。知至至之知、終終之窮，理盡性以至於命，斯之謂大學也。

大學圖説

無極之真，二五之精。生人生物，妙合而凝。人得其秀，賦界完成。理與氣合，虛而含靈。主宰一身，有心之稱。具理曰性，應事曰情。性純乎理，至善斯名。何爲曰善？太極渾融。何爲曰至？無臭無聲。其體沖莫，其光昭明。内通天載，外通群生。是曰明德，無嗇無豐。氣拘物蔽，濁染交攻。晦厥靈根，珠玉塵封。究極本體，一竅時萌。學欲明此，滌蕩心胸。開端踐實，存省克充。明以還真，如鏡未蒙。明以洗妄，如水融冰。天心透現，剖破藩籠。親疏物我，一體關通。民心陷溺，惻然悼衷。啓其良知，庸其良能。舊染之污，雪釋冰鎔。新美之化，雷動風行。明新無已，至善歸宗。本然帝則，曰矩曰中。何以止之？如墨從繩。何以至之？健行無停。盡性至命，造極登峰。天理純粹，纖欲皆空。思爲俱泯，印合玄穹。止爲究竟，知爲起程。若射中的，起自操弓。定靜安慮，歷級而登。曰德曰民，一物包容。曰止曰得，事分始終。循序漸進，業廣德崇。大明天下，願力恢弘。格致誠正，務詳厥功。身心意知，故物精瑩。家國天下，萬物備躬。有物有則，即物研窮。表裏透會，知體明焭。真知至善，定向可徵。存真去妄，是爲意誠。意既誠矣，波定水清。太空順應，神寧於宮。心靜而正，天君宰形。舉動循理，好惡必公。是爲身修，既安且寧。身修以後，明德光呈。德明於家，和氣克盈。德明於國，輦轂從風。明於天下，於變時雍。均平齊治，百慮淵澄。是謂得止，天人渾同。以言其德，圓映空洞。以言其新，蓄變熏蒸。以言其至，透闢混濛。天地合德，日月合明。四時合序，鬼神合靈。歸根性命，橐籥玄工。無窮無達，無損無增。不雜功利，不墮虛冥。窮神達化，聖域崇隆。大哉學也，百五真經。聖經共二百五字

松風道人識。

大　學

聖　經

《大學》以“止至善”爲宗，蓋“明德”屬心，“至善”屬性。“至善”，太極也。太極，萬善之母也。善以至稱，即極以太稱之謂也。性善原於太極，淑慝判於陰陽。陰陽有對太極無對，此“至善”之源頭也。心有機緘，性無朕兆。心有思爲，性無思爲。《大學》一書用許多思爲功夫，俱要合到那無思無爲

的本體上來。學至此，乃爲"至"也。凡"明德""親民"，都要到"止至善"處。所謂盡性合天，分量圓滿，達不加，窮不損，自天子至於庶人而無餘欠者。"止至善"之學，性宗也。

聖經一章，自相注解。何謂"大學"？蓋落根"至善"，合天子庶人而一致，内之不爲虚無寂滅之學，外之不爲權謀功利之學，條分之不爲異端懸空頓悟之學，此之謂大學。章内身、心、意、知，皆德也。家、國、天下，皆民也。格、致、誠、正，所以明明德也。齊、治、平，所以親民也。知止而定、静、安、慮、得，所以止至善也。究言之，物格則知止，意誠則定心，正則静身，修則安齊，治平則慮而得，以此見至善爲明。親之統宗，非與明、親有二。其間始終本末，先後次第，條理不紊，始稱至善之學。

通章譬之人一身，明明德爲首，知止爲目，親民爲四肢百骸，至善爲心，至"明明德於天下"，直舉内外身心，九竅百骸，一以貫之矣。

"虚靈不昧"四字，注解極精，言虚靈洞徹，萬理咸備也。具衆理以静言，應萬事以動言，氣稟拘自有生之初言，物欲蔽自有生之後言。明德之功有二：一是因其本明而克廣之，使之全體皆明。一是因其不明而澄洗之，使之復還本明。全體皆明是性之大人，復還本明是反之大人。

性靈總只一個，若只求自己明了，不去開導他人，即自心便成障礙。又若只去開導他人，不先明了自心，即人情亦終隔絶。"親民"者，痛癢相關，鼓舞化導，使之皆有以自新也。"至善"即性善之善，是得之於天而有本然一定之則者。"至善"之體乃吾心統體之太極也，見於日用之間而各有本然一定之則者。"至善"之用乃事事物物各具之太極也。"止"字非影響語，亦非死煞語，實是透性歸宗精神在本源安頓，所謂盡天理之極也。此

"止"字是功夫時時進步，性體時時合符，不是"止吾止也"之"止"。

如孝是"明德"，不及固非孝，過其則必有割股之事。須要到恰當"至善"爲妙。"親民"如勞來振德，變化無已也，要作到盡善處，不是民之自新"止於至善"，乃言新之"止於至善"也。

必至於是而不遷，只是功夫歸一，念頭別無遷轉，非是功力駐手。

論"止至善"，雖是到頭學問，其實即出門功夫。未有劈頭不知止而其究能得所止者，故緊接"知止"二字，便見德之統體爲止而明之。發竅爲知，蓋人心本體原無不定者，大悟後萬善歸根，則萬念歸一，靜亦定，動亦定矣。定則念念只是至善，并那念也不起，胸中無擾，萬境皆空，何等靜？靜則心無攪擾，神閑氣鎮，一真自如，優游順適，何等安？至於安，則心體自然靈妙，任是萬象紛紜，而虛靈不昧之體自若，不忙不錯，處事精詳，此是不慮中之真慮也。繇"知止"而"定""靜""安"，以及"慮"，則凡"明德"以"新民"，處處悉合天理之極，而自能得所當止之"至善"也。

"知止"是洞然知"至善"之所在，斯可以言大悟矣。大悟之後不廢漸修之功，而定，而靜，而安、慮，得乃悟中起修，修中仍起大悟，可與超凡而入聖矣。

人之心一時能止，便一時有定、静、安、慮的光景，然非實有之，安可曰能必止？日益深，纔光景日益別，一步能定，又一步能静，又一步能安，能慮，蓋學造實際，必非旦夕凌獵可至。故孔子"十五志學"，是"知止""從心""不逾矩"，是慮而得。然志學時豈或逾矩？而謂之"從心"，則未也。必學之，"三十"纔"立"，能定矣。"四十"纔"不惑"，能静矣。至

"五十"纔"知天命",能安矣。又至"六十"而"七十",纔"耳順""從心",慮而得矣。《大學》"知止"一條,蓋孔子將平生實歷境界摹寫以示人。見止爲學之最要耳,似無漸次,而實未始無漸次也。

《大學》首揭"三綱"吃緊,承之曰"知止",豈不是重"止"?若只單言"止",畢竟止歸何處?將無遺事絕物以求"止"乎?將無逃禪入定以爲止乎?如此則止亦何難?吾儒有天下國家的擔子,何可放下?既放不下此擔子,如何可止?故聖人從事物中分別本末先後,教人以求止之方。言世人所以不得所止、與道背馳者,以迷惑本末,顛倒終始故也。故隨説這"明德"道理,中間包羅人己物件,自有個本末,而中間應物工夫自有個起頭結尾,此先後之序也。知所先後則明可以該新,知可以會止,近道者自用功之初,而指其幾及之詞即寓有止至善之意。

最初弘願便是"明明德於天下",此所以爲"大學"。看"於"字,便從自身上起化,志願必合天下以歸一身,功夫必繇一身以達天下。譬如室中燈光遍一室,一燈亦遍,千燈亦遍,此性體也。欲分千燈,先求一燈。但有一燈,即具千燈,此教體也。己之明德明於天下,其一燈之遍乎!人之明德皆明於天下,其千燈之遍乎!

心本自正,"正心"云者,居中而待,應無所著焉之謂也。廓然大公,物來順應,是爲"正心"。

心無形影,未易捉摸。正心者,須於初動處著功夫。"意"者,心之端倪,功夫乃有用處。

"意"有兩歧,"知"惟獨照。"致知"云者,致極其知,還其至虛至靈之體,不以一隙之明自足也。

人心之知,觸物而形,因物察則無往非格,是從物裏邊探討出至善道理,即曾子"隨事精察"也。如"格物"之本則參悟自心，“格物”之末則照了諸境。此“格物”是徹上下語，發軔於意未誠、心未正之先，而亦不廢於國已治、天下已平之后^{〔一〕}。

因物而察則，即事以窮理，“格物致知”也。一物各具一則，“致知在格物”也。萬物統體一則，“物格而后^{〔二〕}知至”也。就吾心格物理，致時有格也。借物理驗吾心，格時有致也。知體愈明，物理愈透，格物愈至，致知愈明。内外先後分別不得。必欲分之，則“知”在格之先，“致”在格之後。或疑其說，余曰：“如我未對篇章，而知已含靈，不有是知，將甚去格？此知之所以在格先也。日日在物理上磨勘，使此知精微畢徹，是致之所以在格後也。”或曰：“知與物孰先？”曰：“此却分不得，知含於心，心亦是物，特未格之，只是一物。既格之，物無非知。”合上節，總見“明德”以“知止”爲先，而知止又以“格致”爲先也。

“物格”“知至”者，“致”是方去推求，與“格”一同并進。“至”則已至其域，乃在能格之後矣。故曰“知至”也。知未至，一切虛妄念頭都不覺得。知既至，纔有起念便自照了，方可不瞞昧其意，“意”繇此“誠”矣。意未誠，必能累及其心，只看人於不好處，平時結想純熟，無意中不覺忽萌動，此乃是意根種入心内，故能爲心累耳。意既能誠，則不以妄念繫心，方可養得本體沖和，心繇此正矣。心不正，無論恣情妄動，即著力簡身，終有顧此失彼、不及救護之處。心既能正，則繇心而生色，方可簡點照管，身繇此修矣。“身修”，則一家方好看我樣子去作好人而“家齊”，則化漸達於國而“國治”，則化又漸達於天下而“天下平”。逐句有“而後”云者，非謂了此即能得彼，乃謂至此方可到彼也，正見功效不容躐等意。

“知至”“意誠”以下事各不同，正須逐處還他下落，纔見造詣實際。如見地透悟的虛妄念頭亦多打破大段，固能誠意。然或單尚解脱得虚景而忽實修者，世多有之。此亦是自便之私未淨，總爲意不誠。"意誠"，固大概"心正"，至無心忽起一念，多有不及覺者。如程伯子吟風弄月後，尚然見獵有喜心〔三〕，豈即隨意正乎？"心正"，固大概"身修"，然身子憑人照管，初時著意簡束，似覺容易，及至正心後，著不得念，細微錯誤或反不免。孔子"從心，不逾矩"，至七十始能，蓋難言之矣。至修身後亦間有家不齊者，大聖如舜，尚有頑、嚚，可見家人亦須逐漸感化，霎時那便整頓得來？家齊亦有國不治者，如舜當"烝烝乂，不格姦"，後至其攝政，四凶猶煩天誅，則國人豈能速變？國治亦有天下未平者，文王化行南國，止於二分有二〔四〕，則那一分未歸，正是參差不平處。故謂"而后"云者，正謂德明而民可漸新，知止而得可漸能也〔五〕。聖賢學問，精微莫密於此，正須逐節需次，俟其功夫火候果到，則效驗亦自相因而至。要非終隔遠而難企者矣。

八條目之序不離日用見之，吾人時時刻刻與物應接，"物"最先矣。物至則知，故"知"次之。知然後好惡形焉，故"意"次之。意動而心從之，故次"心"。心動而身從之，故次"身"。身之所處近而"家"遠，而"國"又遠，而"天下"，其序之不可亂自如此，然則無先格致矣。

"格致誠正"，總完得"修身"一事，而"齊""治""平"都起於此。觀古人學問如此，便緊接云"信"乎。物有本末，"自天子以至於庶人，壹是皆以修身爲本。"

既謂"大學"，"天子、庶人"俱在學內，其人則窮天壤，其世則貫元會。人無崇卑，任無小大，修己治人，敷政立教，一以貫之，此其所以爲"大學"也。

"三綱領"歸重"止至善"，"八條目"起手在"格物"，而總結"修身"爲本。見至善，栖泊此身，不落玄虚。"格物"從身起手，非屬氾濫。前云“物有本末”者，正本之此“身”耳。

堯舜帥天下以仁，而民從之，爲天子者可不修身乎？一人貪戾，一國作亂，爲諸侯者可不修身乎？夫子教我以正，夫子未出於正也，爲卿大夫、士、庶人者可不修身乎？

如何本亂而末便不能治？曰：本亂則家不齊，而“所厚者薄”，乃欲國治、天下平，而所薄者厚，未之有也。

明明德於天下者，不論有位無位，中和一致，位育潛通，繇家以風國，繇國以風天下。一有聞其風而興起者，皆吾明德之所及也，孔子其選矣。亦有不易世，不成名，終其身遁世不見知而不悔者。若無所用於世，而或有立大本、知化育之至誠，隱迹於中，則先天而天弗違其幽，贊神明之功，更不可量。此非中人以下可與語也。是故古之欲明明德於天下者，雖大行不加焉，雖窮居不損焉，真“止至善”之“大學”也。

明德傳

章內引出文、湯、堯，皆是古來大聖人，而所以爲大人，總是個“明明德”。“克明”即“緝熙敬止”，有以全此“明德”之體也。

“顧”是精神所注，纔精神聚處便是“天之明命”。“顧”即帝天之泄其靈耳。“峻”字要得光明廣大意，惟無欲故能弘。勿專說功業，蓋“明德”超然物表，巍巍難量，與天合德，便自可證“峻”體也。

看一“皆”字，見千聖本無心外訣，六經須拂鏡中塵。

古人慎獨之學皆自“畏天命”來，“峻德”如堯，猶曰“欽若昊天”。純德如文，猶曰“昭事上帝”。聖人與天合德，正以其畏敬之常存耳。此"大學"以"顧諟"之訓，入於《康誥》《堯典》之間，而總結之曰"皆自明也"，有以哉！

新民傳

"新"之爲說，要時時精彩，刻刻明瑩，若一點雲翳，便遮隔矣，故"新"之工力只剖露他潔淨本體出來。

學問須日長一日，故"日日新"，比"苟日新"有別。至"又日新"，比"日日新"又別。若謂"日新"，"又新"照前，常如此則學問不長即消，亦豈有中立之理？細玩《湯銘》，正見法論常轉，永無退絶，即下"無所不用"之意。

"苟"字介然有覺，"又"字毅然有守。

"止善"如把柁，"日新"如行舟。

"新民"二字連作"新民"者，鼓舞不已，從污俗中振作出個方新之民來，此"新"字屬"民"上。

"其命維新"與"顧諟"之命，總是上天囑付之意。以神理言，斯爲降衷之命。以氣數言，則爲降祥之命。若到"其命維新"處，便是理能轉數。觀文王聖德彰聞，天休滋至，近悅遠來，三分有二，即民歸便是天與處。

新一家之命，新一國之命，新天下之命，都是要見人人皆有自新、新民的功夫，人人皆有回天造命的分量，只看"用極"何如耳。

"極"之爲言至也，即至善。"無所不"三字言自新新民，事事要到極至處。君子不求治於民，而求吾德之可以新民。不責效於天，而求吾治之可以格天。若一息不用，便與天命隔絶。

"極"字是"皇建有極"之極，用非用極，乃用力以求其極，亦愈用而愈至其極也。白沙曰："無極老翁無欲教，一番拈動一番新。"即"無所不用"之旨。

至善傳

章內次第井然，引玄鳥見民各有止，引黃鳥見人當知止。引文王，畫出止的樣子。引武公，說出敬止的工夫。末復引文王之詩，見明新到至善處。通天下後世而無止極，所謂"無所不用其極也。其斯爲至矣。"

王畿，四方之極，猶"至善"爲萬理之極。須想至善即人心"邦畿"，想邦畿中一規一制，先王都有個至善去處，人心徑寸耳，却有個至善在。

"千里"二字要貼至廣意至善之理，全體渾淪，無所不包。下一"民"字，見"自天子以至於庶人"道理當前，聽人自止之意。

二節"知"字即首章"知止"之"知"，乃教人下手用功也。於"止"知其所止，原是醒人，并非贊鳥。

"緝"字從系，如絲之聯續。"熙"字從火，如火之光明。"敬"者，儼若思，以敬爲"止"，乃儼若者常主於中也。

"敬"爲聖學始終之要，後篇"慎"字、"嚴"字、"畏"字，皆是敬。

五"止"是就人倫數之注中物，各有所當。"止"謂自君臣父子以至事物細微，各有至當不易之則，然總是一"止"，如月落萬川處處圓。

"緝熙敬止"，文王"明德"，"止至善"也，可想見定、静、安、慮意。止仁、止敬、止孝、止慈、止信，文王"親民"，

"止至善"也，可想見慮而能得意。

"緝熙敬止"、"格致"、"誠正"，修也；"止孝"、"止慈"是家齊，"止信"是國治，"止仁"、"敬"是天下平。

過下當云主敬，若文王明新止至善矣。而學文王者，亦自此心之敬始。

天理人欲，界限甚細，極力剖析，令大段分明，如切的一般。然似是之幾毫釐千重[六]，須研窮揀擇，討個至善出來，如磋的一般。揀出天理，便須著力礱成體段，如琢的一般。然幾微沾滯，未是精純，又須刮磨光净，如磨的一般。此正是繭絲牛毛，稍懈怠便不是善矣。

"恂慄"只是虚靈不昧功夫，盡處便露出心之本體來。精精明明，烱然自若。既如此一段精神，嘗收斂在虚明之内，自發越於動蕩之間，可畏可象，是謂"威儀"。

學問是知的工夫，即格物致知也。"自修"是行的工夫，即誠意、正心、修身也。至"恂慄"中存，則心正矣。"威儀"外見，則身修矣。盛德"不能忘"，則德已明而漸及於"新民"矣。

未明求明，"道學"也。既明又磨，"自修"也。磨之洞鑒肝膽，"恂慄"也。磨之表裏雙瑩，"威儀"也。"盛德至善"而民不忘，是一光齊照，物我通融。

"明德"是得於稟賦之初，"盛德"是造於踐履之後，兼存發說。

過下當云"民不能忘"，可謂至善矣，然猶止於當世，必若文王"没世不忘"，乃爲至也。

"賢"即前王之"明德"，有典有則，以貽來世，有師道焉，故曰"其賢"。"親"指基業，創業垂統，以貽子孫，有父道焉，故曰"其親"。"其樂"是前王耕鑿之澤，"樂其樂"者，風清俗美，樂其遺化。"其利"是前王教畜之仁，"利其利"者，分井受廛，沐其餘澤。

本末傳

此把"聽訟"一節説個本末樣子。"此謂知本"，是教人於"大畏民志"上探討悟頭，不消粘定，亦不作推原，只看一"使"字，"知本"全在此。

"大畏民志"不是本，所以使之大畏處是本，所以"使"是明德，却不説出，宜云：人主所以使"無情者不得盡其辭"，蓋大有所以畏服其志者存也。即使民之意而推及於畏民之本，則經文所謂物之有本而人當知所先者，此之謂也。

大學明、新之道，無不兼該。然及用人理財而不及治兵，何也？曰：需生訟，訟生師，用人理財到極平處，在上邊事事明，在下邊處處新，訟且不興，安用師？故知"大畏民志"是偃武的真消息，"必也無訟"是去兵的大源頭。

格致傳

《中庸》博學、審問、慎思、明辨，即"格物"一傳之注解。然"致知"之要當知至善之所在，而察之於身，其得之尤切。

程子曰："格物亦非一端，如讀書講明道義，或論古今人物而別其是非，或應接事物而處其當否，皆窮理也。"又謂："窮理者，非必盡窮天下之理，亦非謂止窮得一理便到，但積累多後，自當脫然有悟處。若謂一物格而萬理通，雖顏子亦未至此。"

　　朱子與門人書曰："觀書察理，草草不精，皆繇此心雜而未一。莫若收斂身心，淨掃雜慮，令其光明洞達，作得主宰，方能見理。"繇是觀之，欲格物致知者，可不敬乎？

　　世有求致知於格物之外者，爲中下二乘之禪學。又有泛濫格物而知難致者，爲訓詁詞章之俗學。

誠意傳

　　此章三字貫即"毋自欺"，兩字貫即"慎獨"，一字貫即"嚴"。

　　"誠意"全在致知，慎獨即致知功夫，非是八條目之外又有致知一條。

　　"毋自欺"者，在直達其本心之良知，不令纖毫瞞昧而已，良知本體洞然明白。自欺者雖一時苟且，而此心終不快然，必實實存善去惡，方自己快足無憾。

　　"獨"字與"幾"字有別，"幾"是念頭初發，"獨"是此初發處炯然不昧者是也。吾心將動時，映發獨照。吾心萌動時，反觀獨醒。吾心既動後，回想獨認。此皆"獨"也，非專自甫萌之念頭言也。方動時之獨有急防法，萌動時之獨有靜剖法，既動後之獨有力挽法。此皆所謂"慎獨"。

　　曾子恐人無處"致知"，故下一"獨"字。朱子恐人不知獨，又指出一獨知人肯不欺，獨知一生受用不盡，蓋自作自受，正在此獨。瞞了他，落得自討煩惱。依了他，落得自討快活。

　　"厭然"是自覺惡之可厭，"著善"是自覺善之可好，只是不能真好真惡，所以不得自慊。"人之視己"，不但君子看破，是人都瞞不過。"誠中形外"，兼善惡渾説，實有是念在中，即實有是形在外。中外相通，必然之機。此節君子"慎獨"，正以人心起念少差，雖非"無不至"之"閑居"，而充類至盡，亦是人如見之肺肝。故君子吃緊省察，戒欺求慊。

曾子又將平日之言切身咏嘆一番，以見其"嚴"。"曾子曰"三字不可忽。

小人只説"見君子"之時有人指視，所以"厭然"、"揜"、"著"。當"閑居"時，原爲無人指視，所以"無所不至"。不知指視雖在"見君子"之時，而所以指視已在"閑居"之日。譬如種五穀者，當其下種時，恰似無人指視，不知既有此種，必有此苗可見，人之指視不在生苗之後，而即在下種之日矣。小人有此心術，必有此舉動。有此意念，必有此事爲。不嚴於心術意念，而徒嚴於舉動事爲，此小人所以卒露"肺肝"而悔之無益也。

小人閑居指視，到大廷方知衆指衆視，所以見君子而厭然。君子閑居指視，到大廷反無衆指衆視，所以千萬人吾往矣。

知其嚴而"嚴"之，則意誠矣，即德也。

"潤"字妙如琉璃水晶，表裏光瑩。

"必誠其意"，雖獨提誠意，而"毋自欺"句爲"致知"、"格物"，收實踐之功。"心廣體胖"句爲正心、修身，啓馴養之路。信誠意爲扼要關。

此章自相注解，如何是"不自欺"？"如惡惡臭，如好好色"。如何是"自欺"？"小人"節是。如何是"自慊"？"德潤身，心廣體胖"。如何是"慎獨"？"十目所視，十手所指，其嚴乎。"

朱注以"意"爲心之所發，何也？蓋心之發，情也，是就心裏面自然發動，正與性相對。意是心上發起一念，思量運用要怎地耳。且如一件事物來，在内主宰者爲心，動出來或喜或怒爲情，裏面有個能動出來底爲性。運用商量要喜那人、要怒那人爲意。心向所喜、所怒之人，是志喜怒之中節處，又是性。性中道理流出來，即其當然之則處是理，其所以當然之根源處是命。看來意者，思量運用，心有專主之謂。

正心傳

人一身以心爲主，説身即是心。

此"正"字即《中庸》未發之中，正心功夫只是敬以直内，虛以應物。若一落於方所，便非空虛，本體是四者爲主於内心，反爲他動也。此指未發時不可先著私意。

四凶之誅，"忿懥"而無所"忿懥"。勝予之戒，"恐懼"而無所"恐懼"。三握之勤，"好樂"而無所"好樂"。洚水之警，"憂患"而無所"憂患"。何者？因於民而不生於身也。此數者，若不本乎天理而一以私心出之，則一朝之忿，已甚之疾，是有所"忿懥"矣。加卿相而動心，遇横逆而失容，是有所"恐懼"矣。好色好貨，驕樂佚游，是有所"好樂"矣。小人長戚戚，鄙夫患得失，是有所"憂患"矣。

"心不在"，就是眼前、耳邊、口頭的全不領得，況天下國家之有大於此者，安可以不正之身修之也？故謂"修身在正其心"。

攫金不見市人，心不在市人也。聽古樂惟恐卧，心不在古樂也。當食失匕箸，心不在匕箸也。

笠叟曰："'身有所忿懥'一章，只是概言人心有所不正則身無從修，非指意既誠之人言也。'之其所親愛'一章，亦只是概言人身之不修則家無從齊，非指心既正之人言也。"

周子以主靜立人極，程子見人靜坐，即嘆其善學，正心者可不是務乎？但主靜誠可以立極，而所謂主靜者，非但以靜坐爲事也。靜坐雖可以入道，而所謂靜坐者，非但以排遣爲功也。何則？有托於天下國家之身，斯有交於家國天下之事。行有餘力，則靜坐以涵養之，勿失其時而已矣。離事求靜則偏於靜矣，奚其正？且夫見我之有畔援欣羨而遣之以靜，見物之可畔援欣羨而排之以靜，此動因，非靜因也。假令久久得靜，正如巨石壓草，石下潛滋。當其靜時似有歸著，及至應物猶然，故吾君子奚取焉？君子之於靜也，不求妄心之不生，而求照心之相續。於念念中嘗自觀察，我之所以無我，與物之所以爲我〔七〕，知無有我，綿綿密密，寂寂惺惺，從較勘得收斂，從收斂得純益，從純益得澄湛，從澄湛得光明，夫是之謂主靜以涵動。君子之於動也，不求情念之不起，而求性覺之不昧。於事事中嘗自觀察，我之所以無我，與物之所以無我，知無有我，了了明明，堂堂正正，從敬畏得閒熟，從閒熟得灑脫，從灑脫得圓融，從圓融得泯合，夫是之謂攝動以主靜。靜之所得出，動以鍛煉之。動之所得入，靜以保任之。以明契止，雖止而不晦其明。以止發明，常明而不失其止。此大學之格致誠正所以不在家國天下之外，而大學之修齊治平所以不在定靜安慮之外也歟？

修身傳

　　君子以一身處於家之中，好惡難矣。公好惡於一家中，抑又難矣。蓋家人之情有美有惡，有美中之惡，惡中之美，棼然不齊，然則吾何以齊一家之美惡？只齊吾一身之好惡耳，齊以一念之知而不至辟耳。

　　好惡之通於國，則曰：「其所令反其所好，而民不從。」其通於天下，則曰："民之所好好之，民之所惡惡之。"總即"好好色"，"惡惡臭"之一點真好惡，而治國平天下皆此也。此正所謂格物致知之真脉絡也。

首節五"辟"，從上四"有所"發根，就已發時説，見情之所之，不能無過則處。

"之"字有一往不返之意，不作"於"字解。"辟"字正從"之"字生來，如一個念頭，認定該如何便著了所了，一向往那條路上去，豈非"辟"乎？"辟"則偏辟，非大通之路。"辟"則幽辟，非互照之區。

"親"、"愛"等，皆是處家之情所不能無，然論其中節之情，則"親""愛"當隆於二人，而暱愛妻孥則辟矣。"賤惡"當加於不肖，而棄之不養則辟矣。"畏敬"自在長上，而禮勝情離則辟矣。幼小雖當哀憐，而惟事姑息則辟矣。僕妾不足當禮遇，而任情侮嫚則辟矣。此皆好不知惡、惡不知美之通弊。其實所辟還不止此。

所好且知其惡，一家孰敢爲惡？所惡且知其美，一家孰不爲美？

正心以前所防在源，故患其有所。正心以後所防在流，故患其有之。致知者，所以清其源而制其流也。

天下易障蔽者，無過家庭之間。家庭最易蔽者，無過愛子圖利之心。明從愛掩，智從利昏，人情所蔽大抵如斯。此一節正是所"辟"之病根，非引證語。

齊家傳

通章關鍵在"不出家而成教於國"句。章内許多字面，分之爲"孝"、"弟"、"慈"，合來只是"仁讓"，再合來只是一"恕"。

血脉在誠者一點真精神，有此真精神聯貫其中而不可解，所以能使一國翻然勃然，不待教而興。此真精神謂之"誠"，即謂之"所好"。不誠不足言好也。實有諸己，誠也。實無諸己，誠也。令必如"所好"，誠也。不曰"所出乎身"而曰"所藏乎身"，見此，皆真精神所鬱結也，不然豈能如赤子默喻於無言之天合？看來"誠"爲真心，"恕"爲如心，即如此誠之心也，言"恕"而"誠"在內。

修其身纔可以言教，身不修，是我無可以教家者，故云"不可教"，非家人不率教也。"不出家"句一章，精神不出，即不出其位之義，言只管修身以教家，而自然"成教於國"。

君子之所以教家者，不出教家之孝，而所以事君者，不外此餘例看。

孝所以事君，世之孝其親者多矣，何忠以事君者之鮮也？豈忠孝畢竟有二乎？抑猶未得便言孝乎？大率以先意承志爲孝者，必以格心靜正爲忠。以幾諫諭道爲孝者，必以責難陳善爲忠。若以服勞奉養爲孝者，必將以奔走承順爲忠矣。奔走承順可謂忠乎？服勞奉養遂可謂孝乎？

接下節言教國之理不出教家者，正以一心之相通，出於至誠，不假勉強爲之耳。

引《書》緊剔"心誠求之"一句，是總證三句，不只證"慈幼"一句，偶以説"慈"耳。"保赤"慈家，如保慈於國。

妻子具而孝衰於父母，鬩墻起而操戈於同胞，人於孝弟猶有薄者，至暴戾之夫、貪鄙之人，一見自己赤子，未有不慈愛油然者，故舉此保赤一端言之，而孝弟之不學不慮者自見。

誠求即誠意求之，斯慊矣。赤子不能言，父母保之，雖不中不遠，況民之能言而意易曉者？所欲與聚，所惡勿施，雖不中民之心，亦不遠矣。"慈"足使衆，一念之誠合也，而"孝弟"之所以事君事長，亦其一念之誠無不合也。蓋誠求赤子之心，便中赤子之欲。誠求父兄之心，豈不中父兄之欲？中赤子、父兄之心的道理，便是中君長、衆人之心的道理，此所以不出家而成教於國也。

"未有學養子"，即在"誠求"內看出養子不學而能其心誠也。

惟"誠求"之理如此，故教家仁讓便可一國興仁讓。此雖說一家仁讓，要本君子身上來。

"貪"是愚不肖者之病，只要自討便宜，不管人吃虧，與"仁"相反。"戾"是賢知者之病，與"讓"相反。賢知之士刻意尚行，矯情拂衆，其所爲多有乖戾不合人情處。縱是實心爲國，亦足以釀禍而激變，二字清濁雖異，其爲一國作亂則一也。

唐諫議大夫陽城居中條山，行古人之道，兄弟友愛，奴僕亦化之，一家之仁耳。晉之鄙人薰其德，而善良者幾千人，一國之仁也。窮而在下者如此，況達而在上者乎？東郡韓延壽昆弟以田相讓，終身不復爭，一家之讓耳。郡中翕然傳聞，二十四縣莫肯以訟言，一國之讓也。賤而爲民者如此，況貴而爲君者乎？晉武帝賣官，錢入私門，其始不過一人之貪耳，其後《錢神》之論一興，風俗陵夷，卒成劉、石之難，海內塗炭，豈非一國之亂乎？梁惠王糜爛其民而戰之，不過一人之戾耳，迨夫三面受敵，驅及所愛，子弟不免於死，豈非一國之亂乎？

一家仁讓方能一國感化，只一人貪戾便一國作亂。又不但此也，即一言亦便僨事。可見從善如登，從惡如崩，所謂善必積而後成，惡雖小而可懼，其不可忽如此。

恐人說一人仁讓家人不仁讓，如何能使國人興仁讓？故又說一人亦足定國，見教家者當自作主張，不可諉諸家之人也。

“其機”兼治機、亂機説。

此承上又推到身上來，非以堯、舜證“一人定國”也。其舉堯、舜、桀、紂來説，不過借以明民之從好不從令，以引君子當以“所好”喻民。

“帥”字不是驅率，即將帥之帥。以至仁主帥於上，其所號令悉自身出，天下自無不從之也。蓋所令如其所好也。

民不從暴，如狂風動樹，濁水攪魚，上暴則下不得安其性。

“好”字應上“誠”字，“所令”指仁，“所好”指暴。“有諸己”指仁，“無諸己”指暴。“求諸己”是欲人爲仁，“非諸人”是欲人去暴。“求”之“非”之應“令”字，是出乎身者，喻人者也。“有”之“無”之應“好”字，是“藏乎身”者，所以喻人者也。

“恕”字與他處別，他處重及人，此重推己。“恕”正所以體仁，“所藏乎身不恕”即是未能“有諸己”，“無諸己”而徒責諸人，即是“不恕”。“所藏”字即退藏於密之藏，蓋令之示乎人者可見，好之藏乎身者不可見，以不可見之精默與天下相感道，故天下亦默喻之。

《桃夭》咏南國被化也。《蓼蕭》所以享諸侯也，《鳲鳩》亦有國之稱頌也。今《桃夭》只言“宜家人”，《蓼蕭》只言“宜兄弟”，《鳲鳩》只言“儀不忒”，都不言其所以然。詩人蓋指出“齊家”之妙，令人自思。

世間最難化者婦人，天下最難得者兄弟。引《詩》言，正是“刑于寡妻，至于兄弟，以御于家邦”。交齊家者在難處下手[九]。

“宜”者，情意浹洽，無少携貳。法者，截然整齊，無少參錯。

“父子兄弟足法”，言我之爲父慈，爲子孝，爲兄友，爲弟恭，皆足以爲法於家人，而後國人法之也。

吾之爲父能慈，則所以使衆者握之於我。吾之爲子能孝，則所以事君者握之於我。吾之爲弟能弟，則所以事長者握之於我。舉治國之理而皆握在我，則不出家而法則備矣，"而後民法之"，夫亦喻吾之恕，從吾之帥而共興於仁讓也。

平天下傳

總言"平天下"只在"絜矩"，"絜矩"只在與民同好惡，同好惡只在用人理財之間。同與不同，而人心之向背，天命之去留，皆從此處分也。然其根本總在"慎德"。慎德則此心常公，即謂之仁人。慎德則實心愛民，即謂之忠信。慎德則不私其利，即謂之以義爲利。而天下之平盡此矣。故朱子末句與民同好惡而不專其利，便是此章之旨。

首 節

先自"老老""長長"説起者，蓋謂人人親其親，長其長，而天下平也。而所以使之得親其親、長其長者，必有道以處之。道在"絜矩"。

"老老""長長""恤孤"不指在家言，蓋孝則孝吾親，弟則弟吾長，慈則慈吾幼，是皆行於家者。若"老老""長長""恤孤"，則泛指人之老而吾老之，人之長而吾長之，人之孤而吾恤之，不必屬在自己。且彼以齊家起治國，此以治國起平天下，意旨原各有所爲，總要見上下人心同然之矩意。

"矩"字從經中"格"字畫出治平一傳明新總圖。"矩"即心也，即“至善”之則也。“絜矩”即“止於至善”也。

“矩”從“平”字生，矩所以爲方，乃天下一定不可易之尺寸，須量度處置，俱要合著一定的尺寸。章内凡言天命，言得衆，言善，則得可見此“矩”，不惟可以量人，直是方寸中一副量天尺。

所惡節

上、下、前、後、左、右，只是畫出個“絜矩”的圖，前後如交代官，左右如東西鄰，總言六合，處處要取，方是將方寸上所惡一點真心打個式樣。此式樣度之六合以内，要處處合得，方不成缺陷世界。

“所惡於上、下”數句是“矩”，“毋以使、事”數句即是“絜”，要只是一惡〔八〕字圖。

“矩”即是知上下、前後、左右，即是物“絜”此“矩”而“所惡”，反觀知上下、前後、左右之情同，即是格物。蓋格物理者格人情，格人情者格己情而已。

上節言人心本不間於己，故曰“有此言己心能不間於人”，故曰“此之謂絜矩之道”。

樂只節

要根“絜矩”來，勿施“所惡”，則“所好”在其中，故以好惡并承，惟好惡能“絜矩”，則爲民父母，如保赤子，心誠求之也。

南山節

"慎"從"獨"生來，謂以十目之視、十手之指而惕，此萬衆之膽也。

"辟"字、"悖"字、"拂"字，都是"心"與"矩"違。

殷之節

上言爲民父母是"得衆"，便有"得國"之意。"爲天下僇"是"失衆"，便有"失國"之意。故此引文王詩結之。上二節見己心與人心相通，此一節見人心與天心相通。

先慎節

惟"絜矩"之關係如此，則吃緊當慎而莫先"慎德"，蓋此德即"矩"之所以立。矩是己心，必己心無偏倚，方"絜"得人心。如何使己心無偏？須先在隱微獨知處密自簡點，直要存公心，"如好好色"，拔私念"如惡惡臭"。彼父母具瞻，上帝降鑒，全把此念凝承，如何不"先慎"？

"慎"字作何光景？直是心有上帝。

格致誠正即是"慎德"。

慎德便有其德矣，有德能"絜矩"而得人心，故"人""土""財用"一有俱有。"此"字是見成字義，見都在此。

德者本也二節

見"本""末"了然，須先把"利"字割絶，故説民之好惡多端，惟"財貨"一件是最不可遠者，能掩世主好惡之公心者亦多端，惟"聚斂"一節是最易溺者。遂舉以爲言。

"財用"在天地間只有此數，在上既事"聚斂"，則民窮無所出，自然相侵相盜，而劫奪起矣。"爭民"者，君爭民之利也。"奪"則民之奪君，而君實先"施"之。以此教也，則府庫財非其財矣。

財聚節

"爭""奪"則乖違之形見，民未有不散者。民之散以財聚散之也，財散非散財，只是流通不聚斂意。

言悖節

"是故"二字又承"民散"來言。民之散者，財亦不終聚也。"民散"在爭奪之後，"悖出"在民散之後。見得空言尚且要報，實利豈能甘心？"言悖"乃君欲橫斂，出個令，民傲令，出怨言，是"悖出""悖入"也。

惟命節

言民情之聚散，而天命之去留因之。慎德能絜矩，所謂"善"也。不慎則不能絜矩，所謂"不善"也。善則有德而有人，不善則悖入而悖出，故天命隨之。

楚書二節

人君外本内末而失天命，然則貨財何足寶哉？《楚書》所以不寶金玉而寶善人也。豈惟金玉？即國土亦何足寶哉？文公所以不重得國而重仁親也。

楚有臣觀射父，能作辭命，取重於諸侯。又有臣左史倚相，練達典故，使主君能保先世之業。

《楚》《晉》二書承上起下，若將無以爲寶者，終上不專利之意。將"惟善以爲寶"者，起下能愛人之意。

惟善爲寶，惟親爲寶，亦見真心之合"矩"處，此謂知本也。戰國諸侯略略帶得王道，便可以制馭群雄。

秦誓節

言人主不務"絜矩"而甘心寶貨財者，則以輔相失宜而奸人用事故耳，遂引《秦誓》，列出相道中君子、小人兩等人，以起下"好惡"二意。

"斷"如斷絕,言斷斷分無一毫才情意見之累,隱然見惟此忠君愛國之心耳。"休休"是一切都休,斷除煩惱羨畔之根,以平爲境,以易爲懷也。惟大臣操可致之權,其念更廣,祿欲持,寵欲固,名位欲保,子孫欲綿,其難休尤甚。無畔援,無欣羨,斯謂之"休休"。休休則無我,視天下無一物而非我矣。

"有技"是有才,"彥聖"是有德,蒙引"以能保我子孫"作一句,"黎民尚亦有利哉"作一句,此説"尚亦"字明白。

人主不能論相,則一人用舍之誤足以自禍其子孫。宰相不能好賢,則一念好惡之偏足以空人之國家。《秦誓》之言足爲萬世鑒。

仁人節

"仁人"正"慎德"之"君子",心體空平,故"放流"之法精明果決。自昔大奸巨蠹投閒散地,常覘朝廷意向,以圖進用。放流之,不與同中國,正處置小人停當處。

觀容賢之臣,至利及黎民,正民所共"好"的。妨賢之人,至殆及黎民,正民所共"惡"的。惟仁人愛人,而不使惡人得以間其志,故曰"能愛"。"惡人"而不使善人得以被其害,故曰"能惡"。此是因"惡"推出他能"好"。昔人云:"一家哭何如一路哭?"仁人之用心如此。

此處最可以觀君相之相須,以"平天下"處俱在此心。君心空而無私,則能愛能惡。相心空而無私,則能容能保。君心以能放流爲絜矩,相心以能容爲絜矩。惟相心之"休休"能容群賢,惟君心之"仁"不容不肖。《秦誓》節好君子如"好好色",其惡小人可知。如此纔稱得宰相。仁人節惡小人如"惡惡臭",其好君子可知。如此纔稱得人君。

人主擇天下第一人而相之，宰相擇天下衆賢才而任之，天下不患不太平。

見賢節

見理稍明，心力甚軟，故不免於慢與過命，與急親賢相反，却像不把天下事放在心上，忽略輕易，以解豪杰之體也。"過"是錯過了癉惡之大典，寬縱放過，以種奸人之芽也。

若不見，賢者猶有所冀，不肖者猶有所畏。見之而猶如是，則賢知其必不用矣，不善知其必不退矣。

好人節

好惡，情也，而曰拂性，推本言之耳。拂人之性，豈惟人惡之，天亦惡之。故菑必逮夫身，"身"字正點醒世主語。夫世主好惡偏僻，專爲自家圖快樂，乃及身之禍即在目前。言及於此，有天下者即不爲子孫黎民計，獨不爲自身計乎？

大道節

"是故"直從前面"絜矩"收來，此節要想是結脈語。矩即是"大道"，配上帝，凝天命，通人心，何等樣大？"忠信"則盡己之心而不違乎物，"驕泰"便恣己徇私，以人從欲，而不得與民同好惡矣。前兩言"得失",是人心、天命、存亡之幾。此節"得失"是吾心天理存亡之幾。

"忠信"是真實心,"矩"之體也。"忠"字義就藏恕可想,"信"字義就誠求可想,即"誠意"也。首節"老老"三句已括忠信之義,起手說個"絜矩"也,只憑這點真心。有此點真心,視天下有不得遂其分願者,真如疾痛疴癢,時刻不能去心,必思所以曲處而安全之,故大道之得。一有"驕泰"之心,則傲然自放,視閭閻疾苦漫不相關,一膜之外便爲胡越,豈能處置得盡?故大道以之失。

生財節

根上"絜矩","大道"即"生財"亦在其中矣。"生衆"四句,皆是人主立定經制,如此以開源,如此以節流,所謂務本節用也。"生衆"又不以衆食耗其生,"爲疾"是不緩其生,"用舒"是不盡其生。斯其來無窮,其去有限,故恒足也。"恒"字是渾同上下公私皆足意。

發身節

仁者,通天下爲一身,民即吾肢體,財即吾膏液,同民好惡,不封不殖,元氣處處流貫,血脉在在融通,而肢體強固,此便是"發身"。《中庸》聲名洋溢中國,施及蠻貊,凡有血氣,莫不尊親,即"發身"之說。

"以財發身"不特人君爲然,如人積而能散,濟人利物,人人感戴之，嘆服之，祝頌之，將必身家安樂，子孫昌盛。"以身發財"亦不特人君爲然，如人貪財好利，以奪人之有而擁諸己，致衆怒群猜，呼天咒罵，將必鬼神嗔怒，天地誅絶，而不能久享其所有。

上好仁節

正是"仁者以財發身"，言仁者雖散財以得民，然卒亦未嘗無財，見爲君者不必外本内末以聚財也。只一個道理，在上喚作"仁"，必公利於民。在下喚作"義"，自不私所有。"終"字寬説，指輸將之事，言力出於民者尚不敢自愛，而反有利上之財者哉？

"府庫"之財用之於神者，爲其福民也。用之於臣者，爲其養民也。用之於旅者，爲其勤民用也。用之於兵者，爲其衛民也。雖其用之君者，亦爲臨民，而非謂其獨異於民也。此見府庫設之於朝廷，僅屬積貯之常理。而府庫享之於明聖，始爲安樂之厚實。

孟獻子節

世主不務好仁以得民，而專殖自封，非獨不仁，亦不義，非獨不義，亦不利也，故引獻子言之。

昔公儀休拔園葵，去織婦，不使與細民争利。董廣川亦曰："天有定分，與之齒者去其角，傅之翼者兩其足，見受大者不得取小。"天不能足，而況人乎？若身寵而載高位，家温而食厚禄，乘富貴之資力以與民争利於下，即鬼神亦忌盈矣。

　　"以義爲利"之説，見義者宜也。上之人宜愛育黎元，有國者知此義，實心去愛民，能公天下之利，自然良心激發，皆樂於愛戴歸往，是義固所以利之也，不專指終事守財言。

長國家節

　　以利爲利，非獨不利，又有其害。其原皆繇人主内多欲，而小人適中其欲，便以爲有利於國而善之耳。"彼"指君言，"之"指小人言，人主善之，則必使之爲國家，蓋賞其納忠，而不知其大不忠也。嘉其任怨，而不知怨歸於上也。小人柄國，將國事弄得大壞，天怒人離，菑害并至。到覺悟時，別用君子以挽之，則釀禍之根雖非自今日，而禍之交作始見於今日。擔事之人已非如昔日，而事之難處更甚於昔日。雖有善者，亦無如之何矣。夫利即無害且不可務，而并至之害已如此。義即無利且亦當爲，而發身之利又如彼。人主鑒此，信當公好惡以理財用人，本之以忠信之心，行之以絜矩之道，而天下可平矣。

　　聖賢千言萬語，其論學術，只在遏人欲以存天理。其論治道，只在進君子而退小人。《大學》首章言本末治亂之端，而末以義利終之，須剖得義利分明，方可明新以止至善，而天德王道一以貫之矣。此《大學》也。

大學總論

　　"聖經"是孔子親定學譜，"十傳"是曾子親筆紀録，凡

《六經》《四書》之理俱不外此。《魯論》時習而悦即明明德，朋來而樂即新民，不愠而爲君子即止至善。默而識之是透徹至善，學即明明德，誨即親民，不厭、不倦，仍是止至善也。知及仁守是明德，莊莅動民是親民，其動之不以禮，未善也，即是親民，未止於至善處，仍屬知仁明德之功未完也。其諸互相發明處極多，不能一一盡數。即大賢如顔、曾、思、孟，千古最著者，正以學術相傳，總同此脉。顔子之博文擇中庸，即格物致知之説。其約禮、不違仁，即誠意、正心、修身之説。至家齊，是一家歸仁也，國治是一國歸仁也，天下平是天下歸仁也。問爲邦，是欲明明德於天下也。爲仁由己不由人，是壹是皆以修身爲本也。遠佞人，是仁人放流之，不與同中國也。不施不伐，若無若虛，是斷斷休休，可以爲王佐也。曾子之言忠即明德也，言恕即親民也，言一貫即明親止至善也。物格知至，蓋知所以一也。意誠心正，蓋得所以一也。身修者貫於四體也，家齊者貫於一家也，國治者貫於一國也，天下平者貫於天下也。其言弘，即體用一源，明德明於天下。其言毅，即徹始徹終，學問止於至善。子思言天命之性即至善，言率性之道即明明德，言修道之教即新民，言明善知幾即格致，言慎獨内省即誠意，言戒懼敬信即正心，言誠身篤恭即修身。家齊是致中和於家也，國治是致中和於國也，天下平是致中和於天下也。而無聲無臭以合天，即止於至善之宗也。孟子言性善即至善，言盡心知性即格物致知。至知性知天，則格物而后知至矣。存心養性，修身誠正修之説也。立命合天，則至善之極也。知言是格致集義，養氣是誠正修其願學。孔子之時，中即止至善。塞乎天地，即明明德於天下也。其曰天下之本在國，國之本在家，家之本在身，宛然齊治平之旨，而所性分定，雖大行不加焉，雖窮居不損焉。即自天子以至於庶人，無窮無達，無完欠者，明新止至善之大學也。然不止此也，凡古今來聖賢所載，引而伸之，觸類而長之，《六經》諸書皆《大學》全譜也。學果在多乎哉？道果有二乎哉？

中庸圖

此中虛而無物，乃太極渾淪之體，凡元會運世皆周流太極中。前瞻無始，後際無終，在天爲元亨利貞之命，在人爲仁義禮智之性，俱渾涵此心。雖是沖漠無朕，而天地萬物、子臣弟友之理森然畢具。夫子恐人看得玄虛，故又曰“中不離庸”，見此理都貫通於天地萬物、子臣弟友之中，所謂斂之方寸，太極在躬，即此“中”也。散之萬事，其用不窮，亦此“中”也。故曰“吾道一以貫之”。而子思體此作《中庸》。

中庸圖説

　　易有太極，三才同源。庖羲一畫，肇開宗傳。堯舜曰中，精一密禪。孔子曰庸，非遠非玄。其虚曰性，至善無偏。其理曰誠，克塞兩間。無古無今，無際無邊。無物不有，無時不然。絜矩爲方，時中爲圓。總此一中，有經有權。帝王師相，制作推遷。時行時止，躍魚飛鳶。喜怒哀樂，天則現前。子臣弟友，達道兼全。惟聖性者，任天周旋。純亦不已，兢業益虔。君子復性，明善精研。造端夫婦，戒慎必先。屋漏隱微，夕惕朝乾。富貴貧賤，功力常綿。夷狄患難，動忍彌堅。内外顯晦，操存静專。及其克滿，凡聖齊肩。中和既致，蟠際天淵。盡人盡物，一體貫穿。經綸參贊，三百三千。天地位焉，萬物育焉。四靈畢至，風雨無愆。變化神鬼，旋轉埃埏。華夷共戴，萬古千年。揆厥根本，溥博淵泉。瀰滿於外，退藏於潜。暗然至德，上下同聯，不離日用，直透玄詮。符合帝載，聲臭都捐。是曰中體，是曰還元。大哉聖人！渾然一天。

　　松峰道人識。

中　庸

天命章

　　《中庸》，一“性”字可貫。“性”即命也，“道”即性也。“教”不過修道，以復性也。不可離，惟其性也。“戒慎”“恐懼”，存性之本然也。“隱微”“慎獨”，審率性之初幾也。“喜怒哀樂之未發”，性也。以其無倚，名曰“中”。發而中節，率性也。以其無戾，名曰“和”。此性涵天地萬物，故曰“大本”。此性通天地萬物，故爲“達道”。“致中和”，盡性也。“位育”性中之能事，滿性量也。

《天命》一章亦自相注解。如何是“天命之性”？後面“未發之中”是也。如何是“率性之道”？後面“中節之和”是也。如何是“修道之教”？後面“戒懼”“慎獨”，“致中和”“天地位”而“萬物育”，此修道之極功，盡性致命之全學也。

聖學直向天上歸宗，故《中庸》首揭乎天，以示道之大原終歸於天，以示“修道”之極致。

性、道、教，從來有此名目，子思從頭指點出來，以爲性非雕琢，天命便是性。道非遠人，率性便是道。教非强世，修道便是教。

自然之謂“天”，《詩》曰：“維天之命，於穆不已。”《易》曰：“天命流行，物與無妄。”此理遍滿天地，無些子空缺。蓋“天生蒸民，有物於〔九〕則”，“天命”字就如帝降錫予一般。此純粹至善之理，即謂之“性”。注中“性即理也”一語最確，論性全無夾帶，不著氣質。言以性屬之天，只是借言，以見人與天原一脉相通。其鑒觀不爽，則作獨中之儆戒。其凝承如一，則啓位育之根源。

靜虛之體包涵萬有，天命本如是，人得之爲“性”，真是竪窮三際，橫亙十方，沖漠無朕，萬理森羅。但色色任他本來，此性盎然流行，便謂之“道”。不然止就事體上周旋，此是率事。若在人情上打點，此是率物。不是性，即不是道。

孟夫子解天命最精，如“莫之爲而爲者，天也。莫之致而至者，命也。”便知性中不假一毫造作，果可以爲，爲可以致，至乎率而行之即是道。彼赤子之不學不慮，而知愛敬與至誠之不思不勉而中天道，不識不知而順帝則，其率性一也。

率性固是循其自然，若人之乾乾不已，自强不息，亦是性之自然，合該如此。

率性既爲"道"，又何待"修"？只緣智、愚、賢、不肖，氣禀不齊，習染易壞，有不能盡率其性者。聖人因道以修治之，以爲法天下，使無論動静寂感，密密保持，俾人皆遵道而行，以爲復性合天，此之謂"教"。"修道"即戒懼，慎獨，致中和，與禮樂、刑政、制作、參贊之類。

千古聖賢留下的規矩，總是教人方法，然不離自身作榜樣，舍了自己，如何教人？不是教人亦成不得自己，故成己成物，自修在此，人之取則亦在此。

"性""教"不特在人，即隨物之性，如牛可耕，馬可乘，鷄可司晨，犬可司夜，其所發皆有自然之理。如隨草木之性，則桑麻可衣，菽粟可食，春宜耕，夏宜耘，秋宜穫。人、物皆有自然之理。聖人修道，既使人存理遏欲，而至於天下之物，亦順其欲惡，因其才質之宜，以致其用。制其取用之節，以遂其生，皆有政事之施焉。此聖人裁成輔相之道，與後面盡人物之性，參天贊化，其道一也。

知天命謂性，則空寂不可謂性。知率性謂道，則虛無不可爲道。知修道謂教，則刑名功利不可爲教。

二節責成學者不是道離不得人，乃言人不可離道須臾，兼寂感言道何以離？心稍昏逸便是離。一息不是道，就一息内天命斷，人性絶，故此不可離，是人真念頭上一點過去，不得所在。試想此念從何而來，便識得天命本體。此念從何結，便透得戒懼的消息。

戒慎、恐懼亦有分別：目視自内出，故曰"戒慎"。耳聞自外入，故曰"恐懼"，恐恐然懼其有所聞也。君子終日乾乾，精神收管在内，即《大學》之所謂"止"，直性根也。

戒慎、恐懼即所以養其未發處言，自所睹、所聞，以至所不睹、所不聞，皆當戒懼，此在聲色未交、思慮未萌之時，畫出須臾不離的功夫，方見性於此定、命於此凝的意。

朱子曰：不睹不聞。不是閉耳合眼，只是萬事皆未萌芽，最好操存性體，自家先恁地戒慎、恐懼，常提起此心，在這裏防於未然，所謂不見是圖也。

如何提起此心，曰：凛凛如對上帝。

"隱"是心曲之萌，"微"只一念之動。有隱念即有覺隱之念，有微端即有識微之端，故"莫見""莫顯"。隱是看不見處隱隱有倪，似屬於睹。"微"乃微細，譬如微風過，亦必有聲，雖不必分貼睹聞，即分貼亦說得去。

"隱""微"即下文喜怒哀樂將發之際。此時將離靜而動，雖向動而猶未甚隔靜，乃性命離合關頭，纖毫或疚，雖欲自安而不可得，故君子必慎其獨。

"戒懼"是靜中主敬，"慎獨"是方動研幾。靜中主敬，私欲無端而起。方動研幾，私欲無得而滋。此不可混作一片，亦非是截然兩段。總之"戒懼"是平常渾全功夫，"慎獨"當幾切要功夫。譬之鏡，常時固要防護，臨照又加拂拭也。

或問朱子曰："安知不睹不聞之不爲獨乎？"曰："不睹不聞是己之所不睹不聞也。獨者，人之所不睹不聞也。"於不睹聞處戒懼，方葆涵得天命之性，於隱微處慎獨，方率性之道繇此不乖。總是修道之功，不使少離於須臾之頃也。

君子修道既密，則所存所發自與道合，繇是而喜怒哀樂之未發也，叫作個"中"。"發而皆中節"處，叫作個"和"。"中""和"字乃用功已到之稱，惟功夫無時不用，故本體無時不呈。

漢儒董子曰：天無喜氣，何以暖而春生育？天無怒氣，何以清而秋殺就？天無哀氣，何以激陰而冬閉藏？天無樂氣，何以疏陽而夏長養？〔一〇〕人無春氣，何以博愛而容衆？人無秋氣，何以立嚴而成功？人無冬氣，何以哀死而恤喪？人無夏氣，何以盛養而樂生？〔一一〕故曰：天有喜怒哀樂之行，人亦有春秋冬夏之氣，匹夫雖賤，可以見德刑之用矣。〔一二〕此一段發出天人合一之旨。

"未發"原指性體，第不可抹煞"時"字，何也？本文明白說"喜怒哀樂"，正見人有有喜怒哀樂之時，亦有無喜無怒哀樂之時，如可喜可怒可哀可樂之事一時未感，我安得無故起念？就此一時喜怒哀樂之念未起，就是"未發"，就是虛明性體。當其有喜怒哀樂之時，就是已發。其發"皆中節"，仍是虛明性體。道理本自明白，而好奇者必欲鈎玄索隱，何也？

"喜怒"二句，不是時時發，時時未發。方其未發，雖是未發而真機何嘗一息不流行？是寂然不動之中感而遂通者自在。及其已發，雖是已發而真體何嘗一息不凝固？是感而遂通之時而寂然不動者自在。未發是已發之源，已發是未發之流。本體雖是一貫，脉絡却自分明，不相離亦不可混也。第吾儒曰："未發之中，而異端欲抹煞未發之説。"則曰："人一生都是發的，那有未發之時？"吾儒曰："發皆中節，謂之和，異端欲抹煞已發之説。"則曰"人一生都是未發的，那有已發之時？"吾儒曰："不睹不聞，異端欲抹煞不睹不聞之説。"則又曰："睹明睹暗，聞喧聞寂，豈有不睹不聞之時？"未發也，無未發之時。已發也，無已發之時。不睹不聞也，無不睹不聞之時。一切俱無，無無亦無，幾何不墮於虛無寂滅之失也？

昔豫章延平静中看喜怒哀樂未發氣象，最得伊雒真傳，蓋湛然虛明，正此未發之氣象也。非一概無念，一毫功夫無所用，而後謂之未發也。要知未發功夫，不是面壁絕念，求之虛無寂滅之域，只凡事在平常無事時，預先將性命道理講究體認，戒慎不睹，恐懼不聞，只在性體上作功夫，使心常惺惺，念常亹亹，時時討得湛然虛明氣象，便是未發用力處，亦便是未發得力處。如此有不發，發皆中節矣。

或曰："未發是一念不起時也。若起一用功之念，便是發，如何還說的未發？"信斯言也，則未發時一毫功夫無處用矣，已發則功夫又不及用。如此將功夫一切抹煞，只憑他氣質作去，喜怒哀樂如何能中節？

或問未發已發，朱子曰：人自有生即有知識，事物交來，應接不暇，其間初無頃刻停息。然所謂未發之中寂然不動者，豈以日用流行爲已發，而指夫暫與休息、不與事接爲未發時耶？試嘗求之，泯然無覺之中，似非虛明應接之體，而幾微之際一有覺焉，則又便爲已發，而非寂然不動[一三]之謂。於是驗之日用之間，凡感之而通，觸之而覺，蓋有渾然之全體，應物而不窮者，是爲天命流行，生生不已之機，雖一日之間常[一四]起常滅，而本體則未嘗不寂然也[一五]。所謂未發，如是而已，夫豈別有一物、限於一時、拘於一處，而可謂之中哉？朱子此論已開後人悟門久矣。

中也者，不□一形，不結一迹，一真自如，萬緣不染，渾然空明本體。此雖朕兆未萌，而天地萬物的靜機已淵淵在內，無其迹而有其理，是從先天未畫處立根，故曰"天下之大本也"。中節之和，即人人所當各中之節，自可達之天下古今，流通無礙，故曰"達道"。

"致中和"之功即是戒懼、慎獨，乃推而廣之也。一念中和，念念不中和非致。一時中和，時時不中和非致。一人中和，一家不中和非致。一家中和，一國不中和非致。一國中和，天下不中和非致。須是繇一念而至念念，繇一時而至時時，繇一人而至家國天下。又不特明欲使人物皆中和，亦欲使幽而鬼神皆中和。將此中和致到極處，則兩間之戾氣消，邪氣化，和氣生，正氣暢，而萬物有不育，天地有不位乎？至誠贊天地化育，與天地泰〔一六〕，其消息機權如此。

總之，"喜怒哀樂"四者，小而親愛賤惡，大而慶賞刑威之類，皆是物也。此等處，喘息呼吸便與天地萬物相關，如《洪範》庶徵之應，乃以五事貌言視聽思，即關於天之雨暘寒燠風，可以見感通實事。但觀庶女籲天，風襲齊臺，賤臣叩心，霜飛燕地，一匹夫匹婦，精誠尚有偶然之格，況盡性至命之聖人，其爲搏挍陰陽，轉移造化，更何疑哉？故位育實事在聖人得位，其功業誠易設施。不得位而默祐神明，幽贊化育，自不可量。此只論性中妙用，故不當以位之有無作優劣觀，自天子以至於庶人，無加損一也。

或問：一介之士如何得位育？朱子曰：規模自是如此，人各隨一個地位去作〔一七〕，若致得一身中和，便充塞一身。致得一家中和，便充塞一家。致得天下中和，便充塞天下。有此理便有此事。董子所云：人君正心以正朝廷，正百官，正萬民，而陰陽和，風雨時，諸福之物畢至。皆是此理。但不可謂人主致中和，士大夫便不致中和。

或曰：堯、湯水旱何以説？朱子曰：此非常之變，乃天爲水旱生堯、湯，非堯、湯致水旱也。究竟地平天成，桑林禱雨，自是斡旋天地之力。如吾夫子在當時，雖不得位，然道明於萬世，能使天綱地維，民彝物則，終古不墜，是尤萬世位育之極功也。

《中庸》第一枝，從君子説起，見中庸道統非戒懼、慎獨者不屬，因曰"中庸，其至矣乎！民鮮能久矣"。民何以鮮能？賢知過之，愚不肖不及也。"過"與"不及"皆"鮮能知味"，擇乎中庸而不能守者也。賢智何以過？曰："素隱行怪，後世有述焉。"愚不肖何以不及？曰："遵道而行，半塗而廢也。"重闢賢智一邊。"飲食"節引起大智，蓋"鮮能知味"，便"道其不行"。見體道者，畢竟以知爲先。然必如舜之大智，而道始可行。"予智"節引起"回之爲人"，蓋"不能期月守"，終不可謂智。故必如回之服膺，而道始可明。是中庸道理非可易，能者必知行合一，又有個自強不息之心，故以論強序之，而末總言大過不能，不及不能，惟知至行盡，至誠無息，聖者能之也。

君子中庸章

上章只說了一個"中"，此中不離日用，故曰"庸"。中不可執著，故曰"時"。此仲尼於"中"字下注脚也。變"和"言"庸"者，以性情言則曰"中和"，以德行言則曰"中庸"。然中庸之中實兼中和之意。"仲尼"節是正文，下節是上節注疏。

子思從人品辨學脉，君子、小人須著眼言這個"中庸"。君子講得也是，小人講得也是，正所謂天理人欲同形而異情，故說君子是中庸，小人反中庸，中即未發之中。人能脫盡情，識一切都是平常事，即聖人也。逞不得一些精采，此惟君子爲然。謂此"中庸"全在君子身上，涵者即是"天命"，發者即是"率性"。君子渾是一個"中庸"，"君子"即後面舜、回、文、武、周公、孔子，"中庸"即下舜之知，回之仁，文之無憂，武、周之繼述，孔子之道德，《九經》皆是。

"君子之中庸"只是能戒懼慎獨，故"未發"是"中"，隨時以運用出來。發"皆中節"，不背此中之體，是個中而無時不中了。此見通變處渾是真純，不可說"中"而又"時"也。

既曰"時中"，則不可執，堯舜何以曰"執中"？顏子何以擇中庸而"服膺"？曰"中"一也，有自統體言者，如"執中"之中。有自流行言者，如"時中"之中。言統體，則一理渾然，所可執也，而流行自在其中。言流行，則隨感順應，不可執也，而主宰自在其中。故《大學》言"止至善"，分明是執中，而所謂能慮，則"時中"之謂耳。然"中"何以執，只時時"戒慎""恐懼"便是執中，亦是時中。

"無忌"是不"戒慎"，"無憚"是不"恐懼"，此小人不是泛常小人，乃異端之害道者。彼其教以綱常倫理爲情緣，以《詩》《書》禮樂爲糟粕，以辭受取與爲末節，以規矩準繩爲桎梏。其視吾聖人之教，不啻若弁髦之，其弊使人倡狂自恣，以禮爲僞，以肆爲真，貽禍於天下後世不淺。故夫子斷之曰"小人而無忌憚。"此小人，乃以學術殺天下後世者。

中庸其至章

夫子反覆"中庸"，獨見其妙。突地出一句，有轉眼當世，不勝感慨，故曰："民鮮能久矣。"一部《中庸》，論道處只是贊個"中庸，其至矣乎"！無過、不及，只形容得個"中庸"，若"至"字，即《大學》"至善"，與後面"至誠""至聖""至"字同，極精粹，極純懿，至易至簡，愚夫愚婦之所共有，天地聖人所不能外也。

修道之教不明，民多求之庸言庸行之外，故有此嘆。

道之不行章

此是"民鮮能"之故，"知者"是天下聰明人，他把道理也看得幾分，一意講求，謂講求便是功夫，卻少了躬行一邊。至"愚者"心上昏昏，不知何者是道，復安望其行也？此道不行之故也。"賢者"是天下篤實人，他把道理也行得幾分，便一意躬行，謂只躬行便是功夫，卻少了窮理一邊。至"不肖者"，他既自暴自棄，不復欲行，又安望其明也？此道不明之故也。

賢知者誤以"過"爲"中"，而失之過。愚不肖者誤以"不及"爲"中"，而失之不及。非自知其過與不及而甘之也，故曰"鮮能知味"也。

"知者"是知之過而行不及，不仁也。"賢者"是行之過而知不及，不知也。"愚""不肖"是安於不及，不能勉而進，不勇也。已含下面知、仁、勇意。

《費隱章》夫婦之愚、不肖與知、與能，彼以"夫婦"一節之事言，此節不及，以道之全體言。

前面説"知""愚""不肖"，皆不能與於斯道，則"中庸"不爲高遠深晦、難行難明之絶德乎？"不知"又非高遠深晦，日用平常之間，就是誰不飲食其中而知味者，誰明是當面蹉過也。此節不可作譬喻看。

"飲食"只作日用字，"知味"非著力尋解，只認取當然之理。便是一知其味，則須臾轉凡而成聖。不知其味，則此心本聖而墮凡。玩"莫不"字，見道未嘗須臾離人，人自離道耳。

"鮮能知味"，只是心不在焉，食而不知其味，惟心在"素隱行怪"一邊，故不能知淡簡之味。心在"半塗而廢"一邊，故不能知不厭之味。

"道其不行矣夫"，大有感慨，即承"鮮能知味"來，惟"不知"，故"不行"。

舜其大知章

引舜之知，正見行必繇於明，以爲智愚之法，則"大知"是靈明本體通天徹地，原無限量。舜更不以形骸隔之。"問""察"是合天下之知以爲知，"隱""揚""用""中"是散一人之知於天下，自覺盡天下人人具載一舜，斯道大明，如日中天矣。

衆論不同，都是善一邊，惡的已自隱化而不宣了。"兩端"

只是起止二字，如云起這頭至那頭，自極厚以至極薄，極大以至極小，於此厚薄大小，擇其説之是者而用之，乃所謂“中”。若但以極厚極薄爲兩端，而平執其中間，爲不厚不薄之説，則是子莫執中。且如有功當賞，或説合賞萬金，或説合賞千金，以至百金、十金，則“執其兩端”，自至厚至薄，而權度其厚薄之中，合賞萬則萬，合賞千則千，合賞十則十，却不是中間平分也。孔子竭其“兩端”，亦只是自大至小，自精至粗，都要與他説，無一毫之不盡。大凡事偶舉一件，自有兩端，其中應該如此，不該如此，便是“兩端”。

“用中”，“中”字在舜言，實即上下所同具之中也。“中”亦無定，緣時地人情而爲之，低昂損益，自有個至當恰好的所在。

“好問”“好察”，惟精也。“執其兩端”，惟一也。“用中於民”，執中也。“其斯以爲舜乎”，猶云此纔是舜，不講向知上去。“舜”字，章中凡三喚，仲尼神印一中之傳，恍見帝舜面目，故贊嘆如是。

人皆曰予知章

不要説上段例下段，只是上不能擇下，擇而不能守。上段不知“罟擭陷阱”，即是索隱行怪而行險僥幸意。若“擇中庸”，便居易俟命，素位而行，豈有險境？

病根俱在“予知”上，蓋“罟擭陷阱”，上知人不肯爲，下愚人不能爲。有一等小智人，自恃其智，錯走了路頭，往往墮此坑塹。故夫子即他自知一念以破之，兩皆曰“予知”，煞甚警省。

從人欲上起念，便踏危機、凶機。從天理上起念，便踏安機、吉機。

回之爲人章

引回也，是以如愚而紹"大知"之脉，正仁能守之處。"爲人"二字重，有天資學力俱到意。

"中庸"雖渾然性體，而其發於萬念、萬事者，莫非性體之散殊，隨處體認，愈析愈精，實見得是，方能有得。此古人求悟的功夫。"一善"字甚活，每"得一善"，即"弗失"。不只守一善，如孟子，聞一善言，見一善行，或欲作一"貫"字看，未是語意，認得是一善時，便説作萬善何妨？"拳拳"字、"膺"字，都身上借字，實實落落以身體之，無些子放逸，所謂篤行者也。

顏子一生爲人，只是個"博文約禮"，"擇乎中庸"，乃博求此禮於視聽言動間也。"得一善"是約，視聽言動而復於禮矣。"服膺""弗失"，則欲罷不能之境也。惟本體原是戒慎恐懼的，見得本體，自然戒懼之不容已。

天下國家章

此節知、仁、勇意勿明，插入三者，在聖人，亦皆庸行中事，惟賢知之士則以爲奇勳峻節。夫子皆本中庸之道以裁之，正謂顯奇於庸行之外猶易，執中於庸行之內最難也。大凡天下事，靠精神發揮，靠聰明窺測，靠氣魄支撐，皆可著力。惟此中庸，純是天然性體，須擇精守固乃可。庶幾若平常日用處，稍增一分便過，稍減一分便不及，恰好最難。

"不可能"，非言難能以阻人之進，蓋人之不能中庸者，只是涉於私而不能率性以合天，是中庸之難，難在易簡也。不可能者，其本體有能有不能者，其功夫，聖人之獨能，正於其易簡率性處致力耳。此性學也。

夫子恐人無處覓個中庸，故後面便有事父事君未能之語。可見中庸道理只在綱常倫理間。若舍此別覓個中庸，便玄虛而流於佛氏。

夫子嘗大帝堯，德泰伯，仁比干，惟其中庸耳。恐人見其難而不敢任也，則曰"人莫不飲食"也。恐人忽其易而不屑爲也，則曰"中庸不可能也"。近來講學者把"不可能"處説得太高遠，太玄虛，真是不可能，然却又不中庸了，"中庸不可能"，觀於此益信。

子路問强章

《易》曰："天行健，君子以自强不息。"此"天命之謂性"也。"率性之謂道"，則自"中"自"和"，又何"强"之可名也？然吾人相生以後，便爲習氣用事矣。矯習歸性，乃所稱"自强之君子"。子路氣質用事，"矯"之一字是他對症藥方。

陽體剛而用柔，陰體柔而用剛，纔説風氣，便屬用一邊了。南方陽主發生，故其用柔。北方陰主蕭殺，故其用剛。必養至中和，方是陰陽合德，方是太極之本然。

温柔之習可養和平之度，故君子居之。

南北之强亦不是尋常人，此輩亦見定守定，但學力未能變化，氣質不免尚爲風氣所囿，所以不得爲中庸。君子亦不外此南方、北方人，而但不落在南北風氣裏。

君子是以義理自勝其私欲。"和不流"是渾厚中自有主張；"中不倚"是堅定處絕無依傍。此"倚"字即夫焉有所倚。

或問朱子曰："和"便易流，若"中立"便自"不倚"，何必又説"不倚"？曰：柔弱的人多有所倚靠。初從中道而立，及把捉不住，畢究又靠取一偏，此所以要中立不倚，方見强。如倚於知，倚於勇，皆是倚。若夷、惠，正是不流不倚處。蓋文王善養老，他便來歸。及武王伐紂，他又自不從而去，即此便是他中立不倚。

"流"字"倚"字"變"字，皆與"强"字相反。

中和原於天命之性，不可得而變。此塞即性命之暗然處，即秉心塞淵之"塞"。當國有道，正君子效用之日，於是有翹然自喜之心。雖非富貴移人，亦屬名根未盡，此謂變塞。不變者，未試而恬然，已試而泊然。道雖大通，而於天命率性之真體，毫不泄漏於針芒，非故意韜斂，實一念真精不爲功名漏泄。國無道，則吾道否塞，訕諑不已，甚且傾陷。君子亦惟是砥柱中流，確乎不拔，所謂獨立不懼，而陰持吾道於不絕者也。故曰"至死不變"。

古人窮時有學，達而行之，故稱"不變塞"。後人無學，何塞可變？今所謂"變塞"云者，不過以其驕奢，不似窮約時淺之乎？言"變塞"矣，其實自作秀才讀書時，便以榮身肥家爲念矣。待至出仕，却來變個甚麼？

平日志於道義者，達時惟恐其變。志於榮貴者，達時惟恐其不變。

四"矯"字乃功夫之勇毅，非贊詞。蓋性利於率，情利於矯，人性固善，然被情欲障住，如何能率得來？若任情作去，性愈遠流蕩，有何底止？今用矯法，正矯其情欲之沾滯，使自然之天理發見，乃矯氣質也，矯人欲也，非矯天理也。但常人的情根即種在未發裏，此雖借境上論，而"矯"的工夫端在未發處用，即"戒懼""慎獨"之法。

有子路之勇，涵養來便是顏子。有顏子之仁，融化來便是大舜。

素隱行怪章

通章只形容得一"中"字，觀"半塗而廢"，亦陰中隱怪之病，故直説到"遁世""不悔"，方許其能中庸，見名根一絲未斷，不可謂中庸也。此夫子剔出鮮能中庸的骨髓。

"素隱行怪"，是設心要作一種奇特以邀名。兼之人情喜新，庸劣者望之爲不可及，高明者樂其誕而思以自托，故後世多以名歸之，是以學術禍天下後世者。聖人自是不爲，不是表己之不爲，只説決不可爲。

"遵道而行"，見人無稱述，則不見知而悔矣。既悔，安得不廢此？或擇中之初，一善之所得未確，則欲罷之。内念易生，又或守中之際，衆口之所咻交加，則變塞之。外緣易動，道至於名利兩窮，才力難竭，苟非獨立不懼之君子，孰肯遁世而不悔？其廢宜矣。夫子曰："吾弗能已"，只是見到這個真機，自住手不得，所謂知至知終，躍然見有誕登之岸在，雖欲不前而不可得。

吕侍講云："學不如孔子，終未至於天道，未免爲半塗而廢。"此語誠然。可見有下學而無上達，詣不足以達天，亦是廢。夫子於此正要人研將上去，故説"吾弗能已"。

中庸之理至平至實，稍與當世不相合，不可謂中庸。惟與當世無一毫不合，而世莫我知而不悔，方見依中庸之真處。若認作懸岸，撒手便不顧人，是禪學，非聖學也。惟功夫透得本性真機，則吾盡吾性，吾慊吾心。平常淡簡之理，原不足致人知，而亦無介介於人不知，直是妙境。遁世與避世别，避者必隱，遁者不必隱。君子有中庸之德，而世人自與之相違，如天山之兩相望而不相親，故曰"遁世〔一八〕"。《易》曰："遁世無悶。""不見"是而不悶，確乎其不可拔者，潛龍也，正是這個聖人。

不曰"聖人"而曰"聖者"，不過就上"君子"而直指之言。如是則行造其極，尋常日用間直達天德矣，此之謂"聖學"。然則道實不外於中庸，只是此念毫無斷續，毫無夾帶處，便成絶德，何必隱之素而怪之行乎？

凡人於境遇上纔動念，功夫便向顯見處走作，所以論學說不愠，說無悶，正要在境上磨練。觀後章論作禮樂，德必假於時位者，爲制禮而言特性，分中作用之一節。若此處，則專論證性，所謂分定而無加無損者，故須"不見知而不悔"，乃與未發之性體無虧耳。

《中庸》第二枝，乃子思自立言，以見道之極費，所以破隱怪之僻，言費隱之道莫載莫破，察上察下，而吃緊在"造端""夫婦"處起手，推其極，便可"察乎天地"。何以"察乎天地"也？夫婦盡其道，便可盡子臣弟友之道矣。是察乎子臣弟友之間也。子臣弟友盡其道，便可素位而行，無入而不自得矣。是察乎富貴、貧賤、夷狄、患難之間也，而實始於夫婦造端，則行遠自邇、登高自卑之意已瞭然矣。故遂叙出妻子合，兄弟翕，父母順，以見倫常盡道，漸可合德鬼神。而求其合德鬼神者，其舜乎？其文、武、周公，其孔子之告哀公者乎？到舜、文、武、周公、孔子地位，天人合而一矣。此所謂"君子中庸"，真"中庸其至矣乎"！

費隱章

道即率性之道，夫婦率夫婦之性，故可與知、與能。聖人率聖人之性，故任其所不知、所不能。天地亦只率天地之性，故任人所憾。鳶魚亦率鳶魚之性，故飛躍上下。惟夫婦率性，故道之端造於夫婦。惟天地之間皆是率性，故道察乎天地。此可見率性之道如此其費，何必素隱？

通章俱言"費"，而"隱"自在其中。

"費"如錢財費用之費，更有著見明顯意。蓋世上舉手便是錢財之用，世上舉目便是斯道之用。如財之出尚有窮時，此道則用之不盡，實不可得而竭。即天地之化，動而愈出，古今之用，往而不反，皆是"費而隱"，非費而又隱也。要曉是君子之道，不是空空在道體上說。

率性之道是費，天命之性是隱。

中庸之理無物不有，雖"夫婦之愚""不肖"，亦不禁其知能，非稱夫婦之知能乎？道也。照下子臣弟友看，就如極愚蠢的人，也曉的他父母該孝順，豈不是"與知"？極頑鈍的人，也會挣飯養父母，豈不是與能？凡事皆然。

"及其至"即極至之至，猶言盡頭處。道乃無極之理，如何可盡？故聖人有所不知能，謂道無窮盡止極，而人不可以窮盡止極求之，非謂聖人有歉於斯道也。薛夫子曰："忽悟天無際，方知道不窮。"

聖人只知其當知，而素隱者欲知聖人之所不必知。聖人只能其當能，而行怪者欲能聖人之所不必能。

"費"即不離乎陰陽之太極，"隱"即不雜乎陰陽之太極。大莫載是萬物統體一太極，小莫破是物物各具一太極。

舉鳶魚見物物皆道，舉天淵見處處皆道，舉飛躍見事事皆道。於飛躍見性，於戾天躍淵見鳶魚之率性而合道。然必擴開心上之天淵，始見眼前之飛躍。不然，止見是物不見道。

程子謂鳶飛魚躍與必有事焉，而勿正之意同者，謂其皆順性以動，而我無與焉者也，此天之真也，故曰：認得時活潑潑地，蓋終日與天游矣。修道者不過循性之理、效天之動耳，與鳶飛魚躍何異？此之謂性命之學。

風動日明，天光云影，山峙川流，雨灑露滴，以至日轉樹移，鳥語花香之類，皆活潑潑地之理，惟無欲者識之。

朱子曰："鳶必戾於天，魚必躍於淵，是君臣父子各止其所而不可亂也。若如釋氏知覺運動之説，則但以能飛能躍爲性，鳶可以躍淵，魚可以戾天矣，安可同日語哉？"

末言"君子之道"，功夫只從夫婦上作起，即"刑于寡妻"

意。"造"者，猶言修爲造詣，作起端倪，繇此擴充去，便可充塞天地前。"上下察"，以道自著察言。此"察"字以君子用功既到、自能昭察言。

朱子曰："夫婦是人倫尤切近處，人事之至近，而天理行乎其間。不於此致謹，則私欲行於玩狎之地，自欺於人所不知之境。人倫大法雖講於師友之前，亦不能不壞於幽隱之處。倘知造端之重，隱微之際，戒慎恐懼，則功夫從裏面作出，其入道皆易爲力而有功矣。"《易》首《乾》《坤》，中《咸》《恒》。《詩》首《關雎》，《書》美釐降，《禮》謹《大昏》，皆此意也。非研幾謹獨之君子，知性命之理者，其孰能體之？

胡文定公曰："治心修身以飲食男女爲切要，從古聖賢自這裏作工夫，其可忽乎？"

道不遠人章

上章言個"費"字，"費"是甚麼，其實不遠於人，即是子臣弟友之人，蓋道不遠人，人共此脉也。可以自治，可以治人，可以人勿施我，可以我勿施於人，可以我責人，可以責人者反責於我。何處爲藩籬，血脉通而道盡矣。

"道不遠人"，言自然之本體。道不可離，言當然之功夫。遠人爲道，即自遠其與人同然者耳，兼修己治人，人己兩失說。

惟道不遠人，君子亦不遠人爲道，引《伐柯》之詩，正是爲以人治人張本，非道不遠人之證。蓋治人之則就在各人身上，初無彼此之別，故君子以人身之道治其人。若能改所不知不能，以復於良知良能，則彼各自盡其所以爲人，君子又何過責於人之外？即止而已。若說以我去治人，仍是執柯以伐柯矣。"止"者，即此是道之意。

"忠恕"二字即從上文"以人治人"露出，夫君子治人而必以人者，良以人有"忠恕"之則，可以合人，即可以合道。"施諸己"二句即"忠恕"解，總言人情之外無天理，己情之外無人情。近取己心以體貼人心，正不遠人以爲道之事，所謂"違道不遠"者，第差一熟耳。熟則忠恕，即一貫之道矣。此却不重生熟，只言是心，即合得道體也。

"忠恕違道不遠"矣，而道果安在？在子臣弟友之人身上而已。爲道當如何以爲之？亦不遠於子臣弟友之人，以求其實能而已。四個"未能"字，正應前"中庸不可能也"。學者不及聖人處，正坐自以爲能之病，把許多不是都推在父兄朋友身上去，誰肯如聖人自家認個不能？

所求乎子臣弟友之道，固是欲以治人處，而自反皆未能時，覺不能自治處。所求乎子臣弟友，俱是欲施諸己處，而自反皆未能，俱不能施諸人處，皆非忠恕也。

"胡不慥慥爾"，言吾於四者之道終身黽勉，尚未知其能。彼爲道之君子，胡不收斂精神於切近篤實處作，而乃遠人以爲道哉？

素位章

承上章，人倫各盡其道，因就其涉世受用處言之，通章重"自得""正己""反身"三句，總言之，尤重"正己"一句。正己者，戒懼慎獨，以盡修道之功也。反身，正己之用心處。自得，正己之受用處也。

"素位"字作"素"定，甚有窒礙，斷以朱注"見在"，爲是萬境惟見在，爲吾人本來的境界。君子只是因見在之位而行所當行之道，事事貼實作去，那得工夫管外邊。數行字，俱有實落功夫在。

自富貴易處之位，以至於貧賤、夷狄、患難，所入之鄉漸難，而無不行其"素"，正君子須臾不離道而時中也。

"行乎富貴"，即"國有道，不變塞焉"之意。"行乎貧賤"，即"國無道，至死不變"、"遁世""不悔"之意。武、周制作，即行乎富貴之一端。大凡人心不安本分，現前所有多不滿意，更要巴上前去，只把沒相干的空費心，自己討不得一些受用。君子則身在一處，便安心作一處的，這乃幹辦我自家的勾當，尋討我自家的趣味，故以爲"自得"。識得此意，則憂勤惕厲正與"自得"不相妨。若說逍遙閑曠，任運自然，便涉老莊見地。

"在上位不陵下"，在下位亦不可使上之陵。"在下位不援上"，在上位亦不可使下之援。故在上而割體統以樹私交，在下而甘卑諂以冀薦拔，皆使"援"使"陵"之道也。使之"陵"而又不甘於陵，使之"援"而又不喜其援，安得無怨？

"上不怨天"，非不得於天，不怨天。"下不尤人"，非不得於人，不尤人。蓋正己而不求於人，則無入而不自得，自然無天可怨，無人可尤。何也？在上位而陵下，下之人未必皆甘於陵。在下位而援上，上之人未必皆喜其援。安得一一如意？安得不怨天尤人？惟正己於上，無所求於下，自不見下之人有所拂意於我，何所怨於下？正己於下，無所求於上，自不見上之人有所拂意於我，何所怨於上？上焉若天之於我，皆順而無逆，自然無天可怨。下焉若人之於我，皆是而無非，自然無人可尤。又何入而不自得哉？當此之時，若君子之所遇與小人異，不知非君子所遇與小人異，乃君子正己而不求於人，與小人異也。

吾身中原有天命之性、率性之道，平平常常，何等至正！"正己"是"戒懼""慎獨"，正君子盡性實際處，非惟不受世網之羈係，亦不受造化之陶冶。

"自得"後怨尤自忘。試觀不怨不尤自得時，喜怒哀樂何等發皆中節！未發之中可知也。

"居易"節就正己上看出"易"字，就天人上看出"命"字。"易"字不可就位，看位中所當行之理也。順理爲易，逆理爲險，不惟易與險不同，即"居"字便有隨寓而安之意，"行"字便有逐物外馳之意。

素位不願外便是居易，居易便有吉道、福道在。天下又未有因吉道、福道在，我遂抗命以求吉、求福之理。吉焉惟命，凶焉亦惟命，只得靜以俟之。此是自然道理。若不素位而願外，便是行險。行險便有凶道、禍道在。天下未有凶道、禍道而不罹於凶禍之理。且凡操縱在人，予奪難憑，錙銖都是擔干繫的。即不然，而吉焉、福焉亦徼幸耳，非吉與福之常也。此見惟居易方可言俟命，所謂盡其在我，聽其在天也。若行險而罹災危，豈可曰吾命乎？

引"射"以發明君子正己心事，言君子之正己無求，惟射似之。射者必反身，非只空空不尤人而已。素位必盡道，非只空空不願外而已。

均之言命也，今人專主乎數，則以孤虛旺相言，術家之所謂命也。古人專主乎理，則以盈虛消息言，聖賢之所謂命也。正有見於理之不得，不然，人之莫爲而爲者也，所謂以理言命也。故素位不願外謂之俟命，修身不貳妖壽謂之立命。若今人，則於窮通得喪，若謂其可轉移，而於智、愚、賢、不肖，乃諉諸天之一定，其於聖賢之所謂命，正大相反也。哀哉！

一般是個富貴、貧賤、夷狄、患難，君子視爲居易俟命的境界，小人視爲行險徼幸的境界。君子自己行的是行有不得猶反求諸己，小人自己行得不是行有不得猶怨天尤人。

行遠章

上文"君子之道"，天地聖人不能盡，何如高遠？然夫婦可與知能，又何如卑邇？通章父母、兄弟、妻子，原都是卑邇，但引言口氣却像說："父母順"是上邊事，"宜室家"是下邊事。欲上面順，須下面和，以見行遠自邇、登高自卑之意。此亦須活看，如就本章言，則兄弟、妻子爲卑邇，父母爲高遠。通下章言，則父母、兄弟、妻子皆卑邇，合德鬼神爲高遠也。

"自邇""自卑"不是繇邇至遠之說，言行遠必自邇處行，未有不邇而能遠者。登高必自卑處登，未有不卑而能高者。亦見道在卑邇，不必遠人爲道之意。觀堯舜之道，不外孝弟，聖人庸行，上達天德。可見學者未達即爲卑邇，既達便是高遠。

引《棠棣》之詩，亦"造端夫婦"之意。呂榮公與其夫人終身未嘗面赤，雖衽蓆之上未嘗戲之，所謂"如鼓瑟琴"也。司馬溫公，其兄伯康，年八十，公奉之，猶問飢拊背，所謂"兄弟既翕"也。曰宜，曰樂，曰順，此一家中和，有喜怒哀樂中節氣象，亦即有魚躍鳶飛、天地位育氣象，卑邇中即是高遠，令人躍然可會。

何謂"卑邇"？父母、兄弟、妻子是也。何謂"自邇""自卑"？順父母、宜兄弟、和妻子是也。世豈有欲治國平天下，而不先齊家者乎？是齊家者，治平所托始也，遠之自，高之自也。究而言之，國一家也，天下亦一家也。均此父母，均此兄弟，均此妻子，是"邇"之外非別有"遠"，"卑"之外非別有"高"，其理一也。

《中庸》原是通前後看的，卑邇在上章，子臣弟友及素位高遠在《鬼神章》，此章單發，"自"字爲前後作過脉耳。

鬼神章

前《費隱章》就夫婦、聖人指點率性，此就鬼神之顯指點天命，說出體物不遺，正愚夫愚婦與知與能之鬼神，即天命之降鑒處。後面説到誠之實理，則説鬼神就如説夫婦、聖人、天地、鳶魚一般，仍是道在中庸而已。

程子説：鬼神是"天地之功用，造化之迹也。"就往來屈伸之氣言。張子説"二氣之良能"，指其自然能屈能伸者，兼以理言。朱子又説："以對待言，是二氣之良能。以流行言，即是一氣之屈伸。"近儒又謂鬼神是二氣之良能，亦是二氣之良知。合觀之，其義備矣。凡後章郊社所祀之天地宗廟，所祀之祖宗，繫天之日月星辰，在地之華岳河海，往古之二帝三王之類皆是。鬼神不專以氣機言。

鬼爲陰之靈，神爲陽之靈者，以其精靈不昧而能主張造化，糾察人寰，所謂"上帝臨汝"者，此也。其實神之德有大小，鬼之德亦有大小，"爲德"即《易》所謂"情狀"，情是蘊蓄的，當就本體看。狀是發露的，當就作用看。注言："性情功效。"性情却以體言，功效又以用言。總言發生長養固是德，收斂歸藏亦是德。保祐賜賚固是德，監察譴罰亦是德。既贊德之盛，似在功用邊多。然觀後面"誠"字，須説他有無一致微顯共貫，方見得爲德之盛。

盈天地間皆物也，可見可聞者也。孰根柢是，孰樞紐是，所謂物之體也，則不可見、不可聞者也。以不見不聞説鬼神，正如以無聲無臭言天載。"體"有體貼之意，亦有體察之意。鬼神爲物之終始，緊隨著人身，而亦覺察其隱微。蓋惟體貼，故能體察，注中聚散始終以物物所受之氣言，若屈伸往來，則以一元渾淪之氣言。凡天地之升降，日月之盈縮，萬物之消長變化，無一非鬼神之所爲者，故曰體物不遺。

鬼神一道，其類亦各自形聲自相視聽，惟與人道相隔，是以見聞莫之及耳。然而人之形與氣，則鬼神能視且聽之，故以體物稱鬼神焉。人者，天地萬物之靈，鬼神之統會也，何以不能體鬼神也？曰：人以形用，而鬼神以神用也。

人一身四肢百骸是精，呼吸運動是氣，其能知覺、能思想的是神。神在生爲性靈，死後爲魂靈。魂靈附於精氣，則爲人物。離了精氣，游散開去，則謂之變矣。是曰"精氣爲物，游魂爲變"。惟神則兩在不測。人的神靈與造化神靈并非有隔。總之人不能離天，即不能離鬼神，生如是，死亦如是。

或問：體物不遺，皆鬼神所爲，則人之生死宜神獨宰，其柄必不受權於氣矣。今觀人之死，惟形氣衰朽，神魂亦因散去，是神不自爲聚散，全聽聚散於氣了。再觀世間喪心之輩，他本性已盡埋没，而氣魄一日尚盛則一日不死，至古今神明固必聰明正直，而亦有屬鬼，如《左氏》之祀伯有者，又非他氣魂盛，神亦隨之轉乎？不應神宰乎氣，乃反聽氣轉移若此，何故？葛屺瞻先生曰："志壹則動氣，氣壹則動志。"神固能役氣，而有時爲氣役。神役氣者，生爲正人，没爲神靈。氣役神者，生爲小人，没爲幽鬼，故曰"從其大體爲大人，從其小體爲小人"。學者識此，亦可猛然知警。

或又問：人類中之聖賢，亦鬼神之所體歟？曰："先天而天弗違"，君子見道於微，則先天之體段具焉，似非鬼神之所能攝也。然既曰德盛，則鬼神中豈無先天弗違如大人者？此又與大人渾然同體了，無間隔矣。即上帝與先王可以例推。

劈頭説個"使"字，誰使之？正見得他靈處，乃人心之精誠，自不容已。若或使之也，連那"齋明盛服"亦驗鬼神不遺處。"祭祀"不專指上帝，凡祭皆然。古人設祀典，豈漫然無謂？蓋人於死後形氣雖散，而神魂帶了生前情識，欲食欲飲，未嘗無不可。無以祀之，但幽明道隔，人終信不及，故指點出"齋明""承祭"，見我心之神既來，天地之神亦聚，以神合神，自然相爲昭格，發揚顯著，全是一敬相感。

“齋明”二句即後面一“誠”字，“洋洋”二句即後面一“顯”字。是充滿，不是恍惚。

“齋明”即前“戒慎”“恐懼”，但一在平時用工，一在臨時對越，無兩念也。君子戒懼慎獨，刻刻與道相合，即刻刻與鬼神相通，此謂洗心，晝夜與天交也。常人雖未能如此，然匹夫一念精誠，亦自有感通之理，故説“使天下之人”是大概論。

洋洋如在是體物不可遺之實事，亦體物不可遺之一端，如待祭祀而“洋洋”，則神之所遺者多矣。如必承祭祀時始齋明而無射，則人心之遺鬼神處又多矣。故又引《詩》言補之，見無時可忽也。三“思”字正打著人心上説。今人特未嘗念及鬼神，試一想著，眼前儼然有物，諺所謂“舉頭三尺有神明”，若知此，則尸居屋漏之中，有如攢鋒交敵之下，不知起了多少怖畏，消了多少邪[一九]思。《六經》所以多言鬼神，夫子於此亦明泄之。説到驚魂動魄處，使那閒居小人、媚世鄉原能無忌憚？此是《中庸》惕人慎獨之意。

上三節不見不聞，即微體物不遺。洋洋如在，即微之顯。“微”字不可忽，徒“顯”而不可掩，便落形色，他正是隱微去處，實實落落有一段不可磨滅之理。所以發揚昭著，掩藏埋沒不得。“如此夫”即指“不可掩”説。

《中庸》到此方説出“誠”來，蓋天之道、人之道、物之道皆是實理流行後，而大孝受天命，達孝祀上帝、祖宗，及三達德，五達道，九經之多，總歸於一“誠”。見此點真實無妄之理貫徹天人，充塞宇宙，流行古今，總是道之察天地，即是道之“費而隱”處。

大孝章

上章“誠”字，乃人心與天地鬼神相通之竅，其最切處莫先於"孝"。蓋孝親之性誠也，誠能動神，故以孝之格天祀祖言，所謂致之而塞天地，溥之而橫四海，包羅無限好處，所以爲"大孝"。前言父母之順在於宜兄弟、樂妻孥，不過目前之事，費之小者也。此言孝在於宗廟饗，子孫保，極其流澤之長，費之大者也。此以"大孝"作章旨，實以大德爲主。

舜之大孝，要含蓄以天事親意。以天事親者，謂其天在吾身，有可必也。何以爲天在吾身？"德爲聖人"而已。惟德爲大德，故孝稱大孝，便見天下古今不常有之孝，非以天子爲大孝也。

説"大孝"即説"德爲聖人"，使人惕然自修。見福，固在天之不可必者，而德非力之所可自致者乎？人子勿謂心爲分限也。

聖人惟立德顯親，達爲大舜，窮爲曾參，皆"無忝爾所生"。

"尊""富""饗""保"四句，總根"德爲聖人"一句，俱有邁迹自身意。舜之精神與累世祖考相爲翕聚，故言"饗之"。凡創業君子，爲百世計，則子孫百世保之。爲一二世計，則子孫一二世保之。此便推親心以及無窮。"饗之"，指禘黃帝而郊嚳，祖顓頊而宗堯。"保之"，指虞思續商均之嗣，胡公開田齊之傳。

舜能抱有大德，即不五位，不玉食，不昤蠻，不雲仍，已無愧聖人之大孝，況其尊、富、饗、保如此，則福益隆，德益愈至，德既至，孝益愈全，益見聖人感通之神矣。

故"大德"節詞雖泛説，意實主舜，言德尊無上，有得位之理。德備萬有，有得祿之理。德之光不掩，有得名之理。德之貞不渝，有得壽之理。爲天子者，位祿固所自有，未必件件完備，須合此四句，看分明有篤厚、申重、稠疊、無已之意。

天以生物爲心，無一不欲其長養加厚。但和氣流行，常與物之好生者相湊。以植物言之，一般風雷，有物遇之便生長，有物遇之便摧折。一般雨露，有物遇之便滋潤，有物遇之便糜爛。一氣流行，栽者自相入，傾者自不相入耳。

栽者培之，是有德者天必厚其福，可爲居易俟命者勸。傾者覆之，是不德者天必厚其毒，可爲行險徼幸者戒。此節却專爲"栽者培之"而言。

小人或得福，君子或得禍，此一時之遭際，未定之天也。小人終得禍，君子終得福，此到底結果，已定之天也。大舜處貧賤患難，是一時遭際，爲天子是到底結果，可見天人不遠。

《詩》言令德之宜民人，即物之栽也，受禄而保祐申，即天之培也。天之篤材眷德若此，所以大德者必定受天之命，末要補出以德獲福，與別樣天子不同。以德福報親，與別樣天子事親者不同。看一"者"字不粘定舜説，末後要找出舜來，以見孝爲庸德而盡其極，可以通天，可以至命，則中庸其至矣乎。

"天命之謂性"，命以賦理言。"大德必受命"，命以禀氣言。埋本能宰氣，而德不到至處，則關挨，通不過去。若大德的聖人修德至善，賦理之命既與之合一，則禀氣之命自隨他轉移，所謂宇宙在手，萬化生身，何患命不我受，而尊、富、饗、保有不可必得哉？若吾孔子之大德，雖未得位，然千百世後莫不追崇而享之，上迨啓聖之封祀，其爲尊富饗保，較受命一時者更遠也。

無憂章

只叙周家世德，而子思引之，則世德所在，即道之所在也。子思於大孝後繼之以無憂，言當時舜能格天，得禄位名壽，而家庭間有父頑，母嚚，弟傲，不能解憂。若文王遇紂，未能尊富饗保，而家庭間却喜祖賢父賢，母賢子聖，可以無憂。要之，底豫格親後，舜亦無憂，武、周成德後，文仍舊無憂。故孟子舜、文一揆之説即根於此。

後來宇宙有三大會：唐虞有君臣之會，成周有父子之會，洙泗有師弟之會。皆千古際遇之隆。處此"無憂"，以所遇之時言，不以盡道言，不以心言。論盡道則堯舜皆能盡道，論心則日昃不遑暇食。《易》曰："作易者，其有憂患乎？"文王恒有畏天憫人之憂，只是可無家庭之憂也。

文王三分有二以服事殷，武王竟取殷家天下，以世俗論，豈不是貽文王憂者？借曰不貽文王憂，豈不是化家爲國，另起一番事業？而夫子方以爲"述"，方以爲"纘"，方以爲"成德"，方以爲"達孝"，方以爲"善繼、善述"。將觀兵孟津，與有二服事之念，打作一套事，會成一片心，而放伐之業竟與大舜同其受命，此子思之旨也。若武、周，則憂在纘緒，憂在制禮作樂。雖欲如文王之無憂，而不可得見。無憂莫如文王。

總言文王以述作得人而無憂，下詳言其纘緒成德，俱是"子述"之事，而"父作"之業益以光。不然行天子事於王季之時，則必蒙篡弒之名。非文王以服事殷之心，而文之憂在前。若守諸侯事於武、周之時，則必受拘攣之譏。非文王視民如傷，尊祖敬宗之心，而文之憂在後。故惟王季無失節，武、周無失權，然後謂之有父有子，而文之所以無憂也。

"以王季爲父"，是以賢而啓聖。"以武王爲子"，是以聖而紹聖。曰"父作之"在文王，必有以承之。曰"子述之"在文王，必有以開之，非全無爲也。王季其勤王家，文所欲爲者，季已先爲之，武、周纘緒成德。文所未爲者，武又通變以爲之，文只盡一點恪共的本心，所以無愧大舜。"作之"就積功累仁説，"述之"就修德行仁説。

周家世德相傳，故不曰"業"，而曰"緒"，只是"纘"其積功累仁之"緒"。雖武王伐商，亦是不得已之仁心，無傷於父祖以來之純節。尊富饗保與舜不同，舜自一身邁迹言，武自侯國改度言，曰一戎衣，便見天下歸心，無事殺伐，所以不失顯名也。曰身不失，便見中心隱微之地，實有不得已之苦衷，所以爲纘緒，而無拂於文之心也。

"武王末受命"，見萬不得已。曰"末受命"，則制作不及備，意成文武之德最重。不曰"心"而曰"德"，從秉彝之性上見尊親之孝，錫類之仁，皆天理人情之極致，故曰"德"。先德未成，在武、周固未安，而文王在天之靈畢竟歉然。

追古公而王之曰"大王"，以王迹之肇基也。追季歷而王之曰"王季"，以王家之其勤也。雖不及居王者之位，猶得以膺王者之稱，親之至也。自組紺以上至后稷，禮用九獻，樂用八佾，雖不及膺王者之稱，亦得以享王者之奉，尊之至也。要見以天事親、合人以事親意。組紺，大王之父也。

斯禮也，即是尊祖敬宗之禮，使得隨分自盡，葬用死者之爵，貽死者以安也。祭用生者之禄，伸生者之情也。止言大夫、士，不言諸侯、庶人者，以諸侯繼世爲諸侯，庶人繼世爲庶人也。期之喪不及天子、諸侯，所以尊天下之爲人君者也。三年之喪達乎天子，所以尊天下之爲人父者也。尊君即是以服事殷之心，尊父即是不傷父心之心。武、周之心事昭然千古，文之無憂益足徵矣。

"追王"二句，是成其以孝祀先人之德。"斯禮也"以下，是成其以孝治天下之德。"斯禮也"，是自上以達下。"期之喪"數句，是自下以達上。

時可無憂則無憂，時可纘緒則纘緒，時可成德則成德。此三聖素位而行，無入而不自得也。君子時中，於此可見。

同一尊祖敬宗之心，吾得盡其心而人不得盡其心，非忠恕也。周公制禮，達於上下，所謂"施諸己而不願，亦勿施於人"者乎？追王大王、王季，上祀先公以天子之禮，盡己之性也。達乎諸侯及士庶人，盡人之性也。看此章“達”字，便曉得下章“達孝”字。

達孝章

“達孝”兩字通章之綱。舜以大德受命，故稱“大孝”。武、周以達權革命，故稱“達孝”。“達”即通權達變之達，“孝”乃至性，凡禮制總是此點，合脉二聖精神意緒與天地祖宗相通處，總在透得源頭，觸處通徹達之義，是幽通於先人，明通於衆志，上通於天，下通於地，郊廟而通於海宇，總屬一片孝思周徹。篇中九“其”字、七“所以”字，正爲武、周傳神。

先人有此志、事，後人爲之，止可謂之繼述，不可謂善繼述。先人在昔無此志，無此事，及至今日，處其時，度其心，爲其事，而仍無傷當日無此志、事之心，始爲善繼善述耳。繼述，孝也。善繼述，達孝也。不然，如止以今日必有此志、事而快然爲之，能無傷當日無此志、事之意哉？文胡得無憂？而武、周又何得言“達孝”？

志事不指伐商，只指有天下説耳。若使文王生至今日，天下亦必爲周有，只是不動征伐而天下自歸之耳。觀有二之勢可見。

四時皆祭，特舉“春秋”。春時雨露既濡，孝子有怵惕之心。秋時霜露既降，孝子有凄愴之心。如《詩》“春秋匪懈”是也。

“修祖廟”句提起，是修之以致其嚴潔。“陳宗器”，示主器有人。“設裳衣”，使神有所依。“薦時食”，使神有所享。祖考只在一念中，四“其”字有肅然相見之象。自祖廟修，而凡祖廟中陳設薦享無不有。自祖廟修，而凡宗廟中周悉曲折無不行。後段踐位、行禮、奏樂等，皆一時事。

於斯時也，有宗廟班列之禮以序。昭穆是親親，自同姓言。序事是賢賢，兼同姓異姓言。“辨貴賤”是貴貴，自異姓言。

"逮賤"是幼幼，兼同姓異姓言。"序齒"是老老，自同姓言。"旅酬"乃天子飲福，而同姓兄弟之長酌以獻於異姓兄弟之長也。

"昭穆"以左右分，父穆則子昭，父昭則子穆，《祭統》所謂昭與昭齒，穆與穆齒，所以古者立尸必隔一位，孫可以爲祖尸，子不可以爲父尸，以昭穆不可亂也。

位禮樂并所尊所親，俱不是其人當日之舊，而俱言"其"者，正武、周息息與之質對，息息爲之秉承，皆其志、事交通處。

過下當云：不特廟祭見武、周善繼善述，凡郊禘莫不皆然。

惟其孝之達也，故先王止用社以祀后土。而今則制爲郊禮，以祀上帝焉。先王止用五廟以祀祖，今則制爲宗廟以祀先。斯禮也，斯義也，乃一段崇天禮地、尊祖敬宗的意思凝結於中而無以自將，特假此禮義以將之。所謂惟聖人爲能饗帝，惟孝子爲能饗親，俱盡於此禮之裁制處，即義。

親親、貴貴、賢賢、老老、幼幼，物各得所，即"鳶飛魚躍"機括，即致中和、位天地、育萬物之實事。

只將"序昭穆"一節，及行禮、奏樂、愛敬各盡的光景一想像之，則宗廟之中藹然，子孫臣庶一脉流通，氣象肅然，乾坤整理，民物雍秩景象，故曰"治國如示諸掌"。

前章追王上祀，與此章修祖廟，踐位行禮，皆本於《鬼神章》齋明承祀，所云"質諸鬼神而無疑，知天也"，蓋天命謂性，源頭一般。大而天地，細而人物，明而禮樂，幽而鬼神，無非此理，流行著見。能知乎此，則精脉感通，視於無形，而民物之有形者不難視聽於無聲，而民物之有聲者不難聽隱微顯，見一以貫之矣。

夫孝，天之經也，地之義也，民之行也。天地之經而民是則之，是以聖人之教不肅而成，其政不嚴而治，蓋孝悌之至通於神明，光於四海。先王有至德要道以順天下，此之謂也。

舜曰"大孝"，武、周曰"達孝"，聖人之孝何以分別？曰：舜都在性體上，武、周便借作用上顯出來。大舜德與天通，直是無爲之禮。武、周因性作儀，便是以有爲合無爲。所以曰堯舜性之，湯武身之。

問政章

哀公之問在舉政，夫子之對只是存人。存人必要修身，修身必要體道，體道必要致知力行，致知力行必要擇善固執，擇善固執必要學問、思辨、篤行，學問、思辨、篤行必要己百己千，凡此，總所以誠身也。身誠則可以行三，可以行五，可以行九，而天下國家不難爲矣。此之謂人存政舉。

通章只"人存""政舉"四字可貫。明善誠身，身修道立，人之存也。達道悉行，九經畢舉，政之舉也。

"其人存"，注雖兼君臣，而意實重在君一邊。人豈有存亡？生理存則存，生理亡則亡。生理即含下"仁"字，故曰"仁者，人也"。

人存政舉，存乎人之盡道耳。"道"字領上"存"字，就君心所植立言，即後面天道、人道、地道之意。下文漸次以仁身論人道，終以誠身論人道。仁也，誠也，一也，總之以人合天之道也。言人以生理運用爲道，猶地以發育資生爲道，其"敏"同也。夫政也者，全是文武真心流注生機所醞釀而出，猶如蒲蘆之含蓄生氣，然要在君心爲之地耳。如人君滿腔皆惻怛至誠，自然發生流行，猶蒲蘆一著於地，生生之機自不可遏也。"蒲蘆"只作蒲葦，以易生之物説，與"敏樹"關切。

《家語》作"爲政在於得人"，此"人"字當指臣言。然人須是我去揀擇選舉，"取人以身"，方明良相投。"修身以道"，是應事接物間件件有條理，都恰好停當，悉協於中道。"修道以仁"，是協於中道處皆懇到，情意爲之貫徹也。非身是一個，道是一個，仁又是一個。總言之，不過身之日用動靜皆道，皆出以真切之心而已。

"修道以仁"，而"仁"非他，即"人也"。人之一身，形體血脉，喘息呼吸，原具有惻怛慈愛之理。有此生理，方成個人。仁主於愛，愛莫大於事親，見親親尤生理所關切處，故曰"親親爲大"。"義者，宜也"，日用間恰當好處是也。義主於宜，賢尤理所宜尊者，故曰"尊賢爲大"。

"尊賢"正以輔仁。

親有厚薄，賢有大小，親之尊之，其間自有等殺。此等殺乃天理自然生成，故曰："禮所生也。""生"字只當"發見"字看，曰"生"者，見其出於自然，不待安排布置之意，非是禮在性中生出等殺來。

親親、尊賢，特仁義中一大事，亦包不了仁義。必此身仁義，則身修矣，方可以事親，可以尊賢，故言此身，政賴之而立，賢賴之而尊，親賴之而親。故君子不可不修身。既思修身，又不可不事親，以推此心之仁。既思事親，又不可不知人。以尊賢而盡此心之義，以輔親親之仁。既思知人，又不可不知此間等殺皆天理自然生成的，非謂修身在事親後，事親在知人後，知人在知天後也。

三"思"字都爲修身了案。

等殺不是自己意見，全憑天理上生來，一毫增減不得。若天理源頭不透徹，則恩或至於濫施，敬或至於妄加，所尊所親，處之皆失其當矣。

鑒惟空而後妍媸畢照，衡惟平而後輕重不爽。官人之法從來如此。人心鑒空衡平直與天合，此是何等景象？蓋天者性命之源，從來君臣遇合，非止相契以人，實是相遇以天。倘於此處未合，一切枚卜、引旌、訪求、造請之事俱不足恃。後世君臣難於遇合，正坐此病。

修身固以道，而道不止於親親，必合五倫而始全。修道固以仁，而又不止仁，必合知、勇而始備。此節臚列許多名目出來，件件歸并在吾人身上。"達道"不首父子而首君臣，從人存來。"達德"不先仁而先知，從知天來。

有三達德、五達道可行。有一"誠"，三達德可行，誠即三達德之實處，非三者之外別有誠，此"一"字是實理，渾淪有不容兩歧者。總天命率性之真機，肫肫乎流貫於其間也。"誠"字宜虛含。

此言以"德"而行道者，有知行一致之妙，豈論資稟哉？"或"字極活，"生知"非生來便知，説他知處，恰是生成的，不著人力推測。"安行"例看生知是無待假借，自會證悟，若靈根夙具者。"學知"是借聞見以觸發自心，乃能通曉。"困知"是困心衡慮，憤極而通，必須打破疑團，方纔透徹。三者總只要討個曉得，既曉得，有何分別？"安行"是不費氣力，穩穩當當在道上走。"利行"是以爲有益身心，酷嗜不舍。"勉強"是勉力矯強，他心中本不欲行，卻又放不下，只得拗轉習氣，猛力去作。三者總只要討個行得。既行得後，有何分別？故以爲知之一，成功一，非達德，本來一樣，則困亦不能通，勉亦不能到矣，何以得"一"？

"或生而知之"，本明之鏡也。"或學而知之"，磨而即明之鏡也。"或困而知之"，久磨而後明之鏡也。當其明時，豈不是一樣明？"或安而行之"，乘輈而適京師者也。"或利而行之"，乘馬而適京師者也。"或勉強而行之"，步行而適京師者也。及其到時，豈不是一樣到？

本明之鏡尚須磨，故聖人不廢學。

能知處俱是達德之智，能行處俱是達德之仁。能到"知之一"、"成功一"處，俱是達德之勇，氣質何曾限得人？

聖人雖生知安行，亦有困知勉行時，曰"仰而思之，夜以繼日"，"發憤忘食"。常人雖困知勉行，亦有生知安行時，曰知愛知敬，怵惕惻隱。但聖人生安處多，困勉處少。常人生安處少，困勉處多。然聖人雖生安，却還用困勉的功夫。常人多困勉，却以生安自處。此所以聖益聖、凡益凡也。

問：困知勉行視生知安行遠甚，何以能知之一、成功一？曰："好學近乎知，力行近乎仁，知恥近乎勇。"所以知之、成功則一也。此三句正是發明上文所以能"一"處，非困勉之下復有此一等人。

重在"好"字"力"字"知"字上。人之精神常聚於所好，聚久則蓄極而通，故可以破愚。力者，竭吾之所能勝。"力行"是真性用事，私意自容不得，故可以忘私。中心真真羞愧，自不得不振作，自歇手不得，故可以起懦，要其成功則曰一，計其初用工則曰近。

此節究竟只一"修身"，五"所以"字，正從知中透入，"知"字最重，是誠實用力處。知修身，則身原知、仁、勇之身，所以行達道者也。知得徹時，自以身取人，以人舉政，天下國家治理，俱從此展布得去。總見三"近"以入德，入德以行道，是之謂"人道"，而繇修身以治天下國家，是即所謂"敏政"。

"九經"只是從五達道衍出，所云"文武之政，布在方策"者，即此是也。試論九經，那一件不立見效的？那一件不處置精當的？"敏政"者，敏此耳。

"九經"首修身，而曰尊，曰親，曰敬，曰體，曰，子，曰來，曰懷，曰，柔，皆有藹然惻怛之意，是謂"聯屬天下，以成其身"，分明是一體的氣象。

大臣近而易褻，故言"敬"。群臣卑而易疏，故言"體"。

"柔"是寬恤之，順而不拂。"懷"是保安之，護而不傷。

道措於治為經，經斂於身為道。前曰"行"，此曰"立"。行是以道範身，立則以身範物，即皇建有極，定天下之則也。賢人是論道於密勿者，講明修己治人的道理，明白貫通，故不惑。不惑不但啓沃得力，就此尊禮，日加於賢者，君志之清明可知。"不怨"是九族既睦。"不眩"是謀斷不淆於群議，而大機大疑從容坐決。不曰"報主"而曰"報禮"，君父之恩難報，而禮反其所自生也。"百姓勸"是感激鼓舞，謂百姓交相勸也。"財用足"，如織紝可以足衣食，工匠可以足器用之類。"四方歸"，兼賓樂為用、旅願出途言。"天下畏之"，是德威惟畏，重懷德邊，天下之心既合，朝廷之勢自尊矣。

此節"修身則道立"，是所謂"人道"。而"尊賢"以下各有捷應，即所謂"人道敏政"的實事。

前面"知斯三者則知所以修身"，而所以修身用何功？"齋明"二句正是修身以道的實功。

"齋"是思慮純一不雜，"明"是心神靈惺不昧。"盛服"根"齋明"來，此便渾身都是"禮"了。"動"兼內外言，非禮之念不動於中，非禮之行不動於外，不必添"靜"字。"禮"即前禮所生之禮，正是範此身於禮處。

"去讒，遠色，賤貨"正一其心以貴德，所謂"取人以身"也，所謂"思知人不可以不知天"也。"勸賢"即雲從龍、風從虎之意。

官盛而任其使令，細事勿煩大臣，得總其成於上，而以道佐人主。

分卑則勢隔而情不通，官小則禄薄，無以養廉。“忠信”則既無疑畏之慮，“重禄”又無内顧之苦，自然盡心盡力，所以勸士，宜重發感激鼓舞，作忠王家意，方得以禮使臣之經。

“時使薄斂”全是愛養百姓之財力，正恤之如子處。

送迎主來朝來游之類，嘉矜單屬遠方來仕者言。

“治亂”使上下相安，“持危”使大小相恤。“朝聘以時”是不竭其力，“厚往薄來”是不計其財。此一節正是以一身聯屬天下，又合天下以簡點一身，所云知所以修身，而治人治天下國家之道如此。

“修身”本於“齊〔二〇〕明”一念，而遠近臣民一體聯洽，若此可見“九經”所以行處只這一點精神，“一”字虚含“誠”字爲妙。

兩言“所以行之者”，一可見天下凡事總根於一一者，豫道也。“豫”即是先意。豫非誠，所以豫者乃誠也。

天下事紛至沓來，安能一一豫爲之所？總使一一妥貼，方寸中已不勝馳逐之勞矣。《大學》“定静安慮”而先之“知止”。《孟子》居安、資深、逢原，而始之“自得”“知止”。“自得”毋乃豫之本旨乎？下文明善誠身，正指其豫處，所謂一以貫之者也。

先明乎理而養之未發，謂之“豫”。事有真宰而運用不搖，謂之“立”，即本節不跲、不困、不疚、不窮意。

言、事、行、道，似有自末至本之意。“言”發諸口，“事”則加諸民矣，“行”則本諸身矣，“道”則根於心矣。道尤三者之本也，道前定何以不窮？曰：在上位而道前定，則能親親、尊賢、立政，道不窮於上也。在下位而道前定，則能順親、信友、獲上、治民，道不窮於下矣。何如可以前定？即下文明善誠身。

哀公是在上位的，不是以下位，況上位只説凡事貴豫，就是在下位，也要這等獲上、信友、順親，皆根於誠身，與前"君子不可以不修身"節相照。

"信"是志行交孚，以此孚友即以此孚君。不信乎朋友，不惟名譽不起，無以獲上。同輩人旦夕切磋者，尚感孚不來，君臣之際睽隔更甚，如何可"獲"？

順者，心與親默喻於道而無遠也。

不明乎善，是不能格物致知以真知至善之所在，則好善必不能如好好色，惡惡必不能如惡惡臭，雖欲勉焉以誠其身，而身不可得而誠矣。此必然之理也。

明善是致知，誠身是誠意，正心修身。

"善"即繼善之善，是我本來真性。此善渾備於身，始爲誠。"明善"字亦要活看，明其統體之善，是在本源處用力。明其散見之善，是在即事即物上窮理。本源處用力，與前"所以行之者一也"相照。即事即物處窮理，與後"博學審問"節相照。必如此用力，方能將這道理實體到身上來。

謂之"誠身"，必透體無欲，徹底至善，不見形性之別，如未能與性合，真即是明善工夫未到，其於下面不思不勉之本體便隔一層。

此節言天道以見"誠身"之原，言聖人以示能誠之的意，重在人道擇執上。誠者反身而誠，渾然天命之本然，便歸之天道，指在人之天，不指在天之天。實踐此理爲誠之者。誠上更著不得些子，故只曰誠之。

"不思""不勉"三句一氣説，言誠者是不思不勉從容中道的聖人，不是從容中道方爲聖人。"擇善"是惟精工夫，"固執"是惟一工夫。"者也"字對"聖人"二字看，不言人者，正虛其人，以聽其自至，即聖人不難也。

"不勉而中"是善之安然恰合處，"不思而得"是善之悠然會心處。此是本來天機靈透，未經障蔽，自然合道從容者，雍容自得也。本體上增一分，則忙錯減一分，則放懶即此，便是過與不及，安得言中？"從容中道"即天道也，天道原是從容。凡學者一任氣質，遇事輒動氣，或暴戾迫促，鮮有不違夫道者，當自驗之。

《中庸》以不思勉爲誠，猶《孟子》以不學慮爲良。皆言其從性出也。誠者是誠之本體，誠之者是誠之功夫。功夫必借思勉，而本體原是不思勉的。則功夫須照著本體作，方纔不錯，故先説個不思不勉，以爲擇執的榜樣。而擇執者亦必至於不思不勉，乃爲合著本體。此性學吃緊關頭。

"擇善"，"善"字即本文"不勉而中，不思而得"的道理。擇執是擇其"不勉而中"者勉之又勉，以至於"不勉而中"。擇其"不思而得"者思之又思，以至於"不思而得"。要知"擇善""固執"，終日自強不息，止是大命之流行，非有二也。

王心齋先生曰：吾學不費些子氣力，又未嘗不是以氣力承當。蓋一切仁義禮智全是渾然之本體，自爲呈露，不係人爲添設，故曰"不費些子氣力"。然此不費氣力者殊非不用功力者所可湊泊，必大有事在，方能得性善顯見於作用之間。故許多勉强工夫只在根本上作，正爲討那不勉强的性真出來。

夫子言"再思"，且云"九思"，又云"以思"，此非與"不思"之旨相悖也。蓋人心非稿灰，豈得無思？第根柢既落性命，則發覺總屬虛靈，非從憶度揣摩而得，總之謂不思而得。

顔子擇中庸，拳拳服膺，正是擇執功夫。

聖人雖"不思而得"，他却不肯不思。雖"不勉而中"，他却不肯不勉。吾人思則得之，却不肯思。勉而後中，却不肯勉。此聖益聖、狂益狂也。

"博學"二節一氣説下，不分學利困勉，總以知行事，一一備言之。

博學者，善之本，體雖一而散見多端，須要多方體驗，不廢博稽。"審問"者，詳審叩問，討求下落，不徒影響聽受。"慎思"者，攝心歸內，以用參提，乃專一以致精而心不泛，從容以待悟而神不勞也。"明辨"者，恐其疑似處毫釐千里，要與他辨入微茫，不使稍有混淆。"篤行"者，直徹心髓而不浮泛，永肩終始而不作輟也。"行"字亦即貫於學、問、思、辨內，五"之"字要體認"善"字之旨。不然，總博學、審問、慎思、明辨、篤行，到底是外面功夫。

五者之次第，原是學之博方能問，問了方好思，思了方可辨，辨明方可行。其實隨問隨思，隨思隨辨，或辨不明而再思，思不得而再問，亦未可知，不可泥先後觀也。

"有弗學"三字只喚起之詞，非謂不當學者，只是不泛用精神之意。不然如"衡石程書，衛士傳飧"之事，非不勤渠，豈能有濟哉？"弗能弗措"自然算不得工夫。貪不得懶惰，所以百倍其功。有措則弗誠矣。"弗措"正是誠之處，就作功夫看。

數"之"字即指善説。"學"僅有博而猶不能者，故不曰"弗博"而曰"弗能"。"問"僅有審問而猶不知者，故不曰"弗審"而曰"弗知"。"思"僅有慎而猶不得者，故不曰"弗慎"而曰"弗得"。"辨"至於"明"，"行"至於"篤"，別無更上一著，故只照上文耳。

"果"字是果敢意。"此道"即擇執百倍之道，所謂"修身以道"、"誠身有道"者，此也，"人道敏政"者，此也。"盡人道以合天道"者，此也。及其人盡天還，復卻本來面目，自是磨垢見明，振懦爲强的要道。蓋工夫到處，舊習自除，故必明必强。天不可必而人可必也，又何難存人舉政、追踪文武哉？通章血脉注此一節，宜重看。

哀公問政，夫子與他論治國的道理，却説生、安、學、利、困、勉，何也？蓋夫子道文武之政可舉，公決疑文武是生知安行的聖人，他自行得，我非生安資性，却將何者學他？故夫子説他雖是生知安行，若肯用擇執百倍功夫，亦可愚必明，柔必强，與文武爲一，況君非愚柔者乎？

"問政"一章頭緒雖多，總之只論爲政而推本於身，論修身而推本於仁，兩語足以該之。仁即是善也，本其自出則曰天。天，不二者也，則曰一。一者，"誠"而已矣。

所謂"善"，即《大學》之"至善"。所謂"擇""執"，即《大學》之"格致""誠正""修"。所謂"治天下國家"，即《大學》之齊、治、均、平。可見聖人盡性之學無不可以經世，而孔子之師天下，與帝王之君天下，其道一而已矣。所以舜之後有文，文之後有武、周，武、周之後有孔子，正以明道學相傳之統也。

《中庸》第三枝，子思承天道、人道以立言。

誠明章

子思引許多帝王，孔子到這裏又漸漸説到自己的性上來。性即"天命之謂性"，教即"修道之謂教"。

兩"自"字是見成指出，不是繇"誠"而"明"的話説，言自其一真，自如萬理湛徹，叫作"自誠明"。這便是率性而行者，故謂之性，即"天道"意。自其"擇善""固執"，繇明善而"誠"，這是待教而興者，故謂之"教"，即"人道"意。究竟起來，"誠"即是"明"，純乎天者，人不得以蔽之。"明"即是"誠"，盡乎人者，亦自可以還天，原無二理。此處正"誠"與"明"融化爲一，及其"成功一"之意，重在人道可以合天處。

“誠明”如一顆寶珠，光彩發越，更無點污。“明誠”如去其點污，光彩依舊發越，還是一顆寶珠，更無兩樣體段。

只是一個“誠”字，從“誠”入者合下就“明”，從“明”入者亦要到那“誠”處，無二路也。

盡性章

此子思極言“至誠”“盡性”之功用，以見聖人之天道也。

此章只“能盡其性”一句已完。以下俱指點盡性之妙。人、物、天地即盡性中事。不曰“盡己之性”，而曰“能盡其性”，正以性無人己物我之異也。無人己物我之異，乃其性也。而盡人、物之性處，皆是“能盡其性”也。

“至誠”以人言，“盡性”以理言。“盡”字是虛體，十分圓滿，實理十分充周，其實“誠”即是性，誠之至即是性之盡。以私欲净盡言謂之“虛”，以天理完滿言謂之“實”，無二體也。

“盡性”與“率性”不同。“率”以直率爲義，“盡”以曲盡爲義，常人能率不能盡，“至誠”即率、即盡。

朱子曰：“盡性”與孟子“盡心”不同，能盡得虛靈知覺之妙用是盡心，能盡得真實本然之全體是盡性。此言前面功夫已到，至此方盡得耳。

天命源頭性體原無邊無量，人物天地總是一“誠”包裹，此爲性宗。但世人只知有己，不知有人，把天大樣性體束在一團血肉內，此固不必論。就使人品事業極駿偉，而隱衷稍存有我之念，即是自私，即於性體有礙。唯天下至誠真心徹底完滿，性體亦徹底完滿。性如元氣之在空虛，處處滿足，真心如陽回大地，生意一到，無物不遂其發榮，故能“盡性”，則天地所以化育人、物的道理俱握之在我矣。盡人、物之性，朱子解知明處當最精，必説至此，盡性之功方實。然不是盡人、物之情，是盡人、物之性。實將天地一點太和元氣觸處流行，不使一物失所有，傷天地之和，故盡人、物之性即可以贊化育。

"盡人之性"如教以人倫，黎民於變時雍。"盡物之性"如仲冬斬陽木，仲夏斬陰木。獺祭魚，然後漁人入澤梁；豺祭獸，然後田獵之類。孟子"不違農時"一段，即是盡人、物之性的注疏。"贊天地之化育"，如天地賦人物以性，不能使人物各盡其性，至誠能盡之，則可以"贊天地之化育"，如《易》所謂"彌綸""輔相"是也。"參"字即是天覆物，地載物，聖人成民物，鼎足三才，挺然立於天地間也。"盡性"三段下一"能"字，謂我與人、物都是自作主張得，故説得徑直至"參贊天地"，則儒者尊天，故下一"可以"字，口氣較婉。

"盡性"字論工夫，亦論分量。舍了自己功夫，何處下手？舍了人、物分量，何處完成？然工夫不竟，分量定無滿日。分量不滿，功夫安有住時？要難判然兩截。

"至誠""盡性"不可看得忒高遠，其實只是尋常眼前事。但要先識得"誠"，然後"盡性"纔有下落。夫聖人之不思不勉者，誠也。而孩提之知愛知敬者，亦誠也。不識不知，天真觸處發露焉。有誠於孝而父子之性有不盡也者，焉有誠於忠而君臣之性有不盡也者？誠無不至，則性無不盡，豈獨爲聖人之絶德？《易》言"盡性"，曰"易簡"，而天下之理得，理得而成位乎其中。易簡也，誠也，人人有之者也。人多不能誠，因不能盡。若至誠而不動者，未之有也。誠到至處可以動人，可以動物，可以動天，總是一誠貫通。如《書》中所載"擊石拊石，百獸率舞"，韓文公馴南海之鱷魚，寇萊公感雷陽之枯竹，豈特人可動？即物亦可動也。至八年之績桑林之禱，回造化以奠民物，豈屬空言？

"盡性"作用原是實理實事，蓋盡性則一切經綸悉從中出，喜怒哀樂無不中節，此之謂真性命作用其所關於天地萬物者，豈其微哉？至所云"人不能盡化，物不能遍及"，則以形體言。以事功言，正所謂堯舜猶病者，非可概以論性學也。

先儒謂"人性上不可添一物"，堯舜所以爲萬世法，亦率是性而已。然則謂"參天地，贊化育"不只是盡性，可乎？而謂"中天下，定四海，所性即存焉"，可乎？蓋事功原非性外物，而事功自屬作用，根柢則存乎我，故在外者不過滿吾性之分量，而在我者豈以外物爲加損哉？《中庸》一"盡"字是圓滿話，《孟子》一"存"字是根柢話，不相悖也。

"中和"，性也。"致中和"，盡性也。"育萬物"是盡人性、盡物性矣。位天地，贊化育矣。可與天地參，天人合而一也。

致曲章

此子思推誠之者以臻至誠之事，見人道也。蓋誠之渾全者爲至，而誠之未遽至者爲次。

"誠"爲全體，"曲"則性之端倪其發見一偏處，對全體而言，非偏倚之偏。"致"字照上"盡"字，盡者，性分完滿，"致"則漸充而求復其性。繇一念良心之發推之，念念事事，務令悉至於充實，而真實之性體始完，既致曲，就是一個誠。

真體既完，真機時現，如珠藏澤自媚，玉韞山含輝。有道德者，規模氣象自別，便是形。

形則有時形有時否，著則無時不形而彰著也。所謂剛健篤實，輝光暢於四肢，發於事業，渾身是有道氣象。如周子光風霽月，明道一團和氣，孟子泰山巖巖是也。

"著"則人有知有不知，"明"則如日月麗天，有目者所共睹。又如琉璃洞徹，真心極其透露，既無內外之隔，亦必無人己之隔。當此之時，良心未泯，孰不鼓動？良心既動，則移風易俗，漸變其不善之習。變猶有遷改之迹，化則渾然至善，聲色不著。不惟人化於應，連自己亦不知其所以感。此是人忘其動變之迹，我忘其明著之精，上下相忘於一"誠"之中，更無迹可指也。致曲者，亦一至誠之化矣。

致曲者，乃求以盡性之功，繇誠而形，而著，而明，所謂能盡其性者也。繇動而變，而化，所謂能盡人物之性，而參贊在其中也。此雖繇致曲而入，及其成功則一也。

夔夔、允若，化家庭矣。虞芮質成，成邑成都，化國矣。時雍、風動，化天下矣。異物至，鳳鳥翔，化物矣。曾子孝而鴟梟不入城郭，化物性矣。夫子聖而荆棘不生孔林，化物質矣。化人易，化物難，化物之性難，化物之質尤難。非天下至誠，其孰能與於斯。

前知章

此子思著至誠知來之妙，以見天道也。前章言參贊化育，後章云配天配地，此中著"前知"一節，以斡旋乾坤，挽回人事，全賴聖人之前知，非但是曉得而已，此參贊經綸中大緊要事。故子思特揭言之。

凡天地定位，太極渾淪，雖沖漠無朕之中，萬象森然已具，朱子所謂"不待窺馬圖，人文已宣朗"。又曰："前瞻既無始，後際那有終？至理諒斯存，萬世與今同"。於此見造化之剝復，人物之成虧，無不以誠爲終始。"至誠"全體太極，能使我心與太虛等，天地萬物打成一片，直與乾坤、消息、盛衰之機相爲流通。所以不待推測，而善、不善所觸，即能洞見先幾，非是以心度其善、不善也。蓋必之此心有善、無不善之真宰也。

"前知"是知其理，善即理，不善即非理也。言造化之有禎祥、妖孽，蓍龜之有吉凶，四體之有得失，皆禍福之數，有兆而可徵者也。此不謂之前知。若至誠的人於其合理而善，則雖禎祥未呈，蓍龜之吉未昭，四體之得未著，而先知其必有是福。逆理而不善，則雖妖孽未呈，蓍龜之凶未兆，四體之失未著，而先知其必有是禍。此之謂前知也。故曰如神，謂其幽贊神明，默契造化，與神之福善禍淫一也。《書》曰："惠迪吉，從逆凶。"意正如此，非以禎祥、妖孽爲善、不善。

禎祥，興兆也，非興本也，必有所以興。妖孽，亡兆也，非亡本也，必有所以亡。鬼神於所以處知之，故顯出個禎祥、妖孽。至誠於所以處知之，故曰如神。所以者何？即章中之善、不善，是未落蓍龜、四體之源頭處。

草壽無百年，百年一本惟蓍。蟲壽無千年，千年五色惟龜。聖人以問鬼神，斷吉凶，然用死不用生，去後天以存先天耳。

善必先知其爲福，自然召致有道。不善先知其有禍，自然禳祛有方。惟其知得己，所以知得人。惟其知得人，所以救得人。故曰"能盡其性，則能盡人之性"。

《周子通書》云："無欲故靜虛，靜虛則明，明則通。"亦即所謂"誠精故明，神應故妙，幾微故幽，誠、神、幾曰聖人"。伊川夫子謂邵夫子："知易數爲知天。"堯夫云："須還知易理爲知天。"因問今年雷從甚處起，伊川云："起處起。"言震方也。堯夫愕然。此是以理明數，自能前知。邵夫子嘗於百原深山中書齋獨處，王勝之嘗乘月訪之，必見其燈下正襟危坐，雖夜深亦如之。若不是養得至靜之極，如何見得道理精明如此？

《大全》所稱蜀山人董五經之徒，雖非儒者之學，亦能前知。程子曰："蜀山人不起念，十年便能前知。"又嵩山前董五經，隱者也。程子聞其名，特往造焉。董平日未嘗出，是日不值，還至中途，遇一老人，負茶果以歸，且曰："君非程先生乎？先生

欲來信息甚大，某特入城少置茶果，將以奉待也。"程子以其誠
意，復同至其舍，語甚欵，亦無大過。人但久不與物接，心静而
明矣。又古有孝子游學在外，母病思子，子即心動歸家。此是那
一念愛親之誠懇到，所以數千里外尚然不隔。曾子之母客至搤臂
而參至，亦是此理。況於至誠之聖人，與天地合德，與日月合
明，與四時合序，與鬼神合吉凶，先天而天弗違，後天而奉天
時，清明在躬，志氣如神，嗜欲將至，有物必先，所謂知幾其神
矣乎？

誠者章

　　此章著"誠"之當全，而及全"誠"之妙，亦人道也。通
章重"自成"句。下句"自道"正所以求其"自成"。誠者，物
之終始，根自成説。"誠之爲貴"，根自道説。"成己"者，我之
所以自成。"成物"者，我之使物自成。"性之德也，合外内之
道也，故時措之宜也"，正自成的體用。"物之終始"，兼己與人
物説，"所以成物"，專指人物言。

　　總是一理，指其真實無妄，則曰"誠"。指其人可通行，則
曰"道"。指其與物同體，則曰"仁"。指其靈通不蔽，則曰
"知"。然却受之於天，故曰"性之德"。其實只是一理。

　　造化以真實無妄之理而成，人人以真實無妄之理而自成，是
誠者，人之所以成性、成能者也。"而道自道"即根自成來。上
道"字"是道理，下"道"字是循行，言此"誠"見於日用常
行之間，則謂之"道"，這道乃人所當自行的。"誠者自成"是
本體，"而道自道"是功夫。

　　何以見誠爲"自成"，而道當"自道"？以誠爲物之終始也。
如貞下起元，造化無停機。女道之終，婦道之始，人事無停機。
核生根，根生幹、枝、花、實，實復生核，百物無停機。皆可驗

"誠者，物之終始"。

一生誠，一生無愧。一日誠，一日無愧。一事誠，一事得宜。一物誠，一物得宜。不誠便無物矣。天地不誠則無造物，人心不誠則無事物。誠之爲貴，即是擇善、固執以求誠，使所存、所發皆實理也。

君子既誠之，便是個誠者地位，然這個誠者不是說成了己便罷，所以成物的，也是這個誠。須知成物不是繇己而推之之謂，言成己即所以成物，如爲子而孝則親便得所，爲弟而弟則兄便得所，爲君而仁則百姓便得所，更何推致之？名所以成物，即時措之宜處。怎樣成己就能成物？他那成己是仁，成物是知，都是性之德合外合内，故己性盡，物性亦盡，隨時措之而咸宜也。

子貢以學不厭爲知，教不倦爲仁。子思却以成己爲仁，成物爲知。非相左也，蓋成己而含成物之仁，是内而合乎外也。成物而完成己之知，是外而合乎内也，正交互相發。若只就本句說，則成己處欲净理還即仁，成物處周流無間即知，此仁、知皆天命全體，一誠統宗，無外無内，亦即外即内，故時繇成己處措之，以成物而變化，無不合宜也。成己之所以成物者以此。

通章照《中庸》首章看。如"誠者自成"句照天命之性看，"而道自道"照率性、修道句看。"物之終始"二句照"道不可離"二句，"誠之爲貴"照"戒慎"二節看。末段照"中和"二節看。其旨自明。

至誠無息章

此章極言"至誠"之功用同天地，以見天道也。通章只"至誠無息"一句是主，只此一誠，天地得之爲"不二"，聖人得之爲"不息"。"至誠無息"，聖心之不二也。覆載成物，聖心之不測也。爲物不二，天地之誠也。生物不測，天地之覆載成物也。聖天印合，只此一誠。

劈頭用一"故"字，根上"誠者物之終始"來，言誠之至者，一真貫徹，純純常常，莫得其精神起滅之端，暗照末節天命不已，同運并行看，即千古一息也。不專指静時言，事來即應，應時即化，渾是一團生意，動静無端。

運而不已曰不息，存而不變曰久，久則自徵，即徵諸庶民之徵。蓋道理真，積力久，自然著見於外，如暢四肢，發事業之類。朱子曰："久然後有徵驗。"如一日二日功夫，如何徵驗？

悠遠、博厚、高明俱在徵時説，乃此點真心著見者，不分體用，原有漸次，譬如飄風驟雨，豈能頃刻皆遍滲入無限，惟悠遠自然博厚。朱子曰：譬如爲臺閣，須大作根基，方上面可以高大。又如萬物精氣，在下者深厚，發越於外者自然光明。故謂博厚則高明。然此節亦不重漸次，只見誠所徵有須多功化，皆是天真遍滿。細分之，必世後仁，悠也。萬世永賴，遠也。東漸西被，博也。淪肌洽髓，厚也。巍巍成功，高也。焕乎文章，明也。要只是一徵，只是一久，只是一誠。

堯舜其心至今在，所謂久也。唐虞事業至今享之不窮，所謂徵之悠遠、博厚、高明也，即無非堯舜之心也。

此節"悠遠"在"博厚"、"高明"之前，根"徵"字來。積而爲博厚、高明，功化之始也。後面"悠久"在"博厚"、"高明"之後，所以贊博厚、高明之悠久，功化之成也。朱子曰："若始初悠久，末梢不悠久，便是不悠久矣。"

纔説到悠遠、博厚、高明則盡兩間之所有，原具在至誠心體中，自無不在其甄陶，無不歸其化育，無不各底於康寧，後面所以覆物、載物及配天、配地等語已包在内了。以後層層説出，亦微有次第。蓋至誠無息，己性盡也。覆物、載物、成物，人物之性盡矣。此即可以贊化育也，配天、配地則可與天地參矣。不是重重搬説。

夫人心惟狹隘膚淺，其念便多虛矯，不能下人。“博厚”則此心能入乎萬物之下而體貼之，故所以載物。人心惟卑陋曖昧，與人一般見識，便不能照徹人寰。“高明”則此心能出乎萬物之上而包容之，故所以覆物。人心惟有起有倒，雖作好事於物，究竟無濟。“悠久”則始而遷善敏德，終而化行俗美，必能成就，故所以成物也。悠久即在博厚、高明之中，成物即覆載之有終處，非覆載外別有成物一段事也。

“不息則久”，言其存心之久，體也，即所謂立不易方。悠久成物之久，言其功化之久用也，即所謂“聖人久於其道，而天下化成。”

天下惟地能載物，至誠之博厚如此，可以配地了。天下惟天能覆物，至誠之高明如此，可以配天了。惟天地無疆，然後能成物。至誠之成物如此，則無疆矣。此乃極意形容至誠之妙。上徹乎天，下徹乎地，前無往古，後無來今云耳。

如此者，渾渾總承上説，言至誠之覆載成物而配天地之無疆，如此是可謂章矣，變矣，成矣，而何莫非至誠之神化自然而然者哉？非深一步語。

不見、不動、無爲，乃真心之感召，神往神來，順應萬事而無情。若命官立法，禮樂刑政，雖唐虞不廢，豈至誠獨無一毫作用？只恐人以作用掩天真，故略之，而特指出性天中神化以見，夫焉有所倚之意？

品物流行，不見而章也。雲行雨施，不動而變也。各正性命，無爲而成也。只看地未嘗有意於生物，而百穀、草木、禽獸、昆蟲皆燦然可觀，是不見而章也。天未嘗有意變化萬物，而有生之類皆禀命於天，是不動而變也。不見不動便是無爲，所謂天地無心而成化。

形則著，著則明，見而後章。動則變，動而後變，變則化，為而後成，俱未足語至誠、天道之極。

言至誠功用同天地之盛如此，而其道總歸於一誠也。下即以天地之道接之，"物"字指天地言，天地亦道中之一物，所以為物者，道也。天地之為物不二，即一也。生物不測，即貫也。此是有物渾成，先天地生，乃造化之樞紐，即指誠言，曰不二者，以狀其無雜耳。無間雜便無息滅，便無窮盡。

果之核必兩半，生機卻從兩半中出。道之一生二，於此可見。

生物不測，言其生物之功用廣大，不可限量，非朕兆莫窺之謂，亦非謂所生之物不可測也。下面"今夫天"一節，正是"生物不測"處。

"博"是含弘無外，"厚"是靜深莫測，"高"是太虛上浮，"明"是光輝下濟，"悠"是循環有漸，"久"是元會無窮。此節見博厚、高明、悠久，總是天地之不二貫徹其中，所以謂之各極其盛，而下節生物之基正在此處。

子思當日言及於此，不覺鳶飛魚躍，凝眸皆真，遂抬頭觀天，低首看地，又對面而仰高山，縱目而及流水，信手拈來，昭昭也是，一撮也是，一卷也是，一勺也是，無窮也是，廣厚也是，廣大也是，不測也是，非天下之至妙而不可窮測者與？所以然者，只是不二故耳。

此節只覆物、載物、生物相關映，其中日月星辰、華岳、河海只作排陣，方得主宰。水雖生物，其實氣與天通，山水生物即是天地生物，而地又天中一物，故只以天結之。

天之生物如此，謂之為天，然非所以為天，《詩》云："維天之命，於穆不已。"那纔是天之所以為天也。文之功業文章非所以為文，"於乎不顯，文王之德之純。"那纔是文之所以為文處。要發"所以"二字，見得外事俱不是本根，惟"純"纔是所以爲文。

前段説不二即是不已之意，已説天之所以爲天了。前段至誠無息即純意，已説聖之所以爲聖了，不是到此纔推出天地、聖人之所以然來，只引《詩》作個左證，以見天聖合一處。

命在《易》有太極，則爲物不二，而爲妙物之神。在帝出乎震，即維命不已，而爲體物之神。此理無瞬息間斷，曰不已。無一毫人欲夾雜，曰純。"不顯"，即"於穆"意。正應轉不見、不動、無爲節，天之於穆不已即爲物不二，如云天固不已，文亦不已，不可説亦如天之不已。純即至誠，不已即無息，純亦不已，信乎至誠無息也。

至誠合天，只是一個無息，故約之曰純亦不已。夫不已者，天之天，即謂天之學可無息者。至誠之天乃至誠之所爲學也。文王真見此性，故純亦不已。孔子真見此性，故忘食忘憂。顏子真見此性，故欲罷不能。曾子真見此性，故死而後已。蓋指其不已處即此是性，即此是學也。

大哉章

此章以道之大責於君子，見人道之當盡也。説"大哉！聖人之道"，雖是包下二節，亦承上文而言。天地以一誠而生物不測，惟聖人爲能同天，故贊曰：大哉！聖人之道發育萬物，即上章覆物、載物、成物。"峻極於天"，亦上章"配天"之旨也。然聖人之配天地而及物者，不越所制之禮也。故以禮儀、威儀言之。君子尊道之功，要之於敦厚以崇禮，而不驕、不倍等，俱是説下而守禮以免災，上而制禮以寡過，禮之所行，乃道之所行也。

揭出"大"字，便括全旨，洋洋、優優，皆道之大處。全以聖人爲主。

"洋洋"是流動充滿，"發育"二句，非以品彙之根柢、造化之權輿并言。蓋一陰一陽之謂道，萬物發育於陰陽，則道實發育萬物矣。道既發育萬物，天壤間皆物也，即皆道也，道不峻極於天乎？故發育即裁成輔相之謂。峻極即參贊位育之謂。

發育萬物是在造化上説，未嘗不通之人事。下面三千、三百是在人事上説，未嘗不本之造化。

發育、峻極總不出君臣、父子、夫婦、昆弟、朋友之彝倫，故以禮儀、威儀言之。《記》曰："天高地下，萬物散殊，而聖人之禮制行焉。"優優正發育、峻極之充足，毫無滲漏處。大率天之下，其物有萬；萬之中，其禮有百；百之中，其儀有千，都是斯道充周無間如此。

前章"誠"字、"不二"字，多爲未發之中暢論，此篇提出"禮"字，似爲中節之和補意。

發育、峻極之樞，蓋自鴻濛未判之初已存。三千、三百之源，蓋自典禮未設之先已具。然必待其人而後行。"行"字是化育縣我贊，經制縣我立，有主張斯道意。上兩節洋洋、優優，皆是斯道之行處，皆就聖通天地、通萬物處言。

"待其人"原待修德凝道之人，自其作用處言道，自其主宰處言德，自其翕聚處言凝，運用處言行。惟凝於吾身，方行於天下。德曰至德，必體於吾身者無一毫之不到，所以下面有修德許多功夫，苟不至德，則任道之散漫於兩間，與我不相交涉矣。

至道必待至德而後凝，而是德原具於所性，此乃天命本源，無聲無臭，氣質原不能拘，物欲原不能蔽。德性爲天地萬物之樞紐，本是尊的。若不提他作主功夫，便無頭腦。故君子必認所受於天的性體，恭敬奉持，保守之而不失。然或專在性體上寂守，一切經制盡情脱略，終屬空虛而無實際，故又須率縣問學之功，於凡古今名物，博學審問，俱要窮理無遺。此一句是總目，而尊德性、道問學之功非可以一端盡，故下面分言之。

徒去問學，則工夫散碎，是謂無頭學問，是謂俗學。不道問學而徒曰尊德性，則游神玄虛，不免流入異端寂滅，是謂禪學。朱子云："非存心無以致知，而存心者又不可以不致知。"說極精。

性體原是廣大，今推致不使狹隘，是開闢心胸，不以一毫私意自蔽。然世有一種人，能掃除一世之耳目，開拓萬古之心胸，而細行不矜，終累大德，故須盡精微。精微即道理之精細微渺，辨析毫釐，人所易忽處亦不輕放過。必如此，而"廣大"者始不流於空疏也。須知此性體即廣大而洞徹一塵，即精微而量包六合，第自統體處言則曰廣大，自散殊處言則曰精微，非有兩樣。

性體原是高明，今窮極他，不使卑暗，是超脫凡近，不以一毫私欲自累。然世有一種人，能心境如青天白日昭昭可揭之日月，而行事乖戾，或未中節，故須道中庸。中庸即此道之無過、不及，天下古今所通行的，必處事依乎中庸，而高明者始不入於玄遠也。要知性體本高明，而中庸即高明之實際，但看過與不及，畢竟還是卑暗。若見道高明，自然無所偏倚，便知高明、中庸無二體也。

"溫故"字非以德性爲故物，若如此訓，則上面廣大、高明非德性固有乎？只作吾性中所已知者，不曰知而曰故。凡天地間道理及得之，皆吾性故物也。是明就已知者爲故，而非指故字作德性也。溫是從容涵泳，不使遺忘。然世有一種人，一昧參提本體，以求了悟，而印證不廣，終不免於危殆，故又須知新。知新亦即是道理之耳目，未經見聞未到者，日漸究將去也。溫故是月無忘其所能，知新是日知其所亡。此與《論語》不同，《論語》兼尊德性、道問學全節而言。此節溫故專指尊德性，知新專指道問學。

“敦厚以崇禮”總收上四句。“厚”即吾性中純固真脉，爲發育、峻極之本，乃醖釀無窮，充斥無量，何等凝厚！君子許多功夫，皆敦篤吾德性之厚，以崇此三千、三百之禮焉。“敦”即頂致廣大、極高明、温故等。“崇”即頂盡精微、道中庸、知新等。句中用“而”字者，兩下照顧，似乎有分用“以”字者，惟一直承當，未始不合。“敦”字正與前“凝”字相映。禮獨言崇者，合於德性而尊也。

禮之用，雖有禮儀、威儀，然都從這點厚心腸作起，若不敦厚，空襲這些儀節，於德性了無干涉。若敦厚不崇禮，彼天性純樸的人或箕踞不以爲非。所以忠信之人可以學禮，君子尊德性的工夫，只是培植此點篤厚本根，便好去學問上理會節文，而發育、峻極之體際天蟠地矣。此見敦厚易於崇禮，故下一“以”字非謂敦厚，便是崇禮也。

通章尊德性是存心工夫，道問學是致知力行工夫，致廣大、極高明、温故、敦厚主存心言，皆所以尊德性也。盡精微、知新主致知言，道中庸、崇禮主力行言，皆所以道問學也。謂尊德性而道問學有本可也，謂尊德性便是道問學不可也。謂道問學而德性愈尊可也，謂道問學便是尊德性不可也。渾然一理中，却要井井不紊者在。

《大學》合八目觀之，亦當作如是看。蓋廣大而又精微，高明而又中庸，故中有新，厚中有禮，只“至善”二字已概其義，總之一言曰德性。

德性既尊，則至道凝矣。繇是居上則道凝於居上之時，爲下則道凝於爲下之時。有道、無道，則道凝於有道、無道之時。如君子素位而行，無入而不自得焉。

前面發育、峻極是何等煊赫！不過是不矯、不倍事，極平常的。不驕内便有許多經綸、參贊事業，便盡了達而帝王一邊事。

不倍内便有許多祖述、憲章功夫，便盡了窮而聖賢一邊事。

"興"是興道致治，轉移世道大作用。"默"字對"言"字看，非緘口也，乃退藏不露。國雖無道，而吾道自不與礙。古人不爲危言激論，處濁世而禍不及，即是見容於世意。

四方風動謂之興，遯世不悔謂之默。

明哲只是修凝到後，曉徹天下事理德性，用事順理合宜，自然灾害不及其身。總見上下治亂，無處不保其身，即無處不行其道。不必操三重之權，際三代之盛，而蓽門圭竇，衰世末俗，無非發育、峻極世界。禮儀、威儀妙用，直是神龍變化，天飛泥蟠，非徒免禍於身之意也。聖賢視自身爲天地所付托最重，直以一身擔當事業，故不肯把自身輕易看。

朱子曰：今人以私心讀《詩》，謂明哲是先占便宜。如楊雄説"明哲煌煌，旁燭無疆，遜於不虞，以保天命"，這便是佔便宜話頭，所以他被這幾句誤了。然"明哲保身"亦只是常法，若到那舍生取義處，又不如此論。

或問證性之人豈不能崇禮而乃以相規？至説及保身，則愈下矣。葛屺瞻先生曰："性體高超，禮制瑣屑，似若不類，故見地超脱者，多不能繩趨尺步。然此於性中，不過窺其影響耳。若真證性之人，自必無此。如孔子事君盡禮，拜下不拜上，與上大夫言誾誾如，與下大夫言侃侃如。自浮薄子看，必指爲勢利，乃聖人之謹飭如此。可見本體固要高超，作用却要精細。證性愈高，持身愈當加謹，禮與性實相成，而不容偏廢者也。"

管東溟先生曰："性包仁義禮智，而此獨重禮，何也？聖人之陶冶人群，君子之銷磨習氣，莫要於禮。故見性之後惟禮是崇，始可達於'從心，不逾矩'之域。而聖人實以德性之尊制禮，故謂之'峻極於天'也。後世之學裂爲二宗，則亦以禮之全體未凝耳。夫子以'非禮勿視、聽、言、動'答顔子之問仁，即德性，即問學，曷嘗二也？性學漸漓，乃有厭禮文爲忠信之薄，而專求諸靈明豁達者，有似乎尊德性而實非也，是爲狂禪之學。又有瑣瑣於三千、三百之儀，而反桎梏其性靈者。有似乎道問學而實非也，是謂拘儒之學。"

愚而好自用章

此子思引孔子之言以明"爲下不倍"之意，亦盡人道之事也。

非聖人便是愚，非天子便是賤，爲今之民便是生今。自用是作聰明，自專是擅創立，反古是乖戾違時。此"道"字非綱常之道，以制作言，與下章"君子之道本諸身"的"道"字同。傳世之道無古今，治世之道有古今。若有志復古，是謂挽世。若用意反古，是謂亂世，所以灾及其身。蓋不驕不倍足以保身，自用自專即以灾身。敬肆之關禍福之門，可不戒哉？

非天子，非有德、有位、有時之天子也，即是愚，即是賤，即是生今爲下的了，如何議得禮、制得度、考得文？

"五典"命之宗伯，"六義"諭之司徒，"六書"受之行人，都是聖人應運者事。

"今天下"三字，提醒當時作盛世之思説。今天下正是周天子議過的禮，制過的度，考過的文。車也是同軌的，蕩然如一轍。書也是同文的，畫然如一筆。行也是同倫的，秩然如一家；夫孰敢倍之？

不但德、位俱無者不可以倍上，雖有位無德，還不敢作禮樂，況無位而爲下者，雖有了德，苟無其位，亦不敢作禮樂焉。玩"亦"字，語脉側重賤不可專意，言人知有位無德之不可作，而不知有德無位之亦不可作。已隱然打著夫子身上來，故下遂以夫子從周言之。

有德如孔子，却原來無位者也，他也不敢有所倍。嘗曰："吾説夏禮，杞不足徵也。吾學殷禮，有宋存焉。"一個無徵，一個有宋存焉，俱非周天子之制。吾學周禮，周禮又是如今所用的，吾必從周而已矣。

我周監二代之規畫，制作詳矣。夫子從周，是從周初文、武之制，非從周末也。

從周者，論一己之所從，明爲下不倍之義。告顔子兼舉四代禮樂者，論爲邦之大法，定百王制作之經也。一以敦臣誼，一以定制則，道并行而不相悖。

王天下章

此章明居上不驕之意，亦盡人道之事也。

通章四字貫，是三重，寡過三字貫，只"本諸身"爲一章大旨。下面知天、知人，正其本諸身處世法世，則有望、不厭正其徵諸庶民，使民寡過處。末節引《詩》，見徵諸庶民未有不本諸身者也。

"王天下"與君天下不同，此是聖人應運興起者，包德、位、時在内。玩上文"非天子不議禮，不制度，不考文"，則知此三者乃重典也。看一"有"字，可想他象魏之先實有不可褻玩者，非尋常"有無"之"有"，乃從德性而有之。下而"本諸身"，正其所以重處。"寡過"重在上之立制以寡民過意，上重禮，寡民越禮之過。上重度，寡民敗度之過。上重文，寡民舞文之過。末節有譽，即是無過。盛世之民非有歡虞，亦只是信之、從之、道之、則之云耳。

承上言，民之所以寡過者，以其信從也。而其所以信從者，以其制作之善，而時有徵，位又尊也。如時不足徵，位亦不尊，何以得其信從而寡過？"上焉者"只是時王以前，不可露夏商。

"下焉者"只是聖人不得位者。渾言之，上焉者之善，制作善也。下焉者之善，善制作也。"無徵"指無時，"不尊"指無位，"不信"謂不足取信。上弗從，民駭之也。下弗從，民玩之也。駭且玩，欲其寡過也，得乎？

　　故王天下之君子其"三重"之道，必本諸身心之推有其德矣。且以是道而徵諸庶民，民皆信從，有位與時矣。此是已徵驗了，不是方去驗他。蓋吾身實有至德凝至道，而"三重"之經綸皆吾德性中流出，則乘時御位，孰不信而從之？徵諸庶民，即本諸身者徵之也。"考諸三王"四句，乃是制禮時詳審，不敢輕率如此。考三王，如行夏時，承殷輅，服周冕。斟酌前代之制，我與三王并無差謬。建者立於此而參於彼，謂吾建立於此而與天地之道不相悖。如上律下襲，隨其時運風氣之異尚，我與天地并無悖戾。質鬼神，所謂上帝臨汝，龜筮協從，如武、周制作，通乎神明一般。俟後聖，所謂其或繼周，百世可知，聖人復起，不易吾言。此皆從徵諸庶民推廣之，乃徵信之極盡處，須要處處詳審，非是一徹盡徹之謂。"不謬"等語，俱是我不謬於三王，我不悖於天地，我無疑於鬼神，我無惑於後聖意。

　　不謬於三王，是禮、度、文上觀千載，與其已行者無所差因處，即三王不易之規革處，即三王隨時之妙也。不悖於天地，謂禮、度、文默符造化，與其自然者無所拂，裁成天地之道，輔相天地之宜也。鬼神無形而難知，故曰無疑。論其制作之妙變化莫測，幽有以驗乎明，如聖人作則而鬼神爲徒，如禮行於郊而百神受職也。後聖未至而難料，故曰不惑，謂其制作之精下觀千載，遠有以驗乎近，如因處料百世以後必無弊革處，料百世以後必變通也。

　　知天、知人，即本諸身已有了。至此明明點出，見聖心與天人流通貫徹，無些子障蔽。此是制作之源，夫天地猶有迹也。鬼

神幽矣，君子能質之無疑者，便是他洞契天道處。蓋天地造化
俱是太極運旋，雖鬼神變化，不離此理。君子尊德性，道問
學，窮神達化，則見於制作者皆天命，即皆神機。天且弗違，
而況於鬼神乎？而又何疑三王猶在前也？後聖遠矣，君子能俟
之不惑者，便是他洞悉人道處，蓋法今傳後俱從心性合符。人
有古今，心無古今，君子尊德性，道問學，妙契同然，則其見
於制作者，通人理即通聖真，彼先聖、後聖，其揆一也，而又
何惑？言鬼神則天地可知，言後聖則三王可知。此一段是本諸
身的骨子。

君子之本諸身者，既是通天人如此，是故動爲制作，皆天道
之動，皆人道之動，天下後世共此天人之理，自然世世率繇，或
動而見諸行世，爲天下法度。或動而見於言世，爲天下準則。其
遠者悦其德之廣被，企而慕之；近者習其行之有常，久而安之。
此一段，正是君子有“三重”之道，徵諸庶民而寡民過處。
“世”字兼當世、後世言，“動”指制作言，不指舉動説。須看
世爲字，與天下道之、法之、則之者不同，重在有三重者，爲人
立極意。

“在彼”二句，言令德也。“庶幾”二句，言令名也。以永
終譽爲已有譽者，要其終而言。蚤有譽指未有譽者，勉其始而
言。“如此”二字指本諸身之知天、知人言，“有譽”二字指徵
諸庶民而寡過言。夫民之寡過者皆起而譽君子也，要亦以其制作
之善耳。故君子未有本諸身者不如此，其知天不如此，其知人不
如此。其盡制作之德，而能得民之信從而寡過，以先有聲名於天
下者也。民寡過是不倍之徵，君子有三重，是不驕之原。

或疑君子重不見知而不悔，何以王天下獨重有譽？曰：此飛
龍之所以異於潛、見二龍也。聖人作而萬物睹，不但異於潛龍之
遁世，亦異於見龍之善世，故大德必徵於得名。

仲尼章

《愚而好自用》《王天下有三重》二章，言德、位、時并重矣，然位與時謏不得我，則有德無位、時者，不終泯泯而已乎？故又説《仲尼》一章，見德如仲尼，雖無位無時，曷嘗不範圍天地、陶鑄古今乎？却專望人修德，而位與時任其去來可也。

通章總畫出一個仲尼，章内天地、帝王、日月、四時俱是仲尼全像。然祖述、憲章、上律、下襲俱是仲尼之大，而非仲尼之所以爲大也。一以貫之曰大德敦化，此天地之所以爲大，即仲尼之所以爲大也。末後不更言仲尼者，以仲尼即天地也。總言之，只是一個天地，只是一個仲尼，只是一個德。

開首"仲尼"兩字，便承上天道、人道，至仲尼而集其大成。見得"大哉！道乎"原於天地，開於堯舜，備於文武，而川流、敦化於仲尼之一心。説個"祖述堯舜，憲章文武"，書契以後，道當祖羲皇，而祖堯舜何也？爲其先得百王之中庸也。故删書起自《二典》，在堯舜止曰中，仲尼説出中庸、時中。凡博約、一貫之訓，俱從精一執中敷衍出來，以接續其道統之傳也。憲章必遵文武何也？道可遠宗，論法自應守昭代，不獨遵王之誼爲然。即使夫子王天下斟酌三代，亦必多宗《周禮》，觀周因乎殷禮可推已。其間删定贊修，如大小之識，方策之陳，都是闡繹其制度禮樂之精，非徒明不倍之義也。其實文武法制亦從堯舜會來，非是道外有法。

"上律天時"，"律"字如法律之律，無分毫差忒也。又兼律呂之律，能調燮陰陽也。聖人先天弗違，後天奉時，元氣渾淪，與時合序，而又有挽回氣運之力，默調愆伏，不止是法天已也。大則顯晦屈仲，小則飲食寢處，皆是律天時自然之運處。

"下襲水土"者，水流土止亦兼二義，然重在一定之理上。

重衣爲襲，有服而不違之義。只是安土敦仁，無所往而不宜，皆因水土一定之理妙爲轉移，其活潑若依其流行，其安静若依其坎止，隨遇而安，無所不宜。《記》云：“修其教，不易其俗；齊其政，不易其宜。”是也。

天時之運常遷，故律焉以盡變。水土之宜常定，故襲焉以立方。即如仕止久速一毫不肯執著，何等樣圓？故曰上律。仕止久速一毫不肯假借，何等樣方？故曰下襲。究竟天不專以動言，地不專以静言，但看星辰之布一成不易，是天體動而性静也。草木之生一刻不停，是地體静而性動也。所以律天時，其中自有主宰；而襲水土，其間亦有流行。須渾融會意。

朱子曰：“律、襲皆兼内外本末言，惟聖人能盡中庸之道，故精處如此，粗處亦如此，是不可以一事言也。”姑以夫子已行之迹言之，則繇其得夏時，贊《周易》，不食不時，迅雷風烈必變，以至仕止久速各當其可，而其所以律天時之意可見矣。繇其序《禹貢》，述職方，居魯而衣逢掖，居宋而冠章甫，以至用舍行藏隨遇而安，而其襲水土之意可見矣。更因是以推之，如古先聖王之行，所以迎日推筴，頒朔授民，而其大至於禪授放伐各以其時者，皆律天時之類也。其所以體國經野，方設居方，而其廣至於昆蟲草木各遂其性者，皆襲水土之事也。使夫子而得邦家也，則亦何歉於此哉？

此節言仲尼會天地、帝王之道於一心，辟如天無遺覆，地無遺載，聖心之上下古今無遺。理四時有常，序日月有常，明聖心之古今上下有常。“運”上二句擬其全體同天地之大，下二句擬其不息同天地之大。此節總“全體不息”四字盡之。“全體”含下大德敦化，“不息”含下川流不息，但未明明指出。“辟如”字是形容之詞，勿看作兩樣。須知聖心一理渾然，其與天地、四時、日月渾是一體包羅，一機流行，不分彼此。即下面萬物并育於天地，道并行於天地，即是育且行於聖心處。總之持載如地，博厚之至也。覆幬如天，高明之至也。錯行代明如日月四時，悠久之至也。仲尼一至誠也。

先儒曰：“天能覆而不能載，地能載而不能覆。春夏止能生長，秋冬止能肅殺。日止能明於畫，月止能明於夜。是各得陰陽之分。”仲尼之德會陰陽之全，兼天地覆載，備日月四時於一身，雖天地育萬物，尚有榮悴生成，而夫子道内生意常常自如。即日月四時，尚有盈虚怨伏，而夫子之道歷萬世不朽。是夫子爲大而天地小也，豈僅曰同天已乎？

上言仲尼同天地之大，此節言天地之所以大即是仲尼之所以大處。總説持載以上，覆幬以下，萬物并育於天地之間，而生理各不相害；四時、日月并行於天地之内，而道德各不相悖。“不害”，如保合太和各正性命，不相妨礙。“不悖”，如寒暑畫夜各自推行，不相違悖。非是四時不與日月悖也。“道”字只就四時、日月看，蓋一陰一陽之謂道也。并育不害是無物不有，并行不悖是無時不然。此皆天地之大處，而其所以大者何在？蓋天地之化散之爲物，運之爲道，而統之則爲德。有小德，有大德。其小德如川之流，脉絡分明而往不息，日月流光，四時流序，萬物流形。其大德則敦厚其化，根本盛大，而出無窮，以蓄二曜之明，以秩四時之序，以立萬物之根。是小德一陰陽也，大德一陰陽互根之太極也。潛天潛地，橐籥於深渺之中，而渾淪無間，此天地之所以爲大也。“所以”字指大德宰，小德言，不再説仲尼者，以天地即仲尼之全身也。仲尼，其全體太極矣乎。

小德川流，生物不測也。大德敦化，爲物不二也。敦化即天命之性未發之中，天下之大本也。川流即率性之道，時措之宜，天下之達道也。大德即忠，即一。小德即恕，即貫也。

道一而已矣，堯舜得之而帝，文武得之而王，天得之爲四時，地得之爲水土，而仲尼得之爲德，與帝、王、天地一也。此不在形迹上比擬，而直從本源處究竟出來，所謂與天地合德。其源頭既與天地同大，則其流派與天地同大，不待言矣。如《大學》之大，不在明、新之發用，而在至善之本體處落根是也。故曰孔子之學，性學也。《中庸》一書，至誠、至聖之類，無非發明仲尼之學。

至聖章

此章承上文"小德川流"而言，"大德"即在其中，須要活看。如前章"至誠無息"，以流行不息者爲體，發育盛大者爲用。上章小德、大德，又以發育流行各有條理者爲用，發育流行之渾浩無窮者爲體也。此章"寬裕溫柔"，分別出許多名目，固爲小德川流，然五德具足，溥博淵泉，却是本章大德敦化。但其支分派別處多，故曰承上小德川流而言。

通章總言至聖所以配天，亦天道也。言聰明處[二一]知，天姿裕也。容、敬、執、別，天德完也。溥博淵泉，天體涵也。而時出之，天倪動也。見、言、行，天機著也。敬、信、悅，以及聲名、尊親，天道敷也。無所不被，天宇弘也。故曰配天。此一章只"溥博淵泉而時出之"一句可貫以上"聰明"等句。俱是"溥博淵泉"處，自見、言、行至末，俱是"時出"之妙。

"惟天下至聖"是天之篤生爲華夷之主者，"天下"字不空，見得至聖把天下道理都包藏了。"聰"是心有真聞，"明"是心有真見，"睿"以通微，"知"以藏往。蓋"睿"則能思，"知"則能知。思屬動魂之爲也，知屬靜魄之爲也。心者，魂魄之合。魂能知來，有所未知則思索而知之，陽之靈也。魄能藏往，其所已知則存而記之，陰之靈也。有此聰明睿知，則照臨中外之體，固自含藏具足，故曰足以有臨。

　　下四段言其聰明睿知之體既完，而仁義禮知之德畢具。"寬"則坤之含弘，"裕"如天時順布，"温"如春煦和厚，"柔"則沖藹善下。此是容蓄天下之德具足也。

　　"發"即心精奮發，"强"即不流不倚，"剛"則果斷無欲，"毅"則堅久不息。此是執持天下之德具足也。

　　"齊"是一念不起，"莊"是儼若神明，"中"則喜怒哀樂不遷其節，"正"則忿好憂懼不繫其所。此是收攝天下之德具足也。

　　"文"是萬理粹然，"理"是條理不紊，"密"則緝熙於有，"察"則繼照於離。此是洞鑒天下之德具足也。譬如織錦者，一經一緯交錯成章，是"文"也。既交錯，容易紊亂，今却根根到頭，條理秩然，是"理"也。既有條理，容易稀疏，今又緊密，絶無縫隙，是"密"也。既密，又易絞作一片，今更絲絲縷縷幾微不淆，是"察"也。上有臨之知，是生知之知上也。此有別之知，是是非之心知也。有臨之知，其光遍滿，如經天日月之垂照。有別之知，其光詳細，如萬家燈火之辨物。

　　四段總是"聰明睿知"中之條目，其實貫於一心，重"足以"字，俱言其本體完足無歉意，非言其用也。

　　"溥博淵泉"緊承"足以"字説下，即至足者而究其量，何等周遍廣闊！即至足者而探其蘊，何等静深有本！以是五者積於中，時出之於外，靈明活潑，天機呈露，俱是髓時發見[二二]，正在臨民時容、敬、執、別上運用也。

　　"時出"，如當用仁時則仁發見，當用義時則義發見之類，雖是五德川流，都從一源發脉。

　　如天、如淵，即就其"時出"内想像本源説，那溥博處就是天，那淵泉處就是淵。天無外，聖心亦無外。天不測，聖心亦不測也。緣是以溥博淵泉之德時見之於民，則莫不敬；時見之於言行，則莫不信悅。"莫不"字，正見"時出"之當人心處。

"王天下"章，"動"字指制作言，此章"見"字指容貌言。蓋聖制之垂世從動起，聖德之薰人從貌起也。"見"字即見龍之見，乃"聖人作而萬物睹"之意。

"是以"兩字根"時出"說下，謂敬、信、悅之所在即聲名之所在，洋溢者，自聖德天淵中洋溢出來，莫不敬、信、悅，直貫至"莫不尊親"一氣說。語其地，則盡中國、蠻貊之地矣。語其人，則盡中國、蠻貊之人矣。至"莫不尊親"，則氣化所運之境，天之氣化及之，聖德亦及之，故曰配天。

"舟車"二句，見聖德不疾而速、不行而至意。"天""覆"二句，見聖德無不持載、無不覆幬意。"日月所照"，見聖德隨日月以光被意。"霜露所墜"，見聖德乘霜露以涵濡意。"凡有血氣""尊親"，指人類說，見聖人臨蒞天下一段，如天如淵，精神薰蒸透徹，方隅不能隔，形勢不能阻意。"配天"不專指功業講，其"溥博淵泉"即天體之無外，其"時出"即天工之遍及。惟聖德一天，故感之者以天，而應之者亦以天，總曰配天。

合"聰明睿知"等二十字，是未發之中足以有臨、有執、有敬、有別，是中也者，天下之大本也，故總承曰"溥博淵泉，而時出之"。"時出"即所謂中節之和也。"見而民莫不敬"三句，即"和也者，天下之達道也"。"聲名洋溢"一節，即致中和，天地位，萬物育，即是推之"時出"之言行，格致誠正之用也，中外之尊親、齊治、均平之業也，而"溥博淵泉"則至善之本源也。

至誠章

此承前章"大德敦化"而言，正推極上章"溥博如天"裏面源頭。若經綸、化育，亦是大德中川流妙用，非與小德截然爲二也。"至聖""至誠"其至，則一微分之，則至聖之德即至誠之道所顯諸仁者也，故上章多言其用，而徵之於民敬、民信、民悦。至誠之道即至聖之德所藏諸用者也，故此章專言其體，而約之於其仁、其淵、其天。體能藏用，用必歸體。上章是自內向外說，此章是自外向內說。

實理之在天下，散於人倫，根於性命，而原於天地。雖是經綸屬道，立本屬性，化育屬命，其實只是一個"性"字，即誠也。無倚即是天性之自然處，不是此外又有個不倚。總之，一誠而大經從此盡，大本從此立，化育從此知，蓋至誠一天也。"肫肫"三句，特就上三句贊之，非另深一層。

"至誠"是純乎天理，無一毫人欲之私者，故其真心運用為能。經綸大經於人倫，各盡其當然之實，如文王仁、敬、孝、慈、信，如契為司徒，教以五品人倫，又如大舜底豫化天下，武、周制作，善繼述，總是經綸大經，可為天下後世法則。"經"是條埋不紊，如君君、臣臣、父父、子子、兄兄、弟弟、夫夫、婦婦，各盡其道而不亂。"綸"是聯合無間，如君臣相敬，夫子相親，兄弟相友睦，夫婦相倡和，朋友相切磋，倫類相合而不隔。此雖是倫倫各盡，照下看，只是一仁，周徹自然。零碎分看，無一件不精實。儱侗合看，無一處不聯絡，故曰天下之達道五，所以行之者一也。

大經是庸，大本即是中。經綸是致和，立本即致中。蓋所性全體，萬化從出。至誠存未發之中，而性盡則人物、天地一以貫之。此謂主靜立極，非大本而何？照下面"淵淵其淵。"看，自是深潛有本，包天地萬物的靜機淵淵在內。

知化育，是窮理以至命，尤大經、大本之所從出者，從有入無曰化，從無造有曰育。夫天地之生物不測皆繇於為物不二，至誠純亦不已即是天命不已，故心通造化而天人一。其誠通即化育之動闢，誠復即化育之静專，渾身造化相爲流通。知即"乾知大始"之知，非聞見推測也。照下"浩浩其天"看，只是真心廣大，全體太極，無有邊際，無有間隔，惟知化育方能贊化育，亦惟贊化育方是知化育，猶之知、行二字，理可互見。

至誠盡倫盡性以至命，則此心全是太空運用。夫焉有所倚，無倚即在至誠上見，有倚即非誠也，此非是生知、安行。不倚，思勉擇執之説。蓋人見至誠、經綸、立本、知化育，便疑他天資比人高決，倚靠著才能知巧。不然便疑他遭際比人好，倚靠著時位境遇如是，則至誠與管、晏諸人何異？故子思子言他只是完却真實無妄之理，所以一點天真觸處貫通，何嘗倚靠著一些才能知巧、遭逢境遇爲也？如舜、文、武、周，人便疑他靠君相之位。如孔子，人便疑他靠天縱之資。不知舜、文、周、孔，他能經綸、立本、知化處，總都是一誠貫通也，夫焉有所倚？

學到至聖田地，亦只是功夫純而益純，密而又密，與初學更自不同。若説纔得手便抹煞功夫不用，以爲不倚思勉，則聖人必不如是。但觀堯舜兢業，孔子不厭不倦，便可見。

從其誠之經綸無倚處狀之，則肫肫其仁，懇切而不虛浮，至極而不虧欠。其分者皆天真所寓，其合者皆天真所統也。

從其誠之立本無倚處狀之，則淵淵其淵，性真澄徹，萬理空涵，至静而一物之不擾，至深而一腔之不測也。

從其誠之知化無倚處狀之，則浩浩其天，神通太虛，心涵萬象，寂而包於無外，動而遍於無窮也。其仁、其淵、其天，乃至誠性體如此，不可説如淵、如天。

仁、淵、天雖分三項，其實仁從天潤，故曰肫肫。淵從天涵，故曰淵淵。天之静注處即淵，天之動運處是仁，而皆包之此心之天，所以下面總曰天德。

其仁、其淵、其天，不可看作沉空境界，又不止一仁之德，須想他聰明睿知與仁義禮知之天德俱收斂涵藏在內，若天之至虛而至實也。苟非實有，是聰明聖知之體而上達乎仁義禮知之天德者，則心非至誠之心，即與天相隔矣。其於經綸、立本、知化之無所倚處，何足知之？不知即不能矣。固者實也，實有是聰明聖知，即至誠也。達乃上達之達，通達無間也。固聰明聖知即達天德處，無兩層，非先達而後知也。蓋惟天不二，則不可測。惟至誠同天，則不可知。天德即"小德川流，大德敦化"之天德，至誠經綸處即知化育之"小德川流"，立本處即知化育之"大德敦化"，所謂"達天德"也。思曰睿，睿作聖，變思言聖者，以至誠即至聖，非有二也。

至誠之經綸、立本、知化，人皆知之。其經綸、立本、知化之無所倚，則孰能知之？至誠之道德光輝是文章，可得而聞見，故民莫不敬、信、悅，至誠之性道不可得而聞見，所以非"固聰明聖知，達天德者"，不足以知也。

看固字、達字，見精神有一毫不收斂，不足以通微。學問有一毫不透徹，不足以入聖。下文"衣錦尚絅"而至達天，正是這固字、達字的意思。

衣錦章

子思論下學上達之極切，盡人合天之要道，以總結三大枝之意，與首章相應，所謂一部小《中庸》也。通章只"暗然""入德"四字可貫。而"暗然"用功處，只"謹微"二字盡之。章內淡、簡、溫、近、自、微，人所不見、不言、不動、不賞、不怒、不顯、篤恭、無聲無臭，淺深不同，總完全一個"暗然""入德"，直入到不顯地位，方是性命歸宗。這又豈可從顯處入？須要知微，在微處用功，著一點暗然的實心，從潛伏起手，於人所不見處入，至於不言不動，又從不言不動以入，至於不賞不怒不顯。到此，境界外面何等顯！裹面何等微！方合著那無聲無臭的天體，方可以言至德。然則《中庸》一書欲通天載之神，只是一個暗然為己的實心，豈是高遠難能？章內敬信篤恭，總歸一"敬"字。"篤"只是敬之益純，這又是謹微的把柄，故曰敬為聖學始終之要。

《詩》言衣錦在內，而外面却加樸素的禪[二三]衣，此是英華，忌其泄漏，所以惡文章之太著也。學者立心也要如此。故君子之道專務為己，暗然韜藏而實意在中，自有一段精光不能掩抑，而日見其章顯。豈若小人徒事文飾，專在聞見處打點，事物上周旋，外面極似的確，然無實不繼，外日增而內日消亡也。下面淡、簡、溫、近、自、微、內省、敬、信，俱是暗然之功。至民勸、民威、天下平，俱是風、遠、顯、日章之用。而究竟勸、威却本於敬、信，天下平却本於篤恭。不顯之德總歸於無聲無臭，則始終只是暗然也。

"淡而不厭"三句指功夫說，正君子暗然、日章之道。因前章說聖人功用本源已極，其至此却從其工夫下手處詳細言之。"淡而不厭"，就涉世處說，言其世味上淡薄，而中有真味不厭。"簡而文"就作事上說，言其簡略，行所無事，而內有文章燦然。"溫而理"就其待人處說，言其渾厚，不露圭角，而却有條理井然，此已有凝道德之根基了，故又以其知幾處言之。蓋淡、簡、溫如綱之襲於外，不厭而文且理如錦之美在中也。

諸葛武侯云"淡泊明志"，先儒云"咬得菜根，則百事可作"，可見"淡"之一字是為學第一義。蓋聖賢學問，參贊事業，決非嗜欲濃艷人所能作也。

淡、簡、溫三句是為己的真心，"知遠"三句是知幾的真見。惟真心內涵則便真見事機皆自內起。"知遠之近"是知平天下本於治國，治國本於修齊，在人之治亂繫在身之得失也。"知風之自”是知修齊本於誠正，在身之得失繇吾心之邪正也。“知微之顯”是知誠正即可以修齊治平，吾心之邪正甚微，而著於風、被於遠者甚顯也。知近、知自、知微，則在近處、自處、微處著實用功以謹幾，便可以漸入於聖人之德矣。

近、自即是微，微字正與暗然相照，可與入德，其實下面許多功夫可以自此打得進去了。“入”字之義即下文言潛，言內，言屋漏、無言，直入到無聲無臭地位，始可言達天德。

“內省”“敬信”二節正入德下手的功夫，言君子之謹於近、自、微而暗然用功者，其要在於慎獨也。引《詩》言，只說幽暗中有孔昭者在。這裏容不得些子疚病，便見獨不可不謹，內省者，正從念慮之潛伏處省其爲真機所伏乎？妄機所伏乎？必袪妄存真，方不疚而無惡於志。要知君子之志是欲爲聖爲賢的，假使他內省有疚，便謂我何如期許？今却如此，自己難對自己的志，惟見自己有可惡了，此有惡於志也。君子他內省功密，不肯容一毫疚惡，發念與期許相符，故曰無惡於志。然則君子所以純天純理而不可及者，正在人所不見處省察，而袪其疚惡之累也。蓋人以潛視，潛而忽之。君子以昭視，潛而內省，所以無疚惡而不可及也。

承上言，方動時固宜內省，而至靜中尤當用功，故引抑《詩》說，看爾居室，當使此心無私，以下愧於一點屋漏之天光，所以君子之心不待言動而方敬、信，即不動而敬常存，即不言而信常存。蓋靜時可謂無言，動不可謂無敬信，此是己所不見之中視人所不見之心而益密也。

內省是慎獨功夫，敬信是戒懼功夫。靜即戒懼，動即慎獨，如戒懼之前未嘗不慎獨，慎獨之後未嘗不戒懼。真是動靜無端，所以立言先後無不可。前不睹、不聞點出“視聽”字，此不言、不動點出“言動”字。合觀之，則視聽言動俱備。

　　上二節是省察存養，所以謹之，近、自、微者，其功極密。此節遂就其風、遠、顯、日章之用言之，引《烈祖》之詩說，主祭者昭格神明，不待言說告戒，而一時在廟，人心無有爭競失禮，可見有是德則有是化。是故君子密內省敬信之功，精誠感人，不待賞、怒而民自勸、懲，其興起處若與吾心之敬信俱觸，其畏懼處若與吾心之疚愧俱惕，此非是賞罰盡廢，只是賞怒不及而民勸威，其賞怒而勸威更可知矣。觀虞芮質成，何嘗受文王之賞怒？而各自威勸，可以見矣。

　　德雖足以及民，猶未爲極，又引《烈文》之詩說，不顯之德愈盛而化愈廣，所以君子洗心退藏，其功益純，動忘潛伏，靜忘屋漏，篤厚深潛，不可窺測。而一敬薰蒸，感召自然，天下人潛化於德中，而翕然平治焉。上節敬、信即是恭意，不賞、不怒已有篤意。至此則功益純熟，如堯允恭，舜溫恭，夫子恭而安。學至篤恭，形神俱化，渾乎一元氣周身矣。以此體信達順，事天享帝，中和流通，四靈畢至，所謂不見而章，不動而變，無爲而成也。前勸、威字尚有欣善怖惡之思，至於平，則平平常常，渾然至善之感，而欣怖無迹，忘勸忘威，莫知其所以然也。

　　德至於篤恭、平天下，日章之功用可謂神矣，而皆本於潛伏、屋漏，以入到不顯之德來，則是德之妙，及於風、遠、顯而本於近、自、微也。其暗然之德體豈易言哉？故引《皇矣》之詩說，予懷明德，未嘗顯著聲色，似可形容不顯之德矣，然曰不大，則猶有聲色者存，未足以言至德也。此是以聲色化民在己，未能化其迹，故化猶未神。細玩夫子所說“末”字，見此中有德爲本，未可專靠聲色。若如天道，鼓之以雷霆，照之以日月，則聲色亦化矣。

　　引烝民之《詩》說德輕如毛，似可形容不顯之德。然以毛比德，則德猶有倫類可擬，終未脫於形象。見絲毫有對，尚非無象之體也。必如《文王》之詩説，"上天之載，無聲無臭"，始可以言至德也。蓋聲臭屬氣，已是無形，而并氣俱無，則理之純粹至善者無復加矣。"上天之載"的"載"字固以事言，實即持載之載，蓋人知地載乎物，而不知天以氣載理，其所載之理即形色聲臭，無在非真，而究極精微，却自聲臭不著，此太虚本體也。首章一"中"字，即周子所云"無極而太極"。此章歸到聲臭俱無，即所云"太極本無極也"。然聲臭雖無，却有德在，是天命之性、未發之中也，非是杳杳冥冥、虚無寂滅之謂。朱子之詩曰："氣體蒼蒼名曰天[二四]，其中有理是爲乾。渾然氣理流行際，萬物同根此一源。"又詩曰："從來天是明明者，即無聲臭豈無天？"又曰："不離日用常行内，直造先天未畫前。"觀此則知天載之微，總一不顯之德也。德至此始可言至德，言天德矣。聖至此爲至聖，故曰配天。誠至此爲至誠，故曰達天。從暗入德，以德還天，無末可擬，無倫可對，所謂"中庸其至矣乎"，正於斯見其至矣。

《中庸》一部性命書，以天命開端，以大載歸宗。首言天命之性，説道之大原出於天。終言上天之載，説君子之學達諸天。而後之内省即首之慎獨，後之敬信即首之戒懼。後之不賞、不怒而至於不顯，即首節中和之致。後之民勸、民威而天下平，即首章位育之事。首從源頭説來，故先存養而後省。後從入德説起，故先省察而後存養。首云位天地，後云合天載，一也。首是以天而推之人，末是以人而合乎天。又曰《中庸》末章即《大學》首章，"知遠之近"三句，格物致知也。内省，誠意也。敬信，正心也。"奏格無言[二五]"、"不顯惟德"二節，身修、家齊、國治，而天下平矣。末節極言以贊之。

校勘記

〔一〕"天下已平之后"，"后"應爲"後"，但原底本及校本皆作"后"。

〔二〕"物格而后知至"也，"后"應爲"後"，但原底本及校本皆作"后"。

〔三〕"尚然見獵有喜心"，"然"，疑當作"猶"。

〔四〕"止於二分有二"，疑當作"止於三分有二"。

〔五〕"知止而得可漸能也"，"得"疑當作"德"。

〔六〕"然似是之幾毫釐千重"，"重"疑當作"里"。

〔七〕"與物之所以爲我"，下文作"與物之所以無我"，疑"爲"當作"無"。

〔八〕"惡"，校本爲"恕"字。

〔九〕"於"，當作"有"。

〔一〇〕董仲舒《春秋繁露》原文爲"天無喜氣，亦何以暖而春生育；天無怒氣，亦何以激陰而冬閉藏。天無樂氣，亦何以疏陽而夏長養；天無哀氣，亦何以激陰而冬閉藏。"

〔一一〕董仲舒《春秋繁露》原文爲："人無春氣，何以博愛而容衆；人無秋氣，何以立嚴而成功；人無夏氣，何以盛養而樂生，人無冬氣，何以哀死而恤喪。"

〔一二〕董仲舒《春秋繁露》原文爲："故曰：天有喜怒哀樂之行，人亦有春秋冬夏之氣者，合類之謂也。匹夫雖賤，而可以見德刑之用矣。"

〔一三〕"而非寂然不動之謂"，《晦庵先生朱文公文集》"與張欽夫（第三書）"原文無"不動"二字。

〔一四〕"雖一日之間常起常滅"，《晦庵先生朱文公文集》"與張欽夫（第三書）"中，原文爲"雖一日之間萬起萬滅"。

〔一五〕"而本體則未嘗不寂然也"，《晦庵先生朱文公文集》"與張欽夫（第三書）"中，原文爲"其寂然之本體則未嘗不寂然也。"

〔一六〕"泰"，校本爲"參"字。

〔一七〕《朱子語類》原文爲"然人各隨一個地位去作"。

〔一八〕"故曰'遁世'"，底本"遁"字後空一字，據文意，疑當作"世"。

〔一九〕"消了多少邪思"，"邪"，底本此處空一字，從校本補出。

〔二〇〕"齊"，底本作"齋"。

〔二一〕"處"，當作"睿"。

〔二二〕"髓"，當作"隨"。

〔二三〕"禪"，當作"禪"。

〔二四〕"氣體蒼蒼名曰天"，朱熹《訓蒙詩百首》原文爲"氣體蒼蒼故曰天"。

〔二五〕"奏格無言"，《詩》原文爲"奏假無言"，朱熹集注："假，格同"。

卷三　四書則

時習圖

　　《中庸》論道直指本體，《論語》一書却是欲學者繇功夫以悟本體，繇見在以覓源頭，聖人爲慮其遠，實非有二旨也。故此"時習圖"謂功夫可也，謂本體可也，謂天地萬物一體之仁圖可也。在《大學》謂之"至善圖"，在《中庸》謂之"中圖"，在《論語》謂之"時習圖"，在《孟子》謂之"内聖外王圖"，總一物也。《四書》《六經》皆是也，功夫、本體、性命、經綸，一以貫之者也。

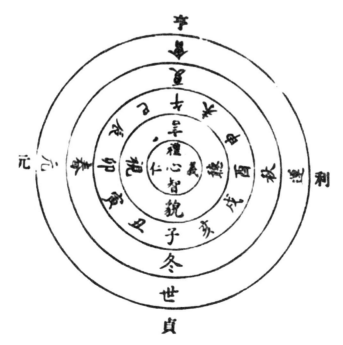

圖　説

維天之命，於穆不已，所以爲生物之主者，天之心也。人受天命而生，因全得夫天之所以生我者，以爲一身之主，渾然在中，常昭昭而不昧，生生而不可已。是乃所謂人之心，其體即所謂元、亨、利、貞之道具而爲仁、義、禮、智之性，其用即所謂春、夏、秋、冬之氣發而爲惻隱、羞惡、辭讓、是非之情。其體與天地同其大，而其用實與天地相流通。此即所謂道體，即所謂天體，即所謂心體，即所謂人體，即所謂太極，即所謂性命。總是一段生理，在在充滿，無一物不具。刻刻流行，無一時不然。聖人全體如是，形色渾是天性。吾人只是私欲間隔，天人不得合一。凡日用動靜之間，一事有間，則天理便隔絕於一事之中。一刻不貫，則天理便隔絕於一刻之中。必其瞬存息養，日積月累，以至千條萬緒，皆此渾然之心爲之周流貫通，無人欲之間焉。然後與元、亨、利、貞流行於天地之間者同其大矣。然後與元會運世綿貫於古今之遠者同其久矣。試看天行至健，一日一周，日月如蟻，往來不停。即地道常凝，而草木之生無時不動，川流之逝晝夜不舍，以至昆蟲變化，時序相禪。返觀人身，髮長甲生，脉行筋轉，息息如是。人能識取本體，存養，省察，克治，擴充，綿綿不斷，到那私欲淨盡，天理流行，隨處充滿，無少欠缺時，透得這個消息，則方寸雖小，實與天地萬物同一機括。本體完滿，功夫流行，一息如是，終古如是，此之謂時習之學也。稽古帝堯，欽若昊天，執中廣運者，此也。虞舜之精一續統者，此也。大禹之祗承無間者，此也。成湯之聖敬日躋者，此也。文武之緝熙敬勝、周公之繼日待旦者，此也。孔子憤樂循環、不厭不倦者，此也。顏子三月不違、欲罷不能者，此也。曾子三省無間、任重道遠者，此也。曾點沂水春風、隨時見性者，此也。子思戒懼慎獨、須臾不離者，此也。孟子必有事焉、勿忘勿助者，此也。即古大儒若周濂溪之中正仁義、主靜立極，張橫渠之精忠力踐、存養匪懈，明道、伊川之天德王道、敬義交養，邵堯夫之弄丸餘暇、閑往閑來，朱考亭之居敬窮理、成始成終，自是以後，若薛文清之心無一物、性與天通，胡敬齋之忠信力學、造次無違，陳白沙之靜養明心、虛圓不滯，王文成之致知慎獨、傳習有訓，統言之，皆學也，則時習之功夫也，天人之理，聖賢之奧，性命之宗，千古以來所不能外者也。

松風道人識。

上　論

學而時習章

《論語》二十篇，總是一字，曰"仁"，開宗一"學"字即可想見"仁"意。蓋時習而悅，便在生生不已處落根。下面朋來之樂，無一物可置之度外。不知、不慍，無一點不返之性中，心性之學自躍然矣。通章三"不亦"字，俱是歷指真境以示人處。只緣世儒情欲嗜好，多方去討快樂，故說此悅、樂、不慍的境界，以鼓舞而歆動之，令人自去想像。

學之名一也，異學談心性而黜聞見，其失爲玄虛，然其言心性處，即與吾儒異而不專在黜聞見。俗學侈聞見而舍心性，其失爲支離，然其言聞見處，即與吾儒異而不專在舍心性。何也？心同此理，人性皆善，此吾儒之言心性也。以理爲障，以善爲無，此異學之言心性也。惟精惟一，博文約禮，此吾儒之言聞見也。
誇多鬪靡，記誦詞章，此俗學之言聞見也。辨得學字，明時習，
方有著手處。

大抵學以心性爲本體，以涵養爲功夫，以天地萬物一體爲度
量，以變化氣質爲證驗，以從心所欲、不逾矩爲極，則朱夫子所
謂"始於爲士，至於爲聖"是也。注中"明善而復其初"數語
最精。復其初則覺矣，然必效先覺之所爲而後能覺，不學不覺，
不覺不學，非直解學字爲覺，亦非謂一覺便了，不復言學也。釋
氏以知覺爲性，故多流於自恣。吾儒以知覺之理爲性，故曰人性
皆善，所以非學不能明善而復其初。

學以存心，心者，靈也，有以養之則靈。學以養性，性者，
生也，有以養之則生。蓋此學原在身心情性日用常行間，自證自
會。此性本體原無斷續，此心不散，何時非學？時習者，時時貼
習，動靜無間也。《中庸》學問思辨已百已千一段，是時習
注疏。

乾坤內天人皆有事，無事則息矣。爲學者讀書靜養，日間固
有事矣，豈夜遂無學乎？須是通乎晝夜之道而知，方了時習
之義。

世人於學問事，非不動興去作，霎時心灰意懶，作輟易乘，
一會學，便一會不學了，如何得到那悅處？時習如天道然，運而
不積，流而不已。把此身放在學中，無內無外，時時演習，念念
不舍，久久純熟，時節到來，自有欲罷不能、弄月吟風之趣。

天道、人心共是一個生理，天以生生成時，人心以生生而時
習，生機透會處即是悅。注中"鳥數飛"，是鳥之生生處，日日
飛，日日生矣。人心天機活潑，飛躍不息，亦如此。故學習如掘
井，悅是及泉。學習如磨鏡，悅是見光。小學習小悅，大學習大
悅，常學習常悅。總因功力之淺深以爲得趣之淺深也。

學到悅心處，雖獨居環堵，而一點精神脈脈與宇宙相通，故學中自有朋來到此，直是天地一爐，古今一腔，四海千秋盡作同堂，覺吾心流通兩間，理趣交暨，終日與朋對，仍是終日與天游矣，豈不是樂？獨樂是悅，同悅即是樂。有一鄉之學，一鄉之朋應之。有一國之學，一國之朋應之。有天下之學，天下之朋應之。學無窮，朋來亦無窮，樂亦無窮。辛復元先生有詩曰："一花纔綻一蜂來，感應真機不用猜。莫訝秉彝今世少，應是靈臺花未開。"即"有朋自遠方來"之旨。又詩曰："一掬春生滿座春，一家春普萬家春。大家料理春來處，同作乾坤造化人。"即"樂"字之旨。

"朋"為同志人，人是流俗人。既為同志，雖千里印心。既為流俗，便覿面不解。"不慍"字有矜憫意，無怨尤意，正是人自與吾隔，而吾心之可通者自在。所云潛龍之學半點不著向外境也，固不是脫落世情，全無干涉，亦不是知希我貴，借此寬慰，蓋學中自有可知的，朋中自有知我的，對天地無愧，對聖賢無慚，即對流俗無悶，完完全全還了一個成己成物的品格，世界再欣戚不得，加損不得，故曰君子。此是從天看出個時來，從人看出個朋來，從天人中看出個君子來。一悅貫去，有樂無慍，自得之時學也，朋來之時學也，不知之時亦學也，此之謂心性之學，無物不有，無時不然也。

此章是孔門第一學問心法，包括殆盡。希聖希天，總此一途，只觀顏、曾、思、孟，可知"克己復禮為仁"即"學而時習"之說也，"天下歸仁"即朋來之說也，"為仁由己，而由人乎哉"即"人不知而不慍"之說也。《大學》"明明德"為時習，朋來而樂為親民，不慍而為君子即止至善。章內從格致誠正說到天下平，從天下平歸結修身，便見人己、內外、上下、四方毫無滲漏，真大學也。子思須臾不離道，即時習之學也。成己成物即朋來之樂也，遯世不悔即不知不慍也。孟子"仁義禮智根於心"即悦心之學也，朋來便有大行不加意，人不知便有窮居不損意。此孔門授受之真傳，諸處皆可參觀者也。

有子章

學者，所以學爲人也。從何處爲？只在爲仁。爲仁從何處爲？只在孝弟。其爲人也孝弟便是務本，不好犯上作亂便是道生光景。蓋孝弟消戾心，則知其生仁心，推而廣之，仁滿天下，總只此親親、長長一念，豈不是孝弟爲爲仁之本？

天下豈有好犯上作亂之理？但不孝不弟之人滿腔都是殺機，習熟自然有若好之者。今試看孝弟之人，無念非順，即此便與天地萬物和氣流通，仁道之全恍然可會。此處已隱然説個本了，故直接務本。

知天之生物，使之一本，則知本矣。務本只是不戕伐赤子之良，且加灌溉培養。"本立"即是立愛、立敬之立。"道生"即"生惡可已"之生。如事親孝，故忠可移於君。事兄弟，故順可移於長。"道"自隨處發生也。"道"與"本"勿看作兩樣，本即道之切近精實處，千尋之樹，畠茂條達，只完得初來一點種子。

總之，有子看得孝弟極大，凡一念不是天理，一物失所，皆非孝弟。惟爲人孝弟的人，遇親長能知痛癢，不爲形骸間隔。遇著天下人，便在在皆知痛癢，更無間隔之處。只此愛敬一點念頭，而天清地泰，萬物咸和，機趣從此包孕流通。可見有孝子悌弟的襟懷，不患無仁人的事業。《書》曰："立愛惟親，立敬惟長，始於家邦，終於四海。"《孟子》曰："親長可以平天下，孝弟可以爲堯舜。"皆見"孝弟"爲行仁之本。我太祖開天六言，提出"孝順、尊敬"二語，直從人心世運，一毫没差池處，剔出洞見萬世長治不亂之源，實是爲仁大根本。

巧令章

看前章仁道之所繇生，學之本也。大而親長間可以觀仁，小而言色間亦可以觀仁。乃“令”是全在言色上用功夫，不關心體，故曰鮮矣仁。聖人於剛毅木訥謂之曰近仁，於巧言令色謂之曰鮮仁，合而觀之，而仁可識矣。聖門弟子，多少聰明才辨，而問其仁，則曰：“吾不知也。”所稱傳得其宗者，非回之愚、參之魯不與焉，信乎忠信之可與共學也。然要識回愚，但考其四勿之功，欲罷不能。要識參魯，但觀其三省之學，死而後已。皆樸實頭近裏著己作〔一〕去，無絲毫粉飾，所以爲得仁之宗。

三省章

曾子獨得《大學》之傳，全在弘毅任仁，而其弘毅作手只是日有三省。二“吾”字、一“身”字見其省之切，“三”字見其省之密，“日”字見其省之勤。三“乎”字，有歉心，有疑心，有懼心，總是慎獨、毋自欺處，是曾子自反而縮處，是曾子戰兢臨履處。唯、一貫，全從此入。

謀不忠則欺人，言不信則欺友，傳不習則欺師。三省正是獨知之地。人不能強、友不及箴、師不及責之地。默自致力功夫，非截然不省別底，只是見此三事較急耳。合之，見三省無日可間，時習之功也。與人爲體，朋來之量也。然忠吾自忠，信吾自信，習吾自習，又無求人知之心也，故曰曾子得爲學之本。

千乘章

上章是省身，此章見省身者又未嘗不可經國也。章內聖修王道該括無遺，敬、信、節、愛時，一件自爲一件，但有次第，總是以精明純一之念、撙節愛養之思周流於國計民生之中，俱在君心上一段精神綜理，無漏言。

敬事只是心常存而事不苟，當事如此，事前事後皆如此，乃曰敬。君子操心以應事，未嘗因事以役心。彼一念也，而有六合之慮。一息也，而有萬年之憂。敢不敬乎？信者，推心置腹，真意流通，令人洞見主上德意，如蓍蔡而無疑，總領上"事"字來，非以敬屬事、信屬民也。節用非徒一於儉嗇，只是用所當用、裁節冗費意。愛人，凡保如子，視如傷，皆是使民，如家不過一人、歲不過三日是也。

朱子曰："相因次第始須是敬。"能敬方能信，能敬、信方能節用，能節用方能愛人，能愛人方能使民時。然有敬於己而朝更夕改，不信於人者，故敬了又須信。亦有信於人而自家奢侈，要如此廣用，則所令反所好，却有害於信，故信了又須節用。亦有儉嗇而不能愛人，如饑荒不肯賑貸，修鑿一切報罷，則節用又成落空了，故節用又須愛人。又有能愛人而妨農時者，則力本者不獲自盡，雖有愛民之心，而民不被其澤矣，故愛人又須使民時，反覆推之，方見道理周匝。

弟子章

一日之事在旦，一年之事在春，一生之事在少。少時若培養下聖人君子根種，猶恐其知誘物化，變轉下流，況父兄師長原不知教化根本，無惑乎人材不古若也。蓋人之一身非入則出，非言則行，非待人接物則燕居獨處。今無一時一事不範圍於天，則放心安得不收？德性安得不純？通章俱淺淺説。

孩提所發知竅，只是愛親敬長。今出入總不離這個，正教他接續最初一念。謹而信者，如開口家常便是話，舉足跬步便是行，須使一言一動不流於放肆，不入於欺詐也。泛，廣也。凡弟子當保其太和元氣，故教之廣愛衆人，而又必擇仁人長者與之游處，日夕親近，以薰陶之，親仁人則遠忍人，故晁錯智囊，不在太子之側。

聖人教弟子，大要在寬養其力。力者，精神血氣，乃真性之所藏也，不可令其耗散。孝、弟、謹、信，正所以養之，故力常有餘。今人惟督令記誦耳目，精神安得不耗泄？"則以"二字甚緊，猶言"即用"也。心一息偷閑，一息便放決，不令一息空過。夫童蒙進學便是讀書，如何文可後？孝弟道理終身不盡，如何行有餘？必待行之餘力而學文，文將何時可學？此須作一思量，乃能會得聖人言下意旨，蓋必有本末輕重之分，而非謂先後截然作兩段也。

孔子爲志道説游藝，爲力行者説學文，蓋必其本先立而後藝，爲養德熟仁之助。文乃孝、弟、謹、信之資，故程子謂學者須先識仁，而經義之求，乃栽培之意。正有見於此也。後世教人學問，原未落根，縱讀經書，只資口耳，無益身心，安得謂之培養？譬之草木未植於地，灌溉於何施之？故學者要在務本。

學文工夫或講求於父兄之前，即是行孝弟處。或質正於師友之内，即是行愛衆、親仁處。或考驗乎古今嘉言善行，即是行謹、信處。

賢賢章

君、親、師、友，人生四大倫所在。賢賢正是師之倫，然必以賢居先者，以好善有誠，方能行下三事。《中庸》以尊賢先親親，以遠色爲勸賢，皆是此意。子夏以文學著名，非謂躬行可以廢學，正從躬行上驗學問也。章意是確然深信之詞。

"賢"字如見之詩書，逢之交臂，所在有賢，好賢是道心，好色是人心，易色是人心盡轉爲道心用也。要看是賢賢，非徒是好賢。賢賢者，精神命脉宛然爲賢用矣。

竭力是承歡竭精力，奔走竭筋力，紹述竭才力，即至大舜，德爲聖人，皆是人力所可到處。

致身，如以身任勞，以身任怨，以身任難，即大禹八年三過，皆是忘身家處。朱子謂：如送這身子與他，憑他何如使，不專就死難説。

“信”是心如其口，行如其言，終如其始。

吾人讀聖賢書，所學何事？正此日用倫常處實作功夫。今既隨在克敦，自是他學問思辨功夫既至，理欲路分，真僞界剖，方能此等事也。不然，此篤行實踐道理，豈是不經學問人所能到乎？“雖曰”字是活語，與“雖曰不要君”同，或説他是天質之美，自然能行，不知都是學問之力。子夏正決其即此是學，非謂其真未學也。

“賢賢易色”是正心誠意功夫，“竭力”是齊家一事，“事君”“信”“友”是治國平天下一事，然必從學問中來。則“格物致知”爲最初用力之地也。

子夏所稱厚倫之學，蓋無一件可以遺得，任何其重？又無一時可以歇得，道何其遠？此即時習之學也。

威重章

厚重、忠信、擇友、改過，總是欲人固學而爲君子，四者皆學之所在，而主忠信爲要。先言威重者，以士先器識，未有輕浮淺躁而可語載道之器者。先儒云：容貌辭氣乃德之符。其外如此，其中可知，故先威儀以固此學，非重威儀也，謂學始基之也。學所重，自屬忠信，不如與過皆忠信之反也。蓋聖賢無一偏的學問，故自外究向內去，亦無獨成的道理，又從人收歸己來，其功自不可偏廢如此。若究而言之，只是一個忠信爲主，直內所以方外，爲己所以取人也。

威重乃學問實用力處，是一生人品大局段。局段具而後可與求精微，如棟梁具而後可與求堂構。爲學者須從分明有形象處把捉扶竪起來。不重就自己説，不威自人看他説。不重是放心的人，神不能馭氣，故輕躁飛揚，那得有威？那得固？故必知止，而後定靜安慮得可見。學不可不用，不曰"則學不固"，而曰"學則不固"，重便是學，非有二事。不重就是他學之不固處，莊莅工夫，正關仁守也。

不重、不威便是學不固。然君子爲固學計，不徒外貌，而在中藏，故説主忠信，忠信乃學的大源頭。忠信是心體奉爲所學之主，謂提此一念爲宗也，不是將此忠信爲主於內。常住爲主，不住爲客，忠信原是天生一個主人翁，蓋忠信爲主，而百骸盡僕從也。忠信爲主而萬事皆客感也。玩一"主"字，知養重不主於是則色莊也，交友不主於是則儌朋也，改過不主於是則飾非也。

友不如己則矜長而善不進，過若怕改則護短而惡不除，兩者皆是爲學之大累。"勿"字中是力量要勝，精神要赴，有如天道之風行雷厲，有如人心之沉船破釜。

威重如耕田，主忠信如下種，取友如灌溉，改過如芟艾。養以厚重，要有君子的威儀。存以忠信，要有君子的心地。友求日益，要有君子的朋友。過求日損，要有君子的力量。總是自修之要道。

古人學問皆是自修而後親師友，如朋來在時習之後，親仁在孝弟之後，毋友不如己在威重之後。今人都不去自修，只是專靠師友説話。

慎終章

凡君子欲挽國運世風之澆漓，必首倡以厚道。慎終追遠不專指上位者説，而在上者易於風天下。夫終時不患不哀，患不盡禮。慎終是存哀中之敬，易忙錯時心不忙錯，必誠必信，勿之有悔是也。祭遠不患不敬，患其思慕或疏。追遠是動敬中之哀，易恍惚時心不恍惚，如敬存恪著，思其笑語志意是也。此皆是一點德意真懇，故足以感動民情，自歸其本心之厚也。

"歸厚"不單指慎、追二事説，言其事終者如此，則其事在日之親可知。其事遠者如此，則其事近日之親可知。非偏在既往者説厚。是故椎牛而祭不如鷄豚之逮，親存也。夫子所謂生事盡力，死事盡思，皆在其中。

聞政章

夫子之聞政，亦不專在邦君就問。入其國觀其民風土俗，再入其朝觀其朝會聘享，俱可知政。如入蒲邑而三稱其善是也。但如此説，止在自己識見好一邊，無了感通這一段，子貢所以將德容來説。

當時夤緣之輩費多少心，曾不動邦君一盻，而夫子所至輒蒙尊禮，就使夫子不去求，却不知邦君何以與，故發此問。子貢就中拈出個"得"字來，見與之權邦君不得而操，亦自夫子操之也。

"求之與"，言夫子用世心切，或求亦所不惜耳。

"温、良、恭、儉、讓"，子貢盡[二]出個真聖像，留與天下萬世看，正見性道之溢爲文章處，正見天道不言而時物行生處，正見宗廟百官富美處，正見綏來動和發露處。五德即如天地元氣，濡之則甘雨，噓之則和風，零之爲清露，布之爲祥雲，發之爲麗日，總一團太和元氣，隨處飲人，如氣動而灰飛，候至而物變也。夫忘機可以狎鷗，至誠可以孚豚魚，況靈而人乎？故温、良、恭、儉、讓是夫子神於天下處，得聞其政是天下之神奪於夫子處。"異乎人之求"，只在夫子身上想其神妙不測，作神異之異看。

或問：邦君既爲夫子感動，却如何不授之以政？曰：夫子一時相接，不繇邦君不感動，及過後又未免爲他誘所移。常人之情，一時見正人君子，亦或傾心露膽，但轉背又依不來，所以政雖聞，而終不授之以政也。

父在章

父在觀志，看其趣向之賢、不肖也。父没觀行，看其行事之善惡也。到了三年，不改父之道，纔是不忍背親，可道他是孝了。

"三年無改"，是雖父没後，可以自專之時，猶然父在時不敢自專之志。三年只言其久，非三年之後改也。父之道就善行説，不是混言父之事。不善即非道也，改之何傷？改之正是克蓋前愆處，不是濟惡襲非，以此爲孝也。

父不能常存，而子不可忘父，此二語盡之。

禮之用章

大意言禮雖貴和，却不可因和廢禮。上節泛論道理，下節是當世之弊。禮是面貌，和是血脉，節是骨節，總而命之曰道。

禮者，彼此相交接之儀文也。和者，即交接中藹然真意之順適者也。如君臣相與交接之禮，必一德一心，都俞不隔，乃謂和。不然，縱堂陛之森嚴，不貴也。如家庭相與交接之禮，必慈孝蒸蒸無間，乃謂和。不然，縱晨昏定省，不貴也。

"先王"二字重看，所謂尊其名以警世也，非是引先王來作證。

禮原是先王所制，和之爲貴，先王制禮原如此，此先王之道所以爲美。不曰和而曰斯，乃因上節貴於和而悟禮之所以爲美。若使禮不以和爲貴，則先王之道亦不美了。小大由之，正見美而可傳意，非人必欲由禮，只緣天下事自不能外禮也。

知和是賢智半邊，人纔知和，便覺得立不如坐，坐不如箕踞，而節亡矣。“不以禮節”謂任情而行，不顧天理之安，一味和了，絕不把禮來節制之。如父子、兄弟，要大家和煦，乃至坐立前後俱不照序。又如朋友，要忘形略迹，乃至謔浪笑傲，揖遜全無，如何使得？不惟在彼不能相容，我心下自是過不去。“亦”字正與前應，言無和之禮固不可貴，無禮之和亦不可行也。承上“小大由之”，見和本可行，而此亦不可行也。“不可”字要在人心上看，覺禮的源頭終難泯滅。

伯夷、下惠皆聖人也，而世人欲學下惠者多。明道、伊川皆大儒也，而世人欲學明道者多。嗚呼！豈真欲學下惠、明道哉？不過藉下惠、明道以縱其知和而和之私耳。不知欲學下惠，先學他“不以三公易其介”。欲學明道，且學他“終日端坐如泥塑人”。

朱子曰：“禮樂必相須。”程子論敬則自然和樂，而周子亦以爲禮先而樂後。有子曰“禮之用，和爲貴”，和固不可指爲樂，然和乃樂之所緜生，真有是禮，更無不和之禮。真有是和，更無禮外之和。則“禮樂相須”之説當矣。

信近章

俱是慎動之學，交際大端，合下便要思量到無弊處。近義是語言間，心作得主，言不肯苟。近禮是致恭時，心作得主，貌不肯苟。不失親是交游時，心作得主，交游不肯苟。故動皆鮮失。人能體是三者，渾身佩一部《周易》。

慷慨然諾，近於意氣。執躬卑遜，近於長厚。傾蓋定交近於豪杰之致，皆人情所易動，不知稍不酌量，他日有許多難處。是以君子寧言之不顧，不規規於非義之信。寧身被幽屈，不徇人以非禮之恭。寧孤立無助，不失身於可賤之人。

親有二：有甘言如醴，曖容若煦，而中懷荊棘者，此外親而內疏，非其親也。有似愨似拙，而言動不苟，唯諾不輕，真樸悃篤，肝膽相孚者，此真其親也。不曰“不失親”，而曰“不失其親”，可味。因是偶然依附，或邂逅之間，或共事之際。親之久即是宗，是宗法之宗。“亦可”字言雖一時偶然，亦可爲終身宗主。如在野，則有道德之宗，七十之宗孔子。在朝則有事功之宗，十亂之宗周公。

君子章

通章三項并重，總成就一好學君子。

學問論歸宿以道爲主，論發軔以志爲先。從來多少高明之士浮慕聖賢，而鮮能學問者，無他，爲安、飽奪之也。故孔孟論學，必先從此嗜欲一關剖決得清楚，固未有一切世情澹不下而性命顧能出頭者也。是必不求安、飽，以純心向學，而後所求始專。

敏事是學問之事，聖賢擔子，千古程途，定要在此生幹辦。或講求道德，或打點身心，或維挽風俗，或拮據經濟，俱是性分、職分，一毫不容推諉。放手不得，駐足不能，安肯玩愒因循，虛抛歲月？此之謂敏事。

慎言非緘默不言，只爲世人好説過頭的話，便是決不作事的，故行所未逮者不可輕説。此是語默皆有關係，不肯信口翕張。如言不切於身心世道，不如無言。

既敏且慎言與事，豈不是道？而猶曰就、正有道者，雖其心之虛哉？亦必言與事有確然不易之宗在焉，未可以牽合而旁附之者。如曰善無常主，協於克一之謂，正以道固自有辨也。若一時識見少差，趨向不當，貽羞吾道，貽禍世道者不小。天下萬古之事，安得不與萬古有道之人共商共證？就有道不分遠近貴賤，不以其近而忽，不以其遠而遺，不以其貴而避嫌，不以其賤而難下，真如饑渴之就飲食，風雨之就居止。"就"字、"正"字要說得切。

親近有道，見其舉動、周旋、作止、語默，雖不必件件把我事去質問他，而其精神元氣自然流動，發露出來，將吾這件性命大事隨處印證，隨處返照。有道與我只此本體默契，直從心上精微處討個對同，纔是敏事真學問，好學真境界。

學自有個學，未可以不求安飽當了學。樂自有個樂，未可以疏水簞瓢當了樂。孔顏之學即孔顏之樂處，所以均稱好學。子路誦"不忮不求"以終身，是直以縕袍不恥了當一生學問，則所謂敏事、慎言、就正有道者，謂何而止一不求安飽已乎？故夫子激之曰"何足以臧"，蓋進之於好學也。

如今習舉業者一心為著功名，飲食晏安之情亦能置之不問，但為功名者得了功名，他於晏安之情、飲食之奉便依舊落在居食場中。此正如畜火之暫息者。若求道，則原以為道初間念頭，固沒功夫走在安飽上，迨夫得手，形色化為天性，視世間紛華嗜欲，自一切味如嚼蠟矣。

無諂章

只是說學問原無止足，子貢因論處貧富而悟及之，蓋可與進者，故夫子以言詩與之，非與其知詩也，與其知學也。

"可也"亦是道他好，雖已是道好，而又指出樂與好禮一重境界，所以警切子貢，默奪其自足之心，而進之益精益密之境也。樂與好禮總是心純天理，在貧見其樂，在富見其好禮耳。

夫子“未若”之説雖就處貧富一端言，而學之不可自足，類如斯切磋琢磨之詩，泛言學問正與此意同。而子貢稱引之，蓋悟得學之概不可以自足，不但處貧富一端已也。

“如切”二句，只想一步進一步意。若謂切可也，進之而復有磋。至於磋，而後知切未若磋也。琢可也，進之而復有磨，至于磨，而後知琢未若磨也。詩人所言，正是夫子這個意思。

骨角玉石，非得切磋琢磨，終不成用，止一骨角玉石而已矣。貧富之境，天蓋以之切磋琢磨乎人也，人安可不承天意而切磋琢磨以自成？

從易驕易諂處而不驕不諂，不知費多少切磋琢磨。從不驕不諂處而至樂與好禮，不知費多少切磋琢磨。由樂與好禮而進之，又不知尚費多少無窮的切磋琢磨。故嘆“其斯之謂與”。此“斯”字與“吾斯之未能信”“斯”字同，政[三]子貢悟門大闢處。玩此一語，子貢爽然見已往皆成陳迹而不可拘，又恍然見將來原無盡境而不可畫意，故夫子以爲告往知來。

告往知來不是贊揚他，是鼓舞他，一“來”字是引掖子貢妙處。若論道理，一往一來，如環無端，即乾坤姤復相乘，寒暑晝夜相禪。同一機括，故“往來”字要活看。以無驕、諂爲往，則樂與好禮爲來。樂與好禮爲往，切磋琢磨又爲來。往無窮，知來亦無窮，知其無窮，進亦無窮。

不患章

兩“知”字一樣，人知我，我知人，肝膽畢照。古來聖賢以知己而修道立業者甚多，只争個在人在己。爲學不知人，何以法戒？知人關係學術。爲政不知人，何以舉錯？知人關係世道。讀書不知人，何以褒貶？知人關係千古是非。知人豈是緩事？可見惟聖賢知聖賢，惟豪杰知豪杰。人之造詣若高我一分，我便不識得他一分，須是清心窮理，以爲照物之地。又因物反照，以爲正己之資，方能知人。

子貢方人，在人上方，患不知人，在己上知。於人上方，則費了自己工夫。於己上知，則明了自己心體。蓋吾心權度，須要先定中庸，思知人不可以不知天。夫人無定形，而天有定理，天又所以一吾心之權度者也。權度，皆天於以輕重長短乎？物莫非天者，故君子不患物之情態不可窮，而患吾之心思未歸一。鑒必空而後照，衡必平而後準，亦在乎正其本而已矣。

爲政章

《大學》齊、治、均平，爲政也，而本於格致誠正，修以德也。物格知至，意誠心正，身修如北辰居其所。家齊，一家星共。國治，一國星共。天下平，是天下星共。爲政就是新民以德，是本於明德，德明則北辰居其所，民新則衆星共之。詳言之是一部《大學》，約言之，是《爲政》一章。

朱子曰："以德不是全無作爲，只是不生事擾民。德修於己而民自感化，不見其有爲之迹耳。北辰之譬，謂其德以建極，即以縮結天下之意，是譬爲政以德，非譬民歸也。"

東南西爲日月升恒之處，而不及北。春夏秋爲禾稼秀實之期，而不及冬。北與冬乃天地藏息、萬化從出之原也，是以帝星居乎北，一陽生於冬，天體躍於南而潛於北也。人君法天爲政，只要一點元神爲之樞紐。辰與星以精氣相聯屬，君與民以精神相感召，如堯舜封山浚川，明刑弼教，舉八元，誅四凶，事事勤勞，却有個寂然不動處，是爲天道，是爲帝道。

要知爲政以德不是老氏無爲、清静、自正之説。蓋禮樂法度即古聖神治天下不可廢，即以古聖神治今日之天下，不能不詳此，所謂"爲"也。而其運於禮樂法度之外，則必有本之精神心術，根之天典民彝，以潛移默，奪乎斯民之心志耳目者，此篤恭平天下之旨也。但觀三代而上，法令疏闊，而治日益隆。三代而下，法網詳密而治不古若者何？只少古人端拱一段精神，則其德不足以建極耳。

"爲政以德"，分明說"爲"也。朱夫子恐人在迹象上妄爲，不識行所無事之旨，故說出"無爲"二字，以發夫子言外之意，不可以"無爲"入夫子言中作正旨講。

詩三百章

《爲政》章見平世不可無要領，《詩三百》章見窮經不可無要領，是約《詩》於正心之要旨，非約詩於《魯頌》之一言也。

風俗邪，先王爲政令以防之。行事邪，先王爲禮制以一之。至於思藏於微妙，非禁令法制所及，則采集詩歌，使之一唱三嘆，以興起其勸懲之念而歸於正。蓋思者，聲詩所起也。詩起於思，而還以治人之思，直向人一點靈源中激發感動，潛移默奪轉來。

以公正心讀書言，言與身世有益。以私邪心讀書言，言與身世無補。"思無邪"三字，《六經》《四書》皆然，故"毋不敬"三字是三千、三百之要。"執中"二字是《書》經五十八篇之要。"時"之一字是《易》經三百八十四爻之要。"春王正月"四字，是《春秋》二百四十二年之要。

道之以政章

凡人去惡從善，全靠這點羞惡之心，爲上者但提得百姓這點心出，則激發天下，變化齊民，人心風俗之美自爾翻然改觀。

"政"乃先王之法禁是合，下有猜疑關防之意，又却齊之以刑，則法令嚴密，民求免於刑法，亦不敢爲犯法之事。但無有耻心，若刑所不及處，便不可知。此亦非晚近易及，如唐太宗"外戶不閉，行旅不賫糧"便是。

"道之以德"，是明懸之以身法，默引之以心法，"齊之以禮"，是聖人從心精中畫出一個品式來與人看，如吉、凶、軍、賓、嘉五禮，須令他齊一如此，所謂賢者俯而就，不肖者企而及也。耻與格俱主心説，如云傾心以至於善也。非只空空羞愧，耻其背德逾禮，則必至於象德遵禮矣。此等治化，如孔子相魯，沈猶氏不敢朝飲其羊，是豈刑罰政令之所及哉？

政與禮何别？政者，官府之治，條例也。禮者，先王之教，準則也。須知政刑全爲民設，德禮不專爲民設，不然法制禁令與制度品節差不多。

道之以政，齊之以刑，爲政不以德也。民免而無耻，星共不可得矣。道德齊禮，爲政以德也。有耻且格，居其所而衆星共之也。政刑、德禮，王、霸分别在此。

吾十有五章

此是夫子一生學譜，時時進，時時舍，總是無窮妙詣。志學其實就志此矩，不逾矩，只完得一個學。若説他有始終，其實是徹頭徹尾的。若説無始終，其實又有個漸次。蓋論宗旨，劈頭就欲透會。而論得力，須經數年方有進步。此是聖人實在時習學問。

十五志學，當下便了性命，參三才而統千聖，直是一手握著，非生知者不能。生而知之者，生而知此學耳，非生知不待學也。只聖人志學與人不同，誰人十五時踏定脚跟到底，歸結志學，固即爲志矩，但"矩"字未可早拈，自是聖學進境。方志學時，合下便信得這學無了期的，故不曰志於矩，而曰志於學。言學便是無窮了，從心、不逾還是學。夫子説：我自十五時便一心向著學上思量個終身著落的所在，凡學之爲定力，學之爲定見，學之爲窮原，學之爲達化，皆自吾一心之志貫也。此時此志就有欲以矩自閑而端吾心以從之之意。若志學時非求心與矩一，豈得爲性命之學？

立不在學外，學久而固。心與理打成一片，絕無出入。覺把得定，植得起，如"先立乎其大"之"立"。若聰明忍耐不住，識力抵擋不來，稍有動搖便非立。

所學何事？凡事事物物之理必有本領處，前此非無所見，尚在想像，能立以後更加體驗，則實到此地，了了分明，不疑惑矣。曰立，尚是把定腳跟，有守的意思，不惑則更不用守，直任排難解紛而無不可。如孟子所謂不移、不淫、不屈，已是立得固了。更進之而知蔽，知陷，知離，知窮，即學術幾微之間不能爲惑是已。

一理也，在天曰命，在心曰矩。知命豈待到五十？即志學時已然。蓋不知命無以爲君子，何以定學之趨？第功夫以漸而熟，性命以漸而融耳。知非知解之知，直與天命合一，行藏卷舒默符造化，所謂學易而無大過，於此考其成也。不惑是"小德之川流"，於萬殊處看一本。知天命是"大德之敦化"，於一本處觀萬殊。曰"不惑"，從前必猶有惑。曰知命，從前必説不得知。聖人無誑語也。

學至知命，此後進步處大難分別。第從乎命者，在我猶有待也。入乎耳者，屬人則無待矣，故耳多逆而順爲難。夫耳，天官也。心，天君也。耳以神用收納衆聲，心則神明之府也。心有不順之根，則耳竅不虛，因不能順。聖人知天命後，心通太虛，相爲呼吸，汪洋活潑，更無不順之根，隨處感觸，皆與源頭心靈無礙。其順乎耳者固流通無間，即逆乎耳者亦釋然具化也。如江海然，周流活潑，清水投之固流行，濁水投之亦飄化矣。大舜隱惡揚善，若決江河，即是此意。先儒謂伯夷耳不聽惡聲，尚有個聲在。耳順則不止非禮勿聽，直是隨聽皆禮，聞一切聲響，皆如聞道一般。

耳順時，九竅百體俱順，耳順亦姑舉一隅，其入手却先從非禮勿聽始。

耳順外感而內應者神，然猶感物而後動。若心之神明不測，不待感而無不動，最易出入。非心即性，欲即矩，安得從之？欲者，心之念。矩者，心之則。唐虞所謂中成，湯所謂恒性。《詩》曰帝則，曰物則，《易》曰太極，夫子曰一，皆是此物。聖人自耳順來，矩即是心，念即是矩，念念與天合一，不求不逾而自無有逾，謂無欲可也，謂欲以天可也。所謂"毋意，毋必，毋固，毋我"者乎？所謂"不識不知，順帝之則"，動容周旋中禮者乎？蓋耳順在知一邊，無形迹者化之易。不逾矩在行一邊，有形迹者化之難。起手時必先知了方行，則化境時亦必先化了知方化行。故耳順可以想聖人之化，不逾矩可以想聖人之神矣。

自志學起，至立與不惑、知命、耳順，皆是不逾此矩。特彼時皆心從矩，至此則矩從心。欲之未萌，心涵即矩涵，渾乎一法象之天地也。欲之一起，矩運即心運，油然一天地之法象也。不曰規而曰矩者，意圓而理方，得圓之妙而仍還於方，如珠走盤，不出於盤。自初學便是規矩，到此總只是合矩，所謂恰當至善也。

通章是夫子自叙年譜，不曰某年爲委吏、乘田，某年爲中都宰，某年攝行相事，只曰某年志學，某年立，某年不惑、知命云爾，可見聖人一生只是好學徹底。總言之，志學即志不逾矩之學，即知止也。此後念念是止，息息是修，歷數年纔有進步，及到頭只了得一止。

或問：夫子既是生知安行，謂何又要用積累工夫？曰：生知如明眼人，亦必要將眼歷歷看過，方纔見得，不謂眼明便可一覽俱盡也。安行如健足人，亦必要將足步步行去，方纔到得，不謂足健便可一超直至也。夫子雖分許多階級，然不過是守與化兩步。顏子三十如有立，亦只到得守，其未達一間者，化也。孔子是繇心而從，從而不知所由。顏子是學而從，從而末繇以學。從心所欲是天機之自呈也。欲從末由，是功夫之迫赴也。要之，孔子之從心是從志學中千磨百煉而來，若放開"學"字而曰從心所欲，是縱心，非從心矣。

孟懿子章

懿子之父僖子，臨卒令懿子學禮於夫子。此因問孝而告以無違，蓋欲其無違愎學禮之遺訓也。

孝順，德也，去逆効順便是孝。夫子專抑三家，以維魯室，故從其事親之孝上寓有事君之忠意。"無違"二字直說不背於理，隱隱與後"禮"字相照。"我對曰無違"句，言孟孫倘喻無違之意，則不違得矣。倘不能喻無違之孝，無論違而失，即不違亦失矣。此恐懿子祺以從親之令爲孝也。

"禮"字自天之所秩、王之所制言，正臣子所自律以奉君父者。夫子教他循禮，實是抑他過分邊多。

當時三家視桓楹而設撥，葬禮僭矣。舞佾歌雍，祭禮僭矣。夫子此語實是警悟他。

先儒謂讀《論語》須識聖賢氣象，遽爾問孝，告以無違，未知其旨，不復發問，懿子是庸衆氣象。爲師執鞭，懿子不知問者而問之，謙恭巽順，樊遲是賢人氣象。因病而藥，誨人不倦，却又不枉道徇人，吾夫子是聖人氣象。

孟武伯章

武伯，懿子之子，本問人子之事父母，却說父母之愛子，欲其體親心也。“惟其”二字尤激切，但看父母於子，要他立身揚名，保世亢宗，所愛何止一端？然一遇有疾，便百念俱隳，只要病好。即不肖子，平素十分惱恨，到此一切難提也，割舍不下，要去看顧他。可見父母之心單單只此憂疾之念最爲吃緊。世間人子愛父母的心如何及得父母愛子的心來？諺謂“養子方知父母恩”者是也。古人不登高，不臨深，如臨淵，如履冰，皆恐傷父母之身，正恐傷父母之心。

子游章

“今之孝者”是說如今孝順的人，別樣再不提起，只是說他能養便了。此等處，通俗相沿，已成結習，若不痛與說破，何繇提醒？故以養犬馬與養父母對較，正使舉世相安不覺者，一時聞此，猛然怵惕。原是通世人論，非爲子游而發，不必曲爲回護。“至於”二字有層累而下之意，自父母外，妻妾、子女、僕役俱在内，直至於犬馬，正危言以動之也。蓋人未有忍於犬馬其親者，然幾微之間稍有忽忘，則所以視其親者或無異於犬馬而不自知。夫人子至以犬馬待父母，而己又安得稱爲人？故不可爲子即不可爲人。

人子之心無窮，只是謂能養處便是大不敬。就養之中有一段真意崇奉，視無形，聽無聲，就是夔夔齋栗之敬。

子夏章

色即根心，和順之色非可僞爲，如食之而未必愛，則其色之愉快爲難。愛之而未必真，則其色之安恬爲難。心倏在而倏不在，則其色之常凝爲難。以有觸生，以無感滅，則其色之流貫爲難。此色有不知其然而然之妙，故曰難。

孝子之有深愛者，必有和氣、愉色、婉容可見。對親的顏色最宜和順，喜時見父母，固愈增歡悦，即抑鬱惱怒時見父母，亦自回嗔作喜。此皆繇於心之深愛使然也。《記》曰："嚴威儼恪，成人之道也，非所以事親也。"嚴恪且非，況暴戾乎？可以知其難矣。服勞奉養非可廢者，但不以色將之，便不見得難，以未必根心也。父子之間分不得爾我，只説得當其有事，弟子任其勞。當其有酒食，自與父兄饌。不得將事屬父兄，酒食屬弟子。"曾是"二字，有不外此、不徒此意，所謂少不得，算不得。

吾與章

此非形容顏子之聰明，正形容顏子之不事聰明也。不違如愚，意象斂藏，正悟境之深處。不必執定言語，凡神情之間稍有相持，即是違。"私"字除進見請益，俱是此私，逐時逐處皆有，是他精神向往處。省者，夫子與他心相對照。"足發"是將向所默受於心者發揮顯見出來。淵映涵泓，有生惡可已之妙。即睟面盎背皆見之，言愚者多不能發，他倒也儘足發揮，重"足"字，有含蓄不盡意。周子曰："發聖人之蘊教，萬世無窮者，顏子也。"

顏子豈特終日如愚？即終身如愚。愚者若無若虛，毫不露王佐鋒穎，惟夫子省而知其足以發，故并許其可以"用之則行"，此真大舜"若決江河"氣象，即無知，即叩竭，是爲孔子。即如愚，即足發，是爲顏子。各非轉境。

細味此章，顏子全是一片神明用事，穆然不可及矣。蓋子淵心境與夫子不甚相遠，夫子終日言，回已遊夫子無言之天矣，有何聰明可使？伎倆可呈？議論可湊？夫子之默識在此，顏子之樂亦在此，是爲含明於靜、孕光於恬者乃能知之。陳白沙先生每教人靜中養出端倪，即此謂也。

要知終日與言之意，正予欲無言之意。譬之盧扁治病，欲人勿藥，自不容不教人用藥，是教人用藥之意正欲人勿藥之意也。

視其章

聖學，性學也，只貴真孔子。以此爲學，即以此觀人，察所安者，貴率性也，貴真也。

三“其”字好，原不以己意揣摹，只就他身上細細參驗。人各有所爲之事，必視其所爲者何在，則或是或非，功過同而異情者睹矣。

以謂善惡未明者，由謂善惡已明者，善或由於本來，或由偶中，或由夾持，或由遷改過，或由於故犯，或由於時勢之窮，或由誤聽，或由改節，必虛以觀其出何途，然後差等不爽。

“察”是察其安然而不變者。人固有能揮千金而不能不失聲於破釜，能讓千乘而不能不見色於豆羹，真情見於所忽也。詳察之而人之真情畢露矣，故察所安不皆俟其安也。卒然臨之而不驚，以君了之安徵君子之安也。即事在勉強，若得若失，不爲彌縫，吾正謂其直，以未安者示而不爲假安也。厭然揜著，小人之所不安也。若其居之不疑，小人之介於安，非小人之所爲安也。小人之安疑於君子之安，正小人之安異於君子之安也。此察法也。

以，爲也，亦用也，謂視其作爲作用也。譬如讀書豈不是爲好事？然此中又有個來由。有爲己而讀者，有爲名而讀者，有爲利而讀者，須觀其所由如何。其爲己而讀者固善矣，然或出於勉強，則有厭倦之意，故又察其所安。“視、觀、察”三句，俱當兼善惡說。若說所以不善，不必觀。由察安，則南巢、牧野、桐宮、東山俱當以迹一筆抹煞，天下後世不必復有原心論也。總是要把君子、小人都窮究出真面目來，即所以不善，亦要觀由，所由不善，亦要察安，此豈徒爲觀人計？欲人之造品率真，徹底爲善，毋謂可掩肺肝之見也。

天下後世決有視我、觀我、察我者。我之所以、所由、所安，豈可不慎？此言外意也。

温故章

故非性，性自有故，如孟子所言，“天下之言性也，則故而已矣”是也。天地間物理皆吾性中故物，故益溫則新益知，所謂德性之知非廢聞見是也。蓋聖賢之學本以德性，資以聞見，交融而成知，即此可以識溫故知新之義。

夫子爲[四]學者作一件功夫，未得透徹，便厭了，又作一件。終其身，拈一放一，有甚了期？故言溫者，如水之溫，溫，不冷不熱，乃性體中常自存，存，不即不離，如此則靈根不滅，自然心花頓開，天機常活，無窮妙悟發將出來，故可以爲師。

學問、思辨、篤行，己百己千，所謂溫故也。溫一番，嘗一番趣味，會一番消息，故曰知新。時時溫，時時知。無時不溫，無時不知。學而時習，溫故也。不亦悦乎，知新也。有朋自遠方來，可以爲師也。

君子深造之以道，欲其自得之也，是溫故。自得之，則居之安，資之深，是知新。取之左右逢其原，是可以爲師。譬如磨鏡是溫故，見光是知新，無所不照，是可以爲師。

不器章

真儒作用與俗儒不同，俗儒以才智辦天下，真儒以性命幹天下。《易》稱形而上爲道，形而下爲器。器有萬也，道一而已矣。不器即是吾道一以貫之。儒者主於經世，豈區區“智效一官，行比一鄉”之足云？而惟學問不歸一也，只憑才氣用事，故曰馳騖而不足。如其學問歸一也，純是性命用事，故常時出而不窮。蓋才智一也，而囿於器。性命一也，而不囿於器。故《記》

曰："大道不官，大德不器。"惟道德所以大乎？

一材一藝是器，即衆材衆藝也是器，不但適於一用爲器，即衆有兼用也是器。君子神明變化，初不可以器名。不器恍與無技相似，惟才能之。伎倆有限，學問之經濟無窮。君子不器，亦只是學力所到，心體保養得完完全全，一真寥寥，萬境融融，了無拘蔽，絕無限量，故能不器。

先行其言章

君子既成，便不器。欲爲君子，却須先從謹言敏行上立脚。

聖賢垂世立教，言之居功多，《六經》皆言也。惟從躬行心得說出，故聖賢之心由是而傳。夫子說，人若識得個道了，不要作言語說過，須合下便行將去，覺得自家所得的道理步步著實，然後說出來，不是杜撰憶度，大意謂只是去行。行畢竟要在先，若言，不過後來隨之語。曰"不言而躬行"，此之謂也。

君子周而章

周、比俱主待人說，然都從心之公私上分途。君子之心如日月，無物不照，非爲一人一家明也。小人之心如燈，止照一室，遠則不能及矣。君子愛天下固是周，即是愛一個人也是周。小人反是。又不止愛是周，凡用一善人於國、於天下，則一國、天下享其治。去一惡人於一鄉、一邑，則一鄉、一邑受其安，豈不是周？若小人於惡人，則喜其合己，必親愛之。善人與己異，必傷害之。此小人比而不周。

學而不思章

學多爲求修，而所乏者悟，則其修亦是盲修。思多爲求悟，而所乏者修，則其悟亦是影悟。後世或尚修，或尚悟，各聚兩家之訟，不知正宜相濟，不宜相攻。夫子早已道破。

聖人論學，猶恐人不思不得明白。聖人論思，猶恐人不學不得安穩。近世并"思""學"二字抹煞，而講不學、不思之旨，何也？

攻乎異端章

聖凡本來只有此一理，千古相傳，只有此一路。同此者謂之同得，異此者謂之異端。在端倪，細微難辨，一毫有差，千里懸隔。異端只是別一種學問，攻即此人攻之也。非異端爲倡，而另有攻之者。害不止害己，世道人心皆隨之壞。

由誨女章

子路亦非心上曉得不知而願[五]强以爲知，只是任自家意氣，見以爲知，便道是如此。自汝視之，橫直無所不通。自有識者觀，心裏何其鶻突？此是本原不曾體認，便如學而不思則罔，不知其所誤。認爲知者，皆其所蔽而不覺者矣。故教他把平日所認爲知者別擇個知、不知出來。兩"爲"字不止口中任讓，直是心裏照察。自心自認了了分明，故曰是知。

知知，知不知，是良知。知爲知，不知爲不知，是致良知。注中由此而求，是言外意，不必作正講。

孔門以博約立教，是論功夫，非論本體。學者不達，遂以聞見擇識爲知，故夫子不得已，又曰："知之爲知之，不知爲不知，是知也。"直就人一點靈明處點破"知"字，此千古聖學之原。若聞見擇識，不過致知功夫，非便以聞見擇識爲知也，故曰知之。次知其知，知其不知，是本體，"多聞，擇其善者而從之，多見而識之"是功夫。譬之鏡本明而拂拭，所以求明，非便以拂拭爲明也。以拂拭爲明，固不是謂鏡本明，不必拂拭亦不是。故聖人說出本體，正見得功夫原非義外耳。此孔門博約之教所以上符精一之傳也。

子張學干祿章

　　首言子張之學似有個干祿的念頭，亦是有意用世，所以只管在多聞多見上用功夫。夫子因病發藥，只將聞見作個引子，說君子之學但專心於言行兩端。蓋朝廷所用的人不過是言行可法之人，如使多聞多見就不管好不好，只管說出來，行出來，其中有不好的就是尤、悔也，這到是多聞多見爲累了。故聞見雖少，不得其實，靠他不得，必經一翻謹慎的心暗修收斂，庶乎缺失處有所檢點，寡尤寡悔，言行可法，祿就在其中矣。曰在中，正要抹煞他“干”字。

　　聞見豈不貴多？但少一闕疑慎餘之心，便是誇多鬥靡，華言飾行，以炫耀人知，此務外者之所爲。夫子教以爲己之學，只在一“闕”字、“慎”字上分別。闕是不敢自是之心，即告以居之不疑意也。慎是不敢苟且之心，正告以忠信篤敬意也。都在心上作功夫，一步密一步。

　　言無形而易怠，稍稍謬戾，不免人非。行有迹而易追，一事不安，獨知抱疚，此尤、悔之別。不說尤悔寡，而云“則寡尤”“則寡悔”，是謂我去寡之也，如此方見是用功，非效驗。總之，子張要求有譽，夫子只求無咎。子張之學是修天爵以要人爵，夫子之言是修其天爵而人爵從之。子張之學是有所爲而爲，夫子之言是無所爲而爲。古今人功夫都是一樣，只是主意念頭不同。玩此章，總是令人轉念，不是令人易業。

　　昔錢德洪與魏良政從陽明先生講學，其父心漁翁疑有妨舉業，先生云：不特無妨，乃大益耳。學道者於舉業，譬之治家，服食器物皆所自置，欲請客，出所有享之，日用不窮。今之爲舉業者如貧家請客，供具莫不遍借，借亦不備，客去則還，終作一竇人而已。明年，錢、魏并發解江浙，此最可玩。

哀公章

按魯事，直借民心以振君權，"舉直錯諸枉"僅五字，是旋轉世運的大機權。蓋根本之術不過視天下人望之所屬者舉而用之，使其舉錯必當於人心，則天下之人心自翕然聚於朝廷之上。此二句一正一反，是否泰兩卦。

謂之直，則必是曰是，又能匡人之是。非曰非，又能匡人之非。此等人，下面公論極歸向他，上面又却最容易怪他，故舉之難。枉的人，下面公論極鄙薄他，上面人却最容易愛他，故錯之難。舉是於衆人中舉出，加於百姓之上，凡上而獻替可否，下而聽斷曲直，俱係此輩人在。百姓利害相關，耳目交屬，故服與不服，於此攸分。錯謂安置於彼不舉，便是錯。此是君稟民意以行權，斯民歸君權而帖意。

有一小人亦足以惱人心，故曰錯諸枉。有一君子猶足以係人心，故曰錯諸直。諸葛武侯曰："親賢臣，遠小人，此先漢所以興隆。親小人，遠賢臣，此後世所以頹傾。"或本諸此。

季康子章

舉錯章是治天下大綱，敬、忠、勸是中間節目。康子病在一"使"字。夫子精神在三"則"字要抹倒一個"使"字。臨之以莊即是以敬臨之，故民敬。孝者所以事君，樹標可以作則。慈者所以使衆，因施可以得報。舉則知愛，教則知勵，實有此激勸精神，民自然鼓舞起來。

"臨之以莊"是修身得法而民服也"孝慈則忠"是齊治得法而民服也。"舉善而教不能則勸"是治平得法而民服也。

或謂孔子章

季氏逐昭公，公薨於乾候[六]。既而從季氏之役，葬於墓道南，是昭不得正其終也。昭之喪五月，定始即位，非禮也，是定不得正其始。夫子引《書》之言"孝友"者，意已特至矣。其後孔子爲司寇，卒溝昭公之城而合諸墓，則初年不仕之意可知。

《君陳》篇云："惟爾令德，孝恭惟孝，友於兄弟，克施有政。"此雖帶友言，而從孝説起，故止云"孝乎"。

或人疑夫子不爲政，夫子引《書》詞，這就是政，奚所作爲布置而後謂之爲政？苟有用我，執此以往，我豈一日忘爲政哉？《書》意是施國政，此只云施家政，是"亦"字可味。

或人原問夫子奚不爲政，不問子奚不仕。夫仕、不仕有分，爲政豈得以仕、不仕分哉？故夫子引《書》云云，見得人在天地間無一日無政，聖人無日不爲政，能悟得《論語》一書皆是聖人爲政處。倫常即是紀綱，惇睦便是經濟。君子入其家，而父母儼然在上，兄弟秩然在列，即天地民物規模。君子運其心，而一家親者無失親，一家長者無失長，即中和位育景象。

人而無信章

人之所以感通天下，全是這點真心。真心所感，大可以動天地，細可以孚豚魚。若一念瞞天瞞地，即一步也是窒的。不知其可，即不可以爲人也。嘗驗不誠實的人，雖有真心、真事、真言，人皆不敢信他是真，何處可行？

車能任重，大車比天下任大事的人，小車比天下任小事的人，輗軏是車與牛馬相接處，信是己與人相接處。車與牛馬得輗軏而交，己與人得信而交，俱縮結之物。人知車之行由於輪，不知輪之轉，有不轉者縮之。人皆知行之尚圓，孰知以信方之哉？

其何以行？無論人不信他方始窒礙難行，只就他無這實心，將把甚麼去行？"其何以行"，"以"字當有著落。

十世章

世界是有主的世界，隨他因革損益，脫不得這個"禮"字。

夫子說，子欲知來，惟以一禮定天下之經，以因革權損益之變。重損益不重"因"字。聖人言損益，正要因時制宜意。見得夏商周相傳都不能相襲，畢竟裏面文質等項要有些斡旋轉移，纔成事體。今日俗尚風氣，也須要損益一番。

有一代之君臣，必有一代之制作，豈能憑空作起？此内實有禮運相承，是禮運即世運也。當初殷繼夏，即因襲夏之禮，其中所損益，就夏時之禮看來便可曉得。周繼殷，即因襲殷之禮，其中所損益，就殷時之禮看來便可曉得。自今以後，設或有繼周的，只照周的樣子看來，雖是百世這等長久，亦可預先曉得。

將來之不可知者，世之變也，而百世可知者，以窮則變，變則通。世雖變，而不離乎常也。故昔之極重不反者即爲將來裁減之端，而其頹廢不振者即爲後所增修之處。試思今日有餘者何在，則後之所損可知，而損之不已，即復爲益之端又可知。今日不足者何在？則後之所益可知，而益之不已，即復爲損之端又可知。"其或"字含尊周意，在此章有損周之文，益夏殷之忠質意。

春秋時，諸子百家爭鳴，書籍煩興，處士橫議，人文極盛了，秦遂有抗[七]焚之禍。至漢興，除挾書律，人專一經，轉相傳授，如伏生、申公之類，文學漸次又盛矣。又如周以封建弱國，秦懲之，夷爲郡縣。及到漢，復懲秦孤立，大封同姓，卒召七國之變，後又爲分王以削弱之。以此類推，損益循環無有窮極。

繼周者，秦也。秦將先王之法一切掃除，似乎不可知。然秦雖掃除先王之法，而綱常大禮終泯滅不得，如尊君卑臣，自是有君臣之禮。父子兄弟同室内息者有禁，自是有父子兄弟之禮。但其間損益大甚，而有未當耳。聖人之説，何嘗不驗？夫子删《書》，而以《秦誓》繼帝王之後，若預識周之爲秦代明明矣[八]。

非其鬼章

此與"務民之意[九]，敬鬼神而遠之"意相合。

一是不當爲而爲，一是當爲而不爲，胸中各爲"禍福"二字所驅。非其鬼者，不是祖宗及應祀神祇，却去祭他，這是求福，爲諂媚也。明見得該作的道理，却不去作，這是怕禍，沒有勇力也。

"義"字説得闊，如植綱常、扶名義，皆是"見"字，不必太深。只此"義"在前，明明白白，彼亦曉得，如是爲義而乃不爲，故曰無勇。此緣當初秉志植操時判決得不清楚，一雜於利害，即義之分數畢竟輕，利之分數畢竟重，雖欲勇於爲義，其將能乎？

二節當以"義"字貫。君子於義之所不當爲者，寧退而守。於義之所當爲者，須進而圖。蓋守義方幽無鬼責，赴義方明無人非。

八佾章

大夫不得祖諸侯，公廟設於私家，非禮也。三家皆祖桓公而立廟，故得襲魯廟之禮樂而僭天子。自古亂臣賊子弑父弑君，其原皆生於一"忍"字。忍則安矣。"孰不可忍"，正以遏其後來方張之焰、不軌之心，不是小事皆忍之説，言外便有警動魯君預誅亂賊意。

凡人於名分所在，少有逾越，便十分過意不去。若於此忍得，則無所不爲矣。故敢忍之説較容忍意爲長，且與下面“人而不仁，如禮何”相應。

三家者章

所引《雍》詩，只提“天子”二字極重，説出詩中“相維辟公，天子穆穆”二句，使他自己回想。

就舞佾景象，聳動他怵惕之心。就歌詩語句，挑醒他羞惡之心。兩下都不把名分與他較，全從心苗隱微中鉤剔。

人而不仁章

“不仁”即上忍心人，若本來之良心存而不失，則所作爲自有序而能和。序便是禮，和便是樂。若無這點本心，空有那周旋百拜，鏗鏘鼓舞，許多勞攘，當不得禮樂。

《樂書》曰：五常以仁爲首，六藝以禮樂爲先。仁者禮樂之質，禮樂者仁之文。周官掌禮樂以春官，明禮樂以仁而立，所謂善制者，其本立而後其文行也。

問禮章

“本”字不出上面“仁”字，玩“與其”字、“寧”字，乃就中較量而本自見。禮是統言，喪是禮中一事。簣桴土鼓，禮本自檢〔一〇〕，哀痛慘怛，禮本自戚。從人心之節齊處可以生禮之文采，從人心之惻怛處可以生喪之儀度，此儉、戚之所以爲本也。《記》曰：“祭，與其敬不足而禮有餘也，不若禮不足而敬有餘也。喪，與其哀不足而禮有餘也，不若禮不足而哀有餘也。”禮有本有末，本末合宜便是禮之中正。

夷狄章

此非是進夷狄，乃深痛諸夏，正不甘以中國比夷狄意。"有""亡"二字只就心言，謂爲君者威福不在己，固失其所以爲君。爲臣者自作威福，又不以其君爲君。"亡"字下不必添出"君"字來，正不忍顯言意。

旅泰山章

《禮》曰："五岳視三公，四瀆視諸侯。"視者，視其牲器之數。旅者，因事而告，非常祭也。以大夫旅泰山，精神意氣已與山靈不相接。夫子説：天地間神人所共喻者，只是一個理，這理人且有曉得的，何況於聰明正直之神？

玩一"救"字，如季氏中腹心之病，須冉有發苦口之藥以救。季氏蹈顛危之地，須冉有竭扶持之力以救。季氏犯莫赦之條，須冉有尋出脱之法以救。蓋季氏舞佾歌《雍》，其不畏君審矣，而惓惓於泰山之旅，則其心猶知畏鬼神也。即以鬼神之靈爽、不歆非類、不饗淫祀者惕之，未有不爽然自沮者，此不救之救也。雖然，亂臣賊子既不能懼之以王朝之賞罰，又不能懼之以《春秋》之是非，而徒借鬼神之靈爽以惕之，豈聖人之得已哉？

君子章

既是君子，他道理分明，涵養純粹，度量寬弘，期許遠大，方欲與造化爭功能，與聖賢爭品格，與道統爭純漓，與世運民生爭理亂，何暇與眼前人較量長短得失？"爭"之一字，不但到不好處害事，就是好處，或勤勞社稷而有爭功兢能之意，便壞了多少功業。或講明道理而有爭執己見之思，便壞了多少學術。皆足以亂天下，故克讓自是美事。君子之心如太虛然，任萬物入而皆化矣，不聞太虛與萬物爭也，非特不欲爭，自無所爭。曹真予先生曰：“夢裏分明玉帝旁，騎龍駕虎任翺翔。回頭世界些兒大，不是爭蛙是怒螿。”馮少墟先生曰：“方將與物同休戚，何暇共人爭是非？”

“君子無所爭”，何以見得？“必也射乎”，射之時容易爭，君子還只是“揖讓而升，下而飲”，故曰“其爭也君子”，要在爭之中顯出個君子來。見再三揖讓，略不動一毫意氣，便爭也是個君子。射只是偶拈爭之一事，凡一功〔一〕名場利藪皆是。但存此揖讓之心，處處是射，人人是君子。

“揖讓”二字貫下言，揖讓而升，揖讓而下，揖讓而飲也。射禮每三人爲一耦，將射時出位一揖，及階，行至階下各一揖，共三揖，然後升堂，是揖讓而升也。於是發矢以射，射畢一揖而下堂復位，是揖讓而下也。衆耦都射畢，勝者與不勝者又照前三揖升堂，不勝者自取酒立飲示罰，是揖讓而飲也。凡飲酒，賓主勸酬，必拜以送爵。今不勝者自飲，而無送爵勸飲之意，以是爲罰也。或謂“下而飲”是下堂而飲，又云離去射位而飲，皆非是。

或曰：“君子既無所爭，任與辨非歟？”不知從軀殼上起念，即不任不辨亦爭也。不從軀殼上起念，即辨與任，爲天下也，爲萬世也，亦非爭也。

巧笑章

巧笑、美目就是素，倩、盼就是絢。巧笑、美目上自然生出倩、盼來，素就當得絢了，此詩人之意如此。子夏謂天地間一素足矣，又何必幷言絢乎？多一“爲”字，子夏之疑在此。夫子曰：素、絢之不能相無者，勢也。但繪事不得不後於素總，絢特爲素後之加飾耳。加一"爲"字在中，便有假於人事，故以繪事釋之，言素之後一層事也，非粉地之説。

禮後説，繁文縟節之中，自有所以先者，不必説出忠信字。

陶元亮詩曰："聞多素心人，樂與數晨夕。"素之爲禮，真禮也。禮可爲而素不可爲，故曰禮後。"可與言《詩》"，正有合於黜浮崇雅之旨。

夏禮章

此非是思二代文獻，是欲藉二代文獻以救周末浮文濫觴之極。杞乃夏之後，武王封東樓公之國也。至是以小而入於夷，禮無存矣。宋是小國，乃殷之後，武王封微子於此也。至是時雖伯而流於弱，禮無傳矣。夫子欲借文獻爲證，好指點出國初美意與人看。

夫子兩曰"吾能言之"，見吾言即文獻也。如求足徵乎？則吾之所言能徵之矣。此夫子言外意也，不必作正講。

禘自章

"灌"是一獻二獻之禮，"既灌"尚是始事。夫子劈頭便不欲觀，不得添未灌以前等語，是説行禘者不可觀，不説禘不足觀。蓋既灌而往，以所灌者周公之神也，周公在天之神果爲此灌而降否？

魯太廟祀公特典攸重，蓋公於王則師，以尊親則叔父，存而負扆行天子之事，没而崇天子之禮樂。古人權不離經，往往如此。故公之功與舜禹之在唐虞時，不傳子則禪而帝，傳子則繼而王，禘無疑於公矣。公之體與杞、宋之賓王家并，杞以禘祀禹，宋以禘祀湯，公無疑禘矣。但禘公可，自後迄莊以禘不可。故禘於莊，《春秋》所以書。五年而僭雩，僭佾，僭徹，漸移於下，大非周公之初，所以一則不欲觀，一則不忍知。見周之子孫日失其序，不能以周公之心爲心，不能以周公成文武之德、以孝治天下之心爲心，非仁孝誠敬之至，不足以與此，原未必苛求成王之賜、伯禽之受也。程、朱所論，爲萬世臣子之防，不可不責備前人，實與夫子心事互相發明，兩言以斷之曰：成王之賜，隆禮勸功，一時君臣之權，夫子之不觀、不知，每事問名器，不假萬世君臣之經。

大祫者何？合祭也。其合祭奈何？毀廟之主陳於太祖，未毀廟之主皆升、合食於太祖是也。三年一祫，五年一禘，禘所以異於祫者，毀廟之主陳於太祖，與祫同。未毀廟之主則各就其廟而祭也。

或問章

“不知也”三字要斟酌。蓋未立始祖之廟而行於五年，其必有所當立者。推始祖之出而配以始祖，其必有所當推者。“知其說者”三句，隱然有明王之思乎？說與天下見關於天下的事，惟有天下者明之，惟有天下者行之耳。何以治天下如示諸斯之易？曰：名分正則上下定。指其掌，只是分明見得而難於說破，不忍明言，即“吾不欲觀”之意。

祭如章

《祭義》云：“入室，僾然必有見乎其位。周還出戶，肅然必有聞乎其容聲。出戶而聽，愾然必有聞乎其嘆息之聲。”可見古人祭祀真如身親見之，不像今人只擺列些嘎飯，拜幾拜便是。須想他如不祭時，精神一何凝聚。

聖人只是不諂媚鬼神，并未嘗說天下無有鬼神，并未嘗不敬鬼神。

王孫賈章

時人要覬福，故媚。聖人只不要獲罪，故不媚。如理當爲而不爲，則棄天。如理不當爲而爲，則褻天。皆獲罪於天也。不説天降罪無所禱，而説獲罪於天無所禱，是不在感應上論天，而在心之是非上論天。從媚奥、媚竈説來，則此天明指上帝，爲萬靈之尊，宰福善禍淫之柄者也。《論語》言天始於此章。凡《六經》《四書》，都是聖人不獲罪於天處。張夫子《西銘》一篇，可作此章注疏。

《禮記·月令》：孟春祀户，孟夏祀竈，中央祀中霤，孟秋祀門，孟冬祀行。凡祭五祀，皆先設主而祭於本所，然後迎尸而祭於奥。如祀竈，則設主於竈徑，祭畢而設饌於奥，以迎尸也。可見奥雖有常尊，而非祭之主。竈當夏時而用事，故以喻權臣之焰如此。

周監章

重首句，"從周"正是從周初先進之文，非從周末之文也。從來聖人不能違氣運，周承二代後，斟酌會通，以成一代之治，故説郁郁，即周初文質彬彬之文。此句是贊其經制大備，猶贊堯曰"焕乎其文章"云爾，不得執此謂周尚文也。譬之花，成周以前如蕊而未吐，或吐而未開。成周時如花正開，鮮妍奪目。周末則凋殘滿地，不復可言花矣。"從周"之説，此即憲章文武意。

子入章

夫子當時自覺少此一問不得。夫子每事問，正欲使人知廟祀之禮至重，每事不可一毫苟且，不容一毫假借。夫子以己之問爲是禮，隱然以魯人之所舉爲非禮。

入廟問禮，正聖心自然不容已處。如見孺子而怵惕，睹親骸而顙泚之類。此正象山所謂“墟墓興哀宗廟欽，斯人千古不磨心”。古先王有此一念，所以制出許多禮文。孔子問禮，即古聖當日制禮最初之一念，先王得其原，遂昌其流。聖人睹其流，遂觸其原。或人烏足以知之？

《記》云“入境問禁，入國問俗”，敬其君也。“入門問諱”，敬其主也。可見入廟問禮，豈不是敬？豈不是禮？但“敬”字乃所以然處，非口氣中正語。孔子在宗廟便便言，於此可見。

射不主章

上人所爲天下，遂因以爲主，此章“主”字“爲”字，“古之道”句，自上人以此道立教言，蓋力定於天，不可強而同。德修於人，則可學而至。先王不以不可同強天下，正欲以其所可學者示天下。藏武於不武，養天下和平之福者，正於一射寓其意。不主皮非限定，不貫革只不限定。要貫革，但取巧足破的、德足比禮而已。夫較射乃性情發越之際也，而即以不尚力爲閒情止性之方。古人作一事，便寓一深意，夫子所以嘆息之。

主世教者，德力異尚，即王伯分途之機，即一射以傷世道之不古，不專以射言。

子貢章

通是嘆息古禮之亡，閒居寄慨如此。子貢曰：“禮已亡矣，不如去之。”夫子曰：“禮雖亡矣，何忍去之？”子貢是一時有激之詞，聖人是萬世無窮之慮。

告朔有三重焉：尊正朔，重天子也。告太廟，重祖考也。修月令之政，重民事也。煞有關係。餼羊是生牲也，備而未殺時，君子告廟則殺而用之，故曰特羊。子貢見魯國供了餼羊，不行告朔，要去那告朔的餼羊。夫子說羊以寄禮，去之則其羊也，留之則其禮也。"其"字可味。

餼羊猶供，正魯君臣未敢顯然蔑視典禮處，夫子便從此一綫維持。

或有曰：不要看得一羊爲小費，既供之自民，其間圉牧之耗，輸納之勞，胥吏之賄，至不可言。即今北地供馬一匹，價值幾何？常至破人家産。往時南都輸絹不過十餘匹，乃經縣内庫分外誅求，守候數月，至稱貸以償，安見曩時無此賠累？況魯國正當虛耗之日，於此搜剔一番，亦是節用之一道。聖賢所見雖大小不同，而無非爲國，此亦一見，附之。

事君章

禮自有個準則，夫子事君盡禮，非自賢以駭俗、内交以媚君也，不過畏天、畏大人之心如此，而人以爲諂，此人何人？獨非事君者乎？夫子非是明心，仍是明禮。

定公章

夫子對定公，是《易》之泰卦，上下只是一個精神，在上爲禮，在下爲忠，心心相入，所謂泰交也。以禮，是大臣優以禮意，群臣周以禮度，强臣御以禮法。以忠，是進言則以忠告，任事則以忠勇，臨難則以忠貞。

關雎章

《關雎》爲《詩》之首，樂之亂，其言樂止於鐘鼓琴瑟，言哀止於展轉反側，便是得性情之正，故夫子美之。不淫、不傷雖就《詩》說，却是說宫人之性情正，則后妃可知。后妃之性情正，則文王可知。惟聖主有肅離之令範，故閨門有哀樂之正情。蓋君后初嬪，正關陰陽慘舒之運，而陰陽慘舒氣色每於宮人性情上得之。文王聖德涵濡於宮閨，宮之人於后妃初嬪時不覺自露其哀樂之情，之而發皆中節。中節爲和，和爲達道，即此可達於國都四境，開王化之端。夫子稱之之意在此，非止説《詩》説樂。

問社章

魯有二社。周社，天子大社也。亳社，商社也。哀四年亳社災，哀公因此有惕焉而問，則一語之發，豈不有係於社稷之興廢乎？宰我乃反爲妄對，故夫子責之。

夏都安邑，宜松，松猶容也，想見其容貌而事之。殷都亳，宜柏，柏猶迫也，親而不遠。周都豐鎬，宜栗，栗猶戰栗，敬謹貌，使人望其木而起敬，即如過墟墓興哀，入朝廟思敬意。

振弱之道在修德，不在修刑，而扶魯之策在威臣，不在威民。

"成事"三句，解者紛紛，如謂宰我言已出，不可復救，則夫子已説矣，諫矣，咎矣，況"諫"字乃臣子尊君父的字樣，師豈可加之弟子？如謂三家事，勢已成既往，則舞佾，歌《雍》，旅泰山，伐顓臾諸事皆懇懇説之，諫之，咎之，又安得止宰我之説，而不爲維持宗國之計乎？看來哀公此問僅是好機括，宰我正該把敬天爲民、奠安社稷大道理、大經濟乘此時陳説一番，規諫一番，咎正一番，今却止以"使民戰栗"之言了事，豈知天下惟"成事不説，遂事不諫，既往不咎"？此問社時非成事，非遂事，非既往，而何不説之、諫之、咎之也？總是聖賢皆欲維魯，但宰我意氣矯激，夫子用意懇惻，慮事更周到耳。

成是事已作成，遂是雖未成，決定要作的，既往則已作過頭。

管仲章

人品、學術、事功，當作三項看。惟聖賢，人品即是學術，其事功亦是學術。其餘，品高者自還他品高，學正者自還他學正，功大者自還他功大，不可一途而斷也。若管仲，原不知學，即論品，孟子鄙之不爲，而孔子何嘗不曰其器小？若論功，孔子稱之爲仁，而孟子何嘗不曰不勞而霸？孔、孟之去取無不同也。學者但當於學術上作究竟，若果足孔、孟宗旨，人品、事功一以貫之，區區伯者之佐，烏足置齒煩間也？

“管仲之器小哉”一語，是千古相天下定案。君子不器，神無方而易無體，神功寂若，過眼浮雲，有何聲色功勳可受驅遣？只因管子功名發根不在性地上，便爲功名所用。揚子雲說：“大器猶規矩準繩。”還是功名之見。

“器小”是管仲定評，未嘗有所指。或人求其說而不得，而以卜兩項解之，夫子隨問隨答，非用以解“器小”也。仲即儉，即知禮，無解於器小，而況三歸備，官、塞門、反坫，不幾濫且逼乎？究竟使器大者，必不如是。

“器小”是責其本，不指他的伯功。仲的功業儘好，惜其不明於《大學》之道，不能正身修德，以致主於王道，而爲富強之計。局量無幾，到底不是大受的人，蓋緣他只在功利上走，所以設施不過如此。

劉向《説苑》有曰：“桓公立仲父，致大夫曰：‘善吾者入門而右，不善吾者入門而左。’有中門而立者，桓公問焉，對曰：‘管子之智，可謀天下，其强可與取天下。君恃其信乎？内政委焉，外事斷焉。民而歸之[一二]，是亦可奪也。’桓公曰：‘善’。乃謂管仲：‘政則卒歸於子矣。政之所不及，惟子是匡。’管仲故筑三歸之臺，以自傷於民。”厚齋馮氏曰：“以歸民之左右與中，故曰三歸。”

“儉”還似器小，不儉則多顧大體而能知禮，知禮則不器小矣。此或人意也。

天子外屏，諸侯内屏，大夫以簾，士以帷塞門，是邦君尊己之禮。反坫是邦君尊賓之禮。

奢而犯禮，是他裏面著不得些小功業，便驚天動地，所以肆然犯禮。

子語章

玩一“其”字，還是勉太師以知樂，而因舉優柔平中之妙，寓於節奏間者示之，俱與人心相通翕合也。天地之氣，不翕聚則不發散。元、亨、利、貞四德，如環樂之妙，通於天地四時，皆自然而然。若始作時突爾發揚，成何節奏？細玩“翕如”二字，想見元氣沖融絪縕之妙，無浮散不攝之病。

“純如”所謂八音克諧，“皦如”所謂無相奪倫，“繹如”所謂始終相生是也。此是夫子具有個大成在胸中，故能描寫出這光景。“以成”乃眾妙具備，與“終”字有別。

儀封人章

封人請見，非徒慕其德容之盛，其不忘天下之心必有與夫子相感者，故求見誠切如此。自古聖賢現身，各是有爲，封人却於千古聖人局面之外看出夫子一番出世因緣，真具天眼。君子之至於斯二語，非叙平日而求自通也，猶言閱人多矣，言外便有物色英雄之意。天下無道，言斯民聾聵已久，故使夫子振揚文教也。天生夫子原是爲道，天厄夫子原是爲世。道在夫子，天意在夫子，從者不識，封人識之。“木鐸”一語，叫明天，叫明道，叫明萬世。

"木鐸"是借字，"將"字是"殆將"之將，非"將來"之將。治世者以權用道，師世者以道用權。勞來匡直，木鐸於唐虞。庠序學校，木鐸於商周。東西南北，木鐸於當時。刪定贊修，木鐸於萬古。此皆天也。特孔子之天遠，孔子之天隱。

得位設教，不久失位，還就際遇上論耳。封人"木鐸"一語，實在千萬世提聾振聵，點破天心，不在有位無位也。當日諸賢侍夫子，或疑爲迂，或疑不如子貢。得封人言，便如雷鳴天下。

老子出關，令尹喜識之。夫子至儀，封人識之。頗相類。然一道紫氣何如太和元氣流行四時？道德五千言，喜僅得之爲文始真經，何如《六經》刪述、木鐸萬世？

子謂章

此章只論樂，非評舜、武也。兩"謂"字，神游兩朝，喟然升降。

唐虞交會之間，正太和文明之日，而舜躬逢其盛。商周改革之際，又餘氣未殄之時，而武適遭其窮。蓋五帝之時如夏，三王之時如秋，風氣真有不同，不徒在功德之間。今只將《舜典》一篇與《太誓》諸篇，一一描寫出來，便見《韶》《武》之分。

舜君道，故《蕭韶》九成，從黄鐘起調。武王雖順天應人，終是不敢以君道自居，故從伐紂之歲月而以蕤賓起調，美而未盡善，乃不自諱之心，非聖人不能也。

舜、武安民之功一，故樂皆盡美。而性反之德有異，時又有幸不幸，故盡善不同。若不見得性反之德不同處，豈所謂聞樂知德者乎？或問："武之不幸，舜當之，不知如何。"朱夫子曰："想舜德盛而人自歸，或不必征伐耳。不然，事到頭也住不得。"

居上章

　　寬如造物，雖寒暑迭運，生殺互施，而生生之意常爲主，非廢弛姑息之謂也。凡居上者，下邊無數人倚靠著他，必要人人包得在我度內方好。不寬是無含容之心，不敬是無謹飭之心，不哀是無仁孝之心。根本俱亡，把甚麼去觀他？

里仁章

　　仁之不可不處也，即以擇里言之，但是仁便好。蓋借卜里以明人當處仁意。習俗移人，一人仁不若一家仁，一家仁不若一里仁。一里仁只是厚俗，即十室之忠信，三代之遺直，《呂藍田約》所謂"德業相勸，過失相規，禮儀相交，患難相恤"是也。里仁何以爲美？所見無非善事，所聞無非善言，所交無非善人，自家有多少便宜在。如處身不在此里，即是處心在仁外。要知人心去住之迹，即此心危微之關，世境、心境原相關係。

不仁者章

　　人心中有一團生趣，約不能移，樂不能淫者，即仁也。約在收斂一邊，凡事不得舒展。樂在暢快一邊，凡事都得如意。不止說貧富。不仁者寸心無主，便長被境緣顛倒，故久約久樂都成煩惱。不可久處者，心下挨不過日子也。不仁的人，暫時收斂還好忍耐，日子長久，便覺十分束縛、鬱悶難堪。如今沒學識的人，要他衣食節省些，人情世故體面上好看的事少作些，他定道沒光采，沒意味，難以度日了。又使暫時適意，非不快樂，日子長久，厭飫起來，番覺苦惱。如今富貴的人博弈飲酒及諸戲耍的事件件去作，由他中無自得，故尋此許多閒事打諢過去。及至興盡意索，還更淒然，總是日長難遣，無聊之故耳。不可以久處約，自然多出事來。不可以長處樂，自然尋出惱來。

不仁者既不可以久處約、長處樂，然則何境可處？曰：失其本心，隨在都是苦境。只有仁之一境，約也安然，樂也安然。惜不仁者不肯向此境進一步耳。何如遽可以仁？曰知者利仁，乃其從人之階。

惟仁者章

仁者心中無一點私意，與太虛一般，妍媸好醜，各以其物付之，而我無心焉。此要看惟仁者三字。仁者以天下爲一體，見人有好處，就如自身有盛飾一般愛護他。見人有不好處，就如自身有垢穢一般嫌憎他。真是心裏割不下，手裏止不住，痛癢相關，自不容已。故仁人在下，好惡而是非不爽。在上，好惡而償罰不爽。在古今，好惡而褒貶不爽。一好一惡，而天下萬世之公論以定矣。

苟志於仁章

此是提宗學問，以一念言，欲之即至非易也。以全體言，終身不盡非難也。一志仁便無惡，若存養之熟，豈但無惡？大抵邪魔作祟，皆繇於主人翁神不守舍。若人精神竪起，歸并天理一路，則滿腔子都是仁，人欲自然參不入來。

一體仁便一了百當，此聖人極直截學問。聖人立言如明醫立方，有先扶理元氣而病痛自除者，志仁無惡是也。有先除病痛而後扶理元氣者，克己復禮是也。隨方皆可入道，不可信一說而排一說。

富與貴章

聖賢無不近人情的學問，但平日於義命處勘得清楚，故臨時於境界上決得爽快。通章只是一個不違仁，而所謂不違者，只不處、不去，一念到底而已。

世人口未嘗不説仁，心未嘗不欲仁，只一到富貴貧賤關頭，便不覺墮落，終日憧憧往來，無非欲、惡兩念。於此大段分明，不處、不去，剖決得下，操存得定，直至無終食之間違仁，雖造次、顛沛亦必於是，無欲無惡之心惺惺不放，此之謂君子。

欲富貴、惡貧賤者世人，不處、不去者君子，是從人情中認取天理來，嚼然無欲，淡然無惡，處此即仁也。

去、處只是忻厭心。不處也、不去也，二"也"字或斷而決，或沈而含。斷而決者無復想頭，沈而含者別有遠會。

不處、不去，則君子之名成矣。顧君子所以成名，不在不處、不去之日也，蓋無時無處而不存仁焉。去仁所爭極細，苟存淡然不染之心，即日處富貴中，亦是存仁。苟有紛然未定之想，即日在貧賤中，亦是去仁。

無終食違仁，現成説。凡人存心養性，只消一息間斷，便終身間斷。能一息無間，便無間終身。此是緝熙法，是時習法。無欲無惡，綿綿若存。既斷凡情，亦絶道念，是之爲仁。

富貴貧賤是人一生歷履，造次、顛沛是富貴貧賤中遭遇境界，此正指其易違仁處。若造次、顛沛中有一毫自便的意思，即欲心未化。有一毫自免的意思，即惡心未化，即是違仁。兩"必於是"皆著力之辭，如服膺弗失意，正不要説作自然。蓋惟君子時時提醒，此是生平常用功夫上不去、不處，乃臨境更加簡點耳。

我未見章

好仁、惡不仁，在自心理欲上説[一三]，不是別人善惡上説，與《大學》"誠意章"參看，總是欲人用力於仁。要看三個"我未見"，是反覆慨嘆以醒人也。好仁、惡不仁就是仁，能好能惡就是力，好無以尚，惡不使加，就是力之足。

無以尚，不使加，只平平説言好是這等好，惡是這等惡，世曾有如此人否？是寫出好仁、惡不仁的樣子與人看，不可説此地位難到。"不使"二字是防之密，杜之嚴，驅之速，斷之預。不是在染後説緣他裏面有個真物在，即上面"無以尚之"之好也。若好仁之念纔虧欠一分，不仁即乘那虧欠處加矣。

試看"無以"與"不使"四字是何等力量！一日以前，不消有所積累，有所因緣，只一日振奮起手，便欲仁而仁至，志至而氣至矣。

惺惺心體曰仁，鬱勃凝聚曰力，鼓舞不能自禁即爲用，當其鼓舞，覺此生意滿腔，便是足。

"我未之見"與"我未見力不足者"有別，言人必常用力，然後可驗其足不足。今人概未嘗用力於仁，則此用之而不足者，我固未之見也。

人之過章

世人只知仁者無過，有過決非仁者，中間冤枉了多少君子。人之有過，豈可一概看他？試原其心，或一時偶誤，或不出本心，或時勢兩難，委曲完心，其過處正其仁處。若一概以過棄，則古人不告而娶，東山破斧，何以解也？

各於其黨，自人之心術上分出來，各有黨類，便見君子之過不同於小人處。就好一邊説，此"觀"字是打破世情，撥開俗議，以心體心，始可以剖忠臣、孝子、節婦、義士沈淪受屈之冤。

朝聞道章

此甚言道不可不急聞，非止謂道不可不聞。人能保得幾個朝夕？今日不聞道，曰待明日。明日不聞道，曰待後日。忽然朝夕之間，死期至矣，卒欲聞道，又可得乎？可見一朝所關最大，聞道是用力之久，一旦豁然貫通，苟無平日積累之勤，必無一朝穎悟之妙。味"可矣"二字，見人若聞道，生可也，死亦可也。若不聞道，不但生不得，即死也死不得。聞道者一朝千古，不聞道者百年醉夢，非齊生死之説。

總見死有未了之事者，即未可以死。此章嘆聞道言朝夕，嘆逝者言晝夜，令人有惜陰之想。

如何謂之聞道？聖門若回之所立卓爾，曾之能唯一貫，其次若子貢之晚年得聞性道，乃謂之聞，總是個"不亦悦乎"。如何可以聞道？必如竭才、博約、三省、忠恕、多學而返一貫，方可以聞道。然總是個"學而時習之"。

嘗觀人之形氣，不能隨神同去同來，則神又豈隨形氣同生同死？若是真正覺性，則千古以前、千古以後直可通爲一息。所以人的身子在世上有生有死，多不過百年。這覺性無始無終，再無有窮盡。

士志章

世間人不但衣食，外面一切受用的物事，種種要好，只有自家一個身與心却不要好。若待得外面好時，自家身心却已先不好了。此無志於道者類，然無足責已。先輩有言，只一個"耻惡衣食"的念頭，古今斷送了多少豪杰。窮而有此耻，安能不忮不求而無用不臧？達而有此耻，便爲患得患失而無所不至。自古人品之高，事業之偉者，胥自不求温飽中來。即從來聖賢處貧困者甚多，亦未見有凍餒而死者。然落得個作聖賢，爲天地間第一等人，豈不由立志？耻惡衣惡食，只是心上有慚色便是。只因今人於世情撇不下，面皮挨不過，故高慕聖賢，希心道德，及日用不緊要處，忽然露出本情。在世人未必視爲大故，而夫子却十分看壞他，蓋根器不清，承受無地，故謂未足與議，亦不是説敝衣蔬食便足議也。須看一"耻"字"未足"之言，却不道煞，俟其足與議而後與之議，其在戰勝而肥之際乎？若士能掃空俗緣，并心一路，豈終作門外漢？

君子章

此君子精義之學，"之於天下"説得最開廣，隨著將他身子放在那裏。"適"如適路之適，意之所之也。"莫"是凝滯而不行也。適、莫既忘，義將安在？曰：虚中無我，天理森然。義原不自外來，義之所在，當止而止，當行而行，廓然太公，物來順應，天機自動，天則自存，此纔是君子真境界。

"比"義是虚其心以觀理之變，而據那事之理以酌於吾之心，故君子之於天下，直是虚心與天下相感應。《易》曰："無思也，無爲也，寂然不動，感而遂通天下之故。"正是如此。

無適、無莫是未發之中，義之與比是中節之和，專講無適、無莫，抹煞"義"字，是二氏之學[一四]。

懷德章

"德"是本體，"懷"是功夫，有抱而不脱之意。只徑寸之殊，而人品天壤矣。懷德是涵養其德意，體驗其德行，精神凝聚，安於善也。懷刑直作刑罰看，是不敢爲不善。懷土是時時想得田地宫室。懷惠是時時想人榮寵恩澤。

懷德則念念欲全秉彝，便有居無求安意。懷土則溺於晏安，雖至喪德弗顧矣。懷刑，惟恐稍有註誤，以掛吏議，豈肯自處食饗？懷惠則惟利是圖，雖有刑罰，不知畏避矣。不言利而言惠者，懷土求己之安，懷惠覬人之與也。如小人愛之以德[一五]，反不喜歡，只與他小便宜便好。

放於利章

見得思義，便有個隄防拘束著。今放縱於利而行，凡有便宜所在都要占盡，不肯顧別人，故曰多怨。語曰："千手所指，不疾而死。"其嚴乎？

禮讓章

天下不平，只是人人好爭。爭之不已，釀成一片殺機。若要救之，惟一"禮"字。若要行禮，更須本一"讓"字。此是孔子兩字經濟。《中庸》九經都是禮，所以行之者一是讓。

讓即是和真正節文，便是太和元氣。能以禮讓爲國，其初是慮以下人，其終是篤恭而天下平。

不能以禮讓爲國，是以驕亢之心行遜讓之禮，其奈此禮何？

不患章

君子以經世爲心，名位亦何可少？所以不當患的緣故全在下二句，蓋位不是得作官便了。作官時，政事民物待理於我，若沒識見，沒把柄，則前後左右徬徨無措，毀譽利害皆能動搖，如何立得脚跟定？惟患所以立，則得位固可展布，不得位亦自有可用之實，無位何足患也？"己知"不只是曉得我便了，既知時，必要試驗我好處，若沒學問，沒才能，將甚麼與他知？反不若人不知時，還可暗修漸造，求爲可知，則人知固可自見，即人不知，其可知之具自在，"莫己知"何足患也？

"所以立"自經綸所從出者言，即隱居以求其志，不惟可以澹貪慕之思，并可以療空疏之病。"求爲可知"不是可以致人之知，是可以當人之知，求則不爲去羶逐之想，并以治枯槁之習。

曹真予先生曰："科名到手，種種責任在身。君王如天，兆民如嬰，國事如毛，小人如鬼。衆口如酷吏，青史如地獄，豐績宏聲，談何容易？"可見君子患所以立，但觀由、求、赤富强禮樂固所以立，曾點之童冠咏游亦所以立。夫子不取彼取此，益見"所以立"不待得位而後求也。

參乎章

"一貫"是夫子直指本體渾成的話，或指心，或指理，俱是也。但夫子口中正不要説破，待他將自己所得處印證。

未感之時，此中空洞，一以涵貫之精，有感之際，此中流行，一以妙貫之用。"一"字不看作"一件"之"一"，乃"合一"之"一"也，即一元渾淪之意。所以一則無間隔，便貫通了，只把下文"忠恕"來理會，便可得一。不曰"以一貫之"而曰"一以貫之"，妙在"一"，不在"以"字也。"一"在這裏，憑恁千變萬化，自然貫通。若是有九分兒鼇九毫天理，只有一毫人欲，便不是一，便不能貫。須是十分天理，無一毫人欲，方謂之一，方到處貫通。○太極便是一到得生兩儀時，這太極便貫兩儀中；生四象時，這太極便貫四象中；生八卦時，這太極便貫八卦中。

曾子平日用了盡心推心之功，一聞一貫之語，便悟得向者之盡心而推心者，即此一以貫之之心也。聖人是無心，曾子是無私心。無私心，即可以漸到無心矣。

未"唯"之前，見一事是一個理，既唯後，千萬個只是一理。

"忠"字原解"一"字，"恕"字原解"貫"字，此孔門定説也。而近儒每説忠恕之心一也，便可貫通，則混矣。

曾子當日實實於"忠恕"上切證一貫，不得談空。如格致誠正，修忠而求其一也。齊、治、均平，恕而求其貫也。夫子將一部《大學》作"一貫"二字醒曾子。曾子既醒，隨將"忠恕"二字解《大學》十傳。

聖如孔子，其學只是一貫，究其所以一貫處，只是忠恕。遍天下人誰無此心？果盡心至無可盡處，推心至無可推處，不患不到一貫田地。

堯舜之執中，文王之敬止，顏子之博約，孟子之深造逢原，周濂溪之主靜，李延平之觀未發，二程之主敬，文清公之復性，陽明先生之致良知，皆可貫得。總之平日在此著力，則證悟時亦即在此得力。

喻義章

"喻"是親嘗其中滋味，"義""利"二字，以迹言，則貪富貴爲利，安貧賤爲義，偷生爲利，舍生爲義，易知也。如以心言，則有似義而實利，有似利而實義，難知也。惟君子之心光明正大，其於義，見得委曲透徹，故自樂爲。小人之心機變已熟，巧詐時生，或陽予而陰取，或始避而終趨，或以失而爲得，或因此而圖彼。其於利，亦是曲折纖悉都理會得，故深好之。此直在道心、人心之介分得幾來，即如同論一事，君子開口只向是非可否上酌量個道理，小人開口便向得失利害處計較個便宜，彼固沉溺而不自知耳。

君子何以懷德而懷刑？喻義故也。小人何爲懷土與懷惠？喻利故也。人而喻義，爲學便是真儒，居官便是名臣。人而喻利，爲學便是俗士，居官便是民賊。途徑判然，一毫掩藏不得。昔朱夫子延象山先生於白鹿洞，同發此章，一時聽者泣下。可見義利之界，急須回頭自勘。

思齊章

學問觸處，皆可反求思、省，是我性靈作主，賢不賢皆吾資。然須未見時先有個爲善去惡之志，方能思、省，總是"克念作聖、罔念作狂"意。又有個"擇之惟精、守之惟一"意。此工夫於日用間可用，即誦讀間亦可用。

幾諫章

始終只是一個幾諫，然須理會"事父母"三字。幾諫固是下氣怡色，柔聲以諫，然要知乘間而導是幾，委曲轉移、不令人知是幾。《易》曰："幾者，動之微。"此是審幾最微，識幾最預，防幾最密，迎幾最捷處，全在精神感格，不待形迹之著也。惟諫於微處，故父母不從，亦默窺其志向，不待徵色發聲方知。又敬者，服勞奉養愈益小心，不敢違背著他。凡諫人的過，若破面争執，便再難挽回。故須把過失放下，委曲別作道理，只依依膝下，無幾微惱怒，著親如所謂負罪引慝是也〔一六〕。古者"三諫而不聽，則號泣以隨之"，正是此意。即父母怒，不悦而加我以不堪，亦只是順從，再没有懟怨。如此，則一味敬順，并那諫都不留其迹矣。但看大舜，遇著父母頑嚚，他何曾有一句説父母不是？只是祇載見瞽瞍，夔夔齊栗。這是又敬不違，即使之完廩、浚井，只慕著父母，這是勞而不怨。而瞽瞍亦允若，畢竟被舜感化了。這正是善用幾諫的樣子。

父母在章

依依親側，孺子初心當思，所以不欲遠游者，是甚麽念頭？所以爲曲體親心者，其道安在？不然，雖終日與親周旋，究竟何益？游，如問道經商，皆得自由者。仕宦即德命於君，然古人多有因養親而乞郡，其爲就近可知。

朱夫子十四歲喪父，韋齋先生事母盡孝，所以發明此章，曲盡孝子之心。杜詩曰：“頗覺良工心獨苦”〔一七〕，信哉。又古詩曰：“休辭客路三千遠，須念人生七十稀。”即此章之旨。

父母之年章

人當中年以後，日衰一日。數年不見，偶一見之，頓覺大異於昔日，而家中之人日逐相見，全然不覺。人子於此用心密察，則精神血氣必覺有潛移默換而不同者，方謂之知。既知之，便見昔日何以相催，今日何以相聚，異日又何以相挽。光景逼前而神魂欲絕，不可說懼來日之不久，恐非人子所忍言也。古者菽水承歡，斑衣舞彩，不以三公換一日之養，意蓋如此。

人子知父母之年，一喜一懼，肯遠游不告其方，而使父母日夕心不安乎？又肯不幾諫，使父母不爲君子，而得罪於清議乎？總是孝子愛親無已之心。

不出章

此躬是學者生平一大肩任處，躬之求逮是生平一大操修處，不逮之耻是生平一大憤激處。以此躬爲千古難竟之局，以此耻爲一生莫什之憤，原只在躬上作，不在言上作。“躬”字内添不得“行”字，“逮”字下不得貼“言”字。不曰行而曰躬行，猶待作出後躬，則當下便在口說。顏、閔躬類，由、賜自覺内愧不勝。凡講論道學，評品人物，口頭說得好聽而身子未必能作，都是可耻處。

以約章

“以約”是操得其要，收拾此心，歸并一路，精神照顧得來，失處自少。約即闕疑殆、慎言行之意。"鮮矣"即寡尤而寡悔也。

老氏曰："治人事天莫如嗇。"簡緣省事，其失自少，此另是一理。

欲訥章

看一"欲"字，是以心操言行靜躁之防，以心司言行闔闢之關，不是論功夫，乃是論主意，總重在行上。若訥言不敏行，便是個畏首畏尾縮頭漢，故下一"而"字作轉語。

德不孤章

德不孤何以必有鄰？曰：至誠而不動者，未之有也。吾人精神聚處，即天下豪杰之精神所共往來處。

有一鄉之德，一鄉之鄰應之。有一國之德，一國之鄰應之。有天下之德，天下之鄰應之。有萬世之德，萬世之鄰應之。德不一，鄰亦不一。

初間奮起立德，豈得不孤？到成德處，自是不孤，但觀善與人同之。舜所居成聚成邑，孔子誨人不倦，而三千、七十依依不舍者，其大機誠在我也，此即德之所以有鄰意。

事君數章

事君交友，須要精神去感格，又或須乘機投入。"數"字所該自廣，凡語言之瑣屑，體文之煩瀆，請乞之多端，小節之責備，皆在其中。大凡處君臣、朋友與父子、兄弟不同。禮有不得不拘，嫌有不得不避，情有可用而不可深，事有可知而不可與。若一味見得臣忠只管盡情施將去，不顧我不當與人不可堪，此便是數。亦不但言語間也。《記》曰：君子不盡人之情，不竭人之歡，以全交也[一八]，正此意。疏、辱不説到君、友上，至於數，則彼己之間已無一毫餘味，徑路逼窄，已且無站脚處，安能使人回轉其勢，亦不得不出於疏、辱矣。

數只是没要緊處瑣屑，若所關在宗社之大，即反覆言之，亦不得謂之數。

公冶長章

兩節只平平説聖人舉事只就當體，初無異意。"縲絏"三句，似分疏往事之無辜。"邦有道"三句，似逆料後來之無禍。皆是述生平之善。

"可妻"是論其素行，"縲絏"非罪，因曾有此一段被累事，而非自取，復爲替他分解，不是以非其罪爲可妻之實也。君子有隱微之過於暗室屋漏中者，其心愧耻，若撻於市，不幸而遇無妄之灾，則受之而無惡也。南容免禍亂世，亦免夫由己致之者耳。

南容未見不廢處，然其謹飭處決能自合於清穆之朝。又云：士君子能不廢於明廷易，不廢於屋漏難。

非其罪，雖在縲絏之中，仍是免於刑戮。若能免於刑戮，即在縲絏之中，猶然非其罪也。然則縲絏不足爲傷，而刑戮又所宜免，聖人之權衡人也，何如哉？學者省此，可得立身法。

一是迹染而衷白，一是世亂而身治，取長在形迹之外，取容在繩墨之内。其子、兄子皆親親也，公冶、南容皆賢賢也。

黄勉齊曰[一九]："觀書最怕氣不平。"且如"公冶長"一章。謝上蔡則謂"聖人擇婿驚人如此"，楊龜山則謂"聖人所求於人者薄，可免於刑戮而不累其家，皆可妻也"。上蔡，氣高者也。龜山，氣弱者也。故所見各別如此。要之，隨文平看，正見聖人無意、必、固、我處，順其自然，付以當然，父子之親、師生之義、齊家之妙，胥此焉在。

子賤章

此章全是喜子賤之成德，末二句反覆嘆之。子賤當夫子卒時，年止二十四，夫以子賤之年，如此涵養，如此造位，居然君子了。要知子賤能取多賢是正意，不然雖有君子，其如人之不親何？取是心上挹取其精華，必有自爲君子之志方能取，必有不自以爲君子之志方能取，故以衆君子爲一君子之藉，而因以一君子收衆君子之總。

子賤治單父，所父事者三人，兄事者五人，友事者十二人，皆是他能親賢取益處。

女器也章

説個“女器”，直已許子貢爲有用。瑚璉不作實説，亦不作喻，與宗廟百官美富相似。言子貢之器殆列於清廟明堂，爲貴重華美之器耳。爲先代之法物，則迥别於時流。爲神明之嘉賞，非侈觀於日用。

子貢之器，固不如君子之不器，而子賤之君子，亦未便是不器之君子。蓋原有全體之君子，有一節之君子，子貢人品畢竟在子賤上。

雍也章

佞何以不可用也？蓋用以養德則心漓，用以率人則風澆。以佞人而談文學，則古人之是非混淆。以佞人而操政柄，則朝家之賞罰顛倒。屢憎正見佞無所用也。禦是談鋒交熾，此往彼來，如禦敵然。給是給付，言不由衷，只賭口頭答應[二〇]。“人”字説得闊，不獨君子憎之，常人雖以佞爲賢，然屈於其辨者憎之，直道未泯者憎之，久而覺其非者憎之，蓋能服人口，不能服人心也。

子使章

此是見性之學，亦是經世之學。聖賢相證，要在實際尋求，何得高談玄妙？今人都謂開見理不明，未足治人，是夫子之使誤矣。不知學問稍稍有成，苟存心於天下國家，於人必有所濟，此夫子使開意也。學問未大成，而此理未徹未悟，雖澤被生民，皆分外也，此開辭夫子意也。二意互相發。"斯"字與"逝者如斯夫"、"其斯之謂與""斯"字同，即所謂心也，理也。信只是心上過去得，彼悠悠仕路，幾何人升沉於其中，誰能自按其本心若此？而開必從心上討分曉，此即是堯舜猶病、文王望道未見、夫子何有於我的心腸。故夫子悅之以此。

學士家往往說經綸匡濟之略講之，未豫夫天下事紛紜雜出，呼吸萬變，有可以成說應之者乎？明道先生之言曰：伊尹之耕於野，傅說之築於巖，天下之事非一一而學之，天下之賢才非人人而知之也，明其在我者而已。蓋在我之理一而已矣。平時既在心性上用功，則出仕時亦必是心性上作用。斯之未信，即出仕而建功立業，不過試之而已。試得著，成了些事。試不著，壞了事也不定。此以人國僥幸者如此。若斯之既信，將宇宙事業已有本原大段在胸中，即不仕，而大人體用已備矣。可見行藏無二理，出處無二學。開之求信乎斯者，固非慕仕進而豫爲之地也，實非遺仕進而自成其高也，彼蓋已窺其大本大原，而一徹乎合一之理，故欲究竟之，正究竟其所以仕者也。然則點以樂天對知爾之問，夫子信當與之。開以信斯承使仕之命，夫子信當悅之。故曰：曾點、漆雕開已見大意。不然，幾何不視處者爲潔身，出者爲狗世？而聖賢體用合一之學荒矣。陳白沙先生曰："入道以疑爲階級，疑無窮，信亦無窮。日進無疆，地位亦不同。"

道不行章

道既不行，舉世顛連失所，救之不能，坐視不忍，故以熱腸發爲冷語。其云仲由之從者，正以子路素從周流，能於此裁度而知我意耳。聞之而喜，又非夫子意矣。好勇以急流勇退言，若夫子濟世的念頭，如何放得下？不知春秋這等世界，全靠得夫子一個人支持，若果然去浮海了，便是不識時勢？何不取吾意而裁度之？看是可喜可悲。

夫子欲浮海，子路以爲可也。夫子說他無所取材，則似乎明浮海未可。夫子欲居夷，或人以爲未可也。夫子不說何陋之有，則似乎明居夷可。噫！夫子固無可無不可，但或人不可與深言，賢人則不可無裁。

孟武伯章

由、求、赤在聖門，雖俱以求仁爲宗，但他工夫、日月、至焉未能遽定，故俱答以不知。蓋天下有仁人，有才人。得仁人而用之，固可大仁乎天下。隨才人而器使，亦可補救於當時。湊合將來，便庶績咸熙而仁覆天下矣。惜乎！當事者不解其意。

爲宰兼邑長、家臣二意。邑長主治人者，家臣主治事者。

三子但可稱魯之三良，未便稱聖門之三仁。夫子不遽許仁，進三子也。各許其才，救當時也。於此見聖人救世一片熱腸，亦出言時不思而得。

子貢章

學者少負聰明，便將人不看在眼裏，一味勝心浮氣籠罩人上，如何見得自己短處可有進步？今子貢一較量間，把平時勝心浮氣冰消霧釋，隨畫出顏子與己影象。此自悟語，亦實踐語，故夫子許之，進之。

子貢一向於多識上用功，到此直下撥醒本體，靈明自露。聞一知十，無對之知也，了悟也。聞一知二，有對之知也，影悟也。不過借來擬見地圓缺之象，非真有十件、兩件也。從心體透出，即是一貫。從知見推測，便是億中。此是大悟小悟之別。夫子説：女謂弗如也，吾正與女弗如也。蓋聞見之知轉念可證德性，而多識之學反觀何難一貫？“與”字是激勵，不止稱許。

知十、知二，子貢之較量果不差，夫子亦與其説之不差。“吾與女”句，正欲其從所以多寡處作究竟。儻反而思曰：“聞一也，回何以能知十？賜何以只知二？”將翻然悟平日億中之爲非，信顏子屢空之爲是矣，何一之不通於十哉？夫子以此爲訓，而猶有任聰明意見爲揣摩者，何也？

宰予章

晝寢或亦偶然，然我輩爲學當終日乾乾，直至清明在躬，志氣如神，通乎晝夜而知，那得容此昏氣？

人之精神，振奮則日新，頹惰則朽敝。人之志氣，清明則靈通，污濁則蔽塞。故有朽木、糞土之喻，不可圬是粉飾不得，便作廢物看。古人曰：“若比於草木，草有靈芝木有椿。若比於糞土，糞滋五穀土養人，世間無比物，難比不學人。”

宰予平日所言，或能以勤學自許者，故復更端爲聽言觀行之説。“子曰”二字息而復起，更轉一法以責之，語氣是做宰予，勿因予一人波及一世，不可説今昔人情之變如此，是吾於今人，不是今吾於人了。

剛者章

剛與勇異，勇是作用之發抒，剛乃本體之堅定。剛有不屈之義，有割斷之義。不屈者體割斷者，用人若心體如此，便是不淫、不移、不屈的體段，乃可羽翼道統，擔荷乾坤，夫子所以思見。慾者，心之所欲。凡富貴、功名、情欲、嗜好，人貪著他，便被他牽得鼻去，壓得頭底，中無所主，焉得剛？

剛者天德，惟無慾者能之。神龍惟有慾，是以人得而制之，亦得而食之。聖人無欲，故天下萬物不能易也。如夫子之所謂"強哉矯"，孟子所謂"浩然之氣"，曾子所謂"自反而縮"，皆是。

凡事功、節義從意氣而出者，剛而不剛。蠖伏龍潛，恬心性而定者，不剛而剛。

我不欲章

己所不欲，勿施於人，此是能近取譬、爲仁之方，若我所不欲人加於我之事，我亦不欲加諸人。渾然與物同體，分明是順應氣象。夫子説：爾期許意思儘好，試以身體之，能到此地位否？

生便是恕，熟便是仁。勉強是恕，自然是仁。自有分別。

文章章

文章，凡一身威儀、文辭皆是。二十篇所記夫子言行，都是夫子之文章所以然，處是性道。文章與性道雖是一貫，然豈無源流本末之分？既有源流本末之分，自有源流本末之見，聞之自有難有易。此子貢悟後語。

性與道，夫子亦常舉以示人，但寓於文章之中，而超於文章之表。學者都作文章，會了未能達天知性，故曰不可得而聞，言須要心悟始得。

性與天道而曰言，非即夫子之文章乎？天無言而時物行生，非即天道之文章乎？從文章上見性，從性上見天道，夫子之教無顯晦，學者之心有迷悟。

子貢向以言語觀聖人，故只靠著夫子口頭説聽來，而疑之曰有隱，曰不言何述，及悟後，乃知夫子橫口所言無非性，橫身所履無非天，而不僅作文章觀也。故曰子貢晚年得聞性道。程伯子見道分明，故其言曰：“灑掃應對便是形而上者，理無大小故也。”

夫子贊堯之則天，曰成功、文章。子貢贊夫子，曰文章可得而聞，性與天道不可得而聞。堯在位，故云成功。夫子無位，故止云文章。

子路章

大凡人作事，不是有個念頭逼迫，將來作得決不猛烈。子路聞斯行之，就是唯恐有聞之念頭逼迫，即欲停駐不得。惟有是恐，則一刻停駐即是一刻寢閣，那得不努力向前？蓋欲餘其行以俟聞，不欲餘其聞以俟行也。如云時尚有待而心不容少待，力有可赴而神若不能赴，方是子路心事。

孔文子章

文乃文雅之意，若挾其資望，不親學問，便是俗吏。夫子説：文子他事，吾亦不得而知。惟其如此，是以稱文。“文”字不必合道，只彬彬博雅便是。

《謚法》言文者六，經緯天地曰文，道德博聞曰文，勤學好問曰文，慈惠愛民曰文，愍民惠禮曰文，錫民爵位曰文，而文子勤學好問，其一也。

子産章

此是千秋相道，非獨公孫定案。大率取人於三代之上，當求其全。取人於三代之下，當取其節。行己却是根本，春秋大夫只緣此處有虧，故作出事業不能光明俊偉。子產惟此處服得人，故事上使下，得行其志。蓋以君子之志待其身，自能以君子之道事其君。體此恭敬之心施于民，故能以君子之道養且使之也

四"其"字當玩，有指以爲道意，却像數不盡他好處。他生平行事，如勿毀鄉校之類，謂善者師而不善者改，何等謙己下人？這是行己之恭。歷事兩朝，外有晉楚侵凌，内有强家僭逼，他周旋其間，真可謂鞠躬盡瘁。這是事君之敬。觀輿人所誦，如教子弟，殖田疇，民皆安居樂業。這是養民之惠。因鄭俗淫奢，如楮衣冠，伍田疇，使之截然有制。這是使民之義。這四件是卑己尊君，恩施猛濟，故曰有君子之道四焉。

事上不敬，則行己之恭爲虛文。使民不義，則養民之惠爲姑息。然必行己恭，則事上之敬非容悦。必養民惠，則使民之義非猛厲。

子產從政一年，輿人誦之曰："取我衣冠而楮之，取我田疇而伍之，孰殺子產，吾其與之。"及三年，又誦之曰："我有子弟，子產誨之。我有田疇，子產殖之。子產而死，誰其嗣之？"

每嘆子產、晏子、蘧伯玉，當孔子之世而未及孔子之門，以從事此學，遂使後世祇稱爲列國之良大夫，而不得列於聖門之賢弟子，良可惜也。使其能屈己受業，其所至豈在顏、冉下哉？

晏平仲章

交以敬，見非植黨。敬以久見，非敗類。此可以作同寅之想，爲國家賴，夫子所以善之。恒人之交，歲月深而肝腸交淺。晏子之交，形骸狎而精神愈肅。此即《豫》之六二，介石，貞吉，正志而能守者也夫！何孔子在齊八年，而不善與孔子交也？

居蔡章

"居蔡"是作虛器。古者天子有元龜，諸侯有守龜，大夫家不藏龜。文仲爲大夫，持身謀國，不能自決行止，而乃聽於冥冥之龜，心之明覺自然者安在？

刻山以象龜之靜，盡藻以象龜之潔〔二一〕。此句只帶言，大約藏龜就是，不智不在此句上論。

令尹章

聖門學在求仁，諸弟子僉欲識仁，故援人品之高者以證之，以爲其行若是，是可以爲仁矣。此學旨所關，聖人不得不嚴。

人固有資性，學力之近一善、偏一長者〔二二〕，要只算是獨行之士。若仁，則心之德而天之理也。自非至誠盡性，通貫全體，如天地一元之氣，化育流行，無少間息，不足以名之。如子文一心爲國，全不把官爵放在念頭上，是忠的了。文子一心避亂，全不把利祿放在念頭上，是清的了。但仁須在心體純全，不徒在制行之高。吾未知其全體渾全何如，而焉得以事迹信其仁？

忠、清如箕子、比干，一是不忍民社之淪亡，一是不忍父子兄弟之悖戾，便可即忠、清信他仁體無虧，故與其仁。如子文、文子，止聞此一事好，未必全體無私。若謂心迹，安勉之分亦不必泥。但觀其喜慍去就之際甚是脫然，要難以勉強坐之，即忠、清果出自然，亦不過成其爲忠、清耳，安見便可承當此仁也？昔孔子攝相事，有喜色。孟子去齊，有不豫色。箕子佯狂而不去。又何故豈反出子文、文子下乎？正須此處較看，蓋爵祿心宜淡，則憂喜貴忘。而爲天下心不宜淡，則憂喜又不必忘。君子去就論其大者。文子爲世卿，不討賊而出奔，視佯狂之戀戀宗國，何其忍也！而子文不以力去挽楚之僭王，亦與正名不仕者霄壤矣。夫子不許二子之仁，疑或在此。若果是仁，則雖有憂有樂，不去父母之邦，其仁固自在耳。

子文當楚子僭王猾夏之時，當爲遠隱之清，而不當爲忠。文子當齊君見殺之時，當爲定難之忠，而不當爲清。夫子所不許其仁者，意當涵此。

仁者必忠必清，而忠、清不可以爲仁。猶時者亦任亦和，而任、和不可言時。何者？一全體，一一節也。據一節，豈不亦自徹底？論全體，何能渾身性命？仁者無心爲忠而無不忠，忠者但可言忠而未可言仁，此孔門學旨也。孔子渾身是個仁體，所以觸處皆仁。他人此學不明，只就資性一邊作去，故但可清、可忠、可果、可藝，而皆未可語仁。

季文子章

夫子不與文子同時，兹聞往事而斷之，非許文子也。

"三思"非三次，只反覆思之不已也。再思只要恰好，凡事有恰好道理，思到此處便止。極力思索，反有過當處。不思不得，多思多惑，所以酌之於再。

凡道理所在，思之弗得弗措，須多遍思量。若如周公之思兼，即百計可也。若如《中庸》之思誠，即千慮可也。"再"云乎哉，"三"云乎哉，第謂之行，則日用所行之事，一日之間紛至沓來，必取三思，則狐疑不斷，反致叢挫。

甯武子章

晉文公伐衛，衛成公出奔楚，使元咺奉叔武以受盟。或訴元咺於衛侯曰："立叔武矣。"其子角從公，公使殺之，咺不廢命。晉人復衛侯，叔武將沐，聞君至，喜，捉髮走出，前驅射而殺之。元咺出奔晉。衛侯與元咺訟，衛侯不勝，殺士榮，刖鍼莊子，謂甯俞忠而免之。執衛侯，歸於京師，置諸深室。甯武職納橐饘焉。晉侯使醫衍酖衛侯，甯俞貨醫，使薄其酖，不死。魯僖公爲之請，納玉於王，與晉侯，乃釋衛侯。當時武子稍露一般，必爲晉人所忌，如何肯容我與君周旋？今從君於難，至於士榮殺，鍼莊子刖，而武子獨不被害，又至於納橐饘，貨醫衍，晉人終不爲疑，則其機權之妙必有深自晦藏者。故説人不可及。

知非無事可見之，知武子處有道，自有一番經濟，明白用事，故曰可及。至無道時，不避艱險，苦心忠節，便是人難及處。

邦無道，爲臣者患不能愚，恐君父危急之秋，成敗心太明，利鈍心太明，則趨避亦太明。非諉其事於不可爲，坐視危亡而不救，則若任若不任，爲首鼠觀望而已。誰肯把國家大利害擔在自己身上，以全副精神盡用之君父，周旋幹濟，無所不至，如武子之捍衛其君於險難之際者乎？宛濮之盟，行者無保其力，居者無懼其罪，便是武子行狀，只是一片精神作到底。

在陳章

此是爲道不行於天下，而欲傳之吾黨，謂斯世雖莫用，而吾黨自足千古也。"狂簡"是二人，不是狂則必簡之説。簡即狷也，狂狷不爲塵情世故鬱積其靈襟而破碎吾本體，故光明俊偉，自能成章。如勇真成一個勇，藝真成一個藝，真成一個道理。

"狂簡"何以能成章？因天下人騎兩頭馬的甚多，如讀書者又要營利，出家者又要吟詩，逃禪者又要作官，七上八落，不成片段。惟狂簡的心體，更無卑瑣夾雜，便已成了個大片段，故謂之成章。不知所以裁，是不知以中正之道自裁。就狂簡身上説，聖人裁之之意在言外。

不念章

不念舊惡，原無實錄，止就他心境上摹出。怨是用希，又就他不念處摹出。蓋人知夷、齊是極冷的面貌，不知却是極熱的心腸。何也？他都要人人作聖賢方歡喜。徐筆峒先生曰："儻紂轉而成湯、武丁也，二人決不北海。儻周轉而唐、虞也，二人決不西山。"

微生高章

世人於大利大害處，再不肯爲周旋[二三]，偏是沒要緊所在。於人不必益，於己不必損，如乞醯之類者，最會搪抹人。此只是陪奉世情套子，而世反以爲美。事在卑卑隨俗者不足道，素以直名，如微生高而亦爲此，便可詫異。蓋就其極沒要緊處，亦自與生平大節解説不去，以冷語點破世情之難脱也。不必因此一節，就把高生平都説壞。

高的念頭只是要周旋他人，不肯以此小物而虛人之求耳。但著一點造作，便害直道，故夫子謹其微而著之。

證父攘羊直矣，而不直。稱君知禮不直矣，而直直之。義微矣哉！乞鄰予人，豈得與巧言匿怨并譏？然著了一分料理便失了一分真。體三代之行，只是任是非之理，不著意思於其間耳。孔子作《春秋》，誰毁誰譽，果有一毫意思於其間哉？

巧言章

此章叙在"微生"之後，最有意。若微生高之心久而滋長，周旋世路，便作出這般巧、令的事出來。巧、令、足恭，諂人也。其可耻者，卑賤而已。匿怨外交，姦人也。其爲險譎尤可耻，彼皆不自耻，故夫子以耻心叫醒他。

世衰意薄，漸喜軟熟而惡剛方，巧、令等，舉世道他是謙
德。匿怨者，舉世道他是厚道。其實他心裏一樣，外面又是一
樣，便是鄉愿之起根發腳處。夫子從其隱微難對人處打動之，所
以防人心耳。

交友有怨，即宜明白說破，可解則解，不可解則告絕。匿怨
友人，是上之不能爲達人之兩忘，無聖賢氣，次之不能爲壯夫之
一擊，無豪俠氣。

左丘明，傳《春秋》者也。夫子，作《春秋》者也。《春
秋》有誅心之法，此二項皆是外面迹好，而誅其心則深可恥，正
以見邪態疊出於小人，而正氣共扶於君子。

顏淵章

聖賢只一個無我，不可看作聖賢。位分各異，要識得聖賢氣
味相投。常人於自家身上，即一絲一粟，便要犯著"吝"字。
即寸善片長，便要犯著"驕"字。常人放不下，聖賢直是放得
下，故車裘共敝，施伐都無。常人於別人身上一切疾痛疴癢，如
秦越相遇，放得下，聖賢直是放不下，故老安、友信、少懷，乃
知分量所至。言之逼真如此。

世人待朋友只是不交財便好，若些小利害相涉，未免頭紅面
赤，傷了和氣，乃至車馬輕裘與朋友共敝之而絕無動念，此其氣
概何等灑落？車、裘亦是借一二物來以見志，蓋謂天下之物皆身
外，皆當以是心麾之。天下之人皆分內，皆當以是心聯之也。

"善"是自家所有之善，"勞"是自家作出來的功。他心上
直見得性分內理，職分內事，無窮無盡，故無念不消化。蓋克去
己私，但有一善，矜伐之根又從此起，故無伐、無施即若無若
虛意。

安、信、懷，據眼前說亦得，即通天下說亦得。朋友是等輩

的人，老者是上一等人，少者是下一等人，三者足以該盡天下之人。老、少、朋友原有安之、信之、懷之之理，夫子欲其皆安、皆信、皆懷。"安之"是德性培養而優游太和，非止身安已也。"信之"是淳麗不散而還歸天真，非止然諾已也。"懷之"是嬉游各適，如入父母之抱，非止感戴已也。此處見匹夫之堯舜，日用之天地。用則行而施，濟在天下不見滿。舍則藏而立，達在一腔不見虧。

聖門只是求仁，故物則不吝，德則不矜，皆是仁者心腸。但孔子之心如化工付物而己不勞，隨處分量圓滿，更不必希冀於將來，亦未嘗欠缺於眼下，視二子所言何如？若必舉天下之老少朋友，各得其所而後謂之仁。則又所謂堯舜猶病者。蓋仁不在事功上求也。程子曰：人能把這一個身公共放在天地萬物中一般看，有甚妨礙？故曰：子路求仁，顏子不違仁，孔子安仁。有子路之志，世中之渣滓化。顏子之志，道中之渣滓化。夫子之志如天地於萬物，一元默運而物各得其所，無渣滓之可言也。

使聖門師弟際其時，夫子是個天覆地載之主，顏淵是個斷斷休休的賢相，而子路爲大方伯，以拊綏天下之飢寒勞悴，豈不成極治世界？惜乎生不逢時，而徒使唐虞氣象僅見洙泗一堂之上。

已矣乎章

訟必起於兩相争，兩相争必起於見人之過而不見己之過。若內自訟，則真見己之過，或生於情，或生於識，或生於習。清夜自照，洞見原委，不克不已。訟者如冤家相見，不放他躲避。如老吏斷獄，務求推勘到底。又如執法去奸，必欲根株盡去。此全在一念獨知處，默默追求，以圖改善，於作聖何難？所以其人難見。

十室章

聖門實學只從實地上作功夫，人只樸實無偽，自有作聖賢的根基。忠信謂之質，對學而言，則質地也，自是天生篤實粹美的，與他處不同。《易》曰："忠信所以進德。"則"忠信"便是學，何以又須好學？蓋這點忠信的心不去操練他，不過是個不扯虛頭的老實漢，終不聞道。若去操練他到至誠田地，便可盡性而參贊，而學正所以操練之也。或單提此念，不令放下，或以聞見觸發，務令擴充，皆所以爲學。聖人即以忠信之心去學，所以見得古今道理皆與本真相會，不惟可保存忠信於不失，亦可擴充變化於無窮，但其學須知與記誦詞章不同。

夫子爲天下萬古一人，而天下萬古人不得如夫子者，非是有生之初不如，乃是有生之後不如。若論有生之初，夫子此忠信，十室之人必有此忠信，只是有生之後不肯如夫子一樣好學，所以讓夫子爲天下萬古一人，而天下萬古不得如也。試觀聖門弟子，聰明才辨不爲不多，而傳學得宗竟屬質魯之人，甚哉！忠信之質之美也。美質易得，至道難聞，學之至則可以爲聖人，不學則不免爲鄉人而已。可不勉哉？

雍也章

通主"簡"字，"敬"其原也。"南面"即下臨民之意〔二四〕，謂可出仕而臨民也。"可"字內須含下設施之有度、操存之有要、得居上的體統意。

仲弓見得南面之許，想是許己之簡，如伯子這等疎曠的人，竊恐荒寧之習亦托之臥理，故就此一質之，而夫子云個"可"字，謂清淨無爲較煩苛多事者差勝。

"可使"句就含"居敬"一邊，"可也，簡。"就含"居簡"

一邊。伯子有脱離世故之想，無提醒本源之意，便屬不敬。

千古聖修王道，不外"敬"字，敬者，奉持而不敢失也。凡内外身心作用，無一毫可忽，真是戰兢惕厲，翼翼小心，所以簡之可行。"居"即《書》之"安汝止""安"字，即"居其所""居"字。居敬者，看此外邊一切皆我心性所寄，此心無處不到，遇忙能閒，遇煩能約，愈密匝愈清净。人但見其疎網闊目，不知其空閒處俱是精神流注處也。

行簡亦不是擇重大事作，其餘細小的不問。蓋周官法度極爲詳密，不論大小，只論該行舉事中乎肯綮，合乎機宜。或用人分治而我不勞，或相時度勢而民不拂。無三令五申、朝更夕改之擾，便恰如無事一般。只看如今用心作官的，堂上肅清，一日發落許多事件，聲色不動。不用心作官的，衙門囂鬧，文書填積，件件打發不開。即此可見煩簡之辨。總之居敬是所其無逸，心下精明，敬處原不敢慢事，行時更不去多事，只居敬便容易行簡，非謂居敬即是行簡也。"不亦可乎"，是既無煩苛之擾，亦無叢挫之失。此節"可"字，正應轉前面"可"字。居簡者，自己原只要省事，及至行時，又不立一法，不創一制，一味與民休息，此亦不是偷安怠荒者，正如後世用黄老之術而治尚清静，然於帝王經世之法有間，終不免疎失，故以爲太簡耳。

薛敬軒先生曰："敬則卓然，敬則光明。敬該動静，坐端嚴敬也，隨事點簡敬謹，亦敬也。敬兼内外，容貌端莊，敬也，心地湛然純一，亦敬也。"胡敬齋先生曰："端莊整肅是敬之入頭處，提撕喚醒是敬之接續處，主一無適，湛然純一，是敬之無間斷處。惺惺不昧，精明不亂，是敬之效驗處。"嗚呼！精矣，至矣。

居敬行簡是唐虞三代之治，居簡行敬似太古洪荒之治。居敬是有本領的簡，居簡，無本領的簡。只居敬、居簡是孔、莊分途，聖、狂分途，治、亂分途。

世人論簡只說個簡便了，雍獨發出"敬"字，直從精神心術處立腳，直究本原，極是精細，故曰"雍之言然"。

問好學章

不遷怒是定性之學，不貳過是洗心之學。顏子之好在此，不違仁在此，不改其樂亦在此。不是說好學之驗。

程子曰："小人之怒在己，君子之怒在物。小人之怒出於心，作於氣，形於身，以及於物，以至於無所不怒，是所謂遷也。怒在理則無所遷，動乎血氣則遷矣。"朱子曰："內有私意而至於遷怒者，志動氣也。有爲怒氣所動而遷者，氣動志也。"顏子因物之可怒而怒之，又安得遷？所謂未怒之初，鑒空衡平。既怒之後，冰消霧釋。方過之萌，瑕類莫逃。既知之後，根株悉拔。此所以爲好學，而《集注》以爲克己之功也。

顏子欲罷不能，如元氣無一息停。纔有絲毫破綻，應念補過，總在此一軸之中，故曰"有不善未嘗不知，知之未嘗復行"，此之謂不遠復。

學者欲學不遷怒，且自"忿思難"爲始。欲學不貳過，且自"內自訟"爲始。

子華章

聖人無可無不可，二子賢者之過，不知所以裁之也。與釜、與庚、與五秉、與九百、與鄰里鄉黨，總是一個與。但與不當其則，五秉爲多。與當其則，九百非濫。不當則，朋友亦爲繼富。當其則，鄰里祇爲周急。故夫子兩裁之。人只曉得取不可苟，那曉得與不可苟？此聖人精義處，見得夫子隨事恰當，而又有一段流通斟酌之意行於其間。

釜、庾之與，亦聖人通變之權，非義不當而姑爲狥人之意也。

世人望富之有厚報也，故爭添錦上之花，料急者亦終如此也，故不投井下之索。此俗態也，惡風也，真小人所爲。惟君子識見志趣，原不苟同流俗，予奪權衡，一一依乎道義。益寡哀多，補天地之有憾；裁成輔相，付物情之自然。此聖賢之真作用也。

子華不當與即不與，冉有過與猶加裁，原思當與即與，過辭又止其辭。聖人義之盡也。一則曰周急，再則曰與鄰里鄉黨，聖人仁之至也。

三子幸遇聖人造就，方成賢人品格。不然任其資之所近而爲，則車馬輕裘乃後世浮華者所爲，五秉之與不免爲所識窮乏者得我，而爲之九百之辭，又幾於於陵仲子矣。可見師友之功夫大且重也。

仲弓章

"子謂仲弓"是意在仲弓，非對仲弓當面説。不惟可洗發仲弓，令天下爲父者悟此，必不甘爲犁牛。爲子者悟此，必求其爲騂角。自修者悟此，修德之心愈堅。用人者悟此，用人之途自廣。聖人之言真化工也。

祭享山川，非此不足以告處，便見理自不應舍，不論到享與不享上。蓋出類之物產於野，名山大川所昭而格者在焉。邁衆之英產於俗，聖君賢相所亟而收者在焉。

不違仁章

此章"仁"字指天理渾然、一疵無累言。不違直是心不與仁二，即心即仁，原無有合，安得有違？諸子不免以心求仁，不能當念直取，故曰至。由此觀之，顏子學脉自別。

聖人之心純亦不已，與天合一。顏子與天道小變處合一，至非外至，注什甚精。當其至時，即至到仁地位，與顏子不違仁處都一樣，但爭不能久耳，非一日一月方一至之說，直是一日一月裏都是仁。曰日至，則不能保旦晝之不牿。云月至，則不能必期月之能守。至與不違生熟不同，日月與三月久暫不同，只在念頭斷續上別出。

心之與仁是一，亦是二。譬如心是火，仁是火之暖處，有此火自有此暖，原可以躁一切物，禦一切寒。若置此火於深炭之下，則暖不得達，便與没生機的心一般。甚至投此火於寒冰之中，則暖性盡滅，一味陰慘，便與極殘賊的人一般。此可知仁與心之別。學者識得仁，未嘗不即是心。若識不得仁，而概名之曰心，則人孰無心？不知孰爲仁。人安得不認靈爲性，指知爲體乎？此章心不違仁與以仁存心之說，蓋心性之辨，幾微之間而已矣。

三月不違，夫子止贊他能久，不必又說到違處，口氣固如此。然究其實，夫子果道他到底不違，何不說無終食違仁？蓋顏子不貳過，分明還有不善與過，只是他隨斷隨續，簡點得快耳。無心偶錯，隨即簡點，正如日月之食，何傷本體？過此即“從心不逾”矣。

吳集軒先生曰：“簡在帝心，天之心也。從心所欲，不逾矩，聖人之心也。其心三月不違仁，亞聖大賢之心也。飽食終日，無所用心，衆人之心也。”

季康子章

果是資性剛決，天下事可以指麾定。達是穎悟通曉，天下事可以迎刃解。藝是才能兼備，天下事可以隨手應。故俱曰“於從政乎何有"。"何有"是綽有餘緒之意，説二三子從政之易，正欲康子隨才任用也。

費宰章

季氏使之意，只是浮慕好賢之名，而欲引以爲私門之重耳。夫費，巖邑也，子路治之三月無成，子羔治之九月無功，宜閔子之不就也。"必在汶上"，亦如東海之避，五湖之游，高蹈遠引，飄然物外，非舍魯適齊、命召不及意。如云辭之不可，就之不可，計惟有去耳，計惟去之汶上耳。

伯牛章

有疾不廢禮，見伯牛之尊師。將死無他言，見伯牛之順命。夫子問其疾，避其禮，執其手，嘆其亡。見聖人凜上下之分，重德行之士，篤師友之情。"斯人也"，乃論其生平，不止謹疾一節。

賢哉章

夫子説出顔子一段心境，以見其賢。蓋胸中氣象，眼前光景，活潑潑地，一切世味都不上心來，故境有遷而樂不改。此處不要看作清虚恬淡之樂。須知顔子克己復禮後天下歸仁，何等活潑？視一簞瓢内有萬物，各足風光，一巷内有兩間中和景象。孟子諒其與禹稷同道，正是此解。

孔子嘗謂回曰："家貧居卑，胡不仕乎？"對曰："回有郭外之田五十畝，足以給飦粥。郭内之田十畝，足以爲絲麻。鼓琴足以自娱。所學於夫子之道，足以自樂也。回不願仕，回願貧如富，賤如貴，無勇而威，與士交通，終身無患難，不亦可乎？"孔子曰："善哉！回也。夫貧而如富，其知足而無欲也。賤而如貴，其讓而有禮也。無勇而威，其恭敬而不失於人也。終身無患難，其擇言而出之也。若回者，其至乎。雖上古聖人亦如此而已。”

昔程子受學於周茂叔，每令尋孔、顏樂處。後儒則謂顏子自有樂，不是樂道。夫謂樂道有淺深安勉之分，則可謂非以道爲可樂，而樂之則不可知。君子憂道不憂貧，則知孔顏樂道之旨。若丢過“道”字往別處尋樂，則入於漆園、鄭圃去矣。朱子曰：“謂非以道爲樂，到底所樂只是道。”又謂“顏子所樂在仁，不知道與仁何辨，但非是樂仁，惟仁故能樂耳”。今請克復用力到人欲盡净〔二五〕，天理流行，隨處充滿，無少欠缺處，試看何如？

或問：“顏子在陋巷，而顏路甘旨有缺，則人子不能無憂。”朱子曰：“此别無方法也。要尋個樂處，只是自去尋，却無不作工夫、自然樂的道理。”蓋簞瓢陋巷實非可樂之事，顏子不幸遭之，而能不以人之所憂改其樂耳。若其所樂，則固在乎簞瓢陋巷之外也。

須知陋巷憂中樂，是學顏子之所學，又識耕莘樂處，憂是志伊尹之所志。今人不問學，便只問樂，似謂吾人有此一種現成受用，故欲向渠尋覓其實。從古聖賢終日勞心焦思，無非爲此學問。如孔子忘食、忘寢、忘年而不知厭倦，何等勞苦？若以爲中無所樂，則聖賢亦何苦爲之？今人不知向孔、顏學上尋，而只向孔、顏樂處尋，是不飲而求醉，不食而求飽，良可嘆也。

馮少墟先生曰：“命定難逃陋巷貧，奔忙徒惹世人嗔。不如閉户焚香坐，作個乾坤無事人。”又曰：“命定難逃陋巷貧，機關徒惹鬼神嗔。不如打疊心源净，作個羲皇以上人。”辛復元先生有曰：“徹骨貧兮徹骨貧，肯將貧字訴他人？孔家話對顏家説，别有人間一段春。”

冉求章

此即"求也退，故進之"意。胡氏曰："夫子稱顏子之樂，冉求聞之而有此言。畫地不進，只是悦之，不真如季氏旅泰山，未嘗去救，便説不能。此是畫之一端，所以終於藝也。"

子謂章

君子儒、小人儒，此《論語》極要緊處，是夫子爲萬代立言，非專爲子夏説。此處剖判明，趨向定，方不負聖賢垂訓。君子儒，真儒也。小人儒，俗儒也。朱夫子以爲己、爲人解，甚的當，若以小人儒作曲謹講，則拘矣。即如同一衣冠，同一名色，一則全在身心性命、家國天下，一則只在記誦詞章、富貴利達。自家分聖狂，生民分安危，道統分純漓，治統分理亂，關係匪小。

大人合天下以爲度，故其學大。小人執一善以成名，故其學小。孔子之學，大學也，非其學則小。其學小則其人亦小者，不欲爲小人儒，而奈何不講大學之功？儒是所造之品，學是所用之功。蓋人品必及人始大，功夫不切己不真。若徒知講説而不知務躬行之實，雖知躬行而中有慕外之心，皆爲人也，皆小人儒。

二氏之學，人皆知貴禪宗，貴全真，不貴應付，分別甚明。儒者讀聖賢書，寧肯以應付，儒自甘，必有超然邁往，如薛、胡、陳、王諸君子，以系聖賢之統者，在人自勉之耳。

宋制：新進士賜《儒行》《中庸》二篇，此意甚盛。

子游章

不知天下之人，不足以宰天下。不知一邑之人，不足以宰一邑。夫子問得人煞甚緊要，激揚風厲，無大於此。子游便舉出滅明之事來，其留心處可想。

風塵捷徑中無好步履，交際寒暄中無好人品，獨取一等寧方勿圓、世俗所不喜之人以砥士趨。觀滅明豐骨挺然，自足撑持宇宙。行不由徑，所由必出於正。非公不見邑宰，所見必出於公。此原是姑舉二事，不必聯爲一。非公不見邑宰，見滅明非奔兢干時之士，則遇公事未嘗不見也，見滅明亦非孤僻忘世之士。

不伐章

哀公十一年，齊伐魯，孟孺子泄帥右師，冉求帥左師，及齊師戰於郊。右師奔，齊人從之。孟之反殿，説奔而殿，有易伐之功。將入門，是伐功之地。策其馬，是不伐之狀。馬不進，是不伐之言。宛然畫出一孟之反。

"不伐"要本其真心來説，實有痛我師之敗績而不欲以功自見者，故夫子與其不伐，是身居人後，勇在人前，而功在人上，又心居人下。立功於無功之日，又讓功於有功之時，可爲居功者法。

不有章

此嘆世無一正人，而惟佞、色之好。蓋爲必求鮀與朝者恨，非爲不能鮀與朝者惜也。儻有寧爲世所憎而言之不出，貌之若愚者，庶藉以挽世風耳。

由戶章

道只在尋常日用中，舉足便是須臾不離，即人莫不飲食意。如云誰人自外於道？而何故乃不由道也？人在室内，從戶而出。人在道中，由道而出。由戶即是由道，但由戶乃由道，一件一件既能，何不件件皆能？如謂不知由，則知由戶者何心？謂不能由，則能由戶者何心？謂不當由，何名爲道？既名爲道，何故不由？所由既不在道，不知所由何等途轍，所至何等田地，豈不令人可怪？

世人終日以其身處父子兄弟間，不知有多少不盡分處，亦可謂之由道乎？或問世間不由道的，一般也在世上作人，不知人不由道，念念乖張，事事悖戾，自然人容他不得，一刻也行不去。

文質章

勝是偏勝，生於有意。“野”、“史”字俱是借說。野是粗俗鄙略，史掌文書，多聞習事而誠不足。彬彬是恰好停當。質爲主，而文輔之，彬彬然華實并茂，爲中正之君子，可以養德者此也，可以維風於世者此也，所謂先進之君子蓋如此。

此見學者當損史之有餘，補野之不足，至於成德，則文、質相稱，有彬彬之氣象矣。此處文、質之用，凡持身涉世處，皆當有大中至正之矩。

人之生章

天地生生之理只是直，言人之生也只是這個生理。“罔之生也”的“生”字是生存。只觀乾之大生也，靜專動直，故曰易。知坤之廣生也，靜翕動闢，故曰簡。能易簡而直所從來矣。子思曰：“率性之謂道。”孟子曰：“故者以利爲本。”率與利皆直之謂也。此乾坤一點直遂之精，無所矯飾，固人之所恃，以生者性命存焉爾。

龍溪云：“直清可以通神明，直養可以塞天地。”直則爲三代之民，罔則爲鬼魅之民。若無此直道，則人心已死，生機已絕。總生何以爲人？不過負空質以幸免耳。

蘇東坡曰：“天之生物必直，其曲必有故，非生之理也。木之曲也，或抑之。水之曲也，或礙之。水不礙，木不抑，未嘗不直也。凡物皆然，而況於人乎？"

知之者章

人心即道體，反觀心體，靈明不昧，知也。於心體上用功不倦，好也。自得其心體活潑之趣，則樂矣。三者自所至之境言，非品第人也。

樂本於好，好本於知，學不可不知所始。知不如好，好不如樂。學不可不知所終，知不如好，虛實不同；好不如樂，生熟不同。

格物致知，可以知之。誠意正心，是謂好之。明誠至其極，是謂樂之。

中人章

此章不徒說教，不可躐等，分明謂可以語則語，委曲開導之間，固有以生上焉者之悟心。不可語則不語，優游漸漬之內，亦有以生下焉者之奮心。一語一不語，無非教也。中人上下俱兼天資學力說，正因學之能盡與不能盡而分上下也。若中人以上，則下學工夫已作過了，正將超乘而上，所以一指點便能領會。中人以下，他不曾作過功夫，就作，還未到憤悱處，即與之語上，亦只作一句說話聽過。蓋學力未到之人，倒是不與說破，還肯著實尋求。待他逐處鑽研，至於精疲力竭，自有出頭日子。若預先明說，不以為苦難而不求，即以為容易而玩忽矣。只看當初曾子，必待忠恕工夫已到，方纔語以一貫，所以一呼便唯。其餘弟子，曾子雖告以一貫，其能領會者幾人？近說聖人之言無上下，聞者自分為上下說，豈不精其實？上下雖一貫，到語時不無上下之別。如克復語顏，敬恕語仲弓，訒言語司馬牛之類。此處正要想

樊遲章

仁、知俱在心之專一上見，惟知其所當知，而不惑於所不必知，乃知者不惑之本體。既勉於天理，而又不雜以私意，乃仁者無欲之本體。

義即《詩》所云"民之秉彝"，若人倫物則，凡性分、職分所宜盡者皆是。今若不肯自盡，只管去諂事鬼神，便是不知。如未病謹疾，既病醫藥，人事所宜也。不務此而專禱鬼神，不知也。爲善去惡，人道所宜也。不務爲善而媚神以求福，不務去惡而媚神以免禍，皆不知也。究竟神與民原非二理，敬與務亦非二心。"惠迪吉，從逆凶"，就務義中，禍福之理已先定，不得於此外別言禍福。所謂敬而遠也。

難是功夫，指反躬自治說，下論先事後得，可見難即是事，如心體難開，必須抖擻精神，把平日好利好名等念盡行打疊，實落作養心功夫，并不計較他幾時見效，這便是存心純一之仁。若期效太早，終久是脫空學問，不能得力。

知之聰明，恐蕩於虛，故要從實事上理會仁之靈粹。恐著於實，故要從虛衷上涵養，理會得實事無障礙，便是知，涵養得虛衷無私欲，便是仁。

知者章

此夫子想像形容，恍然拈出知者、仁者，有如此如此之妙，不必分情、體、效三層。欲言知者之所樂，不可得而言，姑指水以明之，非有似於水，亦非著意於水，大率不必見水，所見無非水者，還是自樂其知耳。仁者做此。"動"字在知上會出來，"靜"字在"仁"字上會出來，動、靜亦只是體段如此。樂、壽只論理，心胸灑落的樂趣偏多，精神寧謐處，剝落偏少。"壽"字如云莫壽於天地，全其初數而已。

若論全體，仁中有知，知中有仁，動而無動，靜而無靜，固得其壽，亦樂其天。不須牽合，自無不合。此只作兩邊形容，以備寫其心境。名文有云："天地收人心之仁知作山水，故靜翕動闢，化機暢遂，而貞元悠久。人心會天地之山水作仁知，故動察靜存，萬境不礙，而千載猶存。"此語可傳。

知者動，仁者靜，如"樊遲問仁知"章，便可互參。何也？專去理會人道之所當行，而不惑於鬼神之不可知，便是見得日用之間，流行運轉，不容止息。胸中曉然無礙，這便是知者動處、樂處。心下專在此事，別無他慮繫絆，這是先難後獲，便是"仁者靜"處、壽處。

齊一變章

齊一變，至於魯，抑伯也。魯一變，至於道，崇王也。不惟春秋時齊、魯不同，即開國時亦然。齊、魯之變，其意向皆以至道爲歸，其功夫都是至道的著數。但君相由得自己的是政事，由不得自己的是人心風俗。齊雖以純王之心爲匡救，而舉國人心濡染於功利者，豈能一朝脫化，頓還大道？故僅可至魯。若魯肯一振舉，就是道了。至魯、至道皆以人心風俗言。若朝廷政事，則無至魯、至道之分。

當時之人靡不右齊而左魯，惟聖人真見其國脉不同，國勢不同，故云云。卒之齊處之"松耶柏耶"，而魯至劉、項之世猶聞弦歌，則知吾夫子雖無權以變魯，而猶有道以留魯。

觚不觚章

有物有則，觚不觚，物而失其則也。人心不古，剡方爲圓，類如此。舉一觚，凡事皆然。已有秦人開阡陌，廢井田，焚《詩》、《書》，尚律法之漸，此與《春秋》大復古而譏變法同一旨。

宰我章

宰我借從井以問夫子之出處，夫子答以可逝不可陷，則行道而尤重道之志可見。宰我在世境上論仁，則世每足以窮心。夫子在心境上論仁，則心自不窮於世。

逝便能出井中之人，陷便不能出井中之人。逝是仁之生動，陷是仁之斷滅，此處權度精切不差。可逝不可陷，是就這一事説。可欺不可罔，領上“雖告之曰”來説。欺者，乘人之所不知而詐之也。罔者，掩人之所能知而愚之也。

博學章

博學於文是道問學之事，於日用事物之理皆欲其知之。約禮是尊德性之事，反約於吾心，以歸之天，則至當恰好處。此是內外合一之功，切近精實，故曰不背於道。

禮即吾心之天則，可持守處。原初學時，不偏主一説，不自執一見，件件去學，取資極廣，就此却有一歸宿，只是一理。如視聽也是這個禮，言動也是這個禮，功夫便有著落。

格物、致知，博學於文也。誠意、正心、修身，約之以禮也。從此可以齊治均平，亦可以弗畔矣夫。

聖人之教，學者之學，不越博、約兩字，此即是精一功夫。即顏子作到欲罷不能，亦只是這個博、約。只是所造淺深不同，如梓匠輪輿，但能斫削者，只是這斧斤規矩。及至神妙，亦只是此斧斤規矩。

南子章

夫子之矢，是"知我者，其天乎"之意。因南子求見而見之，只以君夫人待彼，而不從南子起見，固其意必俱忘處也。非夫子不敢見南子，非見南子不足以爲夫子，非子路不敢不悦，非不悦亦不足以爲子路，分量如是。或曰南子可見，何以獨拒彌子瑕？夫彌子瑕，明以爵禄誘夫子者也，聖人豈爲爵禄動？若南子請見，料只是慕聖人之德而思得一見耳。故不容不見。

中庸章

至者，言命於天，至教也。率於性，至理也。只就中庸上想見民之鮮者，忽其爲庸，而遂失其爲中也。

博施章

子貢見夫子平日不輕許仁，故以極大的作用來問。博施、濟衆與安人、安百姓一般，俱是仁人君子本懷。但由、賜俱看作己外用，不知向自己身上識取，便費力等待，必博濟然後爲仁。夫子教他只在己欲上識取，即欲即施，即濟人，已兼利，無等待，無間隔，真求仁易簡之方。

何事於仁，是説何必從事於此而後爲仁。注云："仁以理言，通乎上下。聖以地言，則造其極之名。"蓋仁言其理，不必兼覆并載始謂之仁，即濟一民，利一民，亦仁也。此所謂通上下者也。聖指其人，則所謂仁造其極者，中心安仁，大而化之，必能過化存神，有事理雙圓之妙。然聖如堯舜，其心猶以博濟爲歉，猶恐施濟之或有所遺而患於心，即"下民其咨"之意也。此句與下論不同，此是論其勢，若曰心猶易盡而勢殊難周，故世界定有缺陷，心量最難圓滿。下論是論其心，若曰勢猶易周而心殊難盡。下論"病"字，正是"修己以敬"的"敬"字。

此節是仁之全體，即博與濟之本。仁者無欲，然而天理流行，生意萌動，貫通人己處，定有一段精神應念圓滿，欲正仁之血脉也。立謂植其生，達謂通乎理，立即"立之斯立"的"立"字，"達"即"君子上達"的"達"字。謂之立人、達人，便見諸事矣。心無盡，事亦無盡，但只隨吾力量所及，作到堯舜地位亦得，即目前亦得，不必其博且衆耳。蓋立、達不論事業而論理，不論窮達而論心。一腔四海，一息萬年。如孔子老安、少懷之仁，因物付物，何嘗取？必於盡安盡懷，如博濟也者。朱子曰："若得此心，果無私意。已有此仁，則自心中流出來，隨其所施之大小皆可見仁。"

立、達節是仁，取譬節是求仁之方，不可混看。能近取譬是打破人我之隔，就真心上擴而充之。則私意無所容，而吾心之理始流通無間，真是有準則、可下手處。若只圖己之欲，不去諒人之欲，正是不能施濟的種子。

仁者雖以天地萬物爲一體，然力量所能爲，固無不施濟，其或時勢有礙，便只好自盡其心。若聖人，則作用在思議之外，必有旋轉乾坤手段，燮理造化經綸。自古聖人在天子之位者，其施濟固不必說。匹夫之聖，止有舜與孔子。舜則玄德升聞，格天協地，以至四方風動。孔子則倡明道學，以振起聾聵，且刪述六經，垂訓萬世。其所施濟，亦何嘗不博且衆哉？是聖人之心體雖無加於仁者，而仁者之作用未必能如聖人，乃仁與聖之別也。曰：既是聖人能博濟，何以堯舜猶病？曰：施雖博，而猶有不盡之施。衆雖濟，而猶有不盡之衆。事無了期，則心亦無了期，故不當執事以求，而惟當因心以盡。曰：如此則立、達只論其心矣，何又以事言？曰：所謂盡心者，非空空盡也，即盡吾得爲之心也。若事所得爲而空存是心，有是理乎？曰：心既在事上盡，則博施、濟眾是應該的，謂何夫子又道不是？曰：夫子不是道不該施濟，乃道不該取必於博眾耳。取必於博眾，則人之勢力有作得的，有作不得的，便多礙手。惟就近譬來湊著便作，則在家滿家，在國滿國，在天下滿天下。施濟止一人，此心非不足。施濟盡天下，此心非有餘。隨力所能爲，分所當爲，但無不盡之心，自無不了之事。即有不了之事，不礙能盡之心。雖說近取而實無遠，不該極切實，極圓通，爲仁之方莫妙於此矣。

孔子全體是仁，故用舍行藏觸處皆仁。子貢於用處求仁，將一匡九合皆可名仁，安得不示以近取之方？

述而章

夫子贊《易》，自伏羲祖三皇也。序《書》，自堯舜宗五帝也。刪《詩》，自商湯子三王也。修《春秋》，自魯隱孫五伯也。

夫子爲萬古一人，只是個"述而不作，信而好古"。此不是聖人謙詞，後世天下不治，道理不明，正坐一"作"字。不遵守祖宗法度，只作聰明以自用，天下安得治？不表章聖賢經傳，只好異論以自高，道理安得明？信而好古，直是尋聖賢正脉，與先後天作者相契，不只尋味糟粕。此"信"字是千古相傳心印，蓋人惟自己眼孔淺，不識得古人好處，乃敢硬作主張，別說道理。若真信得及自覺古人說的有味，抽繹不盡，那敢言作？大抵羲畫以後，即文爻旦象也只是述。竊比老彭連述也，是竊比乃言作乎？

默識章

學貴自得，故在默識。自得而不自以爲得，故不厭。自得而欲人人同得，故不倦。

默識者，直下透入性根，所謂見真性命頭面，必求湊泊，此學問第一關。下文不厭、不倦，正其默識處。"之"字即是默體功夫，本體一也。注訓"默識"曰"不言而心解"，最是。蓋功夫到一旦豁然貫通處，渾是天真透露。爲學匪止迹象上修持，誨人匪止口耳間授受，所以聖人嘆"何有於我哉"。

此章"默"字與下章"講"字，原不是懸空頓悟，全廢講説。馮少墟先生曰："講到無言處，方知道在心。"不是一味不言，坐行[二六]默識，剽竊宗風，蕩掃儒學。但默而識之，初學遽難措手，只從學問、思辨、篤行到己百、己千處，自有默識消息在。明道先生有"識仁"説，羅豫章教李延年靜中看喜怒哀樂未發氣象，陳白沙亦謂"須從靜中養出端倪"。人肯從此著力，自有得手。

默而識之，言悟也。不厭、不倦，言修也。默識一語提醒不識本體的差工夫。"不厭"二句點破不作工夫的假本體。

天何言哉？默而識之，四時行焉。學而不厭，百物生焉。誨人不倦，何有於我哉？天何言哉？聖同天不亦深乎？

或問：學、誨是夫子自任，而此言何有，止爲提默識作主，故言"何有"耶？葛屺瞻先生曰：此語亦不必拘，"事公卿"章是實行已到之事，學誨是方去用功論實行，如所謂"躬行君子，則吾未之有得"類，不敢自居。若用功處，則如好古、好學，每每直任，原非可例論，蓋何有於我正是聖人默識處，正是聖人不厭、不倦處。若自以爲有，便非聖人望道未見之心，便是厭，便是倦，不是真識。

德之章

總是一條孜孜汲汲、惟日不足的心腸。夫子見世人戚戚皇皇，終朝爲外物憂煎，反之自己，全没一些要緊，所以設言，如德不修這等事纔是我的憂，蓋喚醒人以當憂處耳。修德爲主腦，即尊德性事。講學即道問學，講學即講德之何如修，義之何如徙，不善之何如改。徙義，改不善，即致廣大、極高明等事。講學不但要曉得入門與究竟中間時時提撕儆覺，庶不悠忽，以至廢弛，徒有圓神不滯之妙。不善是心體微動便違本體，分明於德性上走錯路途，必須打轉，改則急急回頭意。

德如定盤星，較準不差。義如秤錘，隨時運用。

學問與造化一般，頃刻無停機，若工夫稍有作輟，這生機便斬絕。此等去處，更有自推干不得。是吾憂，謂是吾所終日乾惕者。聖賢作工夫，窮愁説苦，真與凡心一般。蓋聖人惟洞見夫性體，而戒慎、恐懼之功自不容已也。故學不厭，教不倦，非默識者不能，而"何有於我"與"是吾憂也"之心，正見至誠無息之妙，而謂之爲謙詞，可乎？惟有是吾之憂，所以有在中之樂也。

學者親妻子奴僕之日多，接賢人君子之日少，學問終無進益。古人所以講學會友常若不及，正以講學乃存心第一急務也。

燕居章

申申，不修容而容舒。夭夭，不作色而色和。此是静中妙境。自在流行放肆時，固著此四字不得，嚴厲時亦著此四字不得，所謂"不識不知，順帝之則"。

甚矣章

道統至周公後，孔子繼之，則姬、孔脉絡最爲親近。"吾衰"是吾道之衰也，不指志氣説。夢見周公之心，即周公思兼三王之心。不夢見周公，是無行道之兆，與"鳳鳥不至"同意。

志道章

通是心學，語意潛入佳境。志猶非我有也，據於德則得矣，猶有迹也。依於仁則化矣。夫何爲哉？是粗皆精，是象皆神。藝即道也，道即藝也，特游之而已。只備舉其全，以見心學之妙，非今日志道，明日據德之説。

人若不立志，終身必無進步。志則念兹在兹，望以爲的而赴之。道乃吾人安身立命處，天地間至尊者道，誰不知慕？但爲嗜好所移，遂流浪墮落。學者要將一切歧趨盡情抹煞，歸并一路，全體精神都在道上，方不錯走路頭，此是入門第一步功夫。志道，凡持循踐履皆是志，不空守個知見。注曰：“志道兼致知、力行。”言最是。

志道既久，此心有明白安穩處，這便是德，不據，則雖得之，必失之，如意識紛飛，則從紛飛處失。精神昏昧，則從昏昧處失。“據”是著力字眼，得尺守尺，得寸守寸，如手執杖，跬步不離，纔能彀心體常住。

守之而有所得，即謂之德，德亦一節之仁也。德是逐件理會，仁是全體大用之。德依於仁，則自朝至暮此心無不在這裏，連那道德貫穿都活了。依如身著衣，無意合之而自然不離。

聖賢工夫憑他到頭，還須有一段幽閒順適意思，方可渾化而不自知。游藝者，游衍於名理，而靈根不死煞，亦不走作，涵泳自然，得解個中意味甚活，纔不著意是廢業，纔著意是牿心。“游”字中有妙境。

儒者學主經世，何一藝不當理會？故不試，故藝，博學無名，孔子自不可少，而文亦爲四教之一。但要得主腦先定，一切皆從我轉。或問：古者八歲即教之以六藝之事，此章乃末後言之，何也？潛室陳氏曰：“此却有首尾本末。教之六藝，小學之初事。游於藝文，成德之餘功。小學之初習其文，成德之後適於意，生熟滋味迥別。”

通章志道與據德分虛實，據德與依仁分生熟，依仁、游藝，内外合而一也。志道是有聖人之期許，據德是聖人之操修，依仁有聖人之心體，游藝有聖人之才情。

自行章

脩，脯也，十脡爲一束，古贄禮之最薄者。“束脩”乃束帶脩飭之謂，贄禮之名，其義或取諸此，蓋士大夫交際之通稱，不專爲委贄受業言也。夫子自發其誨人不倦之心，言天下人皆可入於善，我逐一個都要訓誨他，除是不來便罷，若自以禮來，便收之門墻之內，無論斯人向道一念不可孤負，而吾一點成就來學，意思亦勤勤懇懇而不能已，重自行，不重薄字意。

不憤章

此承上“未嘗無誨”來，要學者自爲受教之地。三段開看，憤、悱在未教先，是能疑者。反在已教後，是能悟者。啓、發與復，總之有機。若語以不及承當無地，反易沮人疑端，塞人悟門。憤者不知此理，心去求通，被物障住，鬱勃不勘，如暗室之索光者，啓則開其戶而洞然四達也。悱者略知此理，心已要通，却又有微障在前，忽隱忽露，如弦矢之待發者。發則撥其矢而一往破之也。憤、悱通本專志積誠來，不啓、不發，正欲使之憤、悱，以受吾啓發。

子食章

聖心與天地同慘怛，天下之疾痛疴癢無不相關。

用之章

大行不加，窮居不損，孔子平生學問只得這個消息。當時惟顏子亦庶乎此，故夫子舉以與之三軍之行，特行藏中一事，豈有儒者經世，而文武不惟其所用者哉？子路之問，意以沈潛之士第可與語行藏，而至於師旅之事，必非己之勇不能耳。不知夫子所與行三軍者，正不在勇而在沈潛，猶然與顏子也。《易》曰："知幾其神矣乎！"豈是粗心人可得到？

　　聖人妙用只是無我，無我則無執著，爲行爲藏，不設意見，并不生意氣。二句一氣說，妙在兩則字，非仕止惟時之謂，蓋謂用世之具在我，用則執此以往，經綸皆素具。舍則藏了，非徒隱而已。行、藏雖并言，實重在素有挾持上，言他人有用而不知所以行，或用而後求所以行，而兹則實有可行之具，持用之則行耳。然又要知周流轍環未嘗不藏，簞瓢陋巷未嘗不行，纔見個中之妙。用舍以身言，行藏以道言。行藏字不比仕隱字看，"有是"二字，則行藏意自見。夫子獨以行藏與回相證，是從齋心克己內看出他有這研幾觀變之妙。簞瓢之內實藏有禹稷事業在。

　　"暴虎"一段，正指出漫無挾持之人。虎形狀强悍難制，河形狀奸險莫測，不惟行三軍時敵家是虎是河，即自家三軍亦皆是虎是河，即用行時朝廷之上，與舍藏時草野之間，皆是虎是河。聖賢見虎見河，不肯逞一毫血氣，自恃勇敢，安得不乾惕謹凜而生懼心？又安肯退縮觀望、徒懼而無濟？從小心中生出無限妙算，要擒虎而終不爲虎所噬，要濟河而終不爲河所溺。卒之，虎擒矣，河濟矣，自家安全，世道倚賴，真萬全之策哉！可見暴虎馮河不惟不可以行三軍，用之於行，必遺憂於朝廷生民。用之於藏，必流禍於士風名教。漢末黨錮諸賢，其左鑒也。

　　"臨事"二句俱就素行言，"懼"字見其爲重將，"謀"字見其爲智將。臨事懼是敬，好謀是明從敬生，所以圖維事幾，周悉萬全，乃克有濟，故曰"子龍一身都是膽，不及小范老子膽中數萬甲兵"。

　　通章用行舍藏，惟我與爾有是，夫孔、顏一身渾是一部《周易》。惟臨事而懼、好謀而成者能之，何也？二句是天理上經綸，德性中作用，在無事時爲涉世法，在有事時爲用兵法。孔、顏融而一之，子路分而二之，所以一到處流通，一隨處滯礙。後世此學不明，歧用舍行藏而二之，無怪乎處無真儒，出無善治。即欲强而合之曰行藏一道也，終不近焉爾。

富而章

世間僅有癡呆懵懂漢坐享千鍾，聰明伶俐人貧窮白首。富之不可求，人誰不曉？然却又攘攘去求。從人所好，不暇從吾所好者，止爲求富計也。擾擾萬緒，如炎如火。富既不可求，何若放下身心，安閑自在，從吾身討個受用？此好即具在吾心，指道義言，令人獨玩，本來馳求盡歇，早知洪鈞賦予不貧，應當息念耳。

子之章

慎齋是湛然純一，冥對神明。慎戰是懼而且謀，不妄起兵端。慎疾是順天地之宜，調性命之節。此是門人據現在所見紀之，不是子所慎僅此三端。

在齊章

陳爲舜後，公子敬仲抱樂器奔齊，故夫子在齊得聞《韶》樂。三月不必俱是作樂，乃聞後心爲所移。夫子與舜相隔千百年，一聞作樂，便與大舜玄德穆容怳然合體，可見當時祖考來格，群后德讓，舞干羽而有苗格，擊石拊石而百獸舞。凡明感人，幽感神，遠及蠻貊，微及鳥獸，皆非虛也。

《記》曰：“知禮樂之情者能作，識禮樂之文者能述。”聖人學琴師襄，而見文王之面目。在齊聞《韶》，而三月不知肉味。

其精神自有與舜、文相通處。

衛君章

冉有、子貢之疑，非嫡孫當立之説。既拒親父，何論嫡孫？但當時蒯瞶得罪於父，衛人不以爲君子，郢又不肯受使，輒又不立，則衛之社稷不祀矣。社稷爲重，或者父子爲輕，子貢之不能決衛事者以此。然必以夷、齊爲問，何也？夷、齊之讓，亦國家存亡之所係。當時夷、齊一去外面，像個顧惜名義的，本心未知何如，故"怨乎"一問，究勘心事。怨止怨父，在伯夷，或謂立嫡以長，自吾父多此一言，使我不能享有其位。在叔齊，或謂少不間長，自吾父多此一言，使我不能安於其國。有這念頭也，未得爲仁人。如今伯夷不忍違父遺命，欺父於既死。叔齊不忍從父亂命，陷父於不義。其事已畢，其心已安，當日固無逆計，後日亦何追悔？由是觀之，君臣父子之間非通權之地，土地人民與父子無較輕重之理。衛輒固不得援存國之義，以贖其通天之罪，故曰夫子不爲也。

通章精神在"怨乎"一字，在"求仁"一句。仁忍一分，占斷千年芳穢，非只把爭讓反觀。

夷是欲尊父之命，齊是欲正父之統。夷、齊存此心以存死父，衛輒死此心以死生父。末句"夫子不爲"下不點衛君，便是筆削微權。

疏食章

聖人之心無時不樂，如元氣流行天地之間，貧賤富貴都不相干。蓋聖人無我，以義爲我，義之所在即樂之所在也。若丟過"義"字言樂，則莊周之逍遙游，而非孔、顔之樂矣。須知孔、顔之樂不是高潔，不是曠達，不是瀟灑，蓋天理上受用，名教中樂地。於我如浮雲，不是我視如浮雲。玩一"浮"字，與天體無涉。

疏水曲肱，是素其位而行。富貴如浮雲，是不願乎其外。樂亦在其中矣，是無入而不自得焉。

或曰：富貴而合義，視之何如？曰：富貴而義亦浮雲也，堯舜之所以有天下而不與也。曰：富貴浮雲，疏水實境乎？曰：疏水亦浮雲也。使不見疏水爲浮雲，則將見疏水爲薄矣。見疏水爲薄，而樂又奚在也？曰：巢、由不浮雲富貴乎？曰：巢由，空其心而并空其身者也。堯舜不空其身而空其心者也。孔子者可以巢、由其身而處疏水，亦可以堯舜其心而處富貴也。此與"飯糗茹草"章相同。

加年章

孔子五十知天命，《易》者窮理至命之書，與此"五十"字正相合。夫子早與《易》契，晚年韋編三絕。加是加我數年工夫，學《易》不止觀象玩辭，人生動靜酬酢，時時是《易》。順天時，行體驗服習，纔謂之學。聖人學《易》，洗心神明，陰陽合德。先天不違，後天奉若，無有悔吝之端，故曰無大過。語云："仕止久速當其可，盈虛消息與天行。"又曰："須知韋編三絕者，不是尋行數墨人。"蓋聖學從天命上落根，故所行自覺，有纖毫凝滯處，便自謂過。必無過，而後與天命合。無大過，猶云無大差失，非小過不免之說。

《易》大過《象》曰："大者過也。"夫陽大陰小，此卦四陽居中，上、初二陰，是陽強陰弱之象，所以謂之大過。凡學問到陽剛用事，已是立與不惑，但有些意思，便是亢而有悔，便與天命無方無體之神相戾。若學《易》功深，退藏於密，無思無爲，全沒絲毫意思，自然寂然不動，感而遂通，天命在我，與時消息，豈至於亢而有過？此亦可參看。

夫子贊《易》云："懼以終始，其要無咎。"蓋不獨贊《易》，亦以表己之心。

雅言章

此是子所言，大旨不離此三經，非以三經成語一一道之也。《易》是夫子寡過神化之理，俟中人以上者告之。《詩》《書》《禮》則中人以下人人皆可言，故雅言之。夫子渾身是《詩》之思無邪，《書》之執中，《禮》之無不敬，故隨日用拈起便是，非夫子有意雅言也，經自不離於夫子之言耳，"皆雅言"句，蓋是述《詩》、《書》、執禮，而又尋味之，怳然會得夫子平日所言莫非是也。其實透悟得《詩》《書》《禮》之旨，則謂雅言《易》、雅言《春秋》俱可。

葉公章

分明夫子一生是學，却不露出"學"字語脉，須從此領起，言吾夫子亦止此平常之間，覺得他自有徹底的精神，與他人半上落下者不同，"爲人"字最重。

"不對"有兩意：一則以葉公不足以知聖人，而不可輕對。一則以聖德難以言語形容，而不可强對。

夫子心體上常有一段奮發的精神，常有一段自得的意趣。精神奮發處便忘食，意趣到處便忘憂。不知老之將至，蓋忘食忘憂而并至忘年也。

出迷入悟，關在一憤。有一番疑，定有一番悟，循環不已。小憤小徹，大憤大徹，不憤不徹。

凡人知老將至，百事都放下。聖人愈老愈精神，無少無老，無始無終，竟没個住頭。此憤、樂不是兩念，忘食、忘憂不是兩時。蓋時時憤，時時樂，時時忘食忘憂，正聖心純亦不已處。惟後世學者不知此，將一生精力或在詩文上發憤，或在功名上發憤，或在富貴上發憤，不肯在作人上發憤，所以到老不及聖人。

我非生章

聖人無所不知，人即説是生知。不知也，從學來，學便少不得從聞見入。但聖心無遮蔽，獨契於心，自然孜孜汲汲，學而不厭。蓋當時以聞見爲學，而又以不學而知爲生，是把生而知之都認差了，故夫子自道其實。要曉得知有兩樣：有參悟之知，屬之生知。有考證之知，屬之學知。參悟者非得考證，終無憑據。夫子只把考證的作準，不把參悟的作準，故自道如此。

口氣謂我今幸有知矣，然非生來便知的，實從好學中來。只是勉人以學，不是辭生知之名。兩"之"字可參，上曰知之，下曰求之，個中消息，千古有對同處。"敏"字最可會，聖人所以爲聖人，正在此。以"者也"二字煞却，求之并不自以爲知之。

自古聖人皆有師，但因載籍未興，多得之口授，其説不傳，故後人不能知其所學耳。好古敏求正是借學問觸發自心的靈光，此如火藥在爆竹内中，原具有火性，待外面火來引著藥綫，火力到時，自然爆地一聲，重重障礙一時粉碎。

子不語章

此皆防人心、維世道之意。庸德之行，庸言之謹，依乎中庸，弗爲隱怪，故不語怪。恃德者昌，恃力者亡。有勇無義，爲亂爲盜，故不語力。與子言，依於孝。與臣言，依於忠。與弟言，依於悌。故不語亂。惠迪吉，從逆凶，自求多福，在我而已，故不語神。

三人行章

人若務學之篤，則無地而不得師，無人而不可師。師在我，不在人。即以不相識的人，偶相遇著他，或説得一句好話，行得一件好事，便是長善之師。或他説一句不好話，行一件不好事，便是我救失之師。即一時互見，而俱可參觀。有一毫我心未除，不可謂從。有一毫舊習尚在，不可謂改。

天生德章

孔子居衛適宋，與弟子習禮大樹下，桓魋惡之而伐其樹。若患難之際，聖人不待決於天而後泰然，其爲是言，所以儆狂暴而安諸弟子也。其如命何，猶聽命於天也。其如予何，則天命在己，而己與天爲一矣。生德即是龍德，能潛能見，能躍能惕，若亢則有悔矣，所以又有微服妙用。

無隱章

此因二三子在語言上尋，夫子故把自家指點與他，教他實實效法，是真切語。“隱”字照下“行”字反看，應指著言一落語。言有説得的，有説不得的。就是説得，也須要人解得。徒以言求，反覺有隱有不隱，若行，則見作在身上，二三子日逐與夫子相處，件件都是眼見的，瞞得那一些子？只照這樣子去作，便是傳與大家的所在了，故提一句“是丘也”，見得説的還不是丘，惟這行的没一些躲閃，没一些幫襯，没一些遮蓋，赤條條只這身子，這個纔是丘，二三子不可當面錯過。

“無行”“不與”四字，分明畫出個時行物生的氣象，昭昭如天示人，何隱之有？言我既無行不與，爾即無行不可取。爾奈何認丘爲丘，而不認爾自家之丘？此非止欲以行體道，即欲各人身上會著自家一個丘來。

四教章

聖人教化，如造化甄陶萬類。四教平看，内亦有相因意。以致知爲入門，則以學文教。以踐履爲實地，則以修行教。欲發於心者無一念之不真，則以忠教。欲應於物者無一念之不實，則以信教。凡人博文，須返之躬行，躬行必宰之本心，本心因見之發言，本是一套的。此自門人所見言，非夫子有此四科之設。

聖人章

千古聖脉只在人心上覓取，恒本天地不貳之精，人得之爲心，便是人皆可爲聖人之真脉，就是聖人，亦不過恒到盡處，故有恒便足接千聖之脉，如之何弗思？

至聖裁定人品有四：聖人是一品，君子是二品，善人是三品，有恒是四品。有恒者良心尚在，若肯爲好事，便是善人。善人力行善事，有聖人體段，只是識未到，志未大，若肯加學問，敢學聖人，便是君子。君子有聖人全體，與聖人只爭個生熟，一渾化便是聖人。至於聖人，則同天矣，故曰：惟士希賢，賢可聖。惟賢希聖，聖同天。

人之精神謂之聖[二七]，聖人是一片精神，至誠無息，無纖毫渣滓攙入，此不得見，不要看作氣數之衰，俱以人自失其聖體，渾渾説以下要見，不獨具聖人之體者難，即望聖人之室者亦難，即具聖人之初心者亦難。蓋以太和之氣轉薄而欲善之心漸漓故也。君子句，言人心自失其聖真，而盛德者不再。善人句，言人心自喪其美姿，而醇質者不存。《書》曰恒性，孟子曰恒心，有恒只守其常心，這點精神尚未琢喪，不可訓作久。有恒者，存之爲涵聖之命脉，充之爲作聖之根基。

亡是一些没有，反作個富有的光景。虛是已有些，尚未滿盈，反作個充滿的光景。約是簡略未備，便作了侈盛的模樣。三者俱以學之所至言。爲是作用之妄，都作了過頭，學問功夫不踏實地，學業難以堅牢久之。人欲日長日滋，一點幾希之良心能保不漸滅乎？故曰難乎有恒。此爲不用功學問者發藥，不可説本亡、本虛、本約之心。

聖學只從篤實上作起，尚綑君子方可入德。若一有作輟之私，任是一簣少虧，并將前功盡棄。甚哉！學之不可以無恒也。或謂爲不厭，誨不倦，聖人只是有恒，而今以有恒居善人、君子下，去聖甚遠，何故？曰：人一己百，人十己千，雖功有敏鈍，其爲有恒一也。不息則久，至誠能之。若亡爲有，虛爲盈，約爲泰，不誠而能有恒乎？人只爲無樸實頭作聖的心腸，所以無樸實頭耐久的功力，可慨已！

子釣章

此見聖心渾然仁體，上下了無拘繫，各任生成，分明與天地同流氣象。

釣也，弋也，聖人之游於藝也。不綱，不射，聖心之游於虛也。游魚出而心之動機俱洽，飛鳥藏而心之静機俱伏，雖是春生秋殺，仁至義盡俱有，而本意只重在活潑飛躍的機趣。

蓋有章

大凡作其事必先知其理，不知而作，便是師心作聰明，犯了自謂上知的病。夫子説我則無是，誠爲知之不可少耳。此借我立説，引起當求知之意。人能開拓心胸，廣著聞見，而又精擇而從，兼收而識，則一點靈明已自圓融周轍，除却生知便是此知，安得更有不知？

知之借慵欲廣，剖析欲精。聞見雖耳目擇識，已反諸心了，此是致知的工夫，故曰知之次。世儒往往說德性之知異於聞見之知，豈知顧有二乎哉？以德性爲主，則聞見皆向内求，而知益靈。以聞見爲主，則德性視爲外物，而知益塞。

互鄉章

聖人與人爲善，憑著現在一念，與人之潔，若是思前想後，便有成心，治人治己俱謬。

門人亦不是疑其浼，只覺得不當輕見，此便是已甚。

與其進也，緊根著童子説；“人潔己”三句則推開言之。本文不錯，與其進，只是許他向前意，不許他落後意。不保往，是不拘管他前日所爲之善惡。

欲仁章

仁不可以覺名，然而仁實覺，故欲即此心之覺，覺即此心之仁，一刻惺存，天理透現。若實究造詣，則非千錘百煉不能成就，自當別論。學者固不可當念錯過，又不可虛景承當。夫一念之動既可證仁，則念念之動俱可證仁。人斷無無念之時，何不一自醒也？

學者不必論如何是欲，如何是至，當論如何是仁。程子曰：“仁者以天地萬物爲一體，故欲以天地萬物爲一體則其心公，公則謂之欲仁。不以天地萬物爲一體，則其心私，私則不謂之欲仁。學者須是涵養擴充此一念，到滿腔子皆惻隱之心處，自可識仁。”

司敗章

總是聖人爲禮教計，臣揚君過，同姓爲婚，皆非禮也。許昭公知禮，是明君之禮[二八]。幸人知過，是明婚姻之禮。正見聖人人倫之至，真是不勉而中。

向使司敗問：昭公娶吳，知禮乎？夫子必不曰知禮。蓋昭公未嘗不知禮，觀其駕子以諱姬，係吳以爲宋，他心上亦過意不去。故公只不能守禮，非不知禮也。

夫子始終不彰君之過，以全君也。自認其失言之過，又以全禮也。寧自以爲過，使天下知我過，而思吾之過胡爲乎來，則禮自明於天下，而吾君之事，付之公論已耳。

子與人章

此可想聖人樂善無窮之意，只是取善，不是夫子學歌。此處却有"吾與點也"氣象，與大舜樂與人同一般。夫歌咏之所根柢最微，而其感通最速。先儒云：淡則欲心平，和則躁心釋。此以言其感通也。又云：心和則氣和，氣和則形和，形和而天地之和應。此以言其根柢也。夫樂是學之所由成，而歌乃樂之第一義，故夫子與人歌而和其善。曾子歌聲若出金石，古聖賢皆不廢歌，正其不廢學也。歌而善不止音好，定是優柔平中，可以什欲平躁，然不使復歌一番，則未悉其妙，即此便是躁心浮氣。聖人與人爲善，自不如此，所以必使反而後和，則人與我均游於太和之天矣。與人歌而善是舍己，必使反之是從人，"而後和之"是樂取於人以爲善。

文莫章

一屬於文，即生平作用，千古義理，皆只在口頭筆底，不爲難事。惟行則步步著在身上，些毫放不得空，著不得假，最不易盡，故遜之爲躬行君子而不敢自居。

行顧其言，爲慥慥之君子。文歸於質，爲彬彬之君子。不曰不得，而曰未得，有欲進而特未及之意。

聖仁章

聖人把一段孜孜不已精神拈與人看，正欲人體此爲入仁入聖之門。"若"字與"抑"字相通。首二句是接引語，非推調語。一個仁聖，只此"爲之不厭，誨人不倦"八字描畫殆盡，非真默識如夫子，則有所謂不能學者，故夫子一則曰"可謂云爾"，非任也，學固不容已也。一則曰"何有於我"，非謙也，心固不自知也。惟學敏，故心虛。惟心愈虛，故學愈敏。語云：皇皇求仁義，惟日不足。皇皇求財利，亦惟日不足。蓋不足之心正其必求之心爲之也，而夫子之言非前後矛盾也。

夫子說：神化的聖人與那一體的仁人，這都是造成的地位，我怎敢承當？抑把聖仁去自己作，再不厭煩；把仁聖去教誨人，再不倦怠；只好說是這樣作工夫便了。須知夫子所辭的是仁聖地位，所任的是仁聖功夫。功夫人人可作，地位非深造不能。夫子要以身接世，故不把人難到的先以自居。

爲、誨分明學聖仁，却被公西華點破，重"學"字看。

此章仁、聖不要看作二理，爲、誨不要看作二功，不厭、不倦不要看作二心，不厭倦與仁聖不要看作二層，只弟子與夫子要看作二品。不厭不倦，人若依此作去，便是純亦不已，地位擬於大學。爲之屬明德事，誨人屬親民事，而不厭不倦謂之非止至善不可。

子疾病章

子路爲夫子禱，亦是至情。但禱可也，請於夫子則不可。

子路在壇壝前禱，夫子在屋漏中禱。子路以祝史禱，夫子以精神禱。精神禱何如？曰："聞義不能徙，不善不能改，是吾憂也。"夫子終身小心，惟恐獲罪於天，無所禱也，故曰："丘之禱久矣。"世人平時不曾簡點，造成惡業，到疾時怎麼還挽回得來？故特説個久矣，以儆省人要及早自身上打點，不在臨時向神前禮拜。

子路仍是事鬼神之見，夫子仍是事人之説。

奢則章

奢、儉都主世風言，世風都根於人心。不孫是心放蕩，使天下無綱常。固是心局曲，使天下無文章。文章可以或廢，綱常不可以一日不明，故曰與其不孫也，寧固。

與奢寧儉有反樸還醇之意，與不孫、寧固有懲驕抑僭之感，語意各有歸宿。

坦蕩章

坦者，平坦。蕩蕩，如汪洋千頃，茫無涯際，一坦平寬廣的。此只是能平心，君子看得人我平等，世間窮通得喪一切平等，真是海闊天空氣宇。非無風波起倒，而我心下能容得，在內不爲所礙，所謂不作風波於世上，自無冰炭到胸中，君子直是心常如此。小人長戚戚，只是心下不足，一味要巴高占強，就處在極適意處也還有不滿，要再圖進步。有事則逐感憂勞，無事則懸空役想。君子是檢束中受用活潑，小人是放蕩中自沈苦海。

孔、顏之學處即其樂處，但造詣漸精深則胸次漸開豁，要只是存理遏欲得之。

子溫章

溫如天氣之漸舒，使人望和光而欲就，厲則又覺凛烈肅然，手足之俱斂焉。威者凝然岳峙，望而畏之，不猛則又非意氣之相加也。恭則周旋中禮，安則從容自在，即端莊，亦難定執矣。此皆極力摹擬，只是一個中和妙處，乃爲大而化之之聖。若只幾個好字眼説得定，便造到極處，也只是清、任、和之聖人矣。

泰伯章

《春秋傳》：太王三子，長泰伯，次仲雍，即虞仲，三曰季歷。太王病，泰伯、虞仲託采藥於衡山，遂之荊蠻。太王卒，歸赴喪畢，還荊蠻，國民君事之，自號勾吳。

當殷末，周德漸盛，人心以漸歸戴，天下之必屬周也可知，故泰伯遂逃之吳，非讓國也，讓天下也。孔子稱其爲至德，蓋皆以人事占天命也。設泰伯當時不去，則所以代商而有天下者，不待武王之世矣。三讓者，古人辭讓以三爲終，只是固讓。觀其斷髮文身，則當日之固讓可知。人但知其尊父而不知其尊君，但見其讓國而不知其讓天下，是默地裏以全君臣之大義，而絶無一毫爲名之心。此所以爲德之至。

泰伯之足以代商，何從知之？以其君吳知之也。以一匹夫采藥於吳，而即能變其夷習，以成華風。儻其嗣位於周，安知不兆民從之，而彰抗商之勢哉？

或問：泰伯既欲讓商[二九]，正宜留身維持，何必偕仲雍而逃？一逃而太王得以國傳季歷，遂成武王伐商之舉。使泰伯二人不逃，則國不傳季歷，商未必見伐也。辛復元先生曰：太王剪商非利天下，亦是除殘安世之意。雖有此意，并未見之於外，泰伯亦未明諍顯諫，各以意而轉旋。泰伯二人長而且賢，正太王所恃以剪商者。二人既去，則太王之勢孤矣。季歷雖賢，其年尚少，太王又何恃而伐商乎？泰伯以後，武王以前數十年，商之不見伐者，實泰伯二人一去之力也。泰伯當日於此何等苦心？欲承親志，恐於臣即有礙。欲執友義，又與親志乖違。不得已，只有此一去，而君臣父子胥保全也。朱夫子謂：即夷、齊叩馬之心而婉用之者。誠然。

泰伯心事不欲人知，至夫子畢竟看出，吾人只管力行，天下後世自然有具眼者。

恭而章

恭、慎、勇、直，皆本心之所不能已也。禮即此心之天，則心體上發得恰好處便是禮。無禮是無天，則故不免勞、葸、亂、絞，無禮俱以失之太過言。

篤親章

此記者泛言，總爲修身以化天下之道，合上“恭而無禮”一節，見持身不可無禮。“君子篤親”節，見待人不可不厚。恭、慎、勇、直俱文之以禮，則爲君子矣，自然篤於親，不遺故舊矣。興仁不偷，則化民成俗，禮教之行也。

曾子章

此當與《禮記》易簀事在一處看，蓋人一生逐嗜趨好，煞眼便有失脚，到臨没來，不免手忙脚亂，所謂過去業多心主亂，前趨路險脚跟忙。故曾子特示以平日省身之法。

手足可啓令人看，而心可知。惟其平日戰兢，故臨終有手足可啓，不然便消沮閉藏而含羞地下矣。須知戰戰兢兢乃吾性體流行，没些子放鬆處，免於毀傷是全歸。全歸是踐形，踐形是盡性。大者能立，小者無奪，纔説得無虧欠，故曰“體其受而歸全者，參也”。非止謂形骸之無傷已也，而形骸不待言矣。觀吾夫子臨没時携杖逍遥，可見常人所放縱時，聖賢偏加兢惕，故於常人所惶懼時，聖賢偏會逍遥。

一息尚存，此志不容少懈，是曾子學而不厭處。使門人皆知，是曾子誨人不倦處。有曾子之心，便是龍逢、比干身首分裂，與啓手啓足一般。不然失身辱親，即老死牖下，與刀鋸戮辱何異？

孟敬子章

人平日於富貴情欲終日馳求，智以利昏，志因氣奪，說出話來多是瞞心昧己。惟至將死，不但身外皆長物，即此身亦非我有，百念俱灰，本心孤露，如燈之將滅而反一焰者，故其言無有不善。若曾子，豈在此論乎？只要見他語言可法。

道即下飭躬之道，生色之道，修辭之道，總是個修身之道。"貴"字重看，注中操存省察，不可有頃刻之違，最是"動容貌"三句無工夫。工夫在"遠暴慢""近信""遠鄙倍"三句，三"斯"字是他精神結聚處。全是平時心上作得個把柄在，故能如此不言而喻。亦不是遠與近，是道。正謂有得於道，則容貌、辭氣等項都到恰好處，所以君子貴乎道也。正顏色，"正"字只是一整頓間，"信"是表裏如一，本心之正，爲色之正意。《記》云："臨喪則必有哀色"，"介胄則有不可犯之色"，憂喜皆由中出也。動者自寂而之感，出者，自內而之外。正則整之以合度，然亦不著力，皆就臨民言，說個"事"字，便見不足貴。若本領既得，自能該末，果能體驗乎道而三善從之，又豈有不治之籩豆哉？

以能章

此章從好問引到虛心上去，此曾子最善形容處。從事，猶云用功夫也。用工只是克己，常存歉然之心，如從此中經歷過來，在著力、不著力之間。顏子非明知其有而故爲無，明知其實而故爲虛也。蓋天下道理原是無窮盡的，豈可以自是自滿？故若無、若虛正顏子實見道理處，不可與老氏"深藏若虛，容貌若愚"之説并論。能不能以所造言多寡，以所得言問處，絕非有意著不得謙字。犯者，平白地衝犯將來。不校者，不與他比量是非，一般見識也。蓋聖賢無我之心如太虛然，能容天下之理而不見己之有餘，能容天下之人而不見人之不是。顏子庶幾於此。

六尺章

　　輔長君非難，託孤難。輔國政不難，總攝國政難。即託孤寄命而無大變，猶未見其難。惟至國勢搶攘，人心搖杌，甚且讒邪交搆於其間，變亂不可預測，正是死生利害一大關頭，於此見得分明，持得堅定，不獨拚著一死，不喪自己之守，直是奠安保全，不爲人所傾奪，此豈尋常勉强湊泊得來？其養完，其詣到，非君子而何？

　　三句才、節都重。朱子曰："有才無節固不是。若有德而無才，如受人寄託，自家雖無竊之心，却被別人竊了，也是自家不了事。雖唤作好人，只是不濟得事。"大抵上兩句易，下一句難。如説有猷，有爲，有守，託孤寄命是有猷有爲，不可奪是有守。"君子人與"是唤詞，若爲之審度，言這等人才幹、節操俱好，可許他是完養的君子麽？看來世間大作用定從學問中來，決是個君子人也。

　　歲寒知松柏，世亂識忠臣。請看風急天寒夜，誰是當門定脚人。甚哉！大節不奪之難也。曾子爲此言，正欲於此處磨勘學問，蓋必大節之臨，可生可殺而不可奪，然後謂之可託可寄，而可見其爲君子。不然，與反覆小人何異？此非曾子之弘毅任仁，烏足以當此？

士不可章

謂之士，與凡民不同，是要爲聖爲賢者，故須要弘毅，方承受得起，擔當得住。弘非度量寬廣之説，是志願遠大。毅是骨力堅勁。弘是敢爲聖人，毅是爲聖賢到底。弘是任仁之膽，毅是堅仁之骨。仁則天理之生生不窮者是也。弘毅之成便是仁，弘毅不可與仁混看，“不可不”三字内有勝私克己工夫，方能無限量、無休息如此。

任重者，必任之而始見其重且遠。蓋身體力行，這擔子上了肩，方喚作任。此身在一日，這擔子無別頓放處，故云死而後已。半塗廢不得，一息放不過。如此全體不息，方是弘毅，方可體仁。

任了仁時，於己不曾加些子怎麼樣重，任了仁，亦在己分上眼前體認怎麼樣遠，蓋人爲世情埋没得久，故道義出頭得難。若一任仁，則雖渺然七尺之軀，把天地萬物一肩挑了，豈不任重？極長的是作人一世，一息尚存，一息丟撒不下，豈不道遠？張夫子曰：“爲天地立心，爲生民立命，爲往聖繼絶學，爲萬世開太平。”是任重。“君子無終食之間違仁，造次必於是，顛沛必於是。”是道遠。

曾子《大學》十傳，只是“弘毅”二字渾然與物同體，合天地爲一身者，此所以得仁之宗。吾人一身，内而心意知物，有何件可放過？外而家國天下，有何地可空閒？然自少至壯，自壯至老，一息仁便是人，一息不仁便非人，此生無時可已，故曰任重而道遠。通章只重“弘毅”字，自暴者肯反身向上，便可到狂者進取。自棄者肯反身向上，便可到狷者有所不爲。狂一進便是弘，狷一進便是毅。孟子之至大至剛，帝堯之廣運，孔子之持載覆幬，錯行代明，皆是一條路徑，只大小不同。

興於詩章

此言經學之益志於道，四句重上一字，此三句重下一字，説學者善心興起，是於《詩》上得力。操守堅定，是於禮上得力。至德性純熟，是於樂上得力。三者都是借資，却有個靈明觸動處。

禮之經曲，原是與人心立個準則，故立恒於禮，惟吾心已幾於和順，而因以樂之和順點化之，則其興也忘乎爲興，其立也忘乎爲立，德性自融液而俱化矣，故成恒於樂。

《內則》：十歲學幼儀，十三學樂，誦《詩》舞《勺》，成童舞《象》，二十學禮。則《詩》、禮、樂自幼便當學，在已成後亦不廢。總之，興、立、成是吾心體本然之功，《詩》、禮、樂是古典，可爲心學之資。人於心體上致力，於古訓上借資，斯爲全學矣。

民可使章

先知覺後知，先覺覺後覺，使人人皆知者，心也。可使由而不可使知者，勢也。可使者使之，不可使者聽之，聖人於民，順其自然，付以當然。如因性牖民，設爲庠序學校之教，使民知之之意已寓於由之之中，特不能強人以必知耳。老氏乃曰：“古之善爲道者，非以明民，將以愚之。民之難治，以其知多。”卒使始皇焚書，以愚黔首，則老氏一言誤之耳。學術一美，關係豈小？

好勇章

天下之亂，未有無所激而成者。好勇之亂，內激於不可忍也。不仁之亂，外激於不能堪也。好勇一任血氣，疾貧不安本分，斯人必至作亂。待不仁之人當矜憐之，教誨之，或懲創之，甚則放流之，不與同中國，亦皆至人惻隱之仁、并生之義。若疾之已甚，則不仁已失本心，進退兩無所容，斯人必至召亂。然則何以處好勇者？曰：試其豪舉於職事，塞其貪心於利祿。何以處不仁者？曰：示之以不測之威，寬之以自新之路。

只知"人而不仁，疾之已甚，亂也"，必至優柔以養奸。只知"惟仁人放流""不與同中國"，必至憤激以召亂。不善用之，皆可殺人。善用之，皆可生人。

如有章

周公既有美才，而又赤舄几几，動施四方，能招來天下之才，且成就天下之才，集思廣益，作用不可勝量，所以可觀。若一存驕吝，則器不足以居才，雖才美如周公，且不足觀，況未必如公乎？驕者矜己之有餘，吝者幸人之不足，此是根本先薄，總才也是餘事，故曰："收斂聰明還造化，總無才美亦周公。"

三年學章

古人一年視離經辨志，三年視敬業樂群。驗學者大率以三年爲期，不至於穀只是純心向學，不是枯稿忘世。此須發他一段清潔的心體，堅銳的志向，恬靜的精神。此醇修也，潛養也，真儒也，故曰不易得也。

學者纔説讀書，便想科目到手。不想科目者，卻又不肯讀書。只此志穀一念，不知忙壞古今多少人。若不想科目，又肯讀書，便是真正學者。此非是與世全無關涉，只是能擺脱世利，人方幹得參贊事。

篤信章

"好學"二字是領，惟好學，故能盡道。下文出處去就，皆學中事也，學外更無守。大凡處危亂之間，與有道、無道之際，皆吾身利害所關，皆有個道在。須好學，從心性上打合，徹底融會，功夫既至，自然出處隱見咸宜，故能不冒入，不妄居，不徒隱爲高，不徒仕爲通，不淪没爲無聞，不苟且而遺譏，此皆道也。學於此處討分曉。若徒知窮之當固，而不知有道不可貧賤，知道之當行，而不知無道不可富貴，吾恥之，恥其不好學也，恥其不學而無當於道也。

篤信非止誠實，是立志高卓，直信聖賢之必可爲，然不曾格物窮理以講習。夫持身涉世之道，則所守未必正，何以善其道？故篤信又要好學，圓融而不拘執也。守死又要善道，中正而不偏枯也。守死只是守之定也，非死生之死。善道則事事恰當矣。

“危邦”節是以其所學者守於去就之間，則去就之道無不善。以其所學者守於出處之間，則出處之道無不善。此方是聖賢結果。不入指未仕者，不居指已仕者。有道只君明臣良、能行吾道便是，無道只主暗臣奸、不能行吾道便是。見即用之則行，隱即舍之則藏。四句內俱有定見定守，知幾妙用。不然有道而貧賤，無可行之道，即不爲能守之節。無道而富貴，無能守之節，亦無可行之道，便是可恥。若無道而汲汲於濟世，則豈可以徒富貴目之？

其位章

謀有干預之意，謂計謀，其善否、因革而見諸行也，不止空空議論。無位而謀政，是爲援上。逾己位而謀政，是爲越俎。若丘賦之對、長府之論，即不在位亦可。如人就我而謀，是即我之位也，我固非其位之人，亦其謀之人也。昔留侯必待高祖謀之，方爲畫策，即此意。

師摯章

始即師摯在官時。周家王化基於《關雎》，所以要樂之終而終《詩》之旨也。洋洋盈耳，非徒言美盛可聽，就見文王肅雍之化、后妃窈窕之風流注於聽聞者，覺其充滿而有餘韻在宇宙間也。

不直章

狂者慕古率性，今則曲意狥物而不直。侗如童蒙無知，今則藏詭於愚而不愿。悾悾，遲鈍無能，今則隱詐於拙而不信。是本質既不美，習俗又壞之，本真盡漓矣。

不及章

學問不進則退，消長無中住處。"如不及"是要努力向前，"猶恐失"又怕墮落在後，那容一刻懈怠？

巍巍章

"巍巍"是心體廣大高明，一切浮塵總與本體了無干涉，自然居世界中，出世界外，超世界上。有天下不與，譬如太虛，未嘗遺天地萬物，而實無一物之留也。舜、禹當日隨現在境，盡現在心，行現在事，天下之來也。唐之咨也，禹之命也，不與也，天下之去也。相之聖也，子之賢也，不與也，把天下直看作等閒，此不但戀他是與，即解使去己亦是與，憂勤保守亦是與，即憂勤恐負天下亦是與。皆不免爲天下所動耳。舜、禹之心真可謂空洞無一物。

摩詰詩曰："曾是巢許淺，始知堯舜深，蒼生詎有物？黃屋如喬林。"

大哉章

首節是德，次節是業。"唯天爲大，唯堯則之"，此正堯之所以爲大處，故其德至於光四表，格上下。"蕩蕩乎，民莫能名"，故曰"大哉"，乃若成功巍，文章煥，則所謂"九族既睦"，"百姓昭明"，"黎民於變時雍"者，是其大，而非其所以大也。古今語大者莫如天，日月星辰繫，萬物覆，天之大也，而天之所以爲大者，不在是也。與天同大者莫如堯，成功巍，文章煥，堯之大也，而堯之所以爲大者，不在是也。故言天曰於穆不已，言堯曰民無能名。知不已，知無名，則知所以大。知所以大，則知本矣。

"大哉"，即含下蕩蕩廣遠意，而虛贊之，與"至"字有別。陶唐之天，堯心所造，堯即是天。"則之"云者，合一之謂也。"蕩蕩"是帝德廣遠，孚被無涯，民莫能以言語形容得盡。德溥而無迹，有莫知其所以然處，就是天之不可以言語形容也。說廣遠亦即說淵微。

堯之大只在則天成功，文章亦在則天中拈出言之，兩"有"字根上"無能名"來，有即從無中現出。上節是"大德敦化"，此節是"小德川流"。先儒謂唐虞事業視之如浮雲過太虛，而孟子亦謂中天下，定四海。所性不存，何者？君子安身立命，固自有在，原不係於功業之有無，而豈以有無爲盈歉哉？故舜、禹有天下而不與，夫子稱其巍巍。堯之成功、文章而無能名，夫子贊其蕩蕩。非謂其遺功業也。堯兢兢，舜業業，禹孜孜，其心有出於功業之外者。帝王之學固如此也。

有臣章

精神在"唐虞之際"句、"周之德"句，蓋惜武之遇，不得游唐虞之天，而尊文之德，猶得匹唐虞之休也。記者劈頭便立公案，即治、亂字，五人、十人字，俱有意在。曰五人，見天下已治，自不消得多。至武王曰"予有治亂之臣十人"，若自幸其多者。然戡亂之難已非揖讓光景，雖多亦何爲？故夫子不嘆才之盛，而反有感於才之難，謂我周雖有十亂，終比不得唐虞，而況其間有婦人，即十亂不滿。然則周所稱盛，果以其才乎哉？吾想武王以前，人心大半歸周，三分天下業有其二，而但以服事殷，雖有臣如十亂，而不以之興周。周之才孰與周之德哉？德至矣，雖唐虞蔑以加矣。

"孔子曰"三字，因上係武王君臣之際，故記者謹之。才非才巧之才，是三才之才，能經緯天地，扶持世道者。難是極難成就，極難遭逢，惟唐虞差勝周家，見才難。周家藉才於婦人，尤見才難。知其難，不知當何如培植，何如珍惜，句句説盛，實句句説難。

説者俱謂唐虞交會之際，兩朝止得五人，惟我周十人爲盛。此説於理不通。蓋言五人，第指人才之尤者論耳。若九官十二牧，師濟盈庭，數之不盡。且邑姜凑稱十人，則虞廷又當并列皇、英矣。夫豈在人數多寡上較盛乎？只如近説，作贊揚昭代，言唐虞交會以後寥寥千載，直至我周再盛，是唐虞乃千載之一時，我周亦亘古而繼作。然中間尚不滿數，可見才難。此雖非本旨，亦可參看。

夫子曠觀周代[三〇]，嘆周才無完數，不覺爽然轉念，想到德上，見周之所重在德，不重才也。以服事殷，文王率其歸己者以事紂，説個周之德，不欲單指文王，以別武王耳。總之，宇宙有變局，武王乘之，故十亂奮焉而爲周之才。乾坤有常，經文王安之，故十人潛焉而爲周之德。論才則止得乎十人之九，論德則已忘乎三分之二。

禹吾章

帝降而王，德降而功，世道升降之會，議論易生，故夫子特表其無間，歷指行事之合宜處，見其不戾於執中之統，而可與堯舜同德也，原不專以克蓋前愆言。自古聖人，惟禹治水作用極大。有大作用者，或細行有所不矜。禹却於宮室、衣食間精義入神，用心極密，就三件恰好處，有無限精微在。此正能於人心、道心關頭擇之精而守之一也，此所以允執厥中，則無可間矣。

"禹，吾無間然矣"，其湯、武之微詞乎？

子罕章

此是記者之詞，不得説所以罕言之故。世之學者，卑之言利欲，高之言性命。窮深極玄，而忽略於庸言庸行，其病不淺。於利欲之人，聖人皆罕言之，所以爲人心慮至深也。記者不欲以理、欲混説，故著兩個"與"字，此唐虞分剖人心、道心之意。命兼理數，理精微而進言氣數，又不可盡委之，而至於廢人事。仁之理至大，言其難，恐人有畏難心。言其易，恐人有玩忽心。即《論語》所言，皆求仁至命的工夫，其直指源頭者亦少。

達巷章

此章與"多能"章參看，總是不貴徒博之説。"博學無所成名"一套看，有畏其茫無畔岸意。夫子説：黨人謂我博學無所成名，吾豈博而無所執者？即御可執，射可執，苟欲一藝成名，即御亦可執矣。此是因説大，把個極小的對他。因説博，把個極不博的對他。因説無所成名，把個極可成名的對他。見無之非學，無之不可返約處。此際意思穆然，在"子聞之，謂門弟子"七個字上想，所以破人徒博之意。執御即多能鄙事之旨，雖執鞭之士，吾亦爲之，破人求利之惑。吾執御矣，破人求名之惑。御不可執，則名之成否不必計也。

古人每出必御，必以子弟御，所以防失也。且子爲父御，弟爲師御，亦寓教孝、教敬意在內，故曰"樊遲御"，又曰"冉有僕"，可見御之義甚大。今六藝中惟御久廢，"執御"之説雖聖人一時冷語，實爲慮深遠。

麻冕章

要知麻冕之變亦是人心漸薄，日趨簡便，麻冕與拜上一齊都來了。以純易麻，見聖人不得已處。蓋制度猶隨時斟酌，若綱常則萬古爲重，如何與衆俱靡？

儉只是省工夫，非省財用，亦非敦樸之謂。古人之不省約，正是重元首，正其所以樸也。今人要省工夫，便是苟簡處。聖人第欲緣此一綫省約之意，以還之於大雅。但此心過不去處，要從也從不得，所以違衆而拜下也，分明轉移人心意。可見聖人未嘗拗俗，亦未嘗狥俗，此所謂無可無不可。

子絕四章

意、必、固、我循環膠滯，世人心也。毋意、毋必、毋固、毋我，賢人心也。并"毋意、毋必、毋固、毋我"而絕之，斯爲聖人之心。聖人之心只是赤子之心，蓋聖心一無所繫，萬物一體，千古一心，太空也，不見有萬象也。

"意"是起個思想主意要如此。"必"是期必，有毅然決往之勢。"固"是膠固，有確然不拔之形。"我"是認作是我，不以吾身公之天下。"必"與"固"相似，但"必"就所見言，"固"就所守言。

子畏章

畏是臨難而惕，非恐懼也。凡道之見於著作、燦然有文理者，謂之文。獨以文王爲言者，疑指贊《周易》也。蓋《易》始於羲皇，爲萬世文字之祖。文王演之爲辭，發明天道之秘，故羑里不足以死文王，夫子韋編之披，心與天通，故能援天。自信文在兹者，明明覥著天意生己，扶持一世文教，以補作君作師之任，故删述序贊，千古責任在兹。

大宰章

總是不貴多意，天縱是天不爲限量他，故二帝讓德，三王讓功，三聖俱讓其全。"又多能"是聖之餘事，聖人固多能，多能不可名爲聖人。聖人多能固妙，即不多能亦不妨，不然，有能無能皆不可也。

"知我"謂"知我所以多能之故乎"？與下"故"字相照。少賤，無職業。由少賤而多，便見不由天縱而能。多能當不得才，如經綸事業方是才。多能乃才中末事，故云鄙。多能是游藝功夫，如射御釣弋之類。博文是志道功夫，不可混看。此道與藝之別也。

君子不多，言學問經濟自有大根本所在，不屑屑於鄙瑣之務。

引牢之言點一"藝"字，正以藝證多能，非以不試證少賤也。

儒者學主經世，其應務處豈有不藝？豈不多能？顧學問自有大宗旨在，聖賢精神只在一處用，決不爲遍地馳求。蓋聖人之道，一貫之道也。一理渾然，泛應曲當，一切作用皆從本源出，故曰易簡而天下之理得矣。

吾有知章

學者不是滿腔塵擾，便是一局意見，如何說得無知？聖人之心原是渾渾淪淪，不識不知，寂然不動，感而遂通。蓋聖心無欲，無欲則靜虛動直。"吾有知乎哉？無知也"，靜虛之謂也。"叩兩端而竭"，動直之謂也。空空專指鄙夫心境言，只是空虛，無有學問。惟空則可叩也，兩端亦在空中自起之頭緒耳。陸象山有言："與有意見人說話最難入，以其不空也。"

自己不自有其知，而告人務必盡其知，此聖人所以不可及。

聖心既無意、必、固、我，豈是落空？而其所謂好古敏求者，果是何等心腸？既是好古敏求，而其所謂無知者又是何等心腸？只恐求之以多識，則爲賜之貨殖。求之以一貫，始爲夫子無知。然則無知者本體，求知者功夫，非相歧也。

鳳鳥章

孔子思羲、文而不可見，故借鳳、圖以寓意，非爲鳳、圖發也。自龍馬負圖而出，伏羲以一畫肇開萬世文字之祖，則河決無復出圖之理。然看來羲之畫一，唐虞之字十六，孔氏之經五，則春秋有孔子，即圖之復出於泗水之河也。泗水流於萬古，而萬古有孔子，即萬古有伏羲，萬古有河圖。

子見章

遇可哀而哀，過可敬而敬，遇可矜而矜，一作一趨無非天則，總是仁孝誠敬意。少當作年少。

喟然章

喟然一嘆，正在卓立境地。通章俱是深有得於夫子而極其形容之詞。細看來，高、堅等語與卓立畢竟有別。惟仰非高，鑽非堅，瞻非前後參差，方謂卓立。若彌高、彌堅，烏在其爲卓爾？惟不肯聽其彌高而止，故須竭才。若才竭而仍彌高，才何取竭？且無意之從，與鑽、瞻之著力自有辨。

始謂即高也，不仰不及，仰斯及之矣，孰知始因高而仰，繼因仰而高，不仰則已，仰之則彌見其高。彌見其高，而回當何如？以仰之肯聽其彌高而止耶？下三句倣此。此一段便有未得見道、幾乎罷手的意思。朱子曰：高、堅是説難學，前、後是説聖人之道捉摸不著。皆是譬喻如此，不是真有個物事。高、堅、前、後只是一個中庸不可能。蓋聖人之道是個恰好的道理，纔著意，又過了。不著意，又不及。作來作去，只是難到恰好處。若聖人，則動容周旋都是這道理。

仰、鑽、瞻、忽是用參提，乃上達工夫。博、約是用考驗，是下學工夫。若驟然與説，未必不忽易。待他自去苦心鑽研，不通纔與説破，乃急水灘頭助一篙，便極平常話也自得力，所以謂之善誘。若一味向上達處作，所謂“學而不思則殆”者也。當日顏子若無仰、鑽、瞻、忽，則雖作博、約，終是學而不思則罔，何能見道？聖門群弟子日聞博約之訓，只少此一段功夫，所以日聞教而不悟。

博文是窮究道理，約禮是體驗身心，皆聖門精一之學。從兩間名理收歸到心體上來，如此用功之篤，不覺驀地大悟，道體現前，日用行事之間真有確然定見，即是這高、堅、前、後的道理看得親切，非別有所謂卓爾也。從之是與之爲一，蓋不思不勉之境，非著力所能湊泊到這裏，只得聽其自熟而已。

顏子得力處在一“竭”字，世儒受病處在一“罷”字。偶有所悟，輒去放開，或自以爲悟，遂去罷手，還不是悟。若是真悟，自然欲罷不能。

世間高明之士，大率深求性命，究心於渺茫不可測知之地，畢竟無下手從入處。不知饒君聰慧，決不能過顏子。試看顏子當初是何識見，高極之九天之上，深極之九地之下，瞻前忽後，又盡夫神奇怪幻之態，任是玄妙不可測識之地，豈不一切究心來？然竟無可湊泊，豈不易生厭倦？及夫子之引誘顏子也，循循然終日與言，無所不至，大概則非禮勿視、聽、言、動足以該之。夫我之視、聽、言、動燦然日用者，文也，至博也。而所以主之者，渾然一理，禮也，則至約也。自有此誘，而性命之微昭然，人倫日用之間隨博隨約，無有兩層。又自博自約，不待外假。循此學之直，有不容歇手者，所以造到卓爾地位，則已進於守。若夫欲從末由，特未至於化耳。

顏子是聰明的人，故尋索道之本體而擬之高、堅。曾子是篤實的人，直理會道之實際而引爲己任。初間所見雖微不同，卒之一以四勿爲仁，一以三省爲仁，同一家法，故曰傳得其宗，有以也。

子疾病章

《禮》：孝子不親治喪，大夫任之家臣，士庶屬之親友。子路以夫子常爲大夫，故欲使門人充作家臣治喪。於義若可據，而時已去位，則家臣實非見有，即蹈於欺矣。子路是個心直口快的，反説他行詐欺天，正是痛下鉗錘，與是故惡佞一例。

首節是過尊其師，次節見臣不當有，末節見臣不必有。

有美玉章

美玉之論非諷其沽也，特商量其如何應用之詞，但不免微動干意。夫子則用行舍藏，無一日忘天下，而未嘗與一天下用我之心，故曰：聖之時用即用，不用即待，聖人之氣象自別。

子欲居章

口氣說爾道君子真個去居？若是君子居之，亦何陋之有？著一煞語不得。蓋不居不必言陋，居之亦不必言陋，先輩謂當問其居不居，不當問其陋不陋。最是。

吾自衛章

夫子以定十四年去魯，應聘諸國，至哀十一年自衛反魯。此不言正樂之事，而但言樂正之時。想其平日亦必陸續考訂，直至自衛反魯日方纔樂歸於正，以見正樂非一日之功，蓋是不能行道而後望傳道之說也。樂以《詩》爲主，《詩》紊而樂亦紊矣。故樂正全在《雅》《頌》得所。樂正於朝廷，而《雅》即以王之朝爲所。樂正於宗廟，而《頌》即以王之廟爲所。非獨音節、編章之不紊也。

事公卿章

此是於天理之當爲者求盡其道，於人情之易動者不逾其則。視之若易，而行之無憾則未易也。看二"則"字，二"不"字，須有個大頭腦在。今人事父兄亦多體面不失，事公卿決不至得罪，然一念之微較之盛德，自然何啻天壤？何有於我？正在日用微細處自家檢點。

凡入孝出弟、哀喪燕飲之節，人每視爲細故，而聖人致謹於此，猶皇皇然如弗及，何哉？此可以見聖學之真矣。他日夫子之言曰："下學上達，知我其天。"又曰："庸德之行，庸言之謹。"曰"下"，曰"庸"，豈以微而可忽？程伯子亦曰：灑掃應對便是形而上者，理無大小故也。故君子只在慎獨，而聖人且終身於是學焉。彼世儒或有勉强於大節而不免忽略於細行者，豈其學未透性，而真情見於所忽耶？此學之所以當講也。

子在川章

逝者指川，斯指道，此亦舉一隅見天地間物物事事無非"逝者如斯夫，不舍晝夜"。

鳶飛魚躍是道理無一毫空缺處，"逝者如斯夫"是道理無一毫間斷處。此個機括即道體，即天體，即心體，不惟聖人之心如是，即在吾人之心皆如是，即在物之理皆如是。蓋造物之於穆不已，人心之須臾不離，不得分之爲兩也。但聖人之心常覺有如斯，而人多爲私欲間斷。若將妄念盡情割斷，天理流行，便見滿目生機，隨處皆川流妙境矣。

好德章

好德之心不使好色之心間斷，便與"逝者如斯夫，不舍晝夜"機括同，不爲色迷是知，不爲色屈是勇，知且勇，仁人也。

譬如章

兩"一簣"字重看，不可放過。人都説究竟時功垂成而莫禦，不知吾若要止，只差得一簣，也自廢了。人都説發仞時幾尚淺而難圖，不知吾若肯進，只憑得一簣，也便往了。總見成敗由於一念，即九仞之後，猶當凜一簣方覆之思，雖一簣之始，不難作九仞成功之勢。

夫子見川便悟道機，見山、見苗便悟學力。胸中天理爛熟，故所見無非天理。此所謂目順也。

語之章

不惰就心裏説，即語時精神醒發，流暢活動，勃勃乎不能自已處。蓋描出他妙解神情。惟其心解，故力行，心解自然住不得。若他人聽過了，半信半疑，若存若忘，那得不惰？若是聰明發皇，見地不無起滅，縱然才氣鼓舞，願力亦有興衰，惟回也欲罷不能，即默識者爲之，不厭不倚，語言嚮往，安得復有惰時耶？此與下節皆是“晝夜不舍”的機括。

惜乎章

此追惜之辭，進、止即與前爲山之進、止同義。夫子思念顏回說：“惜乎！吾只見他長進，并未見他止歇也。若在時，更不知如何造就矣。”顏子只是個不違仁，仁本不息，故未見其止。

苗而章

學未至於成，時時莫可自必。此喻學者現在美質，現在進修，毫不足恃，必時時策勵，實歷進步。進一步，方得一步到手。若恃現在，則并苗且秀者俱失之矣。

禾始生爲苗，即學之初發根基。開華爲秀，即學之成章。成穀爲實，即學之收成結果。

兩“不”字皆由人力未到，不兼天時。

人有良心，便是美種。若不知理義涵養，不求師友培植，不講學以發生機，不克己以除心寇，不擇交以杜牽引，或用力躁率，不循其自然，則始初雖有生理，亦安能暢四肢、發事業而至義精仁熟之地哉？雖然，苗一物耳，待人而秀，待人而實。人靈萬物，又將誰待？故曰：苟爲不熟，不如荑稗。

後生章

幼而學者如日出之陽，壯而學者如日中之光，老而學者如秉燭夜行，猶賢乎瞑目無見者也。不如今，只云安知不如今日之可畏，指後生言，是將來不可量之意。"無聞"作不聞道説，即依聲聞説亦妙。古人原不分名、實爲二，如云到了四十、五十，還不聽得説起他，便只是這個模樣，也不足畏憚了。時乎時乎不再來，戒之戒之宜努力，勿使後生爲不秀不實之苗也。

法語章

此是警聽言者，法如法律之繩人，巽如巽風之動物。法語是理上過不去，他不能不從，然不貴體面應承，必須努力改行爲貴。巽語是情上過不去，他不能不悦，然不貴體面歡喜，必須抽繹這意思出來方貴。兩"爲貴"俱是有益於身心。末語不重吾説之窮，重惜彼不可救也。蓋人以法語、巽語告我、愛我者，可謂忠矣，仁矣。不繹、不改，是人知愛我而我不知自愛也。真是自暴自棄，下愚不移。

非知者不能悦巽語而繹，非勇者不肯從法語而改。

三軍章

三軍之志帥是也，匹夫之帥志是也。匹夫即是聖賢之流，志是道義之志。有志難，有志不使奪更難。有志是弘，不使奪是毅。

子路緼袍不耻，便是不奪之志一端。歲寒松柏，品格亦從立志爲始。

衣敝章

人心忘則進，有則執。至於執，則非獨未得者不能進，即已得者亦著而不化矣。通章不作兩截看，只一"用"字便是引進子路機關。

道德中不可添一分世味，凡口頭超脱都用不著，須要切身體驗去。由也縕袍不耻，而聖人與之，正是取其澹泊寧靜，可以致遠。古今以來，聖賢論學總是這個門路。

忮是嫉妒人之有，求是貪求人之有。人一有忮、求，便根基已壞，學問何處著手？惟去此二念，則心胸也空闊，骨力也堅勁，那些好事作不來？故説何用不臧，言用以貞遇，則戰勝之訣也。用以深造，則見人之泰也。用者，階梯之意，下文"足"字則止宿之意。學問原無止足，只要用這"不忮不求"念頭，力求進步，謂可用以臧也。非謂即足以臧也。此心終身用之不窮，此語終身誦之不足。

終身誦之不是自足，只是據而恐失之意。不知道理，雖只一個造詣，全在轉關。不忮不求是貨利關未過，此關爲鬼爲蜮，爲禽爲獸。爲凡民，無非卑污曖昧之境。此關以外爲君子，爲聖賢，悉是光明正大之域。子路已過此關了，故夫子特地喚醒。然既過此關，便須直擣長驅，取中原以定鼎，乃高踞關頭，侈言百二之勝，則河山雖勝，非復真主規模矣。故夫子把他好處又爲一掃，使之掀翻窠臼再無跕脚所在，方得進步前去。如項羽伐秦，沉船破釜，持三日糧，示士卒必死。夫船與釜豈是可舍的？然不如是，則人有偷心，那便得有垓下之勝？所以蘇季子云："使我有洛陽田二頃，安得配六國相印哉？"嗟乎！人品、學問、事功，莫不皆然，有志者可爲一省。

縕袍不耻，由也升堂矣，故以"何用不臧"嘉之。終身誦之，依然未入於室，故以"何足以臧"進之。

歲寒章

當平居無事，君子談道義，小人亦談道義。君子談氣節，小人亦談氣節。君子自不求人知，而肉眼又不能預識，何由別白？及一當死生利害處，有抱頭鼠竄的，有靦顏改節的，惟君子挺然不變，然後共相嘆服。但起初既不知他君子，即有本事，無緣展布。及事已作壞，始委之君子，挽回甚難。就使挽回得力，費盡多少心力，可長嘆者。“然後知”三字最有意味，松柏後凋不徒是明一己之節，有賴此以獨留造化之春而點綴乾坤之色意。

歲寒而後知松柏者，眾人知松柏也。人世有松柏，自不憂有歲寒，但得時序，無歲寒，松柏亦不樂見其操矣。

知者章

此不是說爲學之序，是說德性之學世故不能累。各就其心體之無累者言之，重知者、仁者、勇者。上智知天，自無茫昧障。仁樂天，自無煩惱障。勇同天，自無恐怖障。完德性之學，則涉世無不妙，雖試之事變，而不爲所動矣。

共學章

此見學者當得一步進一步。與猶許也，言其人之力量造詣可與如此也。“可與”非已然語，“未可與”非究竟語，理可頓悟，事須漸修，學問初非憑空而搆，轉盼即了者也。或機緣將湊而指引之，或造詣已至而印可之，總不使有躐等之弊，故步步審量，不肯輕爲之許耳。

學者只怕懶散，無所事事。可與共學，是聖賢路上人志向同也。然志向雖同，未敢信他躬行，故“未可與適道”，恐其有道外之馳也。能躬行正道矣，未必能持守堅定而臨境不變，故“未可與立”，恐其有道中之畫也。“可與立”，是養已定矣，安得念念事事恰當天則而妙時宜？故“未可與權”，恐其方而未能圓，守而未能化也。可與權，非知易體易者不能。

權即易，所謂隨時變易以從道。孔子從心不逾矩，孟子所謂聖之時，吾輩爲學，劈頭便要默識這個，到結局亦只是這個，所謂"不識不知，順帝之則"是也。學必至於是，而後渾是性命作用，故以是爲學之的，不然起頭便差，毫釐千里。孟子所云伊尹不同道[三一]，正以清、任、和各一路，決不能上時中路上來，權即時中之謂也。《大學》繇定、靜、安而至於慮，則權矣，而吃緊則自知止始，知止之所以慮也，知道之所以權也，而學其庶幾乎！

程子謂經只是權，朱子謂權與經亦當有辨。看來經是常理，權是經之妙用，正以經濟之窮，非外經而爲權也。固不是《公羊》反經合道之說，亦非謂經處常、權處變也。如曾子委身以受大杖，夫子即責以陷親不義，是受責之孝輕而陷親之罪重。此處又自有權在，豈謂尋常日用間更不用權乎？可見經而能權，經不死煞。權而本經，權不詭隨。聖人之權是權宜，小人托權是權謀。故曰權非聖人不能用，而夫子亦不輕以權許人也。

唐棣章

"棠棣之華"是寄興語，"未之思也"是翻案法。聖人遇著人該警醒處，便要當體指點一番。觀一"爾"字，詩之所思指人言。蘇眉山謂是思賢之詩，最是。夫子所言未之思，以思此理言，蓋思起於心，理亦具於心，一呼便應，未嘗有分毫阻隔。可見虛無所不透，靈無所不入，通微之妙、作聖之功具在，思何得言遠？

鄉黨章

此記夫子居鄉、在朝言貌之不同。

恂恂不是謙遜，是樸實無華，不露一毫才識的意思。"似不能言"，正是渾厚處，口氣勿斷，與"斷斷兮無他技"文法同，"其在"二字分明對鄉黨說，大抵逞才辨於鄉黨的，立朝決無讜論，其於政事禮法之地，或以晦默托之乎矜謹，一籌不能展。聖人則恂默於鄉黨，而大能發抒於宗廟朝廷。可見鄉黨只是"似不能言"，默養孝弟之真誠，朝廟則其能言處矣。近儒曰："此於相反處見其妙。"凡居鄉恂恂如處子者，臨事時亦不能有所建白。當官遇事敢言者，即居鄉時亦好出頭管閒事。唯夫子處之，各得其宜。

朝與章

此記夫子在朝事上接下之不同。

合全節看，以君為主。

朝乃君未視朝，諸大夫待漏之際，此時正有政事要商榷。侃侃似剛而帶和，誾誾似和而帶剛。如今人，以剛為主的，便見了上大夫，也要將正氣去壓他。以和為主的，便見了下大夫，也要將謙虛去周旋他。唯夫子為能各得其當，蓋秩紛則不可訑言，以狗眾情，故侃侃。權重則不可亢言，以失和衷，故誾誾。

通章重事君上，即與諸大夫言，亦是因人而施，求以共濟君事。

君召章

此記夫子為君擯相之容。

"君召"兩字一篇之領。

孔子時為中擯，左右手，不可謂傳主命以出，傳賓命以入。此時賓主俱在門外，無入之說。左其手，是揖末擯而傳主命，不內背君。右其手，是揖上擯而傳賓命，不外背賓。手雖動而身不動，故衣襜如。重衣襜如上。

趨進是主賓已延而入，為擯者從其後趨入，以有事也。

色勃、足躩是被命之初敬如此。"左右手"四句是傳命時敬如此。趨進是行禮時敬如此。復命是禮畢時敬又如此。惟念念在君，斯節節中禮，庶不負乎使擯之召。

入公門章

此記夫子在朝出入之容。自入門而過位，而升堂，而出，而降階，没階，而復位，令他人處此，恐亦不得不敬，但夫子儘自從容。

不中、不履，總是挨閫傍而進，避君出入處。一立一行，亦從心之矩。

位是君之虛位，在門屏之間，所謂外朝，君素寧立見臣處也，如今朝廷亦有御門之時。色則勃如，變動而色容莊矣。足則躩如，盤辟而足容重矣。其與諸大夫言似不能發，是過位之敬也。

堂有七級，升堂恐其躡衣傾跌，故以手摳之而升，即拜下而後升也。以手摳衣，使去地尺，身容謹也。屏藏其氣，似不出入，氣容肅也，是升堂之敬也。既見君而出，下堂階之一級，則顏色和悦，敬漸舒也。夫入則愈近而敬有加，出則漸遠而敬未已，及到復位時，依然一入門之初。聖人事君盡禮可見矣。

上節其言似不足，如有含章以對天顏之意。此屏氣似不息，乃呼吸上通帝座之意。

按公門中間有闑，兩旁有棖。棖是大門兩旁之木，闑是中間兩扉相合之處。常設一木而不動，東西兩扉各有中。君出入則皆由左，出以東扉爲左，入以西扉爲左。士大夫出入君門皆由右。雖是由右，亦不敢正當棖、闑之中，但挨闑旁而行，蓋避君出入處也。

執圭章

此記夫子爲君聘鄰之容。

自“鄉黨”至“執圭”，皆記夫子事君之禮，總不外一敬。

圭是諸侯命圭，以玉爲之，聘鄰國，則使大夫執以通信。方聘則主於敬，將君命也。既聘則漸以和，達君意也。聖人一捧著命圭，自頂至踵，手足頭面，那一處不是爲君用？

鞠躬是曲身而行，如力不能舉者，是敬之形於身也。上則如手拱者，而不失之太高。下則如以物與人者，而不失之太卑。低昂有度，俯仰中節，是敬之形於手也。其色則勃然變動，如有戰懼之容，是敬之形於面也。其足則舉步促狹，曳地而行，譬如尋物一般，是敬之見於足也。

手與心齊，正見他一心常對君上視交好和臨戰，乃聖人安不忘危之思。“如有循”是繩趨尺步，循規蹈檢，一舉足不忘君。此句是接武不布武。

當時大夫僭於邦君，庭實旅百，如享禮然，必若夫子之私覿，乃爲正耳。

紺緅章

孔子之服，顏色以正，冬夏以時，表裏內外之相稱，長短輕重之適宜，煩簡吉凶之有節，其動必中，則有如此者。“必”字“不”字有從容中道之妙。

紺是深青赤色，所以飾齋服，取幽深玄遠之義。緅是絳色，所以飾練服，取節哀順便之義也。夫紺以飾齋服者，非齋服則不用紺色以爲飾。緅以飾練服者，非喪服則不用緅色以爲飾。蓋所以別嫌疑而重喪祭也。

褻服而用紅，則疑於赤，用紫則疑於朱。夫子私居之服無取於紅紫，蓋所以大居正而重遠邪也。

“表而出之”，裏邊先穿一件，表絺綌於外，欲其不露體也。裘在內而衣覆之，欲其文之不著也。夏葛有裏衣，冬裘有外衣。裘之裼見美也，裘上加單衣，以祖裼見裘之美。《記》曰：“表裘不入公門。”故用裼。

朝覲常服用黑，取人臣北面之義。聘享尚潔用白，見精白承休之意。大蜡息民尚土色，見黃冠野服之風。

狐貉則取其温厚，不論狐之色，亦不必如羔裘等裼，必稱其色，以爲見美地如此者，祇用以私居，不若羔裘等爲在公禮服故也。此襲裘之制，即所謂“襲裘不入公門”者。襲裘長短俱有袂，“右”與“有”字同，非短右之説。

“無所不佩”〔三二〕，行清潔者佩芳〔三三〕，德光明者佩玉，佩觿佩韘，亦各有用。

“非帷裳，必殺之”，非獨惡其虛費，亦以別於公也，想見尊尊親親之心。裳，下衣，用全幅如帷幕，謂之帷裳，蓋摺其上以就腰，即今之裙。殺乃降殺斜裁，不用摺。他裘他冠皆可裼裘往吊，獨羔裘玄冠乃朝祭公服，不可襲用。以吊喪重其服，所以重朝祭也，不止是哀死。

吉月，必朝，亦是在家望君而朝祝，非登朝也。當時魯不視朔，老臣必朝，所謂我愛其禮。

齊必有章

此記夫子謹齋之事。

數“必”字見其慎，聖人之齋，心齋也，無一念不與神俱也。明衣是潔其身體，變食、遷坐是一其心志。易其常處，以與神明交也。長一身有半，謂其制度，視一身之長而半之，蓋半體衣也。

食不厭章

此記夫子飲食之宜。

人莫不飲食也，鮮能知味也。聖人日用飲食，莫非天理運用。恒人習之，聖人察之。數"不"字"必"字，通是無心，自然合節。食之精，膾之細，膏粱者之所深嗜，而特不厭之，是無口腹之欲也。食之饐、餲，肉之餒、敗，飢渴者之所不擇，而必不食之，是無口腹之害也。看"不厭"二字，煞有斟酌，以下數不食，卻從此不厭之意謹而裁之。

饐是先時，故傷熱濕。餲是後時，故久而氣味已變。

"失飪"不止生熟，烹飪之節所該者廣。失飪者而食之，嫌與甘食不擇正味者同。

不時，如漢詔所謂穿掘萌芽、鬱養强熟之類。物未成，多不利人，故不食。上數"不"字無奇特，只是口腹無饑渴之害耳。

先王制爲庖，割之正一準諸禮，君子不以菲廢禮，不以美沒禮。得其正，雖菲，君子以爲禮。不得其正，雖豐，君子以爲苟食而已。割是宰割，即殺也。凡無故而殺者，皆謂不正之割。不欲濫殺，故不食。《記》云："大夫無故不殺羊，士無故不殺犬豕。"正有正當之義，無故則非正者，故爲不正之割。

醬爲食味之主。進食之禮，膾炙處外，醯醬處內。古人各有所宜用之醬，不得其醬，調劑失宜，大拂其因物付物之心，故不食。

"唯酒"，"唯"字承上句説，落酒不爲量[三四]，亦"從心所欲，不逾矩"之一端。

肉不使勝，酒不及亂，宜於食矣。而沽與市者，仍致謹焉。

"不多食"就薑言，以味辛，不宜多也。若謂凡食無貪心，此不待言。

其食處與不食處，非有揀擇心，只是隨物而辨。養生之精，衛生之嚴，至於頒之人，審之己，通之神，尤見仁人孝子之用心。"祭於公"以下類記之，雖尋常飲食之間，而心思意念與天地宗祖相流通[三五]，自無往，非仁人孝子之誠、報本反始之念。

凡祭，先一日宰牲，次日始祭，若復宿肉，則出三日而肉敗，人不食矣。急於頒君賜者，不留神之惠也。急於頒家胙者，不褻神之餘也。

論難曰語，直言曰言。食時只不與人辨，雖寢，則隨時晏息，并言亦非宜矣。君子以慎言語，節飲食，原只一事。

古人飲食必以少許祭始爲飲食者，雖蔬食、菜羹、瓜果之微物，祭亦必齋，以致其敬。蘇子山曰："終食之仁，吾於瓜祭見之矣。"古人席也而主，俎豆皆置於地，故置祭物於豆間之地。

席不正章

總見聖人之心純是正，故一坐也要正，如後面"必正席"之類，蓋舉此以見其無往不正也。先儒謂席之正位隨時不同，東西南北各有正向，此以方爲正者也。有憂者側席而坐，有喪者專席而坐，此以事爲正者也。要活看。《仲尼燕居》曰："禮之所廢，衆之所亂也。"席而無上下，則亂於席上也，其可忽乎？

飲酒章

王道之行也，以禮教始。禮教之行也，以居鄉始。即此二條，想見觀於鄉而知王道之易易也。以天縱多能之聖，與鄉人相周旋，而又爲之承顏下氣，必待其出而始出，又不敢於其出而少留，何等氣象？杖者出，斯出矣，恂恂如也。

儺，國禮所在，不得獨異。朝服乃當時有官者之常服，非如今制大慶賀之朝服也。必朝服者，以事舉於鄉而制出於朝也。立阼階者，以賓待鄉人而自居主位也。

居鄉尚齒，不候長者之出，何以齒教天下？居鄉尚禮，不伸朝服之敬，何以禮教天下？顧鄰初曰："此是聖人不違俗、亦不混俗意。"

問人章

再拜而送，非拜使者，乃遙拜所問之友。

藥未達而不嘗，亦人之常情，但必以情告，乃見其不欺。此記夫子與人交之事。

拜送是不欺背後，不敢嘗是不欺面前。

廐焚章

不問馬，此聖心自然不容已處。畢竟亦問到馬，只是廐焚問馬之常情，一時問人不問馬，迥出常情之外。只此便見聖人老安少懷，多少大志願皆從此一念中來。戰國時，廐有肥馬，野有餓莩，天下日趨於危亂，只是為人上者少此一念。

君賜食章

正席是對君之象，先嘗是不敢虛君之賜也。腥是生肉，薦是祭先祖，榮君之賜也。生是活物，畜是養育，仁君之賜也。逮下之仁，奉先之孝，育物之仁，皆自敬君推之。

侍食於君，則非客之明矣。侍食時必使君祭，先飯，謂祭先代始造飲食者。此必夫子為舉饌以導之，非先君而飯。

東首亦輕，只重加朝服，拖紳。是雖床第之間，儼然垂衣束帶之象。古者君適其臣，升自阼階，示莫敢為主也。臣之接君，特隨其後耳，非敢以阼階為主，而以賓禮待君也。東首，謂自北牖遷於南牖，在北為西首，在南即東首耳。

尋常大夫不可徒行，及至趨召，徒行乃更為禮，禮豈有常？

朋友章

朋友有共存亡之義，故以我為人，則雖殯殮之厚，不以為客。朋友有共貧富之義，故以人饋我，則雖車馬之豐，不以爲德。拜祭肉，不重，只要形容車馬耳。此見義所當爲不可辭，義所當通不必拜。車馬不拜，義也。祭肉必拜，禮也。

寢不尸章

細味此章，皆就意象所不著處獨發自然而然之意。蓋衆人屬目，或出矜持，大賓公謁時，猶作意其他。或廟廷交際不得不嚴，乃曰寢曰居，曰狎曰褻，曰盛饌必作，曰風雷必變。尋常日用妙合自然，豈非盛德之至？

寢不放肆，是靜中操持自在也。居不矜飾，是閒中順適自如也。

狎以人言，素所親狎。褻以地言，一時燕見。重言凶服者，以在車有別。

周禮：小宰聽閭里以版圖，司書職邦中之版、土地之圖，以周知出入百物。此版只是戶籍，不兼土地。夫子轍環天下，皆爲生靈之故。一旦車中遇此版籍，林總如在目前，即有三代生聚之想，叔季憔悴之悲，自不覺其式而敬之也。

有盛饌必作，起以致不安之意。此因其意，以致敬禮之於賓主也。主之敬不在饌，子之敬不在色，其變色而作是敬而致辭，謂其不必如此也。敬主、崇儉二意俱有。若作惡其奢而去之，則真令人難堪。若喜其厚而禮之，亦非所以訓世。

聖人即天，天變，聖人安得不變？烈風雷雨弗迷，知天之至。迅雷風烈必變，事天之誠。只風雷一變，已具全部《春秋》。

升車章

此記夫子乘車之容。

聖人心安於正之妙，莫可形容，故特假"不內顧，不疾言，不親指"以形容之。一立其暫，尚爾必正，車中自無不正。首容直而未嘗內顧，無回視也。聲容静而未嘗疾言，無躁語也。手容恭而未嘗親指，無妄動也。是其不失儀於己而不起惑於人處。要見不特在車爲然，而見於車中者亦不苟也。

色斯舉章

首言鳥有見幾之智、知止之明，而雌雉止於山梁，便有翔集意。子路共之，見於色也。三嗅而作，知所舉矣，故特以爲證。

當時夫子舉弟子偶爾行游，瞥見雌雉觸幾，有感寓言，自嘆其時。弟子或未見，故著"曰"字，蓋一時景色，指點與二三子共之。但夫子機心盡忘，雖指顧嘆息，而飲啄自如。一見子路顏色向之，遂驚鳴遠舉，此等自有天機存焉。門人就目前拈出，以明夫子爲聖之時，煞有深意。

"色斯舉矣"，即以時而去之意。"翔而後集"，即以時而止之意。"時哉！時哉"，嘆其靈覺之性若與乾坤闔闢之氣相通，與陰陽起伏之候相應也。

陳新安謂：當提"山梁雌雉"一句作章首，更覺明白"時哉！時哉"正與"時習"字相應。《中庸》引鳶魚以明上下察疑本諸此。聖人動静語默，行藏作止，總一"時"字，第要知"時中"之"時"與"隨時"之"時"判然不同。

"山梁雌雉"，一物耳，夫子嘆"時哉！時哉"，他便不舉。子路一共，便三嗅而作。可見吾人心事一物亦不能欺，君子何可不慎獨？

《鄉黨》一篇，至此叙夫子言貌、衣食、行止、交接，可謂曲折周盡矣。然終是有形之可見者耳。恐讀者泥之物而不神，故於末處拈出一"時"字，見夫子隨其日用，活潑潑地，了無意、必、固、我於其間，《鄉黨》得此一節，便全體都活，不然只是死板。此記者點化妙處。

《鄉黨》一篇，記孔子行實，大事小事，件件的當。此是門弟子心悦誠服，把聖人平日語默動靜都要記下，以識不忘。此足見聖門肫肫其仁景象。然仔細看來，皆是小德川流，皆是夫子之文章一而貫也。所以然者，是大德敦化，是夫子之性與天道貫本於一也。此之謂無必、固、我〔三六〕，無行而不與，不言而行生。總言之，是"從心所欲，不逾矩"，故曰透體性學，故曰孔子聖之時者也。

校勘記

〔一〕底本"作"字，校本皆爲"做"。

〔二〕"盡"，據文意，疑當作"畫"。

〔三〕"政"，應爲"正"字。

〔四〕"爲"，據文意，疑當作"謂"。

〔五〕"願"，校本作"顧"。

〔六〕"候"，當作"侯"。

〔七〕"抗"，校本作"坑"。

〔八〕"明明矣"，疑衍一"明"字。

〔九〕"務民之意"，"意"當作"義"。

〔一〇〕"檢"，校本作"儉"。

〔一一〕"功"字，校本作"切"。

〔一二〕"民而歸之"，《説苑》原文爲"驅民而歸之"。

〔一三〕"在自心理欲上説"，校本"在"前有"是"。

〔一四〕"是二氏之學"，"是"與"之"間，底本空兩字，今據校本補"二氏"字。

〔一五〕"人"與"之"間，底本空一字，今據校本補"愛"字。

〔一六〕"著親如所謂負罪引慝是也"，"罪"與"慝"間，底本空一字，今據校本補"引"字。

〔一七〕"頗覺良工心獨苦"，"頗"，杜詩原文爲"更"。

〔一八〕"《記》曰：君子不盡人之情，不竭人之歡，以全交也，正此意。"《禮記》原文爲"君子不盡人之歡，不竭人之忠，以全交也"。

〔一九〕"黄勉齊曰"，"齊"當作"齋"。

〔二〇〕"只賭口頭答應"，"只"與"口"間，底本空一字，今據校本補"賭"字。

〔二一〕"盡藻以象龜之潔"，據文意，"盡"當作"畫"。

〔二二〕"學力之近一善偏一"，校本未有"一"字。

〔二三〕"再不肯爲周旋"，校本爲"再不肯爲人周旋"。

〔二四〕"即下臨民之意"，"意"，校本作"義"。

〔二五〕"今請克復用力到人欲盡净"，"盡净"，校本作"净盡"。

〔二六〕"坐行"，校本爲"坐待"。

〔二七〕"人之精神謂之聖"，"人"，校本作"心"。

〔二八〕"是明君之禮"，校本爲"是明君臣之禮"。

〔二九〕"泰伯既欲讓商"，據文意，"讓"疑當作"代"。

〔三〇〕"夫子曠觀周代"，"周"，校本作"前"。

〔三一〕"孟子所云伊尹不同道"，校本"孟"前有"如"字。

〔三二〕此處空白三字。

〔三三〕"行清潔者佩芳"，校本無"行"字。

〔三四〕"落酒不爲量"，"落"疑有誤。

〔三五〕"而心思意念與天地宗祖相流通"，"宗祖"，校本作"祖宗"。

〔三六〕"此之謂無必、固、我"，據文意，此句當作"此之謂無意、必、固、我"，脱"意"字。

下　論

先進章

全要見夫子折衷禮樂、主持一世的深心，是救文勝之弊，不是得中。蓋上自朝廷宗廟，下至日用身心，無人無日不用禮樂。人心好尚不同，關係治亂不小。"先進於禮樂，野人也"，所以成文、武、成康世界。"後進於禮樂，君子也"，所以成春秋、戰國世界。"如用之，則吾從先進"，正夫子挽回世運、撥亂反治、大幹〔一〕旋處，豈區區漫表己之所從？

野人、君子，非必當初有是言，只看當時意向如此。言先進於禮樂，氣味質樸，就時尚看來，恰似個野人。後進於禮樂，文采華麗，就時尚看來，皆以爲君子。正可見古今人意味不同，不必添出時言，纔是子曰語氣。

如用之，日用也，兼治己治人，用以淑身，用以淑世，言不必專指得位説。如待得位，則無位者將終無救世之責乎？

世道之壞，壞於禮樂不興。禮樂之壞，由於人心不正。始焉由人心而壞禮樂，既焉由禮樂以壞人心，所以世變滔滔而不可底止也。救時者當以正禮樂爲急。

聖人亦未嘗不重文，但重有益身心世道者，與世人好尚自是不同。

從我章

　　纔説"如用之，則吾從先進"，便説"從我於陳、蔡者，皆不及門也"，一己救禮樂之衰以回世運，何如同人共救禮樂之衰以回世運？"皆不及門"是夫子一時感觸之言，記者因其言而以與難之姓名籍之，非限設四科之目也。"德行"是所學有得而實見諸行。"言語"是説得事理曉暢，鑿鑿不磨。"政事"是區畫有方，民得其理。"文學"是博古通今，有文彩學問。十人皆命世之才，東周之助。昔日處患難而不憂，今日處安常而不樂，凡以其人焉耳顧盼目前，感慨千古。

　　唐虞之際有君臣，成周之家有父子，夫子陳、蔡之阨有師友，皆千古奇會。

回也章

　　聖人之心寂然不動，感而遂通。胸中雖蘊許多道理，若無人辨駁，正如洪鐘不叩不鳴，一番問難，亦助一番精神。顏子并不爾爾，既無疑問，夫子亦便寂然無所觸矣。所以然者，因夫子口中之言都是顏子胸中所有，箴芥投合，故無所不悦，"非助我"即如愚景象，"無所不悦"乃足發的意思，如大冶之投物，入之即化也。李延平曰："顏子於聖人根本有默契處，不假枝葉之助。"語極有味。

　　"無所不悦"，已到"不亦悦乎"、"默而識之"田地。

孝哉章

　　夫子覺得閔子平日有一段真正精神往來家庭間，深有味乎其孝，故不禁嘆息。首句要講，不可只作提起語。"人不間"一語，把來作一案證，非以下句爲上句之實也。"母在一子單，母去三子寒"之語何等淒婉？千載下讀之，幾欲墮泪。況當時父母昆弟，豈不感動？

自古聖賢那個不是孝的？但處家庭之常，總十分孝也，只是本等。惟是閔子所處的如何父母？如何兄弟？蓋閔子之孝不在他人稱，而在父母昆弟稱，緣他當下精誠薰蒸，感徹一家俱化，真是親心無間於我，所以人言無間於親。詩曰：時時返哺，見烏鴉純孝。如何只閔家"片語萱堂回暖色，遺風千載動蘆花"！

白圭章

衛武自防其玷，南容亦三復之，以自防其玷。此非是有意謹言，全是有意收心，乃治心而不徒治詩也。世有保其身如圭玉，而不足以善世者乎？刑寡妻，御家邦，只是一個道理。

好學章

聖門學脉只要歸向本體，顔子是從本體上用功，故葆光而藏，簞瓢陋巷，應機而出，禮樂爲邦。即不試一官，不病其缺於事業。不著一書，不病其歉於文章。若談性命安頓處，不在外邊種種之事，故曰回也好學，今也則亡。

顔路章

顔路之請車，愛其子也，而不知所用愛。夫子"鯉也"等語，視回猶子也，真善用愛。假令合當有椁，夫子固無財，而門人欲厚葬之情，豈不能曲爲一處？只因顔路以愛子之情請，夫子不忍直拒，亦以情慰之，謂我當初待子只是這等，則今日爾之不能爲椁，亦可以稍慰於心矣。此聖人禮義之愛，異於恒人姑息之愛。

天喪章

"喪予"之痛，非止悼傳，亦以占廢也。凡王者之興，天必與之佐，故益稷佐禹，伊尹佐湯，呂佐文武。天之所生，雖鳥冰牛巷，空桑寂濱，必全成之。聖門王佐止顏子一人，今也早死，非"天喪予"而何？呼天而悼，添不得"若"字。

夫子抱道於身，身有盡而道欲傳，傳道即其身也。然這個不是口說得與人的，必在那人自去證悟，方能承受。以此求之，千百人中亦無一二。幸有一個顏子，夫子將以堯舜來相傳道脉，一肩付托他身上，自此燈燈相續，正未有已。忽然早死，如人老年，獨子一旦喪去，只爲家事没人承當，尚且痛傷欲絶。況此傳法之嗣，千古道脉，絶續所關，教夫子如何不痛哭之極？

哭慟章

宜慟而慟，哀之發而中節也。然而不自知其慟，則渾然未發之中也。蓋不識不知，順帝之則，從心之矩因人觸露。"夫人"二字重，正見顏子是天下一人，萬世一人，如何勿慟？所謂哭死非爲生，興衰係千古。

厚葬章

聖賢於道理要無纖毫之憾，不論生前，不論死後，不論處己，不論處人，徹始徹終者，也不止是愛人以德。

季路章

子路看人鬼、死生爲二，夫子道人鬼、死生爲一。問事鬼神，非問鬼神之理。人與鬼神一也，生爲人，没爲鬼。假如父兄君長有聲音可接，有笑貌可親，有情欲可嗜好可將順，有心思志慮可體貼，我能感誦得來，方於那死的能思其笑語，思其居處，洋洋如在，無不感通。舍事人道理，別無所以事鬼神之實。人於我，有當尊者，有當親者，有功德當酬報者，有芳模當欽仰者，有志氣相協同者，有無告當憐恤者，想鬼神或亦然。尊者，吾尊之。親者，吾親之。當酬報者，吾酬報之。當欽仰者，吾親仰之。當協同者，吾協同之。當憐恤者，吾憐恤之。各得其宜，人不非矣。想事鬼神或亦然。

生與死一也，人生時目何以能視，耳何以能聽，口何以能言，心何以能思，想定有個生活東西在。若止將形氣認作生，一朝死到，爲何俱各蠢然？且這一種生活的却往那裏去？人若能識得此，纔爲知生死去爲有爲無，爲升爲沈，不須更問矣。

或問死生之道，陽明先生曰：“知晝夜即知生死。”問晝夜之道，曰：“知晝則知夜。”曰：“晝亦有所不知乎？”先生曰：“汝能知晝乎？懵懵而興，蠢蠢而食，行不著，習不察，終日昏昏，只是夢晝，惟息有養，瞬有存，此心惺惺常明，天理無一息間斷，纔是能知晝。這便是天德，便是通乎晝夜之道而知，更有甚麼死生？”

上是務民之義，敬鬼神而遠之，下是殀壽不貳，修身以俟之。

以其事人者事鬼，則儼如在之誠，即是薦明德之馨。以知生者知死，則盡立命之理於塵世，自能還浩然之氣於太虛。

閔子章

一時氣象，千古神情。誾誾、侃侃、行行是諸賢一幅畫像，“子樂”又是夫子一幅畫像。萬寶成而天心豫，子孫衆而祖父寧，群賢匯而聖人喜。若夫他日足以傳道，雖聖心所不忘，此際不須執著。“若由也”句，是夫子轉語，與“樂”字原不相礙，亦是使之聞之，非當面對子路説。

長府章

聖賢同一維魯之心。閔子不斥改長府之非，而第言舊貫之不必改。夫子亦不深言閔子之意，而第言夫人之言必中。老成謀國，憂深慮危，俱可想見。

魯人作丘乘，初税畝，周公之制更張多矣。爲長府亦是崇利聚斂之萌，不但廢先公藏財之法，兼恐改先公取財之制，閔子、夫子口中却不説出。"言必有中"，非是許閔子之言，全是動魯人之聽。

由瑟章

子路一生爲氣質累，夫子每每不滿，蓋病其剛之過也。然終是剛的人大體有擔當，如喜過恐聞，胸次何等開闊？直中和之不足，精微之未窺耳。此全是點化子路入室，不重鼓瑟上。

鼓瑟亦不是細事，須是從心上作功夫，心和則氣和，氣和則聲和，却矯強不得，所謂得心應手也。通章門、堂、室雖是比喻，其實入道原有次第。

師商章

夫子箴砭二子，亦是點化子貢。分明一"中"字，却不曾説出。

夫道止於中，只這過頭處便是短少處，都不得恰好，總謂之不及而已。重發過之失，而"猶不及"意自見。

才高意廣，篤信謹守。以才質言，過與不及。以道理言，過的病痛與不及的一般。過於高遠，過於遠巡，不及收斂，不及開擴，一也。其實過處就是不及。

過者，即自以過爲道之至中至正，不自知其過也。不及者，即以不及爲至中至正，不自知其不及也。學者須是各捐成見，脫積習，方可游聖人大中至正之途。

季氏章

求也學術未純，纔仕季氏，便以政事之才施之，即爲處置調度，以爲職分當如此，却是見識不明。

柴也章

學者氣質偏處，一經明人指破，轉移變化便自不難。夫子於四子一一指其偏處示之，所以化工四子也。愚非愚蠢之愚，蒙心未啓，認真太過，所謂智不足而厚有餘。魯是見性遲鈍，穎悟不足。辟與闊同，是體面闊大，施設開展，少至誠意。喭是性質粗俗，少溫文意。若四子破愚反魯，主忠信，文禮樂，俱須在學問上加力。

屢空章

此是言二子忘與不忘之別。顏子性情渾漠，與世相忘之人，故有"庶乎"之分量。子貢好用才識，諸事不忘之人，故有"億中"之聰明，自有貨殖之事務分量。所至如此。顏子入手處便自澹漠，故聰明意見色色俱消，任他外境蕭條，如不相涉。夫子正要把此來作，子貢，丹頭點化他習心耳。"屢中"正照著"屢空"二字，試把這種聰明一回想屢空光景，縱饒過人聰慧，也須冷然消歇。

"其庶乎"自是近道，但想卓爾光景，可以悟庶乎境界。屢空只是貧，境空、心空，兩義俱足。若不是胸中無物罣礙，何以處貧？其能處貧，便是胸中無一點染著。有竟以心境解空者，説非不玄，"屢"字如何安頓？若丟過安貧，便是談空説幻。

只"屢空"二字，便見回之受命處，便見回之不用億逆處。蓋人當偶爾困乏，猶能安貧受命，若屢屢窘迫起來，便把才情意見橫生經畫，與造化爭衡，那肯淡漠自如？況顏子王佐才情，屢至空乏而簞瓢不改，意見不事，這便是去億逆、達天命處，所以謂之近道。

貨殖只是世務營心，億則屢中，聰明人受病處在此，可以鞭策處亦在此。如性與天道不可得而聞，多學而識之，然非與則固，已億而屢中矣。時説每云：屢中進而屢空，夫子何嘗限人貧？且回之"庶乎"亦不只在"屢空"上。賜苟胸中未忘處貧，愈不受命也。

善人章

總是此善著於有象爲迹，寓於至精至微者爲室，退藏於密，此意可想。然不得呆説個聖人之室。善人天資純美，故不消踐迹，然不踐迹的資質却要故踐迹的功夫。如《詩》《書》禮樂，前言往行，若不窮究，焉能曉得？踐迹便升堂入室，而闈奧可窺。不然一染世味，即美質亦不能保，安望入室哉？

踐迹，下學也。入室，上達也。不下學安能上達？可惜世上幾多善人，止緣不信聖賢學問，不遵聖賢成法，雖有美質高行，終自外於名教。

論篤章

浮論固不可信，篤論亦不可信。語氣警切，説言論篤實的真真切切，像似君子，却是難辨。君子有德有言，色莊是模樣莊嚴，正與篤近，蓋外篤而内未必篤也，内外俱篤便是君子。兩"乎"字且信且疑，未可定其必然之意。

問行章

聖門之教止一力行，但行著不得一分退怯，又著不得一分馳驟，故曰敏行，曰過行，只論人制行之精神，非廢却行中之節次。夫子於此進退兩法，其要歸於使之行其所聞耳。退怯者一聞即行，便行得去，少躊躇，即萎然矣。勇敢者再與商量，纔行得好，一直遂便躁動矣。一進一退，總是要他行的恰好，不是一鼓其行、一抑其行也。《記》云："父母在，不許友以死。"以此推之，父兄在者，凡事俱須照顧前後，不宜直前遽行，只是要加躊躇之意。

子畏章

死生道理，聖賢見得極分明，"匡人其如予何？"夫子知天意，必不死於匡人之手。"子在，回何敢死？"顔子知夫子必不死於匡人。可見聖賢自信處。曰"何敢死"，則死生之權固在我而不在匡人矣。

此節"子在"二字，從來草草具説，宣尼見顔子，如俗情驚喜，説道："吾以女犯匡人之鋒矣。"殊非當日本色。蓋謂顔子料夫子遇難，定是爲子死難矣。故下面説"子在，回何敢死"，此是夫子意中之言。

季子章

通章微抑二子，主意都爲子然。大臣明去就之義，識進退之節。二子臣事季氏，便非大臣體統，非謂其不能以道規季氏也。

大夫之家安得大臣？子然口氣煞是狂躁。

"異"字照下"道"字看，立心立身，挺然有以自見，纔是異。

大臣論品不論位，道伸，雖位在一命，不失爲大臣。道屈，雖位在三公，不免爲具臣。曰以道事君，則未事而格其非，當事而糾其謬，皆道中事也。然勿說作諫臣模樣。“不可則止”，正道中決斷，豈漫然一去而不關君心迷悟、國是之重輕者？試差等，二子學術力量豈能到此？“不可則止”，纔是以道事君。那不可時，無論依違祿位，即賜環賜玦，亦絕無打點，所以能使君心忌憚耳。不然，鮮不爲去留所累。

由、求所事者何君？所以事者何道？不見有甚異處，故抑之曰具臣。具如供具、完具之具，知效一官，能辨一職，非止備臣數也。由可使治賦，求可使足民，實實具得一用。

天子君天下，諸侯君一國，未有大夫而可以稱君者。前後兩“君”字相同，夫子原未嘗許季氏爲君也。

臣事季氏，見二賢利祿心未斷。“弒父與君，亦不從也”，見二賢義理心尚存。說至此，語氣凜然，義形於色，言二子即不能以道事君，何遽不能以道守己也？

子羔章

費，私邑也。爲宰者欲上不負魯、下不負學最難。柴也愚，其才不足以應變明矣，勢必至於自誤。夫子豈不知人民、社稷即學哉？然與發言之意左矣，故第曰“是故惡夫佞者”。

成人有喪兄而不爲衰者，聞子羔將爲宰，乃衰，則其樸厚之質素孚於人。子路見費數畔難治，故特舉之。然子羔質美未學，仕、學雖是一理，亦必豫先理會，方可施之於民、社。若臨事漫嘗，則誤己誤人，寧必無之。子路本非佞者，但其言似是而非，信口直談，不加理會，故以平日之惡佞證及之，使之惕然自省，非夫子真以由爲佞也。

侍坐章

夫子問用世，而點答之以樂天。夫子使開仕，而開答之以信斯。曰樂天，曰信斯，皆言眼前當下事，似與出仕用世不相抵應，而二子顧言此而不言彼者，蓋於性地上已見得分明，而知其理之一也。孟子所云"大行不加，窮居不損"者，二子已及之。夫子所以取之也，取其胸襟識見已透本原，而大行、窮居各滿分量也。若只單與點之樂，則與"知爾何以"之問無當，而於開獨悦其不仕已乎？非聖門求仁意矣。

三子有實用，曾點有遠神。與點者，所以進三子也，使他有眼空天下的識見。與三子者，所以進點也，使他有脚踏實地的功夫。

"則何以哉"，以是甚麽抱負，正此間居無事，好急急商量，確見到底作用出來，方有成就，豈是取辦臨時？

"率爾"二字著眼"哂之"之意，與"莞爾而笑"一例參會，實實喜他，不然則所問者何事？但思"率爾"者如許張皇，夫子聊復霽顔，是何樣光景？

富强、禮樂俱是爲國實用，目前人不知，只得托諸空言。曾點則不必足兵也，不必足食也，不必學禮樂也，俱付之春風沂水、童冠浴咏。然得此機趣，又未嘗不可足兵也，未嘗不可足食也，未嘗不得禮樂之真也。

"暮春者"數句乃適然暫語，止據現在言之。悠然澹然，無所倚著，用舍行藏，聽其自至，那得不動人思？舞雩三兩點，綴現前分明，有"唐虞揖讓三杯酒，湯武征誅一局棋"之意。暮春樂也，推之四時皆樂也。春服樂也，夏葛、冬裘、玄端、章甫皆樂也。童冠樂也，遇可事之君、可使之民亦樂也。浴舞於魯地樂也，優游於宗廟朝廷之上亦樂也。咏而歸樂也，治兵、足食、用禮、用樂亦樂也。不可將曾點之事只看作窮居之事，又不可將點之樂看作逍遙物外之樂。夫子所以與之，全是性天一段不待安排、不煩假借的機括。看得此理，今日不消借之明日，此事不消移之彼事，原無成見可以預參，亦無死局可以先定。任他才名搶攘，制作紛紜，總各作得一事，不免等待，却不如三三兩兩弄水乘風是真實受用也。出曾點口中，不過光霽襟懷。入夫子胸中，便是安懷景象矣。

夫子川上嘆逝者如斯，堯舜猶病氣象。天地時行，物生機括，俱被曾點一眼覷破。故朱夫子謂曾點蓋有以見夫子欲盡處。天理流行，隨處充滿，無少欠缺。此言其見到此，未必造到此也。後儒以為誇張太過，豈知朱夫子立言之旨乎？

"禮"字極細，與品式節文無干。凡施設之際，有從容展布的意思，不露才，不揚氣，都是春風沂水一段從容自在處，便是禮意。此"禮"字子路用得著，曾點亦用得著，為國以禮，正喟然一段大本領處，陶鑄三子，正在個中，故曰："要識唐虞垂拱意，春風原在仲尼居。"

附言志吟

由、求、赤、點侍聖傍，自有宏抱邃養。師生名分兩相忘，各逞經綸勾當。一則率爾芒芒，逢時勢有勇知方。一則揖遜規恢，僅把生民養，陶淑雅化，等待賢良。一則束帶立朝堂，宗廟中也贊相，會同時也贊相。用兵的逞強，足民的邃養，為相的空抱著華國文章，總不如乘清和，穿一領飄灑衣裳，長者同傍，少者同行。春風浩蕩，沂水洋洋，興盡來時相歌唱。總是個堯舜規模，唐虞氣象。出何妨，後何妨，笑他原為言不讓。求是邦，赤是邦，非曾點不見三子之實養，非三子不見曾點之高狂。

顔淵章

通章只"克己復禮爲仁"一句盡之。此是夫子直挈全體付與顔子，是孔門論仁最真切處。蓋天地以生物爲心，人得之則爲仁，其體潔潔净净，一塵不染。其用活活潑潑，萬物流通。人有此仁，如果核、穀種之有生意，故曰："仁者，人也。"原是人心一段天理，自其渾然與物爲體，叫作仁。自其秩然整肅，恰有天則，叫作禮。只緣人爲己私，將此心體埋没，失其原初，名雖爲人，其實無人之真，如果核、穀種無生意一樣。若要於宇宙作個完人，須是將此心種種私欲當下勘得分明，斬斬截截，一刀兩斷。如將破寇，如藥攻疾，掃除蕩滌，毫私不留，恢復我原初固有天理。是則人欲去得净盡，天理自是渾全。葆得天理渾全，人欲自然净盡。人欲净盡，此心何等潔净？天理流行，此心何等活潑？滿腔子盡是生意，豈不爲仁？

克己有克己功夫，復禮有復禮功夫。克己功夫勇猛，復禮功夫完全，安可謂一克己便了？譬如不好色，克己也。肯好德，復禮也。雖不好色，還要好德。若説不好色便是好德，有是理乎？

一日，謂克復工夫當決之此日，與"有能一日用其力於仁"同，非於一日而必天下之歸也。天下歸仁，雖是聽其漸漸感動，而功夫只在一日起手。若能一日之間克去己私，復還天理，則我胸中真是民胞物與，更無形骸之隔，與天下相流通了。天下具秉彝之良者，孰不傾心歸向？狡僞者獻其誠，暴慢者致其恭，聞風者誠服，覿德者心醉，天下之心遂與我相流通矣。此心之量始滿。然日用之間，或己或禮，全由自己剖析分明，克治净盡，恢復完全，於人毫不可有他誘也。可見工雖由己，量實通之於人。量雖通之於人，功實操之於己。所謂放之則彌六合，斂之則退藏於密也。故曰爲仁由己。

歸仁是實在事，不可局局在自心言。仁人在家則一家歸，在國則一國歸，在天下則天下歸。身歸即是歸，心歸亦是歸。總之此心隔礙消一分，則彼處便聯屬得一分。此處隔礙消二分，則彼處便聯屬得二分。是實理，亦是實事。

仁雖是全體，渾然具在本心而已。念一熾，則目欲視色，耳欲聽聲，口欲放言，身欲妄動，仁便制他不下。惟禮則件件有個條理，隨處皆有約束，纔有不停當，心下便不安。夫日用平常之間，孰無視、聽、言、動？如非禮而視、聽、言、動，己之私也。須是未視、聽、言、動之前力加防閑。防其欲視、欲聽、欲言、欲動之念，此戒慎恐懼固勿也。有視、聽、言、動之際力加克治，除其欲視、欲聽、欲言、欲動之念，此隱微慎獨亦勿也。存於中而制其外勿也，制於外以養其中亦勿也。是無動、無静、無内、無外，無非克復之地。

朱夫子以禁止訓“勿”字，最精。蓋心，天君也。耳、目、口、體，天官也。視、聽、言、動，天職也。“四勿”之工，須從未發存養防閑，臨時省察克治，身心動静具有工夫。

“不敏”言明不足以察幾，勇不足以致決。日用動静之間必有事焉，故曰“請事”。

本章自相注解，如視、聽、言、動之非禮即己也，勿視、聽、言、動即克己也。視、聽、言、動必以禮，即復禮也。曾見視、聽、言、動中禮者行之天下而人不悦服者乎？然此功又豈屬別人操也？

聖門論仁，即如論性之説，惟直歸本體，斷不粘染氣質。原憲蓋從氣質上認仁，到底不近。顏子約之以禮，則天性爲主。有私便自照破，故曰不遠之復，其心三月不違仁。

“己”即人心之危，“禮”即道心之微。執己執禮，剖析分明，便是惟精。克去己私，復還天理，便是惟一。視、聽、言、動各中其則，便是允執厥中，堯、舜、孔、顏，其旨一也。

仲弓章

説一出門，無時不該了。説一使民，無事不該了。曰見賓，期此心可以對人。曰承祭，期此心可以對天。此兩語已徹動徹靜，下二語又把念頭流行處提出，言此心一無走作，隨他念頭起時，只不容私意主張。這種心境打作一片，在邦在家自覺無怨。須知怨根消處正顯得我全體圓融，方見得我功夫不漏，到此纔是爲仁。今之言止修者，靜則能持，纔有動作，便戾本體。所以道上品，住山禪師。作下品，倉官也不會。

説個出門、使民，便有人已施受之交，不欲、勿施，正爲仁的實事，必從見賓、承祭説來者，蓋人若心事放縱，焉能體貼人情？必須此心時時提攝，更無放逸之處，不欲、勿施，即將此心去體貼人，所以愈收斂愈公溥，愈公溥愈流通，邦家渾無隔礙也。

主敬則心存，行恕則心廣，家邦無怨，見此心之感通，不論上根下根者，體此俱可作聖。

朱夫子曰："克復乾道，是一服藥，打疊了病。敬恕坤道，是服藥調護，漸漸消磨了這病。克復如内修政事，外攘夷狄。敬恕是上策，莫如自治，然能如此養來養去，那私意自是著不得。"

司馬牛章

總是一個存心，却不得説破。聖人是説仁者之言，司馬牛是説言者之訒，天地懸隔。

不曰"訒言"而曰"言訒"，是指見成一仁者説，謂仁者其言自是訒的，不是訒言以收攝此心。訒與訥異，訥是怕説得多，訒是説來自有斟酌，所謂吉人之辭寡也。

"其言也訒"，夫子非教他言上作工夫，正教他於所以訒言處著力。牛不深心理會，以爲強閉之，故不知。仁者於天下事兢兢業業，爲之極難，不敢有輕忽慢易之心，此一念何等謹凛？何等收攝？言自然訒而不放，非強閉之也。"爲之難"，是事事都從心上過。"言之得無訒"，是言言豈不從心上過？言行皆心，故曰仁者。

問君子章

不憂不懼是其心定，内省不疚是其養素，俱説得現成工夫在平日，不是臨事强制。

夫子因牛看作冥然悍然光景，因提出内省一段，令他自去領會。蓋凡人在暗室屋漏中作了虧心的事，別人未必曉得，自己如有疚病一般，排遣不去，儘著仁義道德討個題目作去，未便能不憂不懼也。君子内省不疚，直從心苗隱微處推勘，凡平日舉心動念，自己查考，時時覺察，常在天理上周旋，而無一毫人欲之病吾心者以雜於其間，則此心快然自慊，有甚麼憂？自反而縮，有甚麼懼？所以君子對青天而懼，聞震雷而不驚。履平地而恐，涉風波而不懼。

以外境言，君子有何憂懼？以性分言，君子終日憂懼。然惟其有終身之憂，而内省不疚，所以無一朝之患，而何憂何懼？乾乾惕厲，終日非仁無爲、非禮無行處。此意可想。

憂兄弟章

通章欲牛自盡敬恭，以感化其兄弟，非欲其撇却自家兄弟，認別人作兄弟也。只自修無缺，即格天立命之道。

惟其兄弟作不善，所以死生不敢必，富貴不可保，故説"死生有命，富貴在天"。君子雖當聽其在天，還要盡其在我。能盡其在我，則不難立命回天也。

天者，命之所自出，命則天之所賦於人者，其實一也。

四海皆兄弟，謂敬恭無失。方寸中擴一個大宇宙，日用間著一點真精神，在在皆然，則隨到四海，皆可感通而爲兄弟，何況自家兄弟不能感通。故君子患不敬耳，患不恭耳，何患乎無兄弟也？

浸潤章

人心空洞，十分透徹，無一毫遮蔽，便是弘深廣遠，非明外又有遠。"不行"不是我不行，乃吾能察奸，彼譖、愬自不得行也。一時不行可謂明，到底不行即是遠。此全是平日致知功到，本體空明，深燭人情物理，乃能如此。馮少墟先生曰："浸潤之譖，膚受之愬，是小人設謀，百計千方傾陷君子。一不行，則忠臣孝子不至飲恨含冤，奸人之膽破，奸人之計窮矣。豈不是明，豈不是遠。"又曰："我不多疑，則浸潤之譖不敢投。我不易怒，則膚受之愬不敢入。我素無忘君子之心，則譖、愬自不敢至於吾前。故明不在察人之情僞，而在正己之心術。"

譖、愬不行於家則家齊，不行於國則國治，不行於天下則天下平。明即明德之明。

譖、愬不行，見君子之精明。可欺以方，見君子之渾厚。合渾厚、精明而時出之，此君子所以不傷天地之和，又不中小人之奸也。

子貢章

兵、食、信雖是三件，全重在民信。蓋未有兵、食，惟信可以足之。既足兵、食，惟信可以保之。不然，且無論無信不能足兵、食，即兵、食俱足，亦是借寇兵而資盜糧。

食、兵言足，信獨不言足，其實足食、足兵，信足之也。若齊桓之内政，商君之阡陌，不是聖賢經濟。朱子曰："兵食既足，然後施教而化行，民斯信之，非謂止足兵、食，民便信之也。"蓋上之教信，未嘗不在議兵、議食之時。而民之信上，大約必在食足、兵足之後。

前不得已，如寇敵交侵，饑饉荐至，欲棄城而去，信不可也。欲仗信守城，則兵、食不能兩全。欲存兵，須令民出粟供之，而民間罄竭，是食不足也。不令民出粟，兵又缺食而散亡，是兵不足也。必當去一，夫子先説去兵。蓋食足，既有素飽之軍情；信孚，又有無形之甲兵；故兵可去也。

後不得已，如倡忠義以激人心，人人與我爲守。然城中之食已盡，如欲得食，必須棄信棄城，然信不可棄也。欲存信保城，必須得食，然食不可得也。必當去一，夫子又説去食。民無食則必死，夫子到底不肯去信，正是足食、足兵中要緊經濟。試看從來亂亡之世，不是無食，不是無兵，其故可思。從來創業之主，其初何兵何食？其故又可思。民信，即孟子所謂人和。立，即各人思立德、立節、立功，而人君所恃以立國。

立，是植立得定，爲子死孝，爲臣死忠，仗信以立，相維不解。若没了信，則見利必趨，見害必避，子叛父，臣叛君，土崩瓦解，鳥獸散矣。不能植立，還怎麽成得個國家？如唐之張睢陽，以孤城弱卒當百萬新集之師，是去兵。到後來羅雀掘鼠，是去食。而至死卒無一人敢叛者，是終不去信的樣子。"自古皆有死，民無信不立"，到此等處，看聖人下語何等斬截！直令天典民彝至今不泯，忠臣義士接踵於後世者，皆夫子此言啓之也。文信國曰："人生自古誰無死，留取丹心照汗青。"

棘子成章

子成之説可以箴砭當世，子貢之説亦是補救子成，兩有各不相妨，總見離質之文不可有，辨質之文不可無，文與質分輕重，不分去取。

有文便要質爲本，有質便有文來辨，相需相濟，少得那一件，即如虎豹皮與毛俱不可無，皮去其毛，何以顯其爲虎豹哉？虎皮、羊皮畢竟有別，君子、小人之質畢竟有別，但縉紳、草野相混，不成世教耳。此語煞有關係。

哀公章

論事不先根本，即議生議聚，議節議省，都不得力。當時三家侵奪，禄去公室，所以徹法不行，國用不足。若徹法一行，則分田制禄各有定制，三家亦且制於什一之中而不得聚斂百姓，自然國用足矣。此是有子救時經濟，渾然不露，可謂確見。

魯自宣公税畝，亦不曾廢了井田，只是徹法外又加履畝之税。今欲哀公依舊實行徹法，不徒有行徹之空名也。

君之足不足，在百姓之足不足。百姓之足不足，在徹之行不行。

子張章

問意欲極高明，夫子告之俱近裏著己之功。

忠、信、義即是德，主與徙即是崇。"主忠信，徙義"者，如云"主忠信，去徙義"也。主忠信是札脚處，徙義是進步處，主、徙雙詣，便可到至誠無息、精義入神地位，故以爲崇德。

言人之生死且不消論，只你心裏既要他生，又要他死，可見你心亦作不得主張。自生顛倒却不是惑，辨惑全要從愛惡源頭上辨來。

上節崇德在誠以存理，此節辨惑在明以破欲。德性崇而天理日明，惑益減矣。惑既辨，而人欲日消，德益進矣。

主忠信所以求中，徙義所以求和，中、和則愛惡自當中節。

齊景公章

朱注曰：“是時景公失政，而大夫陳氏厚施於國，景公又多內嬖而不立太子，故夫子以此告之。”

上君、臣、父、子是其名，下君、臣、父、子是其實，總是要盡其實，不可忝其名，要即正名於衛之意。四者雖并言，而君爲臣綱，父爲子綱，煞有責成景公意在。

“君君、臣臣、父父、子子”即是政，不可言政由此立。景公此時所謂危葉易風、驚禽易落時也，故聞夫子之言，感慨咨嗟，幾與“牛山之淚”同其酸哽。

其言“君不君、臣不臣、父不父、子不子”，則是不揣一個頭腦，欲大家分任其責，又安能以君而制其臣，以父而制其子也哉？其後果以繼嗣不立，啓陳氏弒君篡國之禍，是誰之咎歟？

片言章

無宿諾與折獄有何干涉？須於此句想出個活子路，方知“片言可以折獄”之妙。

忠信明決只會意說，亦重忠信邊，“無宿諾”，亦其中一事。“片言”只狀他不費詞意，折獄原不靠言上。蓋夫子許子路，取其平日，非取其臨時可以卒辦也。記者因恐後人以聰明取辦臨時，乃曰子路無宿諾，見他取信之有素也。不然，何當時不信大國之盟而信子路之言乎？

所諾亦只片言，平時無片言之欺人，故臨時即片言可服人。

如今作官的，只爲人平時信他不過，所問事本未必盡差，卻多生猜度，或道他聽分上，或道他通賄賂，轉告不休。若平日原信他是個誠實不說謊的官，則問下事來一定信從。便不十分如意，也只得干休罷了。記者以無宿諾證折獄，真深得聽訟之法。

聽訟章

此夫子思靡争之治也。《易》之《訟》曰："君子以作事謀始。"蓋絕訟端於事始，訟便無由而生。聽之而天下亂，一人治。使之而一人治，天下不亂。此治道之本末所以分也。"使"字中間有多少精神，多少調停，多少感化在。

問政章

居之無倦無息，悠久之治也。行之以忠無息，悠久而本於至誠也。即王道，即聖修。

居是心之宰政處，要此心常在作主，無有初，鮮終也。行即運之於政以忠，則事事實心作去。若説行之無倦，則氣力强幹，未必根性地而出。若説居之以忠，則篤實敦厚，不能盡事之變。惟居曰無倦，行曰以忠，是退藏處天行不息，而作用處皆真性流行矣。

如今人何嘗不著精神？但他精神多用在結納要津，彌縫世態，對百姓反以爲厭苦，挨得過便了，懶去留心。及至行出來，又不過因襲格套，鋪排體面，不肯將本心作事。故夫子提個無倦、以忠，要人全把精神心術去爲政。

成美章

君子、小人自各見其本性，自爾迥然。

成美、成惡只争個從世道起念，從一己起念，而作用遂分。"美"字從休嘉本體看出，成美是未成而引之，將成而翊之，不成而挽之，垂成而完之。在己不惜身家，於人不避恩怨。或贊之以堅其志，鼓之以決其氣，助之以壯其勢，總必欲盡人皆善方爲快意。不成惡，是未有惡防之固，將有惡杜之蚤，纔有惡治之嚴，既有惡使之改。或訾其疵以敗其意，陳其禍以悚其心，散其援以孤其力，必人盡無惡方快。

國家用一君子，則不止獨受其人之利，而其成就天下之善，爲利更無窮。用一小人，則不止獨受其人之害，而其敗壞天下之善，爲害更無窮。總之，君子的人要人都作君子；若小人，也要扯人作小人。

政者章

正人與治人有別，正人須正己。政者，正也，只渾然使之，人己盡攝其中。下二句方歸重倡率上，帥是帥領，有作個樣子的意思，所以人都學樣子。帥以正，明德也。孰敢不正，明德而民自新。

患盜章

盜生於欲，季氏竊柄，康子奪嫡，是魯之大盜。故夫子說：有欲便是盜之源。蓋上人貪欲，則取於民者必多，而民必貧。引諸民者以利，而民無恥。貧而無恥，其爲盜必矣。故曰：多欲則斂重，斂重則民窮，民窮而盜起。若果浩然無欲，則本源清潔，所以培民衣食之源者在此，所以與民羞惡之良者在此。只一不欲，留了地方多少元氣，保全了地方多少人家，是故藏富於民，民富而禮義附焉，誰甘棄身於不義？故曰：“水寬則魚長，官清則民安。”

豐世無盜者，足也。治世無盜者，肅也。化世無盜者，順也。無欲則不多取以剝民，必端紀以肅民，必道化以順民，上無竊心，下自無竊行。

仕途賄賂公行，所以民間盜賊蜂起，從古如斯。仕途一清，賊盜自然息矣。此吾夫子千古弭盜之策。

如殺章

康子欲殺惡人以成善人，孔子便欲化惡人以成善人。康子殺心如火，孔子以清冷之水沃之。

殘忍之機動，則元氣傷損必多。雖其殺之者亦欲民善也，却不知從自身上尋討。"子爲政"三字喚得重，是教他從一腔苛刻慘毒中撥出一段生生之意來。"欲"字是止[二]下共趨的機括，"欲善"直是說起念方寸，盟心幽獨，皆安於天理之粹。然則意念到處，即是提醒開悟民心處。何以欲善而民即善？蓋所欲之善乃德也，德則上下相通之理也。"風""草"之喻正欲善民，善處須轉重君子身上方有味。

子瞻《清風閣記》云："力生於所激而不自爲力，故不勞形。生於所遇而不自爲形，故不窮極。"得"風"字之神。

問達章

聞、達之辨是爲人爲己之分，總是辨達，不可把聞、達平看。不止認聞爲達，名實混淆。只在邦、家上著脚，精神早已逗露，故夫子當面喝破，言聞與達一真一假，一欺一慊，全在自家心裏討下落。若只在體面上作功夫，總彌縫到極處，終是士林中五霸。

子張誤認聞處是達，總是名心未净，問在達而心在聞，此心境密移病痛。

質是宅心的所在，所謂本質也。人之生也直，是性命根柢，質有其直也，根基既定，便好隨處體驗天理，只看本分，合當作的去作，自己不存適莫，更非有心馴俗正善於比義者。然世上直率的人理路方嚴，又恐他認真太過，不肯體貼人情。今又察言觀色，借人反證，而思慮欿然自下。夫質直，則我心既無枉曲，而好義下人，則人心又無拂戾，真誠所極，何在不通？事上獲乎上，治民得乎民，父母安其孝，兄弟悦其友，邦、家必達，自是感通實理。

聞者，許多精神盡向世界陪奉，行達則與仁相違悖，假於色并假於行，但色虛而行實，事事合理，又無以自便其私，故不覺自違去了。不疑者，不顧人之顏色何如，一切認著都是既能熱面向人，又能矯情鎮物，分明一個鄉愿講法，當云你“在邦必聞，在家必聞”的是這等樣，與達者迥然不同。

“質直而好義”節，從大易來敬以直內是質直，義以方外是好義。不習無不利，是家、邦必達。孟子以直養是質直，集義是好義。浩然之氣塞乎天地，則不止於家、邦必達矣。質直、好義與“主忠信，徙義”、居敬、行簡、主敬、行恕，俱是一個綫索，而語言不同。

○味“察言而觀色，慮以下人”，是堂堂者對症之劑。

從游章

“樊遲從游於舞雩之下”一章是内聖，“樊遲問仁”一章是外王。

“德”字“慝”字“惑”字皆從“心”字。一心去先事，則德日起。專心去除惡，則慝日消。耐心去懲忿，則惑日解。大抵聖賢教人，只在心境上作功夫，不在外邊討求。

夫子游舞雩時，此中有一段翕張造化、太空晴雲景况，遲適問夫子洗心學力，正合夫子心境，那得不忻賞崇德心地工夫也？而曰事見，不可徒尚空談，鶩虛想，須一一見諸實事。曰先見，當發憤勇往，不可退縮因循。後得，則純其先事之心也。功夫既不歇手，自然有進步處。

人各有切身病痛，人所不知，料爲己所獨知，非兼人之勇，不肯攻治，所以終身藏垢，生死含羞。

身之辱即親之辱，不修身而可謂孝乎？如今輕易罵人一句也不是孝子。一朝之忿忘身及親，在朝則禍國，在野則禍道。術士、君子可不密密省察？

克伐怨欲之不行，可以爲難，不可以爲仁。顔子惟其好學，所以怒不遷而過不貳，本領功夫專在先事後得上致力耳。吾分內事不知多少，若終日必有事焉，而勿正，勿忘，助長〔三〕，是有多少難盡分處，而更何暇舍己責人？又何敢逞忿與人鬪？由此觀之，三者之本末輕重蓋較然矣。然遷善改過，懲忿窒欲，皆崇德者所不可廢，去二者之擾，正所以還純一之原也，故曰“善哉問”。

問仁章

治平不是難事，只是貴得要領。使枉者直是主意，舉直錯諸枉是作法。一部《周易》，一部《春秋》，大旨不過如此。

天下大仁原是大智作的仁人，大機大用，動變在手，都從智〔四〕，知分別處，方能鼓舞天下也。賞罰不明，賢不肖混立於朝，千古不能治天下。可見仁、智原是一件，并相成亦説不得。

仁如蠶繭，知如繭中抽出絲來。

愛人、知人是仁智心體發露處，兩“人”字著眼仁智之體能愛能知。若無所愛、所知以寄，則藏於未發，乃渾然之性，是仁、智同源處也。今既兩問，問答則離人亦更無舉似處。於此可想仁智念頭起處，遍滿六合。

遲只曉得夫子之言知，而并忘己之先問仁，故把“能使”句都作智看，謂既知孰枉孰直，愛便行不去，仍是疑智妨於仁之意。

樊遲疑知人有礙愛人，夫子説知人正是愛人。然遲一時愛人之念重，遂不覺執著夫子"知人"一語，而於"能使枉直"一語融通不來，自子夏之言出，遂釋然矣。

遲問子夏，不是疑"能使"句不是智。若曉得不是智，便曉得是仁了，乃疑智如何能使枉者直也。

"富哉言乎"，見不止言知，只一舉直，可使滿世皆仁，況錯枉乎？此子夏大悟處。

問友章

説一"忠"，真是肝腑相入，痛癢相關，盡吾一點成就斯人的心，而開陳真切，所謂至誠以感動之也。却又善巧引道，當於理，適於情，可謂心與法俱進矣。此而不可，則是情真意竭，百計相規而不得其入，那得不止？

能攻人實病難，能受人實攻者尤難。今人於友，從交起時便已泛泛，肺腸不相入，痛癢不相關，面是心非，背地裏便生議論。想見時却一味親熱，個個是好的。難道這也算作朋友？蓋他原不將個本心、將個道理在那裏相處，叫他止些甚麼？

忠告而善道之，不可則止，是朋友切切偲偲的注疏。

忠告本質直之心來，善道本好義來，不可則止，本"察言觀色，慮以下人"來，"無自辱"亦"在邦必達"之一端。

善道是欲忠告之必見信也，不可則止，還留將來引他機括。

會友章

不曰以友會文，而曰以文會友，蓋假文藝精華會合那友之精神志慮來。爾時講習一堂，機鋒互起，能使我神情勃發，而心趣生機亹亹不能自已，故為仁雖由我主張，而相為輔助，友之得力居多。

以文會友是實事，以友輔仁是主意。以文會友非是締友以研習藻繢詞章，是講習聖賢，關切身心世教學問。此處路頭一錯，關係不小。

爲仁由己對顏子説，以友輔仁對衆人説。由己是自家主意，輔仁是借人夾持。既有自家主意，又有夾持工夫，其爲仁必矣。馮少墟先生曰："聚坐一番，收斂一番，講論一番，明白一番。"

古之輔仁者即其會文者。今之會文者不見其輔仁者，不過謔浪笑傲，嬉戲終日，全不把件正經事作，此無他，古今學術之異歧之也。古以求仁爲學，豈惟取友以輔此仁？即會文亦明此仁也。今之學詞章而已矣，即所會之文，已非文之本旨，而況於仁乎？

子路章

先之勞之，把百姓分内事全副精神獨力承當。曰先，必無一息可後。曰勞，必無一息可逸。兩"之"字便透到心上，可想見精神整頓處。若説請益已自倦矣，故夫子把無倦二事破他。易視之心，非慮其中，盡而言也。見這個先勞不是容易的，却靠不得意氣振刷，只一點意氣，能得幾時？須是無喜無厭，平平常常作去，這等無倦纔是先勞。

先是明德，勞是新民，無倦是止至善。先勞於家家齊，先勞於國國治，先勞於天下天下平。

仲弓章

爲政須是識體，"先有司"三句是政之大體，"舉爾所知"節亦舉賢才之大體。

"舉賢才"是舉而進之於朝，即古鄉舉里選是也，不限定舉作有司。

舉所知中，先要知得十分透徹，既要滿他分量，又要防人阻格，幾處難盡，只此處壅蔽悉開，舉一人與舉千萬人同是這副心腸，何憂不盡知耶？若泛作公共事看，反爲人開一推千門户矣。

仲弓以自己聰明爲聰明，聖人以天下耳目爲耳目。

虎嘯谷而生風，龍藏溪而吐雲，誰能舍得？

衛君章

“正名”二字是通章主腦，言“無所苟”，正是正名而已矣。三字與“必也”字相應。

爲政屬衛君，不屬孔子，故隔一“而”字。“先”字猶言第一著。

由以正名的妙用一時處置不來，故曰“奚其正”，謂怎麼能正的，非謂不必正名也。

“其所不知”，自家心上有過不去處，必退自思維，求其至當而後已。

“事不成”，言不成個事體，下面禮樂、刑罰之壞，皆是“事不成”一句中之事。蓋亂倫滅紀之朝必大肆誅僇以服人心，故説刑罰不中，謂其率意立威，不原情法以爲之準也。當時衛輒只欲苟且有國而不顧名稱，國人亦苟且因仍而忘其不正，故説出“言無所苟”，謂名正而言自無所苟也。

“正名”二字雖是衛國對症之劑，其實爲政離此二字別無經濟。何也？名分正則天下定。

正名之説，胡康侯謂：廢輒立郢，此在周天子及方伯可行，在夫子未必然。或謂避位而逃，恐衛輒未必肯。陽明先生謂：感化渠父子之間，使衛輒悔罪以迎父，蒯聵避位以與輒，似覺圓轉，但恐夫子作此事又更有一段神化手，非人所能測也。

稼圃章

請學稼圃，非是諷夫子之隱，或是見在位而思歸休，非窮居而樂畎畝也，故夫子有"上好禮、義、信"等語，不然一韋布，安能必"四方之民襁負其子而至"乎？

躬耕畎畝，古聖人常爲之矣。然聖賢志在用世，若不求志於隱居，而專心稼圃，其視樂道於畎畝而游心於小物者異矣。且聖人之學有本有末，大本既立而徐及其餘，便是游藝。若學問尚未穩貼，一味講求所不必講，便是倒行逆施。

士君子爲天地立心、生民立命，只有此禮、義、信的道理。若人人都學稼圃，則這個道理便没人承當。由是無禮無義，相詐相欺，風俗日壞，人心日偷，便不成世界矣。當斯時也，彼學稼圃者雖欲優游於畎畝，得乎？《大學》説古人之學直欲明明德於天下，《中庸》説致中和便天地位，萬物育，可見士君子一身關係最重，如何置天地民物於度外而徒爲一身一家謀也？學稼、學圃，樊遲意思、品格儘高，但不免爲一身一家計，遂墮潔身亂倫荷蓧丈人窠臼〔五〕，所以説"小人哉，樊須也"。

説個"焉用稼"，正是此種大學術在萬物一體上打疊，哪裏用得稼穡著？非謂代耕有人也。

或問：舜耕於歷山，伊尹耕於有莘之野，一則取諸人以爲善，一則樂堯舜之道。耕固不妨於學，而夫子於樊遲之學稼乃鄙之爲小人，他日又曰："耕也，餒在其中。學也，禄在其中。"却似分明不欲人耕，意果何居？湛甘泉先生曰：舜之耕歷山，蓋竭力以養父母，與取人爲善不相涉。稱伊尹者，在樂堯舜之道而不在於耕。曾子躬耕而傳聖人之道，夫子鄙樊遲爲小人，爲其志於耕，不志於道。以耕求食者也，而反得餒，明學非爲食也，而反得禄。然則聖人非不欲耕也，顧其志何如耳。子路負米百里以養其親，不聞有非之者。西漢之高人如徐孺子，非其力不食，許魯齋教學者先治生，皆是實事，何不欲之有？惟不耕不治生而凍餒其父母妻子，則害道之大者耳。

誦詩章

不達只是說不能通變宜民意。法有宜古而不宜今者，他也只照著古本子行事，如王安石之行井田是也。不能專對是必待於衆介之助。此只緣其平日於《詩》隨口誦過，無躬行體驗工夫，故無發揮實用。

其身正章

不令非寂然無令，甚言身正者令必行，即堯舜帥天下以仁，不免有五教、五刑，禮正樂和之命，只是篤恭治化，有神行其間，故雖令若不令耳。

"身"字要說得闊大，不爲好惡偏黨傷其志，不爲近習溺愛虧其法，不爲曲學功利費其神，不爲游民處士持其説。

魯衛章

魯之初，尊尊而親親。衛之初，明德而慎罰。那時魯、衛之政本兄弟也，迨其後，魯則君不君、臣不臣，衛則父不父、子不子。亦是兄弟也。要就政上説。

子謂衛章

"衛公子"三字不可忽，是《春秋》褒善書法。苟合矣，苟完矣，苟美矣，是公子荆實有是言，夫子據其言稱其善居室，非是模倣其言也。人若存心如此安分，如此爲學，則人欲淡矣，可以進道。居官則營求寡矣，可以安民。故夫子稱之。

居室善亦其居心淡也，凡夫除境不除心，至人除心不除境，人苟無欲，富貴福澤去來無礙。

或曰：人有以無有爲適者，於子荆孰賢？曰：弗如彼無之而無累，此有之而不累也。有之而不累者，道也。

《顔氏家訓》曰："欲不可縱，志不可滿。宇宙可臻其極，情性不知其窮，惟在少欲知止爲立涯限爾。"知足由於少欲，少欲易於入道。

季札適衛，説公子荆等，以爲衛多君子，則子荆人品原佳，"居室"其一事耳。世人居室心最無厭，未有時百方營求，及至有時，又把現在不算，更爬高上去，所謂"人生不滿百，常懷千歲憂"。終日營營，有何了期？惟公子荆隨眼前所得都視爲過分，只此念省多少經營馳逐之勞，長多少逍遥自得之趣，故夫子善之。

子適衛章

一車問答，萬古經綸。

夫子存心天下，偶觸衛民，忽嘆庶矣，便有得民而治之意。言庶而生財易，以庶而耗財亦易，故須富之。以富而即善易，以富而積淫亦易，故須教之。富、教二字總是保其庶，只不去朘削他元氣，縱壞他本心，即所以加之也。

苟有章

當是[六]沮溺丈人輩看得天下滔滔，必無可轉，故寧其身棄置不用。此雖是他高尚幽憤，却亦手段不濟。譬如有負危病者，中醫望之却走，有良醫者獨自坐定，與他下方，約定他幾時能起，幾時無恙，全是其術高也。夫子手段，其挽回東周直是算計見效，一眼覷得當世時局儘可挽回，故與他定個期限，非只解當年累世之嘲也。由此推之，唐崩宋渡俱是自家失策，豈盡由天？

觀夫子治魯，齊人歸侵地，羔豚不加飾，男女別於途，耕者讓其畔，三月間便能轉移得人心，作出許多大事業。則三年之久，將必淪肌浹髓，舉世皆仁豈不可見？

或問：夫子柄魯能化及國人，而桓子、魯君却又不能變其心。事既不能格君相於三月，則三年間豈便能使民俱格乎？葛屺瞻先生曰："此却不同，民乃我之勢力所可及，而君相則我之勢力所不及。德之流行亦必假於勢而後速，如何一例論得？"

善人章

聖人見春秋時殺機已動，不勝同體之悲，故有善人之思。又以為生意非一人一日可回，思得數善人相繼為之，故有百年之嘆，思以復天下之元脉，消天地之沴氣也。蓋善人久道之化世不多見，而留此一段議論於天壤間，便是滿目生機。

善人存心孝悌，立政和平，其為邦也，一味躬行化導，薰蒸漸染而後已。

善人之效不於其身，於其子孫。文、武之德化，成、康收之。昭、宣之遺烈，元、成享之。故曰：王道無近功。誠哉是言！信其不百年不足以致治耳。豈卑善人而遲其化耶？

如有章

疑與前章一時之言，不然則"如有"二字無著落，所為〔七〕仁如横天蓋地都是生意，非王者必世，何以有此？王者是開天御世之主，彼時經綸草昧，始之以生聚，繼之以休養教訓，一時自作不及，必盡王者的一世而後仁。仁者厚生正德，盡人歸於立達，正如周公輔成王制禮作樂，太和在成周宇宙間者。必世後仁，謂三十年後，普天下人物各得其所。三十年之前漸歸於仁，日新月盛，光景可知。非是三十年後方見効驗，以前遂無効驗也。當活看。

“如有用我者，期月而已可也，三年有成”，不可得矣。若得善人爲邦，猶可見勝殘去殺之治，善人又不得而見之矣。“如有王者，必世而後仁”，將絶望乎！三章意皆相貫。

善人未學，只憑資質作去，所以必待百年乃可勝殘。若王者，則有德者，必以教化爲務，亦須一世而後洽，乃可稱仁。蓋其難矣，而孔子之自許也，期月已可，三年成有〔八〕。夫曰可，則非勝殘，不可曰成，則必仁而後謂之成。然可以期月，視善人百倍之矣。成以三年，視王者十倍之矣。抑何速也！他日，子貢稱之曰：“夫子之不可及也，猶天之不可階而升也。”若得邦家，則綏來動和，如之何其可及也？

苟正章

當時政在大夫，故發此論。要看“從政”字，所謂正身，亦守法循紀而已。夫子論政在自正說，正己者，正人之本也，苟使從政者能立身以正，行不悖綱常，動不乖憲度，則上可以格君，下可以率民。

冉子章

夫子顯白言之，非但警季悟求，亦欲使此義不晦於天地間，此即作《春秋》心事。

定公章

兩擧人言是眼目，兩説爲君是主腦，見得總之爲君也。或有言其難者，或有言其樂者，各持其説，以聽人主自擇。而主心自見其難，便是興邦的機括。主心自恃其樂，便是喪邦的機括。其興其喪，全在爲之者何如，與人言有何干涉？

“幾”字有作期望意，有作介乎彼此意，總只作取必字活看，見徒以言，其力量不至是也。惟心會其所以言，斯興亡之關紐決焉。不曰一言不可幾，曰言不可幾，正爲下文“爲”字地也。“言”字讀住。

“如知”二字有一朝喚醒之意，非徒心上曉得，實是惕然儆省，凛然擔當，注“戰兢”等語總在知內，蓋君心敬動的機括便是國家昌熾的景象。

講“善”字，切勿入都俞喜起等語，此“善”字只訓作“好”字意，勿粘興邦説。

葉公章

民情向背，最可以觀政，説個悦與來，正教他體察民情。遠、近皆政之境界，悦、來皆政之曁及。此只是閒閒論政，而所以悦之、來之者，則引而未發。

子貢問曰：“昔齊君問政，子曰‘政在節財’，魯君問政，子曰‘政在諭臣’，葉公問政，子曰‘政在悦近而來遠’，然則政有異端乎？”子曰：“齊君爲國，臺樹園囿，五官妓樂，不懈於時，一日而賜人以千金之家者三，故曰政在節財。魯君有臣三人，比周以愚其君，外拒諸侯之賓，以蔽其明，故曰政在諭臣。夫荊，其地廣而其都狹，民有離心，莫安其居，故曰政在悦近而來遠。”

子夏章

聖門之學，正誼不謀利，明道不計功。胸界要寬，眼界要大。欲速、見小，病在不毅不弘，故政須戒之。如利有當興，不妨漸次興之。害有當除，不妨漸次除之。人心風俗有當轉移振作，不妨漸次轉移振作之。如四時遞遷，而人不知不覺，此悠遠之治也。若求治太急，不循其序，則事體乖張，必然不通透，故無欲速。有利千萬人而或不利一人者，有利千萬事而不利一事者，有利千萬世而不利一時者，要成大處，小者自不能計，此博厚之治也。若瑣瑣小者是見，則大事決不能成，故無見小利。

大嚼多噎，大走多蹶，是欲速不達的樣子。顧盼一卒一士，輸了全盤好棋，是見小利大事不成的樣子。

景帝欲諸侯之速平而楚叛〔九〕，文宗欲朋黨之速去而訓注橫，太宗見斗米三錢而功隳於遼左，真宗見弭兵小利而卒荒於封禪。聖人之言，真千秋藥石。

直躬章

直者，率其最初第一念而出之者也，纔落二念，早已有轉折矣。卒然寐中，亦是如此，不必著擬議而後隱也。蓋父一定不忍言子之過，子一定不忍言父之過，其本心也。若證説出來，不是沽名，即是避禍，把本心盡行曲折埋没，而後有此。惟欲隱即隱，直達本心，別無委曲，雖是隱，而直却在其中矣。是脱去形迹而獨挑其一點，不容已之至情，真刺骨之論。

居處恭章

仁在心，不可捉摸，亦無可指名，故就境上指點，使工夫有所持循。蓋這個心須到處，皆在生意，無少間斷。看此三句，動靜出處，待人接物，無所不徹，便私意無所容，豈不是仁？

"居處恭"，是靜中主敬，"執事""與人"是動中主敬。此皆就處常言。"雖之夷狄"，是不論常變而皆主敬也。

可謂士章

"行己有恥"句是一章主腦。次焉者，亦己之行於宗族鄉黨而耻不孝，耻不弟。又次者，亦己之行於言行而耻不信，耻不果。今之從政也，只行己處虧欠，便不足算。

人自家不慊意處，不消人來譴責，定然羞耻無地，人多埋没了，不覺得。若行己有耻，提他作個主張，凡事皆質之耻心，凡事皆從此點真心上發出來，則必自反而縮，浩然長伸於宇宙。此即所謂作人有廉耻的，決不作没廉耻的事。然若才局有限，幹辦事業不來，世界也難靠他，故又説使於四方。當時列國，持危定傾全憑使命，特舉此以律士不辱君命者。詞令之有章，舉止之得體，生死利害之不屈不撓，於君命有光，不羞辱。他這樣，則立身既無破綻，用世又有作爲，是個完全的人品。

孝弟爲百行之首，何反云次？蓋士須擔當世道，若止有孝弟而他行無聞，只完自己身内事，於世上不得其利益，故但可爲士之次。

小人，謂器識不大，然本心不欺者，"抑亦可以爲次"，又轉以伸之，"今之從政者"，想當時亦必列於士類，而子貢有不足之意，故舉以問。斗筲是鄙瑣之類，這樣人何足算數？蓋論士原以體用兼全爲上。次之孝弟，則大德不虧。信果則本心不鑿，亦是無用而有體者。若今之從政，則體用俱無，自卑卑不足道矣。斗筲亦有用之器，只是没大幹用，貯之即盈，傾之即虛，根本節目都無所樹，徒以薄才供世奔走，如何可算得士？

有耻不辱，君子也。稱孝稱弟，善人也。必信必果，有恒也。

中行章

此直剖出千古任道嫡派，非不得已而思其次也。千古聖人俱是狂狷作成的，夫子以狂狷兩路收盡世間有道種子，又以狂狷兩路絶盡世間假冒種子。中行是中道而行的資學俱到者也，眼界已定，脚跟已穩，功夫不走一綫，所謂與之者，即"可與共學"、"可與適道"之"與"。或與之共商斯道，或與之共救斯世，乃是以千斤擔子交付之也。中行既不得，這擔子非狂者擔當不成，非狷者撐扶不住。信斯道嫡派，不在世間竅臼之中。

狂者之進取，洞見古今一心。從心而取，超然直往，更無間隔。如聖賢事業，人皆退而舍之，彼則進而取之，把最上一等人品向前去作。此其志願最宏，只要他功夫縝密，副其所願就好了。有所不爲，不是全然縮手，乃揀出那不好事有所不作，矯世獨行，更不畏人非笑。此其操守最嚴，氣魄最大，只要把他局面放開，廣其所守就好了。這都説他長處，以見寄思之意。

狂狷自有狂狷功夫，但他功夫只向狂狷一邊偏去，所以要剪裁，歸於中行。狷者與有恒亦不同，有恒是立心不變，如狂則狂得有恒，狷則狷得有恒俱是。

南人章

恒即恒性，乃真心之常存者，恒德正是可爲善人、爲君子、爲聖人處。恒以爲道則聖，恒以爲藝則神。人而無恒，就是巫醫也作不得。蓋爲醫則必能究性命之情，爲巫則必能通鬼神之德。若無恒心，何以作得？"善夫"者，信乎一件事也作不得。夫巫醫不可爲，即是可羞處。"或承之羞"，承是奉而進之也，言人皆得進之以羞辱之事也。占謂體驗於身心切實處，一念覺來便是羲、文，清夜思之亦有圖象，人當以《易》而自占其心，則一點羞惡之良便是恒心萌動之機也。

和不同章

通是辨和，見君子、小人，其與人之心不同。和如太和元氣，寒不至於栗肌，熱不至於炙手，與人温和可親，絶無乖戾相嫌之意。同如雷同，窺瞷人精神意向，與他依附作一團，絕無界限可以自立。正此同聲蝟集時，而乖戾之根自在。

好惡章

古者取士於鄉，以習聞習見鄉人之好惡最真，觀人者不以衆而以類也。蓋人非堯舜，安能每事盡善？就令盡善，冰炭薰蕕，亦豈能快心於異趣之口乎？由子貢第一問，則世有假中行。由子貢第二問，則世有假豪杰。須從氣類上仔細剖出，纔見真人品。

善之好，又參以不善之惡，則其人必非同流合污之輩。不善之惡，并集於善之好，則其人必非詭世戾俗之流。

士君子立身天地間，惟求無愧於善者足矣。若不善者之惡不惡，勿論可也。若即使善者信其節操，又怕不善者疑其矯激；即使善者稱其寬厚，又怕不善者議其懦弱；則瞻前顧後，便終身作不成。此鄉愿之不可與入堯舜之道也。

易事章

世間有一等寬容的人，易於事，亦必易悅。有一等嚴厲的人，難於悅，亦必難事。如今易事的偏難悅，難事的偏易悅。一人而異情，故以"而"字、"及其"字爲轉語，總見君子不求順己而求順道，我不爲天下用而善用天下。此倖門之所以塞而賢路之所以開也。

泰不驕章

此是君子、小人心體之不同。胸中無一物，自然安舒，決不矜肆，是爲君子。胸中有一些，不覺矜肆，怎得安舒？便是小人。

泰是日休之心，全是俯仰無愧，非驕也。驕是日肆之心，全是盛氣所形，非泰也。

剛毅章

注中"質"字作"本質"字看，言剛、毅、木、訥，本質未喪，性真未漓，於仁最切近。若再肯加學問功夫，便即是仁。剛何以近仁？其配仁之真直而無害，養氣自純也。毅何以近仁？其任仁之心死而後已，取道獨遠也。木何以近仁？有華而不炫，必不爲鮮仁之令色也。訥何以近仁？有口而不以辯，必不爲鮮仁之巧言也。

問士章

所謂士者，涵泳於《詩》《書》、禮、樂之澤，必有溫良和厚之氣。蓋氣象乃學問養成，非一蹴可到。

感人以心，而猶恐其情有未孚，則積吾誠以動之，若是其切切。如諭人以言，而猶恐其心有未悟，則多其説以導之，若是其偲偲。如至若情有所當加，言有所不當盡，則又和其顏色，戢其詞氣，以感乎之，若是其怡怡。如此等氣象，非涵養深者不能。

"朋友"二句，正養成德性，觸境自呈，非有心調劑。如云：你看這樣人，遇著朋友便自切偲，遇著兄弟便自怡怡，真是發而中節，全無半毫粗心戾氣，豈不是有養之士？

辛復元先生問其門人曰："何爲朋友切偲，兄弟怡怡？"曰："朋友怡怡則善柔，兄弟切偲則傷恩矣。"先生曰："不怡怡則乖戾，乖戾豈朋友之道耶？不切偲則偽詐，偽詐豈兄弟之道耶？只是人於朋友多以外人視之，辭色自是怡怡，却不傾心吐膽，相處只是貌交。若肯切偲，方成個真誠朋友。人於兄弟自是率真，辭色自是切偲，但一味率真，無所顧忌，却少怡怡，所以易至傷恩。若是春風和氣，毫無乖戾，方成個雍睦兄弟。此所以説個

'朋友切切偲偲，兄弟怡怡'。"

教民章

教民與即戎，須要想他絕不相關、却又著實相關意。玩"亦可"字，原非專爲即戎而發，蓋舉一件極難的事，以見善教之得民耳。

《周禮》：教士七年，謂之小成。

以不教章

古之教民，非欲用之戰，而戰有時不可已。彼民也，豈有生而習於戰者哉？所謂"訓練之，生全之"者，端在教也。教則怯可使勇，勇可使忠。不然，則手足既不相習，忠義更不可知，故謂棄之。"教"字即上章"教"字，以不教民戰，想世無善人至此。

古者教民，皆里中之老而有道德者爲民師，教里中之子弟以道、藝、孝、弟、行、義。朝則坐於里門，弟子皆出就農，農罷則教之。若既收成，皆入教學，立春而就事，故無不教之民，非謂教之戰也。然其三時務農，一時講武，則金鼓旗物之用，坐作進退之節，亦在所教矣。

問耻章

憲之潔修只好免得庸衆人的耻，夫子却進之以聖賢豪杰之大耻也。須知有道而爲巢許，無道而爲沮溺，皆躲不過一"耻"字，直令千古清流一輩人無處站脚。

士君子處世，不論出與處，其具皆當預辦，那一時不有事作？必於世能有補益，於心方無愧作。若處有道，不能有所建明，以贊昇平；處無道，不能力加旋轉，以濟屯否，徒享穀禄，世何賴於士君子爲也？故曰耻，非謂無道不能獨善之説。

克伐章

顏子爲仁有個復禮在，是有頭腦的學問，故其功夫直截。原憲只去克、伐、怨、欲上遏絶，是無頭腦的學問，故其功夫迂回。有頭腦克己是提宗法，無頭腦克己是對治法。原憲之差，差在念頭上澌除，而不直從本體處認取。蓋仁者渾然與物同體，識得此體，工夫纔有著落。彼憲之以克、伐、怨、欲不行爲仁者，蓋不識仁體者也。

不行，非只不行於外而中心猶有潛伏。他不行處，亦是刻意除欲，然不得竟爲仁者，只是欠頭腦，不然除却去欲，更有何法可以存仁？夫子曰"仁則吾不知"，言離合之，故須自參自悟，不是一概抹煞語。蓋不行亦克己之一端，難即先難後獲之難，從此漸進，仁可完也。若止於此，止是難也。難與仁分生熟，不分路徑。如以此爲即仁，則制私非忘私之境，固不得謂之即仁。若以此爲非仁，則制私亦忘私之漸，亦不得謂之非仁。近世學者多説壞不行，直以爲非仁，誤矣。"苟志於仁矣，無惡也"，自無克、伐、怨、欲，何待不行？此直以本體爲功夫，上也。不幸有過，即當力改，故克、伐、怨、欲一切不行，此乃以功夫合本體，亦其次也。若以不行爲非仁，則困知勉行何以能知之？成功則一，而聖人所稱克己、寡過，皆剩語矣。

朱夫子曰：克、伐、怨、欲，只是自就道理這邊看得透，則那許多不待除而自去，還要求勝作甚麽？要去矜誇作甚麽？求仁而得仁，又何怨？惟分是安，欲個甚麽？見得大處分明，小小疾病，都如冰消凍釋，無有痕迹矣。若只管過在胸中不行，畢竟是有這物在裏面，如何即信其爲仁？

四勿者，分辨於天理人欲之間，而一循乎天理。不行者，禁制於人欲已發之後，而不狥乎人欲。用力於初分之際者易，用力於已發之後者難。若能靜中用戒懼法，克、伐、怨、欲不生矣；方動用愼獨法，克、伐、怨、欲不存矣，仁遠乎哉？

懷居章

“士”字重看。爵有五，士居其列。民有四，士爲之先。既稱爲士，便自有極重大、極要緊的事在身心上打點，世道上補救。須是俗情濃艷處淡得下，苦惱處耐得下，勞攘處閒得下，牽絆處斬得下，纔是學問真得力處。最不可被一區宅子、幾畝田園貯却自己。“居”字須説得廣，凡一切適意之境依戀不舍皆是。

邦有道章

從來世界都是道脉主張，有道時氣味醇穆，趨向正大，世界同在光明路上，故須直任本性而出之。“言孫”云者，委曲以伸吾之直，正善行其危處，所謂清其質而濁其文，弱其志而強其骨。真是中流一砥。

邦有道，危言危行，與陽俱開也。邦無道，危行言孫，與陰俱閉也。即一身即造化，非知《易》體《易》者不能。

言孫非全是避禍害，其默回天心者在此，潛施補救、保全善類者在此，即大《易》所謂：不食之碩果也。昔漢末黨錮諸賢，品格都高，惜未知“言孫”二字。然又要知言孫只是藏鋒斂鍔，自家收斂一番，非是爲隨波逐流之言，若行則一毫不可貶也。如藉口言孫二字，或爲隨波逐流之言，因而爲隨波逐流之行，則聖門之罪人矣。

危言危行，則邦有道不徒穀也。危行言孫，則邦無道不徒穀也。

行無時而不危，所謂國有道不變塞焉，國無道至死不變。言有時而或孫，所謂國有道，其言足以興；國無道，其默足以容。

有德章

有德有言，有本之言也。有言不必有德，無本之言也。仁必有勇，義理之勇也。勇者不必有仁，血氣之勇也。修己者當從德、仁上著力，論人者莫從言、勇上取人。味此章語脉，不重言與勇，全是要人充養本源，蓋源可該流，枝難定本也。

南宮章

不說羿、奡篡逆，而言其善射、蕩舟。不說禹、稷功德，而言其躬稼。此正精神注射處，可見成敗利鈍之故全不由人力安排。所以轉移此者別有在，其意分明喚人修德，而却不明言，正可發人深省。

慨當世羿、奡之橫也，託言既往之羿、奡。服當世禹、稷之德也，託言既往之禹、稷。見得何等分明？此方是聖賢之眼。持得何等堅定？此方是聖賢之膽。又全不露出當世德力，方是聖賢之養。此兩段公案，分明是惠吉逆凶，積善餘慶，積惡餘殃，實事實理。既斬世人悻悻念頭，且掃我輩感慨意氣。"夫子不答"，無可答也。況事應之際，未可深論，所以不答。只是其理已足，不須再答。兩人相視，莫逆於心。稱君子是贊其品，稱尚德是贊其心，躬稼只追溯窮時事，不拘拘以粒食利民言德。

羿、奡欲有天下，却不得其死然。禹稷躬稼，却得天下。千古不爽，途徑可以明矣，從違可以定矣。夫南宮適生世禄之家，超然勢利之外，見解如此，趨向如此，其議論兩段直述往事，不至取禍當世。蓋真處無道危行言孫者也。有德必有言，此其一端。

禹平水土，其功多於南而少於北。契教人倫，其澤深於賢而淺於愚。稷教稼穡，其德之被無貴賤貧富，山澤高下，靈蠢飛走，粒食罔不賴。天美報之，或身或子孫，皆有天下而微具分別，夏四百，殷六百，周八百，誰謂天道遠哉？

不仁者章

此見君子當純養其道心之微，小人當急反其人心之危。蓋在心體渾涵處要走作甚易，在心體馳逐後要挽轉甚難。

仁中不容不仁，故有投輒現。不仁中亦不受仁，故有假轉敗。

使小人乍見孺子將入於井，亦必有怵惕惻隱之心。善念乍動，而納交要譽之私已紛然而起，故雖行好事，盡是私心，真未有一息之仁也。朱以丸曰：“君子而不仁者有矣夫，仔細仔細。未有小人而仁者也，回頭回頭。”雖僅四字，發揮精警。

愛之章

“忠”“愛”二字要認得真切，則“能勿”二字精神透露。試籌度看，若愛之勿勞，聽他放逸怠惰，我愛他的心還過得去否？忠而勿誨，聽他唯言莫違，我忠他的心還過得去否？如其不能，則愛怎免的勞？忠怎免得誨？一腔不得已之苦心實有無限輾轉，夫豈漫然而出者？全要見忠、愛不容已之至情。

爲命章

此章可想見四子和衷之美，詞命之善又不待言。

鄭國小，界於齊、楚，兵力不足禦侮，財賦不足事大，所恃區區詞令耳。叔向云：“子産有辭，諸侯賴之。”諸人各效其長，子産集思廣益，能盡諸子之長，深得謀國之體。

《傳》曰：“子産之從政也，擇能而使之。馮簡子能斷大事，子大叔美秀而文。公孫揮能知四國之爲，而辨於其大夫之族姓、班位、貴賤、能否，而又善爲詞令。裨諶能謀，謀於野則獲，謀於邑則否。鄭國將有諸侯之事，子產乃問四國之爲於子羽，且使多爲詞令。與裨諶乘以適野，使謀可否。而告馮簡子，使斷之。事成，乃授子大叔，使行之，以應對賓客。是以鮮有敗事。"

用裨諶以草創，用世叔以討論，用子羽以修飾，用子產以潤色，見鄭國之隨材器使，能草創即草創，能討論即討論，能修飾即修飾，能潤色即潤色，見諸賢之同寅和衷。鄭之國小而康，有以哉！

討是討尋典故，論是論斷義理，修是去其太煩，飾是增其太簡。春秋詞命猶説道理，至戰國談説，只説利害矣。

或問章

言惠而不言其所以爲惠，言彼而不言其所以爲彼，言服伯氏而不言其所以服，令人於此想見其爲人。

孔子稱子產爲古之遺愛，子產則以法行其惠者也。

問及子西其人，蓋有難於質言者，故絶不論及。曰彼者，言其在綱常名教之外也。

"人也"，猶云這到是個人也，即春秋之一人，亦周室所不可少之一人也。説出服伯氏，見非以威勢屈人之力，乃以功業服人之心也。

夫子於子產取其心，於管仲取其功，於子西則心與功兩無取焉。此《春秋》一字之褒貶也。

貧無怨章

人當處貧，啼飢號寒，室人遍謫，非真能樂道，有充然自得之趣者，難免咨嗟。若處富而揚揚得意，賣弄人前，不過一輕薄小人。少知自好者，即能不爲，故有難易之別。君子以不處不去爲心，則貧其所時有，人正當在難處加勉。

孟公綽章

孟公綽廉靜而短於才，故評之如此。趙魏、滕薛俱借論，不須認眞。若使公綽作家老，就是趙魏大家尚優，況小於趙魏者乎？若使他作大夫，即滕薛且不可，況大於滕薛者乎？隱然見魯之任人不當也。

成人章

子路兼人，故夫子開口連舉四子，而要歸禮樂，蓋破其兼人意氣，而以中和化之也。夫士君子在天地間要成個完人，須是學問。不學問即美才無益，能學問即麤才無妨智、廉、勇、藝。若臧武仲輩，只是麤才，然惟打從"文之以禮樂"過來，便自消磨得盡，涵養得純，便亦成得個人了。此夫子望子路本意，與"切切偲偲怡怡"爲士意同。

禮樂何以文言？對智、廉、勇、藝之質地，故以文言，見人不徒自恃其質，要純全其養，如武仲的智以窮理，如公綽的不欲以養心，如卞莊子的勇以力行，如冉求的藝以泛應。即此而又文之以禮，益其不及，裁其太過，使四者各得其宜。文之以樂，化其驕拂，融其固滯，使四者各歸於純。此全是涵養德性的工夫。禮即三千、三百之經曲，樂即五音六律之聲容。古人成童舞象，學籥誦詩，禮樂未嘗斯須去身，所以陶鎔氣質，化其才智伎倆，而歸於德性，端在於此。今人動云文以吾心之中和，便是無把柄學問，要將禮樂體認實際，方爲得之，亦可以成人。所謂人道渾然純備，成性以成身也。"亦"字對上"若"字看，如這等亦可以爲成人了。若不是禮樂，則武仲要君，公綽不可爲大夫，卞莊刺虎，冉求賦斂，把才技都用錯了，怎能得成就？

文、禮樂是子路對症藥方。文之以禮樂，則智、廉、勇、藝皆德性也。不然，智、廉、勇、藝皆偏長也。然要知人之生也自智自廉，自勇自藝，自禮自樂，色色具足，不須從他人身上湊補，但能涵養德性，便自完全具備矣。張子韶曰："須知禮樂非文具，自是其中造化名。"

"今之成人者"一段，辭氣激烈，又有一"曰"字，乃子路所對。因夫子舉武仲諸人，原就今人中勉以學問，子路便承上說：今人何須禮樂？只能信義無虧便好了。乃就論世而互相商榷，非自表其所能也。蓋其問成人時便懷此見，及聞夫子之說，又直吐其所見。如此，夫子之言爲子路發也，子路之言爲當世發也。或問子路，又陳其說，夫子何不再進他一番？辛復元先生曰："許其言善，壞了子路。說其不善，壞了當世。只得'予欲無言'。"

人見"今之成人""今"字，便疑遜上，將武仲、公綽等，豈是古人？

"見""得"二句，亦非必不取必死，只是每見得危，便將義、命爲主而精，以觀理之可否。"久要不忘"，只是約信之言，歷久不變。

見利思義，見危授命，得力不在臨時，必平日講一介不苟之學，而後能見利思義。必平日講朝聞夕死之學，而後能見危授命。不然，利至然後斟酌道義，危至然後商量生死，則不及矣。

公叔章

公明賈所言似平易，然却是順應無心、發皆中節地位，尤令人難信。

臧武仲章

武仲得罪奔邾，斬鹿門之關以出。時人但著其斬關之惡，而忘其據邑之非。不知斬關可原，而據邑不可恕，故以“要”之一字罪之，有傷魯之聽其要意。

臧紇請後之言曰：“紇非敢私請，苟守先祀，無廢二勳，敢不避邑？”二勳即文仲與宣叔也。其詞若卑，其意實有所挾。當時都未見他這意思，故特拈破之。是《春秋》誅意法。

仲歸魯，而以身請焉，可也。即在邾，而以詞請焉，亦可也。胡為乎必以防也？分明謂防是吾之防，君不得而主之也。在“以防”二字見是要君無上。

晉文公章

一公心皆不正，此各就其生平大局看來如是，不堪細論，亦不當拈定一二事論。

晉文公更霸於桓公之後，此時緣人心已識破霸者機關，再不可愚弄他，故取威定霸多譎而不正。若齊桓公初作這個事，緣人心尚思王者仁義，還鼓動得他起，故以正出之而人心即服。夫子把晉文先說起，良有深意。《春秋》多與桓而少文。於《詩》錄《木》[一〇]，而《唐風》不錄晉文，意可概見。

鄭氏以召狩河陽、責苞茅二事為正、譎之辨，深得尊周之旨。伐楚一事，殊不居要。

桓公如葵丘之會，定太子以安王室，名義甚大。文公如踐土之盟，乃召天子以令諸侯，計謀不免詭譎。

子糾、小白均出亡公子耳，即世子之位未定也，未見確是何人該立。當爭入時，兩人對壘，仲爲子糾死於兵刃，固自宜。然及小白先入得國，則社稷有主，而國之群臣百姓業已君之矣。且小白兄而子糾弟，既爲兄，則無不可事之理。惟仲所處，原介在可以死可以無死之間，而功實超軼千古，故夫子直略其不死而稱功，説不用兵車，不知省了多少戰爭，保全了多少性命。使畿甸要荒載清净之福者，皆仲之力也。就這等功業，奠安孰能？"如其仁，如其仁"。

一匡九合，功自還他功。奢而犯禮，過自還他過。《論語》即是《春秋》。

天地以生物爲心，人得天地生物之心以爲仁，原是徹内徹外、徹始徹終道理，其根本處名曰天根，其運用處名曰月窟。天根、月窟間來往，三十六宮都是春。在天爲春，在人爲仁，無二理也。或謂仁爲愛之理，顔子在陋巷，視天下理亂，真如閉户鄉鄰之鬭者，夫子乃曰"其心三月不違仁"。管仲相桓公，霸諸侯，一匡天下，論者猶稱爲假仁，豈陋巷匹夫泯泯無所建明者反爲真與？不知仁主於愛，而愛從何處起，如見孺子而怵惕，睹穀觫而不忍，真是不容自已、無所爲而爲者。吾儒不從此處識取總功業，掀揭天地，總之從納交惡聲處出來，終不是本來真愛，終不謂之爲仁，故《易》曰："復其見天地之心。"夫當一陽來復之時，造化生意尚未宣泄，而聖人從此處見天地之心微乎微乎，知此可以論仁矣。故顔子三月不違仁，便稱王佐。管仲假仁，便稱霸佐。雖事功作用，豈其非仁？然使管仲不遇桓公，則一匡之業安所見於天下後世？故君子不言遇而言心。夫己立立人，己達達人，斯心也，固天地萬物一體之心也，真不容自已、無所爲而爲之心也。故論仁者當先識心，論心者當自念頭初動、不容自已處求之。不然，若落第二層，便是有所爲而爲，即掀揭事業皆假矣。仁者愛人，談何容易？

非仁者章

管仲相桓之功，直至當世少他不得，故夫子從旁論他，言仲後來既有此大功，正宜愛惜此身，爲建功張本，當初豈得没緊要便死了？

諒是避忌嫌疑，要此心見諒。莫之知是無功業可表見，不指召忽説。夫子只要仁天下，故所重在濟世功勳，而一身名節尚當別論。

救天下生命之事大，全一身名節之事小。死而名節無愧，死固好。不死則留其身以有爲，身受不諱之名，而天下可藉我以有濟，所係尤有大焉者也。

同升章

文子卒，其子請謚，君曰："昔衛國凶餓，夫子爲粥與國之餓者，是不亦惠乎？昔衛國有難，夫子以死衛寡人，不亦貞乎？夫子聽衛國之政，修其班制，以與四鄰交，衛國社稷不辱，不亦文乎？"故謚文子爲貞惠。文子當時，止言其能修班制，使社稷不辱之故，至其舉僎一事，衛人反略而勿道。夫子偶聞此事，而稱其無愧於"文"，蓋深嘆忘分薦賢，爲人臣第一美行耳。公是立公朝也，乃公心也。人臣心私，則暗昧而不文。心公則何等光明？故曰"文"。

衛靈公章

三段見交鄰得人則無起釁之虞，事神得人則無灾禍之及，兵事得人則無外侮之侵，故雖無道，不失其國，況於賢而才者乎？又況於有道之君用賢圖治者乎？

不怍章

爲之難，全在不怍處，當時便見人必深沈不露纔作得實際事業。

陳成子章

夫子不敢不告，有凜然不寧之意，時時以大義挑發人心，全在"不敢"兩字上。一則見得曾爲臣子，值此君臣之變，如何坐視？一則見吾無討賊之柄，故來告耳。"'以吾從大夫之後，不敢不告也。'君曰：'告夫三子'"者，當是對哀公面陳，非出而自言。下文亦是對三家當面説。但前一告，所以告天下之爲人君者。後一告，所以告天下之爲人臣者。當時天子不問罪，方伯不連師，而孔子侃然倡大義於魯庭，雖未能興兵討恒，而恒固已討矣。此是當日絕筆之後一部大《春秋》，雖作不得，却是已不得。

勿欺章

問事君，非問諫君，除却勿欺，更沒犯處。勿欺是臣道徹始徹終之本，又進言時無內無外之心，即就犯中看，亦自可見。若只説勿欺，便去犯，則自恃其無他，翹君市直，勢所必至，即此便是欺了。須知本心上無一毫信不過，方是勿欺。須知無一言與本心相應，方可犯。

欺非妄也，自心上見得不大透，而以名節意氣高自矜許，皆欺也。須細看。

上達章

循理只管上，直達到天理盡頭處。循欲只管下，直達到人欲盡頭處。各無住脚之地。蓋君子之易簡通天地，小人之牿亡入禽獸，即此是上達、下達之分。

利善之間分舜、跖，克罔之介作聖、狂。非據終身成就時説，上達由志士而賢人，而大賢，而聖人、神人。下達如由庸人而小人，而夷狄，而禽獸。

白沙先生曰："暘谷始旦，萬物畢見，而居於蔀屋之下者，亭午不知也。忽然夜半起，振衣於四千丈羅浮之岡，引盼於扶木之區，赤光在海底，皎如晝日，仰視群星，不知其爲夜半。此無他，有蔽則暗，無蔽則明。所居之地不同，所遇隨以變，况人易於蔽者乎？耳之蔽聲，目之蔽色，蔽口鼻以臭味，蔽四肢以安逸，一掬之力不勝群蔽，則其去禽獸不遠矣。於此得不甚恐而畏乎？知其蔽而去之，人欲日消，天理日明，羅浮之於扶木也。若溺於蔽而不勝，人欲日熾，天理日晦，蔀屋之於亭午也。二者之機，間不容髮，在乎思不思、畏不畏之間耳。"善哉！斯言。上達、下達者，切宜思之。

古之學章

古今同一個學，但學者之用心不同。古之學者窮年精進，只在裏面尋求。今之學者，全體精神盡向世界陪奉。今之學者非不知有己，第不識性命爲己，只曉得名利自受用。古之學者非不知有人，直以獨善於己者兼善天下，而不失望於人。爲己則天地萬物皆屬之己，爲人則形骸耳目皆屬之人。只一念分殊，迥懸千古。

古之學者爲己，君子儒也，君子上達。今之學者爲人，小人儒也，小人下達。

　　孔子曰："古之學者爲己，今之學者爲人。"誠僞不同。文中子曰："古之仕者養人，今之仕者養己。"治亂不同，只"爲己爲人"四字，品分今古，心分聖狂，世分治亂，何可小視？凡理學俗學、眞儒俗儒之辨，俱始於此。

伯玉章

　　伯玉與聖人眞氣味，千里往來，彼此都不言而喻，其問使命亦是借景，寡過未能，一言道破，便如知己面譚。

　　身過易遣，心過難除。夫子假年學《易》，期無大過，伯玉寡過之思適與之契。夫子憂不善不能改，伯玉"未能"之意又如此。此其異地神交處，被使者一語傳神。

君子章

　　夫子纔説"不在其位，不謀其政"，曾子既悟曰：夫子之言即艮象"君子思不出其位"之旨也。二節本是一章，上節非重出，蓋止必有所艮其背，止其所也。止非止，而不思不出位乃止也。譬如北辰爲天之樞，天樞無時不運，而未嘗離乎本垣，此即思不出位之義。

　　當境隨緣，此迹之位也，非思之位也。"位"字即"不逾矩"之"矩"，隨時隨處，妙理當然，舉心動念，不添些子，所謂位也。思之靈妙，無所不之，有其位在，豈容旁溢？然"不出"二字亦須參得。若止而不思，是寂滅。思而不止，是坐馳。不出者，止象也，思而未嘗思也。

　　子瞻云："有思皆邪也，而無思則土木也。何以有思而能無邪，無思而非土木乎？"此得思不出位之意。思不出位是當念而寂，非離念而寂也。能會到知止得止，纔是不出之解。

去邪思易，去閒思難，《易》之艮曰：“不獲其身，不見其人。”夫身且不獲，人且不見，又何閒思之有？而其本則曰：“艮其止，止其所也。”止必有所，則所獲所見只有此耳，此所以能無閒思也。

耻其言章

此不止要言行相顧，凡出言每懷羞縮，凡作事要比言過頭一步。如此兩下低昂，方纔得平。“過”字是見之躬行者猛力向前，這段精神意氣，常若有餘剩處。

自道章

以君子之道還君子，而能歸無能，所以爲夫子之聖。以夫子之言還夫子，而道曰自道，所以爲子貢之知聖。

聖至夫子地位，其自視直與顓蒙無兩體，又何處道其有能？若見以爲能，便非聖人之道。若見以爲能而故謙處於不能，尤非聖人之心。

仁者、智者、勇者，只一個君子。曰君子，曰我，正兩下打個對同。

“子貢曰”三字，要參他平素聞一貫，參無言，忽聆“無能”一語，恍如聞道，恍如見聖，遂不覺直指曰“夫子自道也”。自道是自寫心體，譬如人心裏有明處，有惑處，纔形出智來，渾心是智，如何知其爲智？故“無能”一語，正夫子自道出真面目。

有而自信者，賢人也。有而不居者，大賢也。化而不有者，聖人也。謙乃有而不居，而夫子則已化而不有。

憂、惑、懼是世人之心，不憂、不惑、不懼是君子之心，能憂、能惑、能懼是聖人之心。其詣境是聖人，其自視則世人，非夫子不能自道如此，非子貢不能悟夫子自道如此。

　　世人憂、惑、懼，聖人亦憂、惑、懼，所以憂、惑、懼者不同。

方人章

　　學者尚論千古，豈不孜孜然？誦《詩》讀《書》，以求知其人。然而爲取善也，非爲論人也。學者喜較異同，却錯過了自家工夫。就使較勘甚明，於我何益？吾夫子好古敏求，爲學惟日不足，正要他思量不暇作甚麼處。

不患章

　　合上節，見學者不必去方人，亦不要求人知，只在進德修業處自己推勘，凡性分所固有、學問所當盡者，皆患其不能。蓋能無窮時，不能亦無窮時，如何不患？

不逆詐章

　　天下無詐與不信者，我則渾然。天下有詐與不信者，我則了然。如鑒在懸，影過則見。"先"字亦要體認，如鑒在此，無物亦未嘗不照。蓋先有照以待物，非物至而索照也。此須是平日養到心體精瑩處，方能先覺。若待逆億而覺，非虛也。不逆億而遂不覺，非靈也。既不逆億而又未嘗不覺，則虛而靈，誠而明，所謂自然之明覺也。自然之明覺，大智不鑿，夫子之所賢也。

　　覺者，人心本來照體，乃太虛中最初一念，絕無一點浮翳，純是空明本體，故曰先，曰賢，不作人品上說。

　　"抑亦"字乃反上之語，不可作一直相承解，如繇不逆、不億而得先覺，題意反說死了，惟不逆、不億而倒會先覺，其能覺之妙虛虛含在言外。

栖栖章

栖栖是依依然求親於人，如鳥之栖木而不去。此原是夫子本色，然夫子所以不避其迹者，全從一體萬物之念發出。佞不是口給，大略是迎合世情的念頭。

疾固，言惡那執一己之高而忘世道之大計耳。夫治亂循環，運數未嘗固，行藏變化，出處未嘗固。佞即狥人，固即絶俗。不佞不固，聖人之時。

固則牢牢守著自己，要討個乾净，不肯稍加變通，以爲天下這等的人也不出自私自利窠臼中。

稱德章

此譬世間稱爲君子者，雖是才德俱有，然只道他心地好，不道他才調高。

以德章

據或人之説，胸中却有一"怨"字未消，有一"報"字未化。以直報怨，廓然大公，物來順應，何報之有？

心無所曲爲直，以直報怨是據理以待他怨，當報則報之，無過則焉。不當報則不報，無逞忿焉。出乎心之公，本乎理之正，不曲意以博厚名，不過刻以傷天理。不以脩怨之故去索瑕，不以避嫌之故反曲法，是之謂直。若以德報怨，定是用意殷勤，推情調護，共成其善而保全其失。雖是人情上用事，却是我的天理所當然。

德是人有德於我的報他，須要加厚，彌縫其失，匡救其萹，凡可爲他，必無不盡之心力。此蓋怨欲其忘而德欲其不忘也。究竟德來德往亦是直。康節詩曰："揚善不揚惡，記恩不記讐。"

此之謂也。

　　要知報怨、報德只是論平常往來大概道理，若遇國家大事，又須開誠布公，以無心處之，却不是報德、報怨之時，此又當别論。第五倫曰："昔人有與吾千里馬者，吾雖不受，每三公有所選舉，心不能忘，而亦終不用也。"此意可思。

莫我知章

　　此章唤醒子貢從獨知處用功也。天知只是自知，自知只是下學。知我其天，故莫我知也。此與"天何言哉""默而識之"同意。要知不怨、不尤正是學力，人惟看得身世之故不徹，故俯仰之間不求天鑒即求人與，似乎必須有知。一不如意，怨尤輒生。若以我自視，學以合天，何曾怨天？學以盡人，何曾尤人？只有一味循循下學而從此上達，我自盡我本等，我自作我工夫，亦何所關涉而致其知乎？朱子曰：不怨、不尤，則不責之人而責之己。下學人事，則不求之遠而求之近。此固無與於人而不駭於俗矣，人亦何自而知之耶？及其上達而與天爲一焉，則又有非人之所及者。此所以人莫之知而天獨知之也。

　　"莫我知"，與尋常"知"字不同，言我之所爲，循循於日用者，人竟索之日用之外。我之所爲，惺惺於性體者，人竟遺之性體之中。孰有能知我者？何爲莫知，"何爲"字只作"何故"。

　　夫子劈頭從天説起，可領學脉。不怨、不尤，正不從耳目所見處討求，只從心體上打點得空净無累，便是學問下手處。若將不怨、不尤作優游閒曠解，無有是處。

　　不怨、不尤，要知氣化難齊，原非天理之本然，何怨之有？世路難平，原非人心之同然，何尤之有？我惟從天理之本然、人心之同然處盡下學工夫，自然上達。下學即是平常卑邇之間，如對妻子，對衾影，暗室屋漏之中作反躬切己的學問。上達即是會悟天理，但"天"字且虚含。

下學自然上達，若不盡下學功夫，直欲上達，則如釋氏覺之之說是也。吾儒有一分學問，則磨得一分障礙去，心裏便見得一分道理。有二分學問功夫，則磨得二分障蔽去，心裏便見得二分道理。從此惺惺恁地不令走作，則心裏統體光明，渣滓净盡，便是上達境界。

學有淺深，達亦有淺深，學與達各有漸次，非謂始乎學、卒乎達也。下學是著力處，上達是得力處。下學如問此路，上達如知此路。發憤忘食是夫子下學處，樂以忘憂是夫子上達處。既竭吾才是顏子下學處，如有所立卓爾是顏子上達處。温故是學，知新是達。下學是深造之以道，上達是自得之也。

天知全在自知内，自知全在上達内，上達全在下學内，下學全在無怨、無尤内。此潜修獨得之事，無異於人而人不知。

先聖性命之學皆天，後儒知見之學皆人。十五時若非志達天之學，五十何以能知天命？此學所以出門便是本天也。

公伯章

景伯真有借上方劍斬佞人頭的手段，只以"命"字斷之，若曰達人安數，壯士除奸，各成其是而已。

命非一身一家之命，國家氣運否泰相關，所謂一世之命也。命將廢，不愬亦廢。命果行，亦豈彼之所能抑乎？此見小人不能主張吾道之興廢也。後人因夫子有"道之將行"數言，遂謂景伯爲尤人，爲不知命。不知在自家行止固宜安之，若見讒夫之高張，賢人之落寞，正道之不行，而欲肆諸市朝也。真是公憤所發正氣正論，千古猶然凛凛。當時未肆市朝，載諸《魯論》，千古已肆諸市朝矣。

景伯是秉正嫉邪之論，夫子是樂天安命之懷，原并行不相悖。此亦見聖人不怨天、不尤人之一端。

辟世章

此聖人不忍辟世之意，其次只是又一等意。次遇也，非次賢也，所遇愈窮，故所避愈下。此見聖人仁天下之心。

七人章

"辟"字尚權去就，"作"則見幾而作，不俟終日矣。照上下章看，作隱去之説爲是。

説個七人，見其人可數，便覺不凡，豈如今之從政，何足算也？

石門章

封人知天，晨門知人，俱夫子知己。蓋不知其不可是愚人，知其不可而不爲是隱者，知其不可而爲之是聖人。晨門雖與聖人趨向不同，却能道出夫子意中事。

擊磬章

有心是驟然聽得，不覺聳動，道他有些心事。及詳聽一回，方知端的乃是爲用世，故説他硜硜不知變通。

夫子惟無求人知之心，所以視天下無不可爲，無時可已隱者迹。若不求人知，而心實欲知於人，所以人知則爲，人不知則已。語云："風雨如晦，鷄鳴不已。"又云："蘭生幽谷，無人自芳。"夫鷄不以晦輟鳴，蘭不以幽改芳。君子誠爲斯世斯道計，顧以人之知不知易慮哉？

"果哉"，不必説，言"荷蕢"但要如此，果於忘世，這何難之有？只是天下原忘不得也。

"果哉"是一刀兩斷，撒手得快。這只是看著世間風色，好作方作，不好作便休，有甚煩難？昔顏子窮居陋巷，此心不減。禹稷過門不入，此心不加。必遁世而與用世之心相合，所以爲難。

高宗章

嗣君委君道以伸子道，百官盡臣道以成相道。

好禮章

好禮是品式分明，誠意退遜，凡精神志氣俱攝入品節中，上下一體，如臂指相使，安得而不易？此是上之人實有一段真精神，不然格套幹得甚事？

君子章

"修己"兩字括盡君子敬正己之精神，安人、安百姓是修己實功，不是修己效驗。

天生一個人，與個心，便教人未發中、已發和。與個耳目四肢，便教人聰明恭重，自頂至踵，渾然各具。天則極是至真，極是至公，極是至正。人若不中不和，便把天與的心壞了。至聲色、臭味、安佚，終日馳逐不休，纔放下却又昏沈去，把天與的耳目四肢都壞了。本來原是極真的己，今却是妄的己。原是極公的己，今却是私的己了。原是極正的己，今却是邪的己了。雖有人之形骸，實是痿痺不靈。人若欲作君子，須下修己功夫。下此功夫，未壞者可保不壞，既壞者可復其初。修己須是以敬，常提"儼若思"一段光景爲主於內，既不使昏沈，又不使放逸。如戒懼、慎獨，是敬以修其心也。非禮勿視、聽、言、動，是敬以修其目、修其耳、修其口、修其身也。身心內外一主於敬，則惺惺不失，修其己爲精明之己。欽欽不放，修其己爲純一之己。方得身心內外純是一團天理，此學者提宗之一法也。然這個敬若只了得自己，無與於人，乃是個小人儒，焉得爲君子？故子路復叩之，而夫子爲發其蘊也。下二段只在修己以敬中抽出言之。

己與人，境界原相對待，功夫又相合一。如己在家，則與一家之人相對。己在國與天下，則與國與天下之人相對。即在深山靜養，亦必有一二伴侶，決無閉門塞竇而獨處一室者。此非是修己外別有個安人道理，只是以此至真、至公、至正的己事親去，便是孝子，是修己以安其親也。以此待子，便是慈父，是修己以安其子也。以此事君，便是忠臣，是修己以安其君也。以此待臣，便是仁君，是修己以安其臣也。以此處兄弟、夫婦、朋友，俱各得其安。以此馭胥吏，處黎庶，便心服令行，教養兼至，此安人、安百姓之實功，非出修己之外也。既有實功，何以堯舜猶病？蓋聖人之功極實，聖人之心極虛，惟其功實，所以四海九州得其所。惟其心虛，所以不見四海九州得其所。此堯舜之猶病，正是堯舜之敬，正是安人、安百姓處，正是堯舜所以爲堯舜處。

原壤章

登木而歌則舍之，夷俟則警之，舍大故以全交也，警小節以存教也。

闕黨章

客氣不相下，最是病根，不可與人道。所以灑掃應對爲小學之事，不特使之事長習禮，其意在培養純厚之本性，不令客氣暗長也。蓋圭角既露，氣質難降，便非求益者。張橫渠先生曰：今世學不講，男女從幼便驕惰壞了。到長益凶狠，只爲未嘗爲子弟之事。病根常在，隨所居、所接而長，至死只依舊。

“原壤”章見夫子“老者安之，朋友信之”，“闕黨”章見夫子“少者懷之。”

衛靈公章

禮謂班朝治軍，非禮，威嚴不行。主持禮教，正夫子救時手毀〔一〕。若專主修文不修武，言俎豆不言軍旅，便是迂腐之論。須知俎豆、軍旅原非二事，俎豆姑拈禮之一端而言，禮教果明，恩義明，名分正，上安下順，内治外服，自然不用軍旅。即不得已而用軍旅，亦從俎豆中出之。王者之師，戰必勝，攻必取也。不然，離俎豆而言軍旅，是自促亂亡之域矣。靈公欲從俎豆外求無本之軍旅，不知夫子俎豆中已寓有本之軍旅。假使當時悟夫子俎豆之言，正閨門以正朝廷，正朝廷以正百官，正百官以正萬民，後來安得有許多禍亂？又何消用軍旅耶？

“明日遂行”是上下關絡，惟其決於去國，故恬於處困也。拈“學守”二字，便行文耳。子路衣敝不恥，浮海欲從，豈以絕糧而慍見哉？特以君子之道四達不悖，而窮厄如此，蓋有以人事而責望天意者也。“固窮”只作固守其窮，與下“濫”字相照。陳大士曰：“有道之世窮小人，無道之世窮君子。”

楚昭王聘孔子，孔子往拜禮焉，路出於陳、蔡。陳蔡大夫相與謀曰：“孔子聖賢，其所刺譏皆中諸侯之病。若用於楚，則陳、蔡危矣。”遂使徒兵距，孔子不得行，絕糧七日。外無所通，黎〔一二〕羹不充，從者皆病。孔子愈慷慨，誦弦歌不衰。乃召子路而問焉，曰：“吾道非乎？奚爲至於此？”子路慍，作色而對曰：“君子無所困。意者夫子未仁與？人之弗吾信也。意者夫子未智與？人之弗吾行也。且由也昔者聞諸夫子曰：‘爲善者天報之以福，爲不善者天報之以禍。’今夫子積德懷義，行之久矣，奚居之窮也？”子曰：“由未之識也，吾語汝。汝以仁者爲必信也，則伯夷、叔齊不餓死首陽。汝以智者爲必用也，則王子比干不見剖心。汝以忠者爲必報也，則關龍逢不見刑。汝以諫者爲必聽也，則伍子胥不見殺。夫遇不遇者，時也。賢不肖者，才也。君子博學深謀而不遇時者衆矣，何獨丘哉？且芝蘭生於幽谷，不以無人而不芳。君子修道立德，不爲窮困而改節。爲之者人也，生死者命也。是以晉重耳之有伯心，生於曹衛。越王勾踐之有伯心，生於會稽。故居下而無憂者，則思不達[一三]。處身而當逸者，則志不廣。庸知其終始乎？”子路出，召子貢，告如子路。子貢曰：“夫子之道至大，故天下莫能容，夫子盍少貶焉？”子曰：“賜，良農能稼，不必能穡。良工能巧，不能順[一四]。君子能修其道，綱而紀之，不必其能容。今不修其道而求其容，賜，爾志不廣矣，思不遠矣。”子貢出，顔回入，問亦如之，顔回曰：“夫子之道至大，天下莫能容。雖然，夫子推而行之，世不我用，有國之醜也，夫子何病焉？不容，然後見君子。”孔子欣然嘆曰：“有是哉！”

多學章

天下事物無盡，若一一倚靠學，則學所不及道理，便成脫漏。所以妙處在一以貫之。然這個“一”亦就多學裏面得來。但得所謂一，則所學所識皆此一內之融通耳。

或疑多學而識，亦以萬殊歸一本也，與一貫何別？蓋從性地之徹不徹分也。徹則識不用事而一以貫之，未徹則擬議未忘而不離乎識。然學者入手未有不由學而入一貫者，故謂多學而識是學問歇脚處不可，謂多學而識非學問從入處亦不可。何也？惟多學而識，方可一而貫也。若大聖人，亦自有大本、大根先得者，但欲人人如此，恐不能矣。

賜說“然”字，見多學自是不差，曰“非與”，見多學一定有本。夫子直以“非也”二字逼截他，頓使依傍情見了無可用，須想一時機鋒逗合處，非是説全學止有一貫，更無多學。只言多學而識，非我之本領處也。多學是一貫的功夫，一貫是多學的源頭。若不知得這一貫就是多學，終無頭腦，就是心齋坐忘，終屬苦空。

曾子平日三省其身，功夫在篤實邊作。子貢平日多學而識，功夫在散漫邊作。及其功力積久，機緣將湊，故各以一貫去點化他。曾子、子貢[一五]固於行處得力，若性地不徹，到底是個篤實漢，何以爲曾子？子貢固於知處得力，若無實踐功夫，到底是個弄聰明的人，何以爲子貢？知行本是合一。

或問：“學識既不是，何夫子平日又要多聞多見？”葛屺瞻先生曰：“世間中下人多，豈能一超直入？只得教他從語言文字中尋討，以待其憤悱之自至。若究竟著則博文約禮，到欲從時，尚用力不著，何況多聞多見故如一以貫之，如知之爲知之。遇參、賜、子路等輩人，未嘗不將聞見爲一掃也。”或曰：“既如此，則在夫子又何須多聞多見，平時尚不廢此？”先生曰：“無此一貫，則不學固失之空疏，多學亦流於汗漫。有此一貫去多學，則處處照見本領，如一月之映萬川。既是夫子，又何妨多聞多見耶？孟子云：見而知，聞而知，以聖學聖，亦必聞且見也，則聞見疇能廢也哉？”“然則孔子之病之也，亦或以其多之故耶？”曰：“學以聚之，博學而審問，多識前言往行，以蓄其德，亦何嘗以多學多識爲病耶？”曰：“然則夫子之於子貢，又奚病也？”曰：“病其徒事多學，而不能一貫以多學焉耳。”夫自伏羲畫乾而一之體立，繼自堯舜傳心而一之義彰。遐想孔子十五學聖，則必先學一矣。故孔子平生自堯舜以及列聖，凡所以誠意、正心、修身，所以齊家治國平天下，所以經綸大經，參贊大化，而文獻足徵者，信好敏求，無非求夫此一之精微透徹而無内，渾淪統會而無外，功之專切，時之積久，忽然開口叫個"仁"字出來，便把身心意知、家國天下一以貫之，無欠無餘，而成個大人之學。此其學也，豈不多學？此其識也，豈不多識？此其多學多識也，豈不皆是聞見？然皆是一以貫之也。向非一貫開宗，則漫然如大舟之無舵，泛泛滄溟，又何彼岸之登也哉？

近儒講學，開口便說聖門自有直截功夫，學識俱屬添設。試思篤實莫如曾子，穎悟莫如子貢，夫子何不早語他一貫，耽誤他許多日期？

知德章

子路生平全少一"知"字，夫子每以知覺，由只因"聞斯行諸"，遇著好事便作，更不加理會。如德則自心所得，必須細心體認，方纔見得親切。能知德纔可成德，豈是躁心浮氣可曉得的？此當與"誨女知之"及"六言六蔽"章參看。

學之而有得謂之德，得於中而無羨於外謂之知德。此在聖門，若顏子之簞瓢陋巷而不改樂，曾子之肘見緼絕而不輟歌，原憲之衣敝履穿而不稱慁，爲可以與此。何者？彼固內重而見外之輕也。

恭己章

無爲，只是不待勉強作爲而天下化成，非是垂衣自理、無所事事之謂。"夫何爲哉"，此語不連上文，須另說。有昂首虞廷，模索其事，爲無一著迹的意象。恭己只是個敬，純敬不已。舜一生感化天下，精神全在此處，所謂居敬而簡，篤恭而平也。恭己正南面，不是說他無爲之實而益以顯其無爲。要知恭己內有無限精神，足以包舉萬世，不是泥塑木雕。

狀舜之心則曰不與，雖其咨警余，而不可謂之與也。狀舜之治則曰無爲，雖封山浚川，誅凶舉愷，而不可謂之爲也。若謂自舜而上以德化民者多無爲，不獨一舜，這便是看有爲、無爲於禮樂刑政間，而非孔子所稱無爲之旨矣。蓋由舜而上其爲略，故其化若出於無爲。由舜而下其爲詳，故其化若不能無爲，而不知道與時移，政由俗革，質而不能不文也，略而不能不詳也，勢也。舜之爲比前聖加詳，舜之德比後聖最盛，故孔子獨舉而稱之，曰：“夫何爲哉？恭己正南面而已矣。”遐想當時君臣相與，都俞吁咈於一堂之上，而其民時雍風動於下，果何假於爲哉？

以典謨觀舜，當日許多事體，何爲說無爲而治？蓋舜非有心紛更，天下事體只是時至而起，適來而應，以物付物，以事處事。若春之不得不暖，夏之不得不炎，秋之不得不涼，冬之不得不寒。雖有爲也，民不見其爲而若無爲，舜亦不自知其爲。故惟有恭己正南面之可見。注謂紹堯得人，所以無爲。蓋惟恭己方紹得堯，惟恭己方用得人也。

問行章

“言忠信”二段是論理，“立則”節是純密境界，下手工夫全在虛處令其自悟。

忠信、篤敬是真心，信必言忠，句句從心苗說出，略無虛假。敬必言篤，乃切身著實作去，略無放鬆。忠就貫在信裏，篤就貫在敬裏。信既由衷，斯誠能動物。敬極其至，斯奏假無言，此心相通處便是行。

敬信真心，又不是臨時襲取得的，須要念念提醒，令精神流注，志意堅凝，任憑走到那裏，湛然心目惺惺不散，方是個忠信、篤敬。不然信口說過，隨事答應，如何人肯信托？如何能行？

書紳正切己體道處。

王心齋先生置車輪四柱，書"非禮勿視"四語，中置一瓶，以示執中之象，恒推以自隨。陽明劍擊其瓶，與亭俱碎，曰："破汝之象，以使得汝之心。"

史魚章

此是兩大夫合傳，初無軒輊。

兩大夫遭際皆同，而魚之道峻，玉之道圓。一禀之性成，一得之養後，均於世道煞有關係。總之，直臣之操見有節也，君子之道見有養也。皆持身立朝所重。

"如矢""矢"字有一發不回顧意，有耿行期必中意。此總是欲進賢退不肖，以扶國運。

凡人既出仕，未免爲他粘帶。今要住手，就可卷懷，幾乎時行時止家風矣。惟進有可出而行之，則退有可卷而懷之。"可"字大有把柄在。

惟其有寡過未能之心，所以有道能仕，無道能卷而懷。"君子哉！蘧伯玉"，仿佛乎"用行舍藏"。

史魚只可謂之直，能伸而不能屈，未盡君子之道。若伯玉，則因時屈伸之君子矣。

可與言章

此泛就與人説，不專主施教，言知者語默合宜，聰是明理，能知人。

志士仁人章

無求生以害仁，乃其心中自有打不過處，不忍就彼以害此，所以成仁者，但以遂其良心之所安而已。然必曰"志士仁人"者，有志之士慷慨就死，成德之人從容就死，其不以生死動心而虧此仁，則一也。

問爲仁章

人心情欲如瑕疵一般，瑕疵非利器不去，情欲非仁賢不消。人只終日與仁賢周旋，只就這副心腸，還容得有別念夾帶否？自然情刊欲化，本心現前矣，故曰爲仁。

“工欲”二字重看，此是先辨了爲仁的真心，然後仁賢爲吾益。

事賢時時管束此心，友仁時時調養此心，真有一點精神相浹洽處。若自己精神不到，即日與士大夫居，亦冥然扞格耳，與心體何涉？

葛屺瞻先生曰：人之德性，全藉師友以琢磨，故以士大夫之仁賢比於百工斧鑿之器，是皆能開拓我心胸，銷鎔我氣質，而使之成器者。亦有平時極肯用功的，只閉門獨處，終是三家村學究，成就得來，不過一獨善之士。惟遇當世名公，林下高士，聆其議論豐采，觀其容貌德器，不知消了多少鄙吝之心，開了多少高明之識。況朝夕與處，則潛移默化，真有莫知其然而然者，故學之不講，夫子爲憂。以友輔仁，曾子所尚。每惓惓於此。今世人托言爲仁由己，而不肯親師取友，若非孤僻長傲，即是怠惰自荒。吾見其德之無成，而終於不肖之歸也。

顏淵章

顏子學問只一個天下歸仁，窮乎由是，達乎由是。天德王道更不容分，此其行藏一致處，故曰有王佐之才。若問爲邦，乃其中之事緒耳，非謂其問及此便是王佐也。若然，則由、求、赤之志皆言用世，夫子何皆不與？而曾點一暮春之樂，何獨與之耶？

善制治者，要看大氣運所在。從古聖人立國，只就氣運轉關，略一提撥，便覺世風丕變。此夫子每事各舉其一，略爲指點大意，四海大業觸類可通。

行夏之時，王政以時爲大也。要想他釐工熙載、敬天勤民一段精神。雖三代正朔各分四時，原未嘗改。蓋正朔者，一朝之制，可得而更也。四時者，天行之序，不可得而改也。故夏正建寅，重人爲政，爲萬世不易之法，其得時正也。商周之正，未免冠冬於春首矣，而寅月則未嘗改爲二三月也。

乘殷之輅，器尚其質也，推之而服食器用可知矣。要想他九圍式化一段精神。服周之冕，度尚其文也，推之而文章物采可知矣。要想他端冕凝旒一段精神。商輅以木爲大車，不用金玉飾，乃樸而不失於陋之一節。周冕制度最備，所重在元首，乃華而不失於奢之一節。

合上三句，是損益二代而尊我周。合下一句，是經綸本三代而進之於有虞之樂，治定功成，自太和在宇宙間也。

樂則《韶舞》，全重精一心法，直傳有虞氏之至德，即夫子之得邦家，其必無爲而治，躋斯世於唐虞太和之域乎！故必思其致治何以如舜，而後作樂可以如《韶》。玩一“則”字，夫子説到此，不覺神游於其間，故口氣如此。

放鄭聲，遠佞人，此即道心、人心危微之辨。人心一溺，則變禮慝樂，虞夏君臣交儆者率以此。宛然典謨訓戒，圖難保太之思。淫言其聲音蕩佚，不作淫人心志。殆言其心術傾危，不作殆人國家説。

辛復元先生曰：夫子欲顏子爲虞、夏、殷、周之邦也，故教他行夏之時，乘殷之輅，服周之冕，樂則《韶舞》。不欲其爲鄭聲、佞人之邦也，故教他放鄭聲，遠佞人。放鄭聲，遠佞人，是克天下之己。行夏時，乘殷輅，服周冕，樂《韶舞》，是復天下之禮，其旨深哉！

或問：顏子問爲邦，夫子止告之以四代之禮樂，却不及治國平天下之道，莫是此事顏子平日講究有素，不待再言否？朱子夫曰[一六]：“固是如此。但顏子資稟聰明，涵養具到，事事了得了，只欠這些子。故夫子斟酌禮樂而告之。想所謂夏時、商輅、周冕、《韶舞》，當博我以文之時已都理會得，故告之如此。惟是顏子有這本領，方作得。若無這本領，禮樂安所用哉？”

人無遠慮章

人要看得長遠方好。世人只說且顧眼前行去，那顧將來？不知不顧將來，目前就有不好處在其間也。“人”字煞有關係，主擔當世道者説。遠慮非是空自愁苦，又非是多設機謀，是從天理路上尋個經久妥當法子，以其動出萬全，可保久長無事，故謂之遠，非取其遠者慮之也。若安而忘危，則危出於所安。治而忘亂，則亂出於所治。故必有近憂。

遠慮是慮理，非慮事也。惟理可預度於千百世之後，若事則殊形異狀，不可捉摸。

己矣乎章

道心最微，人心最易染著。纔染著便蔽錮而難開，故夫子每每傷之。言不望其賢，賢易色，獨不得“如好色者”乎？

臧文仲章

當時上有魯君，下有季氏，獨罪文仲者，亦春秋責備賢者之意也。凡不當得而有之者曰竊，文仲位居大夫，力可薦賢，乃知賢不舉，連他的位也是不當居的，故以爲竊位。不説到名位相軋，賢否相形處。

躬自厚章

人若以聖賢責人，庸衆自處，寬了自家地步，難得別人信從，且惹起許多怨惡。今只自家一味躬行，教人又有漸次，是以善養人也，怨不遠哉？

積而不已曰厚，薄責於人，是以聖賢望人，不當下以聖賢責備人。但各隨其力量所到，而不强以不堪。此就處人己大段道理說，至於見理分明而擔當利害，亦儘有任怨處。

呂東萊早年性極褊急，因病中讀《論語》，至此章，惕然憬悟，後遂寬厚和易，脫去故習。范忠宣戒子弟云："人雖至愚，責人則明。雖有聰明，恕己則昏。爾曹但常以責人之心責己，恕己之心恕人。不患不到聖賢地位。"

不曰如之何章

夫子哀世上不轉念的人萬事難成。

群居終日章

君子會友交修，則言行皆端。今群居非一人，終日非一時，議論不本正理，所行好用術數，故曰"難矣哉"，謂保身也難，涉世也難。

義以爲質章

此君子就養成的說。學至於君子，則資深逢源，淵泉時出，如萬斛之泉隨地而出，或瀨或湍，隨在得名，水何心哉？禮、遜、信冠在每句之首，與以義、以禮、以遜、以信迥然不同，都從性體流出，非模已成之迹也，乃一理渾然於胸中發見出來，委曲節奏，段段有許多妙處。

義、禮、遜、信皆性也，爲質也。行也，出也，成也，率性之謂道也。質是大主意，行謂行諸身，出謂出辭氣，成謂事結局。

義以爲質，如作用之有體質。君子質地渾成，其中却有精神在，義正是精神處。蓋事到面前，先斷可否，無適無莫，本心之制，爲事之宜，以義爲根本，則事貞於有主矣。然義主斷制，使行之不以禮作用，時或闊略而條理未必精詳，則失於徑情，故節文次第須要皆具，使無太過、不及之失，此是禮以行之。然禮主嚴肅，使出之不以遜，則過於矜持，或急遽而詞氣未必沖和，或驕世而以威嚴加人，且如人知尊卑之分，須當讓他。然讓之之時，詞氣或不能婉順，便是不能遜以出之，故必遜順，無圭角方不忤人。若使不成之以信，則遷徙不常，始終未必合一，俱涉僞焉而已。必信以要其成，則自始至終一真心實意之流通，却非是遜以出之之後方信以成之也。如此一義爲主，衆善俱集，其君子之德性渾全，涵養已到，而妙用環流者哉！

吾儒經世之學一毫率易不得，天下事即義所當爲，猶不得任情爲之，務須禮行遜出，義乃有濟。然義雖相濟矣，而毫髮不根於由衷，則亦僞焉耳，故必須禮、遜、信共成就這義，方不謂硜硜的小人，故謂之君子。

病無能章

"病"字悚人，如良能之受研，才能之未充，俱引爲切身之痛。凡不能進德修業，皆是。

疾没世章

君子疾之，非疾無名，疾無實耳。古人原不將名實分作兩事，後世棄實鶩名，故"名"之一字有許多回避。不知名以實傳，又何必病？凡大而爲青史之紀載，與天壤不朽。小而爲鄉評之推重，與山川生色。豈可昧昧生百年，腐腐同秋草耶？第要知不稱在沒世，所以不稱不在沒世，那得不早計乎？思之悚然。

生前或造詣未定，至沒世則已定，而名不見稱，其人必無可法可傳之實，便空作人一世了。此是示人當及時進修之意。

求諸己章

道德固從性真，事業亦非外邀，自己取用不盡，故只求己。若小人看得自己一毫沒有，富貴在人掌握，聲名在人齒頰，不靠人便難過活，故只求人。

楊氏曰：君子雖不病人之不己知，然亦疾沒世而名不稱也。雖疾沒世而名不稱，然所以求者亦反諸己而已，豈若小人之違道干譽、無所不至哉？

矜而不爭章

須合兩句，想出君子正直和平之養。

說“矜”字使人嚴冷，說不爭又使人思；說“群”字使人和悅，說不黨又使人畏。

天下有兩種人，一邊立異，一邊尚同，皆由識見不高，力量不大。惟君子有主張世道真正精神，能矜乃能不爭，能群乃能不黨，正是善用矜、群處。

矜是立身莊嚴，然循理修持，無心於立異。群是與物無兢，然順理周旋，無心於狥物。矜而不爭是矜之中寓有可群之意。群而不黨是群之中不忘有矜之守。

矜流於爭，常以君子而入於小人。群迹於黨，又以小人而托於君子。交涉而無忤迹，并行而無成心，纔是真人品。

君子不以章

言與人原不相蒙，於言只論言，於人只論人。舉人不以言，則舉用必真才。廢人不并廢言，則嘉言無攸伏。

以言舉人，則士皆尚言矣。以人廢言，則言路壅塞矣。世道之壞，其源在此。不以言舉人，不以人廢言，是指示治平要樞，豈是漫無關係？

非帖括不能進身，是以言舉人。非尊貴不敢陳言，是以人廢言。

有一言章

吾人要終身行得，須要體貼人情，纔可與物我相往來。既謂之行，自屬用一邊，安得不言恕？然忠，形也。恕，影也。無形安得有影？只言恕，亦自從忠出，何必復言忠？

只此一恕，始則推己及物，終則爲聖人之無我。聖學以仁爲先，恕則求仁之方也。

恕只是如心之謂，如自家作人清正，要別人作人亦清正，正是一體待人。如心之謂，總是推人心如己心，反己心又如其初心也。

於人也章

吾之於人，"人"字即是斯民，誰者，對人之詞，與"無"字異。言吾之於人，毀得那個？譽得那個？正與"斯民也"關情。此蓋推三王導民之深心，無非欲率天下以歸於直。夫子斯言實有執古御今之思，將以三代之是非易流俗之毀譽。若曰：今茲之民依然三代之民，故我亦不得而枉其是非之實也。

有所試，謂已有徵驗，非謂知其將來也。

直道而行，就主持世教者説。"所以"二字決指三代之君以此治民者言之也。

大抵民無古今，秦時法網峻密，故奸宄不勝。到文、景恭儉，民便醇厚。總是此民，在所施何如耳。

及史章

史官不肯闕文，是才人驕氣。有馬不肯借人，是財人吝心。使驕且吝，其餘不足觀也已。只就目前所見，又已一變，那得不惻然？

史闕文，馬借人，不可看作細故，一字之褒貶，關千古之是非。一時之交與，徵一代之風俗。安得視爲細故而忽之？昔劉静修《讀史》詩曰："紀録紛紛已失真，語言輕重在詞臣。若將字字論心術，恐有無邊受屈人。"故"闕"之一字，乃天理人情之至也。不止作史，士君子凡下筆之際，不可不著此一念。

巧言章

自家平素無知言功夫，心中摇惑，見得不精，守得不固，故巧言得而亂。自家平素無養氣功夫，心爲氣使，不能當機而斷，不能需時而待，故爲小不忍所亂。

忍有堅忍、含忍二意。當決斷而處以姑息，則依回而喪機。當持重而處以憤激，則輕發而敗事。大謀在經營圖度上看，事功尚屬後一著。

小不忍，如孔明勸劉先主取荆州，先主不忍，這豈不是顧惜名義？然不取則英雄無用武之地，便不足以定王業，而彼亦終不能以自全，則不取即是亂大謀。

衆惡章

人到衆好、衆惡，好惡亦自可信了。只爲自家心上不曾有真見，所以要察。

人能弘道章

弘有二義：人之得是道於心也，方其寂然而無一理之不備，亦無一物之不該，這是容受之弘。及感而通，無一事而非是理之用，亦無一物而非是理之推，這是廓大之弘。其容受也，斂之則退藏於密，而萬物皆備於我，此弘之體。其廓大也，中和位育，放之則彌滿六合，此弘之用。性分之所固有者，一一盡收入來。職分之所當爲者，一一便推出去，這方是弘。即弘道之後，參天贊化，人亦覺得大了。蓋惟人能弘道，故道亦能弘人矣，非真謂道不能弘人也。非道弘人，指未能弘道者言。

人何以能弘道？惟修德凝道，尊德性而道問學，可以廓而大之。

過而章

此全是激發人改過，非謂能改遂不妨於過也。如身被垢而洗之，功在即染垢去，即净有何？定形不改，則過留而不去，便常爲下流中人。

吾嘗章

思者，聖功之本，然思不窮則不能悟。夫子不食不寢，思力已竭，思路已窮，忽然悟曰：終日不食以思，却不道日用飲食即是。終夜不寢以思，却不道饗晦宴息即是。不如學也，現在受用。此蓋爲喜悟而怠修者發也。其實夫子不欲廢思，只是懸空想像不如濟之以學，乃覺所思有真體驗處。吳無障曰：此意多從別人説來，説今之言思者恁是思得切到忘寢忘食，然反而驗之，我當初也只是這樣思，畢竟無益。可見道理懸空想像不得，須著實學之方可。"吾嘗"二字要在虛境想著，學者覺也，身心事物、飲食起居，無之非學。因其時，履其事，素其位，蹈其常，勉勉循循，實境參提，其學方有自得之益也。

謀道章

耕本爲謀食，而未必得食，反餒在其中。學所以謀道，本無心得禄，而禄反在其中。然君子謀道之心，得禄是如此，不得禄亦是如此，一味憂道不憂貧而已。

此是道則責成於己，養則付命於天之意。

知及章

只一知及，已見道了。仁守工夫不在知及外，只靈明不息便其仁守。莊莅工夫不在仁守外，只仁守之充實光輝處便是莊莅。此是聖人檢點身上功夫周密處。縱是本體已造醇美，猶恐節目上有疵，又須逐節照管，要令盡善。語氣疊疊説下，纔見精一無盡之學。

要曉得即及處見是知，即守處見是仁，即莅之敬處見是莊，即動之宜處見是禮，非是先設此等名目，然後去用功。

知及甚重，譬之一室，身心都到，方是知及。此已悟得徹，信得過了，從此保認去，不使一毫私意間斷，方是仁守。"及"字重看，此是詣到，非止想到。

不莊不止身法之疏，亦是心體放逸所使，總是知未徹處。

禮屬我，不屬民，本心上大中至正，合於人心上恰好處，是之謂禮。動之以禮，便是從心不逾處，非徒氣稟學問之小疵而已。

善即《大學》明新至善，純粹無疵之謂，究竟只是一知，徹始終曰仁，徹内外曰莊，徹人己曰禮。

民心惟敬能尊信，我方纔去動得他來知及、仁守、莊蒞了，爲何又動不以禮？這是只去道之以德，而齊禮未能精密，不知無禮便沒規矩準繩，教民如何去作善者，純粹無疵？此於曲成萬物處尚有疵漏，故未爲善也。況世間原有有體無用者，或臨朝恭默，而勞來匡直之教實所未閑。又或如黃老之學，以禮爲忠信之薄，而有意忽之亦不可知。

格物致知，知及之。誠意正心，仁守之。修齊治平，莊蒞禮動者也。

君子不可章

君子、小人俱當觀其大者，以大受爲主。就所著見曰知，據所承當曰受。大受則量他擔當得來，容納得起，是我從中納之而有餘。蓋受則我包乎人，知則人包乎我。

民之於仁章

水火是生民者，仁則其所以生生者，故曰甚於水火。下二句正發明仁甚於水火之意，無兩層也。

蹈仁則投足即是，率履皆真，所爲仁者必榮，仁者必壽，是乃安身立命、不朽不滅之理，安有蹈仁而死者？仁與水火孰甚也？若所云蹈仁雖死而萬世之下凜凜有生氣，此意猶在言外。

當仁不讓章

當，非止擔當之謂也。天之生人，有物有則，而吾直將此則認取，此物覿體承當，始謂之曰當。真有當心，便容不得讓心。纔有讓心，便奮不得當心。屋漏則凝神以處仁，遇變則殺身以成仁。此之謂當仁不讓。始初當而不讓是弘，到底當而不讓是毅。

程子所謂不可將第一等事讓與別人作，所謂爲君不肯讓堯舜，爲臣不肯讓皋夔，爲學不肯讓孔孟，皆是。有爲者亦若是，顏子不肯讓舜也。乃所願則學孔子也，孟子不肯讓孔也。俱是當仁不讓於師的樣子。

聖賢爲法天下，可傳後世，便宜在一"當"字。吾人草木同腐，禽獸不遠，吃虧在一"讓"字。讓是自暴自棄。

貞而不諒章

貞與諒迹類而實不同，貞是秉正理而不變，諒是執己見而不同。龍逢、比干死於貞，荆軻、聶政死於諒。首陽采薇困於貞，於陵咽李困於諒。

事君章

看敬事勿混作敬君，凡大小常變皆事也，後食正純於敬事處。文中子曰："古之從仕者養人，今之從仕者養己。"

有教章

扁鵲之門不拒病夫，繩墨之旁不拒枉材，師儒之席不拒曲士。聖人立法，總爲智愚、賢不肖而設，豈復論其類之何如？

習有類，性無類，教所以復性也。無類可以想教力之大。

道不同章

斷主明道術看，不主謀國事看。朔蜀之黨、朱陸之辨，皆是道之不同者，皆是不相爲謀處。若統一聖真，則家無異教，人無異學，道術同矣。不必作謀國看。

大抵君子絶不可向小人共謀，若誤與小人共謀，敗事必矣。非謂小人不可向君子謀也，若小人肯向君子謀，誰謂非歸正之一機乎？

辭達章

有明道之辭，有經世之辭。辭須是達，非其中誠有之，流於既溢，發於持滿，不能達也。東坡與人論文，每以夫子此言爲主。

韓子云："養其根而俟其實，加其膏而希其光。根之茂者其實遂，膏之沃者其光曄。仁義之人，其言藹如也。"

辭字要見關係人心世道，或闡揚性命，或商榷經論，必使朗然不涉他歧，確然可措實用。不然，何以文辭爲也？理未達不可已，既達不可不已，總是爲人心世道計。

師冕章

此真是贊天地化育，補天地有憾之一端。在夫子，亦只率其日用之常也。

昔程明道説"師冕"章，謂一部《論語》只如此看。蓋聖人全體是仁，隨觸而動，故一見瞽者，自爾矜憐。於此見造物有不足，道力無不滿，信聖凡十二時中，行、住、坐、卧，無往非道。

季氏章

通章見夫子惻然公室之思。季氏病根只是個"欲"字，其將伐顓臾，蓋擬取其土地人民，以濟其貪欲之私，全不思國之邑所由封，亦不慮家之禍所由啓也。擅征伐則無周，貪邑則無魯，罪可勝言哉？

首稱先王，揭明周天子，以壓倒他，既是先王封國，則不可伐。在邦域之中，則不必伐。爲魯社稷之臣，則非季氏所當伐。

何以伐爲，言以何者爲兵端而伐之也？

季氏見利不見義，并不見害，分明一瞽也，故危而待持，顚而待扶，所以可矜。其貪暴似虎兕出柙，所以可畏。其蔑棄先王大典，自取敗亡，似龜玉毀櫝中，所以可惜。夫子全是一片哀矜之心，發而爲斧鉞之言。

冉有不言貪利，飾言除害，正是與季氏之謀處，所以君子疾之。

夫子説季氏伐顓臾非爲子孫憂，不過患寡與貧，爲土地人民謀耳。“聞”字本昔者先王來，“均”字最重，不知本不寡而患寡，患寡就至不均，不均了却反得寡。本不貧而患貧，患貧就至不安，不安了却反得貧。初説不患寡而患不均，却不説均無寡，乃曰均無貧，見一均不惟無寡，又且可無貧也。均則和矣，和則自無寡也。既均且和，上下安矣。安則傾覆禍患都可潛消默化，又不止一貧、不寡已也？所以上下文法不拘拘分配。

均是各安其分之所當得，均則嫌隙不生而和，和則上下世守而安，均、安中著一“和”字妙。傾是内變，關映下文蕭墻之憂，與他處泛説傾覆者不同。

夫既“不患寡而患不均，不患貧而患不安”如是，則奚必利遠人之民以益吾寡、利遠人之財以益吾貧？其於遠人有不服時節，只當推吾均和安之遺意，以修明其文德，敷那仁義禮樂的化，振那綱紀法度的教，以招來之。

顓臾所服者魯耳。當時季氏四分公室，顓臾猶知有魯，怎肯服季氏？顓臾在邦域之中，對蕭墻則爲遠人看。夫子不均、不安之論，正説顓臾所以不服之故，且顓臾非季氏能服且來之也。其曰相夫子，正指不能强公室，以致遠人之不服，更不能止其據國，致魯邦分裂，而内變生。

大夫爲患分室，家臣又爲患大夫，分崩之中又離析也。不能守，謂不能修内治而各守定分，乃謀動干戈於邦内，將自己益富益強，使魯國益貧益寡，不均不和，傾覆所必至矣。其後哀公果欲以越伐魯而去季氏，陽虎果囚季桓子。聖人之言可不爲萬世法哉？

有道章

惟自天子出，則自諸侯而大夫、而陪臣皆欽天子之令，自一世至萬世，永享有道之長可也。自諸侯出，其勢已逆，下邊必有看他樣的，故下而爲大夫所奪，又下而爲陪臣所奪。三世希不失，則或散列國以分其勢，或有明主以收其權也。

通章兩呼天下有道，明明追責君父。孔子作《春秋》，親見魯三桓、齊田氏，皆政自大夫，深欲反其在大夫者以歸之天子，自托於庶人之議云爾。

議，在有道之世爲私議，無道之世爲公議。

公室章

非其有而有者必失，不宜大而大者必微。三桓之子孫正今日之食禄而執政者，看"微"字不徒斷三桓之宜敗，乃是冀公室之復還也。

三友章

益友如水滋水，損友如火消膏，俱重在我去友之。但是益友，使人常懷進修而不敢自足。但是損友，使人有悦從之心，日漸染而不自覺。君子難近，小人易親，此中損益，須在自己審察。

直者得聞吾過，諒者得進於誠，多聞得充於明。朱子曰："是三者之於人，皆有薰陶漸漬之益焉，皆有嚴憚畏謹之益焉，皆有興起慕效之益焉，是謂君子之朋。便辟則容止虛張，善柔則每事卑屈，便佞則巧言諛悅，是三者皆小人之黨。夫丹之所藏者赤，漆之所藏者黑，君子可不慎其所與處乎？"

三樂章

樂在動念處分境，凡情趣之所耽戀，則德性亦因之以轉移。益者之樂從心生情，還從情上養心。損者之樂從心恣情，即從情上累心。此損、益在人心、道心之界上分。

禮樂只在吾身，禮則舉止之間都有準繩而不越其矩，樂則七情之用發皆中節而不損其和，可見禮樂原自有節。樂節禮樂，即《中庸》致中和，不教他過，亦不教他不及，整齊嚴肅以節流也，雍容和樂以節嚴也，時時事事皆喜，如此謂之樂節。

君子之於禮樂也，講明不置則存之熟，是非不謬則守之正。存之熟則內有以養其莊敬和樂之實，守之正則外有以善其威儀節奏之文。道人善則悅慕勉強之意新，多賢友則直、諒、多聞之士集。此三者謂之益。

驕樂是放縱長傲，佚游是游賞志荒，晏樂如晏安酖毒。到得晏樂，便是狎近小人，疏遠君子。此三者謂之損。

三愆章

侍君子，正吾人，肅恭收斂，不敢妄發之時，而一不檢點，則有三者之失。況其他哉？揭出三愆，爲事賢者立法。

三愆之失，平時無治心檢身之功，臨時又無審幾識時之智，所以如此。未見顏色，或君子意不在我而見之顏色，或君子心不樂我而見之顏色，皆當察言觀色。古之君子不失足於人，不失色於人，不失口於人。

三愆即是狎大人處，此恐自家失言，非欲迎合人喜怒也。

三戒章

此定性之學也。人生天命之性，墮落血氣中，所以主乎血氣者，性之靈也。須常提醒天命之性不爲血氣所擾，故君子戒愼恐懼，非必見此三者始禁。

三戒是終身之憂，戒色防淫，戒鬭懲忿，戒得黜貪，時時提醒，此心不隨血氣轉移。要知三戒，只是共一個念頭，此是人品立脚所在，步步須從此踏實。

少之時，須如乳獅之處群而不亂，如日之初升而群暗不迷。及其壯也，須如龍之無首，如水之潤下。及其老也，須如金之煉而愈剛，如天之行健而不息。

三畏章

三畏將天命居首，已見天命爲重，不必又將大人、聖言混入天命講。

天命之謂性，戒懼愼獨，乾乾對越，所謂畏也。然非只靜默存養，凡日用之間都是天命流行，觸處是天，觸處是畏，有惟恐失墜者。大人德器隆重，行可爲法。聖人方册訓誥，言可爲則。畏俱是自家心上功夫。

《論衡》云：“上天之心，在聖人之胸，其譴告[一七]，在聖人之口。”世無聖人，不能知天。《潛夫》[一八]云：“聖人惟天口，賢人爲聖譯，是故聖人之心，天之心也。”

小人是無忌憚之小人，緊要全在不知上。君子三畏，只提醒這點良知，不昏昧便不放逸，纔知得便不容不畏，小人反是。世間僅有才學高一世的人，只於天命鑒臨之。義信不及，便外面行事十分好，一至暗室屋漏，便以莫予云覰，不覺放鬆。纔放鬆，則狎侮所必至者。此所以流於小人之歸也。

三戒功夫非限定三時，三畏功夫一時并用。如少年畏天命，畏大人，畏聖人之言，便不好乎色也。壯、老亦然。

生知章

兩個“知之”指甚麼？這乃是中心，有悟而自透，其覺性者也。覺性誰人不有？但落在氣質上，有蔽與不蔽之分。氣清便呈露其覺性，氣濁便埋沒其覺性。譬之覺性是燈上之火，氣是燈中之油，油清則火光必明亮，油濁則火光必晦昧。此覺性雖可以主宰氣，而又不得不隨氣以爲轉移。生知者一毫不蔽，生下來便會曉得。學知者不免有蔽，乃假聞見功夫，以磨練出這覺性來。困學者因心思窒塞，爲物欲所困，鬱不得通達，乃百倍去爲學。但既肯爲學，便向後有個出頭日子，此從迷中求悟，其悟後亦可漸復，於生知不相遠也。《記》曰：“學然後知困。”不學不能也。

吾人論德性，聖凡一般。愚夫可與知能，難道非生？孔子忘食忘寢，難道不困？故學則何困？不上知，則何民非生？後世看“知”字不明，遂疑德性亦有氣質之雜，其於天命性善之旨去之遠矣。先儒嘗謂：生而知之者，生而知此學也。孔子若非天縱之資，何以十五所志之學便足統一聖真、開宗萬世？蓋生知之聖生來便好學，上智之人生來只習善，豈有聖智不學之理？從古至今，只見世俗人不學，何曾見有不學的聖人？

九思章

此總是君子致思之學，前六件是存心治身之要，後三件是明理克己之務，固非妄想於未事之先，而臨境絶不提醒，亦非檢束於應事之際，而支離有礙虛明，此思，體也。然則何以獨言九？九者，就天下與我相交觸而我與天下相應用者不過是九件，故思亦若與之爲九耳。若論思之體，且不可言一，而況於九？若其感通之故，雖百千萬億，而無思之體自若也，況於九乎？九思只是一思，論理雖是如此，然聖人之意却要人於身心之間每事致思，反求而得其理也。明、聰、溫、恭等字，正須著實體驗，方是九件。

九思中如視、聽二端，耳目未交養，不睹、不聞之體，固是思聰明處。聲色乍接，周作哲作謀之用，亦是思聰明處。事物紛臨，擴兼聽并觀之妙，亦是思聰明處。餘可例推。

君子苟未至於不思而得，正當隨時隨處而各致其思，則處已待人，應事接物，無不各中其則矣，豈但九者而已哉？此九者乃日用常行之要也，固不可謂九思并用一時，亦不可謂一思足空九事。總是此心固要常醒，隨感亦須簡察。朱子曰："九思不是雜然而思，是當這一件止思這一件。"程子謂"九思各專其一"。正是主一之義。

或問：人當隨事而思，若無事而思，則是妄想？朱夫子曰："若閒時不思量義理，到臨事而思，已無及。若只塊然守自家軀殼，閒時更不思量，只守此一句足矣。何用事事必先理會？《中庸》何故以學問思辨居篤行之先？《大學》何故以致知居誠正之先？却是如何？"

見善章

此要見人不可以潔身爲高而以濟世爲大的意思。上是自己作功夫，所以容易。下是成己成物工夫，所以難見。

有一項人，揀擇善惡見得極分明，執得極堅固，撥得源頭極清，非可易得，只恐他未透出天地萬物一體關頭，其實求志、達道只是此輩身心無愧作人也。求志之人，當下意念便曉得好惡原不是完滿。我一人分量，只此念頭種子既真，生意亦大，一當行義，如時至氣行，流通一世，不止身心無愧作，實與世道有關係，所以難得。

見一好事，忙忙要作，見一不好事，忙忙躲閃，此是一念。取舍之良，人心所易，激發千古危微之脉，叔世不容混泯。然究竟起來，總是歸潔其身，一塵不染，此特自了漢，亦儘有善不可爲，不善不得避者，何得以獨善其身爲高？

出處無二理，行藏無二道。窮時所體備於身心者，即達時所推行於天下者也。此身可隱，此志常要流通，一時不求，便與天地萬物間隔矣。窮則念念不漏，達則念念不差，方是此志究竟處。行義即與"丈人"章行義一般看。若徒建立功名，廣施德澤，而措置不合乎天真，設施不本諸性命，即彌天事業，終非達道，蓋以其非本志也。可見古今來惟體用合一之人可以立本，可以匡世。晚近則抗志山林者，薄經濟爲迂圖，係情軒冕者，嗜聲華爲世味，遂分窮達爲二，故云聞語未見其人，以見出處合一之難，非慨世也。

古今人之不相及，便從心性上分路了。今人之學只有此心，不知有性，所以念頭上能判決清楚，而好惡一誠者，猶見其人。至於性體處，直洞見本源。而出處一致者，徒聞其語。蓋古人之學，性學也。其好善而懷靡及之，誠惡惡而切探湯之懼者。節目功夫若主腦，則自有全體在，如所謂"大行不加，窮居不損"者是也。孔子，衰周一布衣耳，位不堯、舜、湯、武，功不時雍協和，而孟子稱之，一則曰賢於堯舜，一則曰生民未有，則孔子窮之所行真有大於達者，不識何修何營而致此。若只灌園力田之爲，則嘗鄙之曰"果哉！末之難"，而栖栖皇皇，心若醉六經，目若營四海，似又不甘於林居之樂者，而所令學者至今則之，不知其學安在，豈非所謂性宗圓滿、行藏一致者耶？

齊景公章

景公貴爲諸侯，但曰有馬千駟，削其貴而存其富，若曰此爲富人已耳。夷、齊餓死首陽，但曰餓於首陽，高其餓而諱其死，若曰此亦何嘗死哉？

古今人跳不出貧富兩個圈子，夷、齊、景公便是那圈子中兩個榜樣。景公赫赫東海，當日何人不畏？而蓋棺事定，即已滅没，竟爲千駟斷送了一生。夷、齊寂寂西山，成周已自不問，而折骨貽馨，千載猶聞，竟以首陽崢嶸了千古。此可見宇宙間公論不容泯，亦見宇宙間事久而後明。富者當戒，貧者當勉。

富貴也是煞眼過的，貧也是煞眼過的，惟此名稱垂之身後，歷千百世而不磨。人若把這富貴與名稱合將看來，便覺眼界也空闊，心量也開廣，自不爲目前境遇所動。

“羿善射，奡蕩舟，俱不得其死。然禹稷躬稼而有天下”，天心原有公道。“齊景公有馬千駟，死之日，民無德而稱焉。伯夷、叔齊餓於首陽之下，民到於今稱之”，人心原有公道。由今觀采薇之歌與牛山之泪，一氣息奄奄，一生機凛凛，不知誰得誰失，必有能辨之者。

夷、齊垂芳千古，誰爲夷、齊？齊景泯泯，人何甘爲齊景？

陳亢章

聖人原不曾有心私其子，又何曾有心遠其子？若説遠之，去異之者幾何？

不學《詩》，則事理無由通達，何以立言之本？心氣無由和平，何以調發言之意？不學禮，則品節無由詳明，何以爲立身之資？德性無由堅定，何以爲立心之矩？

細看伯魚對陳亢兩段語，從容和緩，宛然太和風味，真聖嗣哉！夫子兩次獨立，鯉即兩次趨而過庭，纔説《詩》該學，鯉即退而學《詩》。纔説禮該學，鯉即退而學禮，向道慇懃，聞言即體，賢可知矣。

邦君章

　　“邦君之妻”四字提綱，正名定分全在“君稱之”三字。假如不是邦君之妻，邦君雖以勢顛倒名號，鄙夫能無後言？縱國人亦懾於威，異邦豈無公論？

　　此一節是《禮記》體裁，《春秋》筆法，所以陽倡陰隨，造端夫婦者在此。所以正名定分，庶不凌嫡者在此。所以由近及遠，培植化原者在此。《易》係家人，《書》謹釐降，《詩》首二《南》，皆是此意。關係豈小？

陽貨章

　　到底是個孔子不見，通章固是因應神機，亦是經常道法。欲不見，則時其亡，偶爲所見，便與他說話，未嘗執定，亦未嘗轉移。

　　欲見，是欲假孔子爲重。時字渾然天機，時其亡，原是適當其亡之時耳。就如孟子說瞷亡，亦是怕墮小人之計，而處之以權，乃曲遂其不肯見之心耳，不必說與小人相稱。

　　陽貨之問都著在孔子身上來，孔子之對却不認作自家身上去，只閒閒評論，真是聖人氣象。看他懷寶一言也，知聖人有個寶在，玩“將”字意，所謂我待價者也，消却陽貨一片熱腸。此句不須頂上說，若說吾終不忍於迷邦失時，依舊是自認不仁、不智了。

　　不見陽貨，不仕陽貨，類伯夷之清。可往拜則往拜，遇諸塗而不避，與之言則即應，類下惠之和。不肯懷寶迷邦，從事失時，又類伊尹之任。合清、任、和而時出之，故曰“孔子聖之時者也”。此千古待權奸之法，不然，剛則取禍，柔則屈身矣。

　　陽貨與孔子，人品天地懸隔，正是習相遠處。渠亦知懷寶迷邦非仁，從事失時非智。孔子可以禮致，難以勢屈，正是性相近處。孔子決不肯爲陽貨，陽貨亦決不肯爲孔子，正是上智下愚不移處。

性相近章

性只一個，別無有兩，天命之外，何曾有性？性如源泉，無處不清。河之濁，海之鹹，井之甘，若皆水土雜氣使然。此非以善惡未分爲相近，乃以彼我不殊爲相近。習乃習氣、用事、習俗漸染之謂。人自有生以後，無時非習。世緣既已習熟，便各各背馳。習相遠，就不好一邊說。善者雖造到堯舜，於本性無纖毫加益，惟惡者日趨而日遠耳。

此章原是言本然之性，非兼氣質之性爲說。但言本然之性於習染之後，非言本然之性於降衷之初也。降衷之初，人性只是一樣，聖賢此性，人亦此性[一九]，本無毫髮不同。後來或爲聖賢，或爲狂愚，或相倍蓰，或相什伯千萬而無算。人只見人品相遠如此，遂疑人生來性有不同，故夫子說：勿謂降衷之初人性本同，即相習相染之後，還觀人心之中，孰無相近者在？但習自相遠耳。何也？習於上智者決不肯移於下愚，習於下愚者亦決不肯移於上智。此正習相遠也，人曷可不慎習哉？

論本然之性於有生之初，說得同，說不得近。論本然之性於習染之後，說得近，說不得同。孟子曰：「人之所不學而能者，其良能也。所不慮而知者，其良知也。孩提之童，無不知愛其親也。及其長也，無不知敬其兄也。親親，仁也。敬長，義也。無他，達之天下也。」此論本然之性，於有生之初，言同也。今人乍見孺子將入於井，皆有怵惕惻隱之心。「嘑爾而與之，行道之人弗受。蹴爾而與之，乞人不屑也」，平旦之氣，其好惡與人相近也者幾希。此論本然之性於習染之後，言近也。孔孟以此言性，而荀子猶有性惡禮僞之説，真是以學術殺天下後世者。性既是惡，禮又是僞，安得不純用刑法？此李斯所以亡秦，而貽禍至今未已也。

辛復元先生曰："不惟人性皆善，人人有聖賢的性，即氣質亦皆善，人人亦皆有聖賢的氣質。"或疑氣質有昏明強弱之殊，故從來謂氣質有善惡，彼愚者弱者不知費多少工夫，猶難得與智者強者齊也。先生曰："此間極難理會，不知耽誤古今多少人。"以功夫言四者，各有當盡之功。以氣質言四者，各有合道處也。蓋天生人知，原教人天理上明白。生人愚，教人人欲上暗昧。生人強，教人善事上勇敢。生人弱，教人惡事上退縮。今知者把明白反用到人欲上，愚者把暗昧反用到天理上，強者把勇敢用到惡事上，弱者把退縮用到善事上，此所以把氣質敗壞，反歸咎曰氣質拘人也。何人之昧其心而不知察也？

上智章

此承上"習相遠"處，極言其懸絶之甚也。蓋性相近，原無智愚之分，上智、下愚非生來一定的。惟習於上智，決不肯移向下愚邊去。習於下愚，決不肯移向上智邊來。見惟上智方不移，則非上智難保其不染於習也。亦惟下愚方不移，則非下愚猶可挽其復歸於性也。"唯"字內有警策之意。

語意雖説不移，主張全在可移上。唯上智與下愚不移，見始習不可不慎。惟聖罔念作狂，惟狂克念作聖，見習猶可轉移。

遲鈍人在君子路上行，就是上智。靈敏人在小人路上行，便是下愚，智與愚不在才上説。

武城章

"道"字是通章命脈。夫子與諸弟子從游，其本念無非欲以道易天下也，故莞爾而笑，喜可行於天下之機。末復呼二三子，含情更深，正望其同以道濟天下之意，無兩層。

城以武名，用武之地，蓋巖邑也。弦歌之聲，正子游以道治武城，直令比屋之間和氣充滿，故弦歌不輟。禮樂是道中一事，弦歌是禮樂中一事。君子學道則有以涵養其仁心，故愛人。小人學道則有以服習於禮教，故易使。固不是外禮樂空習個天理，亦不是止以弦歌爲禮樂也。

子游宰武城之事凡兩見，一以賢才爲重，一以道化爲先，皆見其知本。

公山章

“欲往”二字甚活，特無聊之思耳。看“如有用我”一語，直將往事宜付之不論。公山自召，夫子自思東周，神情寄托甚遠。

三桓世執魯權，公山畔，則其家內亂。儻得因此除去權奸，還政公室，魯一變而周道東矣。自是翻轉世道一作手，激發天下一機括。子路如何知得？又如何與子路分疏得？

“末之”，謂計無復之。“而豈徒哉”，言他辯得一片信心來也。“如有用我者”，已自推開說，權柄在握，其施爲運用必有不可測者。使西周之道復行於東，便是東周，此是夫子夢見周公一段深情。觀此則知聖人視天下無不可爲之事，亦無不可化之人。

問仁章

恭、寬、信、敏、惠，總是一心。不侮、得眾、人任、有功、使人，是一心行於天下，即聖修，即王道。

仁原以行得名，子張學問非不亦見到一體處，患不在枯守一心，正患不以本體實勘之宇宙。恭、寬、信、敏、惠，豈是知了便是的？須是平日有篤實功夫，方能發皆中節，真心流通若是，故又説下五句，見未至於此，猶未可謂能行也。

　　與顏子論仁，説視、聽、言、動，是從天性上點出形色。與子張論仁，説行五者於天下，是從作用上究竟本體，言吾人豈嘗獨坐一室，乃動輒與天下相應接？却只是一心相感通。曰能行，則隨在見理之運用，隨用皆心之流貫，所以爲仁。然單説個仁，却渾淪無下手處。合恭、寬、信、敏、惠，實落體認此心，更無絲毫走作，方是心體無間。“恭寬”句是五者，“恭則”五句是能行，“不侮”等正是行於天下之實。“不侮”是天下之人不侮也。“任”是堪倚靠，能爲人擔當事。此五者是心體周流，無處不滿，故曰仁。

　　行仁於天下，非是在境緣上用功，蓋爲仁雖在心上作功夫，然亦離境不得。心如明月當空，山川人物一切俱照。若光有照不及處，即是其月被掩，未有心境可分兩截者也。

堅白章

　　欲往佛肸，或自有深意，堅、白二語亦只就子路不善、不入之説答他，其實欲往之心原不在此。“匏瓜”一節不必有所指。夫子一生行徑，知之者希，夫亦慨然有無窮之感歟？天下事有理勢未必能行，而情自難恝者往往有之。此但可住手，未可灰心。

　　欲往只是無可無不可之意，其可以自試於磨、涅處，全自心之神明變化來。此聖人自信得過處。

　　顏子云鑽之彌堅，是見聖道之堅處。曾子云嶢嶢不可尚，是見聖道之白處。

　　“匏瓜”二句，想見夫子乘機遭會，便爲人之所不能爲，爲人之所不敢爲處，語意極圓。若説必爲世用，又是有所繫了。繫於一處，而不爲人所食，影出拘而無用來，見我之於世可藏亦可行，天下不能繫我之迹。無可無不可，天下不能繫吾之心也。

通士之累在“磷”字、“滯”字，貞士之病在“繫”字。聖人有通士之權而無其累，有貞士之守而無其拘。學者未到聖人地位，寧學子路，不然仕莽應京，幾何不爲身辱？

六言章

仁、知、信、直、勇、剛皆德性之妙，好學以陶鎔之，俱是德性，不然止是好題目，且有蔽端，學曷可少？

學何在？曰明德，此不是記誦詞章漢。疏曰：學者，心之明。日此學是參研[二〇]，此心使我靈明透露，到處逢源。遇著慈祥處，即仁朗照處，即智、信、直、勇、剛亦復如是，故終身有六德之用，而不炫六德之名。若只羨慕六個話頭，有一話頭，即有一番情見爲之凑泊，即有一番影似爲之障礙，六蔽自此生矣。蔽雖有六，破蔽只在“學”字。一學既透，六蔽自除，故劈頭呼醒由也，以破之。

愚是一味要救人，不度德度力，欠分曉也。蕩是一味尚知解，鑿空駕虛，絶無憑據也。賊是一味要執前信，不管害理、害身、害人也。絞是一味任己情，直言直行，盡數逼迫出來也。亂是任我血氣直前去作，犯上越禮亦不顧也。狂是高自矜許，凌世傲物，令人難近也。勇自加人言，剛屬自任言。

學詩章

歷指學《詩》之益，即此便是學《詩》之法。學者修心理性，考古鏡今，處人持己，明物察倫而已。種種皆備於《詩》，一生受用不盡。

可興可觀，可群可怨，可事父，可事君，其理在《詩》。能興能觀，能群能怨，能事父，能事君，其功夫在人。

《詩》可以處夫婦，處兄弟，處朋友，無物不有，無時不然。專言君、父，舉其大耳。

後世格物之學不明，所以不能多識，而《詩》之意亦遂以湮，豈知鳥獸草木皆與身心、性情、人倫、物理相關，故苹鹿鳳梧，良臣諷也。園楊飛隼，忠臣鳴也。菀鳩山杞，賢子吟也。弁鴉蓼莪，孝子痛也。俱得《詩》中趣，何必非默而識之？

周召章

二《南》皆被化後所作，皆治象也，非治本也。夫子教子爲二《南》，豈教他求之於二《南》？正教他曉得化行自近的方法。果能於此實實體驗，修身齊家，自然家國天下打作一片，更無阻隔。但觀文之所爲化俱是由宮幃達之朝廷，由朝廷達之國都，由國都達之閭巷，便可以四達不悖。若不爲此，便從家内幾個人先行不去了，故曰面牆。通章總是君子之道造端乎夫婦，與《詩》"刑于寡妻，至於兄弟，以御於家邦"同意，而修身爲主。

禮云章

兩"乎哉"字不説出和、敬來，而咏嘆淫佚，使人長思徐味，有無限意景。先儒云："上安民順，則玉帛停筐。風淳俗泰，則鐘鼓輟響。"此意正堪回想。

色厲章

此是説僞君子貪昧隱忍受病處，不可對人説，又恐被人瞧破，却假不可犯之色，以掩其小人之心。朱夫子曰："他意只在要瞞人，故其心常怕人知，如作賊然。"

女不潔者多佞舌，吏不廉者多倨傲。《易·泰卦》以内健外順爲君子，《否卦》以内柔外剛爲小人，即此旨。

鄉愿章

鄉愿只是卑陋隨俗之人，孟子"生斯世"數語便是鄉愿本傳。如他同流合污，是要媚小人。似忠信廉潔，又是要媚君子。委曲遷就，似乎理而實非理。人若都去學他，最是敗壞風俗，故說個德之賊，正要持世者著力防他。

道聽章

此見輕浮淺露者真不足以爲學。道與塗俱浪漫之意，不必以地泥之。君子多識前言往行，以蓄其德，是雖由聞見以入，要在潛心體會以蓄之，方爲吾有。入耳而出口，究竟於身心何益？故曰德之棄。

鄙夫章

謂之鄙夫，則識見庸陋，志趣卑污，即所謂鄉愿，即所謂色厲内荏者也。東坡云：鄙夫止於營私，其害至於亡國。李斯之立胡亥，張禹之右王氏，其謀皆始患失。故孔子深惡之。

鄙夫患得之心雖切，然猶有所不至者，權微則力有所不逮，始進則心有所顧忌，故其禍猶未烈也。若患失之，則謀乘乎權藉，節急於宦成，只曉得自己富貴，絶不管主人安危、國家休戚。只此一念，在下位便剝君害民，在上位即蠹君要寵，在言路則導君喪德。故說到無所不至處，或是要結奸黨，或讒害忠良，或蠱惑君心，流毒天下。種種奸惡，本非初意樂爲，無奈事權所在，放舍不得，畢竟要到這田地，真可寒心。

三疾章

此即氣習以驗風俗。天地氣運漸薄，以末世聖賢之生多不如古爲驗。又如生物得氣厚者，與後來生者自差。但三疾之亡是論氣習，非關氣數。

狂者進取，不免高視闊步，作好事不拘小節。蕩則蕩溢不收，越過提防，連不好事也放開去作。廉是矜持太嚴，不免露些稜角，凡自守處或欠渾融。忿戾便一味忿怒，與世乖戾不合，要去凌人了，直是是非不掩，不會委曲周旋。詐則反弄虛頭，詭僞不情矣。可見古人率真，今人習僞。古人猶是本症，今人變爲別候了。古人猶是稟之偏，今人全由習之壞。

惡紫章

此是存正闢邪之意。佞與利口不同，佞人之才不專尚口，利口則無佞之才而有其僞心。

惡紫之奪朱也，正天下之色。惡鄭聲之亂雅樂也，正天下之聲。惡利口之覆邦家者，正天下之人。三句并重，是治平要術，不必紐重末句。

無言章

予欲無言，欲人求之言外也。“不言何述”一問，儘有悟頭，除却言語，從何處討消息？“天何言哉”一答，略一指出無言光景，使子貢恍然求之言外，只作個影子，渾渾指點著，不得分析解說。

予欲無言，不是言有所不能盡，自是不消說得，已都潑撒出去了。聖人言處也盡，作處也盡，動容周旋無不盡。惟無不盡，所以不消得說了。玩一“欲”字，是無言的精神，正教他們當面認去，隱然見得道因言而明，不因不言而晦。若謂道以言明亦以言晦，便非聖人本意。

天何言哉？不是分疏自家不言，還是指點妙理與他看。說到天不言而行生，并所謂無言者和盤托出，已把真機盡泄，更又何言？四時行焉，無時不然。百物生焉，無物不有。觀鳶飛魚躍，見此理無物不有。觀逝者如斯，知此理無時不然。悟得此理，真有手舞足蹈之趣，何須言、述？

予欲無言，時行物生，正是默而識之、學而不厭、誨人不倦處。從來講論著述，俱是聖賢不得已方便法子，其實道不盡在講論著述上，若看定講論著述爲足傳道便呆，故夫子説予欲無言，將講論著述伎倆一筆抹煞，令從此外別作生活。學人悟得此旨，即無六經可也。悟得此旨，方可讀六經也。邵子曰："滿懷可惜精明處，一語未能分付時。"鄒南皋先生曰："寄語芸窗年少者，莫將章句送青春。"請參透此中消息。朱夫子《感興》詩曰"玄天幽且默，仲尼欲無言。動植各生遂，德容自清温。彼哉夸毗子，咕囁徒啾喧。但騁言辭好，豈知神鑒昏。曰予昧前訓，坐此枝葉繁。發憤永刊落，奇功收一原。"此一詩説出天道不言，聖人無言，後世多言之弊。至末二語，渾然一貫本源矣。

楊用賓先生曰："拜颺之朝，禹、稷皆有事，舜居無事，禹、稷却到不得舜的地步。著述之林，參、伋皆有言，回居無言，參、伋却到不得回的地步。"蓋難名之化，不言之教，舜去堯，顏去孔，一間耳。其歸宗處，原不在事爲著述上著脚。

孺悲章

取瑟而歌，非待既出户也。一邊將命而出，一邊取瑟而歌，記者領得夫子之意，以爲此使之聞之也。瞿然發深長思矣。

孔子辭孺悲之見，尊師道也。以疾辭者，辭語渾厚也。取瑟而歌，氣象從容也，使之聞之，意思懇惻也。無意、必、固、我，此處即當見得，與許曾點之志同一機括，是吾無行而不與二三子者。

三年章

宰我此論可異，想見世之居喪者有三年之虛文，而無期年之實意，徒使禮樂廢墜，有乖人道，故自以己見約略情理而欲節之，却不知孝子於親，每事惟恐不足，故雖明知無益於親而爲，此無可奈何之計，聊以自盡其心已耳。今乃計時論序，爲之議短喪，將此心頓放何處？此心既失，又豈復有禮樂？故夫子不暇闢其"禮壞樂崩"之語，亦不與細論"三年期月"之語，只反覆就他本心不能安處挑責之，到末點出"子生三年"二語，以見先王制喪初意，使宰我聞之惻然，其不寧真善於以仁庸人也。

先王制爲三年之禮，非謂人子之心至三年而遂盡，蓋使厚者不至滅性，薄者不得廢禮耳。宰我天禀原薄，自反哀情至期已盡，故問短喪。若曰：禮生於心者也，心既散矣，僞禮何爲乎？故下文夫子亦不論禮而直以心之安不安提之。

食稻衣錦，就期年外看，於女安乎？正喚醒宰我處。凡人心不安處即是仁，人而不仁如禮何？人而不仁如樂何？仁正禮樂之原，何崩壞之慮也？可見宰我所論崩壞者，亦只是玉帛、鐘鼓之末耳。

父母於子，懷之三年不以爲久，而子乃以三年之喪爲久，乃挑他孩提本心，非以三年爲報服也。

飽食章

合"群居章"，見心不可不用，尤不可不用在道上。

心無所用，便是放心。心有所用，便是靈心。放心昏散而外馳，靈心活潑而中斂。雖博奕之猶賢，亦猶挾册者之亡羊也。

"無所用心"，正與"必有事焉"相照看。夫惟終日必有事焉，則有所用心而爲聖爲賢。終日無所用心，則不知所事事而爲愚爲不肖。

尚勇章

勇是血氣之粗處，義是鎮壓血氣之精微處。義之所發是即勇，勇正在見義必爲處見。

不曰以義爲上，而曰義以爲上，見宇宙第一等事業更無加於義之上者。義是天理之宜，乃吾心之裁制。精義即治氣之學，令子路剛心猛氣一時頓盡。

義以爲上是析義欲精，徙義欲圓，喻義欲切，比義欲周。凡所行止，一聽之於義。

有惡章

維持世教在國法，則賞窮而罰佐之。在人心，則好窮而惡代之。蓋君子之惡，惡心體之不明。子貢之惡，惡心術之不正。俱是爲世教人心之防。由夫子之一惡，俱是太和元氣，凡後世之徑行執己、不近人情者，皆聖人之所必絕也。由子貢之一惡，俱是正大心腸，凡後世之逞機用察、不由本心之事，皆賢人之所必絕也。

上節是理不該如此而倒如此，故都用“而”字，乃相反語氣。下節是事本不如此而冒以爲如此，故都用“以爲”字，乃作造語氣。須細細剖出。

“稱惡”二項是假氣節，“無禮”二項是假作用，“徼”“訐”三項是假名理，真士林中五伯。

下流不專以位言，人品之流於污下皆是。

勇與果敢有別，勇是以氣凌物，果敢是質性果決敢爲，不顧是非，冥心妄作，畢竟心上有蔽塞不曉暢處，剛愎自用。正此一流人，須説得可惡。

子貢俱進一步説話，惡那徼的反以爲知，不孫的反以爲勇，訐的反以爲直。

女子章

人情非近則遠，善養之法亦不是不近不遠之間，正身以率之，寬嚴皆是原本處，却在修身，不在用情。

遠、近字不可説壞，近是家庭之常當如此，遠亦是主僕之分當如此。只是這樣人，但近之，不曰家庭之常當如此，而曰主人近我也如此，便不孫。但遠之，不曰主僕之分當如此，而曰主人遠我也如此，便怨。如此真是難養。若謂褻狎爲近，如何去近他？嚴厲爲遠，如何去遠他？則主人先待的差了，便説不得他難養。

士君子多加意於大人、君子，而忽略於女子、小人，不知女子、小人尤是難養的。可見自家學問真是無微可忽，無衆寡，無小大，無敢慢。學至於不愧女子、小人，始可言學。

年四十章

四十乃人品大段論定之時也。古人多説四十不惑，四十不動心，大約以四十歲爲成德之期。故四十無聞，已不足畏，況損名墮行至見惡於人，則追數四十以前作何功夫，乃證之人情有不合，驗之公論有不惬。可見四十前全是悠悠忽忽，有善不遷，有過不改，故至日暮途窮，無可進步，此生雖未終，而此品則已終矣。反覆回想，真可浩嘆。夫子所爲危詞以醒之也。若伯玉五十知非，武公九十作聖，晚年進德，自不可量，但夫子只惕人及時進修耳。時乎時乎，不再來。戒之戒之，宜勉力。

微子章

微子爲帝乙之長子，箕子向曾勸帝乙立微子。微子若諫，紂必生疑。又史稱微子數諫不聽，則當時亦未必不諫。紂爲象箸，箕子亦非不諫者。偶有比干剖心之事，遂以佯狂被囚。三子或去，或奴，或死，只一副至誠惻怛的心腸，各分頭去作，總爲感悟獨夫地也。究竟論之，微子以宗子而奴與死，皆不安。箕子以父師而去或死，亦未安。使比干於去、奴之後而不死，或死於微、箕未去、未奴之前，又皆未安。雖其總爲獨夫計，而尚論三人時位情事，由乎天理而順乎人心而安，更無有絲毫遺憾，故夫子斷之曰三仁。

《書》曰："吾家耄遜於荒。"箕子曰："詔王子出迪。"於是去位而避於荒野。當時箕子爲奴而不死，偶幸紂怒未甚耳。《書》曰"自靖"、"自獻於先王"，仁之的疏。

"殷有"二字，大有意在，見不獨剖心之比干，周不得而有之，即封宋之微子，陳疇之箕子，亦非周之所能有也。藐周粟之輕，千載有二義。係商鼎之重，萬古有三仁。

紂惡，或改去，亦可還存宗祀之説，恐未必。然箕子佯狂，大約不忍正視君之惡，不得已而爲之，非謂隱忍以圖後功也。或謂箕子《洪範》之道在身，故忍死以俟傳，尤非。

柳下惠章

惠之不去，惠自有不妨於黜者。此意却難與或人言，故直就所云去者，而以直道、枉道商之。直道是直遂了這道，枉道是枉屈了這道。何必去父母之邦？正是發明此道決不可枉，不是枉道易合之説。

下惠之不去魯，不忍去魯也。不忍去魯而以不必去魯應之，情詞楚楚。讀者試參柳下此等處，和耶？介耶？

待孔子章

大意要識得，聖人去就不在禮遇之隆殺，而在道之行否。蓋夫子之道"期月可，三年有成"，而當時議論，夫子當年不能窮其蘊，累世不能殫其學，故景公説"吾老矣"，見得夫子之道就是行得，他也不能見了。原不是斟酌待聖之禮，只自分其所可能者，言待孔子若魯之待季氏，我雖不能，季、孟之間也是作得的，只是吾老，不能復用矣。嗟乎！尼溪之封見阻，接淅之行遂速，誰曰不宜？

齊人章

小人之欲傾人國也，必先敗其人主之志。齊之懲於夾谷而謀魯也，不以齊謀魯也，以魯謀魯也。當時季桓子之用孔子，亦知其非附己者，然不無任德之心。不料甫爲政而墮三都，出藏甲，慮無不強魯而弱季者，桓子憾之深。獨其所持正，又進用由己，去之若無策耳。齊人窺見此意，故敢於行間而不虞不受，桓子亦樂於有是間，故明受其餌而不辭，外借隙於鄰國，内分謗於魯君，而陰泄其強國削家之恨。此意夫子窺之深矣。記者曰季桓子受之，明乎季桓子之行孔子也。

三日不朝，是桓子閉朝典，以塞孔子之諫路也。不然，孔子能却萊兵於壇坫之上，不能麾女樂於國門之外耶？

楚狂章

此章書見隱士知愛孔子而不知愛天下，聖人欲挽天下而先挽楚狂。只"楚狂"二字，一章大致已盡。楚狂諸人俱非無意治亂者也，獨其所見不如孔子之大，故潔去就於一身，而分治亂於天下耳。

孔非衰鳳，狂實猶龍，雖然絶而惟恐其聞，則聞而不能不動可知，故曰非無意於治亂者也。

接輿，陸通字。此章以下至"逸民"，俱是接輿諸人列傳。

長沮章

沮、溺避世爲天下無道，孔子轍還亦爲天下無道〔二一〕。蓋天下有一毫不可爲，豪杰不肯犯手。天下有一毫可爲，聖賢不肯放手。東坡有言："人皆趨世，出世者誰？人皆遺世，世誰爲之？"

孔子與子路方窮途迷津，偶見耕者而問之，初何知其爲隱者？若謂欲挽之共濟，不免附會。溺問"孔丘之徒"者，正要説"辟人之士"從之無益。

"滔滔"二句闢夫子，"且而"二句闢子路。"誰以易"，言誰人用你易那滔滔也。

"憮然"有身世無窮之感。"鳥獸"二句反其"辟人"之譏，"有道"二句反其"滔滔"之説，"鳥獸"句直指避世者説，不是泛論。斯人吾與亦萬物一體、吉凶同患之意，自情之相關切言也。且辟人、辟世如何分得？世人皆"斯人"，合斯人成世，避了人便不成世界，人如何辟得？有道不與易，如人無病便不用醫了。

聖賢有放不下的擔子，故有冷不下的心腸，無窮無達，分量無處不滿者，此正孔子之所以獨高千古也。先儒謂聖人視天下無不可爲之日，亦無不可化之人。此最得其皇皇周游之本心。此處若忍得下，更何用説求仁？

子路章

上章明説"天下有道，丘不與易"，則行道者，夫子之本懷。此處却拈出行義，蓋義合而從，則道固不患於不行。不合而去，則道雖不行，而義亦未嘗廢矣。聖人語意無非惓惓行道，若無意於道，周流何爲乎？但此接引隱者，權言行義。若仕皆行義，三家仕魯皆義矣。全要識得立言本意。

“止宿”一段，人俱作動子路偕隱風味，若寫得無意更高。觀丈人如此議論，如此款接，居然是高人，所以説隱者。便子路反見，招隱〔一二〕意也。子路自至，丈人自行，無逆料意。大凡隱者，多迹晦而用奇，後世如魯仲連却帝秦，發聊矢，蹈東海，不復見，同此一局。

夫子使子路反見丈人，不是要轉他出仕，只是要轉他可不可之念。若是要轉他出仕，何不先轉一及門之顏子？而徒轉一傾蓋之丈人耶？惟是夫子終日與言，已轉得顏子可不可之念，故曰：“用行舍藏，惟我與爾有是夫！”有是者，謂有此無可無不可之念也，非著迹在行藏間論也。知此則知仕止久遠無往非道，用行舍藏無往非學，視用舍爲寒暑風雨之序，視行藏爲出作入息之常。仕者安得以仕爲可以，隱爲不可？隱者安得以隱爲可以，仕爲不可哉？如此，則可不可之念不轉自無矣。此孔子之學不厭而教不倦，所以大有造於天下後世也。

不仕無義，是一節大旨。仕則可以徐處乎進退之宜，還有商量在。若執著不仕，則便無個義了。惟一人總理於上，衆人分理於下，纔成世界。若只聽一人孤立，大家隱去，則治理無人，亂且立見，即山林亦豈能獨樂哉？故君令臣共，古今通義。不曰行道，曰行義。道猶可卷而懷之，義則無逃於天地也。丈人輩救世之心甚冷，於他説行道都不動心，所以提出君臣之義去接引他。

只不隱便是仕，無時而不存遇合之心，即無時而不行君臣之義。他的意思不過恐濁世污辱，要乾淨自家一個身子，到紊亂了君臣莫大的倫理，這怎知道君子心腸非無益好勞，單爲要行君臣的分義？蓋行道之機聽於在人，而行義之志執之在己。道雖不行，而義不可不行。如君雖不能行吾之道，而我自不敢滅君之倫。義以君臣之倫理言，道以君臣之遇合言。

避世者不顧天下之大倫，即使時有可乘，而一意以潔身爲高。經世者不惜一身之小節，非不相時而動，而其心以道濟爲主。君子之仕，行其義，仕不拘定在朝，只是有惓惓爲世之心而不肯已便是。

詳觀諸子之隱，接輿似高，沮、溺似石，丈人似智，荷蕢似激，晨門似通。夫子非不欲往從之，但此心放不下，故如此感嘆低回。夫以耦耕之沮、溺而知魯國有仲尼，又知仲尼之徒有仲由。以荷蓧之丈人而知仲尼之不勤四體，不分五穀，是從何處知之？且既知同時之仲尼，必知既往之堯舜。既知仲尼之徒有仲由，必知仲尼之徒有顏、曾。既知仲尼之不勤四體，不分五穀，必知仲尼之講學問而淑後進。雖志向不同，而識見如此，纔謂之隱者。不然，凡山林農夫皆得謂之隱者矣。今且無論山林農夫，即縉紳章逢之士，問今日某處，同志爲誰，無論學術，即姓名亦茫然不知，豈不有愧於耦耕荷蓧之農夫哉？

逸民章

逸民非遁世則混世，大抵商、周之季不得志於時者所爲也。從來聖賢各出手眼，各自成一持世分量，如夷、齊門風既高千古，而惠、連却又有一般局面，仲、夷又却有一般局面[二三]，各不相襲，而同謂之逸。即我夫子用行舍藏，隱居待價，儘逍遙自在，是逸民第一流。然而應世之迹有異焉者，論述一番，感懷千古。

逸民猶言天地間討便宜人也。彼見時不可爲，不以其身上擔子爲重，但以得行其志爲快。若孔子，則欲以有道易無道，將身與世不分作兩。世可不可，即我之可不可也，如何逸得？故曰"我則異於是"。

注疏曰："節行超逸也。"其人脫然物外，不爲世網所羈，山林亦逸，朝市亦逸，用世法亦逸，用我法亦逸，故記者冠之曰民。

夷、齊待清北海，抗節西山，其志潔，其行芳，是逸民之清者也。

柳下惠，污君亦事，小官亦作，他何嘗看官在眼？故同謂之逸。

少連，東夷人，生於夷俗而知禮。

纔説個降與辱，即説言、行。言發乎志，行出乎身者也。"中倫"時[二四]不亢不阿，中乎天然之義理。"中慮"是不驕不隨，合乎同然之衆慮。其斯而已矣，言即此已足見二子之爲人，不必論其他也，非有不足意。

仲夷隱居獨善，似未必中慮。放言自廢，似未必中倫，然其身中清，此句承隱居説。假如於陵仲子，非不清，未必合道。此却是合道理的清，故曰中清，言其有合於清節也。廢中權，是托爲放蕩不簡，以示不可用，承放言説。蓋當時若不斷髮文身，少不得又要居位。此時止有一廢是道理，故曰中權。此即權便之權，不如此不足遂其志也。

逸，名夷，詭諸之裔也，族人夷仲年爲齊大夫，夷射姑爲邾大夫，獨逸隱居不仕。或勸之，逸曰："吾譬則牛也，寧服軛以耕於野，豈忍披綉入廟而爲犧乎？"

朱張，字子方[二五]，荀卿以比孔子，彼大儒者，雖隱於窮閭漏屋，而王公不能與之爭名，其言有類，其行有禮，其舉事無悔，其持險應變曲當，與時遷徙，千舉萬變，其道一也。其窮也，俗儒笑之。其通也，英杰化之。通則一天下，窮則獨立貴名。桀、跖之世不能污，仲尼、子方是也。

無可無不可，語雖渾融，然頂上異於是來，專指著逸民之行説。蓋諸人或避世，或混世，行事固不盡同，總因不得乎時，而以超世爲念者，執定一格，故成其爲逸。若夫子道大莫容，所入不合，迹若有類於逸，其實下其身，以爲天下并無超世之念。無可者，不以其行事爲可也。無不可者，不以其行事爲不可也。不執死法，是乃所以異彼者。此必因目擊沮、溺、丈人之流，感懷千古，故引逸民以發論，謂自古高人不乏卓行可風，但我不定要去學他作超世的事。

在夷、齊，必以降志辱身爲不可，而惠、連則以爲無傷。惠、連必以隱居放言爲不可，而仲、夷則以爲無傷。是此之所可即彼之所不可，各主一可不可也。夫子此中之妙用，直是身無所繫，志無所狙，言無成心，行無轍迹，清不絶俗，權不離經，總是圓融變通，不拘一定。曰無者，言其不存於心也。

逸民惟置身宇宙之上，所以立品。夫子惟委身宇宙之中，所以無心。可不可以迹言，若道則必從其可，惟以道爲可，則是無可無不可也。不然，孟子説不得個"可以仕則仕"四句矣。

大師章

語者以夫子正樂而諸工散，非也。夫子自衛反魯正樂，故師摯之始有洋洋盈耳之盛，此則其末年樂衰之事耳。摯，賢大師也，亞飯以下亦多固心，故先幾遠迹，逾河蹈海，非其官之罪也，故書其職。非其人之罪也，故書其名。非其心之忘乎魯也，故書其地。

《白虎通》曰："王者平旦食、晝食、晡食、暮食，凡四飯，諸侯三飯，大夫再飯。"魯諸侯，止三飯，然不言一飯，豈天子錫周公樂，而魯僭之，孔子樂[二六]而去其一耶？

魯公章

此伯禽就國，周公飭遣之辭。其立國規模與九經相表裏，施作弛，乃離解而不相繫屬。不施者，相收相恤，聯以宗盟之誼也，重忠厚講。以"施親"句提起，中二句以親臣、世臣分，末另講。

周公之治魯也，尊尊而親親。太公曰："易世其衰矣。"後人見魯之式微，或咎貽謀之過，不知魯之可以一變至道者，正忠厚之餘澤。而其漸至式微，則亦子孫不克守先世之典刑耳。記者於魯之衰而紀開國之訓詞，煞有深感。

"君子"二字是領古人"任則不疑，疑則不任"，豈有置之大臣之位而使之備官，又持小臣之察以防之耶？"怨"字要想是大臣心事。大臣以安社稷爲悅，既是忠肝義膽毫無用處，怎禁得不嗟嘆？

故舊一棄，既無以酬先世之德澤，亦何以獎後起之勛庸？

八士章

周之初，人才號稱極盛，只"周有"二字，已是記者具眼。三仁去而殷墟，八士生而周熾。

《微子篇》章章相接，去者去，奴者奴，死者死，殷之所以亡也。下惠三黜，魯之所以衰也。齊景公不用孔子，齊不能一變而至魯矣。魯受女樂，孔子行，魯不能一變而至道矣。中國不可，庶幾或遇他方，楚有接輿而不用接輿，又不肯同聖人，楚之所以止於楚也。沮、溺、丈人皆不合，不惟道窮於朝，亦且窮於野矣。故自附於逸民。衆樂官去魯，魯事益可知也。雖然亂終不可治乎魯，尚有周公之訓典在也。一舉而力行之，安知不培周初八士之盛乎？此記者無已之思也。

子張章

"士"字提起，看其可已矣，言必如此，乃成爲士，責成不淺。士能於死生利害關頭實心勘得破，於幽明始終處實心會得真，此亦煞有學力其可之云，蓋深許其立身大節無虧也。

致命，不言思死生之際，惟義是殉，不躊躇而決也。思哀、思敬，非思則終不必慎，遠不必追，故云思。

執德章

此子張貴弘毅之學，德與道俱是心體，執與信俱在心上説。執德弘者器局大，信道篤者志操堅。若不弘，則一善自足，且爲方隅意見而無關性命。不篤，則疑、信相參，必至虛華影像，而難語修持。若是弘且篤者，道德賴以恢張，賴以肩荷，爲有、爲無通有關係。若不弘、不篤，悠悠忽忽，彼雖自謂道中人，却如何倚任得他？言不足爲世之輕重也。

此二句意亦相串，若執德弘而信道不篤，則容受太廣，後或隨人走作，反不能守正理。若信道篤而執德不弘，則確信一説，而或至於不睹大全。故須并説。

子夏章

有容有拒者，君子擇交之常矩。有容無拒者，聖人翕受之大德。究論交道，還以子夏爲正。

世間人品有三等，賢是人品已成，善亦一長足録，皆可者一邊。衆乃庸衆，只是平常不能，則才力不逮，皆是可與不可之間。若不可者，畢竟他人品、心術有所未端，不可與他交的，何必不拒？子張不深會子夏之意，特自伸其説，要非定論。

門人問交亦是彼此相正，何必定有所不足於子夏？

何所不容，是不必拒人，我之可自足以化人之不可也。人將拒我，是不能拒人，我不可，又何以求人之皆可乎？

子夏論交之言從夫子“毋友不如己者”來。子張論交之言從夫子“泛愛衆而親仁”來。其實對門人説，子夏之言尤爲中節。

子夏之言可以成就門人，子張之言可以開廣子夏，况子夏四海兄弟之志，豈是拘拘拒人者？固知拒之説對門人説耳。

雖小道章

小道該得廣，指諸子百家説，俱皆有一段精神，一段作用，非絶無可觀者。致遠是以其道推而致遠，如搏挽天地，陶鑄民物，印證先後聖，恐窒礙不通。只爲他源頭上未得融通，所以未免拘礙。君子之所爲者，自是心性映徹，悟道之源，入大入小，各不相礙。

此只就小道説。若聖人一以貫萬，則執御、游藝亦道也。遠處不言爲而言致，如致中和以及天地萬物。若説務其遠者大者，又是認賊作子。

子夏平日見小，欲速，觀此言，已進於高明。

日知章

日知其所亡，是日新法悟也。月無忘其所能，是緝熙法修也。隨時悟，隨時修，故曰好學，與博聞强記者迥然不同。

通節重在日、月字。人多是忙愒時日，故無所知。即有所知，亦是前日有的，不是前日無的，又多是忘了重新作起，所以無得力處。學人須想：所亡、所能，這是何物？日知、無忘，如何下手？雖聰明之人，終日在知解上盤桓，情識上照管，縱播弄得精彩，於學問本領全無交涉。要知此是心上功夫，方見學脉不斷。知本在吾心，不觸則不發，時有發露，意境重開，故曰知亡。亡非本無，乃迷失未復者。日知所亡，謂隨處體認天理，啓迷爲覺也。已知的即是能，所謂無忘，只常提此心，息息温養，如拳拳服膺而勿失，乃覺不復迷也。如此逐日有逐日功夫，逐月有逐月功夫，自是切實用力，豈非好學？

東坡曰："古之學者，其所亡與其所能，皆可以一二數而日月見也。"如今世之學，其所亡者果何物，而所能者果何事歟？皆不可不察。

博學章

博學、篤志、切問、近思，俱有次第，俱是實功。篤志根博學來，切問根篤志來，近思又根切問來，注心著力，此心更無泛用。此道問學也，而德性自尊，故曰仁在其中。看兩"而"字垂重，下邊篤志、近思方是真學問。事事參求，却念念精實，不是悠悠忽忽精神。

仁之體段，必吾心與宇宙會爲一源。今博學、切問，則廣收之宇宙，即是博文、篤志、近思，又約反之吾心，即是約禮，正求仁之方。以其方用功夫去證本體，故僅以在中爲言。

學問之道無他，求其放心而已矣，是收心可以問學。博學、篤志、切問、近思而仁在其中，是學問亦可收心。

百工章

百工、君子須喚出頭面，意旨重在學上。言百工何以成事？居肆以成其事者也。君子何以致道？學以致其道者也。一直説下，若工不成事，居肆何爲？君子不致道，爲學何爲？故學不可不致道。"學"字有力，"致"字是究極圓滿之義，學力透時即是致。

道有奧妙，有功用，有統緒。致道謂詣其奧妙，弘其功用，綿其統緒，皆是。

或問：何如致道？曰：日知所亡，月無忘所能，博學篤志，切問近思，都是致之之功。

小人章

小人非是無忌憚之小人，乃善蓋藏之僞君子，必文者，即天下知之而猶欲以欺天下，即寸心難昧，而畢竟要瞞寸心。此文亦不同，有遂非而文者，有耻過而文者。遂非而文，其奸必深。耻過而文，便是改行之機。

三變章

變只是神妙莫測，容貌、詞氣皆心體流行，自觀者見之，各中其節。若見爲變，實則君子自率其常。

君子信章

只要自家信得過，君信、民信舉積此矣。故事使之際，必以至誠動物爲先，非是君子欲勞民，欲諫君，而先爲信以結之。即不勞民，不諫君，亦不可不以信而孚君、民。蓋上下信乎，即勞之、諫之，無不可也。不然民以爲厲，君以爲謗，勞之、諫之都是無益也。

凡事得人心肯爲之，自然省力，信而勞，信而諫，正善於勞，妙於諫者。

大德章

朱子曰："小處放過，亦是力作不徹，蓋道理雖要完全，而功夫却難并進。若功夫太周匝，反不能得力，故持論不得不偏重一邊。先乎其大者，則其小者可徐議也。"

不矜細行，終累大德，小德豈可忽者？惟大德不逾閑，斯於小德乃可出入，要不至蕩然於閑之外，不然，寧謹守小心而已。毋爲遠慕而近遺，希心於大而失其小也。若究而言之，德無大小，均所當慎。而人之真情，大者可勉，小者易忽，故樂堯舜者，能辨乎千駟萬鍾，而亦能謹於一介。取與好名之人，即能讓乎千乘，而不免見色於簞食豆羹，何者？真故也。君子察此可以知本矣。

自處貴嚴，待人貴寬。教人貴周，論人貴恕。自處須一毫不可放過，待人則不必十分求全。教人必教其所短，論人宜取其所長。子夏見人刻薄，待人瑣細，論人將人大德一筆抹煞，故曰"大德不逾閑，小德出入可也"，是對待人者説，令其寬人一步，是論人三代以後，且先取他長處，非子夏自己欲完大德而小德聽其出入，又非是教人令其止完大德而小德聽其出入可也。

從來忠臣孝子、義夫烈婦、經濟名臣、隱逸高士，雖卓然天地間，未必無一言一事之小差處。若止執一言一事之差，隨將其終身事業、人品一概抹煞，刻薄甚矣。此子夏有"大德不逾閑，小德出入"之説也。

門人章

子游之言見學問之有本，子夏之言見學問之有序，義理議論較子游更周匝的當。

子游意專提本，却認本末作兩截事，不知大學、小學可分先後，而不分本末。故以"始""卒"二字換他本末意解較圓。

過是過責了一步，非過失也。孰先傳、孰後倦，二"孰"字主立教者言，正剖出教者之心無分先後，言非以灑掃應對爲先而傳之，非以性命天道爲後而倦焉。但君子教人有序，先傳以近者、小者，而後教以大者、遠者，非先傳以近小而後不教以遠大也。正以學者所造有淺深，譬諸草木，有大小生熟之別，其培植灌溉、栽成取用，自當不同。不然不量其所至，而強人以所不能，便是誣人了。君子教人，焉肯誣也？有始有卒，不是説聖人教人事，是説聖人爲學，起頭與究竟一齊了手，即下學，即上達。不是自始作到終，乃是合下便始終俱備，無次第之可言。此惟聖人能之，若教學者，則須循其序也。

論理自可圓通，設教必有階級，雖是聖人，亦只是下學至於上達處，大段著力不得。今人動謂本末精粗無二致，此説大誤。

蘇子由曰："善乎！子夏之教人也。始於灑掃、應對、進退，而不急於道，使其來者自進於學，日引月長而道自至。譬如農夫之殖草木，別爲之區，溉種而時耨之。風雨既至，小大甘苦莫不咸得其性，而農夫無所用其巧也。"今之學者，非性命道德不出於口，務爲大言以相欺，天下之僞自是而起。此子夏所謂誣也。

仕學章

明道先生曰："君子之仕也，以學爲始。其既仕也，以學爲終。"

仕不可以廢學，故仕而優則學。未學不可入仕，故學而優則仕。范石湖曰："終身之間有時而仕，無時而不學也。"此處正可想仕學合一之理。

仕是治人，是行治己的學問。學是治己，乃求治人的方法。仕、學一理。若一味治人，力量空閒不向身心整理，雖作得些事業，原本必虧，管、晏是也。若一味治己，便學問空閒不去見之作用，雖自己身心有得，只成個自了漢，荷蕢、接輿是也。"優"字極有意，言其身心應用之處優游充裕，無困於中而自得之謂。

此章不止説仕、學相資，蓋論仕、學次第。學在先，仕在後。論關係大小，已仕者最要緊，未仕者次之。若已仕者止鶩功名，不肯留心學問，便不免俗吏規模。未仕者空談學問，不肯矢志經綸，便止是曲儒體態，世道、民生何所倚賴？故先對已仕者言仕而優則學，令已仕者不以俗吏終也。又對未仕者言學而優則仕，令未仕者不以曲儒限也。不止空空一仕、學相資之説。

喪致章

此從喪所重、世所不足者言之。致，推而極之也。喪致乎哀而止，言無所不用其情而後已。

吾友章

子游説子張：他學問高廣，於人所不能爲、不敢爲者，他獨能爲之，然而欠了反約，未得爲仁。仁之體段極高廣，其本領却極精實。爲難能，正子張爲仁處。他在仁的體段上恢擴，亦不易能，但不反歸精實，故以未仁歸之。未者，謂反約之有待，而非直絶之也。此是朋友規諷的話。

堂堂章

此言其造詣之高廣，正是仁的氣象。難與并爲仁，謂只好他是這等作，人學他不得，故難與一同爲仁。“并”字只主在己難資其輔一邊，未必直説子張不足爲仁。

子張有善人之體段，而心欠密。有聖人之光輝，而用欠藏。動多於靜，用過其體者也。曾子學力謹嚴，與他的闊大意思相反，故不能與之并爲仁耳。堂即升堂之堂，惟堂則高曠，惟室則深潜，堂堂之習，又豈得有屋漏工夫？

只一“并”字，正見曾子仁處。學者只有與人并爲仁之心，便是天地萬物一體氣象。不然，人有善而忌其與己并，己有善而忌人之與己并，即此便不是善，故勘破“并”字，當下識仁。

自致章

聖人指以示人，使之自識其良心，非專爲喪禮發也。衆人往往不著、不察，心都埋没了。微指親喪，恍然見真心不能自已處，是聖人以此心問人，令人亦退而自問其心，欲人自思不自盡之處也。若只説人人能如此，枉却聖人一片婆心。

孟莊子章

獻子歷相三君，魯人稱之曰社稷臣，則其臣必賢，其政必善矣。莊子年少嗣立，與季孫宿同朝，宿父文子賢，而不能守也，莊子獨不改而終身焉，無亦有感而稱之歟？

象賢克肖，體父忠心而成其未竟。想獻子之賢，愈徵莊子之孝。

士師章

民之犯法必有緣故。若生養遂，民不至犯法。教化明，民不肯犯法。舉錯公，民不敢犯法。恩澤孚，民不忍犯法。即有犯者，彼自外於王化，即我殺也。若生養不遂，教化不明，舉錯不公，恩澤不孚，百姓無知，陷之刑戮，豈盡民之罪乎？故得其情是明，哀矜勿喜是仁，明而仁，可以爲士師矣。

禹見罪人，下車而泣。孔子始政，有告不孝者，不以罪，曰：“尚未有以教也。”聖人用心如是。只此哀矜一念中，有多少詳審寬恤之意含於無盡？然必先推究到離散根由，必無失政，方可無失刑，安得不盡道於上，以爲聯屬民心之本？此政刑合一之論，原不道士師，只一哀矜便了。

不善章

紂之不善，宜不如是之甚，而如是之甚者何也？凡以居下流故耳，是以君子云云。《淮南子》曰：“三代之善，千歲之積，譽也。桀紂之惡，千歲之積，毀也。”只始終一念之不自制，衆

惡便相引而來，可見下流乃墮落人心之阱也，埋没善人之谷也，
自居者宜念念警惕。

君子章

　　君子不諱過，故方過而人見。君子速改過，故無過而人仰。
總是改過不吝，而德愈光。

仲尼章

　　常人師賢人，賢人師聖人，聖人師常人，以常人皆道之所寄
也。此是夫子憲章文武之學，即見夫子兼總條貫之神。

　　焉學一問，如商羊萍實之類，只見得夫子學識一邊。子貢以
道言，所見便大。文武之道，即堯舜以來相傳之道。子貢蓋謂夫
子得統於文武也。賢者佩服考求而得其全體，不賢者傳習聞見而
得其一端，曰莫不，見何處非道。曰焉不，見何處非學。莫不有
文武之道焉，賢不賢之分量也。焉不學，則夫子之分量也。正夫
子所爲集大成處。

　　江水印月而月在江，盂水印月而月在盂，月無大小，不應作
江水、盂水看。賢、不賢之識亦復如是。

　　或問曰：夫子直從心悟足矣，又何必學？人不知道器原不是
兩物，如學琴師襄而得文王之爲人，得文王爲人本至理，非學琴
亦無緣得也，又況禮樂、文章而可忽視哉？如此正見聖人妙契千
古處。問禮、問樂、學琴之類，不必論其有無，但以夫子之“焉
不學”推之，似亦是有的。然總之在本地上討分曉耳。惟問察不
遺邇言，所以爲大舜。大小無所不學，所以爲孔子。聖人不自知
其爲聖，豈計人之賢不賢而問之？

　　“在人”二字正是未墜於地，賢者識大，不賢者識小，即是
在人之實。莫不有文武之道，故夫子焉不學。既焉不學，亦何嘗

師？夫子自謂三人行必有我師，與此同意。

孔孟之道未墜於地，在人。賢者識大者，不賢者識其小者，莫不有孔孟之道焉，人人“焉不學”，人人孔孟矣。

子貢章

子貢晚見用於魯，懼吳之强大，曉宰嚭而舍衛侯，伐齊之謀，詰陳成子而反其侵地，魯人賢之。此武叔所謂賢於仲尼者也。

子貢由地位勘出識見，由識見勘出議論，立言大有根柢。要知夫子之所以聖不在宗廟百官上，只緣武叔識見甚低，故設爲之詞如此。

“宮墻”二字不平乃宮之墻也。墻言其造詣之峻絕，宮言其蘊藉之弘深，及肩不是卑，只不能高於衆人意。宗廟之美是夫子之禮樂，言其萃神之靈處。百官之富是夫子之政事，言其會人之秀處。子貢常以見禮知政，聞樂知德，等夫子於生民未有，即美富之謂也。

吾性有仁信，是至美至富。夫子之於吾人，一也。得見吾身之美富，即見夫子之美富。不求美富於吾身，而求美富於夫子，幾何而得見之？

孔子之門爲萬世學道之宗，顔子以博約入，曾子以忠恕入，子思以誠明入，孟子以仁義入。認得真時，夫子之墻數仞，其宗廟之美，百官之富，方寸耳。儒者旁門歧徑，錯走路頭，是夫子之門固萬世洞開也，特人自而墻而立，故得其門者或寡，惟知之者可以入門，好之者可以升堂，樂之者可以入室。

仲尼章

無以爲也，不是教他不要毁，言毁也没幹，仲尼豈是毁得的？他也高的極了，憑你自毀，總説他不著。“仲尼，日月也”，是説他高，言光輝易抲，體質難量。蓋前乎仲尼者，非得仲尼則無光。後乎仲尼者，非得仲尼則長夜。其何傷於日月，則以明言。

程子曰：“小人多行不義，人却不説。君子未有一事，便生議論。”至白者易污，亦是常理。

不知量，乃不知高下相懸之分量。

爲恭章

通重“不可及”意，其“得邦家”等語，不過就中拈出，蓋神化不可名而舉感應言之，正如堯之德不可名而止言成功、文章也。聖人分量亦別，固有具聖人之心體而作用未必神者，亦未可謂之至聖，故又推及夫子之得邦家，以究其用也。

子禽之言，原算不得個評品，莫將知、不知作權衡人品也。言你怎的這等輕説君子？一句言語停當，人便把他作有見識的。一句言語不停當，人便把他作沒見識的。言語不可不謹慎也。

説天不是説他高，天原虛體，何處尋階問級？夫子之德妙入無形，亦若是則已矣。不是譬喻，正欲極其摹擬而不可得。

“得邦家”一段，即用見體、因業、觀德立之，謂植其生道之，是引其行綏，則培育深厚，立之固也。動則鼓舞，盡神道之深也。精神全在“斯”字，纔扶植之即勃然起，纔放庸之即翕然赴，纔綏安之即嚮往歸赴，纔鼓舞之即風動時雍。俱見天之生物不測、化工默運意。生榮死哀是狀聖人關係一世之象。聖人生而天下皆立皆行，皆來皆和，如太陽一出而萬物忻然生色，豈不是榮？聖人死而天下皆不立不行，不來不和，如太陽没，天地慘暗，豈不是哀？

首篇説“人不知而不愠”，《微子篇》齊景不知，魯人不知，楚狂、沮、溺、丈人不知，及叔孫武叔之毀，不足怪矣。而及門陳亢亦復相譏，此正是人不知處，與首章相照。

堯曰章

夫子論學論仁許多言，總是"允執厥中"一語括盡。允執其中，人人可能，不止聖人。觀"堯曰"章，知天人原不相遠。

寬、信、敏、公，總一中也，分看之，是一寬、信、敏、公，合看是一中。

許大天下，堯以之授舜，只叮嚀數語而止。至舜授禹，更無別説。可想見當時精神契合、宇宙清寧之意。至湯伐桀，便去請命以告諸侯，然亦陳之誓誥而已。武王則又有許多收拾人心、扶植風紀之事。帝王隨時區處，自不容不如此。末收以孔子之言，以明道統之傳也。

歷數在躬，以其德當天心而卜之也，便有遺大投艱意。

中只是恰好的道理。寂然時在心，應用時在事物。執曰允執，不著擬議，不假安排，只是這點靈明，徹上下，被四表，皆工夫運用之實地。中不但存於心，而見之行事，則政平人和，天下舉得其所。四海困窮，正是不能執中處。授受之際，天禄方於此乎始也，而即以永終，危言之語意正存"咨"字領取。試觀三代而下，漢、唐、宋諸代皆是四海困窮而天禄永終，皆是不允執厥中也。始知堯非特傳舜，乃傳之天下萬世，而致其慮也。

記者不增一字，正勘三聖相傳無別法，只是這些子。"亦"字要出得精，看他三聖相傳處，中之外無別説，千古萬古只是此理。

"予小子履"六句，追叙之詞，見上帝命討之嚴，而無利天下之心。"朕躬"四句，見在己付託之重，而有任天下之懼。皆是承天子民，不敢怠遑，正帝王大一統之心法。可見禪、受、征、誅不同，心法則一。上數句皆初間請命語，既爲天子，則其責尤重，故兢兢罪己曰"朕躬有罪"云云。

禹湯罪己，其興也勃焉。罪人者，其亡也忽焉。

大賚是溥惠天下窮民，富善是加惠天下良民。當時誓師之言，亦說商惡貫盈，百姓皆陷於有過而塗炭益深，這乃是我一人之罪，不能爲他拯救，至於如此。此我之所以不得不爲民以伐商也。此要想武王本意，蓋毅然以天下爲己任，直欲人人得所，同歸於善，非空空責己之詞。

謹權量，是平其在官者與其在民者，使輕重多寡各有定制。審法度，是審於法之所設，復審於法之所變，有斟酌在，使因革損益各有定畫也。修廢官，或苙官之非人，或有官而缺人，或修之以去其蠹，或修之以實其職，使官各得人，人各得職也。

滅國，謂諸侯之國，當時爲紂所滅者，則復其爵土以興起之。絕世，謂聖王之裔，和[二七]堯、舜、禹、湯之后，廟祀已絕者，則封其子孫以繼續之。逸民，德行超逸，如微、箕、商容之類，爲紂所播棄者。舉則使之在位。

看上節紀綱嚴肅，森然一統規模。看此節恩澤旁皇，藹然太和氣象。

三重，所以立人紀，厚風俗。帝王立法經治，無非爲民而已。食、喪、祭三件，最切民日用，故重之。蓋太和之後，禮教興焉，此可想休息氣象。

寬、信、敏、公四者，典謨訓誥所不載，記者看到上數節已有此意，此特揭出源頭名目耳。堯以一中授舜，道統已開其先。然必以四海困窮爲念。自此，湯承天討罪，心切萬方，武布政寧民，係情天下，治法、心法宛然可想。故直以末節總之。丘毛伯曰："四字是心法，亦是治法。聖人心體與天地合，德寬如覆載，信如四時，敏如乾健，公如造化。"堯、舜精一，正在此處。不精一則私意夾雜，便狹小，便作僞，便懶散，便有我非純天之心矣。

此與夫子告子張爲仁語相類，大抵這個道，存之於心便爲天德，措之於治便爲王道。孔門師弟授受之旨，即古今帝王作述之道也。

五美章

此章實以繼帝王之統，則所論從政乃經世之大法大戒也。尊美即是崇道心意，屛惡即是袪人心意。五美從道心運用，四惡是人心咨肆。

敘此於帝王治統之後，要看得大樣。

樹美務滋，去惡務盡，尊、屛字義須説得鄭重。惠、勞等非美也，不費等正是美。要知惠之與費、勞之與怨、欲之與貪數者，皆事勢相因而能不犯，纔見惠、勞與泰、威的美處。

惠而不費，養民之美也。勞而不怨，使民之美也。欲而不貪，宅心之美也，尤爲樞要。泰而不驕，威而不猛，樹修身之美也。心範著爲身範。

利雖民所自有，非人主爲之經畫，則利亦不能自興。

擇可勞，美在“擇”字，主意原不在勞，蓋勞本民情所不可而亦有可者。如三農有隙，時之可。一勞永逸，理之可。時可而勞，不怨違也。事可勞而勞，不怨屬也。力可勞而勞，不怨勤也。分可勞而勞，不怨侵也。

欲仁，雖要在政上説，却自心言，仁覆之念，不至兼利萬物不止也。欲仁是我心要兼濟天下，得仁是果於天下有濟。想君子欲仁之心有若貪得無厭者，然儘欲儘得，儘得儘光明，焉得貪？

凡人精神在外馳逐，即夢寐也勞攘，如侮一人，忽一事，此心定有不安者。今不論衆寡大小，一味無敢慢，收攝處何等鎮定？何等安閑？在在處得恰好，此心毫無愧怍，何等舒泰？又安得驕？

正衣冠，尊瞻視，是仁守之莊莅也。正其衣冠，即君子大居正意。不視則心柔，柔則不敬，故攝心以謹視爲第一。

不戒與慢令相似，但不戒猶是無令，慢令則明明有令了，却故意慢他，要刻期立致，所以可恨。

猶之，猶言少不得出納，時説以爲出於人，納於彼。納既屬彼，吝將誰爲？按出者，發其所藏而散之人。納者，供其所有而獻之上，有司守財不得不吝。從政如斯，何止傷體？試看《孟子》"慢上殘下"一段，乃知吝之惡與虐、暴、賊正等。

"不教而殺"之"虐"，寬之反也，主教民説。"不戒視成"之"暴"，敏之反也，主作事説。"慢令致期"之"賊"，信之反也，主出令説。吝於與人之有司，公之反也，主用財説。寬、信、敏、公是心之善處，故政亦善。暴、虐、賊、吝是心之惡處，故治亦惡。治法俱本之心上，循之則與治同道，反之則與亂同事。夫子語政而及四惡，即帝王四海困窮之咨也。

不知章

此章"君子"正與"時習"章"君子"首尾相應。立與知人皆是爲君子中事。知命者，至命之學也。知禮者，盡性之學也。知言者，窮理之學也。窮理盡性，以至於命，君子之能事畢矣。

聖賢言命，備見經書，原以理言，俱是天之有知，并未嘗以氣數言也。後世以氣數言命，凡五行八字之説，皆謂之命。吉凶、禍福、夭壽、窮通，一概付之氣數偶然。舉世所謂知命者，正大不知命者也。何也？命有性命，元、亨、利、貞降於人，爲仁、義、禮、智之性是也。有生命，一身之形神肢體是也。至於倫常日用，都是命之流行。吉凶、禍福、夭壽、窮通，都是命之顯赫。天人一貫，俱是天之有知，天之所宰，豈是杳茫無據，人之偶然所遭？人若窮理，可以畏命、安命、俟命，而爲君子。可以立命、造命、凝命而爲聖人。不然，或行險徼幸，或付之儻來，不加修省，俱自謂知命，俱是不知命者，更何以爲君子也？學者凡遇“命”字，莫看作人生偶遇，上天無知，從此可透性命消息。

君子知命，正非是諉諸氣數也，乃是盡人事以聽天命之意。

先王制禮，所以斂人之血氣也。血氣從此所禀來，若無學問之力，便奔蕩四出，所損不小。止有性靈至妙之天則降伏得他，故須知體，方能踐履精實，立心、立身始有持循定體。王三原曰：人須内本莊敬之心，以外習度數之節，又緣外度數之節以持此莊敬之心，所以精神常在身内，主張得定，此即以禮而立之之意。

言爲學術、治術所關，須吾心體洞然，别得道理明白，方能窺見其發言根源，非只爲辨别人品，正驗自己學力。

知命所以達天也，知禮所以修身也，知言所以涉世也，止當作三條説。先儒曰：“知命則在我者有定見，知禮則在我者有定守，知言則在人者無遁情。知斯三者，則上以達天，内以成己，外以盡人。君子之事畢矣。”又曰：“知命，知其在天者。知禮，知其在己者。知言，知其在人者。知天則氣數不能動乎外，而後可以修諸己。知禮則義理有以養乎内，而後可以察諸人。知天而不知己，未必能安乎天。知己而不知人，未必能益乎己。”

校勘記

〔一〕“幹”，疑當作“斡”。

〔二〕“止”，校本作“上”。

〔三〕"助長"，底本"助"前脱"勿"，應爲"勿助長"。

〔四〕"都從智"，底本"智"下空一字，校本爲"都從智出"。

〔五〕"條"，當作"篠"。

〔六〕"當是"，校本作"當時"。

〔七〕"所爲"，校本作"所謂"。

〔八〕"三年成有"，當作"三年有成"。

〔九〕"景帝欲諸侯之速平而楚叛"，底本"楚"前空一字，疑當爲"吳"字。

〔一〇〕"於《詩》録《木》"，"木"后原空一字，校本爲"於《詩》録《木瓜》"。

〔一一〕"毁"，疑當作"段"。

〔一二〕"黎"，疑當作"藜"。

〔一三〕"達"，底本與校本均作"達"，似應爲"遠"字。

〔一四〕"不能順"，據語境，疑當作"不必能順"。

〔一五〕"曾子、子貢固於行處得力"，據語境，疑"子貢"爲衍文。

〔一六〕"朱子夫曰"，"子夫"當作"夫子"。

〔一七〕"其譴告"，"其"，《論衡》作"及其"。

〔一八〕"潛夫"，當作"潛夫論"。

〔一九〕"人亦此性"，底本"人"前空一字，校本人前有"途"字。

〔二〇〕"日此學是參研"，疑"日"當作"曰"。

〔二一〕"孔子轍還亦爲天下無道"，"還"，校本作"環"。

〔二二〕"招隱"，校本爲"則招隱"。

〔二三〕"又却"，當作"却又"。

〔二四〕"時"，校本作"是"。

〔二五〕"字子方"，校本作"字子弓"。《論語》王弼注："朱張。字仲弓，荀卿以比孔子。"

〔二六〕"孔子樂"，校本爲"孔子正樂"。

〔二七〕"和"，校本作"如"。

上　孟

　　《論語》"時習圖"，配仁居東，以流行之序言。此圖以仁居上，就定位之體言。總之皆性善一理也。認得此體，從性落根，存養省察克治擴充，使仁、義、禮、智隨處圓滿，春、夏、秋、冬天人共貫，元、亨、利、貞上下同流，堯舜禹湯文武周孔總此把柄，千古無二，是謂"内聖外王圖"，統備於斯矣。

孟子圖説

孟子名軻，字子輿，鄒人也。父孟激，字公宜。母仉氏。孟子三歲喪父，其母教之，三遷而至學宮之旁，嬉戲乃設俎豆。少讀書，中止，母引刀斷織以戒之。孟子懼，且夕勤學不輟。請見子思，子思禮敬甚隆，孟子師事子思，遂成名儒。及道既通，游事齊梁，諸君不能用。當是之時，秦用商鞅，富國強兵。楚、魏用吳起，戰勝弱敵。齊威王、宣王用孫子、田忌之徒，而諸侯東面朝齊。天下方務於合縱連橫，以攻伐爲賢，而孟子乃述唐、虞、三代之德，是以所如者不合，退而與萬章之徒序《詩》《書》，述仲尼之意，作《孟子》七篇，包羅天地，揆叙萬類。大都以性善爲宗旨，以仁義爲綱領。論學術則存天理以遏人欲，論教化則息邪説以正人心，論政事則崇王道以賤霸術。其所以知言養氣而不動心者在此，其所以知天事天而立命者在此，其所以輔世長民而爲五百年之名世者在此。故揖讓則稱堯舜，征伐則稱湯武，願學則宗孔子。下視桓文爲假，管晏爲卑，告子爲外。其貉白圭也，恐中國而夷狄之也。其蚓仲子也，恐母子兄弟而路人之也。其禽獸楊、墨也，恐人倫而庶物之也。其妾婦儀、衍也，恐丈夫而女子之也。其攘鷄貪暴也，恐侯王而盜竊之也。其龍斷富貴也，恐公卿而市人之也。其墻間利達也，恐衣冠而乞丐之也。隨人救正，有功世道。胸襟眼界，獨高千古。真泰山巖巖氣象哉！韓昌黎謂其功不在禹下，信其然乎。今觀七篇所著，與《學》《庸》《論語》宗旨一一印合，其闡天人之奥，施扶抑之功，又可謂《周易》注疏。故曰"孟子醇乎醇者"也。辛復元先生謂"孟夫子爲戰國之聖人，有子路之兼人而無其嗲，有子張之堂堂而無其辟，有曾點之高而不可謂之狂，有子貢、子夏之言語、文學而性天更透，顔之穎敏、曾之弘毅、思之精切會之一身。昔人以昌黎擬之，恐昌黎止得其皮膚也。以六一、眉山擬之，恐六一、眉山止得其咳唾也。伊川有其精神而圓通則讓，橫渠有其作用而明暢不及，象山僅有氣魄而精純大不相侔。蓋孔子之後，再見命世之一人而已"。兹七篇具在，帝王公侯遵之，則可以致隆平，頌清廟。卿、大夫、士蹈之，則可以尊君父，立忠信。守志厲操者儀之，則可以崇高節，抗浮雲。所以品躋賢聖，俎豆千秋，言布天壤，澤留後世，有以也。卒年八十有四，今二月初二日是其誕辰，十一月十五日乃其忌辰云。

松風道人識。

梁惠王上篇

梁惠王章

聖賢經世學問，只有本原上功夫，不在末流處補救。如惠王"利國"一問，孟子正不在利上説，只説仁義，是從其天性上感動之也。只仁義與利之分，而人品聖狂，家國治亂，俱從此判，上下古今，毫髮不爽。

孟子不見諸侯，開首何見惠王？非屈也。當是時，梁惠先，豈得不見？此即是善學孔子之權處。

利是功利兼財利，言"亦有仁義"，是聖賢學術所傳，即帝王治術所關。此二句在理欲公私上説，後方就利害言之。凡言利者，皆是欲得其分外。若正取什一之賦，則非好利矣。既出分外，則百者望千，千者望萬，攘奪不已，國隨以傾，利之害一至於此。

太史公曰：“余讀孟子書，至梁惠王問‘何以利吾國’，未嘗不廢書而嘆也，曰：嗟乎，利誠亂之始也！夫子罕言利，嘗防其源也。故曰：‘放於利而行，多怨。’自天子以至於庶人，好利之弊何以異哉？”觀太史公之言，則知孟子救正人心，扶持世道，全在抹煞“利”字，説出仁人、孝子、義士、忠臣尊尊親親一段景象，便是正主德以正民風，所以挽富強之術而明聖賢仁義之道者。七篇之書，無非此旨也。

通章“何必曰利”，遏人欲也。“亦有仁義”，存天理也。自此以後，皆可以六字貫得。

沼上章

仁義與利，上章是論其理，此章直畫出個仁義與利的圖樣與人看。周文是仁義的樣子，夏桀是利的樣子。仁義與利是賢不賢之別處。

指出一“偕”字，正賢者所以能樂處。指出一“獨”字，正不賢者所以雖有此不樂處。一篇肯綮在此。

人主豈必梏手足、閉耳目、絶玩好、遂以爲賢？只是他耳、目、手、足有一體關通處，嗜慾玩好有無涯妙用處。玩“而後”字，是憂勤足以致逸豫，其中活潑閒暢宜何如者？所謂以身致之而以身享之也。

《毛傳》曰：神之精明者曰靈。觀臺而曰“靈”者，文王化行，似神之精明，故以名焉。《説苑》曰：“積恩爲愛，積愛爲仁，積仁爲靈。靈臺所以爲靈者，積仁也。”

古人心體開大，物我俱忘，心中無一毫障蔽間隔。鳥獸也是樂，池沼也是樂，百姓熙熙皞皞也是樂。廓然太[一]公，交相慶洽，故曰“賢者而後樂此”。

"臺沼"一段，正是文王與民同樂圖，見文王視民如傷，王者之民皞皞如也，與子在川上、鳶飛魚躍、回樂、點志俱同此機括。

夏桀當日瑤臺瓊室，脯林酒池，一鼓而三千人牛飲，正如"君看墻頭桃李花，盡是行人眼中血"，至民欲與之偕亡，人主使人情至此，則民心離散，不能晏然自快於臺池鳥獸之間也。

"周文"節見致中和，天地位，萬物育，是作德心逸日休的景象。"夏桀"節見不致中和，天地不位，萬物不育，是作僞心勞日拙的景象。朱子曰："循理而公於天下者，聖賢之所以盡其性也。循欲而私於一己者，衆人之所以滅其天也。"張南軒先生謂："人主嘗懷不敢自樂之心，則足以遏人欲矣。嘗懷與民偕樂之心，則足以擴天理矣。"天理人欲同行異情如此。

盡心章

梁王有望民多於鄰國之心，而後移民移粟，畢竟是一利心，到底有何利？必如孟子所言王道，方是真行仁義。即移民、移粟，亦是救荒一策，不自有倉廩之可發乎？盡心之君，平時如何愛養，如何經制，使民衣食自足，凶荒有備，禮義興而天下往，豈但多於鄰國已也？此之不務，而臨事支吾，可謂盡心乎哉？

只"盡心焉耳矣"，便是惠王病根。假如"不違農時"兩條，自有許多設施措置，法制禁令。今全無施爲，只一個盡心，便是有其心無其政，與宣王不忍一牛之心一般。此節"何也"二字，便見歲凶所致，雖盡心亦徒然也。此即歸罪歲凶意。

有河東，則借河東以濟河内。有河内，則借河内以濟河東。儻一時兩河交困，又將何移以濟？可見經濟不知根本，到底易窮。行王道則源源本本，不論豐歲凶荒，民各遂其生矣。

恒産未制也，先之以不違農時。畜産未立也，先之以數罟不入污池。樹藝未興也，先之以斧斤以時入山林。看王者經制區畫處，費多少心思在？五"不可勝"，寫出天地自然之利，光景躍然。

"無憾"二字最重。蓋王道本乎人情，使生計稍立，人心不至渙散，然後可創制立法以圖經久。

"王道之始"乃"始然""始達"之"始"，不可說洪荒甫闢，政教未興。只因當時民方糜爛於干戈，若一旦畫地分田，創制立法，則非惟不能治，又從而擾之矣，故必先收拾人心。王道規模已具，而後爲之制田里，教樹畜，其施爲次序自當如此。

庠序爲人倫風化所關，天下治亂源頭所係。若學術一不正，則人心惑於異端，故謹之者，謂師儒當選也，模範貴端也，俊秀宜擇也，邪正貴辨也。凡衣帛食肉必五十、七十者，日用飲食已寓教孝弟之義，此又重申明之耳。合上節，總是從富、教二字敷衍出來。

看"狗彘"句，見平日之視民猶輕於物。看"餓莩"句，見今日之視倉廩尚重於民。兩"不知"，正見民瘼絕不關切，與盡心相應。以戰起，以兵結，關應甚妙。

章內總以一"心"字貫。有罪歲之心，又何以濟民而感天下？有反己之心，則其心只務仁民，不惟可以賑民艱，而且可以感天應矣。

承教章

願安承教，是惠王良心發處。孟子要擴充他良心，先要去他殺心。

挺、刃殺人，即上章歲、兵之意演出。《皇極經世》曰："殺人之多不必以刃，謂天下之人無生路之可趨也，而況又以刃多殺天下之人乎？"要知無窮殺心止一"欲"字生來，下面肥肉、肥馬皆是。

先儒謂：人君爲民父母，固未嘗有率獸食人之心，惟狥欲而不恤民，則其流必至於此而不覺。故孟子説出"率獸食人"，遏人欲也，勉其行王道，以爲民父母爲心，擴天理也。

人雖至愚、不肖，無不欲利其子孫者，惕"無後"之言，則視民之饑死真不啻號呼於挺、刃之下矣。

木人設機而能踊跳，故名曰俑。凡人心刻薄，其氣多不長，故謂其當無後。

晉國章

惠王之志在雪耻，孟子之意在行仁。欲雪耻則急於報怨，不暇顧民之疲。行仁則省刑薄斂，修養生息，俟其萬全而後用之。以我整暇，收彼疲敝，有不戰，戰必無敵矣。此是興王大道，雪耻云乎哉？

施仁政，即上章"不違農時"二條，如是則生養足，教化行，故省刑、薄斂。"省"、"薄"二字是戰國時救急良劑，惟刑清政簡，化國日長後，得修此孝悌忠信之心。不然煩刑横征，民皆重足而立，安得有從容暇裕的日子？

以三面受敵之後，孟子説個制梃撻秦、楚，如何信得及？故又與他申説一番，彼雖然强盛，却奪其民時，父母、兄弟、妻子不免於凍餓離散。彼是這等樣陷溺其民，王若往而征之，不是我能勝他，他百姓自不肯用力，夫誰與王敵？故引仁者無敵之成語而請王勿疑。蓋疑最害事，人之所以不聖賢治之，所以不帝王者，俱是疑作梗耳。若能自信而不疑，何事不可爲？此勸王當決意行仁政，非空空信之而已。

當時秦始皇并吞六國，混一海内，這等强盛，後來一夫作難，斬木爲兵，揭竿爲旗，天下雲集響應，而秦遂以亡。制梃撻秦、楚，若爲預操左券者，以後事驗之，益信。

襄王章

通是“出，語人”而述其問答如此。“出，語人”三字最有味，正爲今天下之人牧未有不嗜殺人者，故爲今天下之人牧告之也。

全章重“不嗜殺人”一句，下面都發此句意，定以勢言，兵革寧息也。一以權言，政歸一統也。

“卒然”二字是文字精神處，便是輕躁嗜殺氣象。王問天下何如而後定，孟子説定于一。以大勢一統言，只是權歸于一則政無多門，兵革自息。孰能一之，自君言。孰能與之，自民言。

有不忍人之心，是“油然作雲”。斯有不忍人之政，即“沛然下雨”。治天下可運之掌上，是“則苗勃然興之矣”。

凡天下四分五裂，戰爭自然蜂起。必有一個人主出來混一區宇，方能銷兵罷戰，天下繇此乃得寧定。然欲求其一，世主但曉得爭地以戰，殺人盈城盈野，殊不知獨是那不嗜殺人者方能一之。蓋好生惡殺，天地生物之心也。必得天地之心，然後可爲天之子，爲民之父母，舉天下皆在吾仁愛之中，又孰有渙散乖戾而不一歸於我哉？固非以不嗜殺人爲一天下之具也。

秦始皇廢封建爲郡邑，誠致治之良法。只爲所嗜在殺人，雖得復失，畢竟歸於約法三章、除秦苛政之漢高祖。從來大一統之君，未有能出於不[二]嗜殺人者。斯言真萬世人主得失之龜鑒矣。

嗜殺乃人欲之殘雪也，不嗜殺，天理之惻隱也。此亦遏人欲、存天理也。

宣王章

此章書見君道在黜伯功以崇王道，而王道在推廣仁心，以行仁政。

宣王問桓公取威定伯之事，即求大欲之意，猶然“何以利吾國乎”口氣，此是心下想興兵危士、以闢土地、朝秦楚的意。孟子丢開伯事不言，而言王道，則遏了許多戰爭而引之純正，猶然“何必曰利？亦有仁義而已矣”的心思。

“保民”二字是王道大旨，“不忍”二字是保民本源。所謂保民者，不過以不忍之心行不忍之政，如下文推恩、制產等事而已。“是心足王”是一篇命脉。

章内起初說出一“王”字，究其王者無他，保民而王也。又究其所以王者無他，不忍殺牛之心也。是心足王，如何善推？其老幼以及人之老幼也。老幼以及人之老幼者如何？老者衣帛食肉，黎民不飢不寒，便是老老幼幼之事，便是保民而王。

仁主之德惟在於保民，君能用保安之心計保護之事，使斯民皆老安少懷，各遂其生，各復其性，便是保。

王見孟子說個王道，却不知看得怎麼難，一說到保民上，主張在我了，故有“若寡人者”一問。

是心足以王，說這個不忍的心便儘殼王天下了。此心若甚微，果能挑動得他一切穎達之苦，觸著如何忍得？於以利濟群生，奠安天下，真用之不勝其用，故云“足以”。因齊王無心偶露，連自己不曾省覺。早知燈是火，飯熟幾多時？必須要推勘出來。後面點孺子入井，惻隱勃發，有火然泉達光景，俱是此意。

要知足王，不但是不忍觳觫的心便足以王。假如齊王當日有此心，畢竟以廢釁鐘之故，無奈殺牛去用。不忍雖動，依舊是忍，此心便是死殺的心，如何足王？直是委曲全牛的心纔是足以王耳。

愛財便是人欲，如是不忍，便是天理。天理人欲之間，即王不王之機也。

我非愛其財，言我實心原非愛其財，而不知何故易之以羊也。此是自認而自猜之意。

朱子曰："見牛未見羊也"，"未"字有意味，蓋言其體則無限量，言其用則無終窮。擴充得去，有甚盡時。注兩全無害，正言牛得生固無害，羊雖殺亦無害。蓋牛之無害全已感之，仁也。羊之無害全未感之，仁也。不是鐘得釁、牛得全之説。

齊王非愛牛而不愛羊，見牛未見羊也。非愛牛不愛百姓，見欲未見民也。見欲求遂其欲，欲不可遂，而禍且隨之。一行王政，不惟民可保，而欲亦無不遂也。此節是緊要關鍵。

王以羊易牛，畢竟此心之仁只及到牛，未及到羊，終有些未滿處，却不如遠庖厨，則生機默完，殺機不動。"見其生"一段，重"不忍"字，然又恐王以未見者爲可殺，故又説個遠庖厨，纔是君子善養不忍之心處，所謂仁術也。

"遠庖厨"是養心的寓言，如齊王不忍一牛之心，勿以甲兵殘忍害之，便是遠庖厨。甲兵者，齊王之庖厨也。庖厨遠，則物雖有死所，而心自有生機。據君子天地之本心，恨不得空庖厨而去之。只不抵庖厨之地，則目中之庖厨不及，斯心中之庖厨常空。

恩及禽獸，是百鈞之舉，秋毫之察也。功至百姓，是一羽之舉，輿薪之見也。今王愛物而不能仁民，是緩而難者反能，切而易者反不能矣。可見只是不爲。

王之不王由於不爲。欲爲之，只在推恩以及老幼。"老吾老"一節正是心足王之實。據見牛未見羊説，則未見者便無恩到他，彼人之老幼遠在遐方，安得謂吾未見，聽其阽危乎？此心亦應有"以及"之"及"字，有主一念真切，念念真切矣。兩"及"字分明是舉斯加彼，但未露出"心"字。

引《詩》言，揭出斯心，應前是心。我心血脉，先寡妻、兄弟，而後家邦，皆一心以裁其先後之施，酌其緩急之宜也。兄弟、妻子是吾老、吾幼的樣子，家邦是人老、人幼的樣子，言舉斯刑寡妻、至兄弟之心以加諸家邦而已，非以妻子、兄弟爲彼，舉斯心以刑之、至之、御之也。

善推所爲，以心見於行事曰爲，時解所爲恩，便錯。此"爲"字與上文"不爲""爲"字相照，如上文仁術亦是爲，及老、及幼亦是爲。善推只是無欲以蔽其心，則親親、仁民、愛物之理隨感而見。今王愛物而不能仁民，何故？倒行而逆施之，有何物以間於中而不能推歟？透下"王請度之"意。

輕重、長短不在心，亦不在物，在心之應物上。

快於心，所謂嗜殺正與不忍相反。吾何快於是？此心與不忍殺牛的意思同。將以求吾所大欲也，是人欲之横流，所以不能仁民而擴天理之公，此正是愛民輕且短的病痛根苗。

"蓋亦反其本"凡兩見，俱宜指反其本心說，然勿背。注：須云反其本心之不忍而行仁政，後云反其本心之不忍而制民產。便是前是推恩，虛指其心。此是制產，實指其事。然事皆從心出，究竟亦是一樣。

發政，正是施此不忍之心，須直看，總一點仁心發出，即上文用恩推恩，使功加於百姓處。君有大欲，天下之士農工商亦各有欲，必從天下欲立、欲耕、欲藏、欲出、欲愬之欲，然後合之，可以遂君之大欲。

明君即仁人能保民者，行仁有術，無隱不察，故曰明君。"必使"字，有度田分地，計口授田，經畫周詳之意。二"足以"字，即及老、及幼精神。

老者衣帛食肉，是制產足以及人之老矣。黎民不飢不寒，是制產足以及人之幼矣。此正是發政施仁、推恩保民的實事，故民心歸服，可以闢土地，朝秦楚，莅中國而撫四夷，有不王者？未之有也。此所謂天下可運於掌，所謂是心足以王，所謂保民而王，莫之能禦。

通章王天下在保民，保民在制産，制産在推恩，推恩在不忍，這一點不忍的心，忽之漠然不覺，充之沛然莫禦。凡王道許多功業，都從不忍一念中來。此一念人人都有，可見王道人人都作得，有何難爲？二帝三王相傳把柄正在於此。孟子得此把柄，故今日見齊王如此說，明日見惠王如此說，故曰孟子道性善，言必稱堯舜。後世王道不明，霸功兢起，如管晏輩功業，恰似新奇異樣，不知發端處從此不忍一念起否，收煞處落得"老者衣帛食肉，黎民不饑不寒"否。王霸之辨不明，則太平其何日也？

梁惠王下篇

莊暴章

只一個與民同樂，"甚"字重看，末節"同樂"即"甚"也，王即"庶幾"也。孟子論樂，就民情欣欣動色處描寫一番，覺得鐘鼓管籥都是借民間景色爲苦樂的。須知堯作《大章》與《擊壤之歌》無二。

今樂由古樂，緊接上"甚"字來，好樂到甚處，宣和導豫一也。

"甚"字最宜體會，嘗以身驗之，此心快樂是爲樂，然五官百骸一不如意[三]，心能快樂乎？要快樂須先寧其心，然寧其心在寧其五官，又在寧其百骸[四]，而甚則寸膚毫髮必使皆寧，無不自在，是爲真快樂耳。即是推諸家而家無一向隅者，家不庶幾乎？即是推諸國而國無一向隅者，國不庶幾乎？自是實語。

“舉疾首蹙額”“舉欣欣喜色”，下一“舉”字妙，初不問其今樂與古樂也。疾首、喜色，兩頂上俱帶“聞”字，蓋其心原有憂樂之意，故聞王之樂而憂樂之容隨之。

唐人《華清宮詩》云：“四郊飛雪暗雲端，惟此宮中落便乾。緑樹碧檐相掩映，無人知道外邊寒。”知華清之暖，不知外邊之寒，便是“疾首蹙額”一段光景。

“王”字不是説成大業之意。君民一體，宇宙太和。自上出之，王道平平。自下受之，王風皥皥。故曰王矣。

或問：聽古樂恐卧，聽鄭衛不知倦，古今之不同如此。夫子用《韶》樂而放鄭聲，皆是崇古黜今。説今樂由古，恐未必然。葛屺瞻先生曰：只要好樂甚而與民同樂，即是鄭衛之音，雖則淫哇，果能體貼開去，丈夫願爲有室，女子願爲有家，使之人人得所，不至怨曠，何嘗不可致治？夫子存鄭、衛之《詩》，未必不爲此也？然衹云好樂則可，若論作樂，必如《咸》《英》《韶》《濩》，方可垂範後世。今樂與古樂豈能同得？孟子所云“急則治其標”也。

通章一見王而問之，王即色變，自慚其好樂之不正。齊王羞惡之心、恭敬之心被孟子提掇出來。知獨樂不若與人，與少不若與衆，王是非之心又被孟子提掇出來。故後三節令擴充其惻隱之心，此足見孟子道性善之一端。總是戒其縱獨樂之私而勉其充同樂之公。遏人欲而擴天理也。

文王章

文王之囿未必七十里，孟子不辨其有無，蓋與民同之，即七十里亦無妨也。蓋設禁阱民者，人欲之私。與民同利者，天理之公。無非欲遏人欲、擴天理而已。

交鄰章

仁、智、勇須合看，仁者見理而忘勢，智者明理而識勢，或事大，或事小，或一怒安天下，總是爲民。舉文、武二事證之，以文較密，則周大而密小。以武較紂，則周小而商大。可見古人處大小之間者，不必諱言勇。

仁者寬洪惻怛，便是小國不恭，擾他不動。智事大，直見得道理自合恁他，不止利害分明。

大王、句踐，内文明，外柔順，煞有妙用在。使湯、文保養夷、葛，惡極而不能去，是養亂也。大王、勾踐惟敵之畏而不能自强，是苟安也。又安貴其仁、智哉？

“天”字即照下“天威”“天”字看，吾人并育於天地間，天之意亦欲使之相生相養而已，不曾教强去凌弱，大去暴小，此即天之所在也。樂天者便從此處一眼覷破，樂天則休養生息，天下感受其福，容保無量。畏天者不但不去挑釁，兼有兢兢自治意，直無可乘之釁，保守何難？

引《詩》言人主畏上天之威嚴，不敢違逆，於是可保守天命而不失，不必單主保國説。

齊，大國也，可以使保天下，故宜以安天下説照應前交鄰處，是大關鍵。

文、武一怒，與智俱沈，與仁俱徹，勇處都是仁、智，所以爲大。

仁以事小，原不以養亂。智以事大，豈不知自强？説勇處原是説仁、智，所以爲妙。一怒安民，非即并鄰國而有之，或人悔禍，可與更新，則元凶既剪，依舊和好如初。吾不殄彼之祀，便是仁。吾可固吾之圉，便是智。小大咸獲其安，便是天下之民舉安。以此知一怒之勇亦交鄰之道也。

"撫劍疾視"之勇，即北宫黝、孟施舍之類也。"文王之怒"，即曾子之"大勇"、孟子之"浩然"是也。此已露出"浩然"章本領矣。

雪宫章

此望齊王公樂於民之意，後面補助以恤民，正先王樂以天下之觀也。其打動齊王處全在"君臣相悦"四字上。

賢者亦有此樂，自誇其能與賢者同此樂也，非驕語，此"賢者"即照注看，亦與後面"君臣相悦"關映。

"樂以天下"二句，方正就爲上的身上説，言其憂樂不以一己，而以天下。此二句是樂民樂、憂民憂的斷案，"然而不王"，方是民亦樂其樂，民亦憂其憂。

首句觀山，二句觀海，三句觀邑，觀止矣。進之有先王，觀景公，亦知其不在此也，其有遐覽宇宙之思乎！

先王游觀，除是巡狩、述職，各有大事方行，未有無事空行者。其餘非春省耕則秋省斂，如夏諺所歌，未有若今之流連荒亡者也。故景公悦之而行，正舉省斂之典，與巡狩、述職無干。

省耕、省斂，天子諸侯皆然。夏諺所歌，專稱天子。

爲諸侯度，兼大小國。爲諸侯憂，獨指小國。

"師行而糧食"三句，正是人不得胥讒作慝，正是非其上。此節之行非巡非述，非省非補，只是無事縱樂而已。

"從流下"節，非解上文也，是深痛流連荒亡所爲不善之意而極指之。荒是廢時，亡是失事，忘反、無厭，正是可恨處。

雪宫自娱，何知樂民之樂、憂民之憂？特引出舍事打動他。

當時《韶》樂，在齊景公蓋用之而被以新詩，故其樂亦謂之《招》，依徵聲歌出便謂《徵招》，依角招[五]聲歌出便謂《角招》。角爲民，徵爲事。

君之欲最難畜止，若非真有一念懇惻忠愛念頭，欲致主於王道，誰能攖人主逆鱗，畜止其欲？孟子此言，直是借晏子來表己愛君之意，正感動王心處。《易》之大、小畜，皆以止爲意。

不與民同樂，人欲也。憂樂以天下，天理也。游豫爲諸侯度，天理也。流連爲諸侯憂，人欲也。無非遏人欲、擴天理也。

明堂章

"王者之堂"重，王者發政出令上不重規制。此明堂者，王者所以爲陳詩納賈，協時同度於是乎在。王坐此堂，正察諸侯能行此王政否乎。王如行王政，正當遵守其制，何輕議毀哉？"勿毀"二字語氣甚嚴。

"耕者九一"一節，雖僅數言，千古治平之道不出於此。九一是留餘利於民間，世祿是酬忠良於繼世。譏而不征是禦暴而非爲暴，澤梁無禁是公利而不私利。罪人不孥是有罪而無罪，正罪之以不罪。五者句句以"仁"字貫。

公劉好貨本無事實，只"乃積乃倉"一句。太王好色亦無實事，只"爰及姜女"一句。公劉遷邠，在平定安集之後，故以完積聚爲先。太王遷岐，在流離播散之餘，故以完室家爲務。"故居者"，"故"字須倒發，謂爰方啓行，非積倉、餱糧不可，故居者云云。

公劉遷邠，遂開王業。太王遷岐，遂興王業。此點在啓行、曠夫下，方與"於王何有"意相應。

貨能遂其所有，色能憫其所無，是所欲與聚，所惡勿施。發政施仁，與民同之如是。

大凡王道，本乎人情，凡人情即是天理。賢者制己之欲以律人，豪杰順己之欲以同人，聖人則能脫離情欲，化導群迷，又能在欲不染，隨順衆生，無可無不可。若知有己之欲而不知有人，便是小人。奪人之欲以從己，便是惡人。總一情欲，而天理得失迥異，只在能同與不能同之別耳。世有一種貪饕人，只知有己，固能流毒天下。又有一種清刻人，不近人情，亦未必有益世道。爲人主者不在矜小節而在發弘願，自是實話。仁者欲立立人，欲達達人，總不外能同此好。

孟子於梁惠則斥其言利，齊宣好勇、好貨、好色皆不禁，何也？曰：梁惠把"利"字看得極好，再不知有天理一途，故孟子直闢"利"字，以遏其人欲之私。齊宣自知好勇、好貨、好色之非也，孟子即勇、貨、色中撥出天理之則，真循循善誘哉！

王之臣章

二節所引事，皆有意說妻子凍餒，正以影四境之飢寒由王之厚斂。說士之不治，正以影四境之慘裂由王之繁刑。曰棄之，曰已之，齊王是非之心極明。顧左右言他，齊王羞惡之心又在，惜止少一擴充。

士師所屬有鄉士、遂士、縣士。鄉士掌六鄉之獄，遂士掌六遂之獄，縣士掌縣獄。

故國章

進賢原以爲民，故直說到爲民父母。夫果能爲民父母，根深蒂固，卒不可拔，重熙累洽，世世無盡，其爲國也故矣，而木亦喬矣。親世臣，臣相與爲民造福，本支百世何足言哉？

親臣正以親民，持此一點，慎心與臣民相固結。

世臣非世世仕宦之謂，謂世篤忠貞、能清白傳家者，無事可以爲國寶，有事可以爲干城。親臣亦非結寵逢君之謂，謂德可以正君善俗，量可以容賢蓄衆，才可以安民定亂。君以父子兄弟視之，親若一家；腹心手足視之，親若一體。今日爲親臣矣，其宅心者既忠，則遺謀者必善，安知他日不世世爲忠也？今日何以無世臣？正因前日無親臣，他日若欲有世臣，且先今日求親臣。

從前用人不慎，所以今日使卑逾尊，疏逾戚。今若無如不得已之慎，則將來又使卑逾尊，疏逾戚矣。官位真如郵舍，而用賢真若市道，無論國體不雅，恐真人終槁於巖穴，豪杰多爲之解體，君安得有親臣也？可不慎與？以下正是慎之之實。

國君欲進一賢，其時便有許多議論，有一番說可的，有一番說不可的，我都不輕信也。待我果然見得，真可使用之，不然便去之。進賢處如此慎，真不得已而進也。兩個“然後”字，正如不得已處。若一個人輕易用之，便是得已了。今這等又不已，那等又不已，若機非在我欲已而不得已一般。

不止依左右、大夫、國人之言，而尤衡以己見，罔違道以干百姓之譽也。參以己見，而必先采左右、大夫、國人之言，罔拂百姓以從己之欲也。

進退人才，以至用刑，各致其謹，如此正是好惡不拂民心，方是父母天下之王道。人主能以父母之心親民，始可以親臣而培世臣之用，以稱故國也。

放桀章

孟子嘗言以齊王由反手，却不許齊宣放、伐之問，可見行仁政而王，則爲坐明堂之天子。不行仁政而言放、伐，則謂以獨夫攻獨夫。

巨室章

大旨是欲齊王大用賢人，却把愛國家襯貼出來。如以勝任、不勝任爲喜怒則公，以從我、不從我爲喜怒則私。士幼學在仁義，而欲以一時功利之説求之，便是姑舍所學。必使工師求大木，是說宰相訪求意，大木影賢才。匠人斫而小之，影群小屈抑賢才意。前是任賢不如任匠，後是愛國不如愛玉，亦非兩平意。

伐燕章

稱文王、武王亦有意，若曰：“君爲文爲武，然後可興誅討之師。”言文王，亦是一時權宜之辭。文王當時何嘗有取商之心？何嘗有商民不悦之事？言如文王之德，猶謂商民不悦而不取，延至武王後取，取豈易言者哉？

謂之曰取，畢竟是遷器毁廟，虜幼殺老，不是燕之水而益深之乎？燕之火而益熱之乎？

取之章

誅其君，吊其民，此是爲政於天下根子。殺其父兄，係累其子弟，此是千里畏人的根子。

天下信之，“信”字極妙。信不在臨時，實是平日發政施仁，此心昭然，百姓都信得過。

“速出令”節正答“何以待之”句，言父兄之已殺者不可復贖矣，猶幸有子弟之係累者可反也。宗廟之已毁者不可復完矣，猶幸有重器之未遷者可止也。諸侯之謀伐我者不可禁矣，猶幸有燕衆之可謀以立君也。此是失却第一著，猶有第二著。以“置君”一句爲主，此是以燕還燕而未嘗取也。若然，則齊之伐燕何爲？曰：五旬之舉，若爲召公誅不孝耳，若爲易水洗不道耳。此師爲有名，而天下不得以藉口。

鄒與章

公只曉得有司是自家的，不知民也是自家的，“君之民”三字最宜著眼。

出爾反爾，不兼德，只説怨。賈太傅曰：“夫民者，至賤而不可簡也，至愚而不可欺也。”故自古至今與民爲仇者，有遲有速而民必勝之。

間於章

以滕蕞爾小國，孟子要他行井田，立學校，期之以三代、堯、舜之業，全然不提齊、楚强大，正是精神全注在與民守之、强爲善上，盡我本分，不必畏强大。修我實事，不必計成功。是立國第一著數，不專在城池遷徙上布算子也。效死而民弗去，不可草草，全憑平日固結。玩“而弗去”字，民自弗忍去也，是何如氣象？“與民守”二句，內有爲善意，但未露，非積功累仁，焉能得民之共守勿去？城池，地利也。民弗去，人和也。

齊人章

人君苟能爲善，不與敵人較智較力，而惟默地裏積吾功德，以立吾國家，而爲國存之計，則積善必有餘慶。創業是創基業，垂統是爲善之統緒。注説爲可繼續而行，總不欲爲善根脉自我斬絕。蓋爲善而功成，則爲必王之太王。功不成，亦不失爲可繼之君子。不可必，則當畏天而爲善。可必，則當承天而爲善。故遂承之曰强爲善。“爲善”字，凡宗社生靈深遠之計皆是，如上章所以能使民效死，正是善處。後世東遷南渡，俱是失策。

竭力章

“事之”六句，正太王緩狄之策，預定遷國於胸中，而以空國委之，要從事狄處想出攻守機權，纔抹倒南渡議和諸臣。不然，牽馬獻玉，便是宋朝歲幣獻納聲口。

何患無君，虛虛説是姑慰邠民的説話，非訣別之詞，乃率民

　　滕文公三次商圖存之道，孟子始終以自強正理告。在他人，必爲滕而游説也，見聖賢不肯從井救人，先儒謂理之可爲者不過如此，舍此則儀、秦之爲矣。凡事求可功，求成取，必於智謀之末而不循天理之正者，皆非聖賢之道也。

平公章

　　昔平公與齊王會於梟繹山下，樂正子備道孟子之賢，平公因將見之。

　　臧倉所指理[六]義，只是品節豐儉之禮，裁制厚薄之義，不知因貧富爲厚薄，正是因時順理之禮也，隨事制宜之義也，正所謂賢也。

　　樂克之爲孟子辨也，是欲使孟子之行意。臧倉之爲孟子譖也，是欲尼孟子而止意。然貧富之辨雖明，而平公之見終不果，則是樂克不能使之而行矣。樂克既不能使之而行，又豈臧倉所能尼之而止？信乎！其天也。

　　以一時觀，樂正子之言不能勝臧倉之説，小人一時有權。以萬世觀，樂正子是萬世正人，臧倉是萬世罪人，君子到底有權。

　　臧倉詆孟子，至今何損孟子？徒貽萬古唾罵。人亦何苦而好爲臧倉耶？

公孫丑上篇

當路章

　　通章以“功德”二字爲眼，以齊王是德，其反手處是時勢，有德，然後可以論時勢，非三平語。

齊宣慕桓、文，公孫誇管、晏，真是齊人見識。

玩"然則"二字，或人亦知管仲不及子路也。以世俗識見論，則子路真不如管仲。以聖門識見論，則管仲又大不如子路。何也？彼以世俗勢焰論，此以聖門道德品格論也。

一匡九合，功烈亦似不卑也，曾西卑之，以其不知學問，不曾從心地作出宛然浮雲富貴家法，其器小哉！口氣。

賢聖之君六七作，如太甲克終允德，太戊修政明刑，祖乙恪謹天命，盤庚底綏四方。故家謂勳舊之家，遺俗謂民間風俗，俱指在下者。流風是傳流風聲，善政是政之善，俱指在上者。風俗是一件，在上為風，在下為俗。

不重武丁，只重紂去武丁未遠耳。由湯至"猶有存者"，只是言商家世澤之留。"又有微子"五句，言商家世臣之輔。"尺地"，"一民"二句，言商家世業之大。

賢聖之君六七作，當時可謂不疏矣。故家遺俗，流風善政，無一憔悴虐政光景。

待時、乘勢，蓋為有智慧、有鎡基者言也。若無智慧，無鎡基，雖有時、勢何益？故"孔子"節提出一"德"字，便與伯者作用不同。

易食、易飲，屬與飲食的身上說。

卿相章

前篇辨外王，此篇辨內聖。許大本，領大旨，以不動心為主，知言、養氣，乃所以不動心工夫。告子所以異於孟子者在此，孟子所以得之曾子者在此，而願學孔子乃其源頭。

勿謂孟子之學煩且難，孟子只是一個集義，有事勿忘，勿助長，終日只在一處用功，蓋行必求慊於心，所謂守約者也。浩然之氣固由此養成，人言之知亦因此照出，非有二也。夫養氣修之於己，屬不厭之智。知言明之於人，屬不倦之仁。仁且智以稱聖，乃孔子所以獨高千古，而非夷、尹所可班者。此孟子所以願學孔子也。蓋從其學問本原處求，而不在仕止久速之迹上摸擬也。

丑不是説事功，是問心學。孟子不動心，不是枯槁爲卿爲相，爲伯爲王，素位而行，無所留礙。言自四十歲涵養以來，研窮以來，養之已豫，識之已蚤，道明而無所礙，德立而無所懼，則已不動心矣。

心有真主，則凡外來之物隨手應過。若只是把捉得定，便先有物橫於胸中，則所不動者騷然大動，而非静而無静、動而無動之神矣。

孟子之不動心，得力於知言、養氣，而世多以養勇濫浩然者，故因丑之駮其過孟賁，而先以黝、舍别之。玩二“養勇”字，見二子志向都要好，只學術路頭一差，妄以氣節自負，世亦誤以氣歸之，不得不引此似是而非者以爲之戒。

黝、舍把來作告子的案，曾子把來作自己的案。

黝似子夏，非篤信聖人之説。子夏出見紛華而悦，黝務敵人，敵在外者也，故云此是不同道而相比之詞。若曰二子俠客之雄耳，假令準之吾儒，一似曾子，一似子夏，大概如此，不堪細論。

北宫黝不如孟施舍，求人求己之分也。下面孟施舍不如曾子，逞氣循理之分也。

勇而曰大，隱隱露出浩然之氣來。大勇在反身循理上看出，此即集義，無不慊於心，無所餒也。“自反”二字須著眼，持志就是自反功夫。千萬人可往，曾子之勇何大也？而惟從一念自反之縮處以爲守，則不越方寸而常伸物表，故爲守之約。

自反而縮，千萬人吾往，亦指關係君父、綱常、名教之大者。若尋常人小小相犯，豈可輕易輒報？正當犯而不校，以化橫人。

舍之守約於黝，曾子之守約於舍，理者帥氣之物，有何方所而守之？"約"字只作虛字看，與上守約一樣。"守氣"二字勿連言，所守者氣耳。"守約"字妙，前言不動心有道，此正其道也。

自反爲主，而所守至約，孟子所以不動心者，已盡發出。

告子曰：不得於言，勿求於心。言，謂他人之言。不得，謂我不知其所言之理也。勿求於心，謂心上再不必思想求知。不得於心，謂理未明而行有不合理處，自家心上不安。求氣，如保和氣，鼓正氣，振惰氣，清夜氣之類。既不得於心，亦當辨之於詞氣，以待通曉，而求助於氣可也。今乃一概勿求，勉強排去，夫不得於心，此是告子從前已欠下一段功夫矣。若孟子集義，豈有不得於心者乎？至勿求於氣，不過強制其氣使定耳，以氣定時即爲不動心，便錯認。

人心之靈，莫不有知。不得於言，不得於心，心上自是不安，自是過不去，自不容不求於心，自不容不求於氣，此正是真心不容已處，正所謂性善，所謂良知也。告子却恐動了心，把一切得與不得都丟過，強制使然，庶乎心不動耳。如此要不動心，有何難？故孟子曰：告子先我不動心。然真心本不容已，彼強制之使，已是強制其真心，非強制其妄心也。此與孟子性善之旨大相反，故曰顏子四勿不可無，告子二勿不可有。四勿制的是己私，二勿制的是善念。只因告子學問平時說生之謂性，把心看作現成的說義外，把言與氣都看作外邊的，故他所用之心是脫離言氣而空空不動者，視性一切皆空，故不去求。告子專事心，亦與孟子持志不同。蓋志可著力，心乃自然。告子恐動心，亦不持志，彼以心爲現成，乃不事事而遽正心者耳。

不得於心，勿求於氣，他病痛源頭果不專在氣上，這不求猶之可也。若不得於言，勿求於心，心上不去打點，便貽許多病痛，此即後面蔽、陷、離、窮爲政事之害意，故以爲不可。然要其極而論之，勿求於氣也不可，蓋心與氣原是合一的，曰至曰次，志到某處，氣即次某處。至如行，次如止，都是活字，即充字可想。

志與意不同，與心不同。心以全體言，志以心之所向言。志者終身期許，意者一時思念。志與意總都是心存。心是靜中涵養，持志是動處操存，凡心有所之，敬謹操持，使此志常在天理上，方是戒懼慎獨的工夫。

心有定主，持其志也，動作食息皆有則焉。無暴其氣，也是持志又當無暴，是渾全功夫。

告子勿求於心，便不能持志。勿求於氣，便不能持志而暴其氣也。

志壹、氣壹是專一之一。《程子遺書》曰：“志專一則動氣，氣專一則動志。志動氣是源頭濁者下流濁，氣動志是下流壅反濁了上面也。”志動氣由於志之不持，氣動志由於暴其氣，所以君子足容重，手容恭，聲容靜，氣容肅，行中鸞和，步中采齊，事事節約，莫教過當，皆是養氣之道。先儒曰：周亞夫軍中夜驚，亞夫堅臥不起，固是帥之定處。然設或被他驚不已，自家如何睡得安？於此見持其志又不可不養其氣。

孟子所長者，知言、養氣。然知言非求之言，養氣非求之氣，總在心上作功夫。告子只從心上用力，另是一道，但未究心之本源從何來，心之作用何如妙，心之分量何如大，所以其心枯槁無用。若一醒悟，則知言之與氣都是心，知言、養氣亦是心上工夫。即天地萬物亦皆是心，則不區區止以方寸爲心也。譬之磨孟子之心，是磨樞不動，而磨扇未嘗不動，告子之心是磨樞、磨扇皆不動矣。

孟子不動心，只是個"靜"字。告子是惡動以求靜，彼直謂心自心，氣自氣，言自言，在外者不使擾於內，此所以外義而不慊於心者也，蓋惡動以求靜也。孟子看得言即是心，氣即是心，惟在道義，止用事心一於道義，知言知此理，養氣養此理，任他衆言淆亂，事物紛紜，而心一於理，在無事時寧靜，即有事時亦覺得寧靜，此所謂內外兩忘之學也。

格物則能知言，誠意則能養氣，知言只是窮理。不先窮理，明得是非，如何養得氣？須是道義一一審處得，是其氣力充大。

難言不是説難於説，只説不是實實的養到那地位，也難以形容其妙。朱韋齋先生曰："歸時人問江南好，只道君行到自知。"

平旦之氣何如氣？浩然之氣何如氣？浩然常如平旦時，平旦已有浩然意。失却平旦爲禽獸，養得浩然塞天地。平旦何由得浩然，旦晝不牿事集義。

至大則六合纖塵無一非氣之充周，至剛則透金石而氣無不徹。直養便是無害，非直養了又須無害。凡有所作爲攙以私意，便非直養，便是害。浩然之氣真是乾坤靜專動直、靜翕動闢的氣，養得浩然之氣完足，則滿天地間任我行得去，任我作得成，更限吾不得，即是至大者塞之也。更撓吾不得，即是至剛者塞之也。如所云經綸、氣節、事功、學術，彪炳宇宙皆是。

浩然之氣本來原是至大至剛，塞乎天地。養其至大至剛，塞於天地，只是還其本然。

在氣是至大至剛，在心是弘毅，在聖人是廣運，在造化是無不持載，無不覆幬，日月代明，四時錯行，總是一貫。

配道義，正是塞天地之實際處，氣與道義一滾出來，配義與道，從天地絪緼時觀之，無理氣分合處，蓋平日直養無害，則未有物感時道義已完完全全在吾膽魄中矣。到遇事時，此道義便發出，不可限量，豈非氣助之耶？若無是氣，雖有道義，當爲事便委靡退縮矣，能塞兩間否？總之，此氣始初從道義養出來，氣已得之，爲根柢。到養成，又從道義上發出去，氣便贊道義，一時出來，愈精明，愈奮揚，而不可遏。如此說來，方與下集義意關。

人有正氣，道義上事方敢擔當；正氣不足，自然心怯退縮；故曰配義與道，無是，餒也。

氣之養成，固足以配道義，若論其直養之功，必由平日能集義。"集"如"集大成"之"集"，乃是握義之樞而事事逢源，由一事以至萬事，無時無刻不在義上，則事事皆直，仰不愧天，俯不怍人，浩然之氣自生矣。今將此心體認到無私曲處，自有此氣象。看"行有不慊"二句，即心即氣，指點分明。此二句是"浩然"一章大旨。蓋人心虛靈，是非可否，一毫瞞昧，不過該行該止，此中自有權衡。若肯憑著本心行去，使件件慊心，便是集義，便是自反而縮。此正孟子得統於曾子處。

物理不外吾心，集義即是求此心之常直而無以害之。只是時時求慊於心，從自反上作功夫。心安即是義也，義襲是事上求合於義。不求自反，未免有違心之行，所以說行有不慊於心，"有"字要看，只行一件不義，便不慊，便餒矣。襲衣之襲，謂襲在外面也。外面一事之善，便要作蓋世之氣出來，竊恐快心處少，其愧心處多，必有自振耀不起者，故曰餒。

集與襲分誠僞，不較多寡。無所爲而爲是集義，有所爲而爲是義襲。

告子之病，蓋不知心之慊處即是義之所安，故直以義爲外而不求。

氣自義生，養氣却不在氣上著力，故曰必有事焉。集義是養氣丹頭，必有事是集義火候。

必有事焉是不厭不倦的真脉絡。

功夫全在必有事上。勿忘、勿助只就其間提撕警覺而已。總是常常存心於義，不要計功，不要放懶，不要著意思，如此方是純，亦不已之功。泛言事者，蓋無一事可執著。言必有者，無一時可放下。試思之，此是何等功夫？人生只有這件事日日只是幹，當這件事真有終日乾乾對越在天者，而義不由此集乎？集義而氣生矣。浩氣者，道之用，率性者也。有事者，修道之功，復性者也。古聖賢終日從事於此，自作主張，即諸務冗迫，毫無他營，所以雖優之游之而不謂之忘，即汲汲皇皇而不謂之助，故明道謂與鳶飛魚躍同意，而白沙亦指其爲舞雩三三兩兩之趣者。蓋透性之學必形神俱融，天人妙契，非可以勉强人力爲也。

勿忘、勿助是一個病痛正而不得，便心灰意懶而忘。惟正之一得而不忘，便必有助長之病。助長只是血氣用事，恐氣不充，只管張大振作起來，凡事勇猛向前，無所畏忌。畢竟於道義不合處不得不畏縮逡巡，真情畢露。程子曰：學者開口，不患忘便患助，不知終日何曾有事。若果有事，即助一助也無妨，蓋是功夫忒加猛進耳。所病於助長，謂其不在有事處著工力，而徒從氣上致奮激，所謂不培其根而拔其枝者也。安得無害？

"宋人"一段固是説助長，其實正忘都在内。如以爲無益而舍，便是忘。閔其苗，便是正北宮黝、孟施舍，是守氣、求氣而助之長。告子之勿求於氣是忘，是以集義爲無益而舍之。

知言無他事，即集義中得之。"所"字重剔，由言以知到源頭處，由心以知到流弊處。詖、淫、邪、遁在言上，蔽、陷、離、窮在心上，是一步深一步的。詖是他所説的雖不正還有正處，只偏在一邊，就知其心之所蔽，乃見了一邊，不見一邊，有所障蔽了。淫是就詖詞處浸淫開去，不可提防，就知其心之所陷那蔽的，越陷溺深入，不能出頭了。邪是就淫詞處愈説的歪邪，沒一些正處，就知其心之所離，那陷的愈加墮落，與正道遠離了。遁是就邪詞處説不通，另尋一番話，逃遁將去。就知其心之所窮，那離處大背於正，益發窮難伸了。

朱夫子《與郭沖卿帖》云：孟子之學，蓋以窮理、集義爲始，不動心爲效。蓋惟窮理爲能知言，惟集義爲能養氣。理明而無所疑，氣充而無所懼，故能當大任而不動心。考於本章次第可見矣。此章要旨，惟此帖盡之而無餘蘊。

孟子知言、養氣之學，內外交養。養氣，外也，而集義求慊於心，未始不根乎內。知言，內也，而生心發於政事，未始不通於外。是孟子之反身而求與告子一切勿求者大異。

知言則己之言無不得者，於言語詞命何患不能？養氣自集義來，豈非德行？

"學不厭"二句，非是由知仁故不厭不倦，亦非由教學來。知其爲仁智，即學不厭。見心體之昭明，即教不倦。見心體之公，溥其以學誨分疏者，正以顯心體渾淪之妙耳。孟子集義之學，勿忘、勿助功夫，即所以學孔子學不厭處。孟子知言以闢邪説，而明聖道，淑人心，惓惓好辨不已，即所以學孔子誨不倦處。其願學孔子意已隱隱寓於此中。須看孔子好古敏求，刪述六經，以垂訓萬世，則自學處即誨人處，所以其功績賢二帝而高百王，爲生民未有之聖。

養氣之配道義，雖似仁，要之完剛大以塞天地，大端是修己事。知言之察心迹，雖似智，要之息邪説以正人心，大端是淑人事。不必拘拘分貼。

一體具體，若以聖道圓融無迹，而三子者不免各就其所見而守之以爲宗，如子夏誠篤，子游之重本，子張之廣大，俱不至絕塵而奔，無門户可見，故謂聖人之一體耳。若具體而微，則已無一不肖，所争者神情渺忽之間耳。

姑舍是，非是不足於數子也。前輩云纔遜第一等事，與人作梗是自棄。古人之志大率如此。

孔子之學何學也？守約一脉傳之曾子，而其自言曰：“我學不厭而教不倦。”所以皜皜此中，直同秋陽江漢，而仕止久速一任其時而無不可，正所謂可與權者也，正所謂左右逢源者也，而謂伊尹有是乎？先儒之評尹曰：終是任的意思在，豈其無見？即孟子品第人品亦曰：達可行而行，爲天民。正己而物正，爲大人。天民、大人亦可定伊尹、孔子之品矣，而顧謂學術爲同道，可乎？

夷、尹、惠三聖人，獨伊尹出處疑於孔子，而孟子概斷之曰不同道者，以學術言也。尹欲以道覺民，豈不同是萬物一體的心腸？顧尹必待聘而出，出而行，而後澤及於民。若以有莘終，則泯泯焉爾矣。吾孔子萬物一體之量，蓋不論出與處而無處不滿者，此其所以異於伊尹也，故曰不同道。只是各憑所見以成其高，與吾道不同，非外之之辭。

願學孔子，豈在仕止久速上學得？孔子學不厭，誨不倦，而我之勿忘、勿助，距詖放淫處，竊欲效之，如知言。學孔子之明理以養心養氣，學孔子之循理以壯氣，蓋與之同道，則所願在此也。

自生民以來未有孔子，包道德、事功説。“百里”二段，爲贊孔子事功張本，正以其不爲君，不有天下，却作出萬世的事業，所以爲生民未有。

於古聖有爲處見有王之德，於皆不爲處見無伯之心。

堯舜有位，故能作唐虞事功。孔子無位，却能作堯舜事功。堯舜近而夫子遠也。令堯舜而洙泗，堯舜不得不夫子。令夫子而唐虞，夫子不得不堯舜。但堯舜業已際其易，夫子業已際其難，故不得不謂相賢之遠。

唐虞無堯舜，不過一時爲春秋。春秋無孔子，將使萬世無唐虞。

見禮之煩簡，知政之文質。聞樂之美善，知德之性反。不是由夫子之禮樂知夫子之德政，夫子德政，及門所親見者，不待有所考也。子貢只見得夫子德政亘古莫及，故曰：百王的德政遠矣，我不得而知，必由禮樂知之。然從禮樂見百王的德政，都及不得孔子，如夫子定禮以寓政，正樂以昭德，凡溫、良、恭、儉、讓，便是德立。道、綏、動，便是政。此亦見斟酌删定有以垂法萬世，故曰生民未有。

"亦類也"，聖人於民，其形同，其性同。類以有生之初言，萃以有生之後言。高出品類之中，超拔群萃之表，聖人皆是如此。孔子尤出類拔萃之尤者，非是出聖之類、拔聖之萃也。

麒麟之於走獸，象夫子之仁。鳳凰之於飛鳥，象夫子之知。泰山之於丘垤，象夫子之静仁也。河海之於行潦，象夫子之動知也。有子可謂善於形容者矣。麒麟之於走獸，鳳凰之於飛鳥，類也。聖人之於民，亦類也。然走獸不能爲麒麟，飛鳥不能爲鳳凰，物之所以不如人。人皆可以爲聖人，人之所以靈於物。

此章以不動心爲主，知言、養氣是大頭腦，勿忘、勿助是真節候，集義、配道是實功行，願學孔子是正結果。

吾儒要在天下作事業，須有一段大氣魄，方可揮霍宇宙，壓倒一世。所以孟夫子妾婦儀、衍，丘蚓仲子，率獸楊、墨，皆其氣使然。從來忠臣義士，都是此氣結成，千古不散，則爲神靈，皆是物也。然要知孟子學問醇正根柢自性命來，故曰配道義，曰集義，所生存心、養性，從勿正、勿忘、勿助長作出，一切皆性體流行，却非以氣質用事，所以爲願學孔子。

告子曰：性無善無不善，乃譬之杞柳，而以仁義譬之杯棬，則其視性中原無此物，而一切皆從外作，所以言與氣可得可失，一切放下，便不礙心。此其不動之速，實由其眼界看得空，非關氣力制得住也，信乎爲禪宗也。若孟子，看得天地拍塞，皆是此氣拍塞，皆是此道義。宇宙內事皆吾分內事，吾分內事即宇宙內事，而直則壯，不直則餒，只係於此心慊不慊之間，故終日集義，以求慊也。勿正、勿忘、勿助，以集義也。極之六合之大者，根之方寸之微，守何約哉？此則所謂知本之學。孟子蓋得統於曾子，而獨異於告子者也。故謂告子見性皆空，孟子見性皆實。空則爲出世之宗，實則爲經世之宗。吾儒、二氏之辨，從本上分宗，有以也。

假仁章

孟子從前雖分別王、伯，至“以力假仁”章，更爲明白，要只是個“誠”、“僞”二字。

存處爲德，發出爲仁，是有天德以行王道也。次節說王者以心與天下相往來，自不待勢力矣。

以力服人者，非心服也，力不贍也，是以力假仁者伯的注疏。“以德服人者”數語，是以德行仁者王的注疏。

總是“以德行仁”一句以後“尊賢使能”五節，就是以德行仁，就是不忍人之政。天下士、農、商、旅皆悅，就照應“心悅誠服”字。“人皆有不忍人之心”一章，就發揮“尊賢使能”五節的源頭。見得這樣，王政如此詳悉，却不是外面的事業，都從乍見孺子入井、皆有怵惕惻隱的這一念來，故曰以不忍人之心行不忍人之政，擴而充之，足以保四海。“四海”字正照應“自西自東、自南自北，無思不服”三句。如此行仁，自然有榮，如此豫於行仁，自然“誰敢侮之”。後四章書，總是發明“以德行仁者王”一句。

仁則榮章

人君好伯不喜王者，其病只是好榮惡辱，不知以德服人方是真仁，仁則榮也。以力假仁終是不仁，不仁則辱也。以下正是發明榮辱之實。

通章榮辱、禍福之介在仁與不仁，其仁不仁之分途機關只在"及是時"三字上，"則榮""則辱"二"則"字緊伏自取案。

山有猛獸，藜藿不采。國有人焉，未可圖也。明政刑，總是用人精神振奮炯灼處，任治人，明治法，正是仁之作用。榮即國勢昌隆，含下列國畏威懷德意。

引"迨天"之《詩》，是"及是時"一證，"或"字可味，此句亦是憂患之意。

社稷封疆，國之牖户也，紀綱法度，國之桑土也，能及時而為之計，則防乎其防，邦家其昌矣。怠傲只是偷安自逸，"怠"字反上修政理刑，"傲"字反上尊士、貴德。自求禍，謂無畏之者，有侮之者，皆自招之。

世主把禍福歸於天，所以把好時節都錯過了。今不惟福是自家求，連禍也是自家求的。所以貴及時強仁。

引《詩》提出一"命"字，引《書》提出一"天"字，見禍福雖關於天命，而天命亦在人主之一心，要人主自省其心之天命何如而已矣。

仁則榮，如下章仁士，仁商，仁旅，仁農，仁氓，皆是"仁"字。至鄰國仰若父母，為天之吏，無敵於天下，何榮如之？

尊賢章

"尊貴使能"一章，是後世人主得天下、保天下之石畫。上五節説王者之政如此，精神全在"信能"二字，五"願"字生於"悦"字，王道得人心正以此。

聖人不得已立市廛關津，蓋先王節用愛人，助法公田，儘穀用了，其餘分毫不欲擾於民。若得天下百姓務本力穡，市廛夫里之征可以盡廢。今不得已，些須取而摧抑之，只念念在百姓身上，何曾攙入一分封殖自家意思？

"市廛"二句串説，重不征上，言商賈盛則逐末者多，故賦其市地之廛以抑之。若逐末者少，則貨不通，連廛稅也不取，但司市者治之而已。

上二"廛"字指賦言，五節"廛"字指地言。廛即上文"廛而不征"之"廛"也。蓋國有游民，而夫之征行焉，是粟米之征。宅有不毛，而里之布出焉，是布縷之征。此是罰不農不桑之民，仍令出夫征與里布，名曰游惰之罰。若受廛而居者，無田則無夫征，無宅則無里布，豈可概以游惰罰之？況已賦其廛，不應重科。夫里，先王所以別四民而使寬然於一業。

末節見民心得，天命順，而王業必成，只在信能行之耳。

按國都如井田九區，面朝背市，左宗廟，右社稷，中一區爲君之宮室，前一區爲外朝朝會、藏庫之屬皆在焉。後一區爲市，市四面有門，每日市門開，則商賈百物皆入。惟民得入，公卿、大夫、士皆不得入，入則有罰市官之法，如《周禮》司市平物價，治爭訟，察異服、異言之類。市空地曰廛，城內空地曰肆。

人皆有章

大旨只是個人皆[七]不忍人之心，便是先儒云：天地造化，無他作爲，惟以生物爲事。觀夫春夏秋冬，往古來今，生意周流，何嘗一息間斷？天地之心於此可見。萬物從天地生意中出，故物物皆具此理，何況人爲最靈，宜乎皆有不忍人之心也。章內四端，亦總是一不忍。

先王有不忍人之心，斯有不忍人之政。非是爲愛人計也，如一體然，有癢必搔，有痛必撫，不得不然。治天下可運之掌上，是經綸天下從此一掬内運之也。

一部《書》經，只是"以不忍人之心，行不忍人之政，治天下可運之掌上"三句。

孔夫子轍環删述，亦只是以不忍人之心發不忍人之言，治萬世天下，可運之掌上。

人若不信人性皆善，人皆有不忍人之心，是生來原有的，何不於乍見孺子入井之際去一驗之？則知這一點惻隱真心人皆有之，只是人不知擴而充之耳。故曰：救得人心千古在，勳名直與太山高。邵子曰："惻隱來何自？虚明覺處真。擴充徒此念，福澤遍斯民。入井倉皇際，牽牛觳觫辰。向來看楚、越，今日備吾身。"先儒謂《論語》一部，只看"師冕見"一章。《孟子》一部，只看"乍見孺子入井"一節。旨哉！言乎。

孟子在當時，視利欲權謀、異端曲説、嚴刑厚斂都是井，一時君臣生民、曲學説士，或是既入井孺子，或是將入井孺子，故一腔怵惕惻隱發爲仁義七篇，無非爲既入井者示出脱之法，將入井者施防挽之方。原不求天下後世之知，爲納交要譽也。全部《孟子》都如此看。

由入井、惻隱看起來，若無惻隱的心，不是無情的木石，就是無知的禽獸，斷然不是個人。這惻隱原是善之長，統乎四德，故又連羞惡、辭讓、是非説來，這點心觸著不當爲，便有羞惡。觸著不當得，便有辭讓。觸著不容混，便有是非。若曰無是心，必非人而後可也。且道惻隱、羞惡、辭讓、是非是甚麼？就是人性所具仁、義、禮、智的端緒也。可見盡天下都是仁、義、禮、智的人，不然怎解如是惻隱，如是羞惡，如是辭讓、是非？

"惻隱、羞惡、辭讓、是非"八字，是孟子自家拈出，真大有功於聖門。此八字每字是一意。惻是方惻然動念。隱是隱痛，比惻爲深。羞者羞己之惡，惡者惡人之惡。辭者辭己之物，讓者推以與人。是非自是兩樣分明。

此心乍見時方有，豈不乍見時便無？言此乃是端倪。見端可以知委，定有個全體在內，連下文擴充意已含於此。程子曰："以其惻隱，知其有仁。"原不道惻隱便是仁，又不別取一個物事來說仁。

乍見孺子固是惻隱，如何別處又擴充不去？病只在不能知耳。若還知得，則此心常不昧，常流行，便皆能擴充。

四體是一個血脈相貫，四端是一個精神相貫，使凡有四端於我者不敢自諉於不能，隨其所發之端而知其爲仁、爲義、爲禮、爲智，而推廣以充其本然之量，則其然達之機自至，於仁無所不愛，義無所不宜，禮無所不敬，智無所不明。舉四海之大，皆容保於吾一心之中而自足矣。是即先王運掌之治也。

火始然，泉始達，便有迄迄及天下民物之勢。兩"始"字是論善端，充長之初，其勢必至保四海，方是火然泉達究竟處。知皆擴而充之，是閒閒論理，苟能充之，是實實落落著在能充的人身上。

擴而充之便是心，便是政。四端能充不能充之分，判於擴天理與狥人欲而已。注中反求、默識是"知"字，即格物、致知、窮理之事，擴充之者，即誠意、正心、力行之事。如後章，擴充函人之心，便是堯、舜、湯、武。擴充矢人之心，便是桀、紂、幽、厲。

矢人章

此章爲當時諸侯而發，始終勉以強仁之事。世主豈欲爭地爭城？止因誤於富强之術，不得不興兵構怨。治術不慎，則其心便不顧殺天下。學術不慎，則其心便不顧殺後世。慎之一字，言道術必求其可以道濟天下者，治術必求其可以治化生靈者。

心曰天君，曰神明，又曰維皇錫予，可見尊爵之義。蓋仁爲天地生物之心，得之最先，即所謂元者，善之長也。元者，生意之始，爲亨、利、貞之長。説個“大”字〔八〕，正與下“人役也”相對。尊爵只是寵綏至重而不可棄，安宅只説居處極安而不可須臾離，言人心若常在天理上，便覺得如此摇扤，故曰安宅。此是宅由天定，無人予奪得。

“人役”字是自失尊安，人品卑賤之意，即“小國役大國”之“役”，非真爲人役使也。

先説“是不智也”，欲人以是非之智擇爲仁之術。繼言“如耻之”，欲人以羞惡之義決爲仁之機。

引射者，正發明“爲仁”二字之義。“正己後發”一句是主，因戰國之民日尋干戈，彼此相角，敵或勝我，無任憤氣，全不思自己身上修省一番，故曰不怨勝己者，正點破當時憤争之習。此當與“愛人不親”章參看，勿泛説爲仁由己。

辛復元先生《安宅説》有云：天地之大德曰“生”，生之理，人得之而爲心。心之體，一塵不染。心之量，萬物同春。世有一塵不染、萬物同春之人而多取於世、流禍於人者乎？世有一塵不染、萬物同春之人而明召人非、幽召鬼責者乎？將見一起念無非生機發皇，一啓口無非生機宣布，一舉動無非生機運行，肫肫藹藹，上下四旁，盡是生機，洋溢流貫，經緯絣幪。忠信以爲基址，孝弟以爲棟楹，節義以爲垣墙，禮樂以爲堂構，知慧以爲户牖，敬静以爲關鎖。帝王賢聖以爲知交往來，天地百靈以爲維持呵護。洪流烈焰恐不敢漂焚也，堅甲利兵決不肯來攻取也。妖星厲氣亦不至相照臨也。即草木金石，想皆可透而射矣。蠓飛蠕動，想皆可聯而屬矣。賊寇夷狄，想皆可訓而孚矣。况人世有血氣、心知幾希尚存者，不可爲一體哉？故在家無怨，可驗一家有安宅矣。在邦無怨，可驗一邦有安宅矣。天下歸仁，可驗天下有安宅矣。或問安宅即廣居否，曰不同。理雖一而分則殊，有僅可安一身之宅，又有可安一家之宅，視安一身之宅者，則爲廣矣。又有安一鄉之宅，視安一家者則爲廣矣。又有可安一國之宅，視安一鄉者，則更廣矣。又有可安天下之萬世之宅，視僅可安身、家、鄉、國者，不亦狹小而可矜乎？則此之宅真至尊至貴，至富至美，可稱天下之廣居矣。然則曠安宅而弗居者，真可謂予智自雄，驅而納諸罟擭陷阱之中而莫之知避也，不亦可長太息乎？爰筆於此，以與人己判安危之關，定安危之計，期與智者共擇所安可也。

子路章

此章總是聖人樂言之誠，不可太分低昂。"子路"節見求善之勇，由也所以升堂。"大禹"節見好善之懇，禹之所以無間。"大舜"三節見樂善之純，舜之所以爲大知。

善與人同，舊解不是。蓋世人惟是人我障高，所以性命關隔。舜之善與人同，是舜有善不肯私爲己有，而獨善與人共之而兼善。舍己從人，是人有善，舜舍己而從之。樂取於人以爲善，是舜非徒從之，又取而爲之，又根於中心之樂也。總是只知有善，不知有己，不知有人。下二節總此意。

壬辰墨講"舍己"云："一得苟當於宸衷，即成議已定，無不可回。衆言苟合於時宜，即先見已入，無不可撤。"最確。

子路聞過即喜，豈不是舍己從人？禹聞善言即拜，取人亦豈不樂？然人未告時作何商量？未聞善時作何功課？舜則不然，自耕稼陶漁以至爲帝，無非取於人者。一生只是取人，并未嘗一毫自用，即人不告而中常虛，即善不聞而心常受，其視待告而喜，待聞而解者逕庭矣。故曰大舜有大焉。

取善處即是與人爲善，亦不徒所取者與他爲善，即未經舜取者，亦益勸而爲善矣。觀所居成聚成邑，讓畔讓居，以至爲天子明目達聰，疇咨岳牧，何往非善？故君子莫大乎與人爲善。從古大聖人學問，自己作聖賢，便要人也作聖賢，必不肯獨善其身，爲自了漢，爲小人儒。蓋舍己而即合天下爲一己，取人而即聯天下如一人。喜聞過大矣，尤莫大乎囿天下於寡過。拜善言大矣，尤莫大乎化天下於忘言。此舜之所以爲大也。

自孔子以前只有大舜之學，與孔子同大，蓋其以天下之善公天下之人，不在升聞爲帝之後，而在耕稼陶漁之時，所謂無窮無達，分量無處不滿者是已，故孔子以大名學，真爲透性之宗。

伯夷章

章內原無“清和”二字，只就去就上說。看收束一“去”一“就”字，可見叙伯夷一節緊一節，便可得一“隘”字。叙下惠一節寬一節，便可想得“不恭”字，二子受病全在二“不屑”。若時中之聖，天下皆吾一體，何忍不屑？此章大旨非論夷、惠，所以發明願學之意。

“進不隱賢”二句，只是直道而不枉道也。惟直道難行，所以必至遺佚、阨窮。

“君子不由”與孔子自異逸民同意，是不由其隘與不恭也。蓋伯夷既清，必有隘處。柳下既和，必有不恭處。道理自是如此。隘、不恭就迹上言，孟子恐後人以隘爲清，以不恭爲和，故曰君子不由也。

君子借夷以激世可，借惠以渾世可，寓意夷、惠之中以爲世用可，游神夷、惠之外以爲世轉亦可。總之，他用他法，我用我法，仕止久速各有神理，辭受進退難著有心，此孟子願學孔子之深意也。

公孫丑下篇

天時章

用兵在得人心，得人心在得道。得道以得人心，則地利之險人爲之守，天時之善人爲之乘。先王之守國家，用天下，本末具舉如此，固以得道、得人心爲本，而亦不廢天時、地利之末，必何如而可得人和？曰：亦有仁義而已矣，何必曰利？

兵法貫通三才，天、地、人自應并用，此但較其緩急先後耳，非謂天時、地利可廢也。地利，眼前實事不必言，即《六壬》《太乙》諸書，亦豈學究可辨？

陰陽無據而互衰、互旺者，在一日之中。山河不改而遞興、遞廢者，非一姓之主。天時、地利，吾不知其孰爲勢也。

得道即是存心以仁、制事以義意，多助到至處，全是一團和氣，就是天下順之景象。

天下之所順，是我爲天下所順之人，非謂驅天下所順之人也。“故君子有不戰”句重，下句輕講，即善陣者不戰意，言得道之君何嚮不平？君子之道貴不戰耳。如其當戰，戰必勝矣。

朝王章

此章要看孟子應變之速，蓋其平素自重之意，一觸而不離本意。將朝王，將以堯舜之道陳前也，而隨即云“疾，不能造朝”，即以堯舜之道自重也。通章“大有爲之君”二句，極喚得醒齊宣足用爲善，宜以大有爲之君自待，以所不召之臣待孟子。

古者天子不召師，孟子於齊宣，蓋以師道自處，而亦不敢過執，故將朝王。

齊王原知得當就見，此處俱要説齊王好，"如"字當"往"字看，來召在"可使"二字上見出。

人家子弟第一不要周旋世務，小聰明，大鶻突。你看孟仲子對使者之言，何等周匝？何等恭敬？而不知已失孟子之意遠矣。

非堯舜不敢陳，是下不敢。湯、桓不敢召，是上不敢。合來是君臣主敬。

"豈謂是與？曾子曰：晉楚之富不可及也"一段，全從孔子"浮雲富貴"意得來，"吾何慊乎哉？"注訓慊，恨也，少也。只是彼非有餘，吾非不足，吾又何歉乎哉？此即曾子自反而縮處。

輔世非用世，長民非凡民。輔世是維持世道的，如所云"參天地之化，關盛衰之運"是也。長民是表率民心的，如所云"立百代之人極，開一世之聲聵"是也。下文不可召之臣，正是這個人，故曰莫如德。若説乘權藉勢，又有待於爵富了。

有治世，有亂世。有輔世者，則治可保其不亂，亂可保其復治。長民是治民而使之不亂，養民而使之厚生，教民而使之正德，故可以君長斯民，親長斯民，師長斯民，故曰輔世長民莫如德。德與齒、爵雖并列爲達尊，其實亦不并重，何也？有德則爵、齒方能成其尊也。引曾子之言，非謂王有富爵，我有齒德，抵當他的話頭。正謂有爵在，王亦須要仁義之士輔世長民，纔能作到堯舜，如何反來慢我？此總是敬王，非傲王。若非賓師，總有齒、德，亦臣也，敢與爵抗乎？

所不召，"所"字全在君心，真有不敢慢者，在尹、仲，不可平看。尹樂堯舜之道，孟子非堯舜不陳，蓋自待以尹而望王爲湯意。

人主知道德風味，自然尊德樂道，親賢下士，不肯以勢位自尊。人臣若知道德風味，亦自然尊德樂道，內重外輕，不肯狥人勢位。君如是，臣如是，欲不太平，不可得也。三代以後，上下止知勢位之尊，道德風味上下俱未聞也。日驕日謟，民何自見太平之治乎？"明良喜起"之歌，《鹿鳴》《天保》之什，《否》《泰》二卦，君臣間蓋不可不三復云。

三代而後，惟孟子如此分明道出作出，後此則光武、嚴陵、昭烈、武侯、伊川經筵坐講，庶幾此遺風云。或問：孟子自謂願學孔子，觀《鄉黨》所紀事君，何如敬謹？君命召，不俟駕而行。孟子不應召，何故？不知孔子在父母之邦，孟子在鄰國，其不同一也。孔子爲臣，孟子賓師，其不同二也。孔子時，君弱臣強，故謙卑以明臣道。孟子時，士風掃地，故自重以作士氣，其不同三也。因時制宜，此所以善學孔子。

陳臻章

此是孟子辭受之精義處，陳臻意以孟子在齊，是朝夕相與的，即受也不妨。宋、薛是暫過耳，不受也無害。直見皆非耳，豈知其爲皆是乎？

"則未有處"，還主孟子自處說，有兼他人未有詞說未是。蓋小人儘有貨利來交，假托名義者，只靠他有詞，便墮他計了。貨取，"取"字如以網取魚，只被他籠絡之意。"焉有君子"四字重看。

列國之饋，在伯夷則一概不受，若下惠或一概受之。孟子不一於受，亦不一於不受，所謂無適也，無莫也，義之與比。

平陸章

孟子能使齊君臣知罪，齊君臣不使孟子有功，千古同慨，妙在"一日"字。伍不可一日失也，官不可一日曠也，民不可一日虐也，芻牧不可一日不求也。

田里即齊王之牧也，倉廩即齊王之芻也。有司以民爲重，即求之不得，亦當權且濟變，若汲長孺之發粟可也。若輕言去，則一退足以謝罪耶？

爲王誦之，非稱距心也，是爲百姓訴一番困苦，欲王軫念民瘼也。誦之内有無限情思。

蚔鼃章

辭靈丘含官守意，請士師含言責意。"吾聞之"一節，進退綽綽，與孔子"果哉！末之難矣"意同。有官守言責者，所執一事，所守一方，不得便去了。孟子無官守，無言責，宜乎進退綽綽。到此地位，乃有不去不安，欲去不忍，兢兢皇皇，若不得自由者。他自家擔當甚大，把世道人心都是他一身任了，豈若一官守、言責，只不得便可去乎？故孟子綽綽、餘裕之言，正是我可餘裕而自有不得餘裕者在也。

爲卿章

王驩輔行，則孟子是主也。行事乃主者事，何必與輔行者言哉？非峻也。又須知，不與言行事，非不與交談也。

通章見孟子不欲以國事付小人意。以邦交重事而使小人得與之適，起鄰國之羞，小人重而國事輕矣。故孟子寧使"或治之"者，是事不在驩口中也，權不在小人手中也。重齊國也，寧止是重吾道也？

反齊、滕之路，未嘗與之言行事也。孟子凛然一伯夷，聞王驩爲輔行而不辭，曰："夫既或治之，予何言哉？"孟子由然一下惠，王驩羞惡之良自應呈露，又不敢怨孟子也。又仿佛乎尼山待陽貨、彌子之景象也哉！此是嚴嚴氣象，實是惻隱心思。

自齊章

古者棺槨無度，只是過於厚，《易》喪葬取之《大過》可見。周尺七寸，即今尺四寸許。槨亦如之。

人子拘於分則心未盡，限於財則心未盡。既達於庶人，則法制無所拘。分既得爲而財又能爲，誰獨忍自處其薄乎？

末節言人之至情不匱，所包者廣厚，葬特其一耳。儉非止愛惜，此心不足處便是儉，説到無使土親膚，分明謂父母既化之膚即人子未化之心也。此自隱然一體之觸。

沈同章

章意見燕有可伐之罪，齊非伐燕之人。燕以私讓，齊以私伐。同以私問，“私”字有味。看“彼然而伐之”句，自見不但非王命也。

上節提出“王”字，下節提出“天”字，此即孔子《春秋》稱天、稱王之意也。國祚興亡宰於天，國土予奪宰於王。燕無王，齊無天，一而已。

燕子噲之於子之，宋神宗之於安石，度宗之於賈似道，未嘗不自以尊賢忘勢藉口，遂基大亂。何也？所謂賢不足爲賢也，以非賢爲賢，逆天甚矣，安得不召亂乎？故唐虞之朝，尤以知人爲急云。

燕畔章

齊人伐燕時，孟子嘗告王當視燕民悅否。破燕後，又告他速出令以安燕民。齊人皆不行之。及齊破燕後二年，燕人共立太子平爲王，故齊王以此爲慚，“況於王乎”一語，不敬莫大乎是。

賈請見而解之，不知齊王之過無可解也。蓋倍地而不行仁政，不知又不仁也。

"古之君子"節説過處，是有關乎宗社國家，皆見、皆仰，亦百姓人民之所共知者也。更只是事久論定，只此心事光明正大，更一番變態，愈見清明。

《東山》、《破斧》之師，是周公之與天下共見處。袞衣歸朝之後，是周公之與天下公仰處。周公居東二年，自是一點忠貞的心。然周公此心却與天下共明，故有"四國是皇"之咏，有"德音不瑕"之稱。

管仲〔九〕之畔，千古自有定案，近世文人多顛倒是非，謂畔周實忠殷也。果若是，伐殷之始，何無一言之諫？勝殷之後，何爲俛首就封？武王存日，何無仗義之舉？何爲成王立而始動四國之戈乎？試以此而問，管叔自將緘口甘心而受誅矣。奚必爲之辭？

致臣章

齊王留孟子，欲中國而授孟子室，養弟子以萬鐘，使諸大夫國人皆有所矜式。此章亦善。但君不用之，而收安富尊榮之益，徒使子弟從之，理似不可，故孟子不以爲然。辭十萬受萬，不獨一多一寡上不可，即是一辭一受上亦不可。

孟子之言是辭此受彼，叔疑是失此而求彼，壟斷是得此而兼彼，迹似不同，其心之欲富一也。

有司者治，其爭訟如此，則下無專利之行，上亦無征商之制。私壟斷是以爵禄爲奇貨，以朝廷爲市廛，以縉紳士大夫爲商賈矣。

吾鄉薛文清公，見道不行，辭内閣位將歸，石亨請曰："先生即如不留，我爲奏上，請即家爲塾，且以資其養。"先生曰：

"我若資其養，何若不辭官之爲愈也？"先生可謂善學孟子矣。

宿畫章

有人乎子思之側，達其尊賢之心也。有人乎繆公之側，堅其尊賢之志也。二段俱重君上。孟子以子思自比，乃曰"爲長者慮，而不及子思"，是責其平日也，非只指留行之一事而言，孟子此時已留不住矣。若說有王命便可留，前日時子之言非王命乎？子思見留於繆公，亦不是臨去時事。

去齊章

"孟子去齊"四章，真是惓惓心在天下生民，行道而不忍去，愛君而不忍忘。雖是如此，於去就又極分明，不放過一步。

此一章醒尹士，宛然孔子醒沮、溺、丈人口氣。"王由足用爲善"，"用予"則天下安，是王實可爲湯武，而亦非不明矣。足用爲善者，由"不忍一牛"之心足以保民，由"不若與衆"之心足以言樂，由"吾甚慚"之心足以蓋愆，由"善哉言"之心足以行仁。惜終蔽於舍學從我，是王心自由而不由孟子也。

孟子平日極剛決，能毅然立斷，獨到此低徊展轉，柔腸百結，欲用不能，欲去不得，展轉濡滯，却是爲何？只爲著安天下之民，所以惓惓在懷。觀此，則不獨貪戀富貴的是個小人，即愛惜名節亦是個小人。所以尹士聞之，說"士誠小人也"。

昔公山、胇佛之召夫子，何以欲往？既欲往矣？何爲又終不往？若出處之間，要去即去，要留即留，而無事於委曲調停，則義以爲質之君子又安用禮行遜出爲也？恐聖賢無此徑情的學問。

充虞章

不怨不尤是聖賢一生心事，悲天憫人是聖賢一生擔當。不豫之意正是悲天憫人，不是怨天尤人。前後只是一意。彼一時，此一時，不是虛説個時候，正説所值之時不同，言前日不怨不尤，乃平居論講之事，論守身之常法，非論救世之機宜，是彼一時也。若今日，則世道之興衰、民生之治亂皆决於此矣。俯仰感慨，焉能忘情？蓋此一時也。不可作彼爲學時、此爲仕時，仕、學可以二視乎？不可説彼爲講道時，此爲行道時。所行之道，獨非所講之道乎？

有王者必有名世，此數之所必至，時之所必然。從古以來，蓋如此也。

孟子所謂此一時，正以此爲王者當興之時，名世可展布之時也。"如欲平治天下"四語，即"夫天未欲平治天下也"一語是正説，下四語是反説，正見所以不豫之故，言天欲平治天下，我何爲不豫哉？而獨奈何王者終不興、我終不能用？是天終未欲平治天下也，此我之不豫有繇矣。若如注解，則與"此一時也"二語不相應矣。

孟子"班爵"一章是封建的梗概，"爲國"一章是井田的梗概，故以名世自任，曰"舍我其誰"。

樂天、憂世原非兩事，聖賢那一日不樂天？則亦那一日不憂世？總之，聖賢以天自處，即憂世亦樂天也。不然，孔栖栖，孟皇皇，彼其於世數數然者，何苦而爲此？

居休章

孟子先仕爲卿，或亦受禄。只因歸葬其母，再來齊時，齊王間闊已久，多爲群小所寒，其尊貴之雅想不似往昔，故相見於崇，便有去志，所以只受饋而不受禄也。"於崇"節言不受禄之故。"繼而"節言久留之故。

出晝之論，愛民之仁也。居休之論，料君之智也。自并行而不相悖。合看數章，而孟子之出處去就可概見矣。

滕文公上篇

性善章

孟子從前所言，無非性善，至明白點出，自此章始。

《易》曰繼善，孔曰至善，思曰明善，孟子曰性善，直從天命主宰上勘出，不似世儒粘帶著氣質流行。蓋天之命人即命以善，孟子從源頭處提出一點道心，爲千古辨幾希之脉。言性善而復稱堯舜，方見性善之有真準則。此萬古學問治功之定案也，翻之者，其爲異端曲説無疑。

伊川曰："性即理也，理原是善，原不是惡。善直指其本體言，如雪之白，玉之溫、水之寒、火之熱、金之堅，性自然如此。善即是性，非性之外別有一物而爲善。"

孟子"性善"二字，千古鐵案，有功聖道不小。告子持無善無不善之説，得罪聖門。荀、楊、韓各執一偏，俱屬亂談。自宋周、程、張、朱諸君子倡學以後，性學大明，如日中天。近儒又有無善、無惡之説，何也？

言必稱堯舜，人皆可爲堯舜也，正要從世子身上指點出一個真堯真舜的面目來，不重在堯舜能盡性，只見兩聖以其善善天下。唐虞事業取諸本性而足，若單説本體，與可爲善國不相照。

孔子贊大哉、君哉，似非人之可及。然孔子自其後之所至言也，孟子原其初之所禀言也。前後之聖多矣，必稱堯舜者，正以堯舜性之之聖，隨其運量，不假安排，全體呈出本來面目，以之證性最爲易見，更無可疑。許敬庵先生曰："信知性善爲堯舜，肯把權謀雜管商？斯道若明如晝日，世風何慮不陶唐？”

自楚反，復見孟子，畢竟有疑於衷。或謂：論性紛紛，何以單言性善？或謂：堯舜是生安的，怎麽人皆可爲？俱是。

過宋之見，是道心發見之倪也。反楚之見，恐其以道心而問於人心之危也。故孟子告之道一，乃所以著其微而防其危。

“道”字分明是指性説，惟即是善，故道只是一。董子謂“道之大原出於天”，天之爲物不貳，人禀是道以生，又豈有二？故曰一而已。

天以一中分造化，此天之一也。聖以精一而傳心，此帝之一也。孔子以一貫而明道，此聖之一也。此“一”字，是無古今一也，無聖愚一也。

成覿、顔淵、公明儀，真窺見性命源頭，信之深矣。不然，氣質所在，不能無疑焉，豈敢自負如此？

成覿之言爲齊景公發，不可誤認“吾”字爲自道。

舜以危微別心體，以精一點功夫，與顔子克、復、博、約無異，故曰“有爲者亦若是”。

文王是周公的父，爲何説師？蓋父生我之形軀，師開我之性命。觀文三演《易象》，而周公既演《易象》，他學問自有淵源相接處。周公師文王於同堂，父道也。公明儀見文王於性中，人道也，即天道也。一也。

“文王我師”之言在周公，不足爲異。全要見公明儀能信周公的意思。

真正欲聞道的人，若不從性體上透過，又不從諸大聖風光下對過，終日言説，終日力行，決無轉身出頭日子。你看成覿、顔淵、公明儀諸賢，何等力量！將聖賢舜、文對過來看，方知性道本一，無古今，無賢愚，不加不減，爲之即是。

孟子言性善，而歸到可以爲善國，便是性命、事功一以貫之。爲善國是把性善擴充於政事之間，而國臻於治意。非是因國勢弱小，要暝眩之藥。須知藥以袪疑畏之疾，非以弱小爲病也。下章井田、喪禮，皆性善作用處。如孝根於性，能力行，孝則善其國，爲四方觀禮之國。仁根於性，能力行，仁則善其國，爲經界可正之國。

滕定公章

通章緊要全在"親喪固所自盡"一句。曰盡，見不可一毫不慊於心。曰自盡，見不可一毫外求於人。曰固所自盡，見實在獨斷而不可略爲人搖沮。

只問孟子，"然後行事"一語，便是不隨人脚跟轉，故到底以自盡策之，言人子居喪當何如順人性的善而合堯舜的道，此世子欲盡禮以盡性之意也。

前"三年之喪"一段重"禮"字。後"君薨"一段重"哀"字，然"哀"之一字，正制禮之原。

《志》書所言，是說先祖所行之禮有所傳受，在先祖，承上世之傳受而不能改上世。在今日，亦當承先祖之傳受而不可改先人。

周公子伯禽封於魯，叔繡係武王庶弟，封於滕。魯文公禫制未終而思娶，宣公喪未三年而逆女，固知不行三年之喪者，非周公之法也。因知滕先君之不行者，亦非叔繡也。父兄皆誤中變法之祖爲先君矣。若《志》所稱"喪祭從先祖"，原是指立法之祖言，非指變法之祖言，只父兄錯認之也。

世子全不說父兄百官不足，只自家悼其素行不足取信於人，便是他好處。孟子說世子有子道也，則哀在世子。世子居人上也，則先在世子。世子乃君子也，則風在世子。

五月居廬是行諒陰之禮。未有命戒是行聽於冢宰之禮。顏色之戚儼然，深墨之狀也。哭泣之哀昭然，即位之哭也。至於"可謂曰知"及來觀大悦，則上好而下甚，風行而草偃矣。

通章人性本善，則喪以報親是率人子之性而不容自己者也。而孝以感人，亦人各率其性而不容終昧者也。惟性之善，故孟子說到懇切處足以動世子，世子行到懇切處足以動人心，故曰人皆可以爲堯舜。

爲國章

通章重"民事不可緩也"一句。民事之急者莫過於制産，而制産在復周初相沿之助法，而行助法莫先於定經界，中間世禄、助法相爲表裏。後段雖以制禄并言，其實穀禄亦即井地中公田，撥其穀以爲禄。分田始可制禄，亦非二事也。"設爲庠序"一條，亦是説恒産既制，而恒心可復，與後段言井地而説至百姓親睦意同。總重在民事上。

前數節論富，"庠序"節論教，後數節論富而教行乎其中。

"禮下"含下制禄，"取民有制"含下分田，亦非兩平垂，重"取民有制"。下文制禄皆因分田而制，則此處取民之制却是於君子厚予而於小民薄取，乃自儉以行其恭，非因恭而廢其儉。

"陽虎"節結上起下，重講"爲富不仁"邊，若連下出重爲仁更妙。夏、殷、周，正仁人也。

"五十而貢"三句，是制民恒産處。"其實皆什一"句，是取民有制處。公劉，殷之諸侯也，其詩曰"徹田爲糧"，則當時亦謂助爲徹矣。但周家立國之始更申其名，以爲一代之制耳，其實有增田而無變法。

夏地未盡闢，則田少。殷地漸墾，則田增。周地益墾，則田多。於民所受田中而納其税，則謂之貢。就其中留出公田一分，藉民之力以耕，而官收其租，則謂之助。就其通民力以合作，而計田畝以均收，上下通融，則謂之徹。

助法，周以之用於都鄙，亦是徹之意。其鄉遂用貢者，特以通助之所不及耳。

上邊説個其實皆什一貢法也就好了，如何又説不善於貢？用之不善耳。貢者，校數歲之中以爲常，正是古人立貢的本意，正他好處在此，不好處也在此。其流弊畢竟到樂歲寡取、凶歲多取處。此雖説貢法苛刻，宜隱形出助法之善。蓋助則公田爲君子，私田爲野人，豐歉各自當之，安有流弊至此？

夏禹所制，則三壤以成賦，設二省以補民，何至於不善？

夫世禄，滕固行之矣。味一“固”字，隱然見未行助法之不可。承上句“惡在其爲民父母也”，緊接云貢法既不善，這個助法如何不行。行助法正是禄之所由出處。今世禄，滕固已行之矣，若不去行助法，世禄又何自出乎？不過在今日之貢法上加取，而民益病矣。這助法不特是殷家行的，就是周家亦行的是助法。觀“公田”之詩云可見，蓋當時助法已變，孟子因詩中兩語，想象出周亦用助來。

恒產既制，則恒心可興，“設”字有久淹而特起意，仍要想見助之當行。夏承唐虞揖遜之後，欲與天下相安於禮讓之中，則亦教之六德、六行而已，故曰校。殷當革命之後，欲消天下干戈之習，則亦教之射以觀德而已，故曰序。周道尊尊而親親，欲與天下共囿於尊親之化，則亦教之養老尚齒而已，故曰庠。

夏之校，雖主教人，未嘗不養老，未嘗不習射。殷之序，雖主習射，未嘗不教人，未嘗不養老。周之庠，雖主養老，未嘗不教人，未嘗不射習。但指一者以立名，一代之制度則然。

教養兼舉，王政行，而王者取法，言身雖未必王天下，而澤亦足以及天下矣。下節新國，言雖不得興王業於當時，亦足以基王迹於後世，蓋滕國規模從此一新，便是天心所向處。

前曰"文王我卿也"，後曰"周雖舊邦，其命維新"。前曰"猶可以爲善國"，後曰"亦以新子之國"，皆是一意。

"問井地"節，"正經界"三字是綱領，汙暴之慢經界，爲奪取民財計也，法不貸於豪右，斯惠可及於煢嫠。

野是郊外都鄙之地，田可井授，故宜行助法。國中是郊内鄉遂之地，田雖井授，故參用貢法，正以通助法之窮也。非兩平語。

圭田是以公田之在民者給之，乃卿大夫既死，而使其子孫奉祀之田。若當其身，則禄足以供祀，何必更與圭田？但其子孫之受圭田者，世次亦有等差。

"鄉田同井"一節，常變相親，不待庠、序、學校之設，而小民已親於下矣，此亦見助法之善也。

"方里"節重在"公事畢"三句，見得上下之辨，民志之定，都在於此。是百畝之中而朝廷之法、禮教之風未嘗不在，助法之善一至於此。君當爲三代之君，子當爲三代之臣，末句有千載一時、不可虛過意。

按井田爲帝王良法，湮廢久矣，非聖人得位乘時，決不能行。行之須漸次酌古準今，方合天理人情。此正孟子所謂"若夫潤澤也"。若謂古法今決不可復行，此世俗淺近之見，固不足與言治體。若一一膠執死法，不知變通合宜，亦非知時識勢通儒之論也。

井田之法，聖主開創而不足，中主守成而有餘。孟子之意，行貢法不如行助法甚善，然要在得人。果在上皆君子，即助法固善，貢法亦善，民亦得所。若是不得人爲政，無論貢法病民，即助法亦未必不病民也。故曰有治人不患無治法，爲政在人，取人以身，宰世者不可不加意云。

朱子《井田類説》曰：古者建步立畝，六尺爲步，步百爲畝，畝百爲夫，夫三爲屋，屋三爲井，井方一里，是爲九夫，八家共之。一夫一婦受私田百畝，公田十畝，是爲八百八十畝，餘二十畝以爲廬舍。司空謹別田之高下善惡，分爲三品。上田一歲一墾，中田二歲一墾，下田三歲一墾。肥饒不得獨樂，嶢埆不得獨苦，三年一換，士易居其家，衆男爲餘夫，亦以口受田如此。此士、工、商家受田，五口乃當農夫一人，有賦有稅。賦則計口發賦，稅則公田什一，及工、商、衡、虞之入也。賦供車馬、兵甲、士徒之役，崇實府庫、賜予之費。稅給宗廟百神之祀、天子奉養、百官禄食、庶事之費。民年而二十受田，六十歸田。種穀必雜五種，以備灾害。田中弗得有樹，以妨五穀。環廬種桑，菜茹有畦，瓜瓠果蔬植於疆□[一〇]，鷄豚狗豕無失其時。女修蠶織，五十可以衣帛，七十可以食肉。又曰：三年耕，則餘一年之蓄，故三年有成，成此功也，王者三載考績。九年耕，餘三年之食，進業曰登，故三考黜陟。再登曰平，餘六年食。三登曰太平，二十七歲餘九年食。然後至德流洽，禮樂成焉，故曰必世而後仁。

神農章

通章作兩大段，自首節至“亦不用於耕耳”，闢許行之并耕。自“用夏”節至“不善變矣”，責陳相之倍師。

人與人安得齊并耕之説？許行必欲齊之。物與物又安得齊不二價之説？許行又必欲齊之。不惟天理上行不得，即人情上亦行不得。不惟法度上行不得，即事勢上亦行不得。此所以爲異端一曲之説也。

勞心治人以代勞力者之食人，是通天下之義。用心得人以代吾之治人，是爲天下之仁義行而上之。得人者始專其憂仁，行而下之，食人者始安其治。失其義非堯舜之治，失其仁非堯舜之心。

折并耕則稱堯舜，責倍師則稱周孔，是學有原本意。

孟子言必稱堯舜，許行謂：再言堯舜，不免出孟子下矣，故借神農之名以壓之。此原是好勝自矜之小人，他説精粗同價，亦謂舉世但爲其粗，不爲其精，相安太樸，巧僞不生焉耳。此等議論，新奇吊詭，陳相安得不動？不知三代以下之天下不可以結繩之治治之也，故孟子歷舉堯舜治天下事以破之。自如今看來，是極不通的，孟子何勞費口與他苦辨？只爲他題目作得大，神農以末粗教天下，那時百姓都不曉得耕，須要自己去教。且洪荒事簡，君有餘閒，而農事最重，或亦與民并耕。神農又日中爲市，那時風氣未開，凡物制一定質樸，没有精巧，價亦可齊。若後來如何行得？許行爲此説，乃厭薄唐虞，而遠慕華胥之世。若不察世變而行之，定以長亂。孟子所以力闢之。

許行、陳相自以爲聞道，故曰"滕君，誠賢君也。雖然，未聞道也"。究其所以爲道，即以并耕而食爲道，决以治人治於人、食人食於人爲非道也。道之不可不明如此。

并耕而食，是與民同爲治田之事，亦非耦耕也。

許子必種粟而食矣，不惟有食，而又有衣，其能兼之乎？不惟有衣，而又有冠，其能兼之乎？此其不能兼之，勢也。在"害於耕"之一言可見矣。顧非獨耕不能兼乎他也，就其所爲耕而食者言之。食之具有釜甑也，而釜甑易以粟矣，彼謂饔飧可以自爲，而釜甑亦可自爲耶？耕之具有鐵也，而鐵亦易以粟矣，彼謂耕可以自爲，而鐵亦可自爲耶？只以"粟易之"一句，孟子闢許行之要領已得。

"以粟易械器"四句，歸重下二句。"以粟易械器"正許子之事，彼必不自以爲屬陶冶矣。獨陶冶不耕而食，或類於屬農夫，故孟子言：農既不屬陶冶，則陶冶豈屬乎農？分明説民之以粟易治不爲屬君，則君之以治易粟，豈爲屬民？

堯獨憂，兼民害未除，民利未興，民生未遂，民性未復，故以爲憂。

禹之治水多與益共謀，凡山川脉理、禽獸昆蟲、殊方異域，皆使益記之，爲《山海經》。舜曰："咨爾費，贊禹功"是也。

舜使禹、稷，使契等，治人也，雖欲耕，得乎？而暇耕乎？食於人也。

聖人有憂之，兼堯舜言。凡用力於人倫者，獎勸以勞之。趨向於人倫者，引誘以來之。心悖乎人倫者，匡其邪以歸於正事。反乎人倫者，矯其枉以歸於直。志弱而不能立於人倫者，輔以立之，以起其靡氣。怠而不能行於人倫者，翼以行之，以作其趨。聖人之憂民如此，總承上除害興利、養民教民來。

合上觀之，見堯得舜而天下治，舜得禹、皋而堯之天下治。故自後人追論之，而知堯舜當初所以汲汲者，只以不得此等人爲己憂，非豫知其人而憂不得也。講舜處，要補禹、稷、皋、契諸聖人。如云攝政之無人，誰爲命益而命禹？總師之未任，誰爲命稷而命契？此堯之以不得舜爲己憂也。禹之未得，誰爲平土而開播穀之基？皋之未得，誰爲明刑而弼敷教之助？此舜之以不得禹、皋陶爲己憂也。

人至堯舜，至矣。治至唐虞，至矣。究其所以，爲堯舜唐虞者無他，人主得天下第一人而相之，宰相得衆君子而任之，天下自然太平。

上節堯舉舜，舜舉禹、皋、稷、契，已有得人意了，此只承上言之，爲天下得人，正是得人以阜天下之財，得人以教天下之善，方寸流通，生意無邊。

與人只是付托之意，付托天下不難，付托得人爲難。

堯舜用心亦兼除害、興利、教養説。

未能或先，"先"字即開先之先。良生於楚，未嘗有周孔，却能悦周孔之道，自爲開闢，這方是真正豪杰。

子夏、子游、子張欲事有若，不可説壞。祭法用尸，思祖考而不得見，則以弟、以孫爲之。三子事有若之心，亦此意也。與曾子各見其是。

江漢以濯之，至清而不可滑，自毓靈於地者言。秋陽以暴之，至明而不可掩，自受精於天者言。皜皜是一疵不存，萬里明净，非限量之所及，豈言論之能詮？具就道德心體上説。

"昔者孔子没"一段，寫孔門師生恩義千古如畫。孔子葬魯城北泗上，去城十里，諸弟子及魯人從塚而家者百餘室。孔林百畝，樹以千數，皆遠方廬墓弟子各持鄉土異種。魯人世世無能名者，塋中不生荆棘及刺人草。今每歲二月十八日爲先聖忌辰，八月二十七日先聖誕辰，曲阜令尹祭享洙泗書院内。設山長一人，董書院事。

非先王之道，作非毀看。

并耕之説欲以齊人，而大小不可相兼。市價之説欲以齊物，而精粗不可相混。此所以爲異端而可闢也。

通章許行意思，謂野人養君子之説不是。孟子意思，要把堯舜折他，中間説堯舜處，都説用心於任賢，他分明以堯、舜、禹、皋自任。見得爲國者，但用得一個好人，便能仁覆天下，自不消説并耕。

滕文如初見孟子，其心甚真，其志甚鋭，不聽父兄百官之言，惟孟子是信，固可嘉矣。許行至國，明與孟子相左，而不能拒焉。費孟子多少力量，不能驅逐。從前向道心志俱爲虚矣。試觀堯任舜，舜任數人，何等誠？何等專？方成唐虞之治。故孟子始初曰："疑吾言，若藥不瞑眩。"必稱堯舜。似若豫知滕文必惑邪説而先防之者，真明炳幾先也哉！滕文不能，此所以滕止於滕。後世人主之於賢知，曷可不真用？曷可不專？

墨者章

夷之受病在"愛無差等"一句，愛無差等，則施由親始亦只施此無差等之愛耳，所以爲二本。若只説施由親始，便與吾儒立愛自親始無異。在夷子口中，須要得他兩救語氣，曰愛無差等，則儒者未必無兼愛也，而不得以墨者爲非。曰施由親始，則未嘗無後先也，而不得以厚葬爲賤。

"赤子匍匐"二句，疏得極明，言小民無知而犯法，非小民之罪，乃是君上不教之罪。赤子入井，非赤子之罪，乃父母不謹之罪。所以保無知之小民若保無知之赤子，書之取義若此，豈謂愛民與愛己子全無差等耶？且天之生物都只是一個父子，使之一本，而夷子則生身的父母是一個本，天下的人皆如父母，是又一個本，故如此也。朱子云："愛無差等，豈惟二本？蓋千萬本也。""天""使"二字最重，此"使"字是自然之使，子之於親，其真意相聯處。蓋天於冥冥之中默相聯屬而不能自已者。下節"非爲人泚"及"中心"等字可見。

"親其兄之子"五句是折之以人情。"且天之生物"三句是折之以天理。

墨氏以禮者忠信之薄而聖人之僞，故孟子舉上世禮教未起之時人心本然之仁孝以覺之，見禮之非強作也。上世不忍其親，而制爲葬埋之禮，與夷子從墨教，而不忍薄葬其親，皆發生於一本處。掩之誠是，則厚葬的誰説他不是？即此可見仁人孝子之事親，道在厚而不在薄矣。知厚葬之爲是，則愛無差等之説不攻自破矣。

"蓋歸"二字，有急急不容緩之意，虆梩雖非厚葬，然在未知禮制之時，只得如此。此一節，"仁孝"二字是眼。

夷子憮然，是恍惚悔悟的景象。爲間，説"命之矣"，方曉得親當從厚而愛不得無等，已是教我了。此亦觸於天性而不容自己處。"命"字宜玩，蓋天命之謂性，向焉性昏於習，今聞此言，是舉一本之性復還於我。

夷子之可以還儒處，全在厚葬其親一點念頭。孟子只從此念頭上一撥便醒，人性之善於此可見，人皆可以爲堯舜亦於此可見。

上章并耕之説是欲以其君下同於庶人，兼愛之説是欲以其親泛同於衆人，皆無父、無君之邪説，孟子所以極力闢之。

滕文公下篇

陳代章

君子濟世守身，原共是一道，未有以妾婦之狀進，而能以丈夫之事業顯著。後世惟看得學術、事功作兩段事，謂吾且屈己以進，而後來圖些大功業，以蓋前愆。不知進身時一失，將愈趨愈下，又如何竪得脊梁起，以幹得天下大事？

有枉尺直尋之心，則必至於枉尋。而直尺前面破他一"利"字，後面指出一"道"字，正見利伸則道絀，行道者斷斷不可雜一分利心也。

志士、勇士，他胸中定有主張，兩"不忘"是結念如是，非必死也。

君子非招不往，非計其終之直與不直，惟計其始之枉，蓋以義言也。若枉尺直尋之説，以利言也，亦可爲與？還是計其不義而不可爲，非計其不利而不可爲也。人多以得不償失言，非是言君子之所以維持名節而不敢纖毫妄爲者，只是計義不計利，一計起利來，只管在利上走，則千古之名節可毀之，以狥一旦，四海之公議可貶之，以恣一己，尚何暇回顧所失多寡？此利自富貴爵祿言，總見世上只"利"之一字，喪落了多少英雄豪杰。人生只"利"之一念，隳墮了許多名節綱常。

孟子所取於王良者，只在"不失其馳"一句。王良高處在"我不貫與小人乘，請辭"之語。此是詭遇之術，一試不再馳驅之法，終身不遷。

陳代説"今一見之，大則以王，小則以霸"，當時如蘇、張、公孫輩，亦既見之矣，王耶？霸耶？古人云："於定分無毫髮之益，於道德有丘山之累。"其蘇、張、公孫之謂乎？

試看伊、傅、太公、諸葛出仕後何等功業？都從未出仕時名節、操守中來。後世人非是出仕後不如人，即未出仕時已先不如人也。夫自家之名節不知愛，而謂能入而愛親，出而愛君愛民，未之有也。聖賢不肯枉己，正是重吾身以重吾道，以重吾親，以重吾君民，豈是拘滯？豈是迂闊？竊謂"行權"二字絕不可施於出處之間。

"陳代""景春""周霄""彭更"四章，總是一意，大意只是不肯枉尺直尋。若以利言，則枉尋直尺，在世間必以順爲正，與人爲妾婦。曾謂"居廣居，立正位，行大道"者，亦寧肯以順爲正，爲妾婦之所爲乎？鑽穴隙相窺，逾墻相從，正是持枉尺直尋之見也，正妾婦之失身從人者也。大丈夫自然看得自家重，自然不肯鑽穴逾墻，自然不肯以順爲正而爲妾婦，所以入則孝，出則悌，守先王之道，以待後之學者。孟夫子自家畫出浩然影像，令天下後世看。

景春章

陳代、周霄識見雖低，猶知孟子爲聖賢，景春俗鄙真可厭。

戰國游説成風，蘇秦主合縱，衍、儀主連橫，當二子起時，蘇秦合縱之説已解，六國都有與秦連和之意，故儀、衍得以肆其説。其實皆是陰陽捭闔，窺伺人主意旨而爲之，故孟子鄙之曰妾婦。

從來立大功業人，須是有大操守人，若丢過操守而談功業，譬之婦女失節，決不能成立家業，藉使幸成閨門，亦不雅也。

一怒則兵連，安居則難解。游説便是一怒，不游説便是安居。

説個"父命之"，而不及所以命，主意全在"居廣居"三句，命之爲肖子，爲完人也。

以順爲正者，妾婦之道也，正是同流俗，合污世，鄉原一等人。人欲爲丈夫，須超然拔足於流俗污世。

廣居就心上説，正位就處身上説，大道就處事上説。此心廓然無一毫私意，直與天地同量，這便是居廣居，便是居仁。到得自家立身，更無些子不當於理，這便是立正位，便是立於禮。及推而見於事，更無些子不合於義，這便是行大道，便是由義。至不淫，不移，不屈，則窮達惟任此理，毫無加損。如水之止，如山之靜，如金之堅。此是何等抱負？何等挾持？任憑千條萬緒，震撼擊撞，都打不倒。大丈夫至此，真是乾坤同體，大觀在物表，靈光遍宇宙矣。去儀、衍縱橫，何啻千里？

周子曰："見大則心泰，心泰則無不足，無不足則富貴、貧賤處之一也。"世非無有道之士，見大之人，尋常些小利鈍得喪，看得天來般大，誰打得破？假令勉強鎮定，終是手忙脚亂，不免迷謬。

問：羞惡之心人皆有之，何苦枉尺直尋而不自愛？又何苦以順爲正，而甘心爲妾婦？又何苦蹈鑽穴隙、逾墙者之所爲？曰：此無他，總是愛富貴，惡貧賤，怕威武。故自家之廣居不暇居也，正位不暇立也，大道不暇行也。

辛復元先生有《三贊》。《贊廣居》云曰〔一〕："維兹居，廣莫大焉。下載乎地，上覆乎天。九州四海，萬古千年。胞民與物，躍魚飛鳶。千紅萬紫，光景無邊。有典有則，巍然煥然。仰鑽瞻忽，高堅後前。陶冶帝王師相，培養豪杰聖賢。對越百官宗廟，藐小大履〔一二〕千椽，請奮身而居之，觀斯居之大全。”

《贊正位》曰：“人世有位，吾位最正。參地參天，爲賢爲聖。持袞鉞古今之權，握照耀乾坤之鏡。秩叙節文夫三綱，經曲安全乎兆姓。藐人世之浮榮，誠可尊而可敬。願言立之，家邦永慶。”

《贊大道》曰：“大哉斯道，允矣周行。平平蕩蕩，正正堂堂。師相行之師相，帝王行之帝王。一人行之，身躋康莊；人人行之，世到虞唐。雖無畛域，却爲隄防。誰其行之，地久天長。誰其行之，奠乂家邦。誰其行之，萬古流光。”

周霄章

周霄全在進取上論，孟子拈出一“道”字，使知汲汲、皇皇無非爲道，與“答陳代”章同意。

男女居室本是人之大倫，一失身，則爲父母國人所輕賤。仕以行義，本自名教。事一不由道，則爲萬世名教所不容。至於成功業不成功業，又置別論。

首節無祭便無親了，只爲無君，遂至於無親，所以可吊，吊其不得祭，非吊其不得君也。

“諸侯耕助”四句是禮文，出《記·祭義》〔一三〕。“犧牲不成”，什上禮文。“惟士無田”二句是禮文，出《記·王制》〔一四〕。“牲殺、器皿”三句，什上禮文。引禮來證失祭之足吊耳，而道不行之吊，又可知也。

載質亦是候其來聘，則以此見之。非不得於此，便往他國之君而委質也。

《周禮·春官·大宗伯》："以禽作六摯，以等諸侯：孤執皮帛，卿執羔，大夫執雁，士執雉，庶人執鶩，工商執鷄。"

主君畢辭請教，即父母之命也。紹介以幣相通，即媒妁之言也。室家中不可有苟合，豈以朝廷上可私交？自古君子固不爲絶世之巢、由，亦豈有失身之伊、吕？

彭更章

通章大旨只是士有大功，食之以報其功，即其志不在食，要亦不掩其功，總是不可不食意。若論食志，則舜之志，有天下不與也，遂不當與之天下乎？

看"子以爲泰"，即指舜説。

戰國之所羡者何？所不足者何？仁義正是不足處，故士以有餘補之，此士功可通於天下萬世者。於此有人焉，極重斯人。何人也？爲天地立心，爲生民立命，爲往聖繼絶學，爲萬世開太平者也。"入孝"數語，此孟子自表其正人心、翼聖統之大功。人特暗囿於仁義，維持之中而不見以爲功。

守先王之道，只在出入上守之也。此處有潛而修之之意，有明而辨之之意。一出一入之際，即係綱常絶續之關。其有功於子，見子亦後學中人。彭更既曰食志，而又不食毁瓦畫墁之志。使果食功，而安得遺繼往開來之功？二節反覆辨難，只要歸到"子非食志也，食功也"上。

"從者"是弟子，如"從者見之"之類，不是孟子的人夫。"後車"是弟子之車，不是孟子的輜重。此是孟子爲賓師時，講學於列國，所以有數百人從之，非馳驛以行，儀從如此其盛也。傳食於諸侯，如於齊餽兼金一百，於宋餽七十鎰，於薛餽五十鎰。居鄒，季任以幣交。於平陸，儲子以幣交之類。中間或有或無，聽其自然。中間或受或不受，看其道義。非乘傳以行，廩給有一定之數也。如孔子在陳、蔡而十哲從游，曾子館沈猶而從先生者七十人，則後車亦數十乘矣，何獨於孟子而疑之？且當時蘇、張輩游於列國，車騎輜重擬於王者。以秦爲從約長，共佩六國相印耳。若孟子，不過戰國一布衣，所居者何官？所佩者何印？所遣者何牌？而驛遞肯如此應付哉？

不以泰乎，彭更亦不是真疑孟子，只是見其車從之盛既如彼，而所受七十鎰、五十鎰金幣之多又如此，恐其迹似泰，故不得不問。此正是彭更厚孟子、愛孟子處，非真以泰疑孟子也。

孟子講學以孝弟仁義爲宗，當時功利之習深，縱橫之風盛，故凡言富國強兵者即以爲良臣，以爲有功。今孟子所講不過孝弟仁義之談，何富何強？何事何功？而後車從者傳食諸侯，不以泰乎？當時人人把孝弟看作末節，講孝弟看作迂談，所以疑孟子爲無事，疑孟子爲泰。孟子不得已，直自任以有功，而曰：於此有人焉，入孝出弟，守先王以待後學，可見這個孝弟爲往聖繼絶學，爲萬世開太平，事無大於此，安得以爲無事？功無大於此，又安得以爲無功哉？孟子思以孝弟仁義轉移世道，興起人心，使斯世斯民盡皆仁人孝子，然後其心始遂。如此則從者惟恐其不多也，又何恤泰之疑哉？

王安石行新法，原是爲國的心，只是把孝弟仁義看作迂闊，主意專要富國強兵，作個國家有用的豪杰。不知一丟過孝弟仁義，便作不出有用的好事業來。所以到底國也不能富，兵也不能強。不惟不能富強，且貽靖康無窮之禍，自誤人國，豈不深可惜哉？可見堯舜之孝弟，正堯舜之所以爲事功處。特安石自以爲是，不肯細講耳。

宋國章

同一與師動衆也，用之除殘去暴則爲王，藉此以陵壓列國、衡行天下則爲霸。宋原欲霸，不曾欲王。

湯征葛，無利天下之心，只是爲百姓復仇。武伐紂，無害天下之心，只是爲百姓除殘。此之謂王政，全要剔出望湯、武爲君意。

遺之牛羊，湯實不罪葛，非金錢愧心意也，仁人用心婉至可想。蓋王者恐天下之有亂，伯者恐天下之無亂，觀此則湯之憫葛伯，何等用心？真天地不棄一物之念。

爲匹夫匹婦復仇，乃概天下而言，非只指童子之父母也。

"湯始征"節，與"取燕"章同辭異意，彼重爲政於天下上，此重望以爲君上。

自"有攸不爲臣"至"大邑周"，皆《書》詞。"其君子"以下是倒釋《書》詞，"其君子"四句應"篚厥"二句，"救民水火"應"東征"二句。

"湯居亳"數節，叙湯武吊伐，比《尚書》更詳，真可補《尚書》之所未及。

引《太誓》證"取殘"之說。"于湯有光"，蔡傳謂："武王吊民伐罪，于湯之心益明白於天下也。"良是。

宋王滅滕伐薛，取淮北之地，果能爲匹夫復仇、如湯之伐葛者乎？果有士女可綏，如武之取殘者乎？無湯、武不得已之心而用兵，秖自速其禍也。觀後面"戴不勝""戴盈之"二章，則宋之不能真行王政可知，所以終爲齊所滅也。

戴不勝章

此章是教不勝進多賢以輔君也。疑薛居州亦不勝所薦，知薛居州便非無知人之明者。使居王所，便非無任人之度者。不居於外而居之王，所以實不勝苦心。

太甲改德一伊尹，高宗中興一傅說。君心專一，何必多賢而德始成？要看"子謂"二字，以居州爲善，子謂其善，非王心確然見其善而進之也。所以必左右夾輔，君德始可轉移。周公節任師保而慎及綴衣虎賁，正是此意。

一日暴之，十日寒之，吾如有萌焉何哉？一齊人傅之，衆楚人咻之，獨如宋王何？此句參看此章前半，是陰陽消長之義，後半是示扶陽仰〔一五〕陰之方，誰謂孟子不談《易》哉？

一傅衆咻，是小人道長，君子道消也，是否卦景象，引而置之莊、岳之間數年，是君子道長，小人道消也，是泰卦景象。

"子謂薛居州善士也，使之居於王所"，《易》之"復"也。"在於王所者，長幼卑尊皆薛居州也。王誰與爲不善？""復"而漸長，至於"乾"矣，可喜也。"在王所者，長幼卑尊皆非薛居州也，王誰與爲善？"一薛居州，獨如宋王何？復而止於復，復不敢保矣，可懼也。是微陽雖可喜，亦豈可恃也哉？

與其從生民國運上周旋，不如直從君德上周旋。一己爲君子而正君，更不若與人而正君。與少而正君，又不若與衆而正君。朝端之上多正人，則君德正。君德正，則民生國運不必慮矣。此孟子始以有居州爲宋喜，又以止有一居州爲宋惜也。

君子小人進退是治亂大關頭，可見主張世道要分別邪正，旋轉世道要化邪歸正。邪正分別是治平根本，邪化爲正是治平機括。始焉要知主張，既焉要知旋轉。孔子曰："舉直錯諸枉，能使枉者直。"大《易》《春秋》之旨胥括此矣。

朋黨之説最有害於人國，從來君子在朝廷羽翼乏人，德化決不能成。小人在朝廷羽翼乏人，虐政亦不能肆。論者一概謂黨不可有，不知無小人之黨可也，無君子之黨，雖舜禹亦難成功，況其他乎？有國者全要分別君子、小人明白，不必一概目之以黨，欲禁而絶之也。歐陽文忠公《朋黨論》最確。

人主之職，得賢相是第一件。宰相之職，培植善類是第一件。

不見章

通章只重"不見"意。見君子之所養自有必不可苟者。段干、泄柳，古之不見諸侯人也。由是觀之，推開說，始得孟子語意，本文原說君子之所養，不說二子之所養。

援古爲例，便見非負意氣相矯激，自重之意隱然言表。蓋孟子於千載之下，目擊君貴士賤之成風，又自負學問之大，覺有不必如逾垣、閉門之甚者，故俯仰當日情事而云。然在二子，固是士之正。

"迫"字、"先"字要看，除是迫纏可見，先纏可見。

"陽貨先，豈得不見?"蓋本不欲見而不容不見也。

當時枉尺直尋之人，只爲看得區區名義不甚要緊，即如色笑假人，未同而言，都作應世小節，不礙通融。乃二賢比之夏畦，或病其報報，則是吾身有必不可毀之廉隅，世路有必不可由之徑竇。曾子病取媚，見其一顰笑不假於人。子路惡強合，見一辭色不失於己。曾子直是弘毅，藐晉楚，信乎得孔子正宗。子路直是剛勇，絕忮求，信乎爲曾子之畏。皆是有養之士，故其言如此。

養與守別，說到所養，并不以氣節爲高。末二句正答不見諸侯何義。夫義之體方而用圓，其顯爲不見，陰行其不見，微處全在養。看君子之所養，如氣之靡者養之而伸，骨之弱者養之而強，志之未定者養之而堅，識之多紛者養之而定。即一言一笑，一舉一動，皆可以覘所養，此中有干、泄之高，而化其亢，即未至孔子之域，而願師其時也。

段干木、泄柳較孔子雖未恰當，然所守與脅肩諂笑、未同而言者雲泥，判天淵矣。今有如是之士人，頹風庶幾振乎？雖然有段干木、泄柳二賢之高，自應致人主之重。有魏文、魯繆二君，天下之士人亦未必無段、泄二子之高也。光武、嚴陵，昭烈、南陽，或聞此風而興起乎？真千古之高標也，邈哉！弗可及矣。

戴盈之章

既知了，却如何未能？有革弊復古的見識，自有拯焚援溺的力量。

好辨章

孔子講學，當時以爲佞。孟子好講學，當時以爲好辨。宋儒、明儒講學，世人病爲聚黨空談。從來聖賢之處世如此。

通章提出"不得已"三字，一章大旨。自堯舜以後世變，愈趨而愈下。一變而爲洪水，猶是氣化居多。又一變爲夷狄、猛獸，則人事俱失，不止氣化矣，然猶上虐下也。又一變而弒父弒君，則下逆上矣。然弒君者止亂臣，弒父者止賊子耳。又一變而楊朱、墨翟，則人人亂賊而率獸食人矣。不特世變如此，聖賢之所以救之者，亦一節難似一節。洪水雖大，是費力，然是時只有洪水一件，又聖君在上，諸賢夾輔，故禹行所無事，便成永賴之功。周公却稍難，謀干戈，又是個君臣變局，多少難處，然猶有權柄在手，所以《易》作。若孔子，則匹夫無權，徒以空言維世之衰，然猶有魯史可因，借以警動人。孟子只全憑口説，所以一人之力挽回不來，又去望於一世之人，曰："能言距楊、墨者，聖人之徒也。"俯仰千古，孟子最難。

從孔子以前，亂在人身上。孔子以後，亂却在人心中。故孟子曰："生於其心。"欲正人心，要從他本根拔除得盡。

"君父"二字是綱領，"仁義"二字是關鍵，"不得已"三字是樞紐，從來聖賢反亂爲治，統是一個正人心。

世界原是生生世界，此點生意即當洪水、夷狄時，常留天地間。有絕即生，所以亂極之日便生一個聖人出來挽回幹濟。可見亂由氣數三分，人事七分，而其治則全重在人事挽回氣數上。自古聖人皆是體天地生人之道以生天下，所以天下之生得如是久。但禹、周是救生命，孔子是存生理，此與"君子存之"數章互看，設不有聖賢生生之心，那得天下之生久？

一治一亂則天地經幾翻開合，日月經幾翻晦明，人物經幾翻存亡，聖賢經幾翻調燮。

洚水一亂未必爲堯舜而至也，堯則曰"洚水警予"，任爲己責，不委之於氣化，此聖人之知也，聖人之仁也，聖人之勇也。"警予"二字便是千聖身任世道、幹旋治亂的源頭，聖賢相承俱是此心。

堯使舜，舜使禹治之，是堯任天下之憂，禹正代堯以分憂。江、漢是南條之水，河、淮是北條之水也，二字分明有抵掌按圖、觀河洛而思禹功之意。此見禹以人事挽回氣化，天下一治也。

堯舜既沒，聖人治世之道遂衰。夏、商暴虐之君代作，"暴君"五句，害在上。邪説暴行又作，害在下。"園囿"二句從壞宮室、棄田來，"及"字、"又"字可味，中間包得桀之亂、湯之治，在直言及紂之身，蓋舉亂之尤大而撥亂之甚勞者言之耳。

周公相武王誅紂，雖上四句是除人害，下一句是除物害，然宜以誅紂爲主。奄，紂之助也。飛廉，紂之幸也。五十國，紂之黨也。虎豹犀象，紂之所蓄也。此皆除紂之大亂也。大亂除，是爲大治，故民心大悦。

"大悦"以上皆是武王烈，然承文王之謨來，而其烈又自垂之後人，爲佑啓之資。雖是文、武并言，却重武王。雖重武王，然尤重在周公相武王，見周公相武王之功上光文考下裕昆也。當時若只説誅紂，而無謨、烈、佑啓一段話頭，則只是戎衣之天下，不見全治。

唐虞之治雖言禹，堯、舜在其中也。商周之治雖言周公，文、武在其中也。

世衰道微，邪説暴行有作，弑君父是暴行，然必造一種弑君父爲行權的話説，便是邪説。曰有作，曰有之，雖是尚未横，尚未充塞，然氣化衰，人事失，又一亂也。"孔子懼"節，須擒住"懼"字，正孟子所謂不得已處。千古血脉相禪在此。

《春秋》因魯史以明天子之法，猶禹承堯命以治水，周公相武王以撥亂也。"事"字與"權"字有辨。天子之事，所謂王者之迹也。《春秋》謂之天子事，以其所載典禮命討之事皆天子事也。天子之事己雖不得而行之，書得而記之者也。孔子作《春秋》，非是以賞罰假借天子，正以明是非，使人知有天子，故曰《春秋》，天子之事也，知之者決是忠臣孝子一流人，罪之者決是亂臣賊子一流人。知有《春秋》，則知有君父之大倫。罪以《春秋》，庶由此而不至爲君父之罪人。二語非兩下平言，重"罪"一邊。後言亂臣賊子懼，是罪我者之畏憚也。知我、罪我雖不同，要皆使人心有警，便不敢爲亂，非一治而何？

諸侯放恣，亂在上。處士横議，亂在下。亂在上，其禍近而淺。亂在下，其禍隱而長。故孟子前面許多言，專言諸侯放恣，此辨楊、墨，是説處士横議。

薛敬軒先生曰："孔子至孟子百餘年，何以遂有無父無君之禍？豈《春秋》之法遽泯耶？蓋《春秋》之作，治諸侯也，治大夫也，治陪臣也，治夷狄也。處士不在諸侯、大夫、陪臣之列，又不在夷狄之科，彼以爲周公之鉞所不能及，孔子之筆所不能窮，於是肆爲横議。"

邪説誣民，充塞仁義，將欲顯治之。人心上有禽獸，將欲隱治之。盈天下皆禽獸，此又人心一大亂也。

孟子爲此懼，思衛先聖仁義之道，閑即峻其防也，使人人曉然知吾道之是，則人心中截然若具城郭，而異端曲學自不得以入之，距楊、墨，放淫辭，皆閑先聖之道以内事。

"閑"字即是把聖道立個大闌，闌以内是君臣之大倫，闌以外是楊、墨之禽獸。"距"字、"放"字是孟子撥亂反治的手段。

孟子分明自任爲禹、周、孔子，實實到此地位，也推不得。前面曰使禹治之，提堯作主。周公相武王，亦提武作主。至孔子時，天子既微，猶曰天子之事，借他虛名，猶堪彈壓。見得旋轉世道，全在上邊。人及到孟子，只得假先聖作個主盟，又是他正人心的張本。

唐虞之時，亂在氣化。商周之間，亂在朝政。春秋之時，亂在人倫。戰國之時，亂在學術。總之皆由人心不正。我亦欲正人心，正人心是大主本。

"我亦欲正人心"一句爲主，息邪説，距詖行，放淫辭，皆所以正人心也。《孟子》七篇，總是欲正人心，所謂正其本以勝之。

邪説之見於行，是偏詖之行。邪説之騰於辭，是淫蕩之辭。暴行是顯肆其邪，詖行是陰溺於邪。

從來人心之壞釀成人世之壞，從人世之壞處救，是揚湯止沸。從人心之壞上救，是竈底抽薪。

能言距楊、墨的人，即是此心有主張，即此是其心之正，是即聖人之徒。邪説盈天下，須人人與之爲敵，他便無所容於世，而其害自息。此孟子真懇屬意處。

世儒疑孟子好辨，孟子只自任距楊、墨，然自"墨者夷之"與"楊子爲我"三章外，并不及楊、墨，何也？嘗思之，楊、墨之罪直到無父無君。孟子首曰"未有仁而遺其親，未有義而後其君",即此便是距楊、墨大端。七篇中無非説仁義也。

今世救亂要務,又不必辨楊、墨也,亦不在斥佛、老也。惟是記誦詞章,富貴利達爲之崇耳。從此清理,便可得治平上策。

匡章章

此是孟夫子距詖行之一端。他日與匡章游而禮貌者,原欲借之以提醒仲子。今不許仲子之廉者,正欲點化匡章。蓋聖賢未嘗不重廉,但廉而有益於人倫世道,廉可爲也。廉而無益於人倫世道,廉不可爲也。孟夫子正恐陳仲子自以廉自多,無益於人倫世道耳。

人必盡倫,而後可以議名節,無論不能如蚓,總然如得蚓來,於世何補?不能如蚓而徒廢大倫,真天地一大蠹也,可稱廉哉?他日又曰:人莫大焉亡親戚、君臣、上下,斯足以定仲子之罪案矣。

聖賢之廉只是有分辨,不苟取。今仲子但以不取爲廉,這廉如何能充得?説世家,便見室非不義之室。説蓋禄,便見禄非不義之禄。何得以辟兄離母、不居、不食爲廉?

先儒曰:"以仲子之孤介自守,似高於一世之俗矣。而孟子所以力闢之者,蓋世衰道微,學者大抵因其資質之偏而固執一説,力行以取名,初不顧義理之如何,如告子、許行、陳仲子之徒皆是也。況如匡章者,既稱仲子爲廉而傾向之矣,此固以道自任者之所憂也。"又曰:"仲子之所守不必驗之他人,只自其身而推之則已。有不能自滿其志者,故孟子直以'爲蚓而後能充其操'斥之。蓋聖賢之道充之,則至與天地同功。仲子之行充之,則至與丘蚓同操,是豈人理也哉?"

孟夫子他日有曰:"得天下英才而教育之,三樂也。"楊、墨、仲子俱是英才,未承教育,不免陷於一偏。禽獸楊、墨也,丘蚓仲子也，皆苦口之教育也。三子儻悦而繹焉，從而改焉，安知其不以大聖賢終乎？奈何一偏自是，竟孤負孟夫子一片婆心。

校勘記

〔一〕"太"，疑當作"大"。

〔二〕"不"疑爲衍文。

〔三〕"駭"，當作"骸"。

〔四〕"駭"，當作"骸"。

〔五〕"招"字當爲衍文。

〔六〕"理"，應爲"禮"字。

〔七〕"皆"下當脱"有"。

〔八〕"大"，當作"天"。

〔九〕"仲"，疑當作"叔"。

〔一〇〕"□"，字形不清，疑當作"場"。

〔一一〕"云"當爲衍文。

〔一二〕"履"，疑當作"厦"。

〔一三〕今《禮記》中無相關文字。

〔一四〕今《禮記》中無相關文字。

〔一五〕"仰"，校本作"抑"。

離婁上篇

離婁章

此章總是論爲治者在以仁心行仁政，君當法先王，而其臣不可泄泄耳。先王即二帝三王之類是也，惟其心純粹至善而無私，故其政亦純粹至善而無弊。雖聖人復起，世異時殊，不得不小小有所損益，其大經大法則確乎不可變也。何也？離婁諸人不能別作規矩，六律治天下可知。

律乃有形之器，音乃無形之聲，必托律以吹之，然後清濁高下之節可辨。

“堯舜之道”與他處“道”字不同，即下文所謂仁心仁聞、徒善之類，須影下文講，言即以堯舜之心日兢兢業業於上，而一念無以及四海，雖以堯舜之名日熙熙皞皞於下，而虛聲無以奏實績也。

堯舜所行自是仁政，必若此云者，見先王之政不可不遵耳。故緊承説不行先王之道，徒善不足以爲政，隨承説遵先王之法，可無愆忘之過。仁政謂何？聖人既竭心思焉，發之爲不忍人之政，人人可繼續以行，而仁覆一時萬世之天下。此爲治者所必因也。

仁心仁聞不過一時之感觸聲聞耳，與下聖人之心思不同，所謂徒善也。若是真有實心，自然住手不得。

“徒善”句，側重上句，見徒善之弊與徒法一般。

先儒曰：法制立，可與語政。德禮修，可與語教。仁聖備，可與語化。化之不至有教焉，教之不至有政焉。政之不立，區區盡心力於簿書、訟獄、期會之間者，俗吏也。以俗吏之所爲，而與三代比隆，非所聞也。

愆是有心之過，忘是無心之過。先王法之所在，即其心之所在。果欲法之中間有多少參酌在，有多少變通在，有多少潤澤宛轉在，惟神而明之，與時宜之，方爲善法。先王若膠柱鼓瑟，一一板執，如新莽之王田，安石之新法，使天下反受無窮之害，則又古道之賊也。

先王之法一遵而遂至於無過如此，他那法之所以能妙處，有何緣故？正是他竭心思而成者。先王竭心思而繼以政，則政之當法明矣。提出“聖人”二字，見不可不遵此，與離婁諸人用法者不同。

“竭”字極有功夫，既竭力了，只是此心脉行將去。“繼之”二字宜細體見。心與政如藕斷絲連，不可容綫。

不可勝用，仁覆天下，就現成説，不是待後人取法方仁覆天下，蓋聖人心思造化一元也。不忍人之政，四時六氣也。四時六氣由一元達之，而生生者未嘗息，萬物芸芸并育於覆載之中而不自知，故曰仁覆天下。夫以先王立法本於心思既竭，則非徒法以心思，而繼爲法度，尤非徒善，此爲政者之所以當遵也。

因之之功與作者等，智所以成仁，不智是不明治體也。

上無道揆，是不以道揆度事物而制其宜，故下無法守。無道揆則朝不信道而君子犯義，無法守則工不信度而小人犯刑。上無道揆是高位不仁，以下俱是播惡於衆。

道曰揆，有圓活意。法曰守，有一定意。所謂君主圓，臣執方也。“上”字雖指君，“下”雖指臣，然亦當活看。如以君臣言，則君當有道揆，臣當有法守。以官民言，則官當有道揆，民當有法守。朝不信道指君臣説，工不信度指內外各衙門説。君子指臣下言，小人指民。犯義者，法雖不加，而理則可咎。犯刑者，只不依法行，便於刑有犯。

當時不行仁政之故，病在圖富強，"城郭"數語特爲破之。"禮"字即道揆之有節文處。上無禮即上無道揆，朝不信道。下無學即下無法守，工不信度。賊民興即犯義犯刑，乃約其詞，以證上文者。

朱夫子曰："惟上無教，下無學，所以不好之人并起。居高位者執進退黜陟之權，盡作出不好事來，則喪亡無日。其要只在於仁者宜在高位，所謂一正君而國定。"

孟子之意非是全不令人完城郭，多兵甲，闢田野，聚貨財也。正見本源宜培，道法當講。試看後世之弊，不在無餉，不在無兵，兵多餉足，難保不壞，其故可思。當時戰國諸侯急功利，惡死亡，他見城郭不完，兵甲不多，則憂曰："此國之灾也。"田野不闢，貨財不聚，則憂曰："此國之害也。"日思富國強兵，以求免此灾害。其視先王之道爲道揆，爲法守，爲上之禮、下之學，皆迂緩而非目前之急務。卒之，城郭雖完而不爲我守也，兵甲雖多而不爲我用也。田野雖闢，適以作疆場也。貨財雖聚，適以資盜糧也。灾害并至，死亡日迫，不知其病源何在。胡不以仁心行仁政，而法先王之道也？

行先王之道，則上有道揆矣，下有法守矣。朝信道而工信度矣，君子喻義而小人懷刑矣。上有禮，下有學，雖賞不竊。即城郭不完，從此而可完也。兵甲不多，從此而可多也。田野不闢，貨財不聚，從此而可闢可聚也。即不得遽完遽多，遽闢遽聚，而灾害可不并至也。平治天下，可使當時被澤，後世效法也。此真一劑起死回生丹，萬萬無失，而當時不知服，臣亦未有以是而醫國者，袖手待斃，真可爲痛哭流涕長太息矣。

唐虞之臣師師，三代之臣塞塞，隆周之臣藹藹，衰周之臣泄泄，戰國之臣沓沓。

陳善閉邪是責難的條件，而陳善所以閉邪之意却不平。

漢、唐、宋治道不得如二帝三王者，只緣當時之臣多爲媚時之談。漢臣則曰：不必遠法二帝三王，我漢祖宗即我漢二帝三王也。唐臣、宋臣亦然。一時之君即自信二帝三王不過如此而止，故治法亦因循苟且，姑飾目前，世又何從而見二帝三王之治乎？安得聖賢之臣一出，盡洗漢、唐、宋諸臣之陋習，直取二帝三王之真心事與人主看，未必非撥亂反治之一機括也。

孟夫子惓惓望當世法先王，而荀卿反之曰法後王，不法後王，是猶舍吾君而事他君也。不知使吾君而真如二帝三王也，則法之可。使吾君而少讓二帝三王也，則引之使法先王。正所以尊吾君也，愛吾君也，安得爲不忠乎？卿以周公爲大儒，周公之定制也，亦監於二代，方成郁郁之文，則周公亦將不忠乎？以此而訊卿，恐將無以置喙矣。嗟乎！"法後王"三字所以基焚坑之禍，而爲後世媚悅者嚆矢也。

辛復元先生曰：豈惟治道爲然哉？夫堯舜之道，不以仁政不能平治天下。如回、賜之才，不用功夫不能整理身心。今有仁心仁聞，而民不被其澤，不可法於後世者，不行先生之道也。今有高才美質，流於異端俗學者，不知聖賢之道也。爲政不因先王之道，孟子不以爲智。爲學不宗聖賢之道，予亦不許其智。城郭不完，兵甲不多，非國之災也。田野不闢，貨財不聚，非國之害也。上無禮，下無學，賊民興喪無日矣。若名譽不揚，禄位不至，非身之災也。衣食不足，交游寡合，非身之害也。心不正，身不修，行簡敗，死無日矣。

規矩章

規矩是方圓的樣子，聖人是人倫的樣子。人人皆有分量，故聖人人皆可爲。至即至極，乃"至善"之"至"，是恰好道理。此兩"至"字正與"道二"語相映發。"至"字中有神明變化之機在，只是完得此仁體耳。

欲爲君盡君道，不是説自謂盡君道便是君道，必定要法堯舜，纔是實實得盡君道而已矣。見堯之外別無君道，爲臣亦然。君欲盡道，是以高位不可虛居，而欲以立道揆。臣欲盡道，是以事君不可無義，而欲以敦法守。

堯之所以治民，舜之所以事君，二"所以"正是仁處。法堯舜正是法其所以，非規矩於事物之迹也。

人心是一個仁，孔子剖道二，乃所以衛堯舜之惟一。但看堯舜之道萬世可法，幽厲之名百世不改，仁不仁昭然可鏡。

世人使之爲堯舜，則駭異而不敢至。呼之爲幽厲，又怫然而不甘。上不敢爲堯舜，下不肯爲幽厲，或中間可以駐足，蓋謂世間或有三條路，不知道二，仁與不仁而已矣。不爲堯舜，決不免於幽厲。既不甘於幽厲，則堯舜不可不學也。

管東溟曰："君臣之道獨以堯舜爲至者，堯舜官天下，不爲宗廟子孫襲保計，而爲萬世生民永賴計也。仁之至也。"

此章欲人法堯舜之仁，戒幽厲之不仁，所以存天理，遏人欲也。以後俱是此旨。

三代章

二"以"字、"所以"字俱重，是得失、廢興、存亡之關揆處。仁即上"仁心仁政"意，雖自天子説到庶人，却以國爲主。

人謂聖賢言仁義，不顧功利，若然，真迂闊而遠於事情矣。何也？戰國之人皆曰：天子非利不保四海，諸侯非利不保社稷，卿大夫非利不保宗廟，士庶人非利不保四體。試觀三代，其得天下則不在於利，而以仁也。其失天下則不在於無利，以不仁也。

由是推之，得天下，保四海，保社稷，保宗廟，保四體，其利大矣，總以一仁得之，誰謂聖賢不予人以功利也哉？但言功利較世人尤覺得本領耳。

惡醉是良心發見，強酒是又爲人欲掩蔽，是乍醒而復自昏沉者耳。

愛人章

當時之君好責人而忘責己，些小設施便求效驗，少有不應輒便尤人，故孟子教以"反求"二字。反求精神毫無滲漏，天下歸之，總收攝入身來，引《詩》照看前章"仁"字，説個大綱，此章仁、禮、智又説得完密。

"愛人"三句，要得修身繕性之功，不外於待人接物之際。

治人是立綱陳紀，使各就條理，須知明纔處當。若治人不治，必其知識未到，綱紀政事有未合天理人情處，故反其智。

三反工夫，無時無處不下手作，那討個缺陷處？其身正即是反身盡道，天下歸即心悦誠服，重在一身可以管攝天下上。

行皆反求，便是配命之學。天下歸正，是多福。引《詩》只以自求證反求也，點出配命，見天命人心之總會，皆屬己身擔荷。

恒言章

説一所房子，便有個人在。説天下國家，便有個身在。恒言，即未之明言而意已躍躍可思矣，孟子特剔出"言"之耳。舊説恒言不知本之所在，似未是。

恒言不言身者，貴身於天下國家也。置天下國家於身之内，則可使昆蟲草木聯爲肺腑。置身於天下國家之内，則可使喘息呼吸通於胡越。故身者，不可與天下國家并言者也。恒言虛一身字，政〔一〕使有天下國家者瞿然自思。

不難章

爲政不難，謂操之有要，運之有機，須含下德教，沛然正是不難處。見爲政機括不在巨室，只在吾身德教上。

"慕"字與"溢"字相關，慕有欣欣愛戴之意，非平日德教滲入人心，安得此浸灌溢出的光景？

不得罪於巨室，非隨俗以媚巨室，亦非有意以抗巨室，只是心正身端，可以生彼敬心。多方開導，可以生彼悟心。有恩有禮，可以生彼愛心。刑清法肅，可以生彼畏心。如此德教，巨室安得不慕也？溢乎四海，是難格者格，故無往而不格矣。由巨室而一國，而天下，只一滾説來，沛然意自可想。

有道章

全是激發諸侯自强，看無敵意自見。見得人當順有道之天，不可安無道之天，全爲七雄中之不度德量力者發。小德役於大德，小賢役於大賢，如文王之臣商孫子便是。小役於大，弱役於强，如齊景公之女吳便是。

有道、無道中含個"天"字在，天即所謂主宰是也。明聖興而威福一，乃天與以安天下之資。群雄起而禍亂生，亦天與以爭天下之資。所謂天授，非人力，意如此。小德、大德，小賢、大賢，以理言。小大、强弱，以勢言。蓋天下有理有氣，就事上説，氣便是勢，纔到勢之當然處，便非人之所能爲。故曰天者理勢之當然。雖曰時勢如此，然有大德者便能回天，便勝這勢。如文王自小至大，由百里而三分有二，不爲紂所役。此可見德足以勝時勢處。

要知雷霆雨露總是天心，即無道之天亦是於穆主宰，令人激而思奮，懼而增修，則雄於德而力雄者無論也。此屬意於無道，與屬意於有道者一樣，只要人善承天意，順天者存，全是盡人事以聽天，非任其見役於人也。真能回天，方是順天，聖賢之意猶天之心，恨不得叫人挺然作些事業，如何肯叫人安於自弱？總是見得天必不可逆，只要自強。

引景公一段，不是受命蠻夷爲順天，正是小國師大國而耻受命的樣子，正不能自強、不免人役的證驗。涕出是羞赧情景，下文"耻"字從此生出。

景公是大國，不自強，便少不得事夷狄。文王是小國，能自強，便就可以膺帝命。正見爲國者不可不師文王以自強也。文王是順天的樣子，師文王且虛含"仁"字。

"商孫子"一節，正文王爲政於天下之事，所可師者看這樣。不億之子孫，膚敏之臣庶，緣何臣服於周？只爲文王之仁耳。仁不可爲，衆以德言，言天下以力相角，則力多者爲衆，仁却在強弱之外，憑你多少人也算不得衆了。不可爲，如云雖多亦奚以爲。國君好仁，天下無敵。推開説是孟子之言，非孔子語。

大國熱矣，師大國，執熱矣。文王救焚之仁便是解熱之水，誰能執熱而不以濯？誰能無敵而不以仁？言必修德行仁，始可以轉無道之天爲有道也。

漢高不階尺土，五年成帝業，其致王何以如是之速？蓋漢高當四海鼎沸、瞻烏靡定之時，與七雄之世守祖業、各子其民者迥別。此秦始之夷六國爲郡縣，乃天憫吾民之鋒鏑，而借攙搶以蕩掃，爲漢之日月中天也。此誠混一區宇極大之功，而後儒每致貶焉。蓋但知秦始之非其人，而不知上天爲民驅難之意，是豈能曠觀千古者哉？

不仁章

此亦承上章而言，仁與不仁，自取之不同，全重自取。

"夫人"節是孟子說自侮身不修，自毀家不齊，自伐國不治，三"自"字，見不得分咎於人。引《書》一"自"字，見不得諉數於天。

桀紂章

孟子見當時惟憔悴於虐政，故汲汲以"仁"之一字爲援，既狀民心之所以歸，隨説暴君之所以敺。既勉好仁之必至於王，復儆不志仁者之必陷於亡。語語切至。

通章綱領在一"仁"字，仁民之要在"所欲與聚""所惡勿施"二句。能如是則謂之好仁，而不仁者皆將敺民以歸之，其王天下也孰禦？後世秦爲漢敺，隋爲唐敺，皆是如此。

孟子此篇論天下得失之大勢最爲痛快，直捷得天下只在得民，得民只在得心，得心只在順其欲惡，這就是仁了。民之歸仁原如水之就下、獸之走壙的，而不仁之桀紂又爲之敺，如獺之爲淵敺魚，鸇之爲叢敺爵，兩下各趕的緊，只苦無個仁者。今天下有好仁者，則諸侯都來爲他敺，自不得不王。

前二段將得民心得天下關竅已説得極明透了，吃緊尤在"今天下"三字，因急接"今之欲王者"，見圖王者不可失此機會。又説如此則王，如彼則亡，可危可懼，見不可不猛省下手，求志於仁耳。

七年之病，譬國勢危，人心離，而病根深也。三年之艾，譬深仁厚澤以挽回此病。平日既無積累之功，今日不可無必爲之志。

前引執熱之詩，見當時天下如火益熱。此引胥溺之詩，見當時天下如水益深。

自暴章

　　要得以仁義提醒人的意思。自暴是剛惡，自棄是柔惡，言非禮義是詆毀也。次節非喻辭，正指點真切處。蓋非毀禮義之人已不可教誨矣，故只指自棄者言之，見仁非他，是爾安身立命的宅子。義非他，是爾蕩平步曲的正路。曠安宅則必放辟邪侈，安所不可安之居矣。舍正路則必行險僥幸，由所不可由之途矣，故曰哀哉！

道在邇章

　　此章是孟子性善宗旨，運天下於掌上的把柄。觀《孝經》云：“先王有至德要道，以順天下，民用和睦，上下無怨。”又曰：“天下和平，災害不生，禍亂不作。孝悌之至，通於神明，光於四海。”豈不是親親長長而天下平？總只見道在切近，不必遠求也。

　　治天下者，其本在人君“親其親，長其長”以倡率之。其欲人親親長長也，必須多方以教之。人能親親長長也，必隆禮以旌之。人能使人親親長長也，破格以用之。或不肯親親長長也，明刑以懲之。豈是撇却自家、一味坐聽天下親親長長之化？

下位章

　　誠身爲主，“思誠”二字正誠身下手處，所謂盡人以合天也。開口須下“吾聞”二字，若曰：吾人一身，立於君民內外之間，非可以無故而感動也，全在誠能動之，故云。

　　善即誠也，其純粹以精曰善，其真實無妄曰誠。不明善，是未能學問思辨以求明其善，又安能將此理實體會於身而爲身之誠？

此非辨誠有天人，乃原人之本有是誠也，是從人身上指出個源頭來，見天下無兩個道理。思誠是慎獨，毋自欺，蓋誠者都是實理，思誠者，思此理之在我，而求以實體於身也。思誠到盡處，即是至誠。天地間只是一個誠，原隔不得形骸。誠之至，自能動物。動機在至誠身上論，不在物上論。《書》所云"烝烝乂"，"烝"字最好想"動"字，如能悅親信友，獲上治民，皆是。

獲上、治民、信友是治平中一事，悅親是齊家中一事。誠身兼修身、正心、誠意言，明善是格物致知之事。

《大學》言誠意、正心、修身，子思、孟子何止言誠身？蓋思、孟所謂誠，即兼"正、修"二字言，思、孟所謂身，即兼"心、意"二字言。言有詳略，理則一也。

博學、審問、慎思、明辨皆明善也。篤行，誠身也。合之則曰思誠。

伯夷章

此章不爲文王説，是勉諸侯行文王之政，重末節二老歸文，爲養天下之老，非爲一身就其養也。太公以功業濟世，伯夷以名節厲世，二老各爲世間辦一大事。

要知文王得民心在二老未歸之先，而天下之歸文王適當二老來歸之時，纔見二老非先去爲民望纔見文王，非陰結豪杰之心。

如何是行文王之政？就"養老"一節論，如制田里，教樹畜，導妻子，使養其老。以大概論，是不忍人之心行不忍人之政。文王之德百年未洽，而今可取效於七年。文王之化僅冒西土，而今可爲政於天下，所謂事半而功倍者也。

孟子有伯夷之清風，太公之知略，蓋戰國一大老，天下之父也，亦隱然以天下大老、天下之父自負，竟無一君如文王者，此戰國所以止於戰國也。後世如張良歸漢，項氏以亡；孔明在蜀，炎綱幾振，其所係輕重固如此。

求也章

富强皆非美事，此非末减富國者之罪，所以甚善戰者之律耳。連諸侯亦開戰之端也，辟草、任土亦爲戰之助也，三者共是一條路上人，但彼二者未嘗親爲戰，故姑[二]次之。詩曰："請君莫話封侯事，一將功成萬骨枯。"良可太息。

戰國諸君誤視善戰諸人爲太公一流人，故信之用之，以殺人之醫爲救命之醫，飲促亡之藥爲續命之藥也。至善戰諸人，又誤以殺人之術爲生人之術，且自謂豪杰處衰世，相時而動，宜如斯耳。寧知擇術一誤，殺人而遂至殺其身乎？殺身而遺毒，猶殺後世，彼安得自知其故也？孟夫子一一明白喚醒，仁矣哉！

按阡陌便是井田，一橫一直，如遂上有涂，這便是陌，陌之爲言百也。澮上有路，這便是阡，阡之爲言千也。自阡陌之外有地，則只閒在那裏。先王所以如此者，乃是要正經界，恐人相侵占。今商鞅却破壞了，遇可作田處便作田，更不要整齊，這是破壞井田，決裂阡陌，把千古聖賢傳授精微之意盡壞於此，所以可誅。先儒曰："治地而主於利民，則闢土之功可慶。治地而主於利國，則殃民之罪難逃。"

莫良章

此是一副照膽明鏡，常在人當身現出。《陰符經》曰："人心生於物，死於物，機在目。"蓋在外者由目而入，在心者由目而發，如弩之有機也。"莫良"字，言其昭然象人之良心而出，形而以神用者，故曰良，觀人意尚在下面。世人都說藏心於内不可測度，不知就人身上論，自有眸子把胸中好醜都獻出來與人看，萬不失一。瞭是神清而明，眊是神散而昏。

孟子生平的學問，惟有養氣與觀眸子是千聖所未發。養氣只在氣上，觀眸子更在神上。聽其言也，只帶説察言觀色，亦在一時言。學者讀此，非獨可得觀人之法，又當知簡身之要，私心邪氣其可頃刻而有耶？一萌諸中而昭然不可掩矣。可不懼哉？

讀“眸子”章，見觀人自有把柄。“恭儉”章，見治世自有把柄。“授受”章，見救世自有把柄。“易子而教”章，見爲父自有把柄。“守身養志”章，見爲子自有把柄。“格心”章，見爲臣自有把柄。

恭者章

當時人君本是侮奪，却又要邀不侮奪之名，故必欲人順其侮奪，方可以掩己之醜，是内得侮奪之利，而外又要得恭儉之名也。不知恭儉豈可以聲音笑貌爲哉？

恭者決不侮人，則有謀即就是恭，就是以幣帛交也是恭。儉者決不奪人，則撙節不用是儉，即費出有經也是儉。

授受章

孟子時時以道援天下，如天下溺於邪説，孟子以仁義援之。天下溺於功利，孟子以王道援之。只此援天下處默連其道，非若手援之可以迹見也。子欲手援天下纔是援手，奈何不思吾道之所以援天下也？

易子章

《傳》曰：“愛子，教之以義方，勿納於邪。”父亦未嘗不教，但遣子出就外傅亦是大概論道理，言父子之間雖不責善，豈不欲其爲善？然必親教之，其勢必至於責善，故養恩於父子之際，而以責善望之。師仁之篤而義之行也。此是正經道理。若懼其傷恩，而自己全不教戒，又不使之親師友以教戒，及其不肖，徒諉曰："其子之賢、不肖皆天也。"此所謂慈而敗其子矣。

事親章

上章是教子之道，此章是孝親之道。事親在守身，養志正守身微妙處。

事親乃稱報本，故爲事之大。守身乃不虧所從來，故爲守之大。然必守身方能事親，如誠身以悅親，立身以顯親，皆是事親。還有許多順親有道的事，不是一守身便了，却特其大關係處在守身耳。

看數"必"字，非曾子不能。曾子直以己心、親心聯貫爲一，無一念不在親，無一時不在親，就是一頓飯一餕一餘，亦看作親意所在，纔能如此。常常問必之云者，無一次不然也，非一時口頭偶勉强得來。分明是視無形，聽無聲，錫類不匱之孝，豈不守身者能得？故曰事親若曾子者可也。

酒肉、請餘，原是養志之一端，守身乃養志之大者。曾子生平三省，弘毅任仁，其所守乎身者何大？則其所事乎親者又何大？而區區一奉養，足以盡之乎？孟子蓋非以此爲孝之大，而於此見孝之真。言一飲食而必順志，其能謹守此身以順親心，不言可知矣。

格心章

此章論相體當從第一義作格正也。格者，物之所取正也。大人不失赤子，是何等心腸？不必信果，是何等作用？明親至善，是何等學術？世有若人，而謂其德業、聞望與精神、豐采不足感動人主於未言未諫之先者乎？朱夫子曰："格君心之非，此是精神意氣自有感格處。然亦須有個開導的道理，不但默默而已。"伊川解："遇主於巷，云至誠以感動之，盡力以扶持之，明禮義以致其知，杜嶬〔三〕惑以誠其意，正是此旨。"注謂孟子三見齊王而不言事，門人疑之，孟子曰："我先攻其邪心，心既正，而後天下之事可從而理也。"

既云君仁、君義，又云君正，謂何？蓋煦煦者非不仁，孑孑者非不義，然以大德、不以小惠是仁之正，無偏無黨、王道蕩蕩是義之正。龍德中正，故德溥而化光也。三"莫不"字，俱指用人行政，言一正其君則用皆得人，行皆善政。國定就是賢才輔而國政理，國計定，國是亦定也。

上章事親在養志，此章事君在格心，俱就精微轉移處説。

有不虞章

孔子曰："衆惡之，必察焉。衆好之，必察焉。"孟子曰："有不虞之譽，有求全之毀。"乃其注疏。二"有"字大有感慨，見人情意料之外，更有如此不可知者。不虞之譽如無源之水，涸可立待。求全之毀如指玉爲石，久當自明。君子不可被毀譽搖奪，全要自作主張。先儒曰：修己而遽，以是爲憂喜，必至於失己。觀人而輕，以是爲進退，必至於失人。故要自考，又要自信。

易其言章

"責"字作責任看，還有關係。

趙括易於談兵而敗於兵，韓非易於説難而死於難，晁錯易於消七國而無以制七國之變，嚴尤易於策勿奴而無以策昆陽之敗，易言者鑒諸。

人之患章

學問者，終身之事也，何可自足？若誨人不倦，是愛人之心。只好爲人師，便是上人之心。

從子敖章

從小人，爲失身一罪也。不早見長者，又一罪也。孟子且以後一罪責之，而克不悟失身之罪，所以下章又正辭以責之。

學古道章

謂正子因歡以干進之意，固非也。謂不干進，而有意藉其資糧輿馬之便亦非。所以論正子只是善信的人，惡惡不嚴，偶然不謹，與之同來。孟子亦儘量得他過，尋思其故，殊是無謂，故曰徒餔餟耳。此戒責而兼提醒之辭。

"徒"字可玩，表明正子心迹。

不孝章

注中"三不孝"，一失幾諫，一失顧養，不過失在親之一身，無關後世，故惟無後爲大。舜不告而娶，既變通以成己之孝，又委曲以成親之慈，故曰猶告。前以永吾親之廟祀，將宗廟是告也，告於宗廟與告於親同也。後以衍吾親之派，是爲親謀也，爲親謀與謀於親一也。

仁之實章

此是孟子教人從孝弟識性也。仁、義、禮、智、樂，性也。人驟語人以仁、義、禮、智、樂，鮮不驚駭。不知孩提之童無不知愛其親者，及其長也，無不知敬其兄者，即此便是仁之實，即此便是義之實，由此而弗去之，便是智之實。"節文"之便是禮，樂之而生便是樂，故各下"是也"二字，指點之詞也。

仁、義、禮、智、樂，總不外於事親、從兄，真是道在邇而不可求諸遠，事在易而不可求諸難。孟子只要把仁、義、禮、智、樂說得極易簡切實。

要看"事"字是順親左右意，"從"字是後先不離意，肖孩提稍長景象，便可以見仁義之實。此是真愛真敬，一段切近精實處，勿說作"本"字。

孝弟固為仁義之實，然無知禮樂，亦無以見孝弟之所由全。故此節一一指出，知斯二者弗去，不是要他不去，只知的真時，便自不曾昏昧。知即本初帶來的良知，久久弗去，細細密密，自然有許多節次。從從容容，又自然有許多文采。事親、從兄之間可度可觀，如所謂心雖無窮，不得不止於有限之分意。雖真樸，不得不行以委曲之儀，此之謂節文，非節其太過、文其不及之謂也。節文日熟，則子愛親而親亦慈其子，弟敬兄而兄亦友其弟。和美一團，感通亦順。雖欲不樂，不容於不樂。雖欲不生，不容於不生。以至手舞足蹈而不自知，則事親、從兄之間，無非聲容之盛而樂之極也。已手舞足蹈而不自知，是樂至於忘，始為真樂，故曰至樂無樂。

要看知禮樂之實，不是孝弟得智而知，得禮而節文，得樂而和樂也，乃是以孝弟之真知為智，節文為禮和樂為樂也。

通章以一脉真心名仁，名義，名禮，名智，此孟子道性善常法，而又收之以樂者，是又將許多名號銷融於一樂，直到學處，不知天籟自呈之始而後合，粹然無雜之性體。孝弟原有真樂，生處不著人力，樂處亦無功夫。

大悦章

此章只是舜盡事親之道，一句便了。天下悦而歸之，方以舜爲仁人，爲孝子，而舜乃自怨自責，初不見己之爲仁孝，正是視天下猶草芥處，與輕富貴無干。天下大悦即是爲天子，舜之心以爲，不得乎親，不可以爲人。不順乎親，不可以爲子。雖天下大悦而歸己，何益？不得乎親便不悦，所以舜盡事親之道。道一盡，所以致瞽瞍之悦。瞽瞍悦，這就是瞽瞍化也。由是天下之人子皆以舜爲法而化於孝，其父承子之孝亦皆化於慈，是天下自然化了。天下之爲父子者定，是子孝父慈，各止其所，而心無不安也。定字以理之至極處言，舜一盡道，而致天下之定，所以爲大孝。

得親是承事悦親心，順親則非徒不拂親心而已也，必先意承志，諭父母於道，使親之心皆順乎理，如下底豫方是順，所以猶難。得有形，順無象。得可知，順不覺。有象而可知者，事職其能。無象而不覺者，道神其用。故曰舜盡事親之道。

父道有缺陷，便是子道有缺陷，可見大孝的人不特不見父母之非，必使父母歸於至是無非，使頑嚚盡釋，纔是能盡事親之道。

離婁下篇

舜生章

自古決無循途守轍的聖人，若只在形迹上比勘，擬之愈近，去之愈遠，所以孟子從時地中點出一"志"字，正要在作用各別處見其心心相印，故不曰同道而曰揆一，總性體中指出一點靈明，便把千秋聖脉都包裹在這些子裏。

人當窮居時猶能持守一個志，到志氣舒展，世味浸淫，各趨所便，最難相通。舜、文得志時位各不同，行乎中國，各行其心之所是，而合者自在。若合符節，指舜、文言。先聖後聖，其揆一也，推開説，言先作後承之聖，無論志之得不得，時之行不行，其心之運量權衡一耳。

章内雖未明説孔子，而意見於言外。蓋舜與文所謂得志行乎中國者也，概觀先聖後聖中，獨有孔子未嘗得志，未嘗行乎中國，而亦與之一揆，是其道不倚勢而立、不待時而行者乎？而賢於舜、文遠矣。故曰願學孔子。此孟子言外意也，不必入正講。

子產章

子產承輿濟人，出於一念之不忍，亦偶一爲之，後世相傳爲美談，將有竊伯之歡虞而失王政之大體者，故借以立訓。孔子深許子產之惠，此處似不得以私恩小惠解之，須云：子產誠惠矣，而據此事，則不知有大體在。「惠」字打開説，至不知爲政，方自濟人一事言之。

平其政，是以不忍之心行不忍之政，其體正大而均平，其法精密而詳盡，而其利澤之及人，如天地之於萬物，莫不各足其分，而莫知其功之所自。苟有是心而無是政，則不過以煦濡姑息，取悦於目前，其耳目之所不及，不免有所遺矣。況天下國家之大，又安得人人而濟之？

日亦不足，言日日行之，亦不能使民心滿足。

子產與三國時諸葛武侯地位相似，皆大器小用。武侯嘗曰：「治世以大德，不以小惠。」故其治蜀也，官府、次舍、橋梁、道路莫不繕理，而民不告勞，是亦庶幾乎先王之政矣。

視臣章

"諫行言聽"二句，是臣調護其腹心，而君能展布其手足。導之出疆，則保手足於無虞也。先其所往，則推手足於有用也。三年然後收田里，是無一日不念手足也。此正君之視臣如手足，故臣有腹心之痛而爲之服也。

三有禮，是有防衛之禮，有稱揚之禮，又有屬望之禮。説到寇讎處，其旨危，其詞凛然，舟中敵國之恐。

"則臣視君如寇讎"，後人往往疑之。宋高宗嘗舉以問楊龜山，龜山答曰："非孟子創爲之語也，實本於《周書》'撫我則后，虐我則讎'之語。"高宗頤顔。後又問尹和靖，和靖對曰："孟子對當時之君言，對人臣則不肯如此説矣。"高宗隨豁然。

無罪章

覆巢破卵，則鳳凰不翔其邑。刳胎殺夭，則麒麟不游其郊。竭澤而漁，則蛟龍不處其淵。見爲國者不可失士大夫之心。

可以去，可以徙，真是知幾身無辱，安分心自閑。然使大夫去，士徙，其國可知。

君仁章

君仁、君義，則非特所行皆仁義，而一國化之，亦莫不仁義也。主感化言，與前篇特小異。

非禮章

此非烔然違背禮義，但是精微處欠明，便失禮義之中正，而反有害於禮義耳。此非平日辨析極清而臨事又有化裁者不能，此全從學問中來。大人於禮義，周遍融通，只求其心之所以安與時之所當然，固不取必於守經，亦不取必於通變。

雖説非禮非義，但語句脱卸到禮義上，畢竟是禮義與似是而非的不同，只如小廉曲謹之類。朱夫子曰："凡禮義不可泥陳迹，如可行於昔而不可行於今，可行於人而不可行於己，與夫辭之爲禮，亦有不辭之爲禮；受之爲義，亦有不受之爲義。此須精義入神，觀其會通，行其典禮，方是時中之宜。"

中也章

此章是父兄成子弟的道理，推言之，即先知覺後知的道理。

養是抛舍他不得，奈何他不得，由他性子，不得由我性子，不得精神在若用不用之間，功夫有不操不縱之妙。樂字即從養中得來。

"養"字可玩，麟鳳有種，芝蘭自芳，豈盡天授？在惜其羽毛，灑之雨露耳。

不爲章

《荆卿傳》云："其爲人智深而勇沉。"深所以藏智，而出之使不測。沉所以養勇，而發之使必遂。

人有不爲，不但揀擇不該作的不爲，就是該作的，若見事風生，躁心浮氣，斷是作事不來的。有不爲，乃凝然不動，沉心定力，蘊蓄有素，方纔遇著事奮發出來。此孟子知言、養氣之學。詩曰："施爲欲似千鈞弩，磨礪當如百煉金。"

有莘耕夫出迓商家之衡，南陽卧龍起噓炎祚之爐，二公皆由學問作出。可見古今多少大事，皆是有涵養的人幹來，豈區區才氣炫耀所能辦？

言人章

言人不善的人滿腔都是殺機，不有奇禍必有奇窮，後患不拈定報復説，蓋不止言己之不善也，曰後患，見一時雖或隱忍，後必不免。

仲尼章

不爲已甚，猶云恰當至好，不加一毫意思，即堯舜之所謂中。如夷、惠都是聖人，但清到舉世無一人可屑，就和到舉世無一人可屑去，便是加些意思，便是已甚，不消説到驚世駭俗不是的去處。此是孟子贊孔子之至聖，即是中庸其至矣乎。

惟義章

此是大人虛心觀理之妙。

大人章

前章“非禮之禮，非義之義”，“言不必信，行不必果，惟義所在”，皆大人之妙用。此章不失赤子之心，其本體也。仲尼不爲已甚，亦是如此。

人各有赤子之心，惟不自有其心，所以其人愈長，其心愈消耳。指出初心，見大人之學直從混沌中立根基。蓋赤子之心幾希也，不失赤子存幾希也。“不失”二字中間儘有工夫在。若愚夫愚婦，從孩至老，蚩蚩如一，濟得甚事？

大人生平所歷，豈無學問造詣？畢竟要到不識不知，順帝之則，何思何慮，殊途同歸，方合著本體。凡擴充保任，是用的工夫，於心量不曾別添些子，只是一點靈光發見圓滿，浩無邊際，故曰：“請觀大舜終身慕。只是孩提一點神。”

親親，仁也。敬長，義也。性之善也，大人，盡性者也。赤子不學不慮，與聖人之不思不勉，其率乎性者一也。總此誠也，大人，一誠而已矣。

養生章

養生不是小事，朝夕承歡，即有缺，猶可補。至送死，一不慎，終天之悔莫及，故爲大事。此對送死者説，欲其附於身者必誠必信，附於棺者必誠必信，勿之有悔焉耳。若人子養生忽略，徒以送死爲心，則失之生前而求之身後，其爲不孝甚矣。

深造章

深造是進進不已、不肯淺近求之道，則循序致精之法。人多有恃其志意堅猛、精神壯强而不以道者，亦不可以自得。如顏之由博文、約禮而進莫由，曾之由三省、戰兢而悟一貫，方是深造之以道。

“居安”六句是自得中一時并現之妙，所取者不在左右，只是所得於心者隨左右形現之耳。

居安、資深即所謂溥博淵泉，取之左右逢其原，即所謂“而時出之”。

深造以道，此學問下手的訣，如在言語文字上造，不在身心性情上造；只在大庭廣衆處造，不在幽居暗室中造；只向居常處順時造，不在造次顛沛時造；俱不謂之深造。又如功利詞章固不謂之以道，即虛無寂滅亦不謂之以道；忘固不謂之以道，助亦不謂之以道。須是實用聖賢敬義功夫，文行一致，動靜一致，順逆一致，勿忘勿助，日新又新，如此方謂深造以道，方謂自得。不如此而求自得，是適北而南其轅也。有是理哉？

自得是知止後光景。定而後能靜，靜而後能安，是居之安。

安而後能慮，是資之深。慮而後能得，是取之左右逢其原。

深造之以道，即是格物致知，誠意正心，修身至物，格知至則自得矣。到意誠、心正、身修時，便見居安、資深境界矣。以此齊家則家齊，以此治國則國治，以此平天下則天下平，是取之左右逢其原，舉一左右，而前後、上下在其中也。絜矩之道與左右逢其原，不無生熟之分，絜矩是求其逢原。此節逢原是絜矩後見成事。

博學章

隨時博學，隨時反約，未融時一個是一個，纔融了，便合作一個。將以反説約也，是博學而詳説的主意。若曰：詳説之者，非説詳也，乃説約也。不曰反約，而曰反説，約、説字要討個著落，愈説則愈通，愈詳則愈精，故有以反而説到至約之地。

博與約相對，中間點出"詳説"二字，此正博約交會處。

"反"字最堪味，有往而還之之義。蓋天地間理原是吾性中理，學焉而又説之，非説其在天下者，而説其在性中者，故曰反。學問若不反向身來，究到源頭歸一，縱博物洽聞何益？可見不博學，詳説固不能反約。博學詳説者，又不可不反約也。

以善章

以善服人即有相形相忌之意，并善亦不是了，如何能服人？以善養人是春風被物胞與覆載之心，故可以服天下。

言無實章

《家語》云："賢者賢哉，進賢賢哉。"若妨賢病國，此是天下國家的大害。

徐子章

通章重個"本"字。"本"指道理説，原原本本，蓄不竭，出不窮，水得之以妙流行而見天地之化機，人得之以修實行而播人間之令聞。

聖人取本之意，包涵最大，即原泉以溯，觀於本，即本以旁通於天地之脉絡，化育之流行，於此見聖心淵泉時出之妙。乙卯湖廣程文云："經緯天地而莫可端倪者，本也，水有焉，故能與天地相終始。聯絡古今而莫可紀極者，本也，水有焉，故能以古今爲旦暮。"如此看，"有本"字方得解。

學者有實行，則不已而漸進，以至於極，就如有本之水。學若不務本，只是名心重而道心輕，不曰過實，而曰過情，正在自己真情所不能掩飾處説。

有實學者，即如前章深造、自得，而有居安、資深、逢原之妙。

幾希章

千古聖人前後相傳，只是此點憂勤惕厲，便是幾希之心所存處。幾希乃人心中一點靈覺，參天地，靈萬物，貫古今，塞宇宙，都從此流出，是人所以獨異於禽獸處。孟子喚醒人心夢覺之天，指出人禽分關之路，最爲吃緊。

幾希靈妙，禽獸也有曉得的，如雁之貞序，如鳥之反哺。但人與禽獸爭靈蠢偏全，庶人不知昏昧放逸，所以失其性。君子戰兢惕厲，所以存其全。或先天以啓人心將開之懿，或後天以挽人心既離之精，皆是。但存之非止自存，正自存以存庶民之去也。若區區自存，是獨善矣，豈所以爲舜禹諸人？存之、去之何物？即下仁義是也。

論道統之源，實由伏羲畫八卦，堯舜揭一中，乃舉舜開端者。舜剖人心、道心之傳，又遭人倫之變，能曲盡其道。且以匹夫而玄德升聞，便見道統不假爵位，故斷自舜始。舜明庶物，如齊七政，奠九州，及亮采惠疇，皆是。此亦概論事物之理，非動植之物也。察人倫，如處父母齋栗；處兄弟格奸。處君臣，尚帝女，熙帝載。處夫婦，克諧二女。處朋友，協恭九官，皆是。明察就是行處，蓋幾希之理在事則爲物理，在身則爲人倫，在道則爲仁義。由仁義行，是即存即行，即以其所明察者由而行之，非有二事不分知行說。

明物察倫，舜之所以惟精。由仁義行，舜之所以惟一。此舜所以存幾希而開萬世心學之統也。

由仁義行是性之，行仁義是身之，不是誠僞、王伯之分。若并行仁義者亦且抹煞，誰復肯行仁義乎？

禹惡章

通章曰惡曰好，曰執曰立，曰視曰望，曰不泄、不忘，曰思，皆是指其心之精神處。其精神能爲憂勤惕厲，而不肯爲昏昧放逸，便是幾希之存也。總是君相一時事業，幾希萬古真心。

神禹一生，孟子直於好惡上斷盡，禹何爲獨惡旨酒？曰："内作色荒，外作禽荒，甘酒嗜音，峻宇雕墙，有一於此，未或不亡。"禹皆惡之。孟子指其一端，其餘皆可推也。"惡"字是遏欲，以防人心之危，"好"字是存理，以擴道心之微，正精一之學。

"中"即"執中"之"中"，獨舉湯者，堯、舜、禹親授受於一堂，其爲中，不待言。湯以干戈易代禪，以聞知承見知，於危微之理易隔，故揭出言之，見湯之得統於三聖也。立賢無方即是那執中之一端。有方無方，是後世治亂大關頭。

成心不可有，在用人尤難，如虞舜之用大禹，周公之封蔡仲，皆拔之罪人之孥，所以兩聖心事直與天合。

真見得民如傷，道未見，即"堯舜其猶病諸"意。

不泄、不忘，是即人情之易忽者，以見其用心之周密處。此是聖人精神元氣，周流貫徹宇宙，度內無分遠近。

兼三、施四力量最大。早作夜思，精神最久。不是空空懸想，便有斟酌變通在內，得之即得其源頭處，所謂先聖後聖其揆一者，此耳。知孔子之集大成不在迹，則知周公之兼三王亦不在事，此數聖人，皆是存幾希之性而衍道統之傳也。

王者章

孔子之教在六經，而獨言《春秋》者，蓋當時王迹熄，則禹、湯、文、武、周公之道幾不明於天下，而亂臣賊子其去此幾希、入於禽獸者不可勝言。孔子欲爲天下存之也，存之於筆削而已。可見二經爲宇宙元氣，有絕必續。

《春秋》一書，正明物察倫大關鍵處。

《詩》兼風、雅、頌，言天子不巡狩，太史不陳風，則《國風》亡。諸侯不朝會，則《小雅》亡。公卿不獻納，則《大雅》亡。群公不助祭，則《頌》又亡。夫《詩》，則美善刺惡，以昭示天下者。《詩》亡，則無善惡美刺之義矣。孔子特於《春秋》上說個是非，以一字之是非代詩人之美刺，是所以明王迹也。

晉史成於董狐，楚史成於左史倚相，魯史成於左丘明，皆不過記事之書。《春秋》未經夫子筆削，便與晉之乘、楚之檮杌一般，其事則齊桓、晉文，其文則史。及夫子取其義而筆削，便爲王者之迹，故曰："《春秋》，天子之事也。"

當時孔子只是據事直書，立個公案，其是非得失付之後世自明，何嘗云"書某事，用某法"？亦何嘗言"史官不是這等書，我來書過，故其義"？"義"字只是正例、變例之間，大書、直書之際，各得其宜之爲也。孔子口氣中切不宜入褒貶是非，況賞罰乎？故曰："吾之於人也，誰毁誰譽？"

仁義一脉從大舜明察來，從古帝王撑持世界全在此。孔子作《春秋》，單取義以攝伏人心，蓋從其不容泯者提醒之，則生人之脉斷而復續，義固所以成其仁也。

舜、禹諸聖皆在位者，人皆知其功業，心學精密，未必知也。孔子無位，學教萬世，心學人誰不知？大業人人未必知也。故於舜、禹諸聖多言心性工夫，見持世者何嘗不存心於孔子？則專言《春秋》作用，見存心者未嘗不持世，治統、道統歸於一也。

君子章

君子，賢而有位者。小人，賢而無位者。"澤"字休看作德澤、教澤。德澤、教澤寧有斬之之理？王端毅公謂即《禮記》口澤、手澤之説，言五世之內，其人雖不可見，然曾見其人者猶有存焉，其形容音響尚有稱述之者，必至五世方斬。

過下當云：況吾夫子，其精神色澤，固有萬世不磨者乎！予之時，正當夫子餘澤流行之際，而又況聖人之世未遠也，故得聞孔子之道於其人，而私竊以淑善其身，則猶之乎孔子之徒矣。

百歲之前聖傳心，百歲之後心傳聖，其教之在人，遞相紹述。其神之在己，暗相往來。私淑中隱然負得極大，正用力於不見不聞之地，所謂君子存之也。是自明、自察、自由而已矣。

孔子作《春秋》，以防亂賊，孟子作七篇，以距楊、墨，俱是明仁義之道，以繼舜、禹、湯、文、武、周公之統。淑諸人，即指受業子思言。

可以取章

此是看人精義之學，可以無者，只是不必然之詞。如冉子請粟，子路結纓，豈盡不可？直不必然耳。三"傷"字都從幾微上看出大凡，處兩可之交際，寧從其潔，毋失之污。寧守之正，毋失之狗。處兩可之死生，寧成其義，毋失之輕。此種取與、死生大道理，須是平日講得透徹，臨時纏得不差。

逢蒙章

只重取友者，當辨心術。"端人""取友"四字，通章之案。羿之罪不在知人之不明，在立己之不正。"端人"三句是大眼目。

西子章

人有先時志潔行芳而晚節狼狽者，亦有其初放縱不檢而後來遂列名賢書者。惟狂克念作聖，惟聖罔念作狂，其機只在一念轉移。

上帝維玄維默，其尊無對，亦能感格得來，真是一切皆由心造，惡念一轉，如燈之照室，黑暗盡明，絕無遲留沾帶，人可不急於自新耶？

前一段是一失脚爲千古恨，可惜！可惜！後一段是再回頭是百年人，可喜！可喜！

言性章

通是欲人識性，性之不明，智者過之耳，仍須以性爲宗。

繼善成性，人生而静，以上不容說。只有那發現的成迹，所謂故者，可以指點得性。然故有不同，有自然順利的，有勉强穿鑿的，故者以順利爲本然，不以穿鑿爲本然。如赤子入井，人皆怵惕，這是發見之故，便知他本性的仁了。然這個怵惕由於乍見自然觸發，這乃是利。若有納交等情，作意去作，便穿鑿了。

孔子所謂直，子思所謂率，孟子所謂利，皆易簡之説也。

凡事只依性行去，便是莫大的神通。只爲世間一等小聰明人攪入意見，失却本來混沌，便謂之鑿壞性體。

此所論智，非仁義禮智分言之。知如仁、義、禮、智之隨感而動，靈瑩活潑處皆智也，皆不容有所事於其間也。詩曰："良知即是獨知時，此知之外更無知。誰人不有良知在？知得良知却是誰？"

明道《定性書》云："人之患，莫大乎自私而用智，自私則不能以有爲爲應迹，用智則不能以明覺爲自然，亦所謂惡其鑿者也。至謂君子之學，莫若廓然而太公，物來而順應，則行所無事之謂矣。"

人性必善，水性必下。禹之行水，順其自然之勢而導之，使水不失本然趨下之性而已。智者能順事物自然之理，以無事處事，使物各付物，任憑治術、道術，一切平常，方爲大智。

神禹治水，羲和造曆，是天下極大事，循其理則無難事，他可知矣。

二典命羲、和齊七政，只是個苟求其故。《禹貢》一篇只是行所無事。

苟求其故，是推千歲以前之日至。可坐而致，是推千歲以後之日至。要思歲月日時，何故皆會於子，此不可作故迹看也。《復卦》曰："冬至子之半，天心無改移。"天開於子，分明説個性善源頭出來。

往吊章

重"朝廷"字。此原是承君命而往吊，朝廷之上無私交，大體自是如此。

許多人與他言，未嘗悅。孟子一人不與之言，便不悅。與言衆人豈不自愧？諸人知有子敖，子敖知有孟子，孟子知有禮。

異於人章

“存心”二字是主腦，“仁義”二字是骨子，“自反”二字是血脉，直到下三“自反”，只是一個存心。

所謂君子者，近可法，遠可傳，獨有異於人，而究其所以異人者，則在用心處存主不同也。蓋人多以殘忍爲心，君子則以仁存心。人多以簡傲爲心，君子則以禮存心。此君子所以異於人也。“存”字中有貫久暫常變意，方是能存。

“仁者愛人”二句即發以驗其存，“愛人者，人恒愛之”二句即應以驗其存。

二“自反”是徹底功夫，徹底是仁，徹底是禮法，今傳後皆由於此。

横逆之來，君子亦動心。但衆人因横逆動尤人之心，君子因横逆動自反之心耳。故曰動心忍性，增益其所不能。只不動尤人之心，便謂之不動心。有自反而不較者，有不自反而不較者，有不自反而又以不較爲較者。自反而不較者，顏子是也。若不自反而不較，但遇横逆即曰妄人，曰禽獸，此是自以爲是，目中無人，失顏子不較之意矣。至於老子“欲上故下，欲先故後”之說，是又以不較爲較，乃深於較者也，其病又甚於傲妄。故孟子存心自反之說，正在精微處辨毫釐千里之異耳。較固不是不自反，而不較又不是君子，又要不較，又要自反。横逆既一毫不介於懷，修省又一毫不懈於己，方是真正犯而不較，此顏、孟功力無二。

獨稱舜者，以平生遭值横逆無如舜之甚者，而夔夔齊栗，至泣天而呼曰："於我何哉？"可謂古今自反之極。

法是心法，傳是心傳。鄉人是行義稱於一鄉者，然擅美於鄉，而不能爲天下後世立極，君子以爲憂也。許敬庵先生作時文云："我猶未免與鄉人較是非也，與鄉人較是非，是亦鄉人而已矣。我猶未免與鄉人較順逆也，與鄉人較順逆，是亦鄉人而已矣。"數語直中本章肯綮。

請看有終身之憂者，人孰如舜？人能當士悦帝妻，百官備，天下將遷，而旻天之號慟然乎？無一朝之患者，人孰如舜？人能當廩焚井掩，牛羊倉廩欲奪，而床上之琴犁然乎？如謂妄人難感，當日干羽舞而有苗格，舜且感至不可感之頑民矣。如謂禽獸難格，當日《蕭》《韶》奏而鳳儀庭，舜且化至不可化之異類矣。當其時，身處千古未有之橫逆，而究其後，使天下萬世更無難處之橫逆，所以天下法，古今傳。君子終身之憂，憂不如舜者以此。蓋憂則爲君子，君子之至爲聖人。不憂則爲鄉人，鄉人之下爲妄人。以聖人而視鄉人，不猶鄉人而視妄人也哉？

禹稷章

禹、稷、顏回同道，不是爲禹、稷表德，全是爲顏子闡幽。何也？禹、稷功在天下萬世，人皆知之，但不信顏子能爲禹、稷耳，故孟子與禹、稷并言，與孔子許"用之則行"同意。

天生聖賢，決不是自了漢，但責任既分，事業亦異，只得分頭各作一件。禹、稷有禹、稷的事業，顏子有顏子的事業，試看陋巷內一簞一瓢，灑然物外，豈不是山林中具有經濟本領在？

禹、稷、顏回同道，且虛虛説個禹、稷救世，顏子修己，總是一心相同意。此"道"字正指那"由己饑、己溺"之心這個心腸。禹、稷、顏子都是爲仁由己，只是禹、稷有責任，顏子無責任。若是禹、稷有了"由己"的責任，然後才辦此"由己"的心腸，其何以爲禹、稷？若是顏子未有"由己"的責任，便全然沒有"由己"的心腸，其何以爲顏子？不知這個心腸就是仁者以天地萬物爲一體之心，有了此心，便是一腔四海八荒我闥，所謂大用之不愧四海，小用之不愧四境，不用之亦不愧四壁者，此耳。用與不用雖不同，其不愧則同，故曰同道，又曰易地皆然。吾輩不要管用與不用，有責任無責任，千講萬講，只是要不失此"由己"的這個心。

說出易地皆然，便見胼胝中亦有樂天顏子，陋巷中亦有焦勞禹、稷，自不難以修己者救民也。

須知閉戶亦是救世心法。蓋世路擾攘之秋，定以理其紛，靜以觀其變，此正一體萬物、與時變化之道。纓冠非加，閉戶非損，所謂同道者以此。

禹、稷得舜薦舉，固在道明德立後。顏子在當時，一孔子且不用，顏子何以任之？儻有人薦舉，則閉顏子之戶者不難過禹、稷之門，如何便肯把經濟手段等閒袖却？

禹、稷、顏子以一道而各行其志，孔子則酌一身而兼用其道。其轍環列國，席不暇暖，即過門不入之思乎？其固窮不慍，弦歌自適，即陋巷不改之樂乎？在禹、稷能爲顏子，在顏子能爲禹、稷，在孔子則可展開顏子之身爲禹、稷，亦可收拾禹、稷之務爲顏子。

匡章章

子父責善而不相遇，先子而後父，蓋責善起於子也。章子責善，豈亦傷父母之反目而泣諫與？抑其愛之不終棄也？而以禮葬期之父與？其設心以爲責善而得罪於父了，若不出妻屏子，則罪愈大。此一轉推，見至隱情味惻然。

武城章

君子可去則去，可守則守，内斷於心而已，人言不足憑也。兩"或曰"亦可味，此亦是專爲曾子分疏，見得武城亦有勞臣，衛國亦有高士，隨時圓轉，到處靈通，開此眼界，方知書册上古人都是活局。

曾子弘毅任仁，千萬人吾往，臨大節而不可奪也，豈是恝然無情？子思居衛而有齊寇，則守之。居魯而亟問亟餽鼎肉，則辭之。何其親於他國而疏於宗國？此皆賓師與臣之别也。

王使人章

"睍"字是看他破綻處，不是看他好處，孟子直作看他好處了。末句要照"睍"字，言堯舜之隱居幽獨亦與人同耳。豈知君子之所不可及，其惟人之所不見，人如何睍得到？

齊人章

"君子觀之"句最重，是孟子於熱鬧場中以道眼喚醒他，指出"所以"二字，真醜態畢露矣。

馮少墟先生有詩曰："孔孟山林樂疏水，皋夔朝市列簪裾。功名自有周行在，何必墦間乞餕餘？""孔孟雖然樂疏水，齊卿司寇亦簪裾。功名信得周行在，誰肯墦間乞餕餘？"

萬章上篇

舜往章

大舜一生心事，孟子只括以"怨慕"二字。"爲不順於父母，如窮人無所歸""惟順於父母可以解憂"二節，真畫出個夔夔齊栗樣子，令天下後世看。

怨生於慕，因慕之不得，其故而生怨，固是自怨自艾，若明說，則下文無味。

竭力耕田，不過子職中之一而已矣。孝聚百順，其他缺處甚多，不識父母之不我愛在那一件，徘徊自問，引咎負慝，此大舜一生怨慕的真妙事。

舜之怨慕，豈特歷山之日爲然？即當登庸之後，其心常是如此。蓋舜二十以孝聞，四岳薦舜，瞍已底豫，然此自四岳之心視之耳，舜之心未嘗以爲親之我順而遂已也。視嚚頑有一分之格，便不可以爲人，不可以爲子，故有如窮人無所歸。

憂正自慕生也，憂之所以難解，正以舜之慕非常人隨妻子富貴遞遷之慕，而猶是孺子之慕耳。舜經歷了許多可喜可願之事，亦只知有個父母，依然孺子，故曰大孝。此即是大人者不失其赤子之心，真是人欲淨盡，天理流行。

方親之未順時，則勞而不怨。其慕也，舉天下無以加。及親之既順時，則喜而不忘。其慕也，有天下而不與。所謂終身慕，所謂人倫之至。

娶妻章

前是舜處父母之變，後是舜處兄弟之變。然以不告娶，亦夫婦之變也。帝妻舜不告，亦君臣之變也。非聖賢不能於此圓應而變通。

以懟父母，"以"字在子身上說，如父母不容我娶，我便不娶。父母不欲我有後，我便無後。此是懟處。

堯不難於制嚚瞍而難於處舜。舜告之，嚚瞍定有違言。瞍一有違言，舜決不敢娶，而堯亦難以強舜矣。故若但無意行之，不論其告與不告，瞍之知與不知也。權非聖人不能用，於此可見。

堯之知舜已在"烝烝乂，不格姦"之後，最舜之過化也。此後又有焚廩、浚井之事者，是見一家小人，反覆變態，不可測度。又能使之底豫、忸怩者，畢竟爲聖人所化矣。

瞽瞍必欲殺舜者，以舜爲人不類己也。其愛象者，以象爲克肖也。從來庸人之識見顛倒多如此。

父母使舜，未嘗不在側也。父母欲殺，又不可得而殺也。爲父母之使，所以盡子職。不可得殺，所以不成親之惡。欲成親之美，小杖則受，大杖則走之意也。一家日夜圖謀，驚訝多端，竟不得出舜範圍，舜真仁矣哉！神矣哉！

或謂捐階是下階去也，完廩已下去，而瞍焚之。浚井已出去，而瞍掩之。見瞍爲後妻所惑，而父子天性終不可解。此説可味。

宋儒呂伯恭作"父母使舜完廩"二段時文，有曰："豈山澤未焚，天將留之，以爲命益之主耶？不然舜幾爲廩上之灰矣。豈水土未平，天將留之，以爲命禹之主耶？不然，舜幾爲井中之泥矣。"此語可傳。

舜歌《南風》而解民愠，在床琴而象鬱陶，此大聖至神妙用，莫作等閑。

舜愛弟，亦是順父母處。

象之憂喜，實關親之憂喜。象一刻不喜，親亦一刻不喜。象一刻不憂，親亦一刻不憂。鬱陶是象飾爲見兄之憂亦憂者，憂其何以至此？"思君"之言，是象飾爲見兄之喜亦喜者，喜其何以得此？至愛鍾於心而不可解，視象仍若孩提，然未嘗責以知識。

象非愛兄之弟也，而弟原有愛兄之理，道理真，即人情亦非僞。

象日以章

此章一字括之是"仁"字，兩字括之是"親愛"字。封之者，固是親愛其弟之仁，而使吏治亦所以全其親愛無已之仁。

舜之誅四凶而封象也，果何居？曰：得罪於天下，雖弟無赦也。得罪於己，雖疏無誅也，況親其弟乎？

天子使吏治其國，固是使象不得暴虐其民，是親愛之深而慮之遠，使得保全，終享其茅土也。後世郡縣之制本諸此。

本朝於諸侯王亦然，遠勝封建矣。

象不得有爲於其國，與有庳之民全不相干涉，如云就他不得有爲處，而強名之爲放耳。然豈真放哉？舜正欲常常見之，故得源源而來。諸侯見君，必待朝貢之期以政事來見，舜之於象，不待常期拘拘以政事來見也。又須知常來朝者，不但是欲展親親之情，使之常觀政事體法，忠孝誠敬，則自有薰陶轉移處耳。聖人即親愛之中，亦有許多節文如此。

盛德章

古語本是形容臣子之盛德，猶云天子不得而臣，一般當時遂暢說臣堯臣父，即人心敢於萌此一段意思，人口中敢於述此一段議論，便是無父無君，人心之夷狄、猛獸矣。孟子極力辨之，義正詞嚴，顯是爲戰國人心重闢一宇宙。

辨臣堯處云：天無二日，民無二王。辨臣父處云：爲天子父，以天下養。大義大孝，凜然扶植綱常、肅作人心之語，息邪說之功大矣。

引《堯典》及孔子一段，言外見舜本未嘗南面而立，堯安得北面而朝乎？且堯既死，舜尚且帥諸侯爲堯三年喪，豈堯未死，顧有帥諸侯而朝舜之理？

只在"堯老而舜攝也"一句斷明。

尊、養俱是一片精誠，故稱《詩》以"孝思"。

解不臣父，言有天下，正以尊養其父，然所爲父不得而子者，亦不是那樣解，即引《書》言亦非左[四]解古語言。因此説來，却像父不得以不善及於子，而反見化於子一般，而豈如子所云者乎？

上節是尊爲天子上見大孝，此是德爲聖人上見大孝。

堯以天下章

"堯舜禹"二章非區區明禪繼之義，總是見上天之權尊，聖人之心平，此與《上孟》"沈同以其私問"章參看。

天下公器，幽有百神管著，明有百姓管著，非惟天子與人而不能抑，且欲與人而不得，但因舜行與事，使他利有攸往，隨舉隨得，而示以與之之意耳。行以出乎身者言，事以布之天下者言。

以言授爲命，以意授爲示。

天子不能與而能薦，天不能言而能受。主祭、主事，正舜行事所在，所以神享民安，率由乎此。主祭，如類於上帝，禋於六宗，望於山川，遍於群神。事治，如慎徽五典而克從，賓於四門而穆穆，納於百揆而時叙是也。

二十有八載内，有主祭、主事等意在内，到朝覲等咸歸，則百神受職矣，百姓共主矣。

《泰誓》之作也，是征誅之天決於民心。引證於此處，見揖讓之天決於民心，即此便見禪繼總一天意。

人有言章

帝王以天下爲公，故賢可與則與賢，爲天下也。子可與則與子，亦爲天下也。後世以天下爲私，故見與賢者若公，見與子者則疑其爲私，而不知聖人即至以征誅得天下，亦非私也，無非爲天下也，俱非聖人之得已也。

通章以"天與賢"二句爲主，此便是舜禹之有天下也而不與焉。

吾君子，是克肖吾君子也。"啓賢"二字著眼，是能以祇敬之心繼承父之道，子亦是賢也。以子之賢、不肖作主，爲相久遠只帶說。夫舜、禹、益爲相或久或不久，堯、舜、禹之子或賢或不肖，皆天也，固非堯、舜所能爲也。然則君與父豈能爲臣子之計？而臣子亦豈能自致之於君父也？爲在先，致在後，莫之爲而自爲者，是冥冥中默有主宰。莫之致而自至者，是分定而不可移易。天是人之主，以自然言。命是天之心，以一定言。要之，命即是天，因落在人身上爲命，總是天心主宰，不可看作氣數偶然。

天生朱、均爲天子之子，天心即欲他得天下，朱、均不肖，不足君天下，亦無如之何也。丹朱、商均不肖，啓之賢，皆習也，非性也。

匹夫而有天下，德必若舜、禹，而又有天子如堯、舜薦之，纔能得，故仲尼雖有德而無薦，亦不有天下。然有德有薦矣，而亦不有天下，蓋匹夫而有天下，與繼世而有天下者原自不同，繼世者必定如桀、紂廢，則有德如伊、周，不興。

伊尹相湯以王天下，見伊有舜、禹之德，自放之於桐上，處處見伊尹有爲天子之機，惟太甲能轉爲賢君也，所以伊不有天下。

孔子本禪繼并說，引來重合，繼於禪邊奉天而無心，便是義。

或疑繼世有天下，天之所廢必若桀、紂，朱、均即不肖，未必如桀、紂之甚，天廢之何故？不知禪繼之義，聖人隨乎時而已。唐虞時洪荒未治，非得大聖賢不能奏平成，而朱、均皆庸材，若與之以天下，恐反爲桀、紂之續，非所以爲子，亦非所以爲天下也。至大禹平治後，止須一守成令主便可端拱穆清，而啓又賢，所以傳子，亦即所以爲天下也。聖人亦何容心哉？順天時行而已矣。

伊尹章

此章當看數“天”字、二“使”字。尹既爲天民先覺，天使之覺知斯民，則堯舜之道，天道也，安得不樂？千駟、一介，道義所在，天命即在，安得不嚴？天心厭亂，有心欲治，安得不應聘而輔？牧宮、造攻得罪於天，天欲誅者，又安得違天而貸？視身爲亮天工之身，安敢不正，而辱之，而肯區區割烹要湯爲耶？

通章以樂堯舜之道爲主，以此存心，以此應事，取與必於是，出處必於是，惟樂故能任。只一“任”字，伊尹精神已足。此句最重。從前是聖之任的學問，從後是聖之任的事功，在幡然以後任猶易，在囂然以前任更難。以一耕莘之農夫，責任未曾到身，誰肯把堯舜以來相傳之道統一肩擔荷？後來多少功業都從此出。可見任此道統纔能任此治統，處爲真儒，出爲名世，於此見得。

由天下千駟説到一介，只看作一樣，由耕莘作到伐夏救民，亦只是一樁事。學者須是有一介不苟的節操，纔得有萬仞壁立的氣象。

言先覺而曰“予天民”，真見得此身中有天，此是自己真覺處。下面“思”字又本覺來，知謂知斯理，覺謂覺此事，如人睡初醒覺也。覺後之知，知也。“覺”字淺，“知”字深，故伊尹惟以先覺自任。

在遠而去者，固是專於正己，即彼近而不去者，亦是出所正之己以正天下，其要總歸潔其身而已矣。

自莘有尹而堯舜在秉耒，亳有尹而堯舜在秉鉞，正吾身親見處。

引《伊訓》一節，與章內數“天”字精神相射。蓋放伐之事，湯猶自知慚德，而尹直自任之，曰“朕載自亳”，兩“自”字膽極大，力極雄，全是見得天意極到，故敢如此，豈是形迹上躲閃，效小儒所爲？

天之道在堯舜，堯舜之道者樂天也。取予必嚴，爲天而嚴也。始聘不出，看天意也。三聘而出，承天意也。伐夏救民，爲天而伐之也。尹一毫不自專。《書》曰：“天工人其代之”，尹蓋真其人乎？

堯、舜，揖讓者也，尹樂堯、舜之道，何爲放伐？曰：放伐正放伐其不堯、舜者也。伐一不堯、舜者，而真爲堯、舜者主世矣，正見其有功於堯、舜。放一不堯、舜者，遂一變而爲堯、舜矣，尤見其有功於堯、舜。然總是善承天意。

或謂孔子章

癰疽、瘠環，權要不及彌子。在衛、在齊安常無事，倉卒不比過宋。於衛不主彌子，於宋必主貞子，則好事者之誣不辨自明。彌子瑕之誘孔子也以利，桓司馬之劫孔子也以威，若孔子之自處也，只是以禮以義。

“孔子主我，衛卿可得也”，小人自謂有權。子路以告，孔子曰：“有命。”見操之自天，其權不在小人，與答王孫賈媚竈同意。

孔子曰“有命”，是聖人知天處。進以禮，退以義，是聖人畏天處。得之不得曰"有命"，是聖人合天、契天處。

進禮退義，一章之骨。以禮猶有擬議，以義更無商量。可見聖人禮義之未盡，必不先言安命也。禮義之已盡，又不妄言造命也。此是義、命合一。若義當退而不能以義自斷，命不得而不能以命自安，是無義無命，孔子豈爲之也？

微服過宋，人人能之，只是當厄景象耳。聖人妙用不在此。

"遠臣"句是主上句伴說。

或疑孔子既說"天生德於予"，何爲又微服過宋？曰：聖人知天未嘗不盡人事，天生德於予，桓魋其如予何？信其在天也。微服過宋，盡其在己也。

聖門若子路，是急流勇退之人。當時見南子不悅，見公山不悅，見佛肸不悅。一聞浮海遂喜，故夫子裁之曉之。後來因見得不該避世、當救世，遂以彌子之言告。夫子始焉一於忘世，既焉一於用世，是可見聖人無可無不可，而賢人未免滯於可與不可之間也。纔說該潔己，人便向辟世上作。纔說該濟世，人便向狗人處作。聖人之用心是，而人之會心處差也。嗚呼！難矣！

百里奚章

"虞人也"節是敘事，下節是議論，原只在"百里奚不諫"一句，看出他知幾之智來，即以此知幾說他知衰知興，決知食牛干主之污，又就他智推說相秦之功，以見其賢，而必其無自鬻成君之事。飯牛是古人見奇套子，即筑巖、釣渭意，病在一"要"字。"宮之奇諫"句，亦爲百里奚出脫，有奇之諫而不聽，而後奚可以不諫。

按《秦本紀》，晉虜虞君與百里奚，奚亡秦走宛，楚鄙人執之。穆公聞其賢，以五羊皮贖之，號五羖大夫。

近儒謂此篇爲經中史，看他辨堯、舜、禹處，便消天下後世多少篡逆之禍。辨尹、孔、奚處，便遏天下後世多少干求之風。真以文字爲功德也，其有功於名教不小。先正謂《盡心篇》爲達天之書，讀此篇爲達天之書更屬明亮。

萬章下篇

大成章

聖人全體皆備，清、任、和乃其全體之一端，夷得聖人清之一端，尹得聖人任之一端，惠得聖人和之一端，故爲聖之清、聖之任、聖之和。

通章由古聖人歸到孔子之時，由時譬之集大成，由大成逗出聖智，由聖智譬之巧力，又即巧力而歸重於智，提出一"智"字，爲千古聖學開宗。

初學先有伯夷風味，方可漸議其他。故孟子每贊評群聖，先首舉伯夷。"目不視"二句，非却惡色、惡聲也，即在目前，耳邊自有介然不屑之意。"當紂"三句總承上文，聲色皆惡，君民皆非，政俗皆橫，故隱居以待天下之清。兩個"不忍居"、"不忍去"，皆仁人之心，與伊尹內溝之思無異。

味"不忍居也"，則夷非逃世可知，故爲聖之清。味"不忍去也"，則惠非玩世可知，故爲聖之和。

"何事非君"二句，打從堯舜君民來。隨吾所事，何非堯舜之君？

凡言風者，道不行於當時，而流風餘韵足以聳動後人也。伊尹有功業可見，不待言風。若夫子，渾是元氣流行，風又不足以言之矣。

即孔子之去齊，以推其可速則速。即去魯，以推其可久則久。即久速以推仕止皆各當其可也。此便見聖心神化莫測處，且勿露“時”字。

清無一毫點污，有翱翔千仞氣象，然不是矯激，故爲聖之清。和無一毫歧異，有與世無忤意思，然不是尚同，故爲聖之和。任無一毫委靡，有擔當宇宙氣概，然不是勉强，故爲聖之任。

清、任、和，自孟子評之則然，其實三聖不自知清也、任也、和也，三聖各以己之所行爲道之至極至當者耳。孔子亦豈不清、不和、不任也？但一清不足以名之，一和不足以名之，一任不足以名之。當清而清，當任而任，當和而和，溥博淵泉，而時出之，故曰聖之時，此之謂君子不器，“君子而時中。問何以故？曰：上律天時，學而時習之。”

孔子，聖之時者也，全體是一部《周易》。要知與時俗之時又不同。上面仕止、久速，皆是孔子之時，而所以爲時者不在焉。此處若不見得聖心至精至融、毋意、必、固、我之妙，便是絕無張主，與世浮沉的人。下文“智”字，正是聖心全體，太極神明圓徹處，宜渾渾照看。

孔子既爲聖之時，便見萬理渾全，衆妙具足，故謂之集大成。集是一貫之集，乃太極渾淪中自足以該群聖，非謂集三聖而成之也。集大成是溥博淵泉，上面聖之時是時出之。

集大成何如？有金聲而玉振，其中無所不備，斯成大樂。玩一“而”字，重金聲意。

金聲也者，有以肇聲氣之元，始衆音之條理也。玉振之也者，有以收和鳴之韵，終衆音之條理也。樂之始終如此，而中間五聲、六律、八音一齊備奏，方見大成規模。清、任、和都是樂器中一件。是金聲的，從頭到尾只是金聲。是玉聲的，從頭到尾只是玉聲。

始條理者，析衆理於毫芒。終條理者，備衆理於一貫。始條理是衆音得金而朗然鳴，衆理得智而朗然行，如孔子心通衆妙智之事也。終條理者，衆音收以玉而無遺韵，衆理收以聖而無遺行，此如孔子泛應曲當聖之事也。孔子之集大成如此。

“時”字内有當然的條件，有自然的理脉。上文四“可”字是也。清、任、和特孔子時内之條理耳，三子各執一條理去奏，其實都在孔子始終包羅之中。

一事有始終，一生有始終，其間都有條件文理，“始終”字要活看。《大學》八條目，析言之，各自爲始終，所謂小成也。合言之，以知止始能終，所謂大成也。孔子之《大學》也。

先儒曰：“三子所以各極於一偏，緣他合下少致知工夫，看得道理有偏，故其後之成亦只至一偏之極。”孔子合下即明於至善，看得道理周遍精切，無所不盡，故其德之成亦兼該畢備，而無一德一行之或闕。

借樂來譬，只狀得聖、智、始、終，而始之能貫乎終，樂裹還狀不盡。孟子恐人泥始終爲先後，故此又以巧、力譬之，其中處全著不得力，説其中句勿露出“巧”字，到此方見智，不但開聖之始，而并要聖之終，則聖繇於智，隱然見於言外。

《大學》以至善爲宗，譬則射之的也。知止爲入竅，譬巧之中彼的也。射者心目靈巧，將一個正鵠完全在胸中，方可一發破的。

三子不是全無知，知清，知任，知和，不得如孔子性光無所不照。三子之知譬之燈光、星光、月光，孔子之知則如日光，常圓常照，常周遍也。

孔子聖之時，以其集大成也，孔子之集大成，以其智。孔子之獨超三子而有其智，則以好學終身，得至善之根宗，非群聖所能及也。孟子願學孔子，學問透宗其智巧，真亞聖之流哉！

班爵禄章

"孔子聖之時"一章是内聖，"周室班爵禄"一章是外王。

"班爵禄"之制是一部小《周禮》，全重"天子"一句。諸侯之去籍，無天子也。惡其害己，惟恐有天子也。説天子一位，便見名分凛然。説天子之制，地方千里，便見大小截然。觀天子之臣，且視侯，視伯、子、男，則天子之重可知矣。即不然，五十之附，亦天子附之也。在官代禄之差，亦天子差之也。周制之内外相馭、大小相維若此，則諸侯惡而去之，固天子之所必誅也。

"天子一位"六句，統言班爵之通於天下者。"君一位"七句，分言班爵之施於各國者也。"天子之制"節，通言班禄之通於天下者，"天子之卿"五節，分言班禄之施於國中者也。

天子一位各提起，蓋綱紀四方，統御六合，天子一位也。天子之爵班之於天，由是天下之爵皆班之於天子。然天子不能以一人治，於是有封建之典焉。公、侯、伯各一位，子、男同一位，内外相維而體統不紊，凡五等也。天子君於王畿，公、侯、伯、子男各君於列國，君一位也。然每國不能以一人理，於是有命官之典焉。卿、大夫各一位，上士、中士、下士各一位，貴賤相臨而名分有紀，凡六等也。五等是封建之典，六等是命官之典。

父天母地而爲之子者，天子也。爵位盛大，以無爲爲德者，公也。斥堠於外，以君人爲德者，侯也。德足以長人者，伯也。德足以養人者，子也。德足以安人者，男也。出命足以正眾者，君也。知進退而道上達者，卿也。知足以帥人者，大夫也。才足以任大者，士也。

此即班禄之通於天下者，地方千里提起看，想見居重馭輕、强幹弱枝之義。蓋天子之爵獨尊於天下，故其禄獨厚，而地方千里。那外國的公侯皆方百里，百里之禄，辟如今都堂、布政省城內地方有百里一般。伯則得七十里之禄，辟如今知府的地方有七十里一般。子、男得五十里，辟如今知縣的地方有五十里一般。凡有四等。四等之外，又有地不足五十里者，覲君之費無所給，不能自達於天子，惟附於大國的諸侯，這叫作附庸。辟如今各省、府、縣正堂官三年一次朝覲，各佐貳官位卑禄薄，不能自去朝覲，把姓名寄與正堂去，就是附庸一般。

“天子之卿”節，亦是尊天子而重王畿，合下三節，俱分言班禄之施於國中者也。言天子畿內分理國事者，有卿、大夫、士，此與各國之卿、大夫不同也。卿之受地視外國之侯，亦得百里之禄。辟如今京畿內尚書俸禄與外省布政、都堂俸禄一般。大夫受地視外國之伯，亦得七十里之禄，辟如今京城內郎中俸禄與外省知府俸禄一般。元士之受地視那外國之子、男，亦得五十里之禄。是重內朝者，所以尊王室也。比外封者，所以制禄入也。

古者公卿、大夫有功德，則出爲諸侯，是在外之世爵者，乃內之世禄臣也。諸侯或有功德亦入爲公卿，是內之世禄者，或在外之世爵諸侯也。內外輕重均而有體自如此。

大國之君即公、侯也，次國之君即伯也，小國之君即子、男也。

卿以上三國不同者，以上之禄寖厚，苟不爲之殺，則恐地之所出者不足也。大夫以下三國皆同者，以下之禄寖薄，苟爲之殺，則恐臣之所養者不給也。

庶人在官者，即府史胥徒之類。其人起自閭閻畎畝，編户細氓之微，所以抽揚小善而開其入仕之途，其職則極於文法吏事，猥瑣煩碎之雜，所以藏納細流，而廣其器使之路。庶人有五等，以力之勤惰而食因以異。在官有五等，以事之煩簡而禄因以別。

注曰："君以下所食之禄，皆助法之公田，藉農夫之力以耕而收其租。士之無田與庶人在官者，則但受禄於官，如田之所入而已。"

周家封建、井田原相表裏。以封建，則有卿、大夫、士以衛天子，而其官未嘗不下及於庶人，官路從此開焉。而後人之不願爲農而仕者，始得自起於田間。以井田，則有上、中、下以別庶人，而其養未嘗不上養乎天子，禄等從此秩焉。而後人之有補於縣官者，始得自給於當事。周官之制，其密如此。

問友章

通以友德爲主，"敬"字是友德之實。友也者，友其德也，友其德必真有貴德之實而後可，非僅忘己之勢而已也。

朋友居五倫之末，正以維持四倫之失，補救四倫之窮，如五行之有土，五常之有信。友之不可無，如此韋布不得友，得失在一身，固不可。王人不得友，則得失關天下矣，如之何其可乎？故孟子此章不是明朋友之倫，實以釀地天之泰，撥亂反治大機權也，勿區區止作友道看。

韋布友韋布，公卿友公卿，侯王友侯王，此僅足見友道之常。惟侯王、公卿樂道忘勢，使韋布亦樂道而忘人之勢，方於草野可起沈淪之色，於廟堂可隆喜起之風，於海内可示道義之歸，於後世可垂觀摩之則，此方可成友道之大。故《易》之否、泰、謙、比，《詩》之《鹿鳴》《白駒》，人主蓋不可不三復云。

或問治道，曰：公卿法孟獻子，小國之君法費惠公，大國之君法晉平公，天子法堯，天下不患不太平。

下交賢人君子，此人主之美也。干求王公大人，此士人之羞也。上驕下諂，因而成世道之否。故孟子後，上下多不知友道，因而多不成世道。光武之客星，昭烈之魚水，與夫白衣山人之相忘，令千古不能不遐思也，信乎！友道之大也。

卑禮忘勢，必須真得賢人君子，方於君德有補，吾道世運有光。若知人不真，誤加小人，流禍滋大，故知人尤亟。

"問友"章欲人君知尊賢之道也，"交際"章又欲士人知貴貴之道也。不然人君方尊賢下士，而士人反逃倫避世，或驕亢忤時，如漢末諸賢之爲，又非聖賢中庸之道矣。

尊賢是天道，下濟而光明。貴貴是地道，卑而上行。

或問：平公不以亥唐爲賢也，何爲入坐飲食唯命？既以爲賢也，何爲不共天位、治天職、食天禄？曰：彼蓋以亥唐雖有德可敬，其才幹未必真可用也，故止以隆禮優貌示尊賢之意，揚下士之風，不肯虛心以委任耳。使其委心而任，寧止平公而已哉？戰國之君於孟子皆是此等見識，此等待法，此戰國之所以止於斯也。

交際章

通章"事道"二字是骨，"爲之兆也"句是脉，見交際内亦有行道機緣，不必苛求。孔以獵較爲兆，孟以交際爲兆，同一事道苦心。

前半是交際中自有中庸道理，後半是仕止間自有中庸道理，孔子其大宗也。

以是爲不恭，就却饋者，自家見得如此。

"其所取之者，義乎？不義乎"數句，亦是心却意思。

交以道，不是無處之饋。接以禮，不是不及物之儀。此二句便含下獵較、受賜等語。若説太深，下面禦人之盜等語却不可受。若説太淺，又似逢迎世路。安[五]得不即不離之妙，只説道禮上看得去就該受了。世情中反費周旋，道法上原無委曲，諸侯一定是待教的。所謂非有不取者，遂以爲盜，即如説輕殘一物即可以坑長平之卒。輕取一物即可以奪萬乘之國。那是君子居身之道，充類到至盡處方宜如此，豈可一律論交際哉？群分總聚之謂類，類有可充，有不可强充。權變推移之謂義，義有當盡，亦不能必其皆盡。

孔子亦獵較，只是憑魯人去作，不禁止他，非自己爲之也。獵較之中原自有機權，則受賜之中正自有妙用。蓋獵較若爭物於野，而所持者是奉祭之大義。諸侯之物雖若爭利於民，而所持則尊賢之大典。

章亦知孟子是事道者，尚疑事道中多此一段委曲耳。先以簿書正祭器，使器有常數。不以四方難繼之物供簿書所正之器，是實有常品。

兆足以行，是端倪既可行矣，而人又不能大行吾道，然後不得已而去。爲仕委曲只爲著事道，然則交際委曲亦爲著事道，而何必過爲已甚？

仕非爲章

只見仕當行道，不必託言爲貧。

辭尊居卑，辭富居貧，至抱關擊柝，極矣，然未嘗無道可行也。如孔子爲委吏，則會計當便是道。爲乘田，牛羊壯長便是道。可見道與仕俱即卑、貧猶然，而况高位乎？

卑官雖無行道之責，簿禄亦無苟受之理。

位卑言高，如大臣不言，小臣言之，須要事關宗社安危，舉朝結舌，只得張膽一言。若扶同燼亂，進則把持當時，退亦遥執朝權，則安知仁義之不爲桀、跖嚆矢也？

道不行，是德不足以匡君，才不足以扶世。

不託章

客卿可爲而禄不可受，禄不可受而饋常不却，此精義之妙。

士之身齊編氓，而道則子思之傳，以繼堯舜之統。故君而氓我也，周則受之。君而賢我也，亟餽則摽之。必君而臣我也，方受其賜。必君而上位我也，方承其尊。不然則託之不可，賜之不可。即餽之，欲得其常受，亦不可。通章之意，總見不貴養賢貴舉賢，這個道直至於堯纔是。

不敢託諸侯，是不敢上同於君，以名分言。不敢受賜，是不敢混同於臣，以職分言。餽無常數，賜有常數。餽而周之，蒙蒙昧昧把他作個氓，藏其賢於未露，則將就受之。然餽亦要餽得有道，若穆公，分明是知子思之賢而悅之者，而餽得無道，連周也是摽出大門之外的。

“卒”之一字，亦見子思發之不暴處。

悅賢不能舉，又不能養也，此是孟子大概慨嘆當時語，特因子思而發。

九男、二女、百官，則廩人、庖人不足言。牛羊、倉廩備，則繼粟、繼肉不足言。舉而加諸上位，則養又不足言。

不見章

通章“禮義”二字作骨，前云“不敢見有[六]諸侯，禮也。”“往役，義也”。後云“義，路也。禮，門也”，正相照前言士不可往召。“君欲見”以下言君不可召士，即子思之論友道，虞人之不應景公，亦只是守此禮、義耳。

士可以爲草莽之臣，可以爲市井之臣，可以爲往役之庶人，只不可以爲見君之士，即此便是禮門、義路所限制處。蓋庶人則當服君之事，既爲士，則知學問，崇禮義。不惟士自處當如此，而人君亦當以此望之也。

全在君不可召上，見士不可往，“欲見之”三字吃緊，下文全就他欲見的心事折之。

多聞與賢共在一人身上説。多聞是學問該博，識見綜洽，可備顧問，故云天子之師。賢是涵蓄極真，抱負極大，可立勳業，不負人主之用。人主既知其多聞與賢，乃不師之，不友之，而反召之。此士所以不往也。

虞人是苑囿之吏，主司田獵者，故招以皮冠，象其所執之事也。庶人即是草莽市井之人，故招以旃，象其幽閑質素之義也。士乃傳質已爲臣之士，如元士之類，故招以旂，象其出潛變化之意也。大夫是浚明有家者，故招以旌，象其羽儀文明之采也。各有意義存焉。

一召賢，便是以不賢人之招招賢，便是欲見賢人而不以其道，適所以阻其來也。君子非是自高，只緣平日認得一個禮義，事事皆在上面行耳。夫是不往見而往役之義，不是別的。由吾心而制之，便與路一般，舍此便一步行不去，是不敢見之禮，亦不是別的。由吾身而檢之，便與門一般，外此便出入無所措。

禮義即吾本心，禮就檢身言，義就制事言，引《詩》只重君子所履，與上文“惟君子”三字相應。

禮義無定，體亦無定用，爲士居官，妙有斟酌在。當仕有官職，則是傳質之臣也，非市井之臣也，非草莽之臣也。以其官召之，則非爲其多聞也，非爲其賢也。孔子之德雖不可屈，焉得不爲官屈？召以官亦應以官耳，正是義之精處，爲士者却不在此論。

“禮義”二字最重。前篇“不託諸侯”章，繼粟、繼肉，不以君命將之，都是禮之節目，如周之則受，賜之則不受。及此章“往役，義也。往見，不義也”，都是義之節目。《易》曰：“精義入神，以致用也。”義至於精，則應事接物之間，不問大事小事，千變萬化，吾之所以應他，如利刃快劍，迎刃而解，件件斷作兩片去。孟子平日受用，便是得這個氣力。今觀其所言所行，無不是這個物事。

自"問友"至"不見諸侯"共五章，書凡君之所以待士、士人之所以自處者，至精切詳明矣。孔子，聖之時者也，光景宛然畫出。國君留神，可以澤當時，傳後世。士人留神，可以樹品格，建事功。不此之圖而泛言學術、事功，學非學，而治不成治也。

善士章

此是取善無窮的念頭，原不分前後次序，當橫看不當直看，總見友鄉、國，友天下，友古人，無非完成一善。大凡千古豪杰，志量高遠，其精神開天闢地，把鄉、國、天下、古今人物一齊貫穿，無遠無近，無今無昔，無一善士不在我形與神交之中，所謂方寸之中森羅萬象，一室之內晤言千古，直將洪濛叔季搏來一堂，更無些子界限，這纔是天下第一等人品。

在一鄉莫溺於一鄉，在一國莫溺於一國，在天下莫溺於天下。前億萬年皆吾游神之地，後億萬年皆吾意到之鄉。胡安國之稱孔子曰："聖人會人物於一身，萬象異形而同體。通古今於一息，百王異世而同神。"即此章之旨。

鄉之善士說不得善，蓋一鄉只渾渾說一鄉之善士，斯友一鄉之善士，見得有如此樣人品，方有如此樣的朋友。凡鄉、國、天下，廣狹之異，皆因自己爲質地，是堪爲一鄉之善士，方纔友得一鄉之善士，國與天下皆然。蓋人的造詣各有個心得，若情量懸隔，不但不肖人不能曉得賢人的心事，就是賢人也不能曉得大賢的心事，大賢也不曉得聖人的心事。惟是地位彷彿，然後肝膽可以相照，學問可以相漸，方纔彼此作得朋友。尚友古人，這就在友天下之善士未足上看出，必有這些心量，方承受得這些交益。要取友者，先還質之己。

論交只論心同，一切形睽勢隔皆所不論。如我地位到不得這裏，即鄉、國、天下，覿面相失。如我地位已到這裏，即上下千古亦可神交。或曰：如此，則學問不相友者，俱無取善之路矣。曰：此另有道。事之云乎！豈曰友之云乎？

孟子恐人泥定"交友"字，必以覿面相處纔謂之友，如此將"友"字看得小了，所以又說個尚友，見得不惟天下善士是我的友，雖古之善士也是我的友。若必於覿面相處纔謂之友，毋論天下，即一國之善士亦豈能盡相覿面哉？故友天下之善士爲未足，又尚論古之人。若曰："爾平日已是誦其詩，讀其書，只是當個詩書誦讀了，不曾知其人，論其世，與不誦不讀何異？"是以又必知人論世，則神情一點晤對黃虞，真是血肉團中參碧落，江河心裏返皇羲。

鄉、國、天下之善士即今世古人，詩書所載古人亦是昔之爲善於鄉、國、天下者。吾於當世善士則糾其失，揚其善，白其心，成其美，相切磋矣。於古人之差而正之，即是古人糾失之友。於古人之德而贊之，即古人揚善之友。古人未發而闡之，即是古人白心之友。古人欲爲未爲、已爲未成者，而代爲代成之，即是古人成美之友。誰謂古人無賴於我乎？此之謂尚友，此之謂神交。

前面"問友"章是友道流通上下，關係世道，此章是友道流通今古，圓滿性靈。馮少墟先生曰："此章書正是孟子傳心要訣，惟萬章可以語此。"前"舜往于田"數章辨堯、舜、禹、湯、伊尹、孔子、百里奚諸人受誣蒙謗之由，皆引《詩》《書》之言爲證，一一設身處地，虛心論世。使千古聖賢不白之冤一旦昭雪於天下後世，使千古聖賢滿腔心事昭昭乎如揭日月而行。如此纔算得個朋友，纔是孟子尚友千古之善士處。由此觀之，若使我友一鄉、一國之善士，而使鄉、國善士有受誣蒙謗處，我亦隨聲附和而不爲之體諒，即心上體諒而不爲之辯白昭雪，則彼亦何取於我之爲友？而我亦何以稱於天下，曰友一鄉、一國之善士哉？古之聖賢不肯妄交，交必善士。與人相處，有過則必爲之告，有冤則必爲之白，有善則必爲之稱許，相勸相規，相成相愛，故曰友也，豈徒修相與之迹而已哉？此孟子與萬章重重辨論，故“一鄉之善士”章不與他人言，獨與萬章言也。

問卿章

此人主當以聽言納諫爲先。

“反覆”二字最重，積誠以感動，盡力以扶持，懇懇切切，必到無可用情處，方是反覆。有一毫未盡，不可質諸神明處，是吾忠誠之未至也，焉得遂言易位？遂言“去”？觀微、比之於紂，伊尹之於太甲，便是樣子。提出“不聽”二字，正所以寒驕主之膽。蓋愎諫之朝，自謂權可自恣，威可自逞，然一不聽，而致使重臣操易位之議，忠臣萌去國之思，豈人主之利哉？

告子上篇

《告子上篇》共二十章，雖各分開，而意義相承。自“性猶杞柳”章至“無善無不善”章，總是以情論性，最爲親切。自“富歲子弟”章至“鈞是人也”章，皆論心因性難思議，而心則曰操，曰求，曰思，尚可摸索，故論心。自“天爵”章至“五穀”章，皆論仁，并及於義，曰修，曰爲，曰熟，皆是用的功程。故仁及義蓄性之涵處爲心，心之生處爲仁，非同非異。説仁正是説心，説心亦正是説性耳。“羿之教人射”章復指及彀與規矩，蓋爲性學功夫，當從爲仁下手。仁之起、滅雙遣，即所以存心也。心之忘、助并化，即所以養性也。孔子論學，只提求仁而不言心、性，正是此意。學者用功，必宜尊此法則，故以榖與規矩爲論性歸結焉。

讀《告子篇》，當知"生之謂性"一句，此告子論性宗旨也。杞柳之喻本於此，湍水之喻本於此，"食色""仁内義外"之論亦本於此，未嘗少變其説。

杞柳章

告子不是以性爲惡，亦不是以性爲善惡混，其意以性中原無善惡，人必爲善，方可成善。如是，則所爲與所性判然二矣。故孟子以"戕賊"二字駁其"爲"字，直中他病根所在。

性猶杞柳，是一段現成的木頭，以比性乃現成生就，不假作用，不著思維，言性頑然無所謂善，猶杞柳塊然無所謂用。義猶杯棬，言義非自然本有之理，猶杯棬非本然自成之器也。

告子認性本無仁義，故著一爲字。不知性中自有仁義，費不得一毫人力，如順杞柳便作不成杯棬，順人性便即是仁義。告子以杯棬比仁義，亦知仁義爲美，但不知仁義即性也，爲仁義即盡性也。

人生落地時侗侗濛濛，及教之以《詩》《書》，習之以禮文，開之以理義，後乃八面玲瓏，恰似以人性爲仁義，然都是性上原有的，一一因性作則，順性作出，豈是戕賊？用力强人所無？告子之所謂爲仁義者，全不是順性作去，只一切造作矯揉，纔向善邊去，其矯揉到熟田地，亦能不動心，然畢竟是强制學問。看來告子之用意，强制而能不動心，其原皆緣認性爲無善無不善也。

仁義成而人方且爲仁人，爲義士，豈是戕賊？這個人若認得仁義，即是性體，則爲之也樂而易。若以性中原無仁義，則爲之也苦而難。告子本心不欲禍仁義，不知爲仁義之言一出，則戕賊必至，便是禍仁義。

湍水章

杞柳言善惡皆性之所無，湍水言善惡皆非性之所能主，始終是說性無善無不善，全繇於爲之者。何如以湍水喻性？是說性無定體意，不知性即天理，其體至善，猶水爲流物，其行必下。水既無有不下，即緊接"今夫水搏激"，是說連上面亦可使之逆去，何況東西乎？見非水之本性，蓋水爲勢所使而有不下，人性爲習所使而有不善，亦猶是也。

以上下言，水無有不下，逆行非本然。如以清濁言，水無有不清，泥濁非本然。孟子兩章辨出性善來，只是以利爲本一個主意。

生之謂性章

"生之謂性"一語，是告子論性本旨。蓋見性者常見性於生，見生者只見生爲性。彼謂生即是性，安得不直指食、色謂性？只是生更復有何仁義？此直是以氣爲性，不能析到人禽幾希之所以異處，便屬昧昧。

上天生人，人受此生，四體爲生之形，克滿流行爲生之氣，運動作爲爲生之脉，知覺明睿爲生之靈。所以考其善不善、從善安從惡不安者，爲生之理。生之形、生之氣、生之脉、生之靈，謂性之附麗、性之作用可也，直指爲性則不可矣。告子蓋以形也、氣也、脉也、靈也認之爲性，而生之理則不知也，故孟子直以生之理爲性。

生之形、生之氣、生之脉、生之靈都是二氣五行，生之理是太極，故二氏從二五上下手，聖賢自太極上歸根。

白雪以氣言，白玉、白羽以質言，白雖同，所以爲白者則不同。犬此生、牛此生、人此生，生雖同，所以爲生者不同。試參求其所以不同者何在，則人之所以“異於禽獸者幾希”不了然乎？則生之不可直謂性也，不更了然乎？

論萬物之一原，則人與物理同而氣異。觀萬物之異體，則人與物氣猶相近而理大不同。就異處觀，見人道之尊。就同處觀，見斯理之大。

玄門名其學爲養生、衛生、尊生，却是道其本等。禪宗直謂見此生爲見性，則過稱矣。

食色章

“食色，性也”，告子全不知性。“仁，内也，非外也”，告子全不知仁。“義，外也，非内也。”告子全不知義。孟子先放過他論行、論仁之謬，止就其論義處駁之，望其一處解，他處皆可解也。

“食色”二字，指墮地思乳，開眼見光，以情識之自然發見者言。告子説甘食悦色處爲性，是以情爲性。彼謂甘之悦之，仁愛之心生於内，故曰仁内。因他可甘可悦，事物之宜在於外，故曰義外。其説仁，只説得愛字一邊，却遺了心之德。若窮到何以不得不愛處，便是中庸，性之德也，合外内之道也。

告子認食色是性者，故白馬、白人即以色折之，嗜炙即以食通之。

白實喻不得長，如白馬與白人，只認個白便了，原無有異。若長馬與長人，畢竟敬人不敬馬。長人之長，難説只道他長便罷了，畢竟因吾心去敬他，這恭敬的心，是乃所謂義也。若説非有長於我，則所謂義者，果在於彼，而以年長者即爲義乎？抑以此恭敬之心，長之者爲義乎？若長之既在我心，則權度悉繇中出，又安得以義爲外？此正破他非有長於我之説。

“吾弟則愛”二句，是強不得我之愛。“長楚人”二句，是沒不得人之長。

長在人，長其長者在我，猶炙在物，嗜其炙者在我，正義之根心處。

何以謂義内章

此章要認一“敬”字。仁義，所謂性之德也，合内外之道也。公都子“行吾敬”三字，儘說得内外合。蓋義之端顯於敬，而敬之行本於心，敬繇於吾，豈從外得？

伯兄、鄉人之辨，依舊是長吾、長楚之說，孟季子謂：義若在内，必能自家作得主張。今所敬在兄，遇鄉人又先酌自家，全然無主，安得說義内？

孟子爲尸之喻，說弟若不在尸位，則叔父之敬無時可易。鄉人若不在賓位，則伯兄之敬無時可易。庸敬、斯須，隨時斟酌，吾心確有權衡，非徒因人轉移者也，故曰義内。

叔父與弟，外也，酌其當敬之宜者，心也。湯與水，外也，酌其當飲之宜者，心也。公都子就庸敬、斯須上悟出因時制宜之妙用，故遂以因時之宜飲者通之。

性無善章

通章只是“性善”二字，前一說以體質言，第二說以作爲言，第三說以定分言。諸人各執所見，決裂性體，總是疑性未必善。孟子所謂善，直溯天命之初，說到民、彞、物、則處，其論便不可易。性者，心之體也。情者，心之用也。才者，心之能也。才情皆善，則性善可知。

孟子說：我爲甚麼定說性善？乃若性發出來的情則可以爲善矣，所以斷說性善也。

或問：性本善，一說到情，未免落在習上，如何説得可以爲善？不知情若落於思爲，便屬納交要譽等念，是乃情慾之情而非其本情了。孟子所言情，直如乍見之類，乃自然而然、不假思爲的，故可説得是善。

“惻隱”一節承上文説來，總是發明情善、性善才無不善之意。説這仁、義、禮、智雖因情而見於外，實非鑠外鑠我也。夫火鑠金是自外融化到內，心應物則自內應用到外。我固有之，不但言本有，言實實落落有之也，便見在我的無求而不得之理。求即葆守擴充意，是孟子專爲弗思者指點路頭。能思即是求，此是靈機運用處。得之即是爲善，失之即是爲不善，此皆不能盡其能思能求之才。若盡惻隱之才，則必至於博施濟衆。盡羞惡之才，則必至於一介不取。盡恭敬之才，則必至於周旋中禮。盡是非之才，則必至於好惡同人。這是本來自合，恁他滔滔作去，正緣人爲私意阻隔，多是略發動後便遏折了，故曰不能盡其才。

孟子嘗言故者以利爲本，今曰思曰求，則有思有爲，安在其爲利？曰無思無爲者，性之體寂然感通者，性之用必思且求者，復性之功。若功夫不加本體，何鑠而復？本體未復，作用何從而出？故思者，以復其無思者也。爲者，以復其無爲者也。夫然後本真愈固，而作用愈弘，乃爲能盡其才也。

本節曰我固有，安得言無善無不善？曰人皆有，安得言有善有不善？曰可以爲善，又安得兼言可以爲不善？此孟子所爲道性善也。

引《詩》從源頭説來，言天命流行，物與無妄，一物有一物之理，本來停當，自然恰好。若有規則而不可易者，故曰法則一般。此是民之所秉，爲常性，故下一“彝”字，彝即常，乃理之恒久而不易也。此人之所同得而共好者，故下一“懿”字，懿即美，乃理得於心，至美無可加也。三字總是一件，只提醒，

"必"字"故"字便是旨。

好是懿德，即就其行於惻隱、羞惡、恭敬、是非之中，油然順適，略無勉强，真有歡欣暢洽之意，故曰好，即所謂禮義悦心者是。曰則曰德，性之別名。曰懿曰彝，善之別名。曰好，情之別名也。

自古聖賢論性，必曰帝降，曰民彝，總説個善，而告子却曰無善無不善，直欲打破他本體。自古聖賢論學，必曰求懿德，曰敏求，曰求放心，而告子一概曰勿求，直欲打破他功夫。告子究竟只是一個空。

《書》曰："維皇上帝降衷於下民，厥有恒性。"《易》曰："繼之者善。"乃人與天相接處。"成之者性"，乃受生成形處。《中庸》"天命謂性"，皆指繼之者言。故論性者當以人生而静爲本，曰生，則天命落於氣質中。曰静，則氣質尚未用事，正是喜怒哀樂未發之中。孟夫子直透到人生而静以上，故曰性善。蓋性者太極，太極，萬善之母也。性乘於氣，不無清濁純駁之分。孟子所謂性善，却指其不雜於氣者言，真千古鐵案。

富歲章

通章根上論性來，是發才之不殊，明明是"若夫爲不善，非才之罪也"二句的注疏。

前曰外鑠者，外逼内也，道心惟微之狀。今曰陷溺者，内汩外也，人心惟危之狀。如下篇斧斤、牛羊、鴻鵠、宫室、妻妾，皆是陷溺處。

"播種""種"字猶人之有心也，能生能熟者俱屬才，而所以生熟者，即其性情也。雖有不同，是所獲多寡不同，重人事不齊上。

聖人同類，猶言同是個人耳，勿便言性體。至末節方透出其相似處，是心之同然。

易牙、師曠，是影出個聖人來。

“理也，義也”上加一“謂”字，説同然，不是別的，即所謂人人道好的理義。理是吾心固有之本體而寓於物者，義是吾心裁制之妙用而宜於物者。但觀人於協理協義處心便安逸，違理背義處心便不安，則知人心必同以理義爲然。此處要隱隱藏得個性善意。

聖人先得者，對常人陷溺既久之後而言，其實無先也。心之偶露者，人人皆同。心之常覺者，惟聖人獨得。

理義悦心是天機之妙，不待安排。若説心悦理義，尚是用力之詞，惟曰理義悦心，便是天與人一種真實受用，人自領會不及。蓋口、耳、目之受用，其趣卑污，不長久，且有禍患。心之受用，其趣高潔，耐長久，終身終古安享無窮。今請看世人求得口、耳、目之欲者，口、耳、目快甚，心亦快甚，似可謂心上受用，然却是人欲橫行一段。“惟危”之心作主，當其快欲時，或見正人而色沮，或聞正言而生懶，或對上天神明而恐懼，此乃道心惟微。吾人本來之真心不容過去，有何歡悦？可見理義之悦我心正在神魂夢想，不假安排處，自己會心，惜陷溺者不知也。

牛山之木章

此章又發明才、情、性，説平旦一段的境界，乃指示喪失良心者，欲其認取此時體段，從此養去也。二節俱重下半段。木是無情之物，故本山之生理，而以其才言性。心是有靈之物，故本人之感物，而以其才言情。章内三“存”字宜看。存乎人者，天理原自存也，夜氣不足以存。人欲失其存也，操則存。欲人知所存也。

國大則伐之者衆，近郊則伐之者易，此心日與紛華世味爲構鬪，誰能必其不戕伐？故遠俗避累爲初學第一義，慎勿曰居塵不染，借境煉心，自誑而誑人也。

日夜所息以氣化言，雨露所潤以天澤言，見化機之未嘗停。意重在牛羊，"又從而牧"與後"牿之"反覆相照。

"雖存乎人"句隱隱照"牛山之木嘗美矣"。看不直曰"有仁義"，而曰"豈無仁義"，是就放失後追論未失之前如此。心何以放？乃物欲引之也。旦旦而伐，即是每日鷄鳴而起，孳孳爲利之徒。然良心既放，本體有未嘗息者，其自日而夜，寂靜無營的時候，一夢甫終，諸緣未動，靈臺恬曠，虛白自生。一點固有之良，固有潛滋漸長而不自覺者。至平旦，未與物接，其氣清明之際，良心之生於夜者乘是時之氣，發見爲好惡之念，猶得與人心相近。但發見於暫息之後，良心至微，特幾希耳。"則其"二字極緊，言纔有此萌芽，隨手便牿亡了。牿之反覆，即注中"晝之所爲，既有以害其夜之所息，夜之所息，又不勝其晝之所爲"。如今世情深重的人，夜間作夢亦在世情上馳騖，夢魂顛倒，并那一會清明之氣都没了。故夜氣不足以存，是夜靜時氣亦不清不明，無所復息，不足以存仁義之良心也，是謂違禽獸不遠。

放其良心者，心馳逐乎物也。牿亡之矣，物拘繫乎心也。心逐物時，天君略有權在。到物役心時，則大權倒授人欲，心皆化爲欲矣，故曰牿亡。

日夜之所息，指歇息言，兼生息，意在言外。蓋物欲息處，便是天理生處。此是復其見天地之心乎相近幾希，所謂性相近也。微甚危甚，旦晝牿亡，所謂習相遠也。危者愈危，微者愈微。

蘇子謂：草木之生，皆於平旦昧爽之際，蓋氣從息得，養從養得。生人與物一也，即人之幼稚成壯强，其長皆在睡之餘，每醒必舒臂伸足，可驗矣。故曰：天新於復，物新於泰，日新於朝，月新於朔，人新於夜氣。

平旦之氣是動未離靜關頭，至人每於此研幾，是乃浩然之氣之端倪。若從此端倪直養無害，使一日十二時中常如平旦之時，便是浩然之氣塞乎天地之間。此是孟夫子指點善養處。

聖賢天理爲主，晝夜交通。清明在躬，志氣如神。時時清明，時時如神。靜之時，天理凝動之時，天理發以造化。言一歲有清明時，一日有清明時，此時是人禽關竅，故孟子提出示人，其實又不自孟夫子始也。《書》曰：“夙夜惟寅，直哉惟清。”又曰：“先王昧爽丕顯，坐以待旦。”人惟從此透出消息，通晝夜在此了，生死亦在此。陳白沙先生每謂“靜中養出端倪”，本於此章。

人不知良心消長景象，請看萬物消長景象，故有“苟得其養”一條。物皆然，心爲甚，故有“操則存”一條。

“苟得其養”四句，虛虛描寫，言得養則無物不長，況心之生機未嘗滅者乎？失養則無物不消，況心之萌蘗猶存無幾者乎？若拘拘以山木人心入講末節，則不得力。

引孔子之言，只是言心得失易而保守難，見得不可不養，非是贊心之妙。此節見時時當操養，不可專靠夜氣作功夫。

操有操守、操練二義，惟能操守，方可操練。對放其心者言，則操守意尤重也。“出入”字亦根操舍來，蓋此心一出則爲人欲，入則爲天理。當其入即在一腔，及其出而莫知所向也。曰無時，見時時皆可操心。曰無鄉，見處處皆可操心。令學者當無時無處而不用其力，使此心常存，無適而非仁義也。

儒者俱云：此心一入，天理存也。此心一出，天理發也。出入皆善，出入何妨？就大聖賢養成說。此章對喪心人說，先令其操守，復令其操練，決以入爲是，出爲非也。參透此章之旨，方許讀《剝》《復》二卦。

不智章

總是疏君子而親小人之意。首節是君心存亡之繇，二節是國家勝負之繇，當與《上孟》"戴不勝"章合看，即《易》之《否》《泰》二卦意。

或曰：易生之物即指動物說，如鳥卵之類。暴即鳥母抱覆也。寒即置之冷處也。此亦可存覽。

吾見亦罕矣，已不勝寒之者之深矣，況又有鴻鵠之馳乎？是并進見之頃亦寒之時，而非暴之時也。要知未退之時，寒之者未嘗不在。但一退，全是寒之者世界了。

十日寒之，即牿之反覆處，吾如有萌焉何哉？無物不消也。

齊王日與列國侯王弈孟子，國手不止一弈秋也。滿盤輸卻，其故何可不思？

魚我所欲章

總是反覆挑出人人必有良心，以示人所謂性善也。章內"非獨賢者有是心"，"此之謂失其本心"，可見良心者，人之本心也，不論生死，不論賢愚，皆是有的。即嘑、蹴不受，見有是良心。即萬鍾之受，見失是良心。所以然者，卒然之感，其天易露。宴安之際，其欲易昏也。然嘑、蹴之不義，人皆知之。萬鍾之不義，人皆溺焉而不自覺。以此形彼，欲人反求自得其本心也。

首節言人必舍生取義，二節反覆推鞫所欲、所惡的本心出來，兩個"甚"字正指本心。如使人無良心，則人世上皆是貪生避死去了。惟其有是良心，所以必舍生而取義，蓋人生利害到生死處，極矣。而義之所在，有決不爲苟得，不爲避患者，此方是人的本心，根於秉彝來，自是如此。"由是"二字，見其當念直截，并無一毫計較。

孟子説是心人皆有之，恐人不信，故又指出"簞""豆"一節與人看，不受非真弗受，弗屑也。但其心有愧赧不安之狀，即是不受、不屑耳。此蓋羞惡動於天衷，雖可以得生而不爲，雖可以避患而不用，則欲義、惡不義之心人皆有之，於此足驗。

學者勘破了富貴的關頭，方有站脚處。今以萬鍾對簞豆，看輕重不同。何加對生死，看緩急不同。物重則不當輕受，事緩則不必苟受，乃禮義不辨而受之，此必有所爲矣。何加，猶云没要緊也。

生死主決斷，故單言義。辭受主遜讓，故兼言禮。

人有碌碌庸庸、草木同腐者，有遺臭留讖、禽獸同歸、孝子慈孫不能掩飾者，有芬人齒頰、生人敬仰、山川藉以生色、千古常如不死者，其故何在？何可不思？有心人斷不肯使宮室、妻妾斷送了一生。

欲濟所職[七]窮乏，較爲宮室、妻妾者，清濁有間矣。然失了自家禮義，以濟他人窮乏，恐聖賢不肯如此之顛倒也。聖賢雖欲濟人，若令壞了心地，卑了品格，他却斷然不肯。可見係戀物欲，決存不得天理。顧盼世情，亦存不得天理。欲存天理，須將物欲、世情一刀兩斷。

孟子謂萬鍾於我何加焉，彼蓋謂宮室可以從此加美也，妻妾可以從此加奉也，窮乏可以從此加悦也。人情至此，真不容已不得不如此矣。小人真是欲罷不能。孟子示一"已"字，便是下手一字訣，所謂纔肯回頭便是岸也。此亦是對世人如此説，若平日能用集義功夫，養得浩然之氣在我，則生死等於鴻毛，萬鍾直若腐鼠。此心如明鏡當空，又何待提而後辨哉？

仁人心章

總是教人求心。分言之有仁義，合言之只是一個心。

人之所以異於禽獸者幾希。仁，人心。義，人路也。舍其路而弗由，放其心而不知求，庶民去之。學問之道無他，求其放心而已矣。君子存之。

仁非他，即人身上一點虛圓活潑之心，而其應酢萬變，事事皆天則處。即所由之路而爲，義也。生生不息，是爲良心。惺惺不昧，是爲覺心。而徇私滅理，則爲喪心。學者常即心論仁，就心問路。惟有人的心，方問得人的路。故上文并言仁義，下文單言求放心。

心何爲放？不仁則放。不仁何從見？不義則見。故曰舍其路而不由者，放其心而不知求者也。聖賢終日學問，只爲求此而已，非有他也。

點一“知”字，便是求放心的機括。知求之心即是存不能求之心，即是放。

求放心是學問主意，學問是求放心工夫。能求放心，纔成學問。從事學問，心何處放？故先學問而求放心，是博文約禮。先求放心而後學問，是尊德性而道問學。孟子之意，只是令從事問學者知以求心爲主也。

“求放心”是孟子三字符，可以保平旦之氣，完赤子之心。此作聖之要，宋儒、明儒俱有發明真切者。在朱夫子則曰：“試於未放之前看何如，已放之後看何如，復得了又看是何如，自然習熟，此心不至於放。”又曰：“孟子教人求放心，又欲擴充四端於心之。在外者要收入來，在內者要推出去。一部書皆是此意。”在王觀濤則云：“細言之，一念少差，即謂之放，終身不違，乃深於求。粗言之，一息還元，即是已求。一知所求，即不謂放。”在徐懋齋則云：“唐虞，學問之祖也，只是心上用精一工夫。孔顏，學問之宗也，只是心上用博約工夫。”在徐筆洞先生則云：“心未放而守之，此純養之學問也。將放而防之，此慎

獨之學問也。既放而挽之，此善反之學問也。”四說可謂發揮無
餘蘊也。

　　“求其放心”，數“放”字，俱指此心奔馳外物言，是極不
好字樣。程子又言：“放之則彌六合。”邵子又言：“心要弘放。”
俱指此心流通天下言。陸象山又言：“非全放下，終難湊泊。”
又指放舍一切才情世味言。此數“放”字，又是極好字樣。與
孟子“放其心”“放”字原另是一義，判然不同。若用之以作正
解，則差之遠矣。

無名章

　　“無名之指”章本“富歲”章來，“拱把桐梓”章本“山
木”章來。對一指則言心，對桐梓則言身，一也。

　　指之屈非疾痛害事，心屈於物欲，則疾痛害事可知。問心因
何受屈？曰：只是爲宫室、妻妾、窮乏得我束縛糾纏，而羞惡之
良不得稍展。如此，則且不論先得不若聖人，勿喪不若賢人，即
一行人、乞人皆不若矣。

　　心之能伸，只提醒方寸之間便是，故以不遠秦楚影説。

拱把章

　　世俗養身，不過以宫室、妻妾、膏粱、文綉，養其生而有盡
之身。聖賢則以仁、義、忠、信，養其道德不朽之身也。此身非
血肉之身，自有個真宰。

　　所以養身，即在養桐梓上見出日夜之所息，所以養桐梓即所
以養身。旦旦而伐之，非所以養桐梓，即非所以養身。

　　釋氏説無生，玄門説長生，皆非所以養。

　　“求放心”三字，世人視爲拘甚苦甚。不知放其心則心受
屈於物欲，心自失其生機，今求者，正欲其伸於萬物之上也，

正欲得其生生之機也。味“伸”字、“生”字，則求放心爲最快最樂之事可知。故“求放心”章後，有“一指”“拱把”二章。

人之於身章

人心昏昧，不能自照，所以下一“考”字，要人提醒此本念耳。於己取之者，示人從自身上討個主宰，則養大即所以養小。

貴、賤、大、小字宜虛說，分稱，獨尊爲貴，聽其役使爲賤，權無不統爲大，各分一官爲小。溺於形氣之私爲小人，超於神明之表爲大人。

舍梧檟，養樲棘，借爲以賤害貴之喻。養一指，失肩背，借爲以小害大之喻。

飲食之人無有失也，則口腹豈適爲尺寸之膚哉？形色即是天性。

鈞是人也章

通章以“思”字爲關鍵，“先立其大”四字是功夫下手處，要人從形氣中認出主宰，則能參能贊的人即此能視能聽的人。莫大品格，其主張端在自己心上。

前云鈞是人也，宜其成就同也。後云鈞是人也，宜其趨向同也。大體、小體且虛說，下有明疏。“從”字是依他作主之意。從與養不同，養以用功言，從以成功言。照下段“立”字看，見惟能立大體，斯能從大體，故能成大人。如心被耳目引去，豈不是從其小體？耳目聽令於心，豈不是從其大體？

耳目，天官也。其初亦甚尊，後蔽於物，則失其尊，而不可名爲官矣，亦名之以物。上物字指聲色，下物字指耳目。曰物交物，則引之而已矣，則心亦化爲物。蓋人欲之於天理也，始則蒙蔽之，再則勾引之，終則攘奪之。天君盡失其權矣，雖欲不爲小人也，得乎？

思則得之，正形容心之靈通，所以爲大體，與"操則存"二句不同。得之是物不能蔽，得其原聰、原明之理。不得是物蔽之，物引之，失其原聰、原明之理也。"得失"字即照心之官主天君得職、失職看。

此天之所以與我者，言耳目心皆天所與。天與耳目，令其聽從於心。天與人心，令其主宰耳目。說個天與，見得此心雖寄於形骸之内，而實與天相通。太虛同體，如此其大。先立乎其大者，是預先把這心體養得精明，植立得定，不令昏昧放倒，則耳目雖在外邊相涉，自然能視思明、聽思聰，聲色不能奪我的心。此爲從大體之大人而已矣。自"富歲"章至此，皆是論心。究竟心是怎麼樣？能思則得之便是。

聖人先得，是完心在衆人之先。大人先立，是存義在未動之先。此即子思所謂養未發之中。小者不能奪，則發時自然中節。故"先立其大"一語，是陸象山先生得力在此，周子"立静、立極"即是此説。而程子每見人靜坐，便嘆其善學。此後楊龜山教羅豫章，教李延平，皆令靜中看未發氣象。陳白沙先生每言"靜中養出端倪"，皆是此宗，與玄禪之靜又實判然不同。學不止在尋行數墨，酬應世情，有志者當於此自作主張。白沙曰："斷除嗜慾，想永撤天機障，身在萬物中，心在萬物上。"此爲大人而已矣。

天爵章

孟子以從大體爲大人，從小體爲小人，世人則惟知公卿大夫爲大人耳。何也？以其爵，以其貴也。不知此特人之爵、人之貴耳。若以爵言貴言，又自有天爵良貴之真正大人在也。總言之，天爵萬古長存，人爵到底有盡。

天人之爵自合，而古今之人自分。學術之淳漓，事功之真假，世道之升降，皆出於此三代盛時。公卿大夫必世之仁、義、忠、信人也，天爵、人爵更無容分。周制以鄉三物教萬民，而賓興之秀士升之司徒，造士升之司馬，後世遺規未盡。

忠信即是真仁真義，此性善也。樂不倦，此情善也。必能樂不倦，方是實有天爵。不然，人人俱算得天爵否？

方其要人爵之時，天爵之本固已亡。及其棄天爵之時，則人爵之本又已亡。譽望已失，公論難容，故人爵終亦必亡。孟夫子不是使人有天爵、盡棄人爵，正見惟有天爵方可感召得人爵，方可膺受得人爵耳。

欲貴章

通章提醒人在"弗思耳"三字，不說仁義如何可貴，只就世情中翻出兩個"不願"以見意，正是令人可思處。所謂仁義之能勝膏粱者，以其飽之也，即上章樂善意。語曰：好衣不近節士體，所以不願人之文綉也。梁穀似怕腹中書，所以不願人之膏粱之味也。當知令聞廣譽是道德品望，不是世俗聲華。

周子云："天地間至尊者道，至貴者德，至難得者人。人而至難得者，道德有於身而已矣。身有之，則尊且貴矣。"

仁之勝章

此是以水火判此心理，欲消長之機在自家心上說。當與《下論》"克復"章同看。言天理能勝人欲，須要察識擴充始得。若一念一事之仁，是性之微也。性之微豈能勝情之熾？"不熄"二字便有衆欲交攻、真心漸微意。自水不勝火之言一倡，不仁者便謂仁爲無益，不仁爲無害，遂恣其從欲之凶矣，非助不仁而甚之乎？然人欲勝於天理，人欲亦終不能安享，亦終必亡而已矣。此不是說杯水之仁亦亡彼不仁者，恣情縱欲，尚何論天理之滅亡也？只要看"不熄"字，助"不仁之甚"字，見得燎原之火眼下雖不熄，亦終有撲滅之時。若縱欲之甚，眼下雖暴烈，亦終有敗亡之日。詩曰："爽口味多終作疾，快心事過必爲殃。"即此意。

辛復元先生曰："棄了天爵，人爵無結果處。喪了天理，人欲無結果處。"前後同意。又曰："狂風不終朝，驟雨不終日。宜姑待他一時，看他終久何如。"

從來君子勝小人，如水勝火。然以一君子敵衆小人，是以杯水救車薪之火也，不熄，則謂之水不勝火，此又助小人之甚者也。然從來害了君子，而小人得終享富貴者，能有幾哉？故曰亦終必亡而已矣。

五穀章

種一粟，則千萬之粟滋。種一仁，則衆行之美備。學者爲仁，初間操存還是生的，直要勿忘勿助，打成一片，不待存而無不存，纔可言熟。

穀本種所有，然生非難，熟難。仁亦人所自有，然至非難，熟難。熟者，生意充滿之謂。穀之熟須一年之養，仁之熟豈一日之功？是必以存養爲栽培，以克復爲芸耨，至天機暢茂，德性堅凝，方是熟處。

羿之教人章

論性，論心，論仁，而以此結之，當是教人求仁與心、性者，必遵這個方法，方可坐進此道耳。要看四個"必"字，見教者、學者皆有個至的確的法子，亦可想見孟學全守孔矩。

告子下篇

任人章

此章亦是論性。孟子以禮爲四德之一，正指人心中天然之規矩言，即性也。任人是本告子"食色，性也"來，不知飲食男女事也，其中原有天理爲之節文，所謂禮也。聖賢人事中，天理爲主，人事方成得人事，任人丟道天理，單言人事，將使人欲勝而天理亡，人道同於禽獸矣。

屋廬子重禮於食，得孟子"呼、蹴"以辨之旨，重禮於色，得孟子"鑽穴"必賤之戒，便見禮所以節制飲食，防閑男女，而不可決性命之防也。

禮本重於食色，以大分言也。若不論其本重本輕何如，而但齊其末，即方寸之木可使高於岑樓，然所謂禮重於食色，難道是這等講？金重於羽者，難道説一鈎金與一輿羽之謂哉？可見禮之重於食色不是如此説。如要取食色之重者，如飢死滅倫，與禮之輕者而比之，奚止輕於食色而已？這禮也是絕然不該要的了。此豈正論？

末節就食色之偏而反詰之。以爲軀命重於縷節，則又有重於軀命者。以爲人倫重於儀文，則又有重於人倫者。夫何以欲食而不敢紾兄之臂？何以欲色而不敢摟其處子？其能使天下凜凜自持，而至於不可紾、不可摟者，是何物哉？此直説到"民之秉彝，有物有則"的去處，而禮之重可見矣。

試看從來貪食好色的人，食色能安享否？到底能無禍否？自家心裏能不愧怍愧恨否？便知人欲、天理到底有輕重之分。

此是孟子判別理欲消長，與前一篇俱是道性善。"曹交"以下至此篇末，是言必稱堯舜。

曹交章

此見希聖在自勉，要不外乎率性之常也。"爲"字是一章要旨，"孝弟"二字是實落下手功夫。

曹交非是自誇形體，正恐負此七尺之軀耳。"食粟"二語，有多少慚愧，多少歆慕，此念便是聖胎。

孟子只將一"然"字還他，正是要他合下承當處，然不在自身上討下落，却在湯、文生出個比擬，早已錯認了一鍼也。

斷而敢行，鬼神避之，何況爲堯舜？是吾性分中事。"弗爲耳"是畏其難而不爲。下面"徐行"節"所不爲也"，是忽其易而不爲。

徐行後長，莫看得輕，如今漫説是別人，就自家兄弟之間，只凡事讓一步，便是堯舜道理，却誰人肯？

照前章，人若一重食、色，便作出紾兄之臂、摟人處子的事來，又安能徐行後長、服堯服而誦堯言？

行止疾徐，小節也，人所易忽。若舉足而不忘孝弟，其真可知，故以此孝弟概堯舜之道者，不徒爲其分量之大，而尤爲其根柢之真也。

徐行後長是一事爲堯舜，若事事都照徐行，便是全體堯舜。惟堯舜洞孝弟之本源，惟堯舜妙孝弟之作用，惟堯舜則孝弟不陷於偏小，惟堯舜則孝弟不至於拘泥，故曰：堯舜之道，孝弟而已矣。

堯舜之道光四表，格上下，任他掀揭事業，總是這點真心。如事父孝，故事天明。事母孝，故事地察。直至通於神明，光於四海，豈有別道？但看爲天子是絕大責任，傳天下是絕大事情，究言之，只一"克諧以孝，烝烝乂，不格姦"，則知一孝弟便可了得。

服堯服，不是在衣冠上摹擬，只是非法不服意。如云：堯之服樸，吾勿尚華。堯之服古，吾勿狥時。堯之服典，則吾勿輕佻。堯之服中庸，吾勿拘泥。三句總見語默動靜無往而不循孝弟也。詩曰："幾見峨冠博帶者，褰裳濁派逐波瀾？"

假館受業，不是求道不篤。在曹交自宜請留，在孟子自不必爾。勿説壞曹交，蓋受業於門，則視道有定在，有方所矣。孟子説道若大路然，具在性分内。若在日用間，隨處皆是，隨人可行，豈是難求？此是天何言哉、無行不與，同一直捷指點。

小弁章

通章重以"仁孝"二字作主，家國之念深，故其憂苦。父子之情切，故其辭哀。怨正所以爲親親。親親正所以爲仁。天性真愛，自有一段不忍恝然處。此正從一體中流出。

《凱風》過在一家，《小弁》過關天下。不可磯，乃河邊磯頭石，水流過這石上，便激怒叫號起來，是水中不容一磯石，水喻子，石喻母。

孟子前言舜怨，而此單言慕，正見《小弁》之怨從慕生也。蓋原其怨之念只欲感悟君父，與舜慕親之心一般，此所以爲仁人孝子。

《小弁》亦有大舜慕親意思，惜後來不終，所以孟子稱大舜終身而慕。

宋牼章

世主兵連禍結，其初只起於計利一念。宋牼見生民治亂，世道安危，全在罷兵不罷兵。孟子説：罷兵不罷兵全在利與仁義。蓋上下一心在利，兵雖暫罷，將復興也。若心知仁義，不言罷兵而兵自然罷矣。此是竈底抽薪，不是揚湯止沸。

以利説者，謂罷兵利也，興兵不利也。以仁義説者，謂殃民非仁也，違制非義也。

志大，謂其志在安民。當中流而覆舟者，一壺可以千金。當搆兵而説罷者，一言可以九鼎。故曰先生之志則大矣。

懷利相接處，緊要在去仁義上。人心苟未至斬絶，其於君、父、兄猶必有一念顧戀而不忍背之之意。惟決去仁義，無復良心，而後不知有君、父、兄，人人懷利以相接，則相接處皆是相搆處，豈必兩國搆兵哉？舉本國中皆秦、楚也。

懷利者，以事君爲利，而後爲之也，非是以利去事也。

懷仁義亦不是以仁義去事，只是凡事吾盡吾心，不設爲己利之慮，便是“懷”字，如拳拳不忘之意。

居鄒章

一見一不見，通章眼目只争得“處守”“爲相”四字，問答俱重儲子邊。

得間，喜有隙可間，謂此中決有個義理，勿認作破綻。

孟子引《書》辭，專重“惟不役志於享”一句，“儀不及物”是禮物有餘而禮意不足。若曰是謂不享，以其不用志於享也。《書》所説不享者，果何意？爲其不成享也。蓋志與物兩盡纔成個享，缺了志一邊，便不成享，此是孟子解《書》詞。

或問：均一幣交，何以有成享、不成享之異？屋廬子以不得之鄒、得之平陸解儲子之不成享，極善發明。

儲子之幣何爲亦受之？正要在受同報異上示意。

名實章

通章以仁義爲骨子，以用爲血脉。要知賢者難識，亦不在名實間，當觀其用心委曲微妙處，髠不咎不用賢人，不咎用賢不盡其道，而徒咎賢者無益人國。從來衆人之識如此。

大意分三段看，一段以進不成爲人，退不成自爲，譏孟子之去齊。孟子説："君子惟其心之無愧，不必其迹之同。"二段以賢之無益於人國，譏孟子即不去齊，未必有功。孟子説："賢者有益，只是其國不能用。"三段譏當世無賢，故無名實之可見。孟子説："賢者常有，只是非常人所能識耳。"前説"君子亦仁而已矣，何必同"，後説"君子之所爲，衆人固不識也"，此便是千古聖賢印心處。

當時仕進者以功名自好，恬退者以遺棄爲高，故有先後、爲己、爲人之説。不知古之學者爲人即自爲之施，自爲即爲人之蘊，焉得截然分爲兩事？髡所謂爲人者，管、晏之事功耳。所謂自爲者，沮、溺、丈人之行徑耳。

"名實"即"功名"二字，髡所言重爲人，在三卿之中，見得似非自爲，乃名實未加而去，又不成其爲人。"仁"字承爲人邊來，主立功濟世説。

夷似自爲，惠似爲人，伊似觀望於爲人、自爲之間，總是一片皎潔心事，更無一絲玷染，這便是仁。此君子是孟子暗自寓言。

仁是個無私心而合天理之謂，君子只是自認本心作得透徹，此心安處即是天理，即是仁，正不管形迹上同異。三子之心，清非沽名，仕[八]非干進，和非慕禄，是皆合天理之正而無一毫人欲之私也。即此推之，大凡君子之出處去就，亦惟其心合天理、趨於仁而已。何必同名實、先後之迹也？

孟子本願學孔子者，此處乃引百里奚相形，若曰：奚不過一伯，佐而有關興亡若此，況不爲奚者！隱然自負，意在言外。

變國俗，謂國人化之，皆篤於夫婦之倫意。

内以抱負言，外以功業言。爲其事即頂有諸内，無其功即反形諸外。

子爲魯司寇，"不用"二字不可忽。知孔子之去魯繇君之不用，可見孟子之去齊亦繇齊不用故耳。

微對顯看，是微掩之説。若不以微罪行，而顯著君相之罪，則爲不仁。苟去又爲不義，君子之所爲，仁義而已。上句是愛魯，下句又是自愛，總只是一仁。孟夫子不得已去齊，而始終不暴其説，正是此種心事。

君子之所爲，照本章"仁"字及章首"自爲""爲人"字，言君子有所以自爲者，人不識。有所以爲人者，人不識。又有自爲即所以爲人者，衆人皆不識也。

五霸章

通章以"王"字立案，意在尊王。當時五霸自以爲有功於三王，今之諸侯自以爲有功於五霸，今之大夫自以爲有功於今之諸侯，其實皆有罪而不自知。孟子一一點破罪案，王法自是凛然千古。

載斾即牧野之前鋒，伊訓祝釋即周詩之創藁，二三策即五命之先聲，五命即去籍之前案，此王與伯及春秋戰國七雄升降之機。孟子説出五霸爲三王罪人，則三王之真面目不掩。説今之諸侯爲五霸罪人，則五霸之真面目不掩。

詳巡狩之事，見賞罰之權只有天子主得。詳述職之事，見征伐之權亦[九]有天子主得。王法自是如此，而五霸犯之，故曰三王之罪人。

五霸者，摟諸侯以伐諸侯，犯三王伐而不討之法。

桓公之申明五禁，無非挾天子以令諸侯，蓋欲霸必須用兵，用兵必須有名，有名莫大於伐逆命之國，故先申明天子之禁，爲後日用兵張本。初命繇身以及家也，再命繇家以及朝廷也，三命鬆朝廷以及國也，四命是内以修政事而及恭行乎天討也，五命即外以應諸侯而又奉行天命也。

葵丘五命言有關係，即使三王垂訓不過如此。但五霸有其言，未必有其事。有其事，未必有其心。此所以爲五霸也。若五霸言如是，行如是，心如是，表裏始終如一，則五霸即是三王。

今之大夫使其君上背三王，下背五霸，皆大夫之逢之也。只觀後邊"慎子"二章，便見今之大夫爲諸侯罪人。

魯欲使慎子章

天下事論個利害，尤須論個是非。"不教"節是以利害論齊不可伐，"一戰"節是以是非論不可伐。

玩一"欲"字，便是君心之不志於仁處。

苟不百里，則祭祀何以供犧牲粢盛而守親親之典籍？會同何以爲庭實贄幣而守尊尊之典籍？不可泥宗廟而單言祭祀。

言周公，見魯不可益。言太公，見齊不可損。奈何以一人而據五國之封、以諸侯而當天子之半？

愛民不殃，仁也。當禮無私，仁也。徒取諸彼，仁者不爲，此仁以當禮無私言。不殺人以求，此仁自愛民不殃言。

"當"字作活字看，即下章"鄉道""鄉"字，使他事事當理，由此道以志於仁，以全其本心之德也。

今之事君章

通章專重人臣，看"我能爲君"等語，是此輩逞技能口中説話，自以爲取天下之秘密全在於此，不知如此富強是毒藥猛獸，即與之天下，不能一朝居，而況富強之術又未必得天下哉？

"由今之道"一節，極言欲安天下則此俗當變，此道不可由而此臣不可用。

白圭章

先王立法，無非爲生民計，其不得已而定爲什一之則，夫亦謂國用不可卒省，就中斟酌，立此定額，使萬世不得議增議減，永杜橫征之端耳。今日無故議減，勢或不給，異日必復議增，是輕賦者正重賦之漸也。故孟子特把大貊小貊、大桀小桀相形説，究其弊而極言之，所以見堯舜中正之道萬世無弊。

二十取一，與許行之見同，故不可行。

"五穀不生"二句，是所入之少，不可以多取。"無城郭"三句，是所費之少，不必於多取。

中國，如《禹貢》言中邦，勿輕抹過。

無城郭、宫室是無興土木之費，無宗廟、祭祀是無事神之費，無諸侯幣帛、饗飧是無聘享之費，無百官有司是無爵禄之費，故二十取一而足。

既以人倫、君子并言，而又歸重君子者，蓋以城郭、宫室、宗廟、祭祀之條理由百官有司條理之也，諸侯幣帛、饗飧之交際由百官有司交際之也。語曰："不有君子，其何能國？"

賦甚輕而不可行，將必加重而無算，此勢之所必至也。漢文蠲租減税至二十之一，武帝乘之，遂算及舟車。此一驗。

白圭治水章

辨輕賦，提出堯舜什一之道。辨治水，提出大禹行所無事之道。兩"道"字俱作帝王經世大猷，以壓倒世俗之小見。

直罪白圭貽害之大，與堯時洪水之災一般。

君子不亮章

亮是明亮，是非疑似見得分明，方纔有個把柄去執，應事方有主張。若是不亮，便没有個把柄，將甚麼去執？

前面"魯欲使慎子"二章，是爲將道理，後面"魯欲使樂正子爲政"，是爲相道理。"白圭"二章，是取民、治水道理，皆本於此心之執持，尤本於此心之透徹，故有"君子不亮"一章。

魯欲使樂正子章

相職與群有司不同，不在才而在量。此與《大學》"秦誓"一節、《中庸》"大知"章参看。

優于天下，且不説治天下，正在"好"字上見其心量，并包宇宙。

精神全在"苟好善"三字。以前"好善"皆虛説，到此方實説。好善不專好人之善，吾心契慕乎天理，自己好善，自然見人善，相爲渾化。相臣苟能好善，其本於心思，著於聲色，皆虛懷樂道之意。則意氣所孚，風聲所感，四海之内，凡有善者，皆將不遠千里而來，以善樂告。

"距"字極妙，非是我去距人，人自遠去而不就也。"訑訑，予既已知之矣"，在善人口裏説那不好善的形状是如此。

陳子章

大都君子本心全爲行道計，不執一途而後就，不執一途而概去，總見君子委曲爲道之意。

其下一節，不但説就也就不得，連去也去不得，但只在周不周之間分個去就。

所就三，所去三。君子遭際不同，此間皆有天意，故後章有"天將降大任"之説。

舜發章

通章俱重天心仁愛。聖賢必先困之，乃所以成之，以見困窮非不幸。天正將生死二關陶鑄人，要人猛然自立。

舜曰發，傅説以下曰舉，君、臣之判也。發者奮自己，舉者拔自人。

心靈而能應，故貴動。動者寧極而活潑，性寂而能止，故貴忍。忍者變化而藏密。孟子常言不動心，而此言動心者，不動由動中出，震撼之極，轉見恬愉也。孟子道性善，而此曰忍性者，不但食色之性宜忍，而天命之性亦宜忍。收斂愈密，睿知愈通也。"忍性""性"字，非以食色氣質爲性，即是仁、義、禮、智。"性善""性"字，蓋人在困阨田地，不惟一切世味不得如意，即自家天性良心發動，爲境所阻，勢所限，雖是天性良心，分毫不得直遂，只得隱忍自信。然性光雖從此少斂，性分似從此少欠，然性體可從此愈透，性機可從此愈熟。一忍之所全者大矣。

增益其所不能，非有加於良能之外，如昔不能堪者，今能堪之。昔不能耐者，今能耐之。昔不能不動者，今能不動。直從動心忍性中透出天然自有之能。其能無窮無盡，無方無限，故能爲大聖，能爲大賢，能爲明君，能爲賢相，皆所以成天地之能也。

上節看"必先"字，此節看"而後"字。天之成人常在先，人之自成常在後。作有奮發意，是動處不容自已。喻有警省意，是知處不容自昧。

"法"字與"法言""法"字同，謂世臣以法規君者。"拂"字不必解作"弼"字，即所謂進逆耳之言以拂其君者也。兩"無"字，乃人主之心自無之也，謂不把這兩件放在心上。

這樣看起來，千古之窮通得喪歷歷如指掌，乃下個"後然知"三字,有惕然警省之意。憂患、安樂在心上說,就中分出一個生死路頭,見得涉境大把柄在此。蓋心不憂患,則憂患不能脫也。心凜安樂,則安樂可終保也。可見安樂、憂患皆天所以愛人成人處。善承天者無往不生,不善承天者無往不死。張子曰:"富貴福澤將厚吾之生也,貧賤憂戚庸玉女於成也。"人若不從此中討出憂勤惕厲心法,縱富貴不過豢養,若貧賤則真是折磨,亦安能卓然自立,而不爲困窮所抑哉?

教亦多術章

天之苦人、勞人、飢餓人,皆婉寓裁成鼓舞之意。聖賢即有時拒人、絕人、不容人,皆默寓委曲造就之機。此是天之教人多端,人宜善承聖賢之教人多術,人勿自棄也。

《告子上篇》是孟子之內聖,《下篇》是孟子之外王。總是體天降大任之心,以救入井之孺子,故"盡心"章言知天、事天,本此。

盡心上篇

盡心章

通章心字、性字、天字、身字、命字,俱是本體。盡字、知字、存字、養字、事字、不貳字、修字、立字,俱是工夫。首節是明,次節是誠,末節是明誠至其極。

天之命我而爲人,人具之有心,心之靈爲性,性之自出爲天,天之一定爲命。若非於心性原頭看得透徹,則存養無從下手。又非於夭壽關頭判得清楚,則性命終難湊泊。總之統括在盡心，關鍵在存養，歸宿在修身立命。

人有心，爲氣之靈，身之主，性之篇，而實爲三才、萬化之樞。人多爲形氣所使，情欲所牽，習俗所圍，昧却原來本體，舍却當然功夫，自甘墮落。今欲作合天學問，先看"盡心"二字。此非是滿心之量，有净盡、竭盡二義。净盡者，掃除廓清，不使塵情客念一毫沾帶於胸中。竭盡者，學問思辨，要使精神志慮全副盡歸之理路，如此則洗脱極而性光日朗，研究透而性體日瑩，真積力久，一旦豁然貫通，便是虚無不具，靈無不應，即此可以透入性宗矣。既知此性，則便見得繼善源頭直與太虚相通者，實爲心之本體。其在有生之初，天心仁愛，以此理氣全副賦畀於我。有生之後，窮通順逆一一降鑒，提醒於我。一點靈光，天人不間，眼界開朗，自然罷手不得，便是知天。究言之心到盡處，便是性。性宗徹處，即通天矣。

人心一日静，一日與天通。人心一月静，一月與天通。人心時時静，時時與天通。天人常相通，吾心即太空。人從太空來，何故負太空？

上是悟門既闢，其下手親切功夫止是"存養"二字。言天既不越於我之心性，則事天又豈在心性之外？心有真妄，性惟一真，故心曰存心。存即是性，故方曰養。清心寡欲，守方寸而不奪於外誘，曰存。勿忘勿助，順自然而不病於作爲，曰養。静時默存，動時惺存，静時寂養，動時順養，存養皆合動静。言心雖是有思慮，畢竟要合著那無思無慮的性體，非有二也。

吾人日用間，飲食男女，喜怒哀樂，辭受取與，仕止久速之類，皆心之所在，即從此保守吾心。皆性之所在，即從此陶鎔吾性。使心性本體日新又新，存養工夫綿綿不斷。如此則天之賦畀我者一一不敢暴棄，天之降鑒提醒我者一一謹凛欽承。此便是敉天之幾，便是祇畏上帝，能知能事。能事愈知，故曰所以事天也。

性亦可言存，以學之見成言，故曰成性存。存心亦可言養，以心之本體言，故曰養心寡欲。其實無二。

承上言，存養事天之後，知崇禮、畏人、盡天、顯真，見此身原是一段化機，可聚可散，可去可來，可久可暫，可死可生。天使之夭，即當速還造化。天使之壽，不妨久代天工。境地雖超，心膽愈小，不肯藉口了徹性命，忽略躬修，責備此身，一毫不肯放鬆，一時不肯錯過，完完全全，不少欠缺，以聽造物者之使，我自爲去來。如是則形骸肢體雖與人同，而所以視聽言動，精神志慮，渾是一團天理，可以達天代天，回天補天，先天弗違，後天奉時。在乾坤謂之肖子，在宇宙謂之完人。今日在名教，謂之聖賢。將來在冥漠，謂之神明。始焉命自天操，今則天操者，人亦可以操矣。此便是千古人品自家鼎立，乾坤造化不能制之，故曰立命。

天能窮孔子七十年之不帝王，不能窮孔子千萬世之不至聖。天能窮顏子三十載之不脫陋巷，不能窮顏子千百載之不在兩間。所謂命自我立，聖賢至今存也。

形色天性，此身即是天命，但形色有夭壽，天命無夭壽，在人自悟而自修耳。盡心知性是悟，存心養性是修。修於悟後，乃是實修。悟從修徹，方爲真悟。夭壽不貳，修後大悟也，却又修身不已，是愈悟愈修，愈修愈悟，身心皆性命，可以超凡而入聖矣。

盡心是格物致知，到物格知至，則知性知天矣。存養事天即誠正修也，立命即合天、止至善也。又不止立一己之命，齊家立一家之命，治國立一國之命，平天下立天下之命，教萬世立萬世之命。

或先知天而後事天，或先事天而後知天，或知與事一時并進，隨功力所至，俱可達天，俱可作聖，不必各執此非彼也。

莫非命章

上章言天人一貫之學，此章言君子所以合天，小人所以悖天，故曰發未盡之旨。言心性固是命，凡一切所值莫非命也。蓋仁義禮智是性命，形骸肢體是身命，綱常倫紀是命之流行，吉凶禍福、夭壽窮通是命之顯赫。總是於穆主宰，其命俱正，原無一毫差謬，只是人要順受其正。順受是身心倫紀一循天理，即遭遇不齊，一毫不敢希望怨尤，不敢喪心滅性。自立巖墻，必要存養修身，盡道而死。存順没寧，方爲天之正命，不然桎梏而死，自棄棄天甚矣。此可見順受處即爲正命，而存養修身即順受也。

注解極確，謂莫之致而至者乃爲正命，君子修身以俟之，所以順受乎此也。若有以致之，則人所自取，非天所爲矣。巖墻、桎梏皆行險、徼倖之類，若是忠臣烈士，遇刑憲，遭桎梏，仍是正命。

在我章

上節即"從吾所好"，下節即"如不可求"意。求之有道，謂不可以非道苟求。名節不可棄，廉恥不可捐，分義不可越。得之有命，謂不可以有求必得。榮枯無定數，寵辱無定算，久暫無常時，總是言不可妄求意。人口〔一〇〕有多少營謀，天却有一定主張，故曰：求有道，得有命。

我即下萬物皆備之我，求是隨處體認，隨處涵養功夫。世人不肯身心性命上用工，只是一切世味念放不下，故每日營求在外，忘却在我。孟子此章將理路、世路滋味剖判明白，令人并心一路，寧知求身心性命者未必不享富貴利達？求富貴利達者則忘却身心性命矣。

萬物章

上章説求在我，而"求"之一字却説得渾淪未破，故此章直指個我體出來，令人從强恕下手，正求在我者實落處。

首節是天然本體，次節是得力受用，三節是下手功夫。

萬物皆備之體，渾然天理，即仁體也，但勿露"仁"字，只言大而倫物，小而事物，件件具備在我身。其散殊爲萬物，其統會爲我。萬象森羅，本無内外，所謂剖破藩籬看，乾坤一大家。看透皆備處，并不復名之爲我，故聖賢皆曰無我。

楊子離萬物言我，墨子離我言萬物，具不識此全體。

反身只是反觀，非説工夫。誠是充滿，無欠缺。樂是静涵萬物之理，無不真切，動應萬物之宜，無不順適，即本體流動充滿的景象。

心體未到誠處，自當勉强行恕，量度推心，漸漸能見得萬物皆是一體中物矣。求仁莫近求在我者也。

行之章

萬物皆備於我矣，則性也，天也，命也，道也，昭昭而示人。奈何行之者不體認？則雖行而不著矣。習之者不體認，則雖習而不察矣。此所以終身由之、不知其道者衆乎！一齊都在虛明裏，撇過今生誤爾曹。

著是大概曉得，察是精明透徹。衆人狗象而忘理，聖人下學而上達，從來如此。

人不可無耻章

行己須有耻，故人不可無，凡人於不善之事安心爲之，這便是無耻的人，若能以無耻爲耻，則必改行從善，終身無復有耻辱之事矣。

耻之於人章

人生只此不爲不欲之心，可以無不可爲，可以無不可至，故曰耻之於人大矣。蓋人惟自耻不善，還有悔悟改過的日子。若無所用耻，將任心作去，無所不爲，故只消這無耻一件不如人，將件件不如人，何若人有？

古之賢王章

通章雖説君重士，士亦自重，上下相反而實相成。然語意要將性分壓倒人爵，須重看“好善”“樂道”四字。見古之賢王本重士，而古之賢士又自重。

好游章

士只有一己，己只有一身，身只有一善，而善即德義是也。尊德樂義，則此己自然站得穩，拿得定，操縱自如，又焉往而不自得也哉？古人兼善、獨善，正在自己上得力。尊德樂義是一篇骨子。

囂囂不在知、不知時，全從無欲得來，德謂所得之善，義謂所守之正。

尊德則自有尊，而不以人之知遇爲尊，樂義則自有樂，而不以人之見用爲樂。

窮時亦有德義，故貧賤不能移。達時亦有德義，故富貴不變塞。

己之爲人望者，惟有此道，望如泰山喬岳一般，非止慰民待澤之心，縱有功業及民，而非從道上幹出，民且指摘其非素挾也，即此是失。望作名望、尊望、重望看爲妙。

引古人不第作證，有慨想意。若謂窮達兼得之人求旦暮，於今而未一遇，其惟古人能之乎？此見古來自得無欲者類如此。

見世如玉光劍氣，自有不可磨滅處。雖在草茅中，一段精采發見，維持一世，與《易》之"見龍在田"同意。朱勉齋先生曰："修身見世功夫，貫微顯，通天人，一世不盡見，百世必有見者。"

不得志是窮，窮能修身見世，是窮則獨善其身。得志是達，達能澤加於民，是達則兼善天下。第要知兼善非加，獨善非損，陋巷簞瓢與治平水土同道。

待文王章

其實一"待"字便斷送了人一生。

韓魏章

自視欿然，想此中真是碧空止水，見得本來無物，是無加無損的境地，非藐富貴之說。

人果有得於尊德樂義，萬物皆備之我，自然著不得外物添設。

以佚道章

二"道"字最重，全從爲民之實心上看出，注"不得已"三字盡之。

王者之民章

歡虞、皞皞，只在有意無意上別出。

殺不怨，利不庸，遷善不知，所過者化也。過不止徑行之地，凡身之所臨，政之所及，風聲氣俗之所被，皆謂之過。又云：纔沾著便化，雷一震而萬物俱生動，霜一降而萬物皆成實，無不化者。

言過化而存，神自在其中。所過者化，大本普爲達道，一而貫也。所存者神，達道源於大本貫本一也。一而貫，即《易》無體。貫本一，即神無方。天地以教化而妙川流，王者以存神而行過化，真是一理一機，故曰同流，即"皥皥如也"之實。"霸者"安足語此？

所過是神行於天地之間，殺是神威，利是神惠，教是神道。民之皥皥，其神游景象固如此。

仁言章

此見布空言不如行實事，急功令又不如興教化，意亦相串。蓋善政者，特仁言所發之令，而善教者，則有以溢而爲仁聲之實也。"仁言"句不重，第以興"善政"句耳，如曰仁言不如仁聲矣。仁聲之所從出者，安在政？在善政、善教耳，而政教故自有淺深也。

善政不是取民財，蓋言其所得於民者財而已，如惟正之供亦是。

所不學章

此是直指赤子之真心爲仁義，欲人自識其良心而保任之也。首節良知、良能且虛説，只就真機發動處言之。次節正言良知、良能之實。三節正見其所以爲良。然則盡仁盡義，惟無失其孩提稍長之良心而已。

良，善也，性也，猶言善知、性知也。陽明先生講良知，只要人因知以悟良耳。蓋知者，吾心之體，屬之乾，故乾以易知。能者，心之用，屬之坤，故坤以簡能。因世人知、慮大紛擾，所以指示源頭，不是禁人學且慮也。須悟得，良知不學不慮，致良知卻要殫學殫慮，究竟要合到那不學不慮處。此章卻不重學、慮。

愛敬，情也。仁義，性也。不學不慮之愛、敬、情、善，即性善也，人何必外求仁義？

深山章

此是大舜一幅深山圖，只"静虚動直"四字盡之。居深山，無異野人，是虚明中萬理淵涵。遇一善若決江河，是流行時性真洋溢。總之聖心常寂而常通，常應而常定。大德敦化，小德川流，具在當體，與夫子"叩兩端"、"吾與回言"章參看。

無爲章

孟子全是把真心提醒人，不爲、不欲，此真心也。初念最明白，就要當下掃除，直還本真，更有何事？陽明先生致良知功夫，原如此了當。

人之有德章

德慧者，德性中之靈慧。術智者，心術中之巧智。德無慧，則知經而不知權。術無智，則可常而不可變。離德之慧即小慧，離術之智即私智。惟德慧術智，乃爲聖賢豪杰作用。

智慧忌泄，如帷燈匣劍，光穎不露。故下一"存"字，見憂患中儘有涵藏，達從存處透會。

有事君章

此章不重列臣品之高下，只要人取法乎上意。蓋天地間有第一流人品，則有第一流事業，有志用世者，便當以第一流自期。

容悦是以自身見容爲悦。

安社稷是奠安國家，在建立功業著念，此亦可謂一國之士。

天民是全盡天理之民，達對窮看，達而道可行於天下，然後出而行道。不然，寧没世不知耳。此正以天道自處，不徇人爲行，所以謂之天民。然此於己雖能正，而道有所待，未必自然能及物也。

大人正己，亦不外全天民之理，而物正則不尸社稷之功，此不論或窮或達，而其道德流注，精神風采能使天下聞見之者動則變，變則化，格君易俗，轉移世道。不動之地浮雲太虛，感通之間雲行雨施，非有意於正物也，物自正耳。此乃是聖賢精神，不是豪杰事業。

社稷臣有關於一國，國士也，如子產、寧武之屬。天民關於天下，天下士也，如伊、吕之屬。大人無論國與天下，在一世，一世重。在萬世，萬世重。此乾元二五，天地合德，孔子是也。

三樂章

一是天倫之樂，在一家。一是身心之樂，在一己。一是教化之樂，在萬世。皆吾性中真樂。王天下，際遇耳，何足動心？此章活看最妙。

如重首節，是一家太和位育景象，即不愧、不怍，皆從此孝弟立根，教育英才亦即此守先待後，故稱第一樂。如重二節，則誠身工夫，所以安父母、宜兄弟在此，所以教育英才亦在此，前後關繫，故稱第二樂。如重三節，則一身一家之樂，必教育英才，大有造於天下萬世，方見性量圓滿，故以三樂收之。俱當活看。總見三樂之君子家庭就是唐虞，身心貫徹天人，教澤流通宇宙，看來比王天下者未嘗分毫欠缺，何樂如之？

一樂是天性，二樂是盡道，三樂是行教，故君子無入而不自得焉。

廣土衆民章

此是君子一幅定性圖，只在“仁義禮智根於心”一句。“存”字可味，欲之、樂之是性之作用，非性之所存。不加、不損則性之本體也，定性功夫，全從心上培根。

廣土衆民，澤可遠施。君子雖是欲之，所樂還不在此。就是中天下而立，定四海之民，君子雖是樂之，所具真性亦不在是。中天下，定四海，便是上章王天下意。上以王天下之樂無與於性分，此言樂之猶言豈不樂，只所性不存，則真樂不存矣，非上下相悖。上王天下指勢分之隆言，此言四海指行道言，微有不同。

上二節俱是大行事，於性體毫無所加。即窮居乎，於性體毫無所損。其不加、不損者何故？蓋此性體原是生來天與的本分，完完全全，人人具足，一定不爲勢分所移故也。纔說性，便見分。纔說分定，便見無可加損。因本分原無不足，何得而加？本不待於外而足，何得而損？此“分”字即前有物有則也，正通極於天命之性之源。

不加、不損，如皓皓晴空一月明，天下人賞之如此，無一人賞亦如此。大行、窮居不加、不損，則不以生存，不以死亡，又可知。

大行時欲之、樂之，爲世道耳。窮居是世道無福，君子之爲，君子自若也，性原無損。

既是分定，人人皆然，何以獨稱君子所性？蓋分定是定於天，君子以定於天者而定於心，則根心獨在君子耳。常人只是斧斤伐，牛羊牧，私欲剗削。其性根所以一味求樂於外，看得富貴功名大重，得則揚揚，失則戚戚，有加有損而不能定，正以性根先搖故也。

上下總是一節，性即分也，分即仁義禮智也。此是吾人大主宰，吾身真命脉。君子存之養之，培植灌溉，不爲物硏，不爲欲搖，從心上立定根基。凡掀天揭地事業從此出者，都是性。不從此出者，即震世功業，都當不得性。

根心是立天下之大本也。本立道生，睟面、盎背、四體盡是天真，自家分內受用不盡。真是默而成之，動中天則，動容周旋中禮者，盛德之至也，更何問大行與窮居哉？此所謂定性，即所謂不動心，即所謂立命。

不言而喻，只形容無心順應之妙，是從心所欲，不逾矩。

通章要見君子生來與人同，所以獨根心生色若此，全是盡心知性、存心養性功夫作成，所以大用之不愧四海，小用之不愧四境，不用之不愧四壁，不愧四體，性根常定故也。

避紂章

重在養老上，借文王以歆動當時大意，見王道因民而易行。伯夷志在待天下之清，太公志在定一世之亂。

"五畝"三段是概言文王治岐之政，下承言所謂西伯善養老者，亦不過如此。此謂善養老也，"所謂"二字指伯夷、太公所稱來。

易其田疇章

此章見富民之道即仁天下之道。易田疇是計口而授，驅民而農，度時而使。薄稅斂是一在官，八在民，有正供，無橫斂。食以時，如饔飧以時，宴享以時。用以禮，是酌豐儉之施，定隆殺之宜。此二節即是使菽粟如水火處。無弗與者正影仁的光景。民之仁不是相周相恤，只當其富時父有以爲慈，子有以爲孝，仁讓之心油然而興，便是仁。

孔子章

　　孔子之大，以學術言。孔子摹性布局，以開宗立教於天下。其言也，折中於千萬古之既往，而垂憲於千萬世之將來，蓋窮天地、亙古今一人而已矣。此其所造，泰山不足以喻其高。其所言，滄海不足以喻其深，此是形容孔子大處。而其所以大者，非有本不能。試觀水之瀾，日月之光，其有本可知。孔子之道如日月經天，江河行地，豈其無本而能若是？此又是形容孔子所以大處。學孔子者，豈不以孔子之大爲期哉？然而不可以一蹴至也。水以海爲歸，必盈科以漸而行。君子以聖道之大爲期，亦必成章以漸而達。如所謂善信而美大，美大而聖神，皆繇漸致。但當思水之盈，何自而盈？必非澮溝之雨集所致。章之成，何自而成？必非外而之襲取所能。君子察此，可以有志於本矣。學者果真見大，則必反本，一意操修，自有一段成章處，而日就月將，其進自不可量。故孔子有取於斐然成章者，爲狂簡之見其大也，有志聖道者其察之。

　　通章見聖學之大，山狀之可也，水狀之可也，日月狀之亦可也。二語以蔽之曰：眼界欲空，腳跟欲實。

　　"孔子"二字提起，以天下觀孔子，則天下無孔子。求孔子於吾心，則吾心有孔子。

　　"登東山"二句，言置孔子於小處，惟孔子爲大。置孔子於大處，亦只是孔子爲大。小魯，小天下，孔子之上達也。自平地而登東山，登泰山，孔子之下學也。至上達，則不獨山可伏矣，又若海之水乎！觀海則難爲水矣，游於聖人之門則難爲言矣。難爲水，不但溝澮，即江淮河漢，皆爲支流。難爲言，不但曲學，即諸子百家，皆爲唾餘。

水之瀾，日月之明，就形容聖心上看，有所謂本也。孔子之道所以若此其大，大都是心源活潑，心地昭融上來。

觀水先觀瀾，欲知夫子之性道，先觀夫子之文章。日月有明，一也。容光必照，貫也。

水以源達而爲瀾，日月以明達而爲光，君子之志於道，豈無所緣達哉？亦必日積月累，漸次充養，先成個大波瀾之章，先成個大明備之章，然後可以上達而入聖。

水非海也，盈科而行，放乎四海，水即海矣。人非聖也，能成章而達，人即聖矣。成章以前有工夫，纔成章。以後有功夫，纔得達。成章即充實之謂，後來美大聖神都從此達上去，達到盡頭處，就是登東山、泰山而與孔子之高齊肩了。

游聖人之門者欲從孔子登東山、泰山，觀小魯、小天下之光景，先觀自家牛山之木，牛羊驅否。欲從孔子觀四海之瀾，先觀自家掘九仞之井，曾及泉否。欲從孔子觀日月之容光，先觀自家充實之光輝有否。如是方是成章，方許從孔子游。或有不能，且請自雞鳴而起時孳孳爲善，既可爲舜之徒，何不可爲孔子徒？不然孳孳爲利，爲跖之徒，何顏而游聖人之門？

雞鳴章

此章分別聖、狂之界，只在一念有覺之初。"知"字須一拈出即擇之，惟精意。

"雞鳴而起"，二"起"字，不止起念，即起身之起。二"爲"字，即作爲之爲，蓋爲善、爲利即從此開端作起。

雞鳴是天開於子，一念善即一陽始生，積之則六畫皆乾。一念利即一陰始生，積之則六畫皆陰。人正當於此時遏欲存理，學先研幾。

欲知之説，正醒人獨知。"知"之一字，直點破舜、跖關頭。

"幾"與"間"字有別，幾是念頭初發，念止有一善，一差腳便入於利，即如乘間伺隙一般，非是兩念平分也。詩曰："聖狂分足處，善念是吾真。若要中間立，終爲跐路人。"一日有鷄鳴，日日有鷄鳴。孟子正以鷄鳴喚醒人心之大寐，幾何人不負此鷄鳴也？

楊子取爲我章

章旨闢子莫意居多，楊子之言曰：人人不拔一毛，不利天下，天下治矣。其弊也，必至於天下無一捐軀殉國者，故無君。墨子捐全身以利天下。其弊也，必至輕許人以死，而反遺其親，故無交。

子莫即儒家之外道。

爲我是執"古之學者爲己"之說，兼愛是執"仁者愛人"之說，執中是執"允執厥中"之說。在三子本心，自以爲究心道理，有功世道，只緣學問不精，見道不明，不免以近似爲真，所以禍流天下後世，得罪聖人之門耳。

唐虞授受之中，孔得爲時，孟發爲權，子莫正竊中之似者。如時當重自守，即專爲我亦無妨，他又恐犯楊氏一邊，而泥兼愛之說以濟之。時當爲人，即主兼愛亦無妨，他又恐成墨氏一邊，而泥爲我之說以濟之。這是無權，便與楊、墨之執一同也。

顏子之陋巷，禹稷之過門，亦各執其一也。然一權其爲唐虞之時，一權其爲春秋之時，故易地則皆然，非權則顏而楊矣，禹稷墨矣。曾子之去難，子思之守國，亦各執其一也。然一權其爲師之時，一權其爲臣之時，故易地則皆然，非權則曾而楊，思而墨矣。

吾儒之一，以一而貫萬。異端之一，舉一而廢百。賊道是害仁義時中之道，總是執著自己一個見識，而於隨時變化之用皆泥而不通。

飢者甘食章

人生有打不破處，不過是這飢渴關頭。就是受萬鍾，總是爲飢渴耳。故曰飲食知味，除了飲食，更有何道？人心亦皆有害，就是飢渴之害爲心害。

病只在一"甘"字，人能將心之所甘處盡情洗滌，淡然不生躔趨，便是刀鋸鼎鑊，學問如此，方寸見定中有主，而外物不能奪，學問造詣何憂不前？可見淡泊嗜欲乃爲學根基。

柳下惠章

介者，辨得明、守得確之謂，如《易》所稱介於石是也。不易正是介處。惟有三公不易之介，乃爲百世可師之和。

有爲章

玩此章，人須有銳然的志意，强壯的力量，耐久的精神，方是真有爲漢。只重"有爲"二句，要人狠下手作直究底止，見有爲者這個念頭不可負，這個名頭不可虛。

泉源行地，義理在心。掘土見泉，袪欲見道。志猛氣强，力深功久，泥沙既盡，流水自來。用處旋轉轆轤，静時中涵星斗，井之爲喻妙矣哉！何地無泉？誰人無道？不爲耳，非不能也。

造之以道，掘井也。深造之以道，掘井九仞也。直至取之，左右逢其原[一]，則及泉矣。虞廷掘之以精一，便沛然若決江河。孔門掘之以博約，便小德川流，大德敦化。

及泉何如？曰：問渠那得清如許？爲有源頭活水來。及泉後仍須防護功夫，曰：一泓清可沁詩脾，冷暖原來只自知。流出西湖載歌舞，回頭不似在山時。

性之章

只重"誠"、"僞"二字，三"之"字與後章"者"字不同，"者"字言此等樣聖人，"之"字則自各人身上之理言。日用應酬，動以天者真，動以人者假，要培這個根子，本天之外別無功夫。

堯、舜非不身行此道，但他天性渾全，道理都從性中流出。湯、武非是失却性始求之身，形色天性，身與性非兩，但不是合下禀得，任性而出，實從身所修爲力行以復性者也。五霸之身亦非不有此性，只是不反身，假借名義，徒在事迹上鋪排。

堯、舜以冰盤盛水也，水即冰，冰即水。湯、武以水晶盛水也，雖內外一色，嘗有殼存焉。堯、舜無迹，湯、武有迹。堯、舜無渣滓，湯、武有渣滓。堯、舜無包裹，湯、武有包裹。性之、身之，此可爲喻。

歸者，還其本也，此五霸與帝王血脉間隔處。堯、舜歸於天，湯武、歸於性。歸於天者有而不有，歸於性者不有而有。五霸倘一知之，則猶有歸真之路。惜乎五霸，昧昧終身，不知其非真有也。

自古有天生聖神之資，決無聖神不學之理。此非以不假學爲聖之優，以假學爲聖之劣。精一、執中，堯舜之學，即堯舜之所爲性之也。

承上章譬之掘井，堯、舜不待掘，沛然若決江河，放乎四海者也，故曰性之。湯、武掘之而沛然者也，故曰身之。五霸則七八月之間雨集，涸可立待者也，故曰假之。只見溝澮皆盈，遂不信天地間有混混之源泉，故曰："久假而不歸，惡知其非有也？"

予不狎章

要認"志"字，明白伊尹一生之志，只欲堯舜其君，公天下而不私耳。有伊尹之志則可洗發出伊尹，無伊尹之志則篡也。又防閑萬世，倘伊尹之外復有人，則亦王莽、董卓耳。如何行得？

太甲之宅憂桐宮三祀，禮也。特其不惠而近習狎之故，伊尹不令居宮中而居之於桐，遠其宦官宮妾，而動其俎豆、几筵之思也。喪既畢，而君過改，迎之即位，亦禮也。伊尹以禮事其君，太甲循禮而自正其身，當時君臣宴然，安於即位著代之常而已矣，無有放置駭世之事也。

霍子孟始不以此事孝昭，故近於色而孝昭夭。既不以此事昌邑，故近於佞而昌邑廢。古人所以嘆其不學無術也。

不素餐章

安富尊榮是氣運，得之以昌也。孝弟忠信是風俗，得之以厚也。

丑所謂不素餐，以事功言。孟子所謂不素餐，以道德言。事功有售有不售，道德則無往而非用也，俱要本君子之身上來。安是得君子爲之柱石，富是得君子爲之阜成，尊是得君子而致強仁之威，榮是得君子而收發身之效。

士何事章

王子墊與公孫丑同意。豈知惟尚志、仁義之君子方能爲君、爲子弟造福也。通章以尚志爲主，仁義正見志之所爲尚處，重在"士"字生色。蓋舉世溺於功利，而士獨以仁義爲志，則聖賢之大學與帝王之大事一以貫之矣。志即所以爲事，不分兩樣。

凡宇宙許大經綸，那件不從心上作起？若只在事功上著眼，根基便淺了。大人以志爲尚，事功都抛却，只把心體上打疊得乾净，則清虛一念亭亭獨上，便有倒視日月的意思。

"殺一無罪"四句泛説，"居惡在"四句正説其尚志處。大人之事備矣，不是備他日大人之事。備，具備也，即"萬物皆備於我"之"備"。裁成輔相，左右民物，原無窮達之異。士今日之懷抱，即今日之大人。他日經綸，即他日之大人。原無增減，此正孟子自占地步處。

自志之所栖泊曰居，謂存之心者必體天地好生之德。自志之所率循曰由，謂見諸事者必循天理裁制之宜。大人事備即在居仁由義中勘出，養一點好生之心，胸中嘗抱著堯舜，拂萬鐘塵氛之擾，物外獨見個巢由，所志在此，所事在此。

仲子不義章

孟子要斷出仲子離母之罪，乃借其矯激之小節以形之。兩"信"字只因人被他瞞過，特爲點出，見得時人之耳目易掩，君子之公論難逃，所以立天下好異之防也。使仲子大倫不虧，則與"三以天下讓"、"禄以天下弗顧"何異？

以其小者，是以其舍簞食之小義信其爲克讓之大節，而遂以廉稱之，決無此理。

看齊國竟如簞食豆羹，只爲識得義耳。

舜爲天子章

其曰"執之而已"，想皋陶當日守法之心如此。其曰"棄天下如敝屣"，想舜當日愛親之心如此。是形容他極至的念頭。見道在爲臣，便當知有法，雖天子父不論，況其他乎？道在爲子，便當知有親，雖天下可棄，況其他乎？聖賢之心合下是如此，權智有未暇論，然到極不得已處，亦須有個變通出來，此方是天理人情之至。若合下無如此的心，其初便從權智去，則不可。

孟子自范章

重"況居天下之廣居"一句。孟子平日以廣居自負，即在衆人中精采自覺不同。因見王子觸發起來，故詞氣反覆感嘆若此，語語嘆王子，實語語嘆廣居也。

唱然一嘆，眼裏看著王子，心裏想著廣居，所以説移氣、移體。此二句不著王子身上，須虛説。居即所處之地位。養不但禄養，如耳目所薰染，心志所服習皆是。移如造化密移之移，轉換不覺。

"孟子曰"三字勿作羡文，乃既嘆而又言也。看來王子之氣、體只從外望之，見得他與人不類，若居廣居者之氣體。從内看出，定有一段精神豐采超出尋常器局之外者，其光景又當何如？

王子盡人之子也，氣體生於人者也。君子則天之子也，氣體裕於天者也。然廣居，人子原頭皆有。只王子居而不居廣居，王子而居廣居，便是堯舜氣象。

末節只言勢位之居相似者固多，若廣居之大，天下莫得而似之矣。

食而弗愛章

"敬"字一章之骨，"實"字又"敬"字之骨。然"實"字即在"敬"字内，無兩層。上節恭敬是下節"實"字，下節恭敬即上節"幣"字。總是説人君不能留君子，不是説君子不當留。

形色天性章

只是欲人盡性意，把聖人立個樣子，以勉人希聖。

形色，天性也，是有物有則，“君子所性，仁義禮智根於心”一節，乃“踐形”二字的注疏。

形骸者，性命之器也，猶之火在薪中，薪非火不焚，火非薪不光。形骸非性命，不立性命，假形色以顯。

性曰天性，是指繼善時通乎天命者。這天性寓於形色中，原是合一不離的，故說“形色，天性也”。在常人，一團情識用事填滿了這形色，將性真俱已虧欠。賢人有意去制形色，非禮弗動，還不能到合一處。惟是聖人天性完全，隨處充滿，睟面、盎背、四體不言而喻，把形色中都是天性貫徹，所謂形神俱妙者，故曰“惟聖人，然後可以踐形”。

“形”下加一“色”字，“性”上加一“天”字，色則落於相，天則超於神，入神出相則曰聖人，遺神著相則曰衆人。蓋聖人以性而踐其形，衆人則以形而鑿其性。

告子執形氣言性，孟子超形氣言性，儒、釋分宗在此。

欲短喪章

以“至情”二字爲主，吃緊在“亦教之孝弟而已矣”一句。教孝弟只承紾兄臂者說教，短喪在言外。

抱無窮之慕者，視三年猶一日。拘有限之分者，得一日爲三年。此可觀人子真心不容已處。我國朝始均嫡、庶母，俱以三年之服，真可謂盡人子之性矣。士生斯世，而有不移孝爲忠者，非夫也。

君子之所以教者五章

君子一身，天下萬世之責歸焉。玩“所以”二字，則因材而施，有多方委曲成就在此，便是“樂得英材而教育之”一節注疏。真是天地無棄物，聖人無棄人。

化是君子化他，猶點化之意，得一時雨化之士，不知將來成人德多少，達人材多少，答問多少，私淑多少，故居首。

德是天資純樸，材是天資明敏。然此中亦有學力，君子特因而成之達之。成之者，矯其偏以歸正，陶其駁以歸純也。達之者，引掖其將開之路，利導其未至之境也。成德謂不虧其體，達才謂不滯其用，答問是言教。此四項俱是見知，私淑艾是聞知。

私淑艾者，前數項都有，乃隨其人之分量以自得耳。或淑之而時雨化，或淑之而成德，或淑之爲達材，或淑之而《詩》《書》問答。

看來答問亦不可忽，如時雨化、成德、達材、私淑，那一件不從答問中見？

雨化見教之神，成德見教之善，達材、答問見教之恕，私淑艾見教之遠。總是天降下民作之師，以助上帝。

"此五者，君子之所以教也"，見其品不論高下智愚，人不論先後遠近，而君子之精神流貫，君子之功化陶鎔，其無棄人，如大造無棄物。

道則高矣章

高、美、登天之疑，似偏指上達。孟子言上達，不在下學之外。學者要知，泥下學爲下學，不是能者。若認下學之外別有上達，亦不是能者。

説個登天、不可及，則學者却步矣。何不爲卑近易行之法，使得幾及而可以孳孳求至也？孟子説不改繩墨，是不憤不啓，不悱不發。引而不發，是舉一隅，躍如也。中道而立即無行不與。

天地間道理不容不泄，故君子引之不容盡泄，故引而不發。此是天地成物之心，非不欲發，不能發也。躍如是得之之妙，即在那學之之法上，恍然見得君子不發道而道有自發者。道猶路也，中道謂中於道而立，乃躍然見光景之在前，卓然有定體之可遵。惟俟能者悟性高，而學又到不忽其易、不阻其難，直從所引之端以會那躍如之秘，而下學可以上達也。

躍如就在引而不發內，中道而立就在躍如內，從之就在中道內。

所引固說正意，不必言射，照射看來更明。如說君子的教法，只授以學而不告以所得，如引滿其弓而不發矢，那矢在弓上自躍如欲出，引是教者，居其半。不發是學者，居其半。故說中道而立，能者就依我所引的發將出來，一往中的。這全要學者自去作，教者如何替的他？

天下有道章

說一"殉"字，見道與身生死相離，不得設身出矣，而道又不行。道屈矣，而身又不隱。徒殉人以圖富貴，亦何為也？

滕更章

君子雖誨人不倦，又惡夫意之不誠。挾長謂年長於師，挾有勳勞謂己曾有功於師者，挾故謂己與師有故舊之好，餘皆明。

於不可已章

以處事言，見該作的決已不得。以待人言，見該厚的決薄不得。以修為言，見該從容的決性急不得。此三者皆說人情所至者以示戒，非過不及之說。已其不可已者，怠心勝也。薄其所厚者，忍心勝也。銳於進者，躁心勝也。

君子之於物章

此重推恩有等，下解上格無兩層，宜以親親為主，語氣當疊說下。蓋"仁之而弗親"句，未說何者當親，故下二句說親其所親，而於民則仁，於物則愛也。

愛之弗仁，謂品節雖嚴而取用不廢也。仁之弗親，謂好惡雖同而恩誼未篤也。親與愛總是一個仁，但有厚薄遠近之不同。君子全體是仁，觸處自有天則，親疏貴賤毫髮不差。

天地間理一而分殊。理一則齊親疏，合貴賤，而不嫌於同。分殊則明親疏，辨貴賤，而不嫌於異。同則無爲我之私，異則無兼愛之失。

知者章

上章見聖賢經綸有序而不容紊，此章見聖賢經綸有要而不容泛。章内重"急""務"字，爲小知、小仁而發。

世主勵精圖治，何嘗不欲盡物而周知、盡人而博濟？顧其勢有所不能。若不在緊要處用之，則智必窮於所知，仁必窮於所憂，非惟不足爲治，而亦不成其仁、知矣。把堯舜提醒處，見得仁、知至堯舜極矣。然知不過急先務，仁不過急親賢，乃所以成其無不知、無不愛，而世主奈何舍其所當務、務其所不必務哉？此之謂不知務，是通章結脉。

無不知、無不愛，以仁、知之全體言。急先務、急親賢，以仁、知之切要言。急先務則綱舉而目張，乃正所以善衆務也。急親賢則由一以及萬，乃正所以親萬民也。

盡心下篇

不仁哉章

親親仁民，仁民愛物，此經濟定序也，即所謂要務。堯舜知此，所以成唐虞，惠王諸君不知，所以成戰國春秋。

章意借梁王以醒當世，所以杜天下之殺機也。自此以下四章，大抵爲時君好戰而發。

仁者發源是愛，自然能及其所不愛。不仁者發源是不愛，自然不暇顧其所愛。

所不愛、所愛，只以土地封子弟說。梁王初心原不料害及子弟，只是爭地心勝，而太子爲虜，似驅爲殉一般。

春秋無義戰章

此章意在尊王，一部《春秋》，只以"無義戰"三字斷之。"征者，上伐下也"一句，是斷案的律令。《春秋》以經言，不以時言，言《春秋》一書未始以戰爲義也。言在春秋，意在戰國。

二節正明所以無義戰之故，見得諸侯有罪，天子討而正之，諸侯奉而伐之，是天地間之大義。纔說戰，便是敵國相征了，將天子放在何處？故曰《春秋》無義戰。

《春秋》書戰二十三，書伐二百餘，皆無取之者。即召陵、城濮之師，其事似善，然皆不稟王命，故一則書遂以志譏，一則書及以誅意。

征與伐何別？曰：有不義之伐，無不義之征。

盡信書章

此不但教人善讀《書》，正爲戰國杜殺機，非真欲人不信《書》也。欲不以文害辭，不以辭害志，以意逆志，是爲得之。

血流漂杵，是商紂之人離心離德，自相殺耳，非武王之殺人如此也。戰國君臣藉口武王之殺，以便己私，故孟子并《書》

言抹煞。觀後章百姓若崩厥角稽首，則非武王之殺可知。

"仁人無敵"句是斷案，"而何其血之流杵"句是翻案語。

血流漂杵，《書》解云："前途倒戈，商人自殺。"其實仁人無敵於天下，前途倒戈，後途也該倒戈。倘商人自相殺，猶有敵之者矣，如何説得？故孟子不信，真拔本塞源之論。

我善爲陳章

此章專爲强兵者發言，所恃在仁，不在戰也。

良醫數試，雖療，其不長矣。猛將數用，雖勝，其不祚矣。何者？其所試而用者，即吾所恃之元氣也。

國君好仁，自平日修德行政言，不專主吊民上説。好仁，則天下自無敵。戰雖善，安所用之？

山崩曰崩，摹寫民情一時響應光景，正好仁、無敵之證。

末節從湯、武看來，決言仁者無敵。

梓匠輪輿章

巧非在規矩外也，而規矩非巧。能者即規矩是巧，不能者亦規矩而已。故規矩傳而巧不傳，巧無敵而規矩敵。

物不精不爲神，數不妙不爲術，故精者神之所合，妙者知之所遇，可以性通，難以言論。

舜之飯章

"飯糗茹草"四字，畫出舜窮困風味。"被袗"八字，畫出舜榮華景象。若將終身，若固有之，畫出舜澹漠的精神，空明的境界。

窮居不損，大行不加，始終一舜而已。此與論禹、稷、顔子章，俱隱隱自負。

吾今而後章

"吾今而後知"是叫醒今人之意，言好殺者必亡，殘刻之禍必中其身及其子孫。此言正可止殺。

"梁惠"章説子弟，此章説父兄，更悚切。

知是知之以天道，知之以人理，奈何人獨不知也？

古之爲關章

古人創制立法，與天下共，凡以爲民耳。後世往往借古人之美意而行今人之屬政。衰世之法莫不如此，不獨一關也。即存古法者，猶失古意如此，況其變古法者乎？無限感慨。

身不行道章

閨門化，原要從這裏作起。身不行道是素行有咎，舉動不當，雖妻主順，子主承，亦無以責其行道，便化不行於妻子矣。你看，使人不以道，出言不當，便不能行於妻子，而可不行道乎？不行道，不行於妻子，而況天下乎？"身不行道"二句重，下二句即抽出言之。

不行於妻子，百事不可行，不可使亦在其中。不能行於妻子，却只指使人一件言之。

兩"道"字一樣，即天理當然之則，見一言一行決不可離道。

周於利章

"周"字如所謂識到守、到氣，又到是也。缺陷世界，利不可周。圓滿性體，德不可不周。不能亂，是仁義之德不亂於楊、墨，帝王之德不亂於功利。守先待後，正君善俗，皆孟子本身事。

農儲粟，士儲識儲氣。儲識在勤學，儲氣在砥行，遇卒而周章，見義而巽懦，皆中無儲也。

好名章

“苟非其人”應“好名之人”句，蓋既爲好名之人，便非真能讓之人也。緣他好利根子原在身子裏，不曾拔去，所以簞食豆羹見於色。

馮少墟先生云：“扶持名教，顧惜名節，此正君子務實勝處，却非好名。若不扶持名教，不顧惜名節，而曰我不好名，是無忌憚之尤者也。”

不信仁賢章

三段文雖平，而以仁賢爲本。禮義自仁賢而出，政事自仁賢而修也。“信”字又仁賢之本，有而不信，猶之乎無耳。

“信”字不止用他推心置腹、始終如一之意。不信，如“陳見悃誠，而上不然其信”皆是。不曰無仁賢，而曰不信仁賢，見仁賢信用之則有，不信用則無。空虛，猶云朝廷無人也，百官庶府只取充位而已。

禮義主名分上説，所以辨上下，定民志。

政事却不爲財用設也，而財用則政事之所經理。彼天下大勢，煩簡疏密，相均相制，無非財用之湊理。

《周禮》九職任萬民，生之有道也。九賦斂財賄，取之有度也。九式節財用，用之有節也。總是開源節流意。

不仁而得國章

章意：七國之君，如齊之田氏，晉之韓、趙、魏，皆以不仁得國，而又欲以不仁得天下者。孟子有因其欲取天下之志而進之以仁，因爲之説曰："國或可以不仁得也，天下不可以不仁得也。"此亦孟子一時之言耳。要而論之，不仁可以得國，亦可以得天下，如秦、魏、晉、五代之君是也。但以不仁得者，亦以不仁失之耳。

得國與得天下何異？得國者，得之於諸侯之手。得天下者，得之於天下人心。得之於諸侯之手，彼先自處於不仁，故可以乘間竊發。心出於天下人之公，決非威勢所能攝服也。

民爲貴章

孟子生平崇王黜霸，在"民爲貴"三字終始一貫，社稷與君都是借來形民爲貴。

民爲貴只是匹夫匹婦或能勝予之意。戰國之君視民如草芥，不知興廢存亡皆出此焉，故其言若此。

世之論貴者，自諸侯、大夫而上至天子，極矣。然天子必本於得丘民來，可見天子之貴以丘民之貴貴之也。

諸侯是爲民而主此社稷。

社稷是爲民而立，以禦民災患。

聖人百世之師章

章内"風"字最妙，風善感人，勾萌而甲拆，聖人猶之造化也，披拂所及，感化無窮。

百世之師，只以制行高、流澤遠渾言。

風俗最易移人，伯夷從一世頑、懦風俗中以廉、立自奮，故能以兩袖清風吹噓頑、懦。下惠從一世薄、鄙風俗中以敦、寬自奮，故能以滿座春風滌蕩鄙、薄。原是自家不肯以頑、懦、薄、鄙自甘，所以自我特立，能師百世。

心之精神謂之聖，夷、惠之清、和已至其極，乃是先揭百世之精神以獨會於一身，故百世之下，只是脉脉一點精氣自然攝入人心，人亦囿於其鼓舞之中而不自覺。若行不造其極，安能風動後世，使之曠百世而相感也？

聞其風而頑廉懦立，薄敦鄙寬，二聖人之靈真百世常在，二聖人之權真百世常尊。所以如此者，只是不肯甘心流俗污世，能自爲奮起故也。學者把全副精神意向汩溺流俗污世中，無怪草木同腐矣。

頑可廉，懦可立，薄可敦，鄙可寬，信乎！人性皆善。信乎！至誠而不動者，未之有也，人顧自奮何如耳。

四時之風莫和於春，莫清於秋，物無有不動者。然曰動猶有迹也，若仲尼元氣也，渾然無迹矣。蓋孔子道大德中而無迹，故學之者没身鑽仰而不足。二子志潔行高而迹著，故慕之者千秋感慨而有餘。此章贊在夷、惠，意在仲尼。聖之偏者猶爲百世師，則進乎此者，其爲萬世師無疑矣。復曰“而況於親炙之者乎”，猶自恨私淑五世之内也，其旨深矣。

管東溟先生曰：“論聖人於三代之後，人但知以言教師當世，而不知其以風教師百世。師當世者謂之顯贊化育，師百世者謂之幽贊神明。”

仁也者人也章

當時人不識道，因不識人。祇緣以仁屬之空虛，與道遂不相湊泊耳。不知仁即是人，就人身中嘗覺常靈，觸之即通，叩之即應，如惻隱、怵惕，必不容已。原是人之血脉這等樣，合看起來便是道。蓋言仁不言人，則仁虛而道無可見。惟合而言之，則生生之理流露於日用常行之間，所謂率性之道也。

合者，不相離也，非分而言之，合而言之之謂。若把分合來説，則稟受之初，此仁已著在人身了，何嘗不合？即不相離，便是合。

仁也者，人也，即是合而言之。就人而精言之曰仁，就仁而形言之曰人，就仁與人合言之曰道。蓋合言之，則仁也、人也之名泯，而道之名見矣。

君子之戹章

陳蔡之戹是聖人之困，亦氣數之窮也。孟子此言，其在去齊、梁時乎？

貉稽章

通章“士”字重。引《詩》不是說文王，孔子亦曾不理於口，分明是責備他爲士必如文王、孔子而後可。

有分辨曰理，好歹無分辨，妄加訾議，是謂不理於口。孟子說：但是爲士的便不得於流俗，爲世所憎，因茲故衆多其口。

孔子，士而師天下者。文王，士而君天下者。孟子告貉稽有二意：一則以聖人尚不免遭謗，況學者乎？是慰之也。一則欲其反觀內省，德如文、孔，即見慍無害，如己德未至，則當自反自修，而不可專咎他人。

憂心悄悄，慍於群小，見非毀之來，雖聖賢亦不能免。肆不殄厥慍，亦不殞厥問。見非毀之來，於聖賢亦無所礙。

賢者以其昭昭章

昭昭使昭昭，本躬行也。昏昏使昭昭，徒有格套而已。明德之學沉淪已久，然猶曰使人昭昭，則其昏昏之中尚有昭昭之一脉可引也，奈何安於今也？

謂高子章

全是責高子工夫間斷。"蹊間"數語最可以見道心、人心危微之幾，"介然""爲間"四字正緊關。介然不止，是倏然有分別之義。爲間不止，是少頃有隔斷之義。用即由也，影學者用功説。茅塞子心，指内欲外物交蔽説。

"牛山"章判此心消長之關，"山徑"章判此心通塞之關。心欲長而不消也，當知用一"静"字。心欲通而不塞也，當知用一"動"字。静謂人欲净盡，動謂天理流行，此兩字便是拔茅要訣。間此心，何如可以介然用之成路？曰：請與天地聖賢時相往來。何如是爲間不用？曰：只因《詩》《書》味短，聖賢面生。詩曰："昨日土牆當面立，今朝竹牖向陽開。此心若道無通塞，明暗如何有去來。"黄山谷曰："人胸中久不令義理澆灌，則俗塵生其間，臨境則面目無光，對人則語言無味。"士人欲不茅塞其心也，請於斯語留神。

禹之聲章

論樂者，當會其性情，本其功德，又諒其時勢，然後可以見作者之精神而定其優劣，豈區區在一器之末乎？

禹之追蠡以時久，非用之多也。

齊饑章

君子視人饑由己，豈恤一笑而不言？第言之有益，則爲善救。言之無益，則非善道。即馮婦後番之攘臂，不知果能搏虎否。孟子之意正如此。

"卒爲善士"，即《上孟》"卒然問曰"之"卒"，偶然也。

前發棠已有故事，則今日只消舉而行之足矣。乃齊王坐視其饑而不發，則意不欲復發，又可知也。君子不自量，而援故事以請，不以爲沽名則以爲市德矣。通重“其爲士者笑之”句，笑者，笑其事之無濟也，非笑其不知止之説也。

此必去齊時事，蓋久而禮衰矣。陳臻詞氣，亦未嘗要孟子必請。

口之於味章

君子灼見性命合一處，故論性不落軀殼，論命不涉杳茫。如口之於味等，人皆以爲性也，而求盡焉，不知性中有命，君子不謂性也。仁之於父子等，人皆以爲命也，而推諉焉，不知命在性中，君子不謂命也。前是命當聽其在天，後是性當盡其在我。

口之於味，以及四肢於安佚，此正與生俱生之性，所謂雖上智不能無人心也。然此性原有天然之節限，一毫不可攙越，即謂之命。告子乃曰“食色，性也”，正是見性不見命。孟子則以“天生蒸民，有物有則”也，故曰有命焉。君子不謂性也，何以不謂之性？君子性仁義而不性食色也。既不謂性，則昏明强弱之性，君子亦不謂性可知已。此是從形色內洞觀天命之精，豈肯以形體之所欲者爲性也？

仁之於父子，以至聖人之於天道，此正維皇降衷之命，所謂雖下愚不能無道心也。然此命又是本然之生理，一毫不待安排，即謂之性。告子乃曰“義外也，非內也”，正是見命不見性。孟子則以爲仁義禮智非由外鑠我也，我固有之也，故曰有性焉。君子不謂命也，何以不謂之命？君子不命仁義禮智於天，而根仁義禮智於心也。天道尚不謂命，則夭壽窮通之命，君子亦不謂命可知已。此是君子從自身上求以盡性，豈肯以是爲玄虛之命，委之於穆太虛內也？

耳、目、口、鼻、四肢，人見以爲落在形骸，塊然而不神，今曰性也，有命焉，是推到人生而静以上不容説處。以見性之來脉極其玄遠如此，不得丢却源頭，認形骸爲塊然之物也，故曰知其性則知天矣。仁義禮智天道，人見以爲來自於穆窈然而不測，今曰命也，有性焉，是直反到愚夫愚婦可與知、與能處，以見命之落脉極其切近如此，不得丢却現在，認於穆爲窈然之物也，故曰夭壽不貳，修身以俟之，所以立命也。

聲色、臭味、安佚通於命，則嗜欲莫非天機。仁義禮智天道盡其性，則天則渾乎人事。君子不謂性，要見立命意。君子不謂命，要見盡性意。盡性正以立命也。

浩生不害章

善者，人生之天理，即性善也。透性窮神，以此起頭，即以此結果。始而爲人之可欲者，此理也。終而爲人之不可知者，亦此理也。善非粗淺，神非高虚，惟在乎有此善而力行以充之耳。

善人、信人不可作對，須照末節言，善人也，亦庶幾乎信人也。若論本地風光，實泊然無可欲也，渾然無所有也，本虚而無所謂實也，無所謂光輝也。故必化之而後入聖，至於化，始能歸根本地矣。然曰化之，則尚有所化者在也。至於聖不可知，則無方無體，變化無窮，非惟人不能知，即己亦不能自知，其斯爲神妙而難名矣。

此心之可欲者，善也，即理義悦心，天爵樂善之意。此欲出於理，不著於情，蓋性分中自有悦心之妙，是反之身心，自覺有無窮之味，津津乎樂而不倦，亹亹乎悦而獨得，則謂之善。若人見吾可欲，屬言外意。

有諸己，看一“有”字，是堅固之意。或存或亡，不可謂之有。即有九分非十分，有亦分數不相當。亦未是信的地位。到了信，則中之所有者確爲可據矣。

可欲指性善而言，所謂"民之秉彝，好是懿德"者也。信指性之根心而言，所謂反身而誠，覺萬物皆備者也。

充實即上文"信"字充之而至於實，謂所有之善充足飽滿於身，雖有隱微曲折之間，亦皆清和純懿而無不善之雜，是則所謂美也。美即純懿字樣，無垢疵、無虧欠意。

光輝即其所充實之美不容揜藏處。在身則睟面、盎背，在事則德溥、化光，是則所謂大也，大即善之圓滿處。

以瓦礫積之，雖如丘山，無繇有光輝。若積珠玉，小積即有小光輝，大積即有大光輝。今善則珠玉也，故曰充實而有光輝之謂大。

大而化者，若冰之融於日，若金之鎔於火，內化其所爲充實之真，外化其所爲光輝之形。大處猶有思勉工夫，熟後消鎔變化，不見有大之形迹，其暢於四肢者，不言而喻。發於事業者，無爲而成，是不思不勉，從容中道，故謂之聖人。

以"聖"字不足以盡之，故更著"神"字。神不出於聖之外，畢竟加聖一等。若聖、神果是一樣，孟子不該説四之下矣。聖如明珠，神如明珠，却又走盤，如夷、惠清、和便可知，孔子聖之時便不可知。孔子亦言窮神知化，過此以往，未之或知，是聖、神果是兩等。聖不可知，亦特復了善的源頭。蓋源頭之善，本於不學不慮者也。此不可知，與赤子之不識不知同。

湯、武皆聖人也，可謂神乎？堯、舜、孔子亦皆聖人也，可不謂神乎？

二之中，若稱他善，却透在善上些，却是信的能信處尚未完滿，故言二之中。

須知二、四之間不是安身之地，自善、信而上還有無限地步，善、信豈是住脚處？此正鞭策正子。

通章見人有六品：一品是神人，二品是聖人，三品是大人，四品是美人，五品是信人，六品是善人。總一"善"字作成，結胎全在善、信。信即善之實也，美即善之積也，大即善之發也，聖即善之安也，神即善之至也。

逃墨章

非徒欲成就楊、墨，并欲收楊、墨以爲用意。見異端之未來也，不得不嚴以拒之。其來也，不得不寬以容之。總是天地父母之心。

楊與墨總是學仁義之道而差焉者也，但墨氏有用而無體，楊氏有體而無用，體備而徐加設施較易耳。楊子自爲是卑暗門，墨子兼愛是高明門，世上大力量人多先誤入墨子一路，緣他力量作不來，自覺煩苦，料他要逃墨歸楊。楊子爲我，於世法上終行不去，不得通達，又要逃楊歸儒。是逃楊固儒之地，逃墨亦儒之機也，不是楊子勝墨。

通節要看一"辨"字，吾儒不可不與楊、墨辨，然辨宜在未歸之先，既歸，則當徐以俟其自悟。

有布縷章

爲當時取民無制者發。

力役之征自丁口所出。

三征俱是少不得的，故各下"有"字。君子取民雖有定制，而常有不忍盡取之心。可見惠民不必罷征，而殃民不必橫斂，只一緩急之間而生死相關如此，可不慎哉？

諸侯之寶者

提醒世主全在"寶"字，雖是三件，然政事一件又所以撫養人民，經畫土地。

明王投珠抵璧，正以聖人自有大寶，若紂衣珠玉自焚，豈非殷鑒？

盆成括章

孔子之學曰空空，顏子之學曰若無才。如周公尚不可有，況乎小也？君子以有才爲幸，小人以無才爲幸。須重“道”字，看聞得道大，其才自不小。

孟子之滕章

或人之意，見得不以竊屨來，實以竊屨往矣。或人終不悟。

人皆有所不章

孟子教人盡仁義，只達、不忍、不爲，便都説盡了。

人纔説仁義，便以爲難事，不知包裹正在自家念頭裏。不忍、不爲，人皆有之，患不能達耳。其提醒人處在“人皆有”三字，是指出體段以示人，教人實下手去作。蓋人之真心爲氣拘物蔽，縱有不忍、不爲，都行不去，故下個“達”字，使前念、後念曲暢旁通，再不爲私意隔礙，非是從忍處、爲處遏抑之，直從不忍、不爲初機時提醒，令不至於有忍有爲耳。此是順導法，不是逆折法。自其端倪之引伸曰達，自其分量之滿足曰充。達方可充，不充亦不謂之達，工夫只是一件。

不忍之心萌於“觳觫”，而以求大欲則不能達。不爲之心萌於“呼蹴”，而以爲宮室、妻妾等，則不能達。萌處乃天然之雨露也，不能達乃人爲之牛羊也。必去牛羊之所牧，方見雨露之所潤。

害人而曰心，害人未至，害人之心無不至。穿窬而曰心，穿窬未往，穿窬之心已先往。人再沒有要害人的心，就是在那裏作害人的事，他心裏畢竟不欲的。無欲害人亦非一端，有明明白白害人者，有始無欲害人而終害人者，有外若不害人而内實害人者。須一一充開，則真心隨在周流，故曰仁不可勝用。

義之類多端，"充無受爾汝"及"言餂"不過類中二項，言所謂充無穿窬者，豈必盜賊事，然後見得不可爲？如以貪昧隱忍日受爾汝，或以語默用意探取人情，是皆心術暗昧，非光明正大之心，皆穿窬之類也。

凡人爾汝所加，赧然其不欲受者，猶爾汝之名也。我實有可輕賤處，是爾汝之實也。我能即此充之，凡有所依違於中不能自快，有所遷就於外不能自主者，皆當克去，使修之屋漏者可質之天地，可對之鬼神，於一切苟且污辱的事皆所不爲，使人終不得以爾汝加我，此所謂充無受爾汝之實也。如此則心地到處光明，無所往而不爲義矣。

末節提出士亦妙，見得爾汝之名，不論士，即平等之人尚覺得不肯受。至於以言餂，以不言餂，士君子往往坐此而不覺，此正細微處，如何不充？

穿窬是妄意室中之藏，有盜心，因有盜行，以語默餂人是妄意人心中之事，雖無盜行，却亦是有盜心。

養浩然之氣，則無受爾汝之實，慎獨知之學，則無餂人之爲。

言近章

章意專爲好議論而不務自修者發，提出"修身"二字，以見根宗一理也。在言上有遠近，在守上有博約，取譬之如己田、人田。

如告子、公孫輩，則言近而指不遠，失之淺陋。如莊、列之徒，則指遠而道不存，失之荒唐。皆非善言也。楊、朱爲我，則守約而施不博，是爲無用。墨子兼愛，則施博而守不約，是爲無體。皆非善道也。言守只是一道，須要理會，議論得停當，纔作得停當。

言不近則玄虛而無實，或言近矣，又淺陋而無味，所以必言近而指遠者方爲善言。守不約則泛濫而無歸，或守約矣，又拘泥而不廣，故必守約而施博者方爲善道。指是言中含蓄的指趣，施是守中發出的施爲，不下帶而道存，所謂不離當身者是也。隱然見治平之道，即在此身上言之耳。

遠莫遠於天下，天下平，至博也。近莫近於此身，修身，至約也。要味一"守"字，守者，非守其身之軀殼已也，吾身之理便包含天下之理。

身上發議論，即從身上運經綸。

不曰耕田而曰耘田，蓋身謂之修，有修去私欲之意。所求於人者重，要人去修身，而所以自任者輕，自己不去修身，此又爲不守約而務施博者作一叮嚀耳。自任輕，是不知一身爲天下之本也。

堯舜性章

此勉人不可不盡性意。"動容周旋"一節是論性之之德自然而然。"君子行法"一節是論反之之事當然而然。是令人照湯、武以法堯、舜，非專評堯、舜、湯、武也。"君子"二字明指學聖人者。

性者與性之不同，"之"字指理言，"者"字指人言。性者純天之德，反者法天之健。反之與身之亦有別，身是躬行實踐，反是修爲復性耳，要見得與堯舜一樣。

堯舜本體渾全，不假修習，現成是一個性，故說性者，是形皆化而爲神，物皆化而爲則者也。湯武由克己復禮反轉來的，故説反之，是反其形以歸神，反其物以全則者也。

堯舜豈無學？蓋以性爲學也。湯武豈非性？蓋學以復性也。

聖人舉動處便是禮，即由仁義行意，德盛曰至，則性粹矣。此是性之之妙。

正行如順行，正行亦非不好，只多了安排念頭，此却是自然而信。

堯舜性之之聖法自我出，即是造命。下堯舜一等，則必行法俟命。“法”字即性之理，凡天理所當爲的，端端正正，有一規矩準繩立於此，一毫不敢放過，君子遵而行之，循循天理，一禀於法，而此外絶不計較，是所謂順受其正者。俟命不過純其行法之心，非二念也而已矣。見作聖之法更無他道。

法兼心法、身法，奉天理以周旋也。法實載命，命實符法，兩者原非相判。

動容中禮，無所爲而爲，固是率性。即行法俟命，亦非有所爲而爲，復性也。

説大人章

此不是把自家與大人較，須把“我”字説得大方妙。吃緊在“古之制”一句，聲勢赫奕，孰與夫道德尊嚴？今人非是畏大人，直是畏其宫室等之巍巍耳。孟子非是藐大人，亦是藐其宫室等之巍巍耳。勿視巍巍，全從浩然中養來，此即所謂藐也，不是體貌上倨傲待他。

視以眼界言，志以心界言，古制原在聖賢心上，三“不爲”是鄙之之詞。凡人窮居時談侈靡之事，則曰我弗爲。一當得志，遂不覺侈然縱肆，惟無制耳。士君子得志，自有行道濟時、澤今法後的事業，豈效此等輩所爲？此是上念天命，下念民心，自有所制而不敢爲也。制即行法俟命的“法”字，識得道理，便有個當然之則，不可逾越妄爲處，所謂制也。制可以貺不制，古可以貺今，在我可以貺在彼。

養心章

養心莫善於寡欲，心字決指天理言，欲字決指人欲言。蓋人欲分數多，則天理分數決少。人欲分數少，則天理分數決多。

口之於味，目之於色，耳之於聲，鼻之於臭，四肢於安佚，此人事也，聖賢亦安能廢而絶之？但未來希想，當前恣肆，過後留滯，此皆所謂欲也，故孟子令其寡之，周子令其無之，非是欲人斷絶其事，只是欲人潔濯其心。

孔子對顔子，故言克己。周子對寡欲人，故言無欲。孟子對多欲人，故言寡欲。"寡欲"二字是孟子救人權宜方法，原非絶頂之談，世人不知，咸曰："欲不可無也，亦不可多也。"此則左祖人欲者也。不知寡欲田地，豈學人安身立命之境乎？必寡之又寡，至無欲，受用終身行不了。

人心欲念有起則覺，有覺則除，件件攝情歸性，是之謂寡。但不能保其不起，故不言無而言寡耳。"寡"字是用工，不在分數多寡上説。

曾晢嗜羊棗章

全重"不忍"二字，此是吾之口中有父存，物之味中有父存，是雖吾之父不存，而吾心之父存也。此曾子不忍之心也。人子如生如存這點念頭終身不解，觸物偶動，特借羊棗點出。若計較羊棗、膾炙，便認影子作真人，於不忍源頭何啻千里？

孔子在陳章

道統之傳止有一中，即章末所謂經也。中道之絶續辨於真，似孔子之思狂狷，思其真也。惡鄉原，惡其似也。孟子拈出反經而已矣，可謂得中之嫡派。

狂狷不在人情世態上留神，只在人心世道上留神。鄉原不在人心世道上留神，只在人情世態上留神。心分邪正，品分真假，世分治亂。狂狷於中行分偏全，分生熟。鄉原於狂狷分邪正，分真假。

今日爲狂狷，固小有功於堯舜。將來爲中行，尤大有功於堯舜。故孔子思其人，爲堯舜之道計也，使一鄉皆稱爲原人，一人是堯舜罪人。使一鄉皆化爲原人，人人是堯舜罪人。故孔子惡其人，亦爲堯舜之道計也。

進取不忘其初，初是最先第一念。狂者不染世情，不鑿本性，一毫不受轉換，故能不忘其初心。

初，本色也，媚世念頭俱後來添入，惟不失本色者近是。

“中道”二字是一章主腦。故思其次，只指狂者説。

琴張諸人只言其概，“如”字有不能盡舉意。孔子之所謂狂，要看“孔子”二字。

事功則稱古帝王，學術則稱古聖賢，動輒以古人自期，不掩，非行不掩言之謂，乃不遮掩以自蓋，是短處，亦是好處，見其正大光明，全不自家掩護。

狂又不可得，指人心之習壞言。不屑不潔以心言，不以事言，要玩“屑”字。潔之與不潔辨也，義利之途顯。屑之與不屑辨也，心迹之介微。是又其次，又是一種人品，非狷次於狂也。

狂者得聖人之神，狷者得聖人之骨，鄉原得聖人之皮。衆人以皮相，故原之。聖人以神相，故賊之。

過我門，謂其託迹於吾門之道也，不入我室，謂其似之而非，不入吾道之實也。下不可入堯舜之道，正是不入我室意。

鄉原媚世，如何敢譏狂狷？蓋狂狷，世俗之所不滿者也，鄉原亦從而不滿，正是媚世心腸。其譏狂者慕古，則便以今人自安。其譏狷者寡合，則必以諧俗為志。既不敢為聖賢，又不敢為豪傑，又不是懵然蚩蚩之庶民。束首束尾，消沮閉藏，哄過了一生，賊一鄉并以賊天下後世，最為斯道大蠹。

聖人在世，善者好之，不善者必惡之。鄉原之為人，忠信廉潔既足以媚君子，同流合污又足以媚小人，全副精神盡向世界陪奉。聖賢看得他明明白白，何得不惡？

流俗污世，君子正該去變化他。即不能，亦須中立不倚，謂何與之合同？反是引誘他不好了，這便沒有實心為人之意。以此欺世，即為不忠信。以此盜名，即為不廉潔。止可謂之似耳。

義萬變而不窮，佞亦有圓轉之意，信一成而不毀，利口便捷，亦有確然之意。

君子是孟子自寓，經即上文所謂德，堯、舜、孔子所傳之中道也。反經只在開明人心，更無別法。經者，大中至正，萬世不易之常道。君子反經，凡身之所行，事之所施，言之所辨，務合乎中正之理耳。直舉向之既晦者反而明之，舉向之既亂者反而理之，舉向之既隳者反而扶之，但使真忠信、真廉潔立的在此，似者焉廋？庶民誰去信從他？只剩得一個鄉原耳，邪慝不遂無乎？可見君子獨自一個攻異端，其勢尚孤，今庶民興，直是合天下攻異端了，妙妙！

孔惡鄉原，孟闢楊、墨，是一生得力處。

君子反經而已矣，今日反經，不必辨楊、墨，闢佛老，惟是易富貴利達之習，為道德仁義之歸，天下自然太平。

惡鄉原，為其不可與入堯舜之道也，則狂狷之可與入可知，故下章直指堯舜正統所在。

由堯舜章

有道體，有道脉，有道運，有道統。何謂道體？天生蒸民，有物有則，夫婦、愚、不肖，天理流行，隨在充滿是也。何謂道脉？文武之政布在方策，賢者識大，不賢者識小之類是也。何謂道運？一治一亂，一晦一明是也。何謂道統？使道體散之天下者會之一身，道脉隔之世代，寄之迹象者，融之神化。道運，晦而明，亂而治是也。故道體遍之人人，道脉寄之文獻，道運、道統賴之聖賢擔荷。

通章是孟子叙道統，以終七篇，繼往開來之義，重一“知”字。此知亘天地而不滅，無其人，覿面不解。有其人，千古猶通。所云見知，羽翼道統者也。聞知，主盟道統者也。總之使此知不昧耳，見斯道在天地間決無絶而不續之理。章内“之”字指何物？即上章所謂中也，經也，即《上孟》首篇仁義是也。自堯舜至孔子，中間相傳只是純然仁義，不雜一毫利欲。人能於此見得分明，便是見知堯舜之道，聞得分明，便是聞知堯舜之道。《孟子》一書主張在是，學人宜從此求知。□[一二]然總多見多聞，王陽明先生所謂“個個人心有仲尼，自將聞見若遮迷”。

禹皋諸人須有證驗，禹執中之命，皋典禮之謨，湯有制事、制心之學，伊尹一德之輔，萊朱建中之誥，文王緝熙敬止之學，太公丹書之戒，散宜生彝教之迪，孔子則有識大、識小之學。其實道統相傳，不在事迹上。

斯道在天地間一脉相傳，刻刻流行，代代相續。如湯、文繼起，只消會得堯舜精神，何須定要到禹皋手中討個明白？大抵孟子意思，正爲從古聖人定有個親炙的，有個興起的，斯道必不斷絶。即今世既未遠，居亦甚近，則洙泗之傳定自有在。難道歷世相傳之道統，至今中斷了不成？是孟子但於孔子後，自任堯舜以來一個人耳。

聖人間世而一生，每以五百年爲常期，斯道有絶而必續，定以聞知者爲繫屬。此節末二語，説者紛紛，如以孟子任見知，則與太公望、散宜生諸人同局，且置顔、曾於何地？況孟子曰："姑舍是。"即顔、閔亦非其願，則必不任見知明矣。觀聞知者，爲湯，爲文王，爲孔子，則其必任聞知又明矣。仔細看來，説個去聖人之世若此其未遠，似任聞知。説個近聖人之居若此其甚，又似任見知。及細玩"然而"兩字，是與上文二句相反之辭，是説去聖人之世未遠，似不敢當聞知，又説近聖人之居甚近，似當任見知，然而無有見知乎？孔子則亦無有乎？聞知者爾，予未得爲孔子徒也，是不曾見知的注脚。又曰：予私淑諸人也，是自任聞知的注疏。見得見知既非我，則亦聞知別無人，宛然有當今之世舍我其誰意。此節馮少墟、辛復元、徐筆洞三先生，俱有發明，并附於左。

馮少墟先生曰："玩通章，見孔子得統於文，文得統於湯，湯得統於堯舜，而中間禹、皋陶諸人，特爲之承前啓後云爾。然而'無有乎爾'二句，人徒知孟子以禹、皋陶諸人自任，而不知其所以自任之意，正是爲後來之湯、文、孔子者地耳。此其屬望後人的意思，至懇至切，真是聖人天地之心。"

辛復元先生曰："孟子於子思爲見知，於孔子爲聞知，然而二句非專指自家，正恐自家統緒今日目前無見知者，將來安得有聞知？上句望當時，下句望後世。"

徐筆洞先生曰："予未得爲孔子徒也，予私淑諸人也。兩個'予'字是反而揣身之詞。'然而無有乎爾'二句，是設爲問世之詞，揣身者繼往之意，問世者待來之思。"

孟夫子、孔子時地相近，孟子自幸則然，其實隨地可擔道統，何拘鄒、魯？隨時可擔道統，何必五百？士顧自立何如耳。

世有聖人，我固當爲見知。世無聖人，我亦當爲聞知。總不可醉生夢死，孤負此知。

有孔子不可無孟子，有孟子不可無程、朱。薛敬軒篤信程、朱，真是我明一砥柱。

周、程、朱、薛以前，非無哲人維持道統。周、程、朱、薛以後，非無哲人維持道統。惟至周、程、朱、薛而統於一，此滴滴孔門真血脉也。請有志有識者尚論之。

校勘記

〔一〕"政"，疑當作"正"。

〔二〕"姑"，校本作"始"。

〔三〕"敂"，校本作"蔽"。

〔四〕"左"，校本作"正"。

〔五〕"安"，校本作"要"。

〔六〕"有"，校本作"於"。

〔七〕"職"，校本作"識"。

〔八〕"仕"，當作"任"。

〔九〕"亦"後當脱"只"。

〔一〇〕"□"，底本空一字。

〔一一〕"原"，校本作"源"。

〔一二〕"□"，底本空一字，校本有"不"字。

家禮維風序

　　《記》曰：天高地下，萬物散殊，而禮制行矣。體〔一〕也者，綱維世教，裁成萬物之大經也。朱考亭夫子《家禮》一書，垂世作則，範圍不易。乃世代遷流，人情樂因循而畏簡攝，舉先生因性之儀，視爲桎梏，浸淫濫觴，靡所底止，而禮遂不可問矣。即如冠昏爲子道之始，喪祭爲子道之終，綱常大義炳若日星，而靡靡者竟莫之行。間有一二守禮敦倫、還醇復古之士，且怵心於異論之紛紜而相率從俗。久之，習今者爲今，即慕古者亦今矣。吾夫子當周末文盛而諄諄於夏、商之禮，豈謾言哉？大學士吳鹿友先生前撫晉時，目擊時尚頹靡，盡力維挽。一日，語拱陽曰："古今異宜，人心莫返。子盍取文公禮書，考以昭代之制，今昔互參，删繁就簡，俾恒情易簡而可行，或足挽狂瀾以障之乎？"余唯唯拜命，歸而杜扉山居，纂訂成卷，因考《家禮》原本，冠祠堂於首篇，以見尊祖敬宗，人心同然，報本反始不容泯也。次則司馬氏居家雜儀與人子事親諸訓，以見承顏養志，愛日所急，椎牛而祭，不知〔二〕鷄豚之逮親存也。次則冠昏喪祭諸禮，而復以宴會續之，見挽今人情侈靡，宴飲相尚，而至於水木本源，反相沿廢禮，於人心安乎？故於宴會亦擬爲常格，俾有限精神專注於切近本源可也。末以五服詳注終之者，見萬殊一本，其初固一人之身也，而萃涣聯宗，率一世而同歸古道，不猶萬派之歸宗哉？其中禮制節文，悉參以《會典》所載，尊昭代也。附管見於下，而仍存《家禮》原制，略加會通，恐人習簡易而忘厥初也。嗟乎！禮有本有末，有質有文，必文質得宜，本末合度，適爲得中。今之俗則末勝而本漓，文過而質衰。夫子曰：寧儉寧固，所以深救之也。余兹《維風》一書，祇以遵考亭夫子崇禮導民之至意與鹿友先生移風易俗之深衷，以俟有志復古者共商，亦曰不離其本質者近是耳。

崇禎壬午冬臨汾後學桑拱陽謹題。

家禮維風一編

祠堂此章本合在《祭禮篇》，今以報本反始之心、尊祖敬宗之意，開業傳世之本也，故特著此，冠於篇端，使覽者知所以先立乎其大者。而凡後篇所以周旋、升降、出入、向背之曲折，得有所據以考焉。然古之廟制不見於經，且今士庶人之賤，亦有所不得爲者，故特以祠堂名之，而其制度皆日用所最切者也。

君子將營宮室，先立祠堂於正寢之東祠堂所在之宅，子孫世守之，不得分析。伊川先生曰：古者庶人祭於寢，士大夫祭於廟。庶人無廟，可立影堂。朱子改名祠堂，**爲四龕，以奉先世神主**祠堂之内近北一架，用板限隔爲四，其内各設一龕，以奉高、曾、祖、禰四代。龕中置櫝，櫝中藏主。龕外垂布爲簾。祠堂三間者，龕各盛以一桌。一間者，以一長桌共盛之。每龕前或設一桌，或共設一長桌。堂正中設一香案，置香爐、香盒於其上，兩階之間又設香案，亦如之。**列主位次**祠堂并列四龕，高祖居中東第一龕，曾祖居中西第一龕，祖居近東壁一龕，禰居近西壁一龕。按《大明會典》祠堂圖下云：朱子祠堂神主位次以西爲上，自西遞列而東。豈不知左昭右穆之義哉？然朱子明謂非古禮，特以其時宋太廟皆然，嘗欲獻議而未果。《家禮》之作，姑從前制，故我聖祖太廟之制出自獨斷，不沿於僞，實酌古準今，得人心之正者矣。故今品官士庶祭祀，遵用時制，奉高祖居廟中第一龕，曾祖而下則以次而列，故更列立位次於左，**祭四代**或問：今人不祭高祖何如？程子曰："高祖尚有服，不祭甚非。某家却祭高祖。"又曰："自天子至於庶人，五服未嘗有異，皆至高祖。服既如是，祭亦須如是。"

圖

伯叔祖父母祔於高祖，伯叔父母祔於曾祖。妻若兄弟若兄弟
之妻祔於祖。子姪祔於父，乃孫祔祖龕也。姪之父自立祠堂，則
遷而從之。

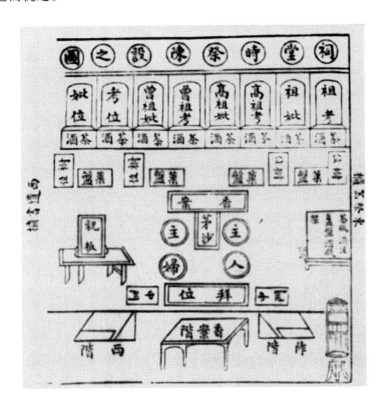

或問：祔位四時祭於正寢，則祔東序或兩序相向，男向西，
女向東，就裏為大。祠堂內則孫祔祖龕，若孫死而祖在，則祔何
處？朱子曰：「祔於曾祖龕。」妻死，夫之祖母在，亦然。

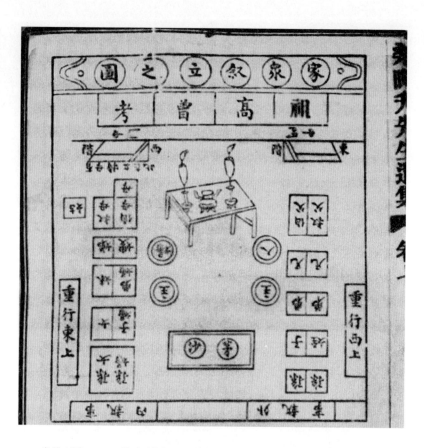

《曲禮》曰：凡家進祭器爲先，犧賦爲次，養器爲後。

無田禄不設祭器，有田禄者先爲祭服。君子雖貧，不粥祭器。雖寒，不衣祭服。爲宮室不斬於丘木。若貧不能造祭器，則用燕器代之。

大宗子，謂諸侯適長，爲世子，繼諸侯正統。其次適爲别子，别子所生之長子乃大宗。今法，長子死，主父喪，用次子，不用侄。若宗子法立，則用長子之子。

小宗子，謂别子之庶子，以庶子所生之長子乃小宗子也。或問：如何謂之别子？曰：别子，諸侯之弟，别於正適也。不

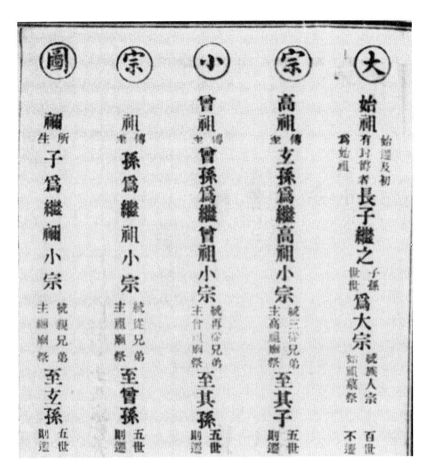

得稱其父，又不可宗嗣君，又不可無統屬，故死後，別子子孫立此別子爲始祖。所謂別子爲祖，即大宗之祖。讀爲分別之別。

范介傉先生曰：“宗法不明，士庶人之祭所繇隳也。”小宗者各宗其宗，統系無不明者，奈之何？衆子顯融，恥受命於宗子也。有禄者得事其四親，則宗高祖。士事祖禰，則宗大父。庶人宗禰而已。無已，則與士共宗曾大父，無不可者。宗之，各祭於宗子之家，其庶幾乎！

居家雜儀

家　長

凡爲家長，必謹守禮法，以御群子弟。家衆分之以職，授之以事，而責其成功。制財用之節，量入以爲出，稱家之有無，以給上下之衣食。及吉凶之費，皆有品節，而莫不均一。裁省冗費，禁止奢華，常須稍有贏餘，以備不虞。

卑　幼

凡諸卑幼，事無大小，毋得專行，必咨稟家長雖非父母，亦當稟之。

凡卑幼於尊長，晨亦省問，夜亦安置。坐見尊長過之，則起。出遇尊長於塗，則下馬。不見尊長經再宿以上，則再拜。冬至、正旦則四拜。數或尊長臨時減而止之，則從尊長之命。凡節序及四時家宴，上壽於家長，卑幼盛服序立，如朔望儀，先再拜，子弟之最長者一人進立於家長之前，幼者一人執盞於其左，一人執酒注於其右，長者斟酒跪祝曰：“伏願某官備膺五福，保族宜家。”俟尊長飲畢伏興，退與卑幼皆再拜。家長命諸卑幼坐，命侍者遍酢，諸卑幼皆起，序立如前，俱再拜。就坐飲訖，易便服，還就坐。

爲子爲婦

凡子事父母孫事祖父母同，婦事舅姑孫婦亦同，天欲明，咸起，盥漱櫛總所以束髮，具常服，昧爽，適父母舅姑之所省問。父母舅

姑起，子帥婦具晨羞供具，畢乃退，各從其事。將食，婦請所欲
於父母，退具而供之。尊長舉箸，子婦乃各退就食。必均一。幼
子又食於他所，亦依長幼席地而坐，男左女右。及夕食，亦如
之。既夜，父母舅姑將寢，則安置而退。居閒無事，則侍於父母
舅姑之所，容貌必恭，執事必謹，言語應對必下氣怡聲。出入起
居必謹扶衛之，不敢涕唾喧呼於父母舅姑之側。

受父母命舅姑命同

凡子受父母之命，必籍記而佩之，時省而速行之，畢則
返命。

或所命有不可行者，則和色柔聲，具是非利害而白之，待父
母之許然後改之。若不許，苟於事無大害，亦當曲從。若以父母
之命爲非而直行己志，雖所執皆是，猶爲不順之子，況未必是
乎？子曰："善則稱親，過則稱己，則民作孝。"

凡父母有過，下氣怡色，柔聲以諫。諫若不入，起敬起孝，
悅則復諫，不悅，與其得罪於鄉黨州閭，寧孰諫。父母怒，不
悅，而撻之流血，不敢疾怨，起敬起孝。

子曰："從命不忿，微諫不倦，勞而不怨，可謂孝矣。"

呂新吾先生曰："孝子之事親也，上焉者先意，其次承志，
其次共命。共命則親有未言之志不得承也，承志則親有未萌之意
不得將也。至於先意而悅親之道，至矣。"又曰："人子和氣愉
色婉容，發得深時，養得定時，任父母冷而寒鐵，雷霆震怒，也
只是這一腔溫意，一面春風，則自無不回之天，自無屢變之天，
讒譖何繇入？嫌隙何繇作？其次莫如敬慎，夔夔齊栗，敬慎之至
也。"故瞽瞍亦允若。溫和示人以可愛，消融父母之惡怒。敬慎
示人以可矜，激發父母之悲憐。所謂積誠意以感動之者，養和致
敬之謂也。蓋恪親之功，惟和爲妙，爲深爲速。非至性純孝者不

能敬慎，猶可勉强耳。而今人子以涼薄之色，惰慢之身，驕蹇之性，及犯父母之怒，既不肯挽回，又倨傲以甚之，此其人在孝弟之外，固不足論。即有平日温愉之子，當父母不悦而亦温，見或生疑而遷怒者，或無意遷怒而不避嫌，愈避而愈冒嫌者，積隙成釁，遂致不祥，豈父母之不慈哉？此孤臣孽子之法戒，堅志熟仁之妙道也。

色若温煦之春風，聲若睍睆之黄鳥。笑語寧多，不嫌於不敬，戲謔時露，不謂之不莊。有歡意則疾趨唯應，極其奉承。有戚聞則謹戒密防，徐爲曲説。不可使吾親生冷淡心，不可使吾親生煩惱心，不可使吾親生驚怖心，不可使吾親生愁悶心，不可使吾親有難言心，不可使吾親有悔恨心，不可使吾親有皇愧心，不可使吾親有缺少心。先意承志，不謂阿諛逢迎。甘辱服勞，不謂卑污苟賤。此之謂悦親，此之謂色養，此之謂順德，此之謂樂則生，惡可已，而不知手舞足蹈。吾願天下之爲人子者體此真心，嘗此真味，是太和陶鑄吾身。豈惟家庭之間皆春風化日？而六合觸處皆樂意相關，隨緣自得矣。

凡爲人子者，出必告，反必面。有賓客不敢坐於正廳，升降不敢繇東階，上下馬不敢當廳。凡事不敢自擬於其父。

善養親者，凶年人相食而親不知。

凡子事父母，父母所愛亦當愛之，所敬亦當敬之，至於犬馬盡然，而況於人乎？

凡子事父母，樂其心，不違其志。樂其耳目，安其寢處。以其飲食忠養之。幼事長，賤事貴，皆倣此。

凡父母舅姑有疾，子婦無故不離側。親調嘗藥餌而供之。父母有疾，子不滿容，不戲笑，不宴游，舍置餘事，專以迎醫檢方合藥爲務，已復初。

孝有三，小孝用力，中孝用勞，大孝不匱。思慈愛忘勞，可謂用力矣。尊仁安義，可謂用勞矣。博施備物，可謂不匱矣。

曾子曰：“夫孝，置之而塞乎天地，溥之而橫乎四海，施諸後世而無朝夕，推而放諸東海而準，推而放諸西海而準，推而放諸南海而準，推而放諸北海而準。”《詩》云：“自習自東，自南自北，無思不服。”此之謂也。

凡爲子爲婦者，毋得蓄私財，俸禄及田宅所入盡歸之父母舅姑。當用則請而用之，不敢私假，不敢私與。

凡爲人子者，不敢以富貴加於父兄宗族_{加，謂恃其富貴，不率卑幼之禮}。

子云：“睦於父母之黨，可謂孝矣。”故君子因睦以合族。

凡子婦未孝未敬，不可遽有憎疾，姑教之。若不可教，然後怒之。若不可怒，然後笞之。屢笞而終不改，子放婦出，然亦不明言其犯禮也。子甚宜其妻，父母不悅，出。子不宜其妻，父母曰：“是善事我。”子行夫婦之禮焉，没世不衰。

男女分别内外

凡爲宫室，必辯[三]内外，深宫固門，内外不共井，不共浴堂，不共廁。男治外事，女治内事。男子晝無故不處私室，婦人無故不窺中門。男僕非有繕修及有大故不得入中門，女僕無故不出中門。鈴下蒼頭但主通内外之言，傳致内外之物，毋得輒升堂室，入庖厨。凡婚喪等事不相授受，相授各以筐，則皆坐奠之，而後取之。

凡内外僕妾，鷄初鳴咸起，櫛縰盥漱衣服，男僕灑掃廳事及庭，鈴下蒼頭灑掃堂室，設椅桌，陳盥漱櫛靧之具。主父主母既起，則拂床襞衾，侍立左右，以備使令。退而具飲食，得間則浣濯紉縫，先公後私。及夜則復拂床展衾。當晝内外僕妾惟主人之命，各從其事，以供百役。

凡男僕有忠信可任者，重其禄，能幹家事次之，其專務欺詐，背公徇私，屢爲盜竊，弄權犯上者，逐之。

凡女僕年滿不願留者，縱之。勤奮少過者，資而嫁之。其兩面二舌，飾虚造讒，離間骨肉者，逐之。屢爲盜竊者，逐之。放蕩不謹者，逐之。有離叛之志者，逐之。

家禮維風二編

冠　禮

按《儀禮》所存者惟士冠禮，自士以上有大夫、諸侯、天子冠禮，見於《家語·冠頌》與《禮記》《特牲》《玉藻》者，大概可考。如趙文子冠，則大夫禮也。魯襄公、邾隱公冠，則諸侯禮也。周成王冠，則天子禮也。大夫無冠禮。古者五十而後爵，何大夫冠禮之有？其冠也，則服士服，行士禮而已。今天子與親王冠禮載在《大明會典》，兹集止以士庶通行者爲式。

男子年十五至二十皆可冠，必父母與己無期以上喪乃可行。

前期三日，主人告於祠堂。

長幼各就位，主人盥洗詣櫝前，啓櫝，出主，復位，詣香案前，跪焚香，酹酒，復位，參神四拜，復詣神位前，獻爵，告曰：“某之子某人，年將長成，將以某日加冠於首，謹告。”祝既畢，伏，興，復位，辭神，四拜，納主，禮畢。如無祠堂者，設位告之。

筮賓預擇知禮者，一人爲賓，一人爲賓贊，一人爲主贊，執事者用子弟爲之。

先一日，主人詣賓家告曰：“某之子某將加冠，願吾子教之。”主人隨意致辭再拜，賓答拜，戒賓之贊者亦如之。如遠，則爲書以請。

陳設。

長子冠席直阼階北西向，衆子近西南向。盥器帨巾設於東階下之東南，賓次設於便室。如無堂室，以帷障之，畫灰爲東西階。

厥明夙興，陳冠服。

衣帶、櫛掠、網巾、靴履陳於房外，酒注、盤盞陳於衣案北，三加冠陳於西階下，執事者司之。

主人以下序立各就位，將冠者仍童子服，立於房中南向。

賓至，主人迎入升堂主賓相見再拜，各就位坐定。

賓請將冠者就席，行初加禮。

將冠者出房，立席右，南向。賓請將冠者即席，西向。賓之贊者爲加網巾。執事者自西階進初加冠，賓降階一級受之，詣冠者，祝曰：“吉月令日，始加元服。棄爾幼志，順爾成德。壽考維祺，以介景福。”乃加冠。加畢，冠者入房易服，賓主坐按初加，古用緇布冠，《朱子家禮》用幅巾，皆非今所宜。今擬用時制有帶之巾。冠畢入房，始脫童子服。若直身有攞褶者。若品官則用忠靖巾，深衣博帶。庶民則用帽子，常服。又按加冠時，《儀禮》言皆坐，《家禮》言皆跪，只立而加之爲是。

再加冠。

冠者出房，賓請冠者就席，執事進再加冠，賓降階二級受之，詣冠者前，祝曰：“吉月令日，乃申爾服。謹爾威儀，淑慎爾德。眉壽萬年，永受遐福。”賓贊者爲脫初加冠，賓爲加冠，加畢，適房易服接再加冠，古用皮弁，《家禮》用帽子。今擬用方巾，服用摺子大帶。若品官，則用官帽公服，庶民用幘如鏟子巾。

三加冠。

冠者出房，賓請冠者就席，執事進三加冠，賓降階三級受之。詣冠者前，祝曰：“以歲之正，以月之令，咸加爾服。兄弟俱在，以成厥德。黃耇無疆，受天之慶。”加冠畢，冠者復入房易服，賓主皆坐_{按三加}[四]，古用爵弁，《家禮》用樸頭公服。此惟品官可用。今擬用儒巾、襴衫、縧靴。若庶民則粽帽可也。

行醮禮_{醮贊唱，酌爾無酬酢曰醮。長子醮席設於堂中間，少西南向，眾子仍冠席。}

冠者出房，賓請冠者就醮席，西向立，執事者酌酒，賓受酒，詣醮位前，北向祝曰：“旨酒既清，嘉薦令芳。拜受祭之，以定爾祥。承天之休，壽考不忘。”冠者受酒，南向席前跪，祭酒。贊者進脯醢，冠者受之，奠於地。興，就席末睟酒（飲少許也），以杯授贊者，南向再拜。賓復位，東向答拜，復拜贊者。贊東向少退答拜。賓主坐。

字冠者_{贊唱。}

賓降階東向，主人降階西向，冠者降自西階少東立，南向。賓祝曰：“禮儀既備，吉月令日，昭告爾字。爰字孔嘉，髦士攸宜。宜之於嘏，永保受之。”乃字之曰：“某甫伯仲叔季，惟所命之。”冠者答曰：“某不敏，敢不夙夜祇奉？”冠者鞠躬兩拜，賓答拜。贊唱禮畢，賓出就次。

主人以冠者見於祠堂_{陳設如前告祠禮。}

主人焚香告祠曰：“某之子某，冠畢敢見。”冠者就兩階間，四拜，出，乃拜父母及諸尊長。主人禮賓，獻酬如常儀，以幣謝，賓贊受之。

冠者遂出，見於鄉先生及父之執友_{按禮冠責成，人必孝弟忠順之行立，而後可以爲人。可以爲人，而後可以治人。此所以居內禮之首，尤爲至重。今習俗，子自飲乳即已戴巾，及長，僅以包網爲冠，皆非禮也。市井僮僕妄有別號，士而以字稱者十無一二，冠禮之壞，莫此爲甚。今必士大夫家亟舉首行，以示法齊民，庶復古其有漸乎。}

笄禮，母爲主女子許嫁，行笄禮。年十五，雖未許嫁，亦笄。

前三日戒賓擇親姻婦女賢而有禮者，遣人致書以請。

厥明陳設以盤盛冠笄，置西階下，如衆子冠禮。

賓至，主婦迎入，升堂主婦東階，賓西階。**升堂拜畢，各就位。**

將笄者出房，賓請將笄者就席，西向立，櫛髮，合紒合髻也，皆侍者爲之。

行加笄禮

賓降階盥洗，復位，侍者進冠笄，賓詣將笄者，前祝詞曰："吉月令日，始加元服。棄爾幼志，順爾成德。壽考維祺，以介景福。"賓立，加冠笄，復位。笄者適房，易服徹櫛。

行醮禮笄者服上衣出房。

賓請笄者就席，西向立。侍者酌酒，賓受酒，詣醮席，祝詞曰："旨酒既清，嘉薦令芳。拜受祭之，以定爾祥。承天之休，壽考不忘。"笄者受酒，跪，祭酒傾少許於地，啐酒略飲，起，拜興凡四，賓答拜。

賓乃字笄者賓主俱降階，笄者降自西階，少東南向。

賓祝告曰："禮儀既備，昭告爾字。女士攸宜，永受保之。字曰某。"笄者再拜，賓答拜。主人以笄者見於祠堂。拜父母尊長，乃禮賓。

長子之冠席在東，及冠畢，則改席於堂中間少西，南向。

衆子之冠席在堂少西，南向，及冠畢，行醮禮，則仍舊席，其陳設皆同此圖。

長子冠於阼階上，以著代也。醮於客位，加有成也。庶子不於阼，而冠於堂西南，而非代故也。

冠禮祝文某年月日某

告曰："禮儀三百，莫重於冠。某之子或長或次今日冠畢，用敢帥見。伏惟鑒格，俯垂佑庇，俾之成立，弗墜先志。謹告。"

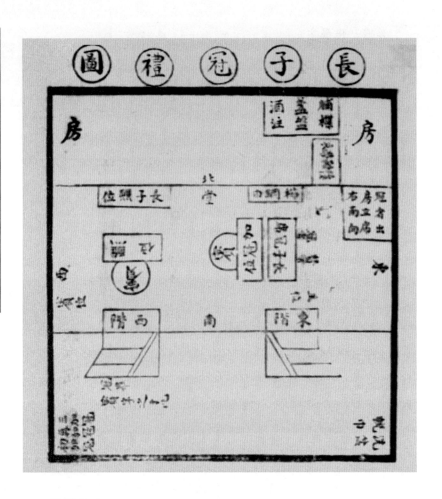

笄禮祝文

告曰："男冠女笄，禮制之常。某第幾女今日笄畢，用敢帥見。尚冀鑒照，永錫繁祉。謹告。"

冠兼成昏祝文

告曰："冠以成人，昏以承宗。稽之經禮，所係尤重。某之子某年既長矣，卜昏期於某日，預加冠於茲辰。仰祈先庇，懋衍慶源。謹告。"

家禮維風三編

昏 禮娶妻以昏爲期，取陽往陰來之義

《六禮》曰："納采者，昏禮貴男先於女。媒妁既達，納幣以采擇之也。問名者，問女氏之名，將歸而加諸卜筮也。納吉者，歸卜於廟，得吉兆，復遣使者往女氏納之也。納幣一名納徵，徵，成也，證也。納幣帛以成昏禮，且以爲證也。請期者，請畢婚姻之期也。親迎者，男先於女之義也。"《家禮》略去問名、納吉、請期，止用納采、納幣、親迎，以從簡易。今《會典》品官中納采兼問名，納徵兼請期而納吉尚存。《六禮》已備。若庶人則止納采、納幣、親迎，從俗便也。

男子年十六、女子年十四以上皆可行，必主婚及男女無期以上喪乃可。凡昏禮，祖及父在，則祖、父爲主，無則家長主之。

納采問名凡議昏，當先察其婿與婦之性行及家法如何。議定，必先使媒氏通言，俟女家許之，然後行納采禮。

是日，主人告於祠堂，祝詞曰："某之子某未有伉儷，已議聘某郡某官之女，今日納采，敢告。"遂具禮，使使者往女氏，具書致辭。女家主人出見使者，使者曰："某親以伉儷之重施於某，率循典禮，謹使某納采。"即以書授主人，再拜，授雁。主人曰："某之子蠢愚，又弗能教，既辱采擇，某不敢辭。"使者請問名，曰："某既受命，將加諸卜，敢請女爲誰氏。"主人進曰："某第幾女，妻某氏出。"書女之第行、年歲帖授之，遂禮使者。女家主人告祠堂，使者復命，男家主人復告祠堂。

按納采禮，上等之家用銀二十四兩，幣四匹，羊一牽，果四盤，酒二尊，雁一對，無雁則以鵝代之。上等之家納徵銀一十二兩，折席四兩，首飾一頭，釵、釧、鐲各一對，幣八匹，梭絹、夏布各十匹，綿花二十斤，羊口[五]牽，鵝一對，果四盤，酒二尊。

中等之家，納采用銀十二兩，幣二匹，羊、果、酒同上。納徵銀六兩，折席二

兩，首飾一頭，釵、鐶各一對，幣四匹，梭絹、夏布各五匹，綿花十斤，羊、果、酒亦同。

下等之家，用銀六兩，布、絹、首飾有無隨便。至窮苦之家，二三兩亦可娶，只用紅衣一身以應吉候。幣、帛、梭布不拘可也。古人雞酒爲婚，荆釵布裙而敦夫婦之禮，豈可昏娶論財，以甘爲夷虜之道哉？國朝定昏禮，自公侯品官至庶民，各有等級，上得兼下，下不得僭上，故品官一品至四品，彩緞不過八匹。五品至九品，四匹、二匹而已。士庶不得過兩匹。今之富民誇多鬬靡，僭侈過度，逾於品官。爲父母者但索取滿意，豈慮嫁娶失時，致謗生乖，遺患莫測？君子所當深戒也。

納吉 古禮原在問名之後，然使卜果不吉，將如之何？似當居昏禮之首，先神後人，於禮亦順，故《家禮》去之，以從簡便。

納徵 并請期在内。

禮如納采儀，加玄纁束帛，品官用紵羅，隨宜，少不過二，多不過十，更用釧、羊、酒、果、食之類，貧富分三等。注見前。

主人具書致詞曰：“吾子有嘉命，貺室某也。某有先人之禮，玄纁束帛，使某也請納徵。”使者如命，授書致辭。女家主人對曰：“吾子順先典貺某重禮，某敢不承命？”使者復請吉日，主婚者遜辭。使者遂告期某日迎婚，主婚者曰：“敢不承命？”隨禮使者，如納采儀。

親迎

是日，主人焚香告於祠堂，子隨之拜。既畢，主人醮其子而命之迎。主人爲位於堂中，南向坐。婿立於西階下，升階就位，北向跪，四拜，升醮席，西向，贊者酌酒授婿，跪受酒，起就席末，啐酒略飲少許，跪詣父前聽訓戒。父命之曰：“往迎爾相，承我宗事，勗帥以敬先妣之嗣，若則有常。”子曰：“諾，惟恐弗堪，不敢忘命。”退復位，四拜畢。

婿出乘馬，初昏至於女家。主人出迎，婿入，升西階，北向跪，婿從者執雙雁陳於前，主人焚香畢，西向跪。婿奠雁再拜，畢，主人不降，送館於别所，子弟宴之。

主人告於祠堂，遂醮其女而命之。父母俱爲位於堂中，南向就坐。姆母引女就中，北向跪，四拜。贊者授女酒，女跪受酒，啐酒略飲，起詣父前，父命之曰："戒之敬之，夙夜無違命。"母施衿結帨曰："勉之敬之，夙夜無違宮事。"庶母申之曰："敬恭聽宗爾父母之命，夙夜無愆。"贊者唱四拜禮。禮畢，辭諸尊長，姆奉女登車，二燭前導。婿乘馬在前，至婿家，俟於門外。車至，婿導之入門，及室，交拜，各即席，進酒食，祭飲合卺，各再拜。婿出，主人禮賓。

朱子曰："昏禮用命服，謂以士而服大夫之服也。"

《昏義》曰："合卺而飲，是以一匏分爲兩瓢，婿婦各執一片以飲也。"

按《禮經》，女至，婿門揖以入，只是先導之意，非作揖也。今制，駙馬親迎公主，皆無揖禮，況常人乎？古禮惟婿親迎，今俗以婦翁往迎，大失尊卑之禮。且習俗，女家勒令婿父拜其祖先，於禮何居？而又請婦女盛飾迎送，尤屬靡費，可省。父以恩勝，從俗往送可也。禮，娶婦之家三日不舉樂，思嗣親也。今俗至用唱戲作樂以耀耳目，甚非禮矣。復古者宜裁之。

次日，婦見舅姑

質明，舅姑即席，南向坐，子引婦同拜舅姑前。四拜畢，子西向立，婦東向立。是日，婦家具盛饌酒醴，子舉箸安席，婦進酒。饌畢，同四拜，候舅姑饌畢徹饌。父以酒命子，姑亦饗婦以一獻之禮。跪飲，再拜，如醮儀。禮畢，舅姑降自西階，婦降自阼階。婦見諸尊長。若卑幼見婦，婦左，卑幼右。

按，親王昏禮第三日，妃詣帝、后，前捧膳，不問冢婦、介婦之分也。禮謂冢婦饋於舅姑，若介婦不饋，適足以長其驕慢之氣。此不可泥，須於饋舅姑畢，婿婦跪飲，同聽調戒。自此以後，昏定晨省，不可驕縱，所謂教婦初來也。

三日，主人以婦見於祠堂

如告祠儀。詞曰："某之子某，今以昏畢，率婦某氏敢見。"子與婦并立，四拜，禮畢各退。

古者三月而後廟見。朱子曰："三月以前恐有可去等事，至三月不可去，則爲婦定矣。故廟見。"按《會典》，天子納后，親王納妃，俱先謁廟，然後行合巹禮，而士庶人獨難行之。蓋時俗設客席於中廳，設祖先位於東西壁間，甚爲褻體，則次日拜翁姑畢，聽翁姑率子婦同拜祖先於祠，或無祠，出主參神可也。

明日，婿見婦之父母

四拜，俱不用贊。婦家禮之，遂以次見婦黨諸親。

按，親迎不拜妻父母，以妻未見舅姑也。婦入門不即見舅姑，以未爲婦也。

司馬温公曰："凡議昏姻，當先察其婿與婦之性行及家法如何，勿苟慕其富貴。婿果賢矣，今雖家貧，安知異日不富貴乎？苟爲不肖，今雖富盛，安知異時不貧賤乎？婦者，家之所繇盛衰也，苟慕一時之富貴而娶之，彼挾其富貴，鮮有不輕其夫而傲其舅姑者。養成驕妒之性，異日爲患，庸有極乎？借使因婦財以致富，依婦勢以取貴，苟有丈夫志氣者，能無愧乎？"

嗚呼！昏禮之壞極矣！其女家以厚聘爲得計，其男家以妝奩爲重輕。至有鋪桌迎撤，夫役不下數百，而押桌家僮匠役所費益繁。一未滿志，動輒成釁，豈非愚之甚者哉？夫戴逸民練裳遣嫁，吳隱之賣犬畢婚。范文正爲子娶婦，焚羅幬於庭，恐壞清素

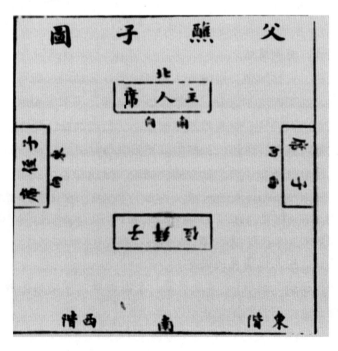

家風。古人之爲其子女如此，真千載芳規也。今約送嫁妝奩，止以切身切用爲止，貧富隨宜，勿事侈靡。《記》有之：酒醴之美而明水之尚，文綉之美而疏布之尚，重始也。請以此意用之昏禮，其嫁妝鋪設次第，以釵股布素陳之前列，用比於明水疏布。次乃陳紡織炊爨等器，次抑搔盥巾等器，次榛脯棗栗，次《女經》一本。諸凡床帳箱櫳俱各隨後，庶雅俗不相掩，而情禮兩無失矣。

請升座父升座畢，婿就位子北向立，鞠躬伏興四拜，升醮席西向，酌酒贊者酌酒授婿，跪受酒，祭酒傾少許於地，興就席末，啐酒略飲，聽訓戒子詣父前，跪聽告戒，父曰："往迎爾相，承我宗事，勗帥以教，先妣之嗣，若則有常。"子曰："諾，惟恐弗堪，不敢忘命。"退，復位，鞠躬，伏興四拜畢，婿出乘馬。

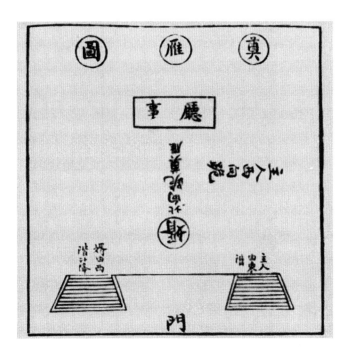

雁用生者，左首以紅色繒交絡之，以其春南秋北，得陰陽之和也。必用一雙及色繒者，取其配偶與吉禮尚彩也。程子曰："取其不再偶耳。"

古者六禮五用雁，而朱夫子慮人情難給，去其三，而止於親迎存一。今世豕羊金彩，視一雁之費爲何如？而乃去此從彼乎？必不獲已，以鵝代亦可。

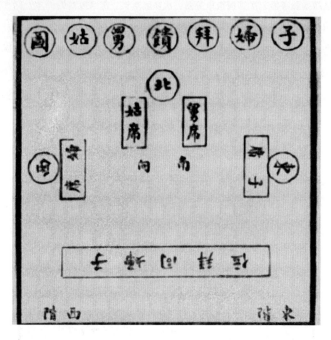

序立子婦并立，鞠躬，拜興凡四拜畢，東南向立。酌酒子進酒於父位前，新婦舉箸隨。子進酒於母位前，新婦舉箸隨。進饌婦爲之，進湯婦爲之。進既畢，子與，婦鞠躬，四拜就席立候。徹饌婦爲之。酌酒舅姑俱以酒命子婦，跪同飲畢，再拜，如醮儀。

納采問名書式凡禮物，另具別狀，惟書式炤此增減，不必用四六啓

某啓：

某官大人，伏承尊慈，不鄙寒微，曲從媒議，許以令愛貺室僕之男某。茲有先人之禮，專人納采，因以問名。敢請令愛所生年月日時，將以加謀卜筮。伏惟尊慈俯賜，鑒炤不宣。

某復：

某官大人，伏承尊慈，不棄寒陋，擇某之第幾女作配令嗣。弱息愚蠢，某又弗能

教，既辱采擇，敢不拜從？重蒙問名，謹具所出及所生年月日時於別幅，俯惟鑒炤不宣。

納幣書式附請期

某啓：

某官大人，伏承嘉命，許以令愛貺室僕之子。某加之卜占，已叶吉兆。茲有先人之禮，專人納徵，謹涓某日甲子，實維昏期可否？惟命。端拜以竢。伏惟鑒炤不宣。

某復：

某官大人，伏承嘉命，委禽寒宗。顧惟弱息教訓無素，祇恐弗堪。蒙順先典，貺以重禮，敢不拜嘉？若夫昏期，惟命是聽。敬備以須。伏惟鑒炤不宣。

家禮維風四編

喪 禮

初終

疾病，遷居正寢惟家長爲然。屬纊以新綿置口鼻間爲候，既絕乃哭。復以□者衣升屋三呼，謂之復也。男子稱名，女人稱姓，復畢，捲衣覆於尸上。近世於未絕時，即不□□櫛沐，亦□省襲衣。

立喪主謂長子無，則長孫承重以奉饋。主婦亡者妻無，則主喪者妻，護喪以□□□□□幹者爲□□喪事皆稟之。司書司貨以子弟或僕爲之。乃易服。不食，被髮，徒冠赤足也。男女哭擗無數。治棺擇木，汕杉爲上，柏次之。勿爲高櫼高足，內外布裹灰，漆仍用松脂熔瀉，厚半寸以上，厚七寸槨稱之，加七星板鑿爲七孔，四隅各釘大鐵鐶，動則以大索貫而舉之。訃告於親戚僚友有報喪書，司書者發之，今俗用告門單。設幛用白布隔內外。設浴床，遷尸床上，沐浴，櫛髮，剪爪浴，以白布拭之。襲設襲衣。《禮》謂遷尸襲床，悉去病衣，易新衣。不知近世於臨終時即已著新衣，或大帶、深衣、袍襖、汗衫、勒帛、裹肚、褲襪之類，即已納屨與舃，則襲床不用亦可，只就浴床再加襲衣俱可。乃含以飯少許入口中，暑月生蟲，不用可。覆以衾，徙床於堂中。乃設奠，主人以下爲位而哭。置靈座尸前設衣架，架前置椅，椅上設生時衣冠。設魂帛衣上設魂帛，所以依神。用白絹一匹，兩頭捲至中間，以綫結之，前設靈桌設脯醢及盞酒，用巾罩之，設銘旌以絳帛爲之，二品以上九尺，五品以下八尺，六品以下七尺，以粉書曰："某官某公之柩。"無官即隨其生時所稱。以竹爲杠，如其長，倚於靈座之右。乃代哭。親友以下始入哭，不作佛事。

小斂

死之明日，陳斂衣，具饌，設小斂床，布絞以布爲之，一幅而裂其兩頭，橫者三幅，直者一幅。每一幅兩頭皆折爲三片，橫者之長取其足，以周身相結。直者之長取其足，以掩首至足，而結於身中。將斂，先布絞之，橫者三於尸床。次布絞之，縱者一於其上。以布衾於絞之上，次布小斂衣於衾之上。遷尸床上。充耳用綿如棗核大，以塞兩耳，瞑目帛方一尺二寸，以覆面，夾縫內充綿，四角有繫，待大斂方斂而結之，握手帛長一尺二寸，裹手，皆有繫。裹衾。疊衣以藉其首兩端，以補兩肩空處，又捲衣夾其兩脛，取其方正，然後以餘衣掩尸，左衽不鈕絲羅極易生蟲，惟絹、白布爲貴。裹之以衾而不結布絞，不掩其面。孝子猶俟復生，欲時見其面也。斂畢，又以一衾覆之。主人主婦憑尸哭擗。男子袒露背而括髮以直束髮也。免齊衰以下用免型布寸餘，交額纏頭，髺婦人用麻撮髻。遷尸床於堂中，奠饌，焚香，洗盞，酌酒上襲奠，奠於尸側。此奠奠於靈座前也。主人以下哭，盡哀，不絕聲。

大斂注曰：大斂於東階，未忍離其爲主之位也。周人殯於西階，則賓禮待之矣。殯即斂也，古人以土塗棺，故曰殯。

厥明，陳大斂衣衾、布絞，橫五縱三橫用半幅，縱用全幅，裂而爲三也。舉棺入於堂中，置衾其中，垂其裔於四外。乃大斂。掩衾。結絞。舉尸入棺。藉首。實齒髮包生時所落齒、髮及指爪，置於棺角，塞空缺搵空處，捲衣塞之，令充實。毋用珍玩物。收衾，憑哭盡哀，蓋棺柩上蓋衣。乃奠，喪主以下各歸次。丈夫次於中門外，倚廬寢苫草也，枕塊土塊。婦人次於中門內別室，屏去金銀華飾之物，止代哭者今俗男子居門內殯側，婦人家居亦可。

按古禮，初喪不便於今者有五：蓋一爲病者臨終皆略洗頭面，隨宜衣服即已著身，若没後設床再浴，近褻矣。只以白布略拭爲是。一爲襲之，猶言復也，謂去病時衣，復著新衣。不知臨終既已著新衣，去病衣矣。何待於襲？只是遷至尸床，再爲整□[六]衣服襪屨爲是。一爲親始喪，人子死不欲生之時，而禮謂設襲床，即有瞑目帛、撮手帛種種儀節，人子倉皇失措，何能及此？不若延至小斂時更爲詳慎。一爲小斂、大斂之別，不過衣服多寡之分，當其小斂即宜如數斂畢，以待大斂蓋棺。若再四動搖，殊非安静。似當酌量形體，或遇炎伏時，又宜變通行之。如貧不能備，即一斂亦可。一爲布絞纏束，自屬古人厚道，然不免束縛其親矣。只藉以布衾用斂手足形而已，無不可也。此亦就近地葬者言也。若遠行，則仍當遵禮，以布纏之。

考之古者，衣衾單夾俱備，曰一稱高氏禮，謂小斂士衣十九，稱大斂士衣三十，稱大夫五十，稱君百。稱衣衾欲厚，所以贈衣曰襚，古士喪，親者襚，朋友襚，君使人襚。温公以爲衣多，非貧者所能備，第曰士襲衣一稱大小斂，據死者所有之衣隨宜用。若衣多，不必盡用也，但以衣衾既備，入棺爲小斂，蓋棺爲大斂耳。

設靈床於柩東床、幬、被、衣、屏、鞋、櫛、浴盆、衣架、帨巾、遺物，悉如生平所用之類。

按《禮》，尸未入棺，祀尸。尸入棺，魂依於帛，則祀魂帛。既葬，神依於主，則祀主。葬以前未用神主，先設重，即今之牌位。注曰："有柩而又設重，所以爲重也。"《檀弓》曰："重主道也，殷主綴重焉，周主重徹焉。"

冠帶不送死，不便也。寶玉不送死，杜梱也。有官者，其樸頭、腰帶、靴笏，葬時安於棺上可也。

鬼神無象，設奠以憑依之，斟酒置桌上不酹。今人以澆酒於地，謂奠者，非也。

靈前南首，不忍以鬼神待其親也。至葬則北首矣。

成服

厥明，五服之人各服其服入，就位，哭奠相吊。其服之制：

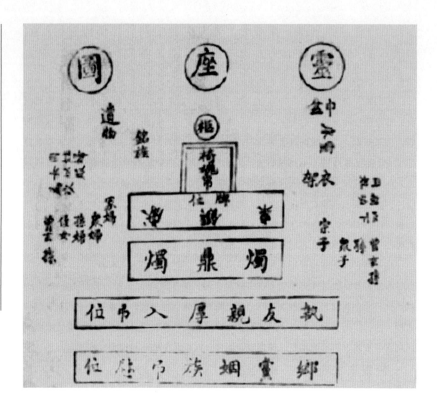

一曰斬衰三年，二曰齊衰三年，杖期不杖期，三曰大功，四曰小功，五曰緦麻。凡爲殤服，以次降一等。凡男爲人後，女適人者，爲其私親各降一等。私親之爲之也亦然。喪主及兄弟始食粥。

朝夕奠謂陰陽交接之時思其親也，或暑月設饌，如食頃，即去之。其果屬用罩。近時主人寢柩側，以饗殮奠後始食，亦便。

每晨起，侍者整盥帨櫛具於靈床側，主人以下就位焚香，舉哀注酒，設果蔬羹飯，曰朝奠。至夕，設夕奠。朝奠至，然後始徹夕奠。夕奠至，然後始徹朝奠。哭無時，朔日加饌，有新物則薦之。

斬衰衣裳用極麤生麻布，布旁及下際皆不緝，衣縫向外，背有負版，前有衰，肩有辟領。

麻冠用紙糊，麻裏首經用有子麻爲之，其圍周尺九寸。朱子云：只是拇指内第二指一圍。腰經，其圍周尺七寸，即今之四寸。苴杖用自死之竹，高與心齊，根在下。竹圓象天，父爲子之天也。内外有節，象子與父亦有内外之痛，貫四時而不變，子痛父亦經寒暑而不改也。母杖用桐，象悲痛同於父也。削之上圓下方，取母象於地也。今制父母俱用斬衰，其冠裳之制并同，惟杖不同，今用之。

拄杖用右手拜，貳分兩手據地而跪，首至於地，既畢，右手拄杖而起。今兩手并舉杖而拜，如頓首者，非稽顙之禮矣。婦人用大袖長裙蓋頭，布帬、竹簪、麻履。其首經、腰經皆具，而制較小。

齊衰用次等麤麻布，旁及下際，皆緝首。經圍七寸，腰經大五寸，屨用蔬草。若衰適負版三者，惟子於父母用之，旁親皆不用。

大功用布比齊衰又熟，首經圍五寸，腰經四寸餘。齊衰至大功，經皆用雄麻，即無子之麻也。

小功用布比大功又熟細。首經四寸，腰經三寸餘，屨皆用白布爲之。

緦麻用治熟之布。首經、腰經同小功。

居喪七大失初喪，分算財利遺物。喪中，與妻妾混處作樂，娛尸，及迎賓飲酒、食肉，及與晏會。

拘陰陽風水，不顧父母，惑事浮屠，觀吉慶事，戲謔笑談。

古者天子三虞，諸侯七虞，大夫五虞，士三虞。春秋時大夫僭亡虞之禮，後世遂以人死後七日爲節。按《會典》，皇妃、親王、公侯之喪，其七七、百日皆有諭祭。古禮未葬不祭，恐人子於是日心有不能晏然者。今俗七七、百日，各隨貧富盡禮致祭，無不可者。

世俗裂帛俵孝，無益於事。若有餘財，從俗行之，無則已之爲是。

治葬

前期擇地之可葬者，須避五患，謂他日不爲城郭，不爲道路，不爲溝池，不爲貴勢所奪，不爲耕犁所及，又須遠村落，避井窰。

按程子所謂卜其宅兆，正是此意，非如陰陽禍福之説也。後世乃以禁忌求福利，有停柩不葬者，不惟非禮，亦甚忍於親矣。

擇日開塋城，祠后土

擇遠親或賓客一人告土神，設位於中標，南向，陳設具饌。告者吉服，北向行禮，告詞曰："維某年月日，敢告於后土氏之神，今爲某官營建宅兆，神其保佑，俾無後難。謹以清酌脯醢祗薦於神，尚享。"前後共九拜禮，讀祝於左，執事者皆再拜，遂穿壙。

作灰隔

先布炭末於壙底，厚二尺，之上布石灰三分，細沙、黃土各一分，筑厚三尺。四旁用薄板隔之，如槨之狀。炭末居外，三物居內，如底之厚。筑之既實，則旋抽其板。蓋炭禦樹根，又避水蟻。石灰得沙而實，得土而黏，歲久結爲金石，凡物不得近也。按從古作灰隔，是棺未下之先預作就四旁，然後下棺。今北方多用窨壙外面，要進棺槨，則當三面用灰隔，而上面與前面俱用厚石板。上面蓋以石板，用灰炭等填塞之。前面用石板堅掩之，仍用灰炭築之堅實，庶可盡人子之心於萬一矣。

刻志石

用石二片，其上爲蓋，刻云："某官某公之墓"。無官則書其字，曰："某公某甫之墓"。其下爲底，刻云：某官某公，諱某字某，及郡縣籍貫，生死年月日，男女子孫，始終之詳。葬之日，以二石相向，用鐵束之，埋於壙前近地面三四尺間。近世請名公爲文志之，聽便。

造明器此孝子不忍死其親之意。不曰神明之器，而特曰明器者，以神之幽，不可不明故也。

刻木爲車馬、僕從、侍女，各執奉養之物，象平生而小。今以紙代之，亦可。

按《會典》，五品、六品三十事，七品、八品二十事，非陞朝官十五事。《廣記》曰："庶人十事"。

下帳謂床幔、茵席、桌椅之類，亦象平生而小。

笾竹器，用以盛遣奠脯醢、**筲**竹器，盛五穀、**罋**瓷器，盛酒醴。

作神主用梨木，或無則用柏木，趺方四寸，高一尺二寸，身趺皆厚一寸二分，劑上五分爲圓首，寸之下，□前爲額而判之，一居前，二居後，前四分，後八分，陷中，長六寸，闊一寸，深四分。陷中書云："封某官某公諱某字某第幾神主"，合之植於趺身，出趺上一寸八分，并趺其高一尺二寸，竅其旁以通中。粉塗其前，書云："顯考某官封諡府君神主"。加增易世，則筆滌而更之，外改，中不改。無官稱"處士某甫神主"，旁題主祀之名曰："考某子奉祀"。尺用周尺，當今尺七寸五分弱。庶人無力者，作牌位亦可。

程伊川先生云："趺方四寸，象歲之四時。高尺有二寸，象十二月分。闊三十分，象月之日。厚十二分，象日之辰。"

備方相如士道執戈揚盾，今用紙，亦便。

制翣以木爲之，如扇而方，兩角高，闊二尺，高二尺四寸，柄長五尺，畫黼狀，四旁皆畫雲氣紫色，柩行，執於兩旁，夾之翣牌，貴賤有數，庶人無之。士族用二扇，畫雲氣，而富者動輒用三兩對，非禮矣。

功布用白布三尺，繫之竿上，拂去棺上塵土。御柩車時，執此以指揮役者。

發引前一日，以遷柩告

將辭靈之時，二禮生入內，孝子就柩前位，上香。一禮生北面跪，告曰："今以吉辰遷柩，敢告。"伏興，焚錢，孝子及族人再拜，舉哀。禮生跪告曰："請朝祖。"呼役人入，將柩向前略動，禮生以箱奉魂帛前導，詣祖宗位，執事者奉奠盞次之，孝子以下哭從之。此禮蓋象生平將出，必辭尊者也。

朝祖

至祖宗位前，先布席，孝子奠訖，舉哀再拜。執事者仍前導至柩前，引孝子出，就祭位。

設祖奠此禮即祖餞之意，蓋明日發引，止有今夕，人之死別莫此爲甚，宜具盛饌，別爲祭文，拜別於柩，謂之堂祭。

祝文曰："永遷之禮，靈辰不留。今奉柩車，式遵祖道，尚享。"行三獻禮。既晚，靈前孝子徹夜燃燈。

厥明，遷柩就轝

本日黎明前五刻，初擊鼓，陳布儀仗等物。二刻再擊鼓，内外皆興。三擊鼓畢，取功布拂去棺上塵土。孝子仍獻饌奠爵，舉哀畢，禮生跪告曰："今遷柩就轝，敢告。"鼓樂前導，銘旌次之，功布次之，雲翣次之，魂帛箱次之，柩隨之。孝子從柩，抱主哭降視載，婦人哭於門中。載既畢，執事者遷靈座於柩前，將魂帛箱置桌上，神主置魂帛箱後。

乃設遣奠有前廳則駐柩，設奠於廳事。如不便，則設於大門之外。具盛奠豕羊魚肉之屬，奠畢即迎至墓所。

祝文曰："靈輀既駕，往即幽宅。載陳遣奠，永訣終天。尚享。"祭畢，隨發引，方相在前，次香案，次志石，次明器，次食案，次銘旌，次功布，次雲翣，次靈車，主人以下男女哭，步從之。親賓設幄於郭外道旁，駐柩而奠按道旁之奠亦古禮，所有約不過十卓而止。世俗競尚靡文，甚至設數十桌，僭濫極矣。其密樓花草之費，尤屬暴殄天物，何矜富而滅禮也？復古者宜急改之。

及墓

柩未至，執事者先設靈幄在墓道之右，布椅桌。方相至，以戈擊四隅。明器至，陳於壙左。執事者先布席於壙前，柩至，脱載置席上，北首而臥。銘旌去杠，置柩上。魂帛箱、神主置靈幄桌上。遂設奠，以待行禮。

發引南首，墓中北首

祠后土於墓左如前開營儀文，九拜禮。

祝文曰："某官今爲某，窆兹幽宅，神其保祐，俾無後艱，尚享。"

題主神主預先寫畢，臨時點主。

執事者設案於靈左，西向置紅筆硯，通唱曰"節哀"。浼賓**題主**題主者，西向立，引贊出主，題主，入主，孝子謝賓，伏興四拜，奉主就靈位藏魂帛於箱中，置主後，告主引孝子抱主跪靈幄前，主置桌上：

維年月日，泣血男謹以香楮，敢昭告於某府君神席前，曰："形歸窀穸，神返室堂，神主既成，伏惟尊靈，舍舊從新，是憑神依，尚享。"焚香舉哀。

按《家禮》，祠后土原在下棺之後，題主原在祠后土之後。如安葬時近，當依《家禮》行之。若下葬太遲，或暮夜難待，即先祠土神，隨行題主，辭賓獨留，然後從容入室可也。

入窆孝子親臨視之，不可誤。有傾墜動搖，已下再整。銘旌令平直置柩上，具北首而臥。

主人贈有力家贈玄纁帛，置柩旁。玄六、纁色四，皆用紙緞代之，其餘金物不得入。

藏明器

孝子親爲檢查，須物物具備，外以小甕貯五穀各五升，其餘所裹奠羊豕魚之肉包藏少許，穿便房以貯之。多則腐敗，恐生蟲蟻。用土須輕手漸筑，勿令震動棺中。旋下志石，埋壙前地，尤親視。成墳然後歸，行虞祭。

執事者徹靈座，遂行

孝子以下奉靈座反哭，執事者先設靈座於故處，禮生奉神主入，就位，并魂帛箱置神主後，主人詣靈座入哭。

虞祭禮骨肉歸於土，魂氣則無所不之，孝子爲其徬徨，二祭以安之，行二獻禮。

陳器具饌，如朝奠儀。祝出神主於座，主人以下皆入哭序立。降神四拜，盥洗，詣靈座前，焚香，酹酒，伏興，復位，參神，再拜。進饌，初獻，讀祝曰："日月不居，奄及初虞，夙興夜處，哀慕不寧，謹以潔牲醴齋，哀薦祫事，尚享。"亞獻主婦爲之，二獻族屬爲之，侑食子弟一人執注添酒，主人以下皆出闔門。啓門，辭神再拜，主人以下入哭盡哀。哀止，徹饌。祝斂主於匣中，置之故處。祝取魂帛埋於屏後潔處。罷朝夕奠。

遇柔日，再虞 初虞後，遇乙、丁、己、辛、癸爲柔日，祭儀如初虞，祝文改“初虞”爲“再虞”，改“祫事”爲“虞事”。

遇剛日，三虞 再虞後，遇甲、丙、戊、庚、壬爲剛日，祝文改“再虞”爲“三虞”，改“虞事”爲“成事”。

卒哭禮 葬後百日卒哭，行三獻禮。

祝文曰：“日月不居，奄及卒哭，叩地號天，五情糜潰。謹以潔牲庶饈，哀薦成事。來日躋祔於祖考某府君，尚享。”自是朝夕之間哀至不哭，主人兄弟疏食水飲，寢席枕木。

祔禮

卒哭之明日而祔，以告其祖父，且告新死者，以當入家祠之漸也。夙興，陳器具饌，設祖考妣位，南向 若祔母，則止設妣位，設亡者位於東南，西向。質明，主人以下哭於靈座前。乃詣祠堂，啓祖考妣櫝，出主置於座。遂奉新主置於座，序立，參神 四拜，降神，進饌，初獻，先獻祖考妣前，祝告曰：“孝孫某，謹以潔牲庶羞，粢盛醴齋，適於顯祖考某官府君，躋祔先考某官府君。”若母，則云：“適於祖妣某封某氏，躋附先妣某封某氏。”次獻考妣前，祝辭曰：“不孝男某，謹以牲醴庶品，哀薦祔事，先考某府君，適於顯祖考某官府君，尚享。”祔母倣此 亞獻，終獻，侑食，闔門，啓門，辭神 四拜。祝奉主入櫝，還故處。奉新主返靈座。

按古祔禮在卒哭之明日，揆之土俗，似覺太早。《記》曰：殷練而祔，周卒哭而祔，孔子善殷，以其不急於鬼享其親也。蓋古人三月而葬，葬而虞，虞而卒哭，明日即以其班祔，以既葬，則親已歸土，其主不容一日未有所歸耳。今世多擇吉而葬，類不能三月而舉，則期而後祔，或亦人子之所安乎？

小祥 用初忌日。讀祝於左。

期而小祥。前期一日，陳器具饌，男婦各設次於別所，陳練服其中練即熟麻布也，婦人服制亦然，男子熟布爲冠服，去首経、負版、擗領衰。婦人截去長裙，不令曳地。厥明夙興，陳饌。祝出主，主人以下入哭，乃出就次，易練服，復入哭。降神灌地，三獻，侑食，闔門，啓門，辭神。止朝夕哭，始食菜果。祝文曰："日月不居，奄及小祥。夙興夜處，哀慕不寧。敢用潔牲粢醴薦此常事。尚享。"

大祥用再忌日。

再期而大祥。前期一日，沐浴，陳器，設次，陳禫服男子用白布巾，白直領，衣布帶。婦人純用素衣履。告遷於祠堂。主人以下詣祠堂前，序立，啓櫝，遍出高祖以下神主，參神四拜，降神。主人盥洗，詣高祖考妣前，奠酒，伏，興，以次詣各主前，俱奠，訖，詣讀祝位，皆跪。祝跪於左，讀祝曰："孝孫某，敢昭告於某官府君、某封某氏四代祖考妣。止稱官封而不稱某祖考妣者，以將改題未定故也。茲以先考某官府君大祥已屆，禮當遷主入廟。某官府君、某封某氏親盡，神主當祧。某某改題爲高祖，某某改題爲曾祖，某某改題爲祖。世次迭遷，昭穆繼序，不勝感愴。謹以酒果，用申虔告。"讀畢再拜，遂請主改題。題畢，主人奉主各遷於其室，虛西一室，以俟新主復位。辭神四拜，禮畢。

厥明，行大祥禮，如小祥儀，祝文曰："日月不居，奄及大祥。夙興夜處，哀慕不寧。服茲告終，几筵當徹。骨肉恩情無盡，先王禮制難違。謹以潔牲庶品薦此祥事，敢請神主入祔祠堂。"讀畢共三獻，辭神，舉哀。奉新主入祠堂，主人以下哭從，安主，行四拜禮畢，遂撤靈座，斷杖，棄之屏處，送遷主至墓側，埋土。

禫祭再期爲二十五月，閒一月爲二十六月，出月禫祭，爲二十七月，取澹澹然平安之意也。

先期一日，沐浴、陳器、具饌、設神位於靈座故處。厥明，出主，就位，行事皆如大祥儀。祝辭曰："禫制有期，追遠無及，謹以清酌庶羞祗薦禫事，尚享。"舉哀畢，送主於祠堂，納於櫝，始飲酒食肉而復寢按周喪制，將死比生，所以定爲二十七個月。如人於子年十二月三十日生，至丑年正月一日，便是兩歲。至十二月三日[七]方是周歲，便稱所生之子爲二歲，實數止十三個月，爲二歲也。服制亦猶是，共三年，爲二十五個月，而尤服兩月者，是未盡孝子之意，故服二十七個月也。孔子曰："喪不過三年。"此之證也。

喪以哀爲主，凡附於身、附於棺，如衣衾、棺槨、灰隔，此極切要，與禮制所載，皆必誠、必信，勿之有悔焉耳。此外若破孝治其待客，一切靡文俱屬可省，精神財力專爲死者計，則斂葬自盡禮如法。若從事靡文，必不暇用心於棺斂諸具。試自親終之日以至襄事之後，計人事靡文之費較實及於親者孰多孰寡，厚其所輕，薄其所重，即賢者亦往往倒施，抑末之深思耳。竊謂成服後，賓吊奠不宜設鼓樂，惟祭用之。孝衣不宜輕破，客至不得成筵。族人至親不宜去喪所者，量具素飯相留，至親者或饋之蔬粥素食亦可。不可齎酒饌至喪所，伴靈相娱，致蕩哀情。至於祭奠，多至十二桌足矣。發引繙對，人物擬各十對，多亦何爲？壙上待客尤非事體，客來者必情義相關，倘釀分置食，相攜從便，不必向孝子家取擾，收頭俗禮亦屬可省。過日喪主踵門叩謝，未謂簡客也。總之，不治具待客爲復古禮，爲息人勞，爲得盡誠於亡者。其今日省稱貸，他日身家受益，藉以安其親，皆不待言矣。

朝廷論祭

凡文武官殁，朝廷遣使，或令有司祭祀者，皆先期報知於喪家。設香案於堂之中，南向。設靈位於堂之西，東向。設使者致奠位於堂之東，西向。設讀祝位於使者之右。設喪主拜位於靈位之右，北向。至日，設陳牲醴如常儀。使者至，喪主以下止哭，去哀経，易素服，出迎於大門外，引使者入，立於致奠位。喪主就位，先行四拜禮，執事者斟酒授使者，致奠三。讀祝者取祭文立讀，訖，喪主以下復行四拜禮，焚祭文。使者出，喪主請使者於賓次，拜見如常儀。

凡封贈焚黄儀禮，須依此祭圖設使者位，立宣誥命。設讀祝位於喪主之後，跪讀祝。讀祝畢，始宣制詞。禮畢，同祝文焚

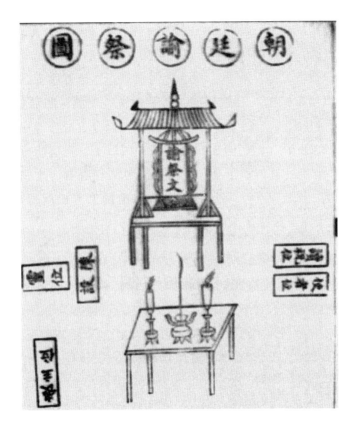

之。若在墓次焚黃，則南面宣制。此禮宋時已行，今多從之，祭用少牢，其儀悉如墓祭禮。

聞喪奔喪禮

始聞親喪，哭，易服遂行。道中哀至哭，望其城、其家哭。入門詣柩再拜，再變服就位哭。若未得行，則爲位，不奠，變服。在道，至家皆如上儀。若既葬，則先之墓哭拜。若奔喪，則至家成服。不奔喪，則四日成服在官者聞齊衰、大小功喪，三日中可委政同僚，朝夕爲位哭，四日成服。以日易月，奔喪二十五日，大功九日，小功五日，畢，仍吉服聽政。每月朔，變服爲位哭，月數既滿即除，至於緦服，俱不必行。

遷葬禮擇得吉地，開塋城，祠后土，穿壙，作灰隔，俱如始葬常儀。

將改葬，張幃墓所，孝子以下俱總麻服。執事設饌，主人奠酒祝告以改葬之故。舉哀，執事者開墳訖，舉棺置席上，舉哀，從祝，以功布拭棺，設饌柩前。孝子盥洗，奠酒，四拜如日久棺壞，則先期備柩斂，如大斂之儀，乃葬，祝曰：“以今吉辰，即用宅兆，謹告。”不設祖奠，無反哭，餘如常葬儀既葬，祠后土，就墓前行虞祭，祝曰：“維年月日，孝子某，敢昭告於考某官府君，改茲幽宅，禮畢終虞，夙夜匪寧，啼號罔極。謹以清酌庶羞祗薦虞事，尚享。”孝子以下釋總服，素服而還。

家禮維風五編

祭　禮

四時祭時祭用仲月，擇日行祭。祭之猶言察也，察者至也，言人事至於神也。

前期三日齋戒，陳器，設位，設香案於堂中，設香爐、香盒於其上，設酒架於東階上，別置桌子於東設酒瓶一，酹酒盞一，盤一，受胙盤一，茶盞、茶壺七巾，鹽碟、醋瓶具陳其上，火爐、湯瓶、香匙、火箸陳西階上，別置桌子於西，設祝版於其上，設盥盆、帨巾於阼，階下又設陳饌大床於東。主祭省牲，主婦滌祭器，具饌每位果六品，蔬菜及脯醢各三品，肉、魚、饅頭、糕各一盤，羹飯各一碗，肉各一串。務令精潔。厥明夙興，陳設蔬果酒饌。主人以下及執事者俱詣祭所，盥手，設果碟於逐位桌子南端，蔬菜脯醢相間次之。設盞盤、醋碟於北端盞西，碟東，匙箸居中。設玄酒及酒各一瓶於架上，熾炭於爐，實水於瓶。主婦炊暖，祭饌皆令極熟，以盒盛出，置東階大床上。

厥明夙興，主祭者詣祠堂，升自阼階，焚香，跪告曰：“孝孫某，今以仲春、夏、秋、冬之月，致祭高祖考妣，敢請神主出就正寢，恭申奠獻。”告畢，執事者奉各主就位。主祭以下序立，參神四拜，降神灌地。主祭者盥洗，詣香案前跪，上香，酹酒傾酒於茅縮上，伏興，復位，進饌主人奉魚、肉、羹、飯於各祖考位前，主婦奉麪食、米食、飯食於各祖妣位前，諸子弟婦女奉祔位前皆畢。

遂降，復位，初獻，主人詣各神位前，祭酒傾少許於地，所以祭神於豆間，用以代亡者之祭也，奠酒置於案上，非澆地也。冬月先暖之，伏興，各位俱獻畢，詣讀祝位跪，主人以下皆跪，祝取文跪讀主人左，曰：“維年月日，孝玄孫某，敢昭告於顯高祖考某官府君、顯高祖妣某封某氏，顯曾祖考某官府君、顯曾祖妣某封某氏、顯祖考某官府君、顯祖妣某封某氏，顯考某官府君、顯妣某封某氏，曰：氣序流易，時維仲春或夏、秋、冬，追遠感時，不勝永慕，謹以潔牲醴粢祇薦歲事，以某親某官祔食，尚享。”祝畢，主人伏興，復位，兄弟分獻於祔食者伯叔祖祔於高祖，伯叔父祔於曾祖，伯叔祔於祖，子孫祔於考，餘皆倣此。亞獻主婦爲之，如無，則弟爲之。弟婦爲終獻，諸婦女分獻如初獻儀，終獻兄弟之長或長男爲之，衆子弟分獻，如亞獻儀，侑食執事者斟酒，主人奉盤置於位，主婦遍添湯。各退立香案前，伏興，復位，闔門無門則降簾。主祭、主婦門外東西立，餘各如序。尊長少休於他所，祝向門三噫歆若咳嗽狀，啓門，主婦點茶於各神位前，飲福受胙。主人詣飲福位祝取高祖前酒爵授主人，受酒，祭酒傾少許，飲酒，受胙執事者以胙授主人，主人受之，以授從者，祝致嘏詞曰：“祖考命工，祝承致多福於汝孝孫，使汝受禄於天，宜稼於田，眉壽萬年，勿替引之。”主人伏興，退立阼階上，西向，祝立於西階，東向，告曰：“利成。”主人復位，辭神四拜，徹饌，焚祝文，禮畢，主人、主婦皆升，納主，奉主歸祠堂。主婦還，徹酒之在盤盞者，械封之，所詣福酒也。果蔬肉食并傳燕器，滌祭器而藏之。

餕是日設席，男女異處，尊行自爲一列，南面，分東西向坐，尊者先就坐，衆

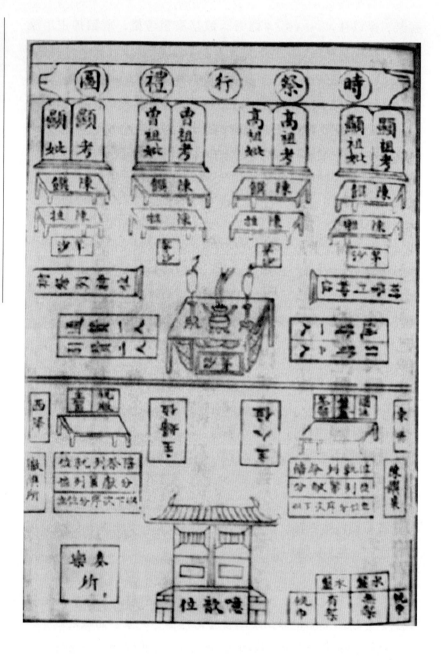

男叙立，長者斟酒致祝，曰："祀事既成，祖考嘉享，伏願某親備膺五福，保族宜家_{奉盞於尊者前}。"復位，與衆男皆拜。尊者命取注，自斟之，祝曰："祀事既成，五福之慶，與汝曹共之。"命執事者以次就位，斟酒皆徧，長者跪受。飲畢，與衆男再拜_{諸婦女獻女尊長於內，如衆男儀}，乃就坐，薦食行酒。將罷，主祭頒胙，逮及微賤_{按此縉紳家時祭全禮，必不可簡。若士庶則不必拘，止降神、參神、三獻、辭神，亦足成禮。主婦及婦女祭畢，出拜可也}。

《家禮》云："凡祭主於盡，愛敬之誠而已。貧則稱家之有無，疾則量筋力而行，則力可及者當如儀。"

《家禮》云："冬至祭始祖，立春祭先祖，季秋祭禰廟。"朱子以爲僭，不安，已之，但就今日時俗，自元旦設祭外，四時之祭只以清明、午節、中元、冬至日爲是。

何休曰："有牲曰祭，無牲曰薦。大夫牲用羔，士牲特豚，庶人無常牲。春薦韭，以卵配。夏薦麥，以魚配。秋薦黍，以豚配。冬薦稻，以雁配。取其新物所宜也。"

朱夫子常戒子塾曰："吾不孝，爲先公棄捐，不及供養。事先妣四十年，然愚無知識，所以承顏順色甚有乖戾。至今思之，常以爲終天之痛，無以自瞋，惟有歲時享祀，致其謹潔，猶是可著力處。汝輩及新婦等切宜謹戒。凡祭肉，臠割之，餘及皮毛之屬，皆當有之，勿令殘穢褻慢，以重吾不孝。"

凡祭先，若家貧者，隨鄉土所有，采山釣水皆可薦誠，惟蔬果、肉麵、米食數器亦可。祭器不便，則用燕器，滌濯嚴潔，竭孝敬之心亦足矣。

溫公曰："古之祭者不知神之所在，故灌用爵鬯，臭陰達於淵泉。蕭合黍稷，臭陽達于牆屋，所以廣求神也。今此禮既難行於士民之家，故但焚香酹酒以代之。"

忌日_{忌祭當兼設考妣。若考忌日，祝文後增一句曰："謹奉妣某氏配。"妣忌則以考配祖。以上忌辰止設一位可。}

前一日齋戒，設位，陳器，具饌，厥明夙興，陳設蔬果酒饌，主人以下變服_{祭考妣用細白布服，祖以上用白絹紗服，巾俱素巾。婦人特髻去飾，白大衣，淡黃帔}，詣祠堂告，辭曰："今以某親遠諱之辰，敢請神主出就正寢，恭伸追慕。"執事者奉主就正寢_{參神四拜}，降神，進饌，初獻，讀祝：“維年月日，某子敢昭告於某親府君：歲序流易，諱日復臨，追遠感時，不勝永慕。謹潔牲醴，用伸奠獻，尚享。”考妣則曰“昊天罔極”亞獻，終獻，侑食，闔門，啓門，點茶，辭神四拜，徹饌，納主俱如時祭儀，焚錢若亡者近，則加，舉哀，哀止遠亡則否。是日不飲酒，不食肉，不聽樂，素服以居，夕寢於外。此所以不餕也。

墓祭主人深衣，帥從事者詣墓所奉行。塋城內外環繞哀省三周，其有草棘，即用斧鈕芟夷之。

三月上旬，清明以前皆可。前一日齋戒，具饌，每分如家祭儀。厥明詣墓所，布席，陳饌，參神，降神，初獻，讀祝云：“歲序流易，雨露既濡，瞻掃封塋，不勝感慕。謹以粢牲醴齋祗薦歲事，尚享。”讀畢，三獻，辭神，徹饌。

祭后土

陳設魚、肉、米、麵食各一大盤，降神，參神，上香，獻酒三爵一時獻，祝跪左讀祝：“某官某，敢昭告於后土氏之神。某修歲事於某親府君之墓，維時保祐，實賴神休。敢以酒饌敬伸奠獻，尚享。”伏興，辭神四拜，禮畢或先祭后土而後祭墓亦可。

朱夫子《戒子書》曰：“比見墓祭土神之禮全然滅裂，吾其懼焉。既爲先公託體山林，而祀其主者豈可如此？今後可與墓前一樣菜果鮓脯，飯、茶、湯各一器，以盡吾寧親事神之意，勿令其有降殺。”

按：人死，葬形原野，與世隔絕。孝子追慕[八]之心，何有限極？當寒暑變遷，益用增感，是宜省謁墳墓，以寓時思之敬。上自萬乘，有上陵之祭。下至庶人，有上慕[九]之祭。田野道路，士友遍滿，庸丐之徒皆得以登父母丘壠，馬醫夏畦之鬼無不受子孫追養。此祭祀品物亦稱家貧富，不貴豐腆，貴在修潔，罄極誠慤而已。

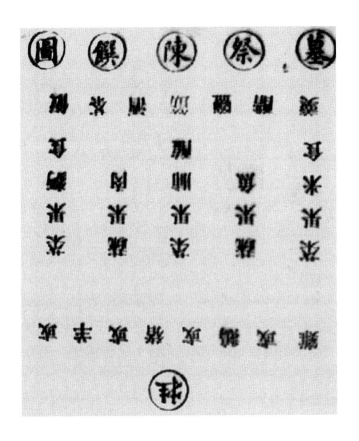

常參在祠堂，如正、至、朔、望之儀。

主人以下序立，盥洗，啓櫝，出主，參神（四拜），詣香案前上香，伏興，詣各神位前奠酒。主婦獻茶，復位，辭神（四拜），納主，禮畢（如遇時節，凡俗所尚節食時物同日薦之）。

有事告祭禮如常參儀，更盛陳祭品，祭用吉服。

授官祝云："維年月日，某敢昭告於某親某官府君、某封某氏：某以某年日月蒙恩授某官，奉承先訓，獲沾禄位，餘慶所及，不勝感慕。謹以牲醴用伸奠告。"

追贈焚黄禮 舊禮面東宣制。竊謂君命至榮，還南面宣讀爲是。

先期齋戒，省牲，具饌。厥明夙興，詣祠堂，跪，焚香，告曰："子某列官於朝，追贈考妣，請告焚黄。敢請神主出就正寢，恭伸祭告。"執事者奉主就位 若告墓，不用此，參神 四拜，降神，進饌，初獻，讀祝曰："某奉承先訓，竊祿於朝，仰荷皇仁推恩，所生某月日，誥贈考爲某官，妣爲某封。祗奉恩慶，獲此褒贈，祿不逮養，摧咽難勝。謹以牲醴，用陳虔告。"若因事特贈，別爲文叙其意。主人奉主桌上，執事者洗舊字，灑於墻壁，塗粉改題所贈官封。讀畢，宣制詞，禮生一人立香案前面東宣之，伏興，復位，亞獻，終獻，侑食，闔門，啓門，點茶，焚黄 同祝文焚之，辭神，禮畢。

生子見於祠堂 如常告儀，及彌月行之。

告詞云："某之子某婦某氏，以某月日時生第幾子，某敢見。"主婦抱孫立兩階間，四拜，退，辭神。

按：抱子不便於拜跪，授子他人，頓首可也。

祭土地 古用四仲月，今春秋行之亦可，禮用三獻。

届期布席，陳饌，就位，降神，參神 再拜，三獻酒，讀祝曰："某官某，敢昭告於土地之神。惟兹仲春，歲功云始，若時昭事，敢有弗虔？蘋藻雖微，庶將誠意，惟神鑒享，永奠厥居，尚享。"伏興，辭神 再拜，焚祝文，禮畢，若仲夏，則云"時物暢茂"。秋云"歲功將成"，冬云"歲功告畢"，歲暮則云"幸兹安居"，夏、秋、冬改"昭事"爲"報事"。

祀竈 歲暮行之，如祭土地儀。

祝文："敢昭告於司命竈君之神，歲云暮矣，一門康居，享兹火食，皆賴神休。若時報事，罔敢弗虔，菲禮將誠，惟神顧歆，尚享。"

家禮維風六編

儀禮雜記

《檀弓》曰："復，盡愛之道也，有禱祀之心焉。望反諸幽，求諸鬼神之道也。北面，求諸幽之義也。"<small>古人招魂俱如此</small>

《檀弓》曰："始死，充充如有窮。既殯，瞿瞿如有求而弗得。既葬，皇皇如有望而弗至。練而慨然，祥而廓然。"

孔子曰："少連、大連善居喪，三日不怠，三月不懈，期悲哀，三年憂。"《曲禮》曰："居喪未葬，讀喪禮。既葬，讀祭禮。喪復常，讀樂章。"

《喪大記》："父母之喪，非喪事不言。既葬，與人立，君言王事，不言國事。大夫士言公事，不言私事。"《雜記》："疏衰之喪，既葬，人請見之則見，不請見人。小功，請見人可也。"

"成壙而歸，不敢入處室，居於倚廬，哀親之在外也。寢苫枕塊，哀親之在土也。"

《檀弓》曰："奠以素器，以生者有哀素之心也。惟祭祀之禮，主人自盡焉耳，豈知神之所享？亦以主人有齋敬之心也。"

孔子謂："爲明器者知喪道矣，備物而不可用也。哀哉！死者而用生者之器也，不殆於用殉乎哉？其曰明器，神明之也。"

《家語》曰："喪禮，與其哀不足而禮有餘也，不若禮不足而哀有餘也。祭禮，與其敬不足而禮有餘也，不若禮不足而敬有餘也。"

子貢問喪，子曰："敬爲上，哀次之，瘠爲下。顏色稱其情，戚容稱其服。”

《家禮》曰：“居喪，爲尊長强之以酒，當如何？曰：‘若不得辭，則勉循其意，亦無害。但不可使沾醉，食已復初可也。’問：‘坐客有歌唱者，如之何？’曰：‘當起避。’”

三年之喪，如或遺之酒肉，則受之，必三辭，主人衰絰而受。如君命，則不敢辭，受而薦之。《雜記》

君子不奪人之喪，亦不可奪喪也。《雜記》

《喪服小記》曰：“喪食雖惡，必充飢。飢而廢事，非禮也。飽而忘哀，亦非禮也。視不明，聽不聰，行不正，不知哀，君子病之。故有病〔一〇〕飲酒食肉。五十不致毁，六十不毁，七十飲酒食肉，皆爲疑死。”

居喪之禮，毀瘠不形，視聽不衰。升降不由阼階，出入不當門隧。頭有創則沐，身有瘍則浴。有疾則飲酒食肉，疾止復初。不勝喪，乃比於不慈不孝。

父在居母喪，母在居父喪，以從生者之命爲重。故孝子不以死者憂生者，不以小節傷大體。不泥經，不廢權，不徇名而害實，不全我而缺親，所貴乎孝子者，心親之心而已。《呂氏呻吟錄》

《曲禮》曰：“君子已孤，不更名。已孤暴貴，不爲父作謚。”

孝子之事親也，有三道焉：生則養，没則喪，喪畢則祭。養則觀其順也，喪則觀其哀也，祭則觀其敬而時也。盡此三道者，孝子之行也。《祭統》

君子有終身之喪〔一一〕，忌日不用，非不祥也。言夫日，志有所志〔一二〕，而不敢盡其私也。《祭義》

喜怒哀樂配四序，而哀象冬，何也？楊用賓先生曰：“人到哀處，外空諸象，内空諸想，净灑灑地，惟有真情如絲，縷縷不絶，譬之冬氣歸藏而一陽内伏也。”

父在母喪

父在，子無主喪之禮，惟長子主饋奠至於朔。奠虞卒哭祭，則父自主之，其子隨之哭拜。若父在，有妻子之喪，亦父主之，統於尊也。祖在則祖主。《喪大記》曰："子孫執喪，祖父拜賓。"

問：夫存，妻之神主宜書何人奉祀？朱子曰"旁注施於所尊，以下俱不必書。"蓋祖父則寫，妻子則不必書也。

兄弟妻喪

父沒，兄弟各主其妻子之喪，同居異居皆然。

兄弟子幼者之喪

死者之子幼，不能主喪，妻又不可爲主，則兄弟主之。至於終喪，其子則以衰抱之人爲之拜。

兄弟無子者之喪

《喪大記》：喪有無後，無無主。同父母之兄弟死而無子孫者，推兄弟中長者爲主。無親兄弟，則緦從親兄弟推之主者。與死者雖疏，亦當爲之，畢虞祔之祭。

妻黨不主喪

禮，婦人死而無夫與子，夫之兄弟主之。無兄弟，則婦之族人主之。無族人，當鄰里主之。妻黨雖親，勿主。蓋女之適人者，於本親皆降服，明其爲外人也。觀此，則異姓雖親，不得繼子，明矣。

妾喪

妾死，則君主其喪，其祔祭亦君自主。若二祥之祭，則使其子祭之，君則祭服與祭。其殯與祭，皆不于正室。妾不敢稱夫，故稱君。

兄弟同居

朱子曰："兄弟同居，適長主祭。庶弟後死，其子孫自立，爲祠堂於私室。"

兄弟異居

朱子曰："兄弟異居，廟初不異，只合兄祭而弟與執事，或以物助之爲宜。若相去遠者，則兄家立主，弟不立主，只於祭時旋設位，以紙榜標記逐位，祭畢焚之，似亦得禮之權。"

從兄弟伯叔同居

朱子曰：從兄弟伯叔同居，嫡長主祭。從兄弟各自爲其父祖死後方立祠堂於私室。其從兄弟伯叔異居者，各備祠堂，隨所繼世爲龕，以祀其父祖。

繼母之祀

凡嫡母，先後皆當并祔合祭，只從唐人所議爲當。按《喪小記》，婦祔於祖姑。祖姑有三人，則祔於親者。可謂嫡母并祔之證。

庶母之祀

或問：庶子題其母之主，當何如？曰：若避嫡母，止稱"妣"以別之。其子當祀於私室，主櫝之式則一。若嫡母無子，而庶母之子主祀，又能承宗，幹蠱傳家，庶母之主亦可請入祠堂，列祀之班，以享其祭也。此亦得從禮之權。

按《喪服小記》云："妾祔於祖之妾，祖無妾，則間曾祖而祔高祖之妾。若高祖又無妾，當易牲而祔於女君可也。"

女君謂嫡室。易牲謂妾牲卑，不可祭於嫡室，乃易牲。

出母之祀

朱子曰："出妻入廟，決然不可。爲子孫者，只合歲時就其家之廟拜之。若去相遠，則設位望拜可也。"

《家禮》本注：牲體去左胖，不用在胖，分爲十二體。蓋用古禮也。今國朝凡祭祀牲體，於正祭皆全用，其於祔祭，每逐位分設，今用之。

凡無神主在位，設虛位，祭則先降神而後參神。若既奉神主於位，則不可虛視其主，故先參而後降也。

香案前酒乃降神之茅沙酒，當傾盡。逐位前者，乃主人代神祭之酒，宜少傾。蓋古者飲食必祭，今以鬼神自不能祭，故代之。若奠酒則安置於位，既祭則徹於瓶，所謂福酒也。前茅沙止用一束，三祭者，滴三滴酒於茅上，非二束茅也。近時每位設三盞，尤非。

凡重喪未除而遭輕喪，則制其服而哭之。月朔設位，服其服而哭之。既畢，返重服。其除之也，亦服輕服。若除重喪而輕服未除，則服輕服以終其餘日。

壽器之設，古人六十歲制，七十時制，八十月制，九十日修，蓋慮夫倉卒之變也。人子雖嫌不以久生期其親，然親壽既高，亦當密蓄其木，量時而制，不使之知以傷其心，可也。

族葬

葬以造塋者爲始祖。

子孫不別嫡庶，以年齒列昭穆。

曾玄而不左右祔。

妻繼室無所出，合祔其夫，崇正體也。

妾從祔，母以子貴也。降女君比妻穴退葬尺許，明貴賤也。與夫同封，示繫一人也。妾無子猶陪葬，廣愛也葬女殤後。

其出與改嫁，雖宗子之母，不合葬，義絕也改嫁與出母，雖有貴子，欲合葬前夫，亦何面目以見亡者？決宜棄絕。

中下之殤，葬祖後，示未成人也。序不以齒，不期夭也如弟先葬，不留兄之穴，預期兄夭葬。

男女異位，法陰陽也男葬祖後之左，女葬祖後之右。葬後者皆南首，惡其趾之向尊也。

祖北不墓，避其正也。

嫁女還家，以殤穴處之，如在室也。

家禮維風七編

宴會禮

司馬溫公曰：“先公爲群牧判官，客至，未嘗不置酒，或三行或五行，不過七行。酒沽於市，果止梨、栗、棗、柿，肴止於脯、醢、菜、羹，器用甆、漆。當時士大夫皆然，人不相非也。會數而禮勤，物薄而情厚。近日士大夫家，酒非内法，果非遠方異物，食非多品，器皿非滿案，不敢會賓友。嘗數日營聚，然後敢發書。苟或不然，人爭非之，以爲鄙吝，故不隨俗奢靡者鮮矣。嗟乎！風俗頹弊如是，居位者雖不能禁，忍助之乎？”

近來宴會以奢爲厚，相沿日增，多戕物命，多損精力，多費貲財，多折福分，濫觴靡底，遺害難言。今約：凡大小會，皆二位一桌。每桌前果五碟，春格一個，案碟四個。大會肉菜十六器，麵食二道，米食二道。小會肉菜八器，麵食二道，米食一道。每桌小盒一個，此外小飯、小碗與夫異味難致之物俱不用。家中即有餘蓄，亦不許多加一碗，以防漸增。家人一飯，但飽而止，惟官席遠客方設獨桌，果餚各加五品，其看席五牲之類俱不必用。若閒常偶會，每桌四人，四面攢坐，則葷素十器，或攢盒小菜，每人米、麵飯各一器，更見雅趣。送行止用盒酒赴席，宜午後上坐，薄暮而散。蓋早至早散，不惟我無伐德，抑亦體悉下人。主人安坐，遇慶賀大禮，則逐位行酒禮。尋常宴會，客雖多，但舉杯總揖，各一安坐。合席請客，主雖多，其舉杯行酒只屬之長者一人，衆客酬主人亦然。舉酒有當行拜禮者則拜，其跪禮於古無考，宜革之。燕器除純金例不得用外，其銀器等物亦誨盜之資也。當筵有失，稍一尋求，賓客從人必皆動色，招尤起釁具自茲始，反不若陶匏瓦缶爲便也。此外如重錦裀褥、五彩帷帳，及諸凡炫觀駭目之器，不用爲愈。鼓吹絲竹，慶筵可用，餘席不用爲雅。若娼優入人宅舍，可忌不止一端，而小唱尤敗壞風俗，引誘頑蒙，俱當嚴戒。

交際

聞之嘉靖年間，親朋往來，禮物不過肉果四色，酒一尊，或折銀不過三分五分，以至一錢。亦有携盒酒擧賀者，有三五人相約共一盒者，何其古雅簡便也？嗣後彌文日盛，風俗澆薄，濫觴不返，何所底止？今擬婚姻及大禮從宜用幣，其尋常賀餽等儀，自一色以至八色，自一錢以至五錢，皆足成禮，不可更加。但涉彌文者，俱宜汰去，一歲序更新，人心共悅，彼此間遺拜賀禮所宜，然但一往一來，主人徒增勞擾，僕夫不勝奔馳，何自苦如此？今約：年禮拜節，除卑幼慶祝尊長外，其平交親朋，彼此俱免，以省勞擾。

書札

古人以竹簡通名，將命者出，仍以還之，蓋終身所用惟此一束，不易爵里，不削牘也。今人每次一帖，已屬多事，而又有折束，有全束，有紅束，有封套，施者過費，受者無益，豈不可省？今約：鄉里相拜，吉事用紅單帖，常見用白單帖，止書"拜"字，少年與高年尊親單帖，加"頓首"二字。仕途相拜用紅白折束，其禮帖、請帖亦止用兩幅。如禮物件數開載不盡，分上下二層。請帖寫"某日請教"，或"酬愛"，或"叙闊"，并"啓知"六七字。速帖用單只寫一"速"字，不用文章語。其有遠客尊官，間用全束者，決不可施於素交習見之中也。凡帖止用書夾投送，封袋可省。至於護封，起自公文，原爲關防機密，尋常通行俱不必用。昔王沂公取殘束，裂去前幅，以遺孫京，不似今日之侈靡也。嘗聞楊文貞公士奇一帖，即今長安連七紙，最粗惡者，亦僅三摺，面上一紅簽，僅如筯，姓名之字僅大如指頂，其所語事即書於左，不用副啓。此前輩古風如此，是可法也。

揖讓

主人迎賓，三揖升堂，此所謂揖不過身，稍罄折而已。今一見則俯身至地，送客出門必遍臨車馬，逐位與揖。入門又望空一揖，或賓主相讓，固遜不決，俱屬僞文。蓋讓不過三，古之道也。今約：迎客者，客至一躬，及階及門，舉手相讓。送客至大門之外，一揖客及車馬。主人入門，各一揖客乘車馬。主人出門，舉手相顧。蓋送客揖車馬，於禮所無。而每客送及車馬，尤爲瑣屑，宜革之。四拜所以尊父母師長，豈可一概加入？今約：平交相見，行禮上兩拜，有當稱謝者，則起身再揖，勿伏地連叩。親朋偶遇，止宜序長幼一揖，當致辭稱謝者再揖，不必過讓，以滋虛文。或客有先施，而主人及門答拜者，若不係慶吊大事，但尋常相訪，亦自可省。

拜跪禮方伯瞿如臨先生家約

尊卑自有定分，猶子輩隅坐隨行之禮，毫不容假。其四拜禮，除父母坐受祖父母、伯叔父母南向揖受外，從伯叔父母、再從伯叔父母，東西向，止答兩拜，迎送不出大門。五服外祖父母、伯叔父母，東西向答拜，不回拜。隅坐隨行之禮仍不可廢。

稱呼

凡尊卑倒置，莫甚於習俗。書啓，五服內伯叔父兄每尊稱"弟姪"，而自反謙處卑，末且如"恭候""伏乞""頓首"字，俱爲乖體。今議：親友往來，有官者照例稱官。其鄉俗往來，止徑寫字號，及某姓、某親、行幾伯叔兄弟，或加先生、大人，俱不過六七字，不必外增虛稱。字以尊名，故古惟稱字，以致敬也。子思，孔子之孫也，不嘗稱仲尼乎？聞之嘉靖年間尚止稱字，無稱別號者。今士大夫不稱全號，而加稱翁，或少年而輒已稱翁、老者。夫父母在，恒言不稱老，少者稱老，老者何稱？亦嫌於不祥矣。今約：除尊長親各自有應得稱呼外，其平交止稱字、稱號，尊輩稱老先生，長者稱某兄、某丈。至尊輩書柬，則直寫伯叔父兄某寄弟侄某，自上直下。如禮封，則於封首書伯叔父兄某致敬，簽上書禮銀若干。禮帖，則於帖首書伯叔父兄某致敬，次書計開，後書以上共幾件。請用單帖，於帖首書伯叔父兄某於某日請弟侄某一飯，亦自上直下。或遇宴會，尊長請卑幼陪席，先日達知，臨期不邀。卑幼俱要早詣候客，客未起席，不得先出。

凡翁婿甥舅分有尊卑習俗，甥婿往見翁舅，公然上坐前行，甚為非禮。今擬待以猶子之禮，隅坐隨行，拜見止答兩拜。其侄婿從甥，惟在本翁舅之家，許并行側坐，如在他處，或本族客家，俱隅坐隨行，不得假借。

家禮維風八編

五服詳注

為高祖服

為高祖父母齊衰三月，父、祖、曾祖俱卒，為高祖父母承重，斬衰三年。

為曾祖服

為曾祖父母齊衰五月，父、祖卒，為曾祖承重者，斬衰三年。

爲曾伯叔祖父母總麻。

爲曾祖姑在室者，總麻。嫁，無服。凡所謂在室者，不但未嫁，或被出而反在室，或無夫與子而反在室者，皆是其未嫁。而未成人、未筓者，自有殤服之制。

爲祖行服

爲祖父母齊衰，不杖期。父卒，爲祖父母承重者，斬衰三年。

庶子之子爲其父之生母不杖期。

爲伯叔祖父母小功，爲從伯叔祖父母總麻。

爲祖姑在室者總麻。若嫁無服。注：同曾祖出者，爲伯叔，爲祖姑。伯叔曾祖所出者，爲從伯叔祖，爲從祖姑。

爲父行服

爲父斬衰三年，爲母齊衰三年。今制父母俱斬衰。

同居繼父，彼此兩無大功以上之親者，爲服不杖期。有之者，爲服齊衰三月。先與繼父同居而今不同居者，亦爲服齊衰三月。自來不曾同居者，無服。注：兩無大功親，謂繼父無子孫、伯叔、兄弟，己亦無伯叔、兄弟之類。

爲八母服

爲嫡母、繼母、慈母、養母俱齊衰三年。爲嫁母、出母、庶母俱杖期。父卒，繼母嫁，而己從之者，亦爲服不杖期。爲乳母總麻。注：庶子無母，父命他妾養之，其子謂養己者爲慈母。幼子過房與人恩養，不以爲後，其子謂養己者爲養母。自幼哺乳己者爲乳母。

庶子爲所生母齊衰三年。

爲伯叔父母不杖期，爲從伯叔父母小功，爲再從伯叔父母總麻。

爲姑之在室者不杖期。嫁，大功。若嫁而無夫與子者，亦爲服不杖期。爲從姑在室者小功。嫁，總麻。爲再從姑在室者總麻。嫁，無服。（注：同祖出者爲伯叔父，爲姑。伯叔祖所出者爲從伯叔父，爲從姑。從伯叔祖所出者爲再從伯叔父，爲再從姑。）

按，八母服制雖如此，至父没後改志別嫁者，又當別論。

爲同行服

爲妻杖期，姑在不杖。

大夫爲妾緦麻，士爲妾有子者緦服。

爲兄弟不杖期，爲其妻小功。爲從兄弟大功，爲其妻緦麻。爲再從兄弟小功。爲三從兄弟緦麻，其妻俱無服。

爲姊妹在室者不杖期，出嫁者大功，若嫁而無夫與子者，亦爲服，不杖期；爲從姊妹在室者大功，嫁小功；爲再從姊妹在室者小功，嫁，緦麻。爲三從姊妹在室者緦麻，嫁，無服。注：同父出者爲兄弟，爲姊妹。伯叔所出者爲從兄弟，爲從姊妹。從伯叔父所出者爲再從兄弟，再從姊妹。再從伯叔父所出者爲三從兄弟，三從姊妹。

爲同母異父之兄弟姊妹小功，其兄弟之妻無服。

爲子行服

爲嫡長子及其婦[一三]，皆不杖期。爲衆子不杖期，爲其婦大功。爲子之爲人後者不杖期，爲其婦大功。

爲女之在室者不杖期。嫁，大功。嫁而無夫與子者亦服不杖期。

爲姪不杖期，爲其婦大功，爲姪之爲人後者大功，其婦小功。爲從姪小功，其婦緦麻。其再從姪緦麻，其婦無服。

爲姪女在室者不杖期。嫁，大功。爲從姪女在室者小功。嫁，緦麻。爲再從姪女在室者緦麻。嫁，無服。注：兄弟所出者爲姪，從兄弟所出者爲從姪，再從兄弟所出者爲再從姪。

爲孫行服

爲嫡孫不杖期，爲其婦小功。爲衆孫大功。爲姪孫小功，其婦俱緦麻。爲從侄孫緦麻，其婦無服。

爲孫女在室者大功。嫁，小功。爲侄孫女在室者小功。嫁，緦麻。爲從侄孫女在室者緦麻。嫁，無服。注：侄孫乃侄所出者，從侄孫乃從侄所出者。

爲曾孫服

爲曾孫緦麻，其婦無服。

爲曾侄孫緦麻，其婦無服。爲曾孫女、爲曾侄孫女在室俱緦麻。嫁，無服。

爲玄孫服

爲玄孫緦麻，其婦無服。

爲玄孫女在室者緦麻。若嫁，無服。

爲宗人服此不在五服之內者

爲宗人及宗子母、妻皆齊衰三月。

同爨者緦麻。

八母報服

繼母爲長子及其婦俱不杖期。爲衆子不杖期，爲其婦大功。

繼母嫁而前夫之子從己者，亦爲服不杖期。

慈母爲長子、衆子不杖期。

嫁母、出母爲其子不杖期。

爲外親服

爲母之父母、兄弟、姊妹俱小功，其兄弟之妻、姊妹之夫俱無服。爲嫡母之父母、兄弟、姊妹同。

按禮，於從母之夫舅之妻，有同居相依者，以同爨，緦麻服之。

庶子爲其母之父母、兄弟、姊妹無服。

姑舅兩姨兄弟、姊妹相爲服緦麻。

爲妻之父母緦麻，妻亡而別娶猶服。

爲婿緦麻。

爲甥及甥女小功，爲甥婦緦麻。

爲外孫、外孫婦、外孫女皆緦麻。

妻爲夫黨服

爲夫之高祖父母、曾祖父母皆緦麻。爲夫之祖父母大功。爲夫之伯叔祖父母緦麻。爲夫之祖姑、從祖姑在室者皆緦麻。嫁，無服。

爲夫之外祖父母緦麻。

爲夫之父斬衰三年。爲夫之母齊衰三年。今皆同斬衰。夫承重則從服，爲人後則從服，惟夫之本生父母，降服大功。

嫡子、衆子之妻，爲夫之庶母杖期。

庶子之妻爲夫所生母齊衰三年。

爲夫之伯叔父母大功，爲夫之從伯叔父母緦麻。爲夫之姑小功，爲夫之從姑緦麻。嫁，皆不服。

爲夫之母舅、姨母緦麻。

爲夫斬衰三年。

爲夫之兄弟小功，娣姒相爲服小功。爲夫之從兄弟及其妻緦麻。注：長婦謂少婦曰娣，少婦謂長婦曰姒。

爲夫之姊妹小功，爲夫之從姊妹緦麻。嫁，皆不服。

爲嫡子及其婦皆不杖期，爲夫之衆子不杖期，爲其婦大功，爲夫之侄不杖期，爲其婦大功。爲夫之從侄小功，爲其婦緦麻。爲夫之再從侄緦麻，其婦無服。

爲女之在室者不杖期。嫁，大功。嫁而無夫與子者，亦爲服不杖期。爲夫之侄女在室者不杖期。嫁，大功。爲夫之從侄女在室者小功。嫁，緦麻。爲夫之再從侄女在室者緦麻，嫁，無服。

爲孫大功，爲夫之侄孫小功，其婦俱緦麻。爲夫之從侄孫緦麻，其婦無服。

為孫女在室者大功。嫁，小功。為夫之侄孫女在室者小功。嫁，緦麻。為夫之從侄孫女在室者緦麻。嫁，無服。

為曾孫及夫之曾侄孫、玄孫俱緦麻，其婦俱無服。為曾孫女及曾侄孫女、玄孫女在室者緦麻。嫁，無服。

按《喪服小記》云：“婦服夫黨服，當喪而被出則除之，恩義絕故也。”

妾為君族服_{妾不敢稱夫，故謂之君}

為君之父母不杖期，為君斬衰三年，為正室不杖期，為君之長子、衆子及其子，皆不杖期。

為其父母不杖期，為其私親則如路人。

為人後者為所後服

為所後之高祖父母斬衰三月，為所後之曾祖父母齊衰五月，為所後之祖父母不杖期，為所後之父斬衰三年，為所後之母齊衰三年。若為祖以上承重者，亦為服斬衰三年或齊衰三年。

為所後之外祖父母小功。

為人後者為本生服

為本生祖父母大功，為本生父母不杖期，為本生伯叔父母大功，為本生姑在室者大功。嫁，小功。為本生兄弟大功，妻緦麻。為本生姊妹在室者大功。嫁，小功。

為本生外祖父母緦麻。

出嫁女為本宗服

為高祖父母、曾祖父母、祖父母，皆與男子同，不降。

為伯叔祖父母緦麻，為祖姑在室者緦麻。嫁，無服。

為父母不杖期。

為伯叔父母大功，為從伯叔父母緦麻。

為姑之在室者大功。嫁，無服。為從姑在室者緦麻。嫁，無服。

爲兄弟大功，若兄弟爲父後者，仍服不杖期，爲其妻小功不降。爲從兄弟小功，其婦無服。

姊妹在室，爲服大功。爲從姊妹在室者小功。嫁，緦麻。

爲姪大功，爲其婦小功，不降。爲從姪緦麻，婦無服。

爲姪女在室者大功。嫁，小功。爲從姪女在室者緦麻。嫁，無服。

爲姊妹之子女緦麻。

按禮，在室與男子同，若嫁而被出在室，與未嫁同。嫁而無夫與子，爲兄弟姊妹及姪皆不降。

禮又云：當父母之喪，未期而爲夫所出，則終父母三年之制。爲己與夫族絕，故其情復隆於父母也。若在父母小祥後被出，則是己之期服已除，不可更，同兄弟爲三年服矣。若被出後遇父母之喪，未及期而夫命之返，則但終服期。若返在期後，則遂終三年，蓋緣已隨兄弟小祥，服三年之喪，不可輕廢也。

爲朋友服

漢戴德云：“朋友有道義之恩者，服齊衰三月。”

師服心喪三年

程子曰：“師之服，當以情之厚薄，事之大小處之。如顏、閔於孔子，雖斬衰三年可也，以成己之功與君父并。其次各有淺深，惟稱其情而已。下至曲藝，莫不有師，豈可一概制服？”按先儒此論，固以情之厚薄爲服。然朋友有道義之情者尚服齊衰三月，則在三之誼可知。觀仲弓沒，海內服衰麻者百餘人，謚爲文範先生，則師之服心喪三載，以衰麻爲制可也。

校勘記

〔一〕“體”，當作“禮”。

〔二〕"知"，當作"如"。

〔三〕"辯"，應爲"辨"。

〔四〕"加"下當有"冠"字。

〔五〕"□"，底本空一字，據語境，當作"一"字。

〔六〕"□"，底本空一字。

〔七〕"三日"，疑爲"三十日"。

〔八〕"墓"，當作"慕"。

〔九〕"慕"，當作"墓"。

〔一〇〕"病"，《喪服小記》原文爲"疾"。

〔一一〕"君子有終身之喪"，據《禮記》原文，此下脱"忌日之謂也"五字。

〔一二〕"志有所志"，據《禮記》原文，當作"志有所至"。

〔一三〕"爲嫡長子及其婦"，校本"婦"下有"大功"二字。

松風草序

　　《松風草》者，松風道人所自述也。道人居姑射平泉之左山村，一曲流水冷然，道人築室其間，杜扉却掃，日與及門諸子相晤於松臺月影之下，談心印性，援琴和歌。市井繁囂，泊然不到此中。久之神閒景遇，天趣隱隱流行，偶有吟咏，及門簡取，以付梓人。道人曰："無然。松本無聲，風動之而成聲。其動也不知其然，其靜也適返於故，而奚俟留此糟粕爲？"友人聞之，笑曰："松靜而風來，靜自含動。籟止而松靜，感不礙寂。有動有靜，心之機。無動無靜，性之理。無言可，有言亦可，胡容歧視哉？"道人曰："斯言也，理則然矣，畢竟松自常清，風有時鳴。設松常動而不止，則樹擾矣。風長鳴而不靜，則韻繁矣。由是觀之，靜者爲常乎？動者爲常乎？"先儒曰："吾儒自有中和在，誰會求之未發前？"是知無言時多而有言時少也。《松風草》，其偶然耳。是草出，而所謂道人者仍還於嗒焉不知之天矣。

　　平水松風道人桑拱陽暉升予題

一　贊

先師贊

統傳一貫，教備六經。七十年從心是矩，十六字祖述惟中。

生知之聖，學知之功。配天配地，時止時行，全體至善，渾然大成。

余山齋青松兩徑，疏竹數竿，得朱考亭夫子"寒竹松風"四字，余梓之，爲作二贊。

寒竹贊

有斐君子，厥德有四。吾欲友之，結盟終始。中虚而静，外直而堅，亭亭獨上，勁骨參天。吾友爾賢，疏圃栽培，夜氣滋長。既中且和，清風透爽。吾友爾養，未出有節，上達彌高。雨雪晦明，獨立不撓。吾友爾操，應蟄而起，遇屯而止。栖鳳爲龍，簫韶時至。吾友爾時，竹溪六逸，弊鄰於狂，恐玷爾琳琅。竹林七賢，病流於放，恐負爾堅剛。資爾全德，對我芸窗，日新月盛，杏雨蓮香。

松風贊

習静山齋，歲寒尚友。彼美君子，周旋良久。大冬深雪，霜操黛色，森森千丈，孤芳皎潔。友爾高節，古致臨風。鶴舞琴鳴，疏濤滴翠，緑蔭滿庭。友爾風清，鬱鬱葱葱。千霄持正，清廟明堂，爲樑爲棟。友爾品重，蓬蒿被困。大夫侈封，何加何損？四序常青。友爾德恒，啖松茹柏，病類於玄，賴友爾繩愆。執松談柄，亦墮於禪，幸有爾矯偏。貞我素志，法爾静專。尼山在望，檜柏同堅。先君子仰亭公尚友古人，命就屏間畫《事必告天圖》。又日誦清獻之詩曰："高齋有問如何答？清夜安眠白晝閒。"予既體此詩，撰爲華祝三章，每壽誕歌以侑觴，仍作《告天圖贊》[一]。

告天圖贊[二]

昊天曰旦，屋漏神清。晝所爲良知難昧，夜而告帝監式靈。

誰聯道味？丹頂仙翁。誰傳素志？焦尾絲桐。星月皎皎，方寸瑩瑩。噫！公心其即天兮，又何俟清夜以昭明？

二　箴

菜根箴

宋臨川汪信民嘗言：人能咬得菜根斷，則百事可作。余山齋有考亭夫子"菜根滋味"四字，因梓成，作箴自勵。

人在兩間，參兩天地。今古流芳，志節先立。立志何云？咬茲菜根。爲賢爲聖，品由斯存。溫飽爲輕，道義爲重。常變死生，厥有定命。嗤彼俗子，外物役心。聲華世味，馳逐縈神。自謂從權，狥欲無害。靡利薰心，全品敗壞。得意一時，失脚終身。枉尋直尺，甘作小人。爾欲立身，菜根咬斷。矢志堅貞，努力道岸。飯糗茹草，土簋土硎。神聖爲此，志氣清明。陋巷簞瓢，尼山疏水。千載以來，孰知斯味？藜藿可采，薇蕨可嘗。餘芬尚在，齒頰猶香。斷虀凝粥，冒雨剪韭。道味恒親，天真嚼咀。萬變弗撓，百折勿憂。紛華濃郁，纖芥罔留。刀鋸鼎鑊，學須有主。一介必嚴，弗與弗取。萬鐘不辨，飢渴害心，視彼芻豢，寧若野芹？世味既遠，真味乃出。冲然澹然，靈根內裕。識趣高脱，骨力堅凝。賢關聖域，追步芳踪。砥柱波流，百事可作。旋轉經綸，揮霍在手。一真爲宰，觸境自如。掀揭事業，浮雲太虛。不爲有爲，不動乃動。監立天讓，總此定性。請貞終始，勿愧素心。戒哉勉哉，視爾常箴。

静極堂箴

　　柴生週岳，學修館中最後一室，邃密清幽，予題曰"静極堂"，取主静立極之意也。因作箴以勵之。

　　於惟三才，均主乎静。太乙常居，列星環共。品物露生，方儀鎮定。人生而静，曰維天性。形生神發，感物而動。百慮紛雜，欲動情勝。虧厥靈根，全體受病。惟聖立極，仁義中正。静而無偏，動而順應。循理爲静，從欲爲動。物念坐馳，齋居市井。欲寡神清，虛明運用。未發觀復，危坐持敬。艮背忘身，退藏密證。晤對千秋，褒彈忠佞。萬物静觀，四時佳興。静以存心，天君提柄。静以養氣，百體從命。静以研幾，真妄炯炯。静以接物，周旋畢中。惟静則虛，太空可并。惟静則明，靈臺如鏡。動静交培，静存尤重。省事簡緣，冥參性境。勿墮頑空，勿滋馳騁。龍蟄存神，螻屈始動。斗室吉祥，百靈退聽。心逸日休，神化可竟。可立天心，可奠民命。化育流行，橐籥在衷。主静立極，是謂神聖。勗哉幽居，三復當省。

鼎復箴

　　吾徒暢生鴻猷闢一清齋，自題"鼎復居"以勵志。予嘉其有進道之力也，爲作《鼎復箴》以贈之，亦以勉其躬修進德云爾。

鼎卦箴

　　惟易有鼎，其占元吉。卦自革來，更新變易。内有巽心，深入義理。外有離明，旁燭天地。體立用行，保兹重器。相古君子，法鼎承天。正位凝命，夕惕朝乾。洗心滌慮，表裏必嚴。罔有失墜，安固弗遷。初六顛趾，悚心震動。奮然自新，出否有慶。多難興邦，殷憂啓聖。困抑成功，回天造命。惟鼎有實，宜慎所之。壁立萬仞，剛中自持。我仇有疾，不我能即。吾愛吾鼎，俾無尤兮。勿陷於俗，無終於固。雉膏可食，澤民自負。折足覆餗，身世無補。期許謂何，生平具誤。六五黃耳，上九玉鉉。上欲大用，下欲道全。金錫圭璧，溫潤栗然。德至業純，保鼎允堅。君心凝鼎，基命宥密。賢士輔鼎，弘勳兼濟。學人法之，萬善初起。神聖體之，三才鼎立。一日鼎新，家室回春。一身鼎新，百福來臨。一念鼎新，天鑒神欽。一生鼎新，宇内完人。鼎新之至，今古聖神。克念罔念，鼎革中分。嗚呼勉哉！法鼎惟動。

復卦箴

天地之心，生生不已。元氣通復，消長密移。至人法天，主靜立極。洗心潛養，動皆順理。朋來無疚，出入無疾。其在初爻，復之不遠。偶遷於人，力返其天。人心退聽，道念轉堅。欲淨理還，是曰大賢。六二休美，親賢成德。虛心下仁，交修可貴。嚴憚切磋，砥行日粹。業廣德崇，功成善類。四之獨復，處群陰中。習俗易染，惟善是從。正誼明道，賢聖必宗。極其所至，道岸誕登。六五敦復，聖修允固。天心常存，躬行純篤。謹始厚終，自成自復。粹然無暇，神聖爲伍。嗟惟六三，是爲常人。頻復之屬，衡慮操心。既至於復，勇猛更新。人禽分路，無咎可侵。切勿效者，迷復之凶。從欲惟危，天理晦蒙。灾眚并至，十年不征。身心俱玷，陷溺斯終。嗚呼先王，保養惟精。外閉其關，順天時行。内閉其關，寡慾心清。動靜無違，剛長道亨。百祥助順，萬福攸同。勉哉小子，守此常功。天心可見，靜觀惟誠。

三　詩

夜氣吟

孟夫子發夜氣之説，指出良心竅妙於學問，最有得力。余因爲《夜氣吟》四章以發明之。

酬酢變態煩，擾擾情緒亂。寧知本根心，未嘗漸滅斷？動極向晦息，清夜子之半。貞藏欲起元，混沌幾將判。如晦回朔弦，如雲淡河漢。氣定神亦清，湛然臨平旦。剥復透孤陽，波平水無瀾。深霄漁火明，點點垂河畔。幾希頃刻呈，人禽千古案。微哉復危哉，未發潛堪玩。

勞攘萬慮閒，境寂心初静。生機暗中流，方寸窺天井。微茫幾未濁，故物存耿耿。秋月度江潭，天光破雲影。空明氣象傳，些子好光景。云胡放逸者，昏昧不自省。天君受形役，危念相殘并。殘之又殘之，寂處成感境。珠混萬斛沙，火爐灰皆冷。安得敬以直，夙夜常惶惶[三]。

人有義理心，原乘氣機露。氣機如波焉，澄定源方透。誰爲亂濁緣？色聲與味臭。一入薰灼籠，反覆游邪竇。妖怪逼主翁，開門揖賊寇。夢覺弗清寧，徹夜長亘晝。情耗性亦昏，自失五行秀。回首亥子關，一綫元神定[四]。百體俱乖差，萬禍因滋垢。徒抱肉血心，何殊禽與獸？

卓哉古聖賢，養氣有全訣。主敬無思爲，處□非斷滅。所以晝夜通，天光時透徹。奇正五花忙，入闤無焦熱。氣聽神爲用，生理自團結。如木養全體，元氣通根節。無動亦無静，常明復常潔。萬變投虚靈，紅爐化白雪。無如琢喪徒，出聖入昏劣。萬古判一宵，人心不肯夜。

扇頭吟

　　友人惠予以扇，予謂扇雖小物，用舍行藏，有時中之道焉，爲作《扇吟》。

彼君子兮賦質清，湛若秋波潔若瓊。悠然洗盡踽踽態，不似紅塵隊裏生。傲骨曾歷三冬雪，奇幹常伴窗前月。極力磨礱幾度秋，切磋之後見精徹。虛白不受纖塵淄，開闔不作寸地羈。一真堅定爲樞紐，手挽造化任轉移。伫俟春回逢泰運，主人拔取相親近。掌握操柄任揮揚，乘時大展經綸蘊。力能談笑靖塵煙，氣消不敢傍四邊。赫赫惔焚如净掃，風清月朗太平天。兩間浩氣常流動，變化卷舒隨時用。乾坤藉手釋其憾，六合聞風皆知重。如此旋轉契鬼神，參天功化自絕倫。克當主人裁成意，不負培養舊苦辛。

時事吟

夏時無聊真成癖，展轉蒼生害無已。登臨莫道畫圖中，萬民今在薰籠裏。今日民情陷溺深，秋風搖落滿寒陰。幾年兵火秦川至，征夫血染戰袍襟。我心欲往姑峰頂，避却搶攘求習静。姑山深處寇成群，荒墟何地堪耕省？昔聞牛牧兩聲坡，此日蒿萊〔五〕竟若何？鄉村一望爐煙杳，千里朱殷半是波。青山緑樹雖無改，野景蕭條人何在？庚午乙亥六年間，眼底河汾成苦海。官軍歲歲下天邊，豈料軍來更慘然。剥膚敲髓皆赤子，安得天顏在目前？聖主憂深用意密，發帑屢遣使臣出。商霖無自到窮檐，舉頭空見長安日。幾回感嘆民生枯，忍駕扁舟泛五湖？悲天徒隕賈生泪，憂民思上鄭俠圖。夢覺中宵起復坐，此生豈向亂離過？聖帝明懸萬里遥，匹婦寧忍溝中墮？翻然拔脱衽席中，風煙掃盡見長空。

康衢幸睹熙隆世，依舊堯天舜日紅。

和楊龜山先生《此日不再得》詩

日月如丸轉，瞬息成滄桑。臨流觀逝者，舉首對穹蒼。上下天人竅，惺然一粒光。尼山開大統，濯漢暴秋陽。吾人欲從之，慎獨是良方。研幾察善惡，析理入微芒。克充〔六〕無憚苦，進道必求臧。《大學》言至善，帝則本無戕。未發觀氣象，精密掃秕糠。放之彌六合，斂之能退藏。寸靈通今古，山深花氣芳。尋芳追往哲，無欲最爲剛。盈科須到海，中路肯徬徨？内省攻吾短，當幾驗所長。動靜皆有主，修身敬以莊。誠形至動變，暗然自日章。俯視塵寰境，真同斧斤場。雞鳴逐利網，旦晝牧牛羊。豈知良貴在？聲華盡可忘。名教有樂地，德性養真强。翱翔千萬仞，洙泗往乘航。寄語志學人，樂道振綱常。努力肩重擔，千秋統不亡。參天靈萬物，憂勤戒毁傷。克念即作聖，勿爲罔念狂。

松陰談道圖

生來孔孟爲鄰，日日詩書作圃。一夕堪勝百年，旦暮已足千古。

閑調琴月松風，静伴花香鳥語。蒲團相對無言，共指閑雲過去。

階前石與水明，月下人同天泰，千秋貞此恒心，有若青松弗改。

行樂隨地皆然，四座行生皆樂。更有一種難畫，各人自會活潑。

咏　竹

仰通於穆，大化中立，乾坤主張。自是靈根，培植風猷，偏異尋常。

勁操若歷，霜雪虛心，默孕天黃。獨養豐標，節概豈隨，塵世炎涼？

平旦松聲

松籟吟風淡物情，瀟疏長夜問虛明。孔顏樂處從茲認，一碧秋江萬點清。

咏畫上蘭草

鬱鬱王香靜處生，孤芳掩映露精英。不爭野草春花媚，獨守清標待聖明。

知君久後不聞香，應是清香點化良。一曲倚蘭常作嘆，幽岑獨自舞琳瑯。

題友人避迹東林寺

雲間月朗養清身，看取靈源幾度新。不是名流入淨侶，君家原是素心人。

偶然玉杵動新聲，活潑天機自在行。每夜涼吹清曉夢，殘蟾猶照半窗明。

初夏苦風

春田雷雨行雲懶，夏節愁風巽二飄。位育中和誰致否？回天有志苦悲焦。

樹舞黃煙徹上霄，塵飛紫氣侵良苗。回天止有行仁計，莫謂難將造化調。

秋　興

晴空無翳見秋光，水草蒲田橫一方。雲淨波平天欲洗，果然隨地是滄浪。

長天秋水湛銀河，一鏡光涵萬頃波。却憶原來皆有此，誰將明鏡照妖魔？

關聖行誼初終不二五性完全斯所爲凜然千古也義勇豈足以盡之謹賦仁義禮智信五詩

故主情深志不磨，常懷恩遇重山河。華容道上曹瞞遁，終是慈祥天性多。

去就分明義士身，匡扶孤漢定君臣。色聲貨利刀鋒斷，一片肝腸泣鬼神。

砥柱綱維勁節長，危容秉燭對天光。當年顛沛流離日，大體森森列冕裳。

竭力孤忠佐炎劉，平生大智在春秋。奸雄詭計總無礙，赤日中天照九州。

誓柏同誅吳與曹，死生莫變等鴻毛。精通天地魂長在，固結雲霄漢月高。

過裴晉公香山寺

不重金犀重此心，皇天終是相吉人。午橋綠野香山寺，一點靈台自古今。

聞花香

一脉花香入座清，薰蒸無象又無聲。無行不與從茲見，滿院同聞花氣生。

本來靈竅有誰無？共説香風襲道服。花氣常存人自信，方知無隱是真吾。

初夏聞鵑

杜宇長傳夜半聲，竹床聽徹夢魂清。鷄鳴喚起人猶寐，帶血花枝叫到明。

過蒲笠市古迹荒蕪感賦

人生戴履有圓方，不比街前笠市荒。自揣平生天作笠，抬頭終日戴蒼蒼。

松風門內漫賦

凡嚚不到是深山，未許俗流叩此關。有客通名來笑傲，羲農日夜共回還。

內外關頭別聖狂，紅塵門外任飛揚。偶然失脚隨緣去，回首高堅萬仞牆。

路入重門已脫塵，須從此地再翻身。若非啓鑰抽關進，尚是中途自畫人。

宮牆富美此間尋，境接洙源深又深。静裏存心觀道妙，超然來往聖賢林。

鎖却柴關內肅清，主人斗室太和生。晨昏自上靈臺鎖，無使天君放浪行。

途中寄別辛先生

先生篤敬衍文清，道脈千秋賴主盟。一笑風前留別况，靈臺從此對先生。

贈辛先生二十二韵

晉有辛夫子，誠明契上天。篤行合敬義，真悟脫言詮。性命環相抱，中和時運旋。任天同赤子，養氣狀浩然。步步通神鬼，行行畫簡篇。祇承上帝命，實踐孔顏傳。心事三光照，靈台一鏡圓。從誠修己厚，孝弟訓人先。河雒神情貫，羲文道脉聯。存心不自聖，立教望人賢。內省原無疚，憂勤懼有愆。樂天安義命，闡《易》絕韋編。指點良心透，磨礱案帙穿。庭闈天地廣，屋漏海山堅。止體常居艮，真工善法乾。行生四座滿，弘毅一身肩。個個人能此，茫茫世路鮮。篤生夫子教，上下幾千年。透體中庸理，不倚更不偏。何期平水地，印性有前緣。聖域承開引，洪波叨滴狷。昭昭大道永，一笑杏壇前。

又贈辛先生

舉世玄虛泛濫場，誰肩道統任綱常？文清消息今猶在，復性合天自絳陽。

不好談空不說玄，存心養性有真傳。渾身天理隨人看，不外倫常說性天。

誰道中庸不可能？順天率性是中庸，先生說破中庸理，始信庸常各有中。

徑寸常涵造化春，祇緣終日事天心。樂天自有合天竅，莫向先生樂處尋。

讀徐筆洞先生諸編

透體言心不落禪，存心知性自通天。一窩獨鑄乾坤理，鳥過天空月印泉。

聞遼陽報捷

笑語風竹[七]出帝都，黃金千萬犒征夫。雖然盡是民膏血，却喜遼征免吏呼。

贈宋堯衢先生

素琴一曲鏗爾，童冠五六爲群。自是神游太古，宛然沂水同春。

赤子大人根本，蒙養作聖功夫。明道先生爲令，當年親訓童烏。

勁骨亭亭物表，春風習習階前，不憂不懼久矣，成己成物悠然。

性遠繁華市井，心同流水高山，伊雒聯盟静夜，纖塵不到柴關。

李紹泉先生

清操玉映透冰霜，許大經綸静裹藏。學印程朱綿道統，恩酬君父傾肝腸。台垣折檻剛風凜，正氣干霄砥柱長。屈指名臣垂紀載，知公百代振餘芳。

高忠節公殉難東土敕[八]賜褒嘉匪特余鄉仰止實天下典型也敬勒小詩十韵以贊

清朝懸正氣，高節射雲天。報國親猶在，臨危驅可捐。馬嘶藏獲泪，書寄鬼神憐。灝志封疆固，精魂海岳堅。煙鎖神不散，形去理常全。氣撼遼陽柱，勳垂山右賢。皇家三尺土，烈士寸心田。野火鄰星漢，丹輝化碧淵。孤忠勤鼎彝，勁骨凜穹氈。大節難奪處，精光尚燦然。

義僕高永從主赴難視死如歸亦今古所罕覯也并賦二詩

朝家土宇未躬親，祇盡當年報主心。幾許臣僚争遠難，誰留義僕萬年身？

丹心不死是名勳，志在天壤氣薄雲。向使簪纓承主眷，定隨忠節報明君。

感興十首示諸門人

潔掃山齋萬慮忘，羲文姚姒盡同堂。洗心試會前人訓，一派蓮風杏雨香。

聖道從來遠紛華，一分世味一分遮。出門忽見金谷景，忘却鄒家與孔家。

學問無究仔細詳，虛心方好探玄囊。杯中水滿誰堪注？總有淵泉未許嘗。

初渡汾流見遠波，黃河一帶又如何？脫身直向海門去，萬派千流總一窩。

聞道終身在一朝，休將頃刻誤飄搖。當年王子登山也，一局棋枰爛斧樵。

四座談心入靜虛，無端鴻鵠到幽居。援弓射罷忙來聽，已過中間數卷書。

經傳言言盡可行，貼身實履便分明。行來却向回頭看，果覺虛實路不同。

莫謂〔九〕躬行便足嘉，通天合道理無涯。終朝講却程途事，一走程途尚有差。

窮理分明見大身，勿將形氣蔽天心。千秋上下程途遠，須作乾坤鼎立人。

謹守賢關絕外游，欲從洙泗共登舟。敏求無息同天健，須到尼山頂上休。

松　齋

松風深處斷凡情，鳥語花飛道院清。夜靜雲開風氣爽，松梢長見月華明。

題　杏

清心時對杏花壇，今古乾坤別樣寬。此去東山泰頂望，達天先向小心觀。

咏井泉

掘井功深須及泉，源頭活水潤無邊。若將九仞前功棄，徹底泥沙不見天。

贈絳陽陶琴友

尼父援琴識最精，神交往聖有元聲。君家自是成連調，一曲高山萬古清。

謝醫士張仁衡

一啖松黃却病身，此〔一○〕堂萱草慶長春。及今願借通靈手，遍起凋殘壽萬民。

羅山人惠余保童丸服之立效走筆附謝

千金不易保童丸，一粒能將幼者安。自嘆人心皆赤子，當身試問保元丹。

觀書有感

樂正初從子敖來，包荒偶爾共徘徊。誰知一誤終身路，餔啜難逃清議哉？

讀《卷阿》懷古

曲陵高處對飄風，化日君臣樂意同。一自矢音鳴盛世，有誰保泰繼召公？

贈絳藩嵋雲

每從河雒畫先天，沖漠原非筆可傳。爭似君侯精墨妙？毫端萬象已森然。

暢生鴻猷以失恃不獲假館一詩寄勉

人心工力配天時，學習從今自勉之。天道常新人莫斷，歸求隨處有餘師。

登山思父

嚴親陽斷恨重關，一上雲天去不還。浮世幾年滄海變，危巔千載曉風寒。

畫〔一一〕暗室之色

禍淫福善報施平，到底明神法鑒清。試看從來邪穢者，幾人逃過帝天刑？

畫〔一二〕暮夜之金

利己營私最不祥，欺天多種子孫殃。謹身節用存公道，勿戀財囊是禍囊。

汾川水漲

東來風浪隔天河，皎月當空照碧波。一夜朝宗煙水净，扁舟
人唱太平歌。

秋　雨

連綿秋後雨。隔斷晚天霞。獨苦收成歲，堪憐露處家。舊痕
苔尚綠，新雨稻生芽。麥飯山家早，煙樓欲產蛙。

夜坐觀螢

太火前頭丹鳥飛，先乘火氣化明輝。昆蟲尚有靈光照，變化
隨時不肯違。

大地螢磷俱有輝，乘風獨自上簾幃。莫因滌盡塵籠翼，得與
清虛一氣飛。

感流螢

煬帝螢山數斗輝，景華宮裏照芳菲。請君放出民間照，多少
流螢俱亂飛。

咏　雪

萬里同雲見素天，光涵曉色滿良田。人心粹白原如此，莫用
緇塵點目前。

極目寒花一色天，誰將畛域辨山川？天人物我本同體，雪滿
乾坤上下聯。

雪霽示諸生

冰釋平川暖欲波，陽光直透水雲窩。請觀徑寸流行處，消得

殘花幾尺多。

題圓紗窗

一物不存是此圈，開窗萬物覺森然。坐中實有天光透，何事尋求向外邊？

甕牖窺天見太虛，江山雲物在幽居。等閒不閉紗窗眼，吐納乾坤視有餘。

賦七夕二章

一年一度漢旁過，祇爲當年廢錦梭。天女因循天亦怒，人間何事可蹉跎？

兒童乞巧望天河，拙守孩心且若何？七竅鑿開混沌死，天心應憎巧如戈。

除夕燈下問〔一三〕《治心編》

平心察往事，危坐理遺編。一歲今宵滿，百行幾載圓？德微難慊意，事重可通天。願及新春會，重耕方寸田。

材〔一四〕居大有年

西成逢歲稔，禾黍起高峰。呼僕隨山月，收倉聽暮蛩。築場秋後掃，脫粟夜間舂。穡稼千村晚，開尊酒一鍾。

贈張生沐三月三日生辰

淺說流觴傲物情，采蘭水上洗塵纓。君家自有源頭水，洗濯靈根夜夜生。

閑居漫賦

幾載疏林謝世妝，葛巾長嘯自風光。茅齋有趣多開卷，布帛無華莫染香。湘竹烹茶神最醒，黎床倒枕興偏長。暗修滋味原來好，肯向塵寰作主張？

異　端

莫向儒禪辨異端，異端今日在衣冠。説玄説妙真功少，轉入轉深實踐難。必得可行方是道，若無關世有何干？孔門一貫天人理，日用尋求即杏壇。

題儒醫振初馬道丈有恒齋步韵

極力操存見進修，每將良藥治心頭。静中研動爲真脉，手底回春是實猷。趣廣時觀天浩浩，神閒常覺意休休。經書自有良方在，極力操存見進修。

畏天適性任吟哦，天自空明鳥自過，斗室無塵清客夢，眼前如市聽人吣。有恒齋裏心源露，無欲台邊樂趣多。進道惟君超世慮，畏天適性任吟哦。

送別沈念川先生赴安縣令二律

幾年函丈坐春風，玉梅[一五]金山迥不同。立雪素承開馬帳，執經深自愧吳蒙。甘棠化啓蜀梁外，桃李香生泮沼中。最是韋弦堪佩教，一天杏雨普汾東。

壁沼曾分泗水波，倚雲桃杏傍天河。匡詩韵裏驚山斗，周月庭前醉太和。闕里猶思陪杖履，武城端待播弦歌。從兹獵念憑誰轉？目斷河陽花樹多。

绛州烈婦王宜人配宗室廷坊夫死後忍餓七日殉葬復恐累及翁姑先數日托病歸母家余嘉其從容死節之奇爲詩以吊之

勁節生風百代香，孤延七日對廷坊。守貞斷臂惟聞古，却粒從夫始見王。慷慨捐生全正氣，從容就義亘天壤。夷齊忍餓千秋後，婦女場中繼首陽。

登清玩亭

爲闢達觀踏顥穹，山光鋪翠帶煙籠。臺穿月性雲心裏，人坐冰壺玉鑒中。鼓蕩靈華惟遠樹，掃清法界有天風。晚來幽對欄杆靜，指點銀盤掛海東。

簾影杯心映落暉，空明摩蕩見虛微。摘星台上觀天鏡，釣月江頭坐石磯。有酒不妨呼鳥嘯，無風終日看花飛。悠然極目乾坤大，傾倒偏提樂未歸。

試向玄工掃物華，蘿衣天半舞風斜。胸中樂趣隨庭草，眼角浮名付戰蝸。引水鑿池澆鳳尾，清心吸露煮龍芽。藩籬剖破從中看，上下參同是大家。

一嘯長空徹漢濱，煙嵐處處藹陽春。雲深鳥宿花三徑，水白天青月一輪。鶴夢低徊盤綠野，鷗汀結伴遠紅塵。八荒不盡蒼茫景，收入靈通見在身。

早春園林即事

乍看天街柳色稀，輕寒拂座透春衣。閒亭點點松煙潤，麥隴青青雨氣微。寥廓同游神自遠，虛明獨抱靜相依。曉來窗際流鶯嘯，喚醒靈源對化機。

中秋無月兼悼振初馬道丈

待月松齋問太清，欲從暗里見貞明。愁雲自憶千秋侶，開眼同觀萬古生。但使靈心通晝夜，任教漢滸轉陰晴。天人缺陷從前有，變態難更道義情。

送門人張淵然南行

總是南行事也常，恐成暴棄便堪傷。繁華世態心休轉，勇猛關頭志要强。灌漑靈源求進步，追踪往哲看升堂。日新月異曾歌否？待汝歸來問細詳。

吊明御史楊大洪先生直諫死節一律

最是神驚鬼哭哀，霜飛白簡夜深裁。法冠指佞干星斗，鐵面陳君射帝台。氣壯三朝資砥柱，鋼存百鍊掃塵埃。英魂尚帶龍泉劍，灑血彤廷誅草萊。

渡滹沱河

跋涉層巒五日餘，方堪熟路駕輕車。回看柏井山如劍，東視滹沱水滿渠。漢帝當年勞野渡，清朝此際統車書。登山又觸風波險，應是高堂日倚閭。

吊張文孺

處世雖悲數有終，知君初未愧蒼穹。循規自比柴羔守，信友人傳季布風。古洞游神無外慮，靈台積善有常功。而今雅度誰堪似？花落春軒恨不窮。

春歸猶自對文孺，別却清光五月餘。素履宛然隨鶴駕，篤行是處藹鄉閭。每因雪夜思安道，何日風來問衛蘧。把筆傷君君不見，哀鴻啼韵過衡廬。

吊門人張浴心名沐

正大吾門第一人，每從道岸叩玄津。綱常踐履存天監，氣數摧殘任鬼燐。學欲成時希古聖，目難暝處慮萱親。光明心事曾何昧？未作霄壤不朽神。

氣數難齊古已然，顏回非壽豈非賢？尼山道脉君將續，陋巷琴聲忽斷弦。實有初心還造化，留將生氣射雲天。忍思君我談心處，永夜挑燈泪不眠。

送別杜少山先生司徐溝訓

妙悟嘗通太極先，耻從月露綴雲煙。風清止水隨緣定，雨灑芹宮到處圓。性量無涯恢統緒，功垂不朽衍真詮。錙帷珠唾從今想，喜獵心生後十年。

自信儒宗識太空，經綸隨地有春風。庭飛翠草迎清範，月映玄心抱化工。泗水宗傳蓮結蕊，中天事業杏飄紅。臨行莫折垂楊贈，千里神交道脉通。

題辛先生水雲洞瞻尼亭上

境接清虛眼豁然，登山觀海掃雲煙。虛明大闢靈台牖，静密深藏太古天。萬象生成隨處現，六經真本內常懸。主人日在羲皇世，俯視乾坤砥百川。

又題嚴齋

敬事天君絕點埃，雷龍終日響庭臺。百神擁衛齋中主，時有三光透體來。

和曹老師勉學詩勗講會李玉鰲諸友

廣大精微一點神，渾然忘我亦忘人。淵涵有主天常定，因應無心理自循。止水靜沈終作障，淵泉徹底乃爲真。閒來會得流行趣，野渡虛舟月渡津。

一掬微茫印聖神，合天順則是完人。根宗透現常須現，工力持循不厭循。六宇流通歸帝載，千秋鼎立見天真。滿腔廓徹乾坤大，無岸那知更有津？

贈杜晉齋先生

神閒物外渾無塵，五柳風清掛葛巾。醉月每添吟後興，流觴高臥水之濱。眼空法界壺天廣，性帶煙霞古趣新。試問先生真樂處，浣花溪上看陽春。

勉貧士

悟得身貧道不貧，蕭然恬淡自堪親。窮通顯晦由天付，砥礪操修在我身。志自苦中肩大任，物從雪後透陽春。簞瓢肘見何人也？請與先賢作比鄰。

山齋夢覺

書枕籐床意趣新，悠然靜裏露元神。疏簾垂地風敲切，修竹搖窗鳥喚頻。豈有塵心樂寤寐，覺無俗想闊清真。起來夕日無多事，徐步池邊玩紫鱗。

門人秦與邠相從燕京道中寫懷

瀟疏日暮北風寒，客舍長歌行路難。□闕遙臨天尺五，慈闈相繫夢千端。挑燈夜話車塵遠，聚首猶聯講席歡。爾我斑裳同在慮，憑誰雁足報平安？

太平藺生完璧篤志聖學談心齋頭
時久旱喜雨書詩扇以勉

爲憐枯槁滿林坰，化雨初回麥隴青。六事久煩明主慮，三農仰戴□□靈。山川波静占豐歲，知友神閑話小亭。願子淵泉常灑潤，眼前塵去對清寧。

文昌樓以肇秋八月聯盟結社遠邇畢集時里人
秋田禱雨是日甘霖沾足喜而有賦

昌隆文運啓中天，四座星輝珠又聯。雨洗靈花迎道氣，風生几案掃塵緣。空明露湛圖書府，皎潔神飛斗宿躔。共望雲龍成盛會，商霖普濟滿垓埏。

清秋禋祀遍山莊，閭里咸歌《載芟》章。百穀盈疇占歲有，萬川霖霈報農祥。吹豳介福民風厚，社酒鷄豚化日長。願借文星開泰運，蒸黎仍見古陶唐。

襄陵李月宇先生隱居樂道著翼真集發明聖統
予讀之附贈

韜晦林泉道味高，潛心洙泗冠時髦。端純無愧果齋李，磊落真稱靖節陶。天趣一腔游淡漠，浮雲百變付秋濤。推明大道源流遠，萬仞峰頭作古豪。

閱韓鐵漢年兄風俗書偶成

世風日下似江河，誰悟其中變態多？賴有名言呼醉夢，回瀾砥柱挽頹波。

懷晉生淑鋆淑雝

夜雪松齋斷虀鹽，別來功力更沈潛。超關入聖吾儒事，敬義交修處處拈。

和喬生元達咏春梅詩

一度梅開一度開，梅開猶待早春來。請君培就心花蕊，四季嘗觀春滿台。

杜生溥齋戒祈親壽詩以勉之

仁孝貞純動至精，格天從此挽生成。齋心日夜通玄鑒，應得長生紫石瑛。

齋居聞鳥語勉段生文彬

天籟無心鳥叫林，果然隨處露天心。閒中至味君知否？須向聲聞静處尋。

王生永命孝友純篤爲其先君求祠堂扁聯爲詩以勉

一字那堪重九京？君家世德播瑤瓊。初終體道培完品，萬古窮源溯大生。

張生淵然閉關習静予題曰固學關贈一聯曰息交絶游功深董子下帷日洗心藏密志凛孫君閉户時又勉以詩

從今打破利名關，直向尼山作躋攀。努力前途時健步，功程歷盡是尼山。

河上行

撫臺廣陵吳鹿友老師，防河禦寇，歷秋冬，居民樂業，
春初始還，因爲志喜

天歲弗登十載久，秦川草寇揭竿走。蔓延海内動戈甲，都城
是處擊刀斗。三晉連年湯火深，饑饉師旅豺狼吼。生靈塗炭若呻
吟，削平何日問己酉。聖主憂民動至情，安攘特畀大中丞。中丞
吳公經國手，靈源湛徹透虛明。學印魯鄒肩大擔，勳追韓范貯甲
兵。曾將砥柱峙天表，正氣雄名貫玉衡。奇兵累出軍威震，惠路
長覃草木生。冬來蒿目黄河畔，堅兵作陣拒長鯨。指揮色動三軍
士，慷慨身當萬里城。全晉河山元氣繫，九曲黃流波浪清。綠林
相戒不敢下，驚傳中國有司馬。運籌決勝出淵微，材全文武安華
夏。鼠狐垂首盡披靡，一望黃塵如掃灑。群黎樂育萬方寧，春田
日暖犁可把。都騎二月過汾流，夾道歡聲播野謳。擊壤共頌清平
世，鼓腹咸瞻二麥秋。黃雲滿地群生遂，露布遥紓五位憂。海宇
多艱思頗牧，明公康濟普霖舟。乾坤泰運從今轉，茂烈弘勳壯
斗牛。

四　歌

祈天壽父

一祝天，安寧無慮話林泉。生來惜福甘恬淡，種得平直方寸
田。望上天，眷佑高堂壽百年。

二祝天，社酒鷄豚太和年。衣食粗足隨緣過，清夜安眠白晝
間。望上天，眷佑高堂壽九千。

三祝天，勤勞涉歷幸安全。陰功多積存長計，賴有書香衍正傳。望上天，眷佑高堂億萬年。

祈天壽母

一祝天，北堂永茂樂陶然。姑嫜自昔同稱孝，但願兒曹照例賢。望上天，眷佑萱庭壽百年。

二祝天，辛勤半世歷多艱。年來淡薄猶長受，願積韶光歲歲綿。望上天，眷佑萱庭壽九千。

三祝天，慈闈履泰比山川。居常仁厚多餘慶，酒潤貧寒善意堅。望上天，眷佑萱庭億萬年。

賢孝歌

第一勸，要孝順，忤逆天打與雷震。休傲公婆使強性，四時茶飯常常問。早梳洗，聽使令，堂前問安須孝敬。上人發怒休強辨，急認不是好應承。公婆疾，要關心，煎藥奉事莫生嗔。上人奴婢休打罵，打罵奴婢欺上人。

第二勸，要守身，好閒好睡難成人。多言大笑街前走，此等惡婦是凶神。有廉恥，要辛勤，休搽脂粉站街門。莫去燒香游寺院，坐會齋僧壞了身。高貴婦，懶見人，端端正正值千金。休走會場去看戲，專守一點正直心。

第三勸，助夫好，休使強嘴學躁暴。夫婦相敬是好人，早起遲睡勤打掃。休撒潑，休狂傲，家常莫怨錢財少。夫若怒罵休尋死，枉死城中空死了。家有妾，莫嚷鬧，鄰家聽得把你笑。越爭越嚷越生惱，不如賢惠見你好。

第四勸，要和家，叔伯姑嫂要讓他。百年相處終日見，休將閒氣惹爭叉。搬舌頭，翻嘴牙，招對出來真羞煞。尋常小語要低聲，外人在時休說話。手下人，調教他，休嗔糊塗常打罵。他若有能比你強，肯來低頭在手下？

　　第五勸，守貧窮，多穿綾羅短壽命。休貪富貴學懶惰，粗衣淡飯享清平。奢華少，子孫生，也好管來也好成。濫費折了今生福，死後罪大天不容。勤紡織，學儉省，坐底穿吃終要窮。荆釵布裙真賢惠，高貴婦人有好名。

　　第六勸，教子孫，教他勤儉學好人。他若奢華命必短，休使兒童帶金銀。莫說小，愛惜深，大了難教敗家門。與人相爭休護短，酒色游賭要嚴禁。積陰隲，存好心，後世兒孫福禄深。若要兒童常安穩，先受飢寒與苦辛。

　　第七勸，要守節，烈女肝腸真如鐵。總活百年也要死，守節死了名不滅。古賢女，身潔白，女中君子人通說。村間婆子爭死氣，賢惠婦人專死節。良心人，聽我說，照我七勸學賢哲。一失脚爲豬狗群，挽斷黄河洗不潔。

　　後婦人，聽我勸，休將兒女苦折連，飢寒莫作兩樣看，小事休說枕邊言。他母親，也含冤，你總有兒亦難全。父子仍舊是骨肉，久後只見你不賢。傷情事，常變遷，你也不能管百年。生前作下没天理，死後誰燒半文錢？

　　勸人子，孝父母，此外又當孝繼母。常言爲佛敬僧人，百般也只爲吾父。親母大家無嫌疑，繼母容易分門户。體父心，要曲全，休使吾父苦難言。自古孝子常常有，只稱大舜閔子騫。兩家繼母儘凶惡，舜閔一味順親顔。到底惡人都感化，千古同稱大聖賢。

　　勸男子，教訓妻，教他賢孝立根基。妻若賢時夫禍少，夫若行孝家可齊。暗室内，鬼神隨，休聽妻兒說是非。父母總然聽不見，鬼神暗裏記非爲。夫妻孝，和氣積，子孫賢孝輩輩奇。一家和順禎祥至，善報從來不差移。

訓及門清心歌

爲學事，莫惹塵，初終只是要清心。總然日在柴關內，念不清時滅了神。靈台上，有俗因，無端想事擾清真。昏昏一覺常如夢，枉度人間百歲春。我來勸，心要清，生來原自有空明。只因誤落塵嚚地，隔斷賢關幾萬程。嘆諸生有五可幸，勿因雜想誤生平。及時認出靈明竅，水月清光任爾行。

第一幸，住清齋，靈根從此好培栽。紅塵路上閒雲過，清風五夜掃松台。或靜悟，任徘徊，凡心脫去有真來。非從筆下尋生意，靜裏包涵變化材。一切念，且丟開，無營無慮似嬰孩。莫交引動俗情事，鬧亂清虛實可哀。

第二幸，未理家，初心莫爲利情遮。及今尚在清平會，過後紛紛亂如麻。洗爾念，勿多差，掃去秋空一片霞。色聲貨利全無動，養後心開五臟花。閒展卷，緩煎茶，清心獨對興偏佳。莫將枯槁天然趣，惹起柔情自嗟呀。

第三幸，有指南，疑惑彼此好相參。生來或是同堂友，且作松陰對月談。閒中趣，苦中甘，妙似秋江淨碧潭。各人自會靈光地，井中夜夜斗星涵。常閉戶，是深山，工力不嫌至再三。本然未滌塵籠氣，却嘆清真道路難。

第四幸，年未多，韶華此去緊如梭。浮雲散盡天光透，請君心上看明河。解塵網，降睡魔，養得靈源靜無波。由來萬事多牽絆，松亭竹籟放長歌。心如鏡，內常磨，塵埃不到水雲窩。俗緣內入清光蔽，槁木死灰將奈何？

第五幸，謝繁華，諸生恬淡自堪嘉。葛巾似上清風路，懷中梧月恐西斜。虛靈內，自淘沙，養心休嘆路途賒。誰來盡捲長空霧？半夜中天放彩花。念不定，緊捉拿，無爲煩嚚自點瑕。一生受盡塵緣累，受到終身爾自嗟。

　　清爾念，樂貧窮，淡泊明志性天通。榮枯百世誰來問？一點靈光遍太空。

　　清爾志，莫太濃，無事常聞靜夜鐘，蒲團坐後閒心定，自有天機淡處逢。

　　清爾念，對芸窗，人情冷暖付長江。豪華世態輸他作，贏得天真樂滿腔。

　　清爾性，自尋師，本地風光具有之。冷然一悟從中笑，竹院前頭漫咏詩。

　　清爾意，妙有餘，自是心空映太虛。浮華掃盡乾坤大，五内光含萬卷書。

　　清爾念，莫内枯，養心非是外全無。既知寂滅難聞道，且把書籍作畫圖。

　　清爾志，掃胸懷，塵囂不必苦安排。悠然透出圓明性，每日晨光照淡齋。

　　清爾意，葆元神，學須日異月更新。一生未會虛明理，只爲常作好事人。

　　清爾境，似空山，照我原初性自還。諸般嗜欲關頭破，許爾玄心入靜關。

　　清爾見，最欲超，先脱塵凡有一瓢。陋巷常存神不死，清風千載尚逍遥。

　　清爾意，莫亂淆，空把門從月下敲。重關不鎖還家路，物不交時性自交。

　　清爾趣，道味高，莫交心上起蓬蒿。一齊都在虛明裏，撇過今生誤爾曹。

　　清爾味，剪藤蘿，笑傲胡床養太和。空華墜裏能開眼，始信狐裘讓笠簑。

　　清爾志，葆元精，在世飄飄似落英。從來地獄皆虛話，墮落塵埃是見成。

清爾性，破幻形，生如鷗鳥散沙汀。今生失却清虛味，死後昏昏鬼不靈。

清爾性，水融冰，人間聚散是風燈。只有天賦靈通宰，千年萬古看升騰。

清爾衷，自搜尋，重垣聲度見天心。静藏深處人皆有，空谷無言花滿林。

清爾性，了却凡，衣食粗足布爲衫。隨人自洗浮萍志，清涼石上水潺潺。

清心路，大家能，一亭掃去一亭空。莫學不掃由他壞，錮蔽摧殘是爾亭。

清心路，是玄津，每日被除意自親。一失脚爲千古恨，再回頭是百年人。

樂貧歌

貧而樂，性量圓，尼山當日便開先。浮雲富貴心常泰，講誦弦歌陳蔡間。陋巷内，有顏淵，三月常游太古天。齋心樂道稱王佐，滿榻春風度舜弦。曾參餓，咏詩篇，聲通天地振茅檐。躬耕不受人君賜，鼓瑟悠悠任履穿。甘藜藿，仲由賢，啜菽負米養椿萱。緼袍不羨狐貉貴，學造升堂掃世緣。若原憲，是真狷，竹冠藜杖自陶然。辭粟九百清風著，匡床獨坐貌高軒。蘆花絮，閔子騫，飢寒盡孝無間言。子思居貧却酒饌，商衣百結似鶉懸。古來賢哲多遭困，烈火鍛金品始堅。淡明志，静致遠，不愛人間阿堵錢。休將口腹營求事，賣却寬平方寸田。君不見，槌金杵，竈下潛，閱歷三家事變遷。又不見，荐福碑，世所鮮，一夜雷擊字莫傳。窮通得喪皆前定，何事旁求苦自煎？啖冰蘖，守寒氊，試看顏公借米箋。菜根咬得閒中味，斗室蕭條面孔顏。樂泌水，駕數椽，乾坤終日見魚鳶。寧飢勿受嗟來餐，寧渴勿去飲貪泉。開眼界，對雲煙，一枕詩書清夜眠。看破塵寰蕉鹿夢，覺來身在杏花邊。

復古歌

大孝從來垂世教，天經地義非空造。總然泣血盡三年，昊天罔極猶難報。我嗟漢世古禮衰，日易月兮頒遺詔。短喪初自景文行，隨波逐浪群相效。晉人居制酒盈樽，清評在世同譏誚。五季懷[一六]亂人心死，肉食漸作尋常道。君哉壽皇乃能斯，克終古例稱純孝。今日江河愈下流，綱常大擔人皆倒。寢苫堂畔笑聲喧，柩庭寂寞殘燈照。壺觴日夜醉鮮民，衣食誰悲錦與稻？惻怛凋盡事繁文，窮工極奢滋炫耀。孺慕情衰賓客場，終天恨付絲弦調。中有棘人欒欒兮，流俗非之流俗笑。堯都猶是古人風，堯衢能作人倫表。椿庭失影落秋霜，蕭然五夜酸風號。呼天一慟鬼為愁，哀吟無奈魂相吊。飦粥為食面深墨，芹尊謝却肝腸剖。事死如生亡如存，出必陳之入必告。佳辰令節掩衡門，鵑聲泣斷天將曉。純誠三載久哀鳴，晨昏茹素守枯槁。迄今禫後理琴紙[一七]，風水情深猶未了。我聞孝感雙鶴來，紫芝白兔階前繞。通天徹地格鬼神，孝道原屬行之要。誰人生自空桑裹？誰心獨少孩提竅？親喪固所自盡也，忍將大事輕草草？堯衢克盡孝子心，中流砥柱澆風掃。還醇復古賴斯人，德門慶積禎祥兆。

五　賦

諸神朝天賦

玄渾布蓋，夜氣沖融。太乙尊而高映，榆樹歷其如瞳。衡露湛銀，灣看六星之兩兩；冰天垂復，道集群靈之豐豐。聲塵寂靜，太宇呼風。如阿香之促輦，如天馬之行空。於時松風道人隱几高卧，方寸靈通，忽屏息以入夢，飛八翼於洪濛。若轉羲車，若走豐隆。卧游泉谷，神御清穹。蒼茫天際，八鎮朝宗。乃請〔一八〕混元之帝闕，來并候於軒宫。頃之閶闔電啓，大儀門通。開虎豹九重之鎖，護連牛積氣之叢。依稀見清微之庭，絪緼萬象；彷佛如希夷之始，聲臭其窮。焰摩峙而高聳，絳節廠而崇巄。通明之殿如瑞靄，維皇之座闢玄聰。霞明天笑，香案雲紅。有嚴上帝，手提化工。樂奏鈞天之調，武列狼矢之弓。天閽因之以報覲，百辟顒若而垂躬。或竢雲城之際，或列泰階之東。登天極以騁，望見立鵠之與貫虹。帝乃坐清虚，覽玄象，而訊之曰："極寥廓之大界，朕靈威之動蕩，此何論動闢之與静藏？又何計游衍之與出往？凡九垓八紘〔一九〕，群倫蒼莽，誰視屋漏如明庭？誰作白晝之魍魎？誰立足於亭衢？誰明漏於法網？誰凌雲而懷誤國之奸？誰私妻而緩父母之養？誰割裂於同胞？誰武斷於鄉黨？誰種德百年之前而報堪及於數世？誰積惡隱微之地而禍將及於俯仰？其或暮夜貪財，暗室淫蕩。載鬼成群，罟獲用罔。詣趣下而東流，惡潛滋而暗長。鮮裳怒〔二〇〕僕，招摇放浪。猶摇尾而乞憐，入妖祠以盻蠁。事紛出而多端，盍陳言以抵掌？朕將施勸懲於冥漠，昭吾道之福善禍淫其不爽。"天語甫宣，雷門伐响。神工雁序而將前，陶夢驚飛而醒朗。盼圓靈之下濟，究誰妍而誰媸。余乃息心諦聽，追思帝鄉時甌石。柴子聞言失笑，仰天徬徨，曰："先生何見之歧也？維兩儀之橐籥，實一脉而渾茫。非昊天之夢夢，非顔色之蒼蒼。極上帝之沖漠，總心性爲括囊。徑寸直通於於穆，淵源仰透乎天光。此何須叩玄默、訊帝江、考司命、問行藏？第夫心神烱烱，正位中央，七曜協靈於七竅，五内森列如五方。三司禀令於真宰，百骸受命於一王。此靈台之淵静，即上帝之主張。一念回春，見鄉^{〔二一〕}雲之與紫露；危微易慮，慘烈日之與嚴霜。至德感而縈^{〔二二〕}惑易位，君心澄而天矢流祥。何天人之感召，不呼吸如同堂？請先生高懸寸鏡，自辨滄桑。善無施而不報，惡無隱而不彰。至誠者有感必動，積德者厥後其昌。某也聞高明之家鬼瞰其室，幽隱之地神伺其旁。果質之清夜而昭明可對，豈培植於當身而浚澤不長？此通復之常數，事固不差於鍼芒。至若矢口成聖，罔念作狂。鳳麟其外，蜂蠆其腸。天富淫人而益其疾，神厚凶德而降之殃。數未極於必返，人益肆爲尢良。乃以爲天聽之遼遠，或逃於帝監之精詳。寧如操行動念之所，鬼神持籌而商量，及皇穹^{〔二三〕}之既克有定，安知不燕雀之焦棟焚梁？蓋報遲者禍大，惡滿者必亡。凡此皆心靈惡而見訴，元神走之且僵。念刻刻而宣著，事旦旦以發揚。不然者大地宏廓，情態萬狀，必歲晚而始陳，寧須待月露之千章？余聞之，抱影寒台，沈吟且嘆。天人一原，呼吸必貫。晤^{〔二四〕}言未幾，靈圄霧散。靜者如冥，動者如唤。星眸閃閃，夜景之照青藜；隱耳隆隆，天津之蕩素瀾。乃知凌兢波深，冰消水涣。既瞻摩蕩之空明，惟留一氣之瀰漫。"余乃披襟整衣，沐手滌纍。陳言伏鼎鼐之樓，處^{〔二五〕}心作五祀之灌。神君起坐而言曰："如子所云，深爲剖判。蓋蕭清靈府，吉人時與太虛通；墮落塵埃，暴客日將方寸亂。苟無合於天心，雖媚吾而奚迢？子不見，心有神明，天有乾斷，雖私室之小而三光漏泄，雖一念之微而靈心璀璨。善既多，因與淑氣相迎；惡事彰，輒與戾氣相絆。禍福皆所自取，昊天如有成算。"言訖，示別高張煙幔，甌石子橫卷而長吟，余亦撥寒灰而據案。群靈入靜虛，寸衷通銀漢，忽萬慮之廓清，知天光之曰旦。

蚊蟲賦

南國有顛^{〔二六〕}，出口成蚊，動以升計，微若浮塵。《大戴》

志之曰白鳥，河內稱其爲黍民。努力不能負山岳，聚聲足以播雷音。非長舌而作屬，肆衆口以鑠金。噬孝子之肌骨，嚼烈女以□〔二七〕筋。種種情弊，殊可痛心。松風道人秉燭夜坐，聞韻即嗔，乃持扇驅逐而責之曰："爾貪可厭，爾形可醜。倏忽聚散，營營奔走。飢附飽飛，人莫措手。方吾之向晦燕息也，竹床高臥，魂夢清幽，羲黃在榻，華胥同游。乃鼓噪以成群，若蟻爭與牛鬭。穿梅花之紙帳，雜鼻息而夜吼。爾爲蘇張之屬憎於人，吾則貉稽之不理於口。迨天空而日霽，始潛踪於烏有。異哉！人方靜也，爾則好動。人既動也，爾復求靜。何動靜之非常？獨反側而拂性。"嘆息良久，引類呼朋，中有利口，前來致聲，謂余有言，君勿余憎："竊聞至人有息无睡，夙夜惺惺。尸居存養，雷龍震警。其魂不擾，其寢不夢。陽光弗陷於陰濁，昏寐不賊其定衷。抱先天之清氣，如種火於金鼎。神相守而氣相依，火不寒而灰不冷。以爲覺乎？息機於漠。以爲寢乎？叩之輒靈。當斯時也，悠然獨寐，晝夜交通。吾且前而且却，畏至人之常醒。若乃旦晝紛擾，暮氣昏蒙，神耗眼醉，徹夜長冥。馳然自放於床簀之上，夫何計冰淵之戰兢？吾因投間抵隙，攘臂稱雄，剥床以膚，恣其縱橫，相呼相喚，睡魔解醒，乃指余爲飲恨，不以余爲玉成。夫昧旦有蟲飛之惕，圓木作警枕之功。是以古之神聖，搖鞀擊磬修其德，金口木舌振其聾。非提撕與警覺，誰惕屬於夙興？君欲發深省，以吾當清夜之鐘。君欲剖善利，以吾代晨雞之鳴。君欲砥躬修，以吾當青蠅之亂。君欲作聖徒，以吾効鳴鼓之攻。何衆口之囂囂？遽足爲君身之病。君不聞乎？人自侮而後人侮，內治修而後外寧。所以孫謙設籧篨之施，吾且門墻外望；齊桓開翠紗之幬，竟至濫觴成風。凡舌鋒與口劍，皆有隙而即乘。通乎此者，繼日待旦，反己責躬。不恃外鋒之不射，獨資防範之精明。宜佩服乎斯語，用凜凜於初終。"余聞而愧，灑然自省。須臾蚊散，燭影升騰，命童子出户視之，漏已三更。

六　銘

祠堂銘

崇禎二年己巳四月十四日之吉，先君手創此亭，東觀汾川如帶，山秀峰青，顧而樂之。時携一卷，朝夕晤對其中。居無何而先君往矣，不肖撫景傷心，垂泣肖像，顔其額曰"手澤堂"，以見我先君神魂夢想之在斯也。乃系之銘曰：

茅亭數椽，先君鼎建。手澤常新，山川覿面。祀我天親，精爽隱現。歲時晨昏，几筵告奠。有事必陳，有新必薦。有殽斯烹，有酒斯獻。澗芷溪蘋，潔則將念。資我思成，羹墙時見。春露秋霜，籩豆有踐。萃渙聯宗，鷄豚載宴。遺範昭垂，先靈注眷。介福堯天，服勤禹甸。如水悠長，如山亘遠。日升月恒，永襄祀典。

七　傳

陳處士傳 節

陳師亮，襄陵人，號精一子。父故，亮甫八歲，母裴氏二十六守節。亮年十九，值母病篤，危甚，延醫温某診候，温曰："血虚使然，以藥補之，當痊。"亮唯唯告别。少頃，持鮮血一器，謂醫曰："此鴨血，可以補人，用藥浸炙，務令血盡。"且曰：“炙藥須靜室，勿令人見。”醫如所囑浸之，忽於血中撥肉一塊，熟視再四，非鴨肉也。醫曰：“此血來由未明，不敢入藥。”亮潸然流涕無語，因指股下割痕，則襪履皆赤矣。醫相視泣下，嘆曰：“純孝如公，不用藥可以活親。”遂浸藥炙乾。其母未之知也，服一劑，危病頓蘇。事聞，邑侯三原馬公申請上臺匾旌節孝。師亮躬行砥礪，潛心性命之學，日向山齋作道義交，佩服程朱語録。聞吾友絳陽辛復元先生倡道淑人，徒步問心。所著有《日新録》《適性稿》等書。養其祖雲樓公及母裴氏，承歡順志，安貧樂道。邑侯河陽薛公表閭旌異。歲壬申，督學關中張象南師拔入邑庠。年三十四歲，生二子。没之夕，自云：“仁如顔子，僅壽三十二。今已餘二歲矣，死亦何憾？”妻李氏事姑撫幼，稱一門雙節云。松風道人曰：“割股廬墓皆賢者之過，過於孝者也，而典禮不以此爲訓，非不欲人孝，恐難爲繼耳。陳子能爲人所不能之之孝，其爲孝也真矣。且其立身行道，篤志聖學，所爲光大其親者，又豈止一割股之孝云乎哉！”

張處士傳節

張浴心，平陽衛人，初名芝。比稍長，季父廣譽携入松風齋，命從予游。浴心克自砥礪，一日問予曰：“晉張芝何如人也？”予曰：“善草書耳。”浴心曰“學不務本領，即筆走龍蛇，與身心何益？故[二八]舍是，請究心沐浴之學，何如？”遂自改曰張沐，予字以浴心。既娶吉氏女，即以母老家貧，承歡順志，訓其室。每追念嚴親，或坐談間痛哭流涕，致滿堂不快。入對母側，又嬉笑如嬰兒。喜讀諸先儒語録，壁間大書一“誠”字。手訂《治心編》，逐日省察。間有吟咏，皆舒發性靈，有“虛名蝸角争多少，何事覊身不自由”之句。天啓丙寅，予思入山養晦，浴心策蹇驢，衝寒踏雪，遍歷姑峰一帶，後卜築既定，浴心遘疾。崇禎戊辰卒，永訣時，惟老母孀居無倚，是難忘耳。享年二十有五。

馬振初傳_節

馬振初，名紹武，曲沃人。其父善六甲奇門書，將授之，振初曰："學之不試，無益。試則必至邊關，豈忍馬首西東，貽父母憂乎？"遂業醫。猶專心正學，以綱常倫理爲己務。事嚴慈，曲盡定省。繼祖妣没，素食三月，獨能以禮自處。年二十五始配，娶之日，即以孝諭妻。先時伯兄存，督振初極嚴。既長，懷兄恩，自謂益莫大焉，因曲體前衷，撫幼弟如兄在時。已而裹藥囊比游平水，至則延訪道義交，作精詣堂會，日取程朱書體驗其中。猶酷嗜文清公讀書語録。郡大夫高其術，延入公府，自藥餌理道外，絶不掛[二九]囑托片言。素履孤高，間爲市井惡少所陵，及對官長，復脱然不介懷。天啓乙丑秋，爲心友某悖義叛盟，振初傷悼成病。事已危，未肯暴惡聲於人，猶勉强動履而亡，二十有八。所著有《孝友論》《崇正辨》《復性解》諸説，俱載《自修録》中。

八　序

《文昌帝君籤譜》序

帝君張姓，本吴會間人，生於周初，上應文昌天輔星，故曰文昌。其塚在隆慶府梓潼縣，因曰梓潼帝君。累代封爵崇隆，至隋、唐，其靈尤著，宋朝屢顯神功。居蜀之鳳凰山，有七曲廟崇聖禪林，爲帝君憩息之所。祠内銅鐘自鳴，或雷霆震響。當年一揮鐵如意，陰兵遍野歷歷明，威昭垂今古。邇來北地士人多建立專祠，吾里彈丸片地，離巽之交，曾有文昌魁星閣，居嘗登拜樓頭，每思製神籤一册，愧讟讟未能。崇禎戊辰，以新恩候選，謁晉陽之文昌祠，獲有全譜在焉，因手録原譜以歸，籤辭計三百六十有五。而筆若塗鴉，殊未愜心。己巳清秋，友人張學曾良有同志願終斯舉，自掃精舍一間，晨起焚香，楷書作字，終日不近聲色，五濁惡味皆泊然屏去，僅匝月，譜録告成。余捧讀，且幸且服，實獲我心。夫帝君有呼聾振瞶之衷，而無從告諸人，故降筆亭前假之五色飛鸞，或破碎祝版示以“安丙”二字，皆所以昭勸懲，傳神意也。惟帝有言，譜以代之，惟籤有譜，張君成之，章縫絡繹，得是譜，咸如耳聆天言，體忠孝慈仁之旨矣。若其分身度世，誅逆助順，萬二千端之行節，載在化書，炳若日星者，未敢復贅。

關帝籤譜叙

　　關聖帝系出夏大夫關龍逢之後，一曰關令尹喜之後也。居河東，爲著姓。至帝之身，讀書好義，自漢中平初，以布衣避地涿郡，與郡人張翼德友善。當是時，炎祚式微，强臣叛逆，曹操虎視於中原，孫權雄據於江左，凡抱才立功者，皆臣事二賊，以爲王霸業唾手可就。孤窮如樓桑，孰肯相與以有成？而帝獨越數千里，事昭烈於業屨之初，以興復漢室爲己任，此其出處大義，不超越群雄萬萬哉？既依昭烈，討黄巾賊，討董卓，擒呂布，累建奇功。嗣後舉襄圍樊，禁俘德戡，鬥關百戰，威震華夏。使曹瞞徙許以避鋒，孫權求婚以結好。西南僻陋之區，屹然鼎居中原，非聖帝盡瘁同心不至此。使帝不没，及章武之際，與孔明勠力内外，高光舊業，恢復在指顧間矣。無何，天心弗屬，王圖未竟，爲今昔同慨。然帝之剛明正大，爭光日月，固皎然萬古而長生也。史稱其出入行間，性嗜《左氏春秋》，略皆上口，故其撥亂反治符合素王，使亂臣賊子恐懼，非其得力學問者深乎？余曾擬仁、義、禮、智、信五詩，用以贊聖賢全體大用，有補於名教綱維者匪淺。緜今視之，地天倒置，猘貐猙獰，此乾坤何等時乎！帝以一腔元仁助正扶衰，至片語可以同胞，千里可以戴月，不忍王綱爲斷絕之紐，直以隻手續炎漢之光，春王正念，仁何如也？早識大統，起義興師，封金掛印，罵權絕婚，雖賊如曹，亦稱爲事君不忘本，天下義士。此其俯視群奸，壁立氣象，義何如也？骨肉盟心，愛不忘禮，尊昭烈，雖稠人廣衆，侍立終日。侍皇嫂，則秉燭達旦，終夜肅然。三代以下，君臣以禮相終始者，惟帝與昭烈爲然，此其禮何如也？學究麟經，躬行實踐。當故主音問未得，則不敢斷首碎軀。及報效曹瞞，即辭絕，不爲奸權籠絡。且先見早勸於許田，省書彈壓乎孟起，經綸作用，正直聰明，智何如也？扶天綱，植地維，丹誠可表於天日，顛沛弗易於初心。以至先死，不負昭烈，初終欲爲漢臣，信何如也？惟其天性既篤，深於經史者又邃，是以尊王賤霸，動中經術，嘗考諸簡册所載，即尺札寸幅，靡非往古聖賢相期待。其在許答張文遠，則曰：“魯仲連，東海之匹夫耳，爲齊下士，然且恥不帝秦氏。爲通侯，列漢元宰，獨可使負漢耶？”其復曹孟德，則曰：“明公布大義於天下，而速取自樹，非某之所知。若猶是漢，羽敢不臣漢哉？敢拜嘉命之辱。”又曰：“尉陀，秦之小吏，猶獨立不詭。某啞啞飛鳴，翔而後集，寧甘志終小人下也？使明公威德布於天下，斡旋漢鼎，窮海內外，將拜下風，沐高義，獨某兄弟哉？”後復劉豫州，則曰：“自幼讀書，麤知禮義，至於觀羊角哀、左伯陶之事，論張元伯、范巨卿之約，未嘗不三嘆而流涕也。”其辭曹，則曰：“故主已在河北，此心飛越，千里追尋，當不計利害、謀生死也。子女玉帛之賊，勒之寸丹。他日幸以旗鼓相當，退候三舍。"意亦欲如重耳之事秦穆公者乎？其語魯肅，則曰："高帝除秦暴而創洪基，光武驅新亂而復舊物，豫州親帝室冑，因天下亂，出死力，百戰而有一州，即封土不爲過。況天命未改，尺土皆漢有也。"此等議論，雄視古今，頏頡聖哲，非篤於道者，曷能至斯？其咏竹則曰："不謝東君意，丹青獨立名。莫嫌孤葉淡，終久不凋零。"篆文垂訓有曰："讀好書，説好話，行好事，作好人。"十二字真經，包括殆盡矣。自宋以來，平蚩尤於解池，大昭封典。示手書於忠愍，預言靖康。洪武初年，自馬後携于保萬里還家。隆慶二載，忽提刀立蒲嶺，八千寇退。嘉靖間，助大兵於上海，倭寇解圍。神廟末顯英烈，於殿廷呵護尤至。敕封顯號，輝溢上方，歷歷烜赫，昭炳載籍，不可殫述。大都忠義一脉，布濩天壤，繇漢季以至今日，歷久彌芳，無微不應。非獨湘江、漢水視聖帝於縹緲九霄之上，且隨帝天左右，司糾察於上下三界之中，華夷內外瞻仰尊親，是昭烈以正統帝於三分，神又以扶正統帝於萬世。繇今視奸雄朽腐，何如也？視帝天日昭明，又何如也？益知神心術之正，學術之精，芳名大烈之久遠，直當與天地相終始矣。余里彈丸片地，舊有神祠坐鎮。歷先君子仰亭公督理開建，迄今呼應如響。祠內籤譜一册，予先伯兄扶陽及不肖拱陽手共抄録。後二十年，字迹磨滅，予弟推陽復更新重録。譜既竣，郡東岳邑有新建聖祠者來乞籤譜，因授之。旋令予門人柴生週岳、秦生與邠、暢生鴻猷、杜生冠瀛，及予弟推陽分校録成，編爲一册，而復以碧山解注，增續東坡注解之後，以見聖意淵微變化，占者不可以一途拘滯耳。夫神祠與譜悉歷予父子兄弟與門墻二三子之深心，共完盛舉，俟後有同志再爲續補，而予不敢弁言首簡也。謹就聖帝生平歷履之大昭然在人心目者叙列譜前，用以展秉彝執鞭之忱云。

九　雜文

種石説

　　或曰："石可種乎？"曰："可。自古奇石非一，不止奇州海上爲然，而古之聖賢皆愛之不已，誠精於種之之方也。"或曰："鞭石者誕，煮石者幻，叱石者謬，拜石者放。今曰種石，不幾迂而妄乎？"曰："知所以種之，則不迂矣。夫石，山之骨也，雲之根、土之精也，氣之核、星之形也。即以陰陽五行論，石亦種種具備。蓋石爲陰中之陽，陽中之陰。陰精補陽，則山含石。陽中有陰，故聚而不散。是石亦一陰陽也。石藏火，藏金，而滋於土，養於水，依乎木，是石亦一五行也。其質混沌未剖，真精團結，雖不動而未嘗不可以動，雖有動而畢竟常歸於静，是石又一太極也。此石與水、火、土俱爲致用之本體，則石固先天之美種哉！種之者，不過保太極之精，調陰陽之氣而已。此法惟孔子種之，培植於十五之時，滋養於泗水之濱，其體静而堅，則磨而不磷。其光透而白，故涅而不緇。且積石而成東山，小魯國。累石而成泰山，小天下。故天下莫能載其重，天下莫能破其精，而孔子之石更且活潑周流，如珠走盤而不逾乎矩，此石之神而化乎！顔氏子得其法，種之陋巷，三月不肯違。其石仰之彌高，鑽之彌堅，卓立在前，去聖人之石一間耳。曾氏子種之，以弘毅大力兢兢護持，亦能潤屋潤身。然自視孔子之石，光潔圓映，如江漢以濯之，秋陽以暴之，真皜皜乎不可尚已。曾子以此法傳之子思，子思種之，須臾不肯離久之。真見博厚者，石之體也。高明者，石之光也。悠久者，石之神也。既中立而不倚，又剛毅而峻極。後子輿氏得其法，專於平旦雞鳴，石氣通天之際，用勿忘勿助法，四十年不肯動，其石遂至大至剛，壁立萬仞，高矣美矣，塞乎天地之間。識者以爲有泰山巖巖氣象，斯則孔子而下，顏、曾、思、孟之種法也。其他首山一片石，儼有堂陛象，民到于今稱。凜凜有耿光，斯亦石之種而清者哉！商周而後，一經秦火煨燼，種石之法不傳。有宋周、程、張、邵、朱夫子出而鑽研保守，故或種之如光風霽月，與庭草交翠。或種之如精金良璞，有玉色金聲。或種之而識其貴，見方圓平直，雪映三尺。或種之而不肯雜，即終夜危坐，護以皋比。或種之安樂窩中，若無價明珠。或種之白鹿洞裏，若玉蘊山輝。迨我明薛、胡諸夫子，方將以此法傳示多方，令栽培自認，而子乃咎夫種之者耶？"或曰："種之將何如？"余曰："此石有五德：博厚，仁也。剛方，義也。中正，禮也。明潔，知也。堅雄，信也。種此良石，自有常功。須於清靜台前極力培養，滋以雨露之潤，灌以夜氣之涼。塵垢不使侵，濁氣不敢入。凡車薪火熾，種此石，灑然冷也。凡泉源水濁，種此石，湛然清也。或蔓草潛滋，種此石，鎮之使平。或良田枯槁，種此石，雲氣生生。即至於炎暑灼人，不克振拔，乃石爲少剛，一種之，骨力足以頓爽。雖尫霧蒙塵，不克淨掃，乃雷爲石氣，一種之，震蕩可以皆空。夫此石種之，不過方寸地，而養成之後，燁燁精光，全體透露，靜裏根宗，清澈肺腑，即萬變可以不轉，而萬象可以畢照，是真體固結，歷千百載而不可朽者，非所云固太極之玄精，調陰陽之元氣，而培五行之根基者耶？種石之義大矣哉！《易》曰：艮爲山，爲小石。艮，止也，動靜各止其所，而皆主夫靜焉。則種法之真竅乎？《豫》之六二亦曰：'介於石，不終日，貞吉。'蓋言寧靜淡泊，如石之堅定不擾，則靜極生明，明則通太宇，定而天光發，可以炳幾先之哲矣。不然徒以浄水注石，搜珍羅異，若淵明之醉石，李德裕之醒石，坡仙之怪石，種種奇供，僅取幽賞，豈吾道所云種石之法哉？余松風齋中葡萄棚下有一石，寬平浄潔，清冷可愛，既如靈臺一片地，又如端方正人立，蓋彷彿古松風之石焉。爰作《種石説》以紀之。"

學會紀録

平陽，古三聖舊邦，都人士勤儉樸素，猶存先聖遺風，而獨是精一心傳，人人具足，輒以風化陵夷，未免抛珠持鉢，將"人皆可以爲堯舜"成虛語。頃緣明聖御天，研精允執之訓，欲令薄海内外共坐堯天舜日，此熙隆盛際也。時學憲楊老師以西川名世提衡晉中，甫下車，即崇賢尚德，振勵風猷，轍迹至平水，設帳學者延古絳辛復元先生登壇啓鑰，而并以拱陽疏迂陋品獲厠講幄。同堂濟濟，宛坐中天。第愧葑菲末論，未足剖精一，鼓同志，而勝友鱗集，勃乎欲動。楊老師則迎機導竅，大闢宗門，抽繹數百言，總之以天理良心爲本領，以日用倫常爲實踐，而尤以方寸一點靈明惺然有覺，截然有則，不容過去者，爲吃緊功夫。既而曰："如此力學，樂莫於斯矣。大都若人功力，聖賢不以教人，果認取蕩平正路，著力行來，自覺神魂安妥，夢寐帖然，快心第一事，曷過於斯？"陽憮然，夙心頓躍，如夢得醒，因思"天理良心"此四字宗傳，即一中真訓。合此者之謂道心，道心由微而至著，則樂莫大焉，坦蕩蕩之謂也。悖此者之謂人心，人心去安而入危，則疢惡生矣，長戚戚之謂也。此等參驗，不外視聽言動，倫常事物之間，當下分明，最真切，亦最痛快，所謂道不遠人，真樂其在斯乎！昔周夫子令明道先生尋孔、顔樂處，而其后遂有弄月吟風之趣，始知周之光風霽月，程之傍花隨柳，朱之千紅萬紫，邵之梧月柳風，皆樂也，而皆自循理遏欲得之。設向疏水曲肱上尋孔子，從簞瓢陋卷〔三〇〕中覓顏回，則幾失孔、顏矣。其一段在中真樂，方寸惺惺，快然自信處，非外境尋味可到耳。恭遇淑石老師直指真傳，業已洞徹肝膽，而復恐鐸音乍希，獵心萌動，謹紀録成帙，以備陶唐振德之風庶車聲既過，長如中天侍坐時也，故不揣而序諸簡末。

螽斯社題言節

古羊程生執經問難，聞《螽斯》之義頗悉。一日歸詣聖母祠，棟宇摧傾，惻然興思，與其鄉之友人士同心鼎建，力襄祀典，有意乎螽斯之繩繩也。因取名立會，問序於予曰："禱嗣之説有諸？"予曰："有之。郊禖肇祀，玄鳥生商，帶韝執矢，古之人歷歷行之，乃禱同情也。或禱矣，而未必應。即應矣，而弗盡。育一夔五寶，星淵懸殊，又何説也？亦在乎善體聖母之慈衷耳。予讀《易》，至'大哉乾元，萬物資始''至哉坤元，萬物資生'，見聖母廣生之化，所以配乾元、合無疆者，總一厚德載物盡之矣。《易》又曰：'元者，善之長也。'於時爲春生，於心爲仁德，此一點生生命脉即民物托根，而又何嗣續之綿衍不胚胎此中乎？君子仰體聖衷，自當體乾之仁以長人，體坤之厚以載物。內而根本切近之地，敦孝克讓。外而族黨州閭之間，順理包荒。寬厚存心，刻薄自戒。時時處處，常留一有餘不盡之思，以至兼葑不妄拔，雞豚不妄殺，滿腔惻隱，窗草同春，斯聖衷也。由是和氣致祥，慶長福厚，有弗禱，禱必應也。且光明慈淑之氣相感，而子更賢明多壽矣。若夫本源戕伐，骨肉乖離，利己殘人，欺天害理，存心如嚴霜穀草，處事若洗垢索瘢。得意處不留餘步，怒恨時不知回頭。方寸戈矛，乖氣致戾，猶且攫金報祭，乞憐於廟貌之前，而忘其爲神誅鬼責，故終日禱，禱弗應也。間有應者，亦邪慝乖厲之氣相感，而子非凶短夭折，即强暴破家矣。《語》云：察淵取禍，水清無魚。周以忠厚開八百，申、韓刑名不庇其身，豈虛語哉？在《坤》之釋義又曰：‘積善之家，必有餘慶。積不善之家，必有餘殃。’則聖母深衷，其望人存誠修德，日積月累，無以寸善而責報速，無以小凶而初心懈，寬舒和緩，慶源不自悠長乎？今諸君憫念傾圮，惻乎興動，是即生生不忍之真脉也。一念慈祥，神鬼監照，推而至於持身涉世種種仁厚，乾坤生意當下醖釀，吾知繩繩振振，螽斯之孕毓無窮矣。”

贈門人柴周岳守禮釋制節

吾夫子，禮教之宗也。歲二十四，居顏母喪，既祥五日，彈琴而不成聲，十日而成笙歌，此仁之至、義之盡、禮之中乎！子夏與閔子喪畢，見夫子援琴而弦，商則衎衎而樂，曰“先王制禮，不敢不及”。閔則切切而哀，曰“先王制禮，不敢過也。”子皆稱曰君子。何以説？曰：子夏哀已盡，能引而致之於禮。閔子哀未忘，能自制以禮。故皆曰君子也。由是知禮制之設，使賢者俯而就，不及者企而及，如斯而已矣。晚近人子一當幽明隔絕，遂骨肉參商，安居宴飲以爲常，誇多鬭靡以爲勝，天性之恩漠然不動。嗟乎！三年之喪如是乎？向吾友宋堯衢先生，茹素守禮，一掃澆薄近態，俗多訾之。予爲作《復古歌》以贈。嗣是惟劉熙寰先生，居然古道，而求之吾門，則甌石柴子，其最著焉。其母王孺人奄逝，柴子哀痛惻怛中，百念灰冷，然殮、含、衾、薦之屬，罔弗殫厥心血，恪遵禮制，謹修其法而慎行之。既就窀穸，猶葷酒斷絕如初，專席負痛，自安於啖茶集蓼，衰麻之服不釋於躬，歲時奠獻不缺於禮，號柏飲泣，蓋三年如一日也。迄今秋禫祭，始遵制易服，抑情從吉。予及門諸子皆曰：“先生不可無言以堅其志。”予曰：“二三子知三年之喪從禫祭爲終，而不知君子有終身之喪又以三年爲始。經曰：‘孝始於事親，中於事君，終於立身。'夫孝貫乎始終，則所云'行道顯親，揚名後世'者，又不可以三年竟矣。蓋往而不還者親也，而可以使往來不斷，不可得而久者親也[三一]，而可以使終古長久，則係於人子之立身行道耳。柴子所謂'誦讀而有得者'，其以是行之終身可矣。"

校勘記

〔一〕"仍作告天圖贊"，據體例，此下當有"告天圖贊"之目。

〔二〕因上面有"仍作《告天圖贊》"，據體例，此下當有"告天圖贊"之目，補之。

〔三〕"惶惶"不入韵，疑有誤。

〔四〕"定"不入韵，疑有誤。

〔五〕"菜"，疑當作"萊"。

〔六〕"克充"，《廣理學備考》作"克己"。

〔七〕"竹"，疑當作"行"。

〔八〕"敕"，底本原目録作"勅"。

〔九〕"謂"，《廣理學備考》作"道"。

〔一〇〕"此"，疑當作"北"。

〔一一〕"畫"，底本原目録作"書"。

〔一二〕"畫"，原目録作"書"。

〔一三〕"問"，原目録爲"閔"。

〔一四〕"材"，當作"村"。

〔一五〕"梅"，疑當作"海"。

〔一六〕"懷"，《廣理學備考》作"壞"。

〔一七〕"紙"，《廣理學備考》作"絃"。

〔一八〕"請"，《廣理學備考》作"詣"。

〔一九〕"絃"，疑當作"埏"。

〔二〇〕"怒"，《廣理學備考》作"努"字。

〔二一〕"鄉"，《廣理學備考》作"努"。

〔二二〕“縈”，《廣理學備考》作“熒”。

〔二三〕“穸”，《廣理學備考》作“旁”。

〔二四〕“晤”，《廣理學備考》作“照”。

〔二五〕“處”，《廣理學備考》作“虞”。

〔二六〕“顚”，《廣理學備考》作“巓”。

〔二七〕“□”《廣理學備考》作“露”。

〔二八〕“故”，《廣理學備考》作“姑”。

〔二九〕“掛”字疑爲衍文。

〔三〇〕“卷”，當作“巷”。

〔三一〕“不可得而久者親也”，《廣理學備考》作“不可得而久者事親也”。